U1075972

普通高校"十四五"规划教材

商　　法

周建涛　编著

北京航空航天大学出版社

内容简介

本书由四个部分构成：商事基础法（民法总则、合同法）、企业法（公司法、个人独资企业法、合伙企业法、劳动法、破产法）、金融法（票据法、保险法、证券法）、经济法（产品质量法、消费者权益保护法、反不正当竞争法、道路交通安全法）。

本书是在《经济法》（第一版）的基础上修订而成，改名为《商法》，旨在与国内外商学院接轨，新增了三章：针对 MBA 学员工作中屡屡遇到因发生员工跳槽、女职工怀孕等引起纠纷这一情况，增加了《劳动法》；针对股评“黑嘴”、证券基金公司经理“老鼠仓”等社会热议事件，增加了《证券法》；针对在道路交通事故中不诚信索赔人软、硬欺诈保险公司和机动车司机的道德风险，增加了《道路交通安全法》。

本书将各种不诚信行为归因于行为人道德缺失。在《经济法》第一版“诚信和风险管理”架构基础上，进一步提出“社会责任”意识，特别是用人单位及员工、证券公司及工作人员、交通事故索赔人等应对他人、社会、国家承担相应的诚信义务，以呼应民法之社会本位。另外，本书继续发扬《经济法》第一版“用案例贯穿全书”的特点，从社会责任、诚信、防范风险视角深入剖析案例，将社会责任、诚信、防范风险和工商管理、商法、伦理道德结合起来，引导学生作出守法、合乎伦理道德、传递正能量的选择。

本书可作为经济管理学院本科生、MBA 学员教材，也可作为有关人员自学和工作的参考用书。

图书在版编目(CIP)数据

商法 / 周建涛编著. -- 北京 ：北京航空航天大学出版社，2020.8

ISBN 978-7-5124-3313-7

Ⅰ. ①商… Ⅱ. ①周… Ⅲ. ①商法—中国 Ⅳ. ①D923.99

中国版本图书馆 CIP 数据核字(2020)第 132954 号

商　法

周建涛　编著

责任编辑　周华玲

*

北京航空航天大学出版社出版发行

北京市海淀区学院路 37 号(邮编 100191)　http://www.buaapress.com.cn

发行部电话：(010)82317024　传真：(010)82328026

读者信箱：goodtextbook@126.com　　邮购电话：(010)82316936

涿州市新华印刷有限公司印装　各地书店经销

*

开本：787×1 092　1/16　印张：33　字数：845 千字

2020 年 9 月第 1 版　2020 年 9 月第 1 次印刷　印数：2 000 册

ISBN 978-7-5124-3313-7　定价：95.00 元

序

法律是实践性和交叉性的学科。法律的知识积累需要其他学科发展的互动，甚至在某些方面和其他学科是共生关系；法律的生命的运行，特别是一个文本上的法律规范的运用，无论是应用到具体案件还是具体的管理或交易中，其只有在实践中才能充满活力、丰富多彩。《商法》尤其如此，其不仅基于法学理论，还与管理学、经济学、伦理学等学科紧密相连。对于商学院本科生、MBA学员来说，将《商法》与管理学、经济学、伦理学等课程结合起来学习，更具实践指导意义。

进入21世纪以来，我国的民商事法律变动频繁，坚持民商合一的《民法典》已经出台，以单行商事法形式存在的《公司法》《证券法》《保险法》等也均发生了较大的改动。周建涛博士的这本《商法》教材，在体例与内容上不同于国内其他法学院校使用的《商法》教材，其涵盖了国内其他法学院校讲授的民法、商法及经济法等多个领域的内容，反映了相关部门法律的最新变化，并结合了对相关实践案例的剖析，无疑更适合商学院本科生、MBA学员使用，也利于更好地提高教学质量。

本书特点有四：

一、密切结合北京航空航天大学经济管理学院(以下简称北航经管学院)学生的迫切需求

本书在维持《经济法》(第一版)架构的基础上，新增了三章：首先，针对MBA学员工作过程中屡屡遇到因员工跳槽、单位解雇职工、女职工特殊保护等引起纠纷这一情况，特增加《劳动法》一章，置于“企业法”部分。其次，证券公司内幕交易、操纵市场、欺诈行为等丑闻时常见诸于资本市场，近年股评“黑嘴”、证券基金公司经理“老鼠仓”事件频频曝出，引发社会热议，为此特增加《证券法》一章，置于“金融法”部分。最后，随着家用汽车的普及，交通事故频发，《道路交通安全法》旨在保护道路交通事故中受害人权益，特别是保护非机动车、行人等甚于机动车司机，这引发了部分“受害人”软、硬欺诈肇事司机的道德风险；为了更好地保护道路交通事故受害人的权益，国家实行机动车第三者责任强制保险制度，还鼓励购买商业第三者责任保险，这样“受害人”软、硬欺诈肇事司机的道德风险很大程度上就转嫁给了保险公司，此现象视为《消费者权益保护法》《保险法》在道路交通事故中的应用，为此特增加《道路交通安全法》一章，置于本书最后“经济法”部分。这三章是北航经管学院学生高度关注的热点问题，其中《劳动法》尤受 MBA 学员的关注。

二、科研成果在本书中的应用

作者先后主持完成国家社科基金项目“基于惜赔视角的保险消费者权益保护机制设计”（2013.7—2015.6）、教育部规划基金项目“中国健康、意外保险欺诈识别及预警研究”（2012.1—2014.12）、北京市社科基金项目“北京市保险公司诉讼现状及应对策略研究”（2010.1—2012.12），另主持教育部规划基金项目“转型期索赔机会欺诈乱象研究”（2019.1—2021.12）。作者将科研项目中的研究成果与发现应用于本教材，这在第九章《保险法》、第十四章《道路交通安全法》的案例分析中体现得尤为突出。

三、法学与管理学、经济学的结合

本书系专门为北航经管学院本科生、MBA 学员设计的，兼具法律和管理的特色。针对北航经管学院 MBA 学员在工作中、本科生在生活中遇到的实际困惑，用案例贯穿全书，把枯燥、抽象的法学知识具体化、形象化，便于学生理解和接受。本书选取的案例大多来自 MBA 学员在工作过程中遇到的难题以及本科生来自在网上购物、家庭民事和商事活动中遇到的困惑。尤其是新增的 3 章（《劳动法》《证券法》《道路交通安全法》），密切结合学生工作和生活实践，案例可读性强，易于调动学生学习的积极性。

本书在剖析案例时，着眼于本科生、MBA 学员应具备的职业经理人素质的培养，提出“诚信待人”，强调“害人之心不可有”。同时基于中国诚信现状，提出决策过程中应具备“风险意识”，突出“防人之心不可无”。在叙述和分析商法原理时，一般在容易出错或容易发生异议的地方穿插案例，将商法原理、诚信意识与风险防范理念融合在案例分析过程中，以引起本科生、MBA 学员的注意乃至警觉。

四、法学与伦理学的结合

本书将各种不诚信行为的发生归因于行为人道德缺失：过分强调个人权利（权利本位），忽略其应承担的社会责任（社会本位）。例如，道路交通事故中不诚信的软欺诈（夸大）索赔人直接侵害了保险公司的利益，也间接侵害了其他诚信投保人（索赔人）的利益；若众人效仿该不诚信行为，则可能恶化社会风气，最终阻碍保险业健康、持续地发展。换言之，违法是结果，道德缺失才是源头。

本书将法律的最新修改与鲜活案例融合在一起，强调法治和德治并重：合法或守法是底线，更高目标是合乎伦理道德。在《经济法》（第一版）“诚信和风险管理”架构基础上，进一步提出“社会责任和伦理道德”理念，即用人单位及员工、证券公司及工作人员、交通事故索赔人等应当对他人、社会、国家承担相应的诚信义务，以呼应民法之社会本位，旨在协调当事人关系、促进社会可持续发展。

本书作者周建涛博士是我的北大校友和学长，长期为北航经管学院本科生、MBA 学员讲授“商法”“风险管理与保险”“企业伦理”等课程，相信本书的出版对于推进北航乃至国内其他商学院校本科生、MBA 学员“商法”课程建设有积极助益，故欣然作序。

北京航空航天大学法学院教授、博士生导师

2020 年 1 月 10 日于北京

前　言

一、本书出版的意义

“商法”是国内商学院本科生核心通识课，也是MBA必修课。党中央提出建设社会主义法治国家目标，使“商法”在人才培养中的重要性更加突出。

本书是在《经济法》(第一版)基础上修订而成的。自《经济法》(第一版)出版后，《民法总则》《公司法》《保险法》《反不正当竞争法》《消费者权益保护法》等法律，均发生了较大的改动；学生们也提供了很多新的案例，我们将其补充在本教材中，这样有利于更好地提高教学质量。

二、本书的特点

本书在《经济法》(第一版)“诚信和风险管理”架构基础上，进一步提出“社会责任”理念，旨在呼应民法之社会本位。

本书继续发扬《经济法》(第一版)“用案例贯穿全书”的特点，从诚信、社会责任、防范风险等多个视角深入剖析案例；另将社会责任、伦理道德、风险管理和商法结合起来，引导学生做出守法、合乎伦理道德、传递正能量的选择，这是本书的另一个重要特点。

三、本书的结构框架和每章内容

全书由四个部分构成：第一部分为商事基础法(第一章民法总则、第二章合同法)，第二部分为企业法(第三章公司法、第四章个人独资企业法、第五章合伙企业法、第六章劳动法、第七章破产法)，第三部分为金融法(第八章票据法、第九章保险法、第十章证券法)，第四部分为经济法(第十一章反不正当竞争法、第十二章产品质量法、第十三章消费者权益保护法、第十四章道路交通安全法)。

本书各章特点如下：

第一章民法总则。引入生态环境保护原则、保护自然人的个人信息等。剖析了部分民法案例；指出守法是底线，合乎伦理道德是更高追求，“兼顾社会本位”彰显了时代要求和现实紧迫性。

第二章合同法。介绍情势变更、买卖不破租赁、客户“跳单”等现象。剖析了部分合同纠纷案例，指出和解是上策，在不违背原则的前提下，建议适当让步。

第三章公司法。介绍隐名股东、掺水股、库存股、滥用股东权利等现象。通过剖析公司纠纷案例，指出新《公司法》降低了公司的注册资本门槛并通过多种途径赋予有限责任公司更大的自治空间，但股东出资形式及数额仍应如实填写，并及时办理产权转移手续。

第四章个人独资企业法。指出个人独资企业与个体工商户并无实质区别，还将其与一人(自然人)公司进行了多方位比较。

第五章合伙企业法。介绍了普通合伙人对合伙企业债务承担无限连带责任，有限合伙人以出资额为限对合伙企业债务承担责任。剖析了部分"公司制合伙"成败案例，指出一般合伙人应具有"共同价值观、共同目标、坚定信念和激情"，更需要领袖型合伙人具备"在关键时刻具有绝对话语权、站在其他合伙人角度看问题、从公司全局利益出发决策"的能力。

第六章劳动法。剖析了因员工跳槽、女职工怀孕等引起纠纷的案例。劳动法侧重于对劳动者权益的保护，但指出了劳动者与用人单位应相互尊重。

第七章破产法。剖析了企业破产重整案例，指出当部分表决组不能通过重整计划时，破产法赋予人民法院在必要时强制批准重整计划的权力，体现了社会本位。

第八章票据法。剖析了票据纠纷案例。票据法强调票据的要式性和文义性，票据抗辩仅限于授受票据的直接当事人之间，旨在充分发挥票据的流通功能。

第九章保险法。本书作者先后主持并完成北京市社科基金项目"北京市保险公司诉讼现状及应对策略研究"(09BaJG252，2010.1—2012.12)、教育部规划基金项目"中国健康、意外保险欺诈识别及预警研究"(11YJA790223，2012.1—2014.12)、国家社科基金项目"基于惜赔视角的保险消费者权益保护机制设计"(13BJY181，2013.7—2015.6)，并将部分研究成果和发现应用于本章的写作。本章介绍了健康保险、万能寿险、年金保险等概念，剖析了保险纠纷案例，介绍了保险法限制保险公司合同解除权是基于保险销售误导、理赔难的特定背景，未来《保险法》修改需综合权衡以"遏制保险公司滥用合同解除权及投保人带病投保"双重道德风险。

第十章证券法。剖析了部分证券纠纷案例，指出证券公司、证券中介机构、证券投资基金等组织及相关人员属特殊的职业群体，须承担"稳定证券市场、使其健康发展"的社会责任。

第十一章反不正当竞争法。介绍了网络环境下的不正当竞争行为，剖析了不正当竞争纠纷案例，指出经营者应自觉地依法、守法经营，保护其他经营者、消费者的合法权益。

第十二章产品质量法。剖析了产品质量案例，指出产品质量监督管理应立足于事前预防。

第十三章消费者权益保护法。剖析了消费者权益纠纷案例，新《消费者权益保护法》更加关注个人信息保护、网络等非现场购物信息披露制度。

第十四章道路交通安全法。作者现主持教育部规划基金项目“转型期索赔机会欺诈乱象研究”(18YJA790119,2019.1—2021.12)，并将其中部分研究成果和发现应用于本章的写作。通过对交通事故索赔纠纷案例的剖析，发现道路交通安全法是诱发部分不诚信索赔人软、硬欺诈保险公司和机动车司机的动因之一，如何遏制索赔人因道德风险造成的负面影响成为立法者必须认真考虑的问题。

另外，上述课题的部分研究成果和发现(例如鼓励和提倡纠纷当事人“诚信”“得理还让人”理念)还拓展到其他各章，不仅满足“守法”底线，还合乎对伦理道德的更高追求。

四、本书的创新之处和不足

本书主要有以下三个方面的创新：

(1) 本书专门为商学院本科生、MBA 学员设计，兼具商事基础法(第一、二章)、商事法(第三至十章)和经济法(第十一至十四章)特色。针对本科生、MBA学员工作和生活中遇到的实际困惑，用案例贯穿全书，力图将枯燥、抽象的法学知识具体化、形象化。MBA 案例，多来自学员在工作过程中遇到的难题，体现了商事法的特点；本科生案例，多来自学员在网上购物、家庭民事活动中遇到的困惑，商事基础法、经济法特点突出。新增的 3 章中，劳动法、证券法的商事法特点鲜明，而道路交通安全法的经济法特点显著。

(2) 本书的案例分析不局限于案例本身的解决，还从诚信、风险管理视角进行了延伸，具有一定的开拓性。基于培养潜在的职业经理人的目标，突出诚信品质的重要性：凡事诚信待人，“害人之心不可有”。作为潜在的职业经理人，更强调风险管理的必要性：基于互联网、社会快速变化情境下人心浮躁的现实，提出做任何事都要防范风险，“防人之心不可无”。总之，除引出商法原理外，还基于诚信与风险防范提出了更好的应对方案。

(3) 本书将各种不诚信行为归于行为人伦理道德缺失：过分追求个人权利，忽略其应承担的社会责任。例如，雇员淡化对用人单位的忠诚义务，滥用劳动合同单方解除权，“跳槽”现象频发；证券公司、证券中介机构、证券投资基金等组织的部分工作人员过分强调个人私利，忽略道德自律，股评“黑嘴”“老鼠仓”等违法违规行为屡发不止。总之，违法是结果，道德缺失才是源头。

在这里，要对我教过的历届北航经管学院本科生、MBA 学员表示衷心的感谢，他们提供了很多鲜活的案例，既能反映法律的最新修改之处，还涉及伦理道德的考量，为本教材提供了难得的素材，提升了教材质量。还要特别感谢我的硕士生林茜同学，她阅读了全书，“抠出”了书中的很多笔误，提出了很多非常有价值的修改、完善建议，避免了很多可能引起歧义的说法，对保证本书的质量作出了很大的贡献。

由于我国工商管理处在快速发展中，商事法律法规也处在不断修订和完善中，加之作者水平有限及工作疏漏，书中可能存在一些不足甚至错误的地方，衷心希望得到学界同仁、实务界朋友以及广大读者的批评指正。

2020 年 1 月 3 日于北京

目　录

第一篇　商事基础法

第二篇　企 业 法

第三篇　金融法

第四篇　经济法

第一篇

商事基础法

第一章　民法总则

《中华人民共和国民法总则》(简称《民法总则》)作为《中华人民共和国民法典》(简称《民法典》)总则编,由第十二届全国人民代表大会第五次会议于2017年3月15日表决通过,中国第一部民法典终于浮出水面。《民法总则》的重要改进和发展,可归结于两个方面:一是进一步社会化,例如第一章全新引入生态环境保护原则,第三章引入"非营利法人"和"特别法人"概念,第五章确立社会弱者的特殊权利等;二是进一步现代化,例如第三章将法人主体进一步分为营利法人、非营利法人、特别法人三类,确认了"非法人组织"的民事主体地位,第五章增加了保护自然人的个人信息,保护数据、网络虚拟财产等内容。

关键词:民法基本原则;民法的法源;民法与伦理道德;民法本位;两大法系;自然人;法人;非法人组织;民事权利;民事法律行为;代理;民事责任;消灭时效;除斥期间

第一节　概　述

"民法"一词,起源于罗马法。古罗马按照属人原则,将规范罗马人之间关系的法律称为市民法;而将规范罗马人与外国人、外国人与外国人之间关系的法律称为万民法。随着商品经济的发展,万民法逐步被市民法吸收,形成了对后世影响极大的罗马法。现代欧洲国家使用的"民法"一词,均由市民法(Jus Civile)转译而来。由于市民社会由平等的普通人形成,故现代民法是市民社会的产物。

一、民法调整对象

《民法总则》第1章第2条规定,民法调整平等主体的自然人、法人和非法人组织之间的人身关系和财产关系。

这里有两处表述变化:一是民法调整主体由自然人、法人二元变为自然人、法人、非法人组织的三元民事主体结构;二是将人身关系提到财产关系的前面,强调人身关系的优位性。

首先,在20世纪50年代以后,民事主体呈现丰富化和精细化发展的趋势,自然人、法人二元体制逐渐趋向多元化。《民法总则》打破自然人、法人二元主体体制构造的封闭性,在自然人、法人之外,添加"非法人组织"作为第三类民事主体,其范围包括合伙、独资企业,不具有法人资格的专业服务机构和其他组织,以适应多样化民事主体的实际需要。

其次,民法调整的平等主体之间的关系体现为两大类,即人身关系和财产关系。前者旨在实现人身利益,包括人格和身份,后者旨在实现财产利益,包括物权关系、债权关系等。后来,人身关系和财产关系的分类发生了不能完全涵盖的情况,例如出现了知识产权、出资权和股权等新型权利关系,它们本身既有财产关系,又有人身关系,具有混合性质。

《民法总则》将人身关系提到财产关系的前面,体现了立法者对于人身关系的重视程度。一方面,当今社会的复杂化导致人身关系特别是其中的人格权关系得到极大发展,与财产关系相似,人身关系也呈现出一种日益复杂的趋势;另一方面,由于人权观念在当今社会中受到高度重视，形成一种人身关系优先于财产关系的私法价值观成为必然。人们逐渐认识到，人身关系的价值更接近于主体的内在，故应具有优先性。

二、民法基本原则

《民法总则》第 3 条规定，民事主体的人身权利、财产权利以及其他合法权益受法律保护，任何组织或者个人不得侵犯。

我国民法明确宣示该原则并不断凸显其重要地位，主要因为有“矫枉必过正”的需要，其基本原则如下：

（一）自　愿

《民法总则》第 5 条规定，民事主体从事民事活动，应当遵循自愿原则，按照自己的意思设立、变更、终止民事法律关系。《合同法》第 4 条规定，当事人依法享有自愿订立合同的权利，任何单位和个人不得非法干预。

值得注意的是，《民法总则》和《合同法》中使用的术语均是自愿原则，实际上仍然属于自由原则。当然，二者存在着些许差别：自愿原则重在实施法律行为由当事人自主决定，而自由原则昭示着国家允许当事人自主确定法律行为的范围和自由度。

在外国法中，关于自由原则也有明确的规定。例如，法国民法典第 1134 条规定，依法成立的契约，在缔结契约的当事人之间有相当于法律的效力。前项契约，仅需依当事人相互的同意或法律规定的原因取消。匈牙利民法典第 200 条规定，双方当事人拥有决定合同内容的自由。双方当事人经协商一致，可以违反主管机关有关合同的安排，但法规对此有禁止规定的除外。其他国家的民法，虽然未就自由原则作出明文规定，但理论和实务均承认自由为民法的原则。自由原则是私法自治原则的核心，是民法的基本原则，同时也是市场经济的基本原则。20 世纪以来，社会本位日益得到重视，虽然自由原则受到民法和公法的一定限制，但其根本地位并未动摇。

（二）平　等

《民法总则》第 4 条规定，民事主体在民事活动中的法律地位一律平等。《合同法》第 3 条规定，合同当事人的法律地位平等，一方不得将自己的意志强加给对方。

平等原则，集中反映了民事法律所调整的社会关系的本质特征，是民法区别于其他部门法的主要标志，也是市场经济条件下合同当事人行为的必要前提条件。该原则在法国、德国、日本、瑞士等国民法以及我国台湾地区的民法中，未有明文规定，故被学者称为无须明文规定的公理性原则。

《民法总则》和《合同法》明确规定了平等原则，有重要的现实意义。参加民事活动的当事人，无论是自然人、法人或是非法人组织，无论其经济实力强弱，在法律上的地位一律平等。法律对双方提供平等的法律保护，任何一方不得把自己的意志强加给对方当事人。值得注意的是，平等原则所要求的平等，非指经济地位的平等或经济实力的平等，而是“法律地位的平等”；该法律地位的平等，是对民事活动当事人的基本要求，应贯彻民事活动的始终。

（三）公　平

《民法总则》第 6 条规定，民事主体从事民事活动，应当遵循公平原则，合理确定各方的权利和义务。《合同法》第 5 条规定，当事人应当遵循公平原则确定各方的权利和义务。

外国法对于公平原则大多设有明文规定。例如，法国民法典第 1135 条规定，契约不仅依其明示发生义务，并按照契约的性质，发生公平原则、习惯或法律赋予义务。德国民法典第315条规定，由契约当事人一方确定给付者，在有疑义时，应依公平的方法确定之。依公平的方法确定给付者，其确定只有适合公平时始得对他方当事人发生拘束力。该法典第317条规定，给付由第三人确定者，在有疑义时，第三人应依公平方法确定之。该法典第319条规定，给付由第三人依公平方法确定者，若其确定显失公平，对于契约当事人不发生效力。

民法的公平原则，主要是针对合同关系而提出的要求，是当事人缔结合同关系，尤其是确定合同内容时，应当遵循的指导性原则。我国民法规定公平原则，旨在要求当事人订立合同时兼顾双方的利益，并作为“诚实信用”“情势变更”“显失公平”等原则的判断基准。

（四）诚　信

《民法总则》第7条规定，民事主体从事民事活动，应当遵循诚信原则，秉持诚实，恪守承诺。《合同法》第6条规定，当事人行使权利、履行义务应当遵循诚实信用原则。

诚实信用原则，在各国民法上都有明文规定。例如，法国民法典第1131条规定，契约应以善意履行之。德国民法典第242条规定，债务人须依诚实信用，并照顾交易惯例，履行其给付。瑞士民法典第2条规定，无论何人行使权利、履行义务，均应以诚实信用为之。

诚实信用原则是市场经济活动中的道德准则，它要求一切市场参加者均应符合诚实商人的道德标准：应当以一名具有通常智商和伦理观念的理性公民的标准约束自己的行为，诚心正意，敦实厚道，讲究信用，严守诺言，树立正确的义利观；在不损害他人利益和社会公益的前提下，追求自己的利益；鼓励舍己利人、利己利人、利益双赢、相互关心的良知善举，反对损人利己、尔虞我诈、见利忘义的机会主义行为。其目的是，在当事人之间的利益关系和当事人与社会之间的利益关系中实现平衡，以维持市场道德秩序。诚实信用原则的实质是，当出现立法者未预见的新情况、新问题时，法院可依诚实信用原则行使公平裁量权，直接调整当事人之间的权利、义务关系。

（五）禁止违反法律和公序良俗

《民法总则》第8条规定，民事主体从事民事活动，不得违反法律，不得违背公序良俗。《合同法》第7条规定，当事人订立、履行合同，应当遵守法律、行政法规，尊重社会公德，不得扰乱社会经济秩序，损害社会公共利益。

公序良俗原则，在各国民法中均有明文规定。例如，法国民法典第6条规定，个人不得以特别约定违反有关公共秩序和善良风俗的法律。德国民法典第138条规定，违反善良风俗的行为无效。日本民法典第90条规定，以违反公共秩序或善良风俗的事项为标的的法律行为无效。我国台湾地区民法第72条规定，法律行为，有悖于公共秩序或善良风俗者无效。

公序良俗是现代民法的一项重要原则。在现代市场经济条件下，有维护国家利益、社会公共利益及一般道德观念的功能。由于立法者不可能预见未来一切有损国家利益、社会公益和道德秩序的行为而作出详尽的禁止性规定，所以设立公序良俗原则可弥补禁止性规定的不足。因此，在司法实践中，若遇有损害国家利益、社会公益和社会道德秩序的行为，而又缺乏相应的禁止性法律规定的，法院可直接适用公序良俗原则判决该行为无效。

（六）生态环境保护

《民法总则》第9条规定，民事主体从事民事活动，应当有利于节约资源、保护生态环境。

目前我国环境污染形势严峻，倡导“节约资源、保护生态环境”对国家经济、社会可持续发展更具战略意义。《民法总则》将生态环境保护直接提升到民法基本原则高度，可谓一次重大突破，是对当代民法的重大价值发展：在追求个人私本位关系合理的同时，也应当追求个人利益与自然生态利益的和谐共处。

值得注意的是，民法的六个基本原则之间并非并列关系，而是有主次之分的。其中，自愿是民法最基本的原则，平等、公平、诚信、禁止违反法律和公序良俗、生态环境保护，则是对自愿原则的限制。

三、民法的法源

法源指法院判案的依据。在古代或中世纪，所谓神判及裁判均依据裁判者的主观判断，而裁判者的判断系主观标准且带有极大的不确定性，人们一般不能准确地预测裁判的结果，久而久之，民众就失去了对裁判的信任。在近代，法院裁判案件必须遵从一定的基准，即寻找判案的理论依据。民法作为法官判案的基准具有客观性，是市民生活的一般规范，人们可以比较准确地预测法官判案的结果。

（一）大陆法系国家民法的法源

大陆法系的国家，采用以民法典为基轴的成文法主义，故民法典、成文的特别法及附属法，为重要的法源。另外，作为对成文法法源的补充，习惯法和判例法也起着重要的作用。

（二）英美法系国家民法的法源

英美法系各国，采用不成文法主义，故判例法是其基本的法源，而成文法只起补充的作用。

（三）我国民法的法源

《民法总则》第 10 条规定，处理民事纠纷，应当依照法律；法律没有规定的，可以适用习惯，但是不得违背公序良俗。《民法总则》第 11 条规定，其他法律对民事关系有特别规定的，依照其规定。《民法总则》第 12 条规定，中华人民共和国领域内的民事活动，适用中华人民共和国法律。法律另有规定的，依照其规定。

据此，我国民法的法源，主要有以下七种：

1. 立　法

（1）民法总则。

（2）民事单行法：相对于《民法总则》，民事单行法属于民事特别法，例如《合同法》《公司法》《保险法》《担保法》等也是法官判案的重要依据。

（3）民事法规：民事法规由国务院制定，是民事单行法的重要补充。

（4）行政法律法规中的民法规范：行政法律法规中，往往也包含民法规范。例如《产品质量法》中关于瑕疵担保责任和产品责任的规定；《消费者权益保护法》中关于民事责任的规定；《反不正当竞争法》中关于实施不正当竞争行为的经营者对受侵害的经营者承担损害赔偿责任的规定。

2. 民法性质的规范性文件

国务院所属部委，例如国家发改委、商务部发布的规范性文件，称为规章，不属于立法。这些规范性文件，在不与我国现行法律、法规相抵触的前提下，具有相当于行政法规的效力。

3. 有权解释

最高人民法院与最高人民检察院有权对民事法律、法规作出解释。例如，最高人民法院关于贯彻执行《民法总则》若干问题的意见，最高人民法院关于贯彻《合同法》若干问题的解释等。

4. 习惯法

《民法总则》第10条没有使用"习惯法"概念，而是使用了"习惯"术语；但是由于对"习惯"加上了"不得违背公序良俗"限定，故应理解为"习惯法"。

习惯法，又称不成文法，指由习惯制定的法，即由"习俗认可的法"。此次将习惯法确立为补充渊源，原因主要有二：一是我国民法社会特别是市场经济已经较为成熟，本身已经存在较好的习惯法发育和演化的基础；二是现行制定法立法机制复杂，虽然它因与国家权力结合而具有国家意志威力和文字表述的明确性，但是也经常因为程序缓慢而具有滞后性，不能准确和及时地反映社会生活的合理需要，故有补充认可习惯法的必要。

5. 判　例

我国民法理论原不承认判例的地位，但由于民事立法很不完善，所以给判例的发展留下了很大的余地。最高人民法院发表的批复、解答和发布的判例中形成的许多相关的裁判规则，无疑也是我国民法的重要组成部分。

6. 法　理

按照现行法律，法理并无拘束力，故不构成民法的法源。但有解释权的机关在对民事法律进行解释时，或是法官裁判案件遇法律无明文规定时，往往以法理作为解释和裁判的根据。这样，法理通过解释或裁判获得了法律拘束力，成为我国民法的法源之一。

7. 学　说

学说指研究法律的人对成文法的解释，对习惯法之认知及法理之探求所表示的意见。学说一般代表学者个人的意见，属于学术解释，不能直接发生任何拘束力。近年我国最高人民法院遇有疑难案件时，往往征求学者的意见，并采为判决依据。学说，因被采为判决依据而发生拘束力，属于间接的法源。

四、民法与商法

（一）商法的概念

商法又称商事法，指规定关于商事的法律。

在传统的商法理论中，商法分两种：(1)形式意义上的商法；(2)实质意义上的商法。形式意义上的商法，指在民商分立的国家所制定的商法典。当然，这些国家的商法，除专指商法典以外，还暗含各种商事特别法。实质意义上的商法，指以商事为其规范对象的各种法律规范的总称，其不以商法典为限，它又可以分为两种：(1)广义上的商法；(2)狭义上的商法。广义上的商法，泛指调整商事关系的所有商事法律规范的总称，既包括国内商事法，又包括国际商事法。狭义上的商法，专指国内商事法中的商事私法。

同民法比较，商法具有下列特征：(1)营利性。商事活动以营利为目的，对社会生活有重要影响，各国商法中关于交易行为、商业管理、利率及时效的规定均不同于民法的一般规定。(2)技术性。商法以经济上实用为依据，它以独特的形式反映了商品经济的内在规律，其内容中包含有大量的技术性规范，这与民法中偏重于伦理性的规范特点不同。(3)公法性。多数国家的商法对商事关系采取干预态度，形成商法中公法规范与私法规范的二元化发展。(4)国际性。由于国际贸易和国际商事活动的发展，各国商法在内容上具有明显的共同性和相容性。

19世纪以来，各国又通过国际商事条约进一步推动了商法的统一，故有关的国际规范历来被视为商法的法源之一。

（二）民商合一与民商分立

关于民法与商法的关系，有民商合一和民商分立两种体例。民商合一，指民法包含商法，是商法的母法，并指导和统帅商法，而商法是民法的子法或者特别法，例如意大利、瑞士实行的就是这种体例。民商分立，指民法与商法属两个并存的独立的部门法，通常在民法典之外还制定商法典，例如法国、德国实行的就是这种体例。我国采取民商合一的体例，例如《民法总则》为民商合一法，而《中华人民共和国合同法》（简称《合同法》）虽然具有商事合同的性质，但仍属于《民法总则》之特别法。

1. 商法的出现是特定历史阶段的产物

近代商法是11世纪前后随着欧洲商业的兴起而发展起来的。在这一时期，地中海沿岸的许多城市的商业得到了空前的发展，但中世纪的寺院却成了束缚商人活动的羁绊。为了脱离封建领主的司法管辖权及宗教势力的支配，商人们组成了基尔特团体。该团体拥有自治权和裁决权，能够独立订立自治规约和处理商人纠纷。天长日久，开始形成了维护商人特殊利益的商人习惯法。同时，在政府与教会的权利争夺中，商人是政府的财力支持者，故商人习惯法也得到了国家法律的确认。于是，就形成了在民法之外还有商法独立存在的局面，这就是后来欧洲大陆国家民法、商法分别法典化而导致民商分立的原因。

例如，法国早在1563年政府已设置商事法院，并开始任命一些法官为商人处理商事案件，适用商人习惯法。之后又陆续颁布了《陆上商事条例》《海事条例》等。拿破仑制定民法典时，正是考虑到法国已有商事单行法并沿用了100多年，既不宜废除，也不宜并入民法典，于是将这些商事单行法合并为商法典。德国的情况，与法国类似。

2. 传统的商法典难以形成严谨的客观标准体系

各国商事立法，主要有三种类型：(1)以德国商法为代表的采用主体标准的商法；(2)以西班牙商法为代表的采取客观标准的商法；(3)以法国商法为代表的混合体系的商法。

以德国商法为代表的采用主体标准的商法，规定商法只调整商人的活动，即商法是调整商人的法律。商品经济的发展导致人的普遍商化，使商法所规定的商人已很难与民法的自然人和法人相区别，作为自然人的商人和作为法人的商人也很难与其他人相区别。总之，人的商化促成了民事主体与商事主体的相互融合。

以西班牙商法为代表的采取客观标准的商法规定，商法主要调整属于商行为的一定范围的商业交易，而不管这些交易者的身份如何。随着商业职能范围的不断扩大，致使商法所规定的商行为和民法所规定的民事行为难以区分。例如，《西班牙商法典》中关于委托代理、寄存、租赁、运输、保险等的有关规定与民法的规定大量重复。因此，采取客观标准划分民法和商法已不可能。

以法国商法为代表的混合体系的商法，从商业交易中引申出商人的定义，而商业交易的定义又取决于从事这种活动并对其负责的人。该法典没有商业交易的定义，而只是列举了一系列性质为商业交易的行为。但这种划分，历来都被认为不严谨，早已落后于经济的发展。

这三种划分方法都难以令人满意，商法与其说是一种逻辑结构，不如说是传统的产物。

3. 商法已失去作为一个独立的部门法的基础

从商法产生与发展的过程不难看出，商法主要是为了维护商人的特殊利益，其本质上是商人阶级的法律。但是,随着"法律面前人人平等"原则的确立,商人的特权逐渐被取消,商人的特殊利益已不复存在,商法已失去作为一个独立的部门法的基础。

4."民商合一"是现代民法的发展趋势

原来实行民商分立的国家,有的已改变为民商合一,例如意大利、荷兰;有的正在考虑实行民商合一,例如德国、西班牙、法国。

我国实行民商合一的立法体系,绝不意味着将传统商法的内容全部纳入民法典,而应贯彻制定统一民法典与单行法相结合,逐步形成一个以民法典为基础,以单行民商法相配套的严谨的、科学的民法体系。

五、民(商)法与伦理道德

民(商)法规范市场竞争条件下理性人的行为:它承认行为人的利己动机,即行为人冷静地、客观地计算利害,驱动了市场经济的发展和进步。从整体上看,民(商)法鼓励市场交易,天然地对某些非伦理行为持容忍态度,因为这些非伦理行为没有违法甚至是合法行为。但是,若任由利己行为泛滥,则极端情况下非伦理行为可能演变成反伦理行为,导致市场秩序混乱。

《民法总则》第7条强调遵循交易规则、诚实信用等道义规范,突出一方给付与对方给付的等值性,即内含利己动机的行为人还要兼顾相对方的利益,遏制自身过分的利己行为,采取中庸之道,合理地分配双方的风险和收益。例如在处理交易纠纷场合,有相当数量的行为人过分坚持"法无禁止即可为",则"得理不让人",虽然充分维护了己方利益,也没有违反民(商)法,但却因此失去了相对方的信任,致交易难以持续,得不偿失;但仍有部分行为人能够"诚信待人",则"得理还让人",短期看虽然会损害己方的部分利益,但会得到金钱难买的诚信与信任,从长远看将得到更大的回报,因为与相对人的交易可以重复、持续。

总之,伦理道德虽然难以计算,但它直接影响市场交易当事人间的关系,进而影响社会风气:若行为人过分坚持"法无禁止即可为",也确实满足"不违法或守法"底线,社会将充斥大量非伦理行为;而"诚信待人""得理还让人"行为则体现出高尚的伦理道德素质,不仅满足"守法"底线,还合乎伦理道德的更高追求。若所有市场交易者都能够依此而为,则非伦理行为将被挤出市场,市场交易当事人间的关系也会更加和谐。因此,应当鼓励和提倡这种"不但守法,而且合乎伦理道德"的高尚行为,旨在协调当事人关系,促进社会可持续发展。

第二节　民法本质与本位

一、民法本质

民法本质指民法本身所固有的根本属性,是民法区别于其他法的重要标志。

(一)公法、私法划分标准

自罗马法以来,法律在法学传统上分为公法与私法两类。大体言之,凡规律国家或公共团体为其双方或一方主体者之法律关系,以权利服从关系为基础者为公法,例如宪法、刑法等;仅规律私人间或私团体间之相互关系,以平等关系为其基础者为私法,例如民法、公司法、票据法、海商法、保险法等。

强调公、私法划分的意义在于,民事法律属于私法,提倡私法自治。在民事生活、经济生活领域，由当事人自己协商决定他们之间的权利和义务关系，原则上国家不直接干预；只有当事人之间发生纠纷而且不能通过协商解决时，国家才出面进行干预，即由司法机关以仲裁者身份对当事人之间的纠纷作出裁判。

（二）民法本质

民法本质体现为私法自治原则，指个人依其意思形成私法上的权利义务关系。例如，所有权自由，指所有人在法律允许的范围内可以自由使用、收益、处分其所有物；遗嘱自由，指个人在生前可以立遗嘱处分财产，决定其死后财产的归属。当然，最重要的是合同自由，基本内容有四项：(1)当事人自由订立合同；(2)当事人自由选择相对人；(3)当事人自由决定合同的内容；(4)当事人自由选择订立合同的方式。

私法自治原则，建立在19世纪个人自由主义的基础上，它排除了当时封建身份关系及各种法律对个人的束缚，废除了法人尤其是公司的特权，对保障私有财产自由处分、实践营业自由、促进社会经济发展都作出了重要贡献。在现代市场经济条件下，它须以当事人自由平等及由此产生的自由竞争、机会均等为前提。例如，一个背井离乡的农民工，他不具备与企业家讨价还价、磋商劳动条件的能力；一般的消费者，零散孤立，也无法与居于市场优势地位的厂商相抗衡。在这种情况下，国家法律必须介入，例如国家制定关于劳动条件的强行基准规定，以限制私法自治原则的滥用。

二、民法本位

民法本位指民法的精神或精髓，即民法的基本价值取向；从规范上看，指在民事权利义务体系中何者居主导地位。

（一）西方国家民法本位

西方国家民法本位，可划分为三个时期：(1)义务本位，自罗马法至中世纪；(2)权利本位，自16世纪开始，经17、18世纪之孕育，成熟于19世纪；(3)社会本位，自20世纪开始至今。

1. 义务本位

义务本位指以义务为法律的中心概念，立法均是禁止性规定和义务性规定，且民刑责任不分。其目的在于，对不同身份的人规定不同的义务，以维护身份秩序。例如，家父是罗马法律制度的中心，罗马城邦是以家为基础建立起来的。在罗马法中，家父对子女及奴隶的权利，与对物的支配权没有本质的差别。

1794年制定的《普鲁士国家的一般邦法》，是以身份制社会作为前提的“义务体系”，它针对各种不同身份规定了特别详细的义务目录。例如，它用86个条文规定家长与仆役的权利义务关系。其中，关于主人对仆人的义务，规定：约定给与食物，必须提供当地通常的食物使之吃饱为止；必须给与参加教堂礼拜的时间等。权利义务，依各种各样的特别身份而规定。个人依所属的身份，成为相应的权利义务的主体。

2. 权利本位

权利本位指以个人权利为中心，使得“个人权利的保护”成为法律的最高使命，权利成为法律的中心概念，是资本主义上升时期自由主义法律思想和自由放任经济政策的产物。它极力保护个人财产权，刺激自由竞争，对促进资本主义市场经济发展作出了重大贡献，具集中体现为近代民法三大原则的确立。

近代民法的三大原则：(1)合同自由。尊重个人的意思表示，个人取得权利、承担义务，完全取决于个人的自由意思。合同的内容、方式、成立及合同对方当事人的选择，完全听凭当事人的自由意思，国家不作干预。(2)尊重个人财产，即所有权绝对化。所有权为绝对支配权，排除一切干预，可以遗嘱的形式进行处分。土地所有权的范围，上达天空，下至黄土，几乎没有任何限制。(3)自己责任，即过错责任。个人只对自己的行为负责，而不对他人的行为负责。对自己的行为负责，又以过错(故意、过失)为限。也就是说，如果不是出于故意、过失，即使损害他人，亦不承担责任。

3. 社会本位

社会本位指以社会为中心，强调个人对社会应承担的责任。19 世纪中期以后，出现了严重的社会问题，例如劳资对立、贫富悬殊等，民法思想由极端尊重个人自由发展为重视社会公共福利，例如最低工资的规定、最高工时的限制、消费者权利的保护等。

值得注意的是，社会本位是对权利本位的调整，绝非义务本位的复活。集中表现在三点：(1)对合同自由的限制。对缔结合同加以公法的监督，注重保护经济上的弱者。(2)对所有权绝对化的限制。如魏玛宪法规定，所有权附有义务；各国法律明确规定，禁止权力的滥用；行使所有权时应遵守诚实信用原则等。(3)对过错责任的限制，采用无过错责任。各国法律均明确规定，对高度危险、产品责任、公害责任等实行无过错责任。

案例 1－1：不愿下飞机的越南裔美籍乘客因忽略社会责任被强行拖走

2017 年 4 月 9 日 15∶40，一架由芝加哥飞往肯塔基州路易斯威尔的美国联合航空 UA3411 航班，因超额订票而将一名不愿意下机的美籍越南裔乘客强行拖走。在当天所有旅客登机完毕后，联合航空发现航班超额订票，为让 4 名机组人员能于翌日抵达路易斯威尔执行隔日航班的飞行工作，便在机上寻求 4 名自愿下机的乘客，承诺赔偿 400 美元及一夜酒店住宿，但加至 800 美元都无人放弃登机，地勤随后以最高 1 000 美元征集“志愿者”，仍无人同意，航空公司决定采用电脑随机抽取的方式抽出 4 人。一对被抽到的男女平静接受，但一名自称是医生、与妻子同被抽中的男性乘客，表示翌日要到路易斯威尔医院见病人，拒绝下机。在争持不下的情况下，3 名机场执法人员决定强行拖走该男子。

美籍越南裔乘客不愿意下机，过分强调个人权力，忽略了社会责任，违反了哪项民法本位？

A. 义务本位；　　B. 权力本位；　　C. 社会本位；　　D. A、B、C 项都错误。

(二) 我国民法本位

我国民法本位，根据时代的不同也可分为三个时期：(1)义务本位，即 1949 年中华人民共和国成立以前长达两千多年的封建社会、半封建社会；(2)社会本位，即 1949 年中华人民共和国成立至 1978 年改革开放；(3)权利本位，即 1978 年改革开放至今。

1. 义务本位

在我国长期的封建社会中，社会组织及法律制度与古代罗马法有着惊人的相似之处。我国所谓的伦常关系即身份关系、层级相属。个人仅仅是家族的一份子，不能有独立的地位。例如，在官场上，君臣关系是君君臣臣，即使君王的话是错误的，做臣子的也得执行。在家庭中，父子关系是父父子子，即使父亲说错了，儿子也得服从；夫妻关系是夫权至上，即使丈夫说错了，妻子也得听从。在旧中国的义务本位制度下，妇女生活在社会的最底层，她们的头上有三座大山，分别是父权、夫权、族权，即出生后要听父亲的，嫁人后则要听丈夫的，还要听族长的。

2. 社会本位

新中国成立后至 1978 年改革开放以前，片面强调国家和社会利益，否定个人利益和个人权利,忽视了公民的权利和利益,在法律思想上表现为社会本位。

3. 权利本位

我国公民的个人权利受到重视,基本上是在改革开放后。1986 年颁布的《民法通则》体现了"以权利为中心"的思想。例如第一章第一条,明确规定了立法目的是"为了保障公民、法人的合法民事权益";第二章规定了权利主体;第四章规定了权利的取得;第五章分别规定了物权、债权、知识产权、人身权;第六章规定了对民事权利的法律保护。这些条款均体现了权利本位的思想。

对比中西方民法本位的历程,可以发现明显的不同。西方国家民法,由义务本位进入权利本位,最后进入社会本位。例如,法国、德国、日本等国的民法典,均为权利本位。但第二次世界大战后通过修订,增添了若干社会本位的色彩,强调法律应兼顾社会公共利益。当代西方国家民法提倡社会本位,有其进步意义。而我国有长达数千年的义务本位传统,个人观念、权利观念十分薄弱。新中国成立后,仍有很长一段时间坚持社会本位,片面强调国家和社会利益,否定个人利益和个人权利。

改革开放 40 多年,我国经济总量跃居世界第二位,但腐败、贫富悬殊、环境污染等社会问题突出,反映出人们在伦理道德修养、社会责任方面的欠缺。结合民法的六个基本原则,我们可以看出,自愿是民法的核心原则,体现了私法自治、权利本位;平等、公平、诚信、禁止违反法律和公序良俗、生态环境保护,均是对自愿原则的限制,体现了社会本位,即《民法总则》倡导权利本位和社会本位结合:突出权利本位,兼顾社会本位。目前在经济进入新常态背景下,在强调自然人、法人、非法人组织合法权益保护的同时,"兼顾社会公益和第三人利益"彰显出了时代的要求和现实的紧迫性。

案例 1-2:大巴车坠江事件,暴露满车乘客社会责任的缺失

2018 年 10 月 28 日上午 10 时许,位于重庆万州区的万州长江二桥上,一辆载客的 22 路公交大巴车在与一辆小轿车发生撞击以后,从近四十米高的桥面坠入长江。事后经公安机关调查,确认该事故造成包括司机与乘客在内的共 15 人失联,其中 13 人已确认遇难。

大巴车坠江事件引起社会广泛关注。11 月 2 日,公交车黑匣子被打捞出水面,事件真相终被揭露。车上的监控视频显示,乘客刘某在乘坐公交车过程中,因坐过站而与驾驶员冉某发生争执。刘某两次持手机攻击正在驾驶中的冉某。冉某身为驾驶人员,在驾驶公交车过程中,放开方向盘,与刘某扯打在一起。刘某与冉某之间的互殴行为造成公交车失控,与正常行驶的来向小汽车相撞并冲破大桥围栏坠入江中,最终酿成了这一重大人员伤亡事故。

案例评析:

该案涉及两个维权:一是乘客(除刘某外)与公交公司,二是公交公司(冉某)和乘客刘某。《合同法》第 290 条规定,承运人应当在约定期间或者合理期间内将旅客、货物安全运输到约定地点。《合同法》第 302 条规定,承运人应当对运输过程中旅客的伤亡承担损害赔偿责任,但伤亡是旅客自身健康原因造成的或者承运人可证明伤亡是旅客故意、重大过失造成的除外。当乘客购票上车,即与公交车公司达成了客运合同关系,公交公司就负有将乘客安全送达各自下车地点的义务,公交车公司没有将乘客安全送达目的地,构成违约,应该承担相应的违约责任。公交车司机冉某与刘某互殴,刘某无理打闹,影响冉某驾驶;冉某面对突发情况,处理方式不当,导致事故发生,最终给公交公司带来巨大损失。

乘客刘某过分强调个人权利,忽略社会责任,是导致事故的直接诱因;其他乘客没有及时制止刘某的不当行为，也是导致事故发生的重要原因。

少强调个人权利，多考虑社会责任，是防范事故发生的更优选择，体现了“群体利益高于个体利益”的社会责任。乘客刘某坐过站，应当自担不利后果，不应强制要求司机停车；若其他乘客联合起来，共同谴责其不顾公共安全的行为，则刘某不得不收敛其不当行为，坠江事件可能得以避免。

第三节　大陆法系与英美法系

民法有大陆法系和英美法系之分。大陆法系，因支配整个欧洲大陆各国而得名，从罗马法演变而来，又称罗马法系。英美法系，又称普通法系，从英国法发展而来，与大陆法系相对。

一、大陆法系

大陆法系（Continental Law System）又称罗马法系、成文法系，指欧洲大陆大部分国家从19世纪初起以罗马法为基础建立起来的法律制度，其中最著名的要数1804年的《法国民法典》和1896年的《德国民法典》。属于该法系的国家，除以法、德两国为代表的欧洲大陆国家外，还包括曾是法、西、荷、葡四国殖民地的国家和地区，以及日本、泰国、土耳其、埃塞俄比亚等国。旧中国国民党政府的法律，很大程度上是参照日、德等国制定的，因而也属于大陆法系。北欧各国的法律具有独特的历史传统，与英美法系相比，它与大陆法系的关系更为密切。有些国家或地区的法律，例如斯里兰卡、菲律宾、南非、英国的苏格兰、美国的路易斯安那州和加拿大的魁北克省，由于各自的历史原因，大陆法系和英美法系的特征交织存在。

以罗马法为基础制定的1804年《法国民法典》，为大陆法系在19世纪的形成奠定了基础。罗马法毕竟是古代的、以简单商品生产为基础的法典，《法国民法典》以简明、严谨的法律词句对资本主义的民事法律关系作了全面规定。《法国民法典》问世后，制定的一系列资产阶级民法，不同程度上都受到它的影响，其中最著名的是1896年制定的《德国民法典》。《德国民法典》虽然也是在《法国民法典》的影响下制定的，但两个法典相隔几乎达一个世纪，分别代表了自由资本主义和垄断资本主义两个阶段，导致其主导思想不同：《法国民法典》强调个人权利，《德国民法典》则突出社会利益。另外，两个法典的结构和风格也有明显的差别。有些西方学者指出，在大陆法系内部，又可分为两个支系：（1）以《法国民法典》为范本的法国法系；（2）以《德国民法典》为范本的德国法系。但是，两个法典的共同特征在于法典化，即制定成文的民商法典。

二、英美法系（英国法系）

英国法系，指自中世纪至资本主义时期以英国法律为基础产生和发展的法律制度。由于它是以英国中世纪开始出现的普通法（Common Law）为代表，故又称普通法系、判例法系、不成文法系。美国也属于这一法系，并且被认为是与英国法系并列为这一法系的两个支系，故英国法系也称为英美法系。

英语中的Common Law，是个多义词，它可以指适用于全国的法律，以区别于地方上的习惯法；也可以指以前英国普通法法院适用的普通法，以区别于衡平法法院所适用的衡平法；还可以指整个英国法系，以区别于大陆法系；最后还可以指法官通过判决所创造的法律——判例法，以区别于制定法。

16 世纪以后，英国的殖民地遍及海外，这些殖民地的法律制度均受英国法的支配。英美法系的范围，除英国（苏格兰除外）以外，主要是一度作为英国殖民地、附属国的许多国家和地区，例如美国、印度、巴基斯坦、缅甸、马来西亚、新加坡、澳大利亚、新西兰等国。美国于 1776 年独立后，其民商法制及司法制度仍沿袭英国法，且英国的判例迄今仍为美国法院所引用。因此，美国法实起源于英国法，形成了英美法系。

英国法系首先导源于 11 世纪诺曼底人入侵英国后逐步形成的普通法。公元 1066 年，诺曼底的威廉公爵越过英吉利海峡征服英国，为加强王权，国王派出巡回法官到全国各地审理案件，逐渐建立了一批王室法院，以后通称为普通法法院，王室法院根据英王敕令、诺曼底习惯，并参照当地习惯进行判决。在这种判例法的基础上，逐步形成一套全国适用的法律，称为普通法。

英国法系也导源于 14 至 15 世纪开始出现的、与普通法平行发展的衡平法（Equity）。当时由于社会经济的发展，出现了许多前所未有的案件，但普通法院的程式非常僵化，妨碍了对这些案件的处理。有的当事人在普通法法院无法提出申诉，就向英王上告，于是英王就委托大法官进行审理，最后为专门审理这类案件而建立了独立的法院系统——大法官法院或衡平法法院。大法官或大法官法院对这类案件的判决所形成的判例法就称为衡平法，以示与普通法相区别。

英国资产阶级革命后，保留了历史上形成的判例法制度，在此基础上吸收了罗马法的许多术语和法律原则，借助于罗马法发展了判例法制度。英国民法没有采取法典的形式，而是由判例法规则和一些制定法构成契约法、财产法、家庭法和侵权行为法等法律分支，在内容上相当于大陆法系的民法。在 19 世纪以前，英国法主要以英国的普通法和衡平法为代表。但自 19 世纪后，制定法，特别是国会立法大量增加。

美国（路易斯安那州除外）法，属于英国法系，但美国法与英国法又各有特点：美国实行成文宪法制，而英国则是不成文宪法制的典型代表。美国实行联邦制，其法律有联邦法与州法之分；英国是单一制国家，不存在这种划分。美国法院（主要指联邦最高法院）拥有“司法审查权”，即通过具体案件确定一般立法是否符合宪法的规定；而英国法院没有该项权利。在美国，对公民权利的保护，主要是通过宪法的规定，这些规定一般是不变的，除非联邦最高法院对这些规定的解释有所改变或通过宪法修正案加以改变；在英国，对公民权利的保护，主要是通过国会立法和判例法，并且可以通过立法加以改变。

三、两大法系比较

（一）二者的区别

两大法系的区别主要表现在下列四个方面：

1. 法律方法论不同

在英美法系国家，法院处理具体案件时，首先要探讨以前类似案件的判决，并从中抽象出适用于要处理案件的一般原则。在大陆法系国家，首先考虑制定法所规定的一般法律准则，然后再按照这些准则来处理具体案件。

2. 判例的地位和作用不同

在英美法系国家,除制定法外,判例法也是一个重要的法源。在大陆法系国家,判例一般不认为是一种法源。该差别一度曾十分突出,但进入20世纪后,二者的差别已不太显著。

3. 是否采用法典的形式

大陆法系国家,采用法典的形式。英美法系国家,不采用法典的形式。进入20世纪后,该差别已日益缩小。

4. 诉讼程序不同

英美法系国家,采用对抗制,即在民事诉讼中由双方律师、在刑事诉讼中由公诉人和被告律师担当主要角色,法官充任一个消极的、中立的裁定者的角色;证据由当事人在场时提出,当事人可以同对方证人进行对质。大陆法系国家,在诉讼中法官居于主要地位,当事人不在场时也可以提出证据。

(二) 优缺点分析

1. 大陆法系优缺点

大陆法系优点有三:(1)安定性;(2)统一性;(3)明确性。具体来说就是,大陆法系以成文的民法典为特征,而民法典一旦制定出来,在很长一段时间内将保持不变。在主权国家管辖的范围内,均受该民法典的约束;当事人能够做什么、不能做什么,该民法典均有明文规定。众所周知,在大陆法系国家,民法典是法官判案最主要的法源,这样法官判案的结果就具有可预见性。

但大陆法系也有缺点,这主要源于其安定性的特点,民法典一旦制定,在很长一段时间内将保持不变,而社会总是在发展变化的,而且有时社会变化的速度太快,导致其内容僵化,难以适应社会迅速发展的需要。

2. 英美法系优缺点

英美法系以判例为特征,而判例能够准确反映出社会的变化情况,有时甚至可用新判例修改旧判例,使其具有适应社会变动的弹性,这是其优点。

但是,英美法系也有其不足之处,主要表现为判例太多,以至于判例之间有怎样的区别和联系很难把握。对于作为非职业法律工作者的普通大众而言,浩如烟海的判例无异于天书,根本无法从众多的判例中抽象出规律性的东西来。法的内容庞杂、缺乏系统性,导致老百姓与法的知识疏远。

进入20世纪后,两大法系出现了相互渗透、相互接近的趋势。例如,大陆法系国家逐渐重视判例的作用,英美法系国家尤其是美国越来越重视法典的编撰。因此,有学者指出两大法系有合流之趋势。但是,由于传统的不同,两大法系之间的差别还将长期存在下去。

(三) 英美法判例对商学院案例教学的启迪

案例教学,旨在通过剖析某具体案例,以发现某些规律,并加以推广。案例教学方法和英美法判例类似,都是从具体到抽象,从特殊到一般,易于初学者接受。但是,基于特定情境的案例,结论的普适性受到极大限制。积累大量案例后,就会发现很多案例看起来类似,但处理结果大相径庭。这就需要对案例归类、比较,提炼出它们之间的差别与联系,这样才能更准确地把握案例教学。

第四节　自然人

一、民事权利能力和民事行为能力

（一）民事权利能力

《民法总则》第 2 章第 13 条规定，自然人从出生时起到死亡时止，具有民事权利能力，依法享有民事权利，承担民事义务。《民法总则》第 14 条规定，自然人的民事权利能力一律平等。

自然人的民事权利能力从出生时开始。关于自然人的出生时间，《民法总则》第 15 条规定，自然人的出生时间，以出生证明记载的时间为准；没有出生证明的，以户籍登记或者其他有效身份登记记载的时间为准。有其他证据足以推翻以上记载时间的，以该证据证明的时间为准。出生是客观事实，其时间不因证明而改变。由于户籍证明或出生证明记载的自然人出生的时间并不一定与自然人实际出生的时间相一致，因此户籍证明或出生证明仅有推定的效力。所以，自然人出生时间的确认，应当根据具体情况，区别对待：(1)若自然人产于医院，出生时间应以医院出具的出生证明为准；(2)若自然人非产于医院，出生时间应以接生人员的证明为准；若无上述证明，以户籍证明为依据。但是，如果有确切证据证明出生的时间与出生证或户籍证明记载的出生时间不一致的，应以该确切证据证明的时间为出生的时间。

由于自然人的民事权利能力与自然人本身不可分离，自然人一旦死亡，便不能成为权利义务的享有者和承担者，故世界各国民事立法均规定自然人的民事权利能力终于死亡。《民法总则》第 15 条规定，自然人的死亡时间，以死亡证明记载的时间为准；没有死亡证明的，以户籍登记或者其他有效身份登记记载的时间为准。有其他证据足以推翻以上记载时间的，以该证据证明的时间为准。死亡包括自然死亡和宣告死亡两种情况。自然死亡，又称生理死亡。如果自然人是在医院死亡的，应以死亡证明上记载的死亡时间为准；如果当事人对自然人死亡的时间有争议，应以人民法院调查后确定的死亡时间为准。宣告死亡，又称推定死亡，指自然人下落不明，超过了法律规定的时间，经利害关系人申请，由人民法院依照法定程序和方式宣告其死亡的法律制度。

《民法总则》第 16 条规定，涉及遗产继承、接受赠与等胎儿利益保护的，胎儿被视为具有民事权利能力的主体。《民法总则》新添胎儿利益保护的规定：胎儿活体出生，视为具有民事权利能力；但是胎儿娩出时为死体的，其民事权利能力自始不存在。在我国民法中，胎儿的地位相当于被监护人，而胎儿父母的地位相当于监护人，胎儿的权利应当由其父母作为法定代理人代为行使和保护。

（二）民事行为能力

《民法总则》以自然人的年龄和精神状态为标准，将自然人划分为完全民事行为能力人、限制民事行为能力人与无民事行为能力人三类。

1. 完全民事行为能力人

完全民事行为能力人，指达到一定年龄和精神状态正常，能够以自己的独立行为进行民事活动，取得民事权利和承担民事义务的自然人。

根据《民法总则》第 17 条、第 18 条的规定，完全民事行为能力人包括两类人群：第一，18 周岁以上的成年人；第二，以自己的劳动收入为主要生活来源的 16 周岁以上的未成年人。

除不能辨认或不能完全辨认自己行为的自然人外，18 周岁是一般人的成年年龄。但该部分完全行为能力人可以独立实施的私法行为，仅具有一般意义。根据我国法律，即便具有完全民事行为的自然人仍可能存在部分不得实施的私法行为，例如结婚。根据《婚姻法》第 6 条与第 10 条的规定，男未满 22 周岁，女未满 20 周岁，不得结婚，否则结婚行为无效。

2. 限制民事行为能力人

限制民事行为能力人又称不完全民事行为能力人，指已经达到一定年龄但尚未成年和不能完全辨认自己行为的成年人。根据《民法总则》第 19 条、第 22 条的规定，限制民事行为能力人包括两类人群：第一，8 周岁以上的未成年人，但 16 周岁以上的未成年人以自己的劳动收入为主要生活来源的除外；第二，不能完全辨认自己行为的成年人。

一般情况下，不满 18 周岁之人为非完全行为能力人。但这一年龄标准所含括的人，理性能力相差甚远，不宜同等对待。因此，法律将 8 周岁以上、18 周岁以下，具有一定理性能力的自然人视为限制行为能力人，允许其独立实施与年龄、智力相适应的法律行为。

《民法总则》将限制民事行为能力人年龄从 10 周岁放宽到 8 周岁，主要基于以下考虑：一是民事上的无行为能力制度，主要从静态安全的角度出发，以保护无行为能力人的利益，但在工商业发达、市场交易频繁的当代社会，却无法兼顾社会交易的安全，不免使法律行为的相对人受到损害；二是现在未满 10 周岁的未成年人事实上已具有了一定的民事行为能力，如在法律上将其作出的民事活动均归为无效，显然与生活现实存在严重脱节。

案例 1－3：11 岁五年级学生买彩票中奖，但彩票店拒绝兑奖

2008 年 8 月的一天，重庆五年级学生小芮过 11 岁生日。小芮盘算拿着父母刚给的 20 元零用钱去超市买雪糕吃。途经一家彩票店时，突然想进去买两张彩票。因为小芮的哥哥（成年）常常在接送她上学的时候进入该店购买彩票，并且告诉小芮买彩票能够得到很多的钱，有了那么多的钱就可以买喜欢的所有东西。小芮纠结了一会儿，攥着 20 元钱，进入彩票店。在店员的帮助下，购买了 5 张彩票。

电视开奖时，哥哥发现小芮的彩票中了 30 000 元钱。小芮的父母拿着自己和小芮的有效证件前去彩票店领奖，却被工作人员告知，小芮是未成年人，购买的彩票无效，不能兑奖。小芮的父母不甘心，将彩票店告上法庭。法院经审理，判小芮父母胜诉，依据是：

A. 对未成年人特别保护；　　B. 纯获利益；　C. 法官受贿；

D. 小芮购买彩票的成本与收益，与其年龄、智力、精神健康状况相适应。

3. 无民事行为能力人

无民事行为能力人，指不能独立进行民事活动、取得民事权利和承担民事义务的自然人。根据《民法总则》第 20 条、第 21 条的规定，无民事行为能力人包括两种：第一，不满 8 周岁的未成年人；第二，8 周岁以上不能辨认自己行为的未成年人和成年人。

《民法总则》第 20 条规定，不满 8 周岁的未成年人为无民事行为能力人，由其法定代理人代理实施民事法律行为。《民法总则》第 21 条第 1 款规定，不能辨认自己行为的成年人为无民事行为能力人，由其法定代理人代理实施民事法律行为。该条第 2 款规定，8 周岁以上的未成年人不能辨认自己行为的，适用前款规定。

成年人的行为能力是否欠缺及欠缺程度，须经法院个案审查，由法院作出宣告判决。在法院作出判决之前，任何成年人不得被当作行为能力欠缺者。《民法总则》第 24 条第 1 款规定，不能辨认或者不能完全辨认自己行为的成年人，其利害关系人或者有关组织，可以向人民法院申请认定该成年人为无民事行为能力人或者限制民事行为能力人。该条第 3 款规定，本条规定的有关组织包括：居民委员会、村民委员会、学校、医疗机构、妇女联合会、残疾人联合会、依法设立的老年人组织、民政部门等。

行为能力欠缺者的宣告可被撤销。《民法总则》第 24 条第 2 款规定，被人民法院认定为无民事行为能力人或者限制民事行为能力人的，经本人、利害关系人或者有关组织申请，人民法院可以根据其智力、精神健康恢复的状况，认定该成年人恢复为限制民事行为能力人或者完全民事行为能力人。

二、监护制度

监护制度是亲权制度的延伸，旨在弥补自然人行为能力的不足。适用前提是，未成年人的父母死亡或丧失行为能力。《民法总则》的监护制度与《未成年人保护法》、《妇女权益保护法》以及《老年人权益保障法》等对监护的规定，共同构成我国监护制度体系，构建以家庭监护为基础、社会监护为补充、国家监护为兜底的监护制度。

《民法总则》第 27～39 条所规定的监护制度，是照顾未成年人和具有精神障碍的成年人生活和财产的权利。第 27 条突出父母亲的监护人地位，说明父母作为监护人隐含其他权利。

（一）监护人的设立

根据世界各国立法的规定，监护人有法定监护人、指定监护人和遗嘱监护人三种。法定监护人，指由法律直接规定无行为能力人或限制行为能力人的监护人；指定监护人，指在没有法定监护人或遗嘱监护人时，由法院或其他有权指定监护人的机构为无行为能力人或限制行为能力人指定监护人；遗嘱监护人，指父母通过遗嘱的方式为未成年子女指定监护人。

1. 未成年人监护人

未成年人指不满 18 周岁的自然人。《民法总则》规定了法定监护、指定监护、协议监护和遗嘱监护 4 种方式。

1）法定监护

《民法总则》第 27 条明确规定了担任法定监护人的顺位和范围，法定监护人的顺位以监护人与被监护人之间的血缘关系的远近为基础。第一顺位的监护人是未成年人的父母。在第一顺位的监护人死亡或丧失行为能力时，由下列有监护能力的人按顺序担任监护人：首先为未成年人的祖父母和外祖父母；其次是未成年人的已成年的兄姐；最后是其他愿意担任监护人的个人或组织，但必须经未成年人住所地的居民委员会、村民委员会或者民政部门同意，旨在防止具有监护资格的监护人推卸责任，导致监护人缺位的情况出现。

2）协议监护

协议监护，指具有监护资格的人通过协商方式确定未成年人的监护人。在未成年人父母亲双亡或丧失行为能力时，根据《民法总则》第 27 条规定的顺位应当担任监护人的人，认为不适合担任监护人或认为更适合担任监护人的，可以根据《民法总则》第 30 条的规定进行协商。具有监护资格的人可以根据各自与被监护人的生活联系、经济状况、提供教育条件和生活照顾便利等因素，在尊重被监护人真实意愿的基础上，协商确立监护人。以协议方式确定监护人对被监护人的利益影响重大，应当充分尊重被监护人的真实意愿，即结合多种情况对被监护人的意愿进行综合考量，探求被监护人的内在真实意愿，而不是简单地征求被监护人的意见。

值得注意的是，协议监护的主体仅限于依法具有监护资格的人，而不得在法定监护人主体范围之外的协商确定监护人。

3）指定监护

在未成年人父母亲双亡或丧失行为能力的情况下，具有监护资格的人通过协商方式无法确定监护人，从而产生指定监护问题。该情形主要发生在以下两种情况中：一是两个以上具有监护资格的人均愿意承担监护责任；二是具有监护资格的人均不愿意承担监护责任。

若对监护人的确定产生争议，应根据《民法总则》第 31 条规定的监护争议解决程序处理，即由居委会、村委会、民政部门或法院尊重未成年人的真实意愿，按照最有利于未成年人的原则在具有监护资格的人中指定监护人。关于监护人的指定方式有两种：一是由有关组织指定，即由未成年人住所地的居委会、村委会或民政部门指定；对指定不服的，可以向法院申请指定监护人。二是法院指定，即当事人可以直接向法院申请指定监护人。

4）遗嘱监护

遗嘱监护指未成年人的父母以遗嘱的方式确立未成年人的监护人。遗嘱订立方仅限于未成年人的父母，其他主体不能通过遗嘱方式确立未成年人的监护人。与此同时，遗嘱监护优先于法定监护，且指定的监护人可以不受《民法总则》第 27 条规定的具有监护资格人的限制。

遗嘱监护制度有助于满足父母生前为未成年子女作出监护安排的需要，体现了对父母意愿的尊重，符合意思自治原则，也有利于保护被监护人的利益。

2. 成年人监护

成年人监护指成年人因智力、精神健康状况等导致认识能力缺失或认识能力有限而设立的保护制度。《民法总则》规定了法定监护、指定监护、意定监护 3 种方式。

1）法定监护

根据《民法总则》第 28 条的规定，以下三类人群可担任成年人的法定监护人：第一，亲属，即有监护能力的配偶、父母、成年子女。第二，近亲属，即有监护能力的祖父母、外祖父母、兄弟姐妹，主要是基于天然的血缘关系、生活联系以及情感等因素。第三，其他愿意担任监护人的自然人或组织。其中，组织包括居民委员会、村民委员会、学校、医疗机构、妇女联合会、残疾人联合会、依法设立的老年人组织、民政部门等。

2）指定监护

成年人的监护人主要限于被监护人的近亲属，顺位依次为：配偶、父母、成年子女、其他近亲属，包括兄弟姐妹、祖父母、外祖父母、孙子女、外孙子女。但在现实生活中，经常出现上述近亲属相互推诿、不愿承担监护责任的情形。《民法总则》第 31 条第 1 款规定，对监护人的确定有争议的，由被监护人住所地的居民委员会、村民委员会或者民政部门指定监护人，有关当事人对指定不服的，可以向人民法院申请指定监护人；有关当事人也可以直接向人民法院申请指定监护人。

3）意定监护

意定监护指当事人通过协议方式确定监护人。它主要包括两种情形：一是具有监护资格的人通过协商方式确定监护人；二是被监护人在丧失完全民事行为能力之前以书面形式确定自己的监护人。第一种情形与协商确定未成年人监护人完全相同，而第二种情形则是《民法总则》为保护老年人的利益而确立的监护人确定方式，旨在应对我国人口老龄化问题。

意定监护是意思自治原则在监护领域的运用，是具有完全行为能力的成年人对自己未来的监护事务，按照自己的意愿事先作出的合理安排。意定监护优先于法定监护，即仅在意定监护协议无效或无法执行的情形下，才适用法定监护。

（二）监护终止

监护终止指监护人与被监护人之间的权利义务关系的消灭。根据《民法总则》第 39 条规定，监护终止包括自然终止和诉讼终止两种情形。

1. 自然终止

自然终止指设立监护的客观情况已经消灭，监护失去存在的必要，因此监护权随之消灭。监护自然终止通常发生在未成年人已经成年或精神病人已经恢复正常，成为完全行为能力人的情形下，监护的原因不复存在，监护终止。还有监护人或被监护人死亡、监护人丧失行为能力或辞去监护义务等情形。

2. 诉讼终止

诉讼终止指由于监护人不履行职责或侵害了被监护人利益，经利害关系人申请，请求法院撤销监护人监护资格的情形。

（三）监护人职责和归责原则

1. 监护人的职责

《民法总则》第 34 条第 1 款规定，监护人的职责是代理被监护人实施民事法律行为，保护被监护人的人身权利、财产权利以及其他合法权益等。

监护人应当最大限度地尊重被监护人的真实意愿，保障并协助被监护人实施与其智力、精神健康状况相适应的法律行为。对被监护人有能力独立处理的事务，监护人不得干涉。

2. 监护人的归责原则

我国监护人责任的归责原则是无过错责任。例如，《侵权责任法》第 32 条规定，被监护人实施侵权行为并造成损害的，监护人应对被监护人的侵权行为承担损害赔偿责任。

我国规定监护人承担无过错责任，主要有三个方面的原因：一是被监护人缺乏相应的认知能力和判断能力，无法预知其行为可能造成的法律后果。二是被监护人履行赔偿能力的缺失，受害人无法获得赔偿。三是监护人责任的加重有助于引导监护人积极履行对被监护人的监护和教育义务，可有效地减少或避免侵害的发生。由于我国监护制度包含了亲权，监护人与被监护人之间关系密切，通常为父母子女关系，在财产关系上是一体的，因此“让监护人对被监护人的侵权行为承担较重的责任”有其合理性。

三、宣告失踪和宣告死亡

（一）宣告失踪

《民法总则》第 2 章第 3 节专门规定了失踪宣告制度，旨在为失踪人设定财产代管人。

1. 失踪宣告的要件

1）被宣告人下落不明达到法定期间

法律将失踪宣告的法定期间定为从失去音讯之日起满 2 年。战争期间下落不明的，从战争结束之日或有关机关确定的下落不明之日起计算。

2）利害关系人申请

由于失踪宣告主要产生私法效果，故原则上应由利害关系人提出申请。利害关系人的范围，包括配偶、父母、子女、兄弟姐妹、祖父母、外祖父母、孙子女、外孙子女以及其他有私法权利义务关系的人。

3）法院判决宣告

由于宣告失踪对下落不明人及其利害关系人的私法关系具有较大影响，故必须由法院以判决方式作出，旨在防止该制度的滥用。为尽量减少无谓的宣告，并防止利害关系人恶意申请，法院在受理宣告申请后，采取公告方式寻找下落不明人，公告期为 3 个月。

2. 失踪宣告的效力

1）为失踪人设立财产代管人

财产代管人，从失踪人的配偶、成年子女、父母或其他愿意代管财产的人中产生。为维护失踪人利益，一般应按照法律关系的密切程度确定具体代管人。对担任代管人有争议的，或者没有上述所列举之人，或者上述所列举之人无代管能力的，由法院指定的人代管。法院在指定失踪人的财产代管人时，应以有利于保护失踪人财产为原则。

对非完全行为能力人，因为其财产已由其监护人管理，故不需要再特别设立财产代管人。

2）财产代管人的义务

财产代管人的义务有三：一是妥善管理失踪人财产，维护其财产权益；二是负善良管理人的注意义务；三是为失踪人履行法律义务，如支付所欠税款、债务和其他各项费用，包括赡养费、扶养费、抚育费和因代管财产所需的管理费等。财产代管人因故意或重大过失造成失踪人财产损失的，应当承担赔偿责任。

失踪人的财产代管人，兼具法定代理人、指定代理人的双重特性。当其因重大过失向失踪人承担赔偿责任时，还应考虑损益相抵原则。例如，财产代管人在管理失踪人财产过程中，既为失踪人增加了财产收益，又因其重大过失造成了失踪人财产损失的，此时使用损益相抵原则，应适当减轻财产代管人责任的承担，旨在平衡双方利益、鼓励财产管理人积极地管理失踪人财产。

3）财产代管人的变更

财产代管人变更部分，为《民法总则》新增内容，即财产代管人不履行代管职责、侵害失踪人财产权益或者丧失代管能力的，失踪人的利害关系人可以向人民法院申请变更财产代管人。财产代管人有正当理由时，亦可向人民法院申请变更。人民法院变更财产代管人的，变更后的财产代管人有权要求原财产代管人及时移交有关财产并报告财产代管情况。

该规定旨在更加合理地监督财产代管人履行职责，为失踪人提供一种更加实际的保护机制，也为财产代管人提供了一种合理更换的机制。

3. 失踪宣告的撤销

失踪宣告是一项法律推定，可为相反证据推翻。被宣告失踪人重新出现或确知其下落的，经本人或利害关系人申请，法院应撤销失踪宣告。失踪宣告撤销后，财产代管人失去财产代管资格，并应及时移交有关财产、报告财产代管情况。

（二）宣告死亡

宣告死亡，指自然人生死不明达到法定期间，经利害关系人申请，由法院宣告其死亡的制度。

1. 死亡宣告的要件

为防止死亡宣告制度的滥用，法律设定了严格的适用条件：

1）自然人生死不明达到法定期间

生死不明，指离开住所或最后居所而下落不明。根据《民法总则》第46条与《民事诉讼法》第184条第1款的规定，生死不明需要达到的“法定期间”分为三种情况：普通期间，适用自下落不明之日起满4年的法定期间；因意外事故下落不明，适用从事故发生之日起满2年的特别期间；因意外事故下落不明，经有关机关证明不可能生存的，可立即申请。

2）经利害关系人申请

利害关系人，指权利义务受下落不明人的下落不明状态影响的人，包括配偶、父母、子女、兄弟姐妹、祖父母、外祖父母、孙子女、外孙子女及其他有私法权利义务关系的人。自然人的宣告死亡申请必须由利害关系人以起诉的方式进行。《民法总则》第47条规定，对同一自然人，有的利害关系人申请宣告死亡，有的利害关系人申请宣告失踪，符合本法规定的宣告死亡条件的，人民法院应当宣告死亡。由于宣告死亡体现了更大的价值指向和利益关系，因此宣告死亡通常可以覆盖宣告失踪，优先适用。

3）法院作出宣告

死亡宣告的法律后果涉及被宣告人的各项权利义务，且对不特定第三人亦发生效力，故应由法院作出宣告，并公示之。另外，法院在作出宣告前须经过公告寻找程序，一方面可尽量减少拟制死亡与真实死亡之间的误差，另一方面也可防止恶意申请。根据《民事诉讼法》第185条第1款规定，法院的公告期为1年，因意外事故下落不明，经有关机关证明不可能生存的则为3个月。

2．死亡宣告的效力

1）死亡的推定效力

死亡宣告判决，具有推定被宣告人死亡的效力。需要注意的是，自然人的权利能力不能被剥夺。若被宣告人并未死亡，其法律主体地位仍然存续，其所承受的各项法律关系亦不受死亡宣告的影响。

宣告死亡与生理死亡虽有相同的法律后果，但仍有如下区别：(1)性质不同，生理死亡是客观现象，而宣告死亡则是法律推定，被宣告死亡人在生理上未必已经死亡；(2)要求不同，生理死亡在法律上无特殊要求，而宣告死亡只有符合法定要件才可成立；(3)效力不同，生理死亡效力是绝对的，而宣告死亡效力是相对的，可依法撤销。

该规定旨在平衡在这个时间差段被宣告死亡人、利害关系人与相对人的关系，采取尊重实际的立场，具体考察被宣告死亡人在该时间差段是否实际具有民事行为能力。这里的“不影响”，指被宣告死亡人在该时间差段所实施的法律行为，不因死亡宣告而受到影响，而应该根据其实际民事行为能力状况加以确认。

2）死亡日期

《民法总则》第48条规定，被宣告死亡的人，人民法院宣告死亡的判决作出之日视为其死亡的日期；因意外事件下落不明宣告死亡的，意外事件发生之日视为其死亡的日期。

在实际案件中，推定死亡与实际死亡日期可能不一致：被宣告死亡所引起的法律后果仍然有效，但自然死亡前实施的法律行为与被宣告死亡所引起的法律后果相抵触的，以其实施的法律行为为准。

3）效力范围

我国死亡宣告的效力范围极大，不仅包括财产关系，也包括身份关系。换言之，在被宣告人的原生活区域，死亡宣告产生的效力与自然死亡无异。

3. 死亡宣告的撤销

死亡宣告属于可推翻的法律推定。如果被宣告人事实上并未死亡，本人或利害关系人可向法院申请撤销不真实的死亡宣告判决。

1）死亡宣告撤销的要件

死亡宣告撤销的要件包括以下三点：有证据证明被宣告死亡人依然生存；经本人或利害关系人申请；由法院判决撤销。

经法定程序作出的判决具有既判力，死亡宣告在依照程序撤销前应受普遍尊重。

2）死亡宣告撤销的效力

死亡宣告撤销的效力，溯及既往，恢复原状，涉及财产和身份关系两个方面：

第一，关于财产关系。依《民法总则》第 53 条的规定，因死亡宣告而依继承法取得财产者，不管继承还是遗赠，均因撤销而失其权源，应当返还被撤销宣告人。返还标的物应为原物，若原物不复存在，代之以适当赔偿。隐瞒真实情况、恶意陷他人于宣告死亡者，还应当对由此造成的损失承担赔偿责任。

第二，关于身份关系，主要体现于婚姻关系与收养关系两方面。关于婚姻关系，《民法总则》第 51 条规定，死亡宣告被撤销的，婚姻关系自撤销死亡宣告之日起自行恢复，但是其配偶再婚或者向婚姻登记机关书面声明不愿意恢复的除外。该规定非常人性化，旨在顺应婚姻自由的社会发展趋势。关于收养关系，《民法总则》第 52 条规定，被宣告死亡人在被宣告死亡期间，其子女被他人依法收养的，在死亡宣告被撤销后，不得以未经本人同意为由主张收养关系无效。

四、弱势群体的特别保护

《民法总则》第 128 条规定，法律对未成年人、老年人、残疾人、妇女、消费者等的民事权利保护有特别规定的，依照其规定。该条体现了本法第 4 条的“平等原则”。

由于民事主体因年龄、智力、性别、健康以及信息对称的差别，导致未成年人、老年人、残疾人、妇女和消费者等在很多情况下处于弱势地位。《民法总则》对这些特殊主体给予特殊保护，旨在实现社会正义或实际平等，彰显社会人文理念。

这里所涉及到的“法律”，包括《未成年人保护法》、《老年人权益保障法》、《残疾人保护法》、《婚姻法》、《反家庭暴力法》和《消费者权益保护法》等对未成年人、老年人、残疾人、妇女、消费者的特别保护规定。

五、个体工商户和农村承包经营户

《民法总则》第 2 章修正了对个体工商户和农村承包经营户的定义，完善了其债务承担的规定。

（一）个体工商户

个体工商户指自然人从事工商业经营，并经依法登记的经营主体，可以起字号。

1. 个体工商户的设立

对比《个体工商户条例》的 2011 年首次公布稿以及 2014 年、2016 年的两次修订稿的第 2～4 条的规定，目前国家对于个体工商户的设立呈现逐步放宽的趋势：(1)申请主体不再有身份限制，“有经营能力的公民”均可；(2)改许可主义为准则主义；(3)取消了行业限制，只要申请登记的经营范围不属于法律、行政法规禁止进入的行业，登记机关均应当予以登记。同时，2017年发布的《民法总则》中将申请主体进一步放宽至所有“自然人”。

2. 个体工商户的法律地位

个体工商户，可以个人经营，也可以家庭经营（《个体工商户条例》第2条第2款）。个人经营的主体为商个人；在家庭成员共同经营的情况下，虽然仅“户主”被登记为经营者，但由于家庭成员间存在书面或默示的合伙契约，“组织形式”本质上体现为“家庭经营”，故家庭经营的主体为商合伙，登记的经营者与对外代表合伙的事务执行人的法律地位类似。但是，无论是商个人还是商合伙，均非法人。

3. 个体工商户的债务承担

《民法总则》第56条第1款规定，个体工商户的债务，个人经营的，以个人财产承担；家庭经营的，以家庭财产承担；无法区分的，以家庭财产承担。

与《民法通则》第29条相比，《民法总则》增加了无法区分情形的债务承担规则，视为家庭经营，以家庭财产承担。

（二）农村承包经营户

《民法总则》第55条规定，农村集体经济组织的成员，依法取得农村土地承包经营权，从事家庭承包经营的，为农村承包经营户。

1. 农村承包经营户的特征

农村承包经营户的法律特征主要有：(1)由农村集体经济组织的成员组成；(2)从事家庭承包经营；(3)以农村土地承包经营权为基础；(4)无须登记；(5)无须起字号。

2. 农村承包经营户的法律地位

农村承包经营户，可能是个人，也可能是家庭，其法律地位与个体工商户类似。个人承包的，为商个人；家庭承包的，为商合伙。二者的区分，主要源于城乡二元结构。

3. 农村承包经营户的债务承担

农村承包经营户的债务承担，与个体工商户有很大的不同。

《民法总则》第56条第2款规定，农村承包经营户的债务，以从事农村土地承包经营的农户财产承担；事实上由农户部分成员经营的，以该部分成员的财产承担。

第五节 法人和非法人组织

一、法 人

（一）社团法人与财团法人

社团法人与财团法人，是大陆法系国家基于法人内部结构的不同而作出的分类。

社团法人，指以成员的组合为成立基础而设立的法人。社团法人是人的集合体，成立基础是人，具有人合的特性，如各种公司、合作社，各种协会、学会等。

财团法人，指为实现特定目的财产集合所设立的法人。财团法人是财产的集合体，成立的基础是财产，具有资合的特性。财团法人是为实现特定目的并为此提供一定财产而设立的永久性的组织体。例如，财团法人的设立，可以是捐助行为，也可以是遗赠行为，但均须经有关主管部门批准。

（二）营利法人、非营利法人、特别法人

《民法总则》第 3 章将法人分为营利法人、非营利法人、特别法人，以更好地反映现实中法人组织多样化需求的选择。其中，非营利法人吸纳了非公益法人，除过去的事业单位法人、社会团体法人外，还增加了包括基金会、社会服务机构以及宗教活动场所法人等在内的捐助法人，极大地扩展了我国法人的类型范围。

1. 营利法人

《民法总则》第 76 条规定，以取得利润并分配给股东等出资人为目的成立的法人，为营利法人。其包括有限责任公司、股份有限公司和其他企业法人等。

在经济自由原则下，营利法人的设立一般采取准则主义，即由法律统一规定设立营利法人所需要的条件；只要符合该条件，法人即可自由成立。

2. 非营利法人

非营利法人，依照《民法总则》第 87 条的规定，是指为公益目的或者其他非营利目的成立，不向出资人、设立人或者会员分配所取得利润的法人。具体可分为公益法人和中间法人（其他非营利目的）两类。《民法总则》内的非营利法人包括事业单位、社会团体、基金会、社会服务机构等。

《民法总则》将公益法人和中间法人归为一类，即中间法人同样适用公益法人规范。例如，《社会团体登记管理条例》第 2 条将“社会团体”定义为“非营利社会组织”，第 4 条要求“社会团体不得从事营利性经营活动”。因此，该条例的“社会团体”涵盖公益法人和中间法人两类社团法人，适用同一规范。《民法总则》第 90 条明确地将社会团体分为“共益目的”与“为会员共同利益”两种，其中“为会员共同利益”即代表具有其他非营利目的，或称为中间目的。另外，2007 年 7 月 1 日起施行的《农民专业合作社》规定，农民专业合作社是在农村家庭承包经营的基础上，同类农产品的生产经营者或者同类农业生产经营服务的提供者、利用者，以自愿联合、民主管理为宗旨的互助性经济组织，其目的是“以服务社员为宗旨，谋求全体成员的共同利益”，故可以归为中间法人。

营利法人和非营利法人的另一区别体现在《民法总则》第 95 条中，为公益目的成立的非营利法人终止时，不得向出资人、设立人或者会员分配剩余财产。剩余财产应当按照法人章程的规定或者权力机构的决议用于公益目的；无法按照法人章程的规定或者权力机构的决议处理的，由主管机关主持转给宗旨相同或者相近的法人，并向社会公告。

3. 特别法人

《民法总则》新增“特别法人”类别。根据其第 96 条的规定，特别法人包括机关法人、农村集体经济组织法人、城镇农村的合作经济组织法人、基层群众性自治组织法人。以上几类特别法人均属于公法人，由相应的组织管理法规制。

二、非法人组织

（一）非法人组织概述

《民法总则》专设“非法人组织”一章，其第 102 条规定：非法人组织是虽不具有法人资格，但能够依法以自己的名义从事民事活动的组织，包括个人独资企业、合伙企业、不具有法人资格的专业服务机构等。其中，不具有法人资格的专业服务机构，以合伙制律师事务所和合伙制会计师事务所为典型，多属于《合伙企业法》规定的一般普通合伙企业或特殊的普通合伙企业，

详细内容见第五章“合伙企业法”。总之，非法人组织是介于自然人和法人之间的第三民事主体，强调其依法登记成立的前提。

（二）非法人组织的统一规则

《民法总则》第 103～108 条对非法人组织的设立、代表人、责任承担、终止与法律适用等，均设置了统一规则：

（1）设立。非法人组织的设立，应当依照法律规定登记；法律、行政法规规定须经有关机关批准的，依照其规定。

（2）代表人。非法人组织可以确定一人或者数人代表该组织从事民事活动。

（3）责任承担。非法人组织的财产不足以清偿债务的，其出资人或者设立人承担无限责任。法律另有规定的，依照其规定。

（4）终止。非法人组织因解散而终止，但终止以清算为前提。非法人组织的解散事由包括：①章程规定的存续期间届满或者章程规定的其他解散事由出现；②出资人或者设立人决定解散；③法律规定的其他情形。其中，前两种情形属于自行解散事由，第三种情形多涉及强制解散事由。

（5）法律适用。关于各类非法人组织有特别规定的，适用特别规定；若无特别规定，《民法总则》第四章“非法人组织”也未规定的，参照《民法总则》第三章第一节“法人”的一般规定。

第六节　民事权利

民事权利，指民事主体依法律的保障得以主张或实现某种利益的可能性。《民法通则》实施以来，民事权利理论和实践得到极大发展。一方面，许多民事单行法如《物权法》《合同法》《侵权责任法》出台，就相应的权利制度加以细化规定；另一方面，司法解释使得相关问题不断发展，形成了关于人格权、身份权、物权、债权、知识产权、继承权、股权及其他权利的广泛而细致的民事权利法律体系。

一、人身权利

《民法总则》第 5 章第 109 条规定，自然人的人身自由、人格尊严受法律保护。该条宣示自然人的人身自由、人格尊严等基本人格受法律保护的原则，确立了一种应当保护和尊重人身自由、人格尊严的公共秩序，同时也具有授权确立和保护一般人格权的意义。

《民法总则》第 110 条第 1 款规定，自然人享有生命权、身体权、健康权、姓名权、肖像权、名誉权、荣誉权、隐私权、婚姻自主权等权利。该条第 2 款规定，法人、非法人组织享有名称权、名誉权、荣誉权等权利。该条明确了人格权的享有及其范围，包括自然人和法人、非法人组织，还新添了身体权和隐私权等具体人格权。

死者有无人格具有表征主体资格的意义，故法律逻辑的推论似乎应该是：主体资格消灭，人格随之消灭，死者无人格。但《最高人民法院关于审理名誉权纠纷案件若干问题的解答》规定，死者名誉受到损害的，其近亲属有权向法院起诉。最高人民法院认为，死者名誉受到损害，往往直接影响到其近亲属的名誉和其他利益，所以保护死者名誉的实质作用，在于保护其近亲属的利益。依循该思路，《精神损害赔偿责任解释》进一步扩大了死者生前人格的保护范围。该解释第 3 条规定，自然人死亡后，其近亲属因下列侵权行为遭受精神痛苦，向人民法院起诉请求赔偿精神损害的,人民法院应当依法予以受理:(1)以侮辱、诽谤、贬损、丑化或者违反社会公共利益、社会公德的其他方式,侵害死者姓名、肖像、名誉、荣誉;(2)非法披露、利用死者隐私,或者以违反社会公共利益、社会公德的其他方式侵害死者隐私;(3)非法利用、损害遗体、遗骨,或者以违反社会公共利益、社会公德的其他方式侵害遗体、遗骨。

案例 1-4:小偷的生命权,仍受法律保护

案例发生在福建泉州,方某是小时工。一天,杨某到农贸市场买菜,自行车未锁,就和菜贩讨价还价起来。方某顺手牵羊,推走杨某的自行车,不料被杨某发现,两人撕打起来。方某不慎闯入机动车道,正好一辆大货车路过,方某被撞成重伤,导致下身瘫痪,医疗费花了 66 000 元。面对巨额的医疗费,方某认为,如果杨某不追赶,自己就不会闯入机动车道,也就不会发生交通事故。于是,方某将杨某、肇事司机诉至当地法院,要求他们承担民事赔偿责任。

法院经审理,判决:杨某追赶方某,与方某闯入机动车道有一定的因果关系,承担 10%的责任,赔偿方某医疗费 6 600 元;大货车司机正常行驶,但采取制动措施不力,也存在一定的过错,承担 35%的责任,赔偿方某医疗费 23 100 元;方某偷窃杨某的自行车,自身有过错,承担 55%的责任,自担医疗费 36 300 元。

对法院的判决结果,杨某感到冤枉,为什么保护自己的合法财产,还要承担民事赔偿责任?

案例评析:

该案争议焦点在于,失主怎样保护自己的合法财产?

杨某追赶方某,并与方某厮打,意在保护其自行车,行为本身没有错;但杨某保护其财产应当有度,当发现方某快要进入或已经进入机动车道时,应停止厮打,旨在避免交通事故发生。但杨某当时可能只想着把自行车追回来,而没有考虑到方某正面临生命危险。法院判决"杨某承担 10%的责任,赔偿方某医疗费 6 600 元",依据是小偷也是公民,其偷窃自行车的行为固然错误,但其生命权仍受法律保护,体现了"人高于物"的法治观念。

杨某的自行车最多值 500 元,但要赔偿方某医疗费 6 600 元,显然得不偿失。该案给杨某的启示是,自行车与生命相比,显然方某的生命更重要。方某为了偷价值 500 元的自行车,花去医疗费 66 000 元,还要遭受相当长时间的皮肉之苦,显然更是得不偿失。因此,彻底戒除偷窃行为才是正确的选择。

《民法总则》第 111 条规定,自然人的个人信息受法律保护。任何组织和个人需要获取他人个人信息的,应当依法取得并确保信息安全,不得非法收集、使用、加工、传输他人个人信息,不得非法买卖、提供或者公开他人个人信息。该条规定旨在适应信息化时代对个人信息保护的急迫需求:我国个人信息保护法律体系的整体建设历史较短,分布较为零散,在《全国人民代表大会常务委员会关于加强网络信息保护的决定》中对个人信息保护作出了框架性规定;之后《民法总则》中该条规定对自然人的个人信息保护法律基础进行了完善;而后全国信息安全标准化技术委员会发布的《信息安全技术个人信息安全规范》填补了国内个人信息保护在具体实践标准上的空白。

《民法总则》第 112 条规定,自然人因婚姻、家庭关系等产生的人身权利受法律保护。一直以来,我国在立法和学术研究上对于身份权利存在一定程度的忽视,该条规定首次明确了自然人身份权受法律保护。

二、物　权

(一) 定　义

《民法总则》第 114 条第 1 款规定，民事主体依法享有物权。该条第 2 款规定，物权是权利人依法对特定的物享有直接支配和排他的权利，包括所有权、用益物权和担保物权。

它们的性质和内容不同：所有权为完全物权，具有永续性；用益物权和担保物权为限制物权，通常具有期限性。另外，物权的排他性特征，使得同一物上不能有内容不相容的两种以上的物权并存。例如，一套房屋不能同时有两个所有权；同一块土地，不能同时设定两个地上权。

案例 1－5：农村“小产权房”交易对象限于哪类群体？

2006 年前后，居住在四川省资阳市乐至县宝林镇木竹崖村的村民王某出于家庭需求在自家宅基地和柴山脚下各建造了两栋住房，前者给王某儿子小王用作婚房，另一栋用作同样出资建设的王某弟弟的返乡居所，但不久后王某之弟因意外去世，该房便被闲置。

这两栋住房均属于“小产权房”，交易对象限于：

A. 本村居民；　　B. 本乡居民；

C. 本县居民；　　D. A、B、C 答案均正确。

(二) 物的客体

《民法总则》第 115 条规定，物包括不动产和动产。法律规定权利作为物权客体的，依照其规定。

二者的公示方式和变动程序不同：不动产，以登记为权利公示的方式，以过户为物权变动的程序；动产，以占有为权利公示的方式，以交付为物权变动的程序。

(三) 征收、征用的补偿原则

《民法总则》第 117 条规定，为了公共利益的需要，依照法律规定的权限和程序征收、征用不动产或者动产的，应当给予公平、合理的补偿。

征收和征用，是国家强行取得公民和法人的财产权或强行使用公民和法人财产的制度。该条强调征收所有权人的财产时，应当对被征收人给予公平补偿，表现有二：一是补偿应与被征收财产价值相当；二是应当对全体被征收人适用统一的标准，体现被征收人之间的公平。但我国长期存在征收补偿标准过低的情况。

三、债　权

(一) 定　义

《民法总则》第 118 条第 1 款规定，民事主体依法享有债权。该条第 2 款规定，债权是因合同、侵权行为、无因管理、不当得利以及法律的其他规定，权利人请求特定义务人为或者不为一定行为的权利。

(二) 合同之债

《民法总则》第 119 条规定，依法成立的合同，对当事人具有法律约束力。

现实生活中，各民事主体主要通过订立合同明确相互之间的权利、义务关系，它是产生债权债务关系中最常见、最主要的法律事实，详细内容见“第三章合同法”。

案例1-6:"砍头息"多存在于哪些场合?

2017年11月11日,张某通过奇速贷平台在线签订《借款协议》《借款咨询服务协议》,向曾某借款1 030元,借款期限30天,借款日利率0.0164%,系"砍头息"。

"砍头息"是行业潜规则,平台为提前锁定利润,一般收取本金1%~10%不等的高额利息。在和客户沟通时,会较隐晦地向客户表示预先收取一部分利息,通常客户很难反应过来这个预收利息问题。"砍头息"多存在于:

A. 民间金融;　　B. 商业银行;

C. 民间金融和商业银行;　　D. 跨国公司。

(三)侵权之债

《民法总则》第120条规定,民事权益受到侵害的,被侵权人有权请求侵权人承担侵权责任。

民事活动中,每个人都应当尊重他人的权利,不得侵犯他人的财产或人身权利;若侵害他人财产或人身权利,不法行为人应当依法承担民事责任。依照法律规定,受害人有权要求侵害人赔偿,侵害人有义务承担赔偿责任。因侵权行为发生的债被定义为侵权之债,也称致人损害之债、损害赔偿之债。

案例1-7:如何看待开发商、业主的不同利益诉求?

周某等业主与山西省朔州市某房屋开发公司签订《商品房买卖合同》,附有小区规划图,中心为绿地花园。一年后,周某等业主发现中心不是花园,而是地下停车场,且已经完成一半。停车场露出地面部分一米多高,对一层住户采光及视野均有影响。周某等业主要求开发商停止施工,按照合同规划建设小区绿地。但开发商拒绝履行,称"更改规划已经得到规划部门批准",并提供了相关建设用地规划许可的相关资料。经多次协商无果,周某等业主联合签名抗议,不予缴纳物业费,并上访政府要求开发商停止施工。经政府协调,开发商按照合同规划建设小区绿地,将已经施工的停车场拆除。

开发商建地下车库,旨在赚取更大的利润;业主坚持建绿地花园,旨在维护自身权利。要想合法、有效地兼顾二者利益,下列哪个选项最优?

A. 仅建设绿地花园;　　B. 仅建设地下车库;

C. 绿地花园、地下车库,均不建设;　　D. 地下建设车库,地上建设绿地花园。

(四)无因管理之债

《民法总则》第121条规定,没有法定的或者约定的义务,为避免他人利益受损失而进行管理的人,有权请求受益人偿还由此支出的必要费用。

对他人事务进行管理或者服务的人是管理人,因管理人管理事务或服务而受益的人为受益人。无因管理发生后,管理人与受益人之间就产生了无因管理之债。例如,甲的邻居久出未归,其房屋因长期风吹雨打严重失修而成危房,甲雇人为其修缮房屋。甲的邻居外出归来后,甲可以向其请求支付房屋修缮费。

案例1-8:为帮朋友抓小偷,黄某不幸在河中心溺水死亡

案例发生在四川。陈某夫妇开了一家小烟酒店。陈某夫妇与黄某、肖某夫妇是好朋友。

一天，几个小偷偷了陈某的烟酒店，陈某喊着好朋友黄某等人追小偷。后来，小偷跳河向河对岸逃走，陈某和黄某也跳河追赶，陈某抓住一个小偷，交到当地派出所。但黄某在河中心溺水死亡。陈某的烟酒店失窃物品估计 12 000 元，为黄某办丧事花去 4 000 元，照顾肖某生活花去 9 000 元，二者加在一起已超过 12 000 元。

当地民政局授予黄某“见义勇为优秀青年”称号，并补助其家庭 17 000 元。但陈某夫妇被肖某诉至法院，要求赔偿他们家经济损失 12 万元。法院判决：陈某夫妇赔偿肖某 20 000 元。

案例评析：

陈某的烟酒店被窃，黄某帮助陈某抓小偷。但在抓小偷的过程中，黄某溺水死亡。法院将该案定性为无因管理，考虑到当地生活水平、陈某夫妇的经济支付能力等因素，判决陈某夫妇赔偿肖某经济损失 20 000 元，而没有支持肖某 12 万元的诉讼请求。

无因管理构成要件有三：一是无法定或者约定的义务；二是主观上有为他人谋利益的意思；三是客观上为他人管理了事务。当陈某的小烟酒店被窃后，法律没有规定黄某必须帮助陈某抓小偷，但黄某基于和陈某的朋友关系，自愿帮助其抓小偷；若小偷被抓住，陈某小烟酒店的损失将得以弥补，故陈某夫妇是受益者，为债务人；黄某是无因管理人，黄某死后，其妻子肖某为债权人，因此陈某夫妇负有向肖某偿还费用之义务。无因管理是管理人诚信、善意、友好之行为，体现了社会的善良风俗与美德，《民法总则》予以充分肯定。

对陈某而言，如何规避无因管理风险？若“黄某下水与小偷跳河逃走”不可得兼，应放弃追赶小偷，因为财产有价，而人的生命无价。

（五）不当得利之债

《民法总则》第 122 条规定，因他人没有法律根据，取得不当利益，受损失的人有权请求其返还不当利益。

当发生不当得利的事实时，一方取得的利益没有合法的根据，另一方因此而受到损害。依照法律规定，受损失的一方有权请求不当得利人返还所得的利益，不当得利人有义务返还其所得的利益。例如，甲基于与乙之间的买卖合同而向乙发货 100 吨，但装货时因清点包数有误而多装了 10 吨，乙共收到 110 吨货。多装的 10 吨货，对乙来说就属于不当得利。

案例 1－9：为获不当得利，李先生名利俱损

案例发生在湖南。李先生是当地农民，一天他到农业银行某储蓄所存款，存款条填的是 6 000 元，但由于银行工作人员失误，存折上打印为 60 000 元。几天后，李先生到该银行取款 20 000 元，遭拒绝，理由是“存折上 60 000 元系操作错误，应该是 6 000 元”。为此，双方发生了旷日持久的诉讼战，一审、二审法院均判决李先生败诉。

案例评析：

李先生到银行存款 6 000 元，因银行工作人员失误打印成 60 000 元。对李先生而言，多出的 54 000 元构成不当得利。在不当得利形成之际，受益人并无主观上的过错，也未实施获取不当得利的行为。恰是受损人自身过失导致，例如银行工作人员错将 6 000 元打印成 60 000 元。民法规定受益人应将无法律依据而获得的利益返还给受损人。若受益人拒不返还其不当获益，其与受损人便形成债权债务关系。因此，李先生和银行之间构成零和博弈，一方所得即为另一方所失。

当银行请求李先生返还多出的 54 000 元时，双方无法达成一致，银行将李先生诉至法院。

李先生处于主动地位，而银行处境被动，根据民法“谁主张，谁举证”原则，银行须证明“由于银行工作人员失误错打印成60 000元，而李先生的实际存款只有6 000元”。为此，银行调出了当天的监控录像，从李先生办理存款业务花费的时间推断其存款是6 000元，而不可能为60 000元。按照银行惯例，吸收存款要清点两遍：验钞机、人工分别清点。一审法院采信银行的证据，判决李先生败诉。

李先生不服一审判决，上诉到上一级法院。李先生称“6 000元存款条”非他书写，经法庭调查，存款条确实非李先生所写，这意味着银行工作人员可能合谋，共同占有多出的54 000元。法官查看银行工作人员笔迹，和存款条笔迹也不吻合，案件陷入僵局，举证责任再次落在银行一方。银行认为，存款条应出自和李先生关系密切的人，于是暗中查访，发现李先生大儿子的笔迹与该存款条极为相似。经法庭调查、鉴定，再次采信银行的证据，判决李先生败诉。

银行胜诉，但也付出了很大的代价。首先，花费不菲的律师聘请费；其次，为调查、取证花费大量的时间、精力；第三，每次出庭也要花费较多的时间、精力。

损失最大的是李先生：首先，律师费前后花了20 000元；其次，原来体重120斤，两年官司下来体重只剩下90斤；第三，每次出庭也花费大量的时间、精力；第四，李先生为获得54 000元不惜编出各种理由，而官司败诉导致个人信誉一落千丈，可谓名利俱损。李先生存款只有6 000元，而银行打印成60 000元，面对多出的54 000元不当得利，李先生若诚信，返还对方即可。但李先生存有侥幸心理，一再地坚持诉讼，对银行取证能力、法官判案水平均估计不足，结果付出惨重代价。

四、知识产权、继承权、股权及其他民事权益

(一) 知识产权

知识产权是民事主体对于智力成果的权利，也称“智慧财产权”。在知识经济时代，知识产权等无形资产成为创造财富的主体资源。因此，我国不仅将知识产权制度上升为国家发展战略(2007年)，还进一步提出“创新驱动发展战略”(2012年)与“中国制造2025”(2014年)，落实知识产权保护制度。

《民法总则》第123条第1款规定，民事主体依法享有知识产权。该条第2款规定，知识产权是权利人依法就下列客体享有的专有的权利：(1)作品；(2)发明、实用新型、外观设计；(3)商标；(4)地理标志；(5)商业秘密；(6)集成电路布图设计；(7)植物新品种；(8)法律规定的其他客体。对比《民法通则》，《民法总则》新增了“商业秘密”作为知识产权保护客体。

目前商业秘密侵权行为大量涌现，而既有的法律体系难以对商业秘密形成有效的保护，二者之间的矛盾日益凸显。将商业秘密明确界定为知识产权，有助于保护我国的各类商业秘密、维护各类商业秘密主体的合法权益。

(二) 继承权

《民法总则》第124条第1款规定，自然人依法享有继承权。该条第2款规定，自然人合法的私有财产，可以依法继承。

继承人与被继承人的主体只能为自然人。值得注意的是，“继承人”既包括法定继承人，也包括遗嘱继承人，基于尊重被继承人的意思自治，遗嘱继承应当优先于法定继承。这里的“依法”，指依据《民法总则》和《继承法》或将来制定的民法分则“继承编”关于继承的规定。

案例 1-10:法庭将全部房产判给张三,理由是什么?

张家有兄弟姐妹四人,大哥张一,二弟张二,三妹张三与四弟张四。父亲于2010年病逝且没有遗嘱,留有房产一套,登记在父亲名下,女儿张三一直与母亲在此生活。母亲于2017年出车祸意外死亡,未留有遗嘱。张一和张二常年在外地工作,此次母亲去世后回老家,认为自己是合法继承人,并表示二人因"大儿子、二儿子"身份,要求分到大部分房产,张四因自己有房产,对这次房产之争表示不参与。

张三认为,自己长期与母亲生活,尽到了大部分甚至说全部的赡养义务,提出不与张一、张二分房产,自己应获得母亲的全部房产。张一、张二不满妹妹的要求,对其家庭进行骚扰,如经常半夜打骚扰电话、对邻居亲朋散播张三"无情无义、霸占房产"等说法,对张三的正常生活造成了很大的困扰。张三不堪骚扰,将张一、张二告上法庭。

最后,法庭将全部房产判给张三,理由最可能是:

A. 法定继承; B. 遗嘱继承;

C. 张三赡养母亲,贡献最大; D. 张三贿赂法官。

(三) 股权和其他投资性权利

《民法总则》第125条规定,民事主体依法享有股权和其他投资性权利。

股权,指人们投资于新设立或已存续的目标公司的行为,有一定的风险。但股权并非单一的财产权,而是一项复合型权利。例如,股权既有收益、分红等典型的财产关系,也涉及选择管理者、投票等非直接的财产关系。"其他投资性权利",如股权代持、夹层投资、专项基金投资等形式,承载着行为人契约意志与法律管制,均难以简单用股权形式充分表达。

(四) 对数据、网络虚拟财产的法律保护

《民法总则》第127条规定,法律对数据、网络虚拟财产的保护有规定的,依照其规定。

信息化是21世纪以来重要的时代特征,且正在逐步进入数据资源时代。不仅自然人的个人信息,而且基于包括个人信息在内的各种信息再加工的数据,也需要保护。另外,网络活动不断地实境化,使得网络活动形成的虚拟财产越来越需要保护。例如,美国制定了《统一计算机信息交易法》,专门针对网络虚拟财产的保护,且确立了信息产权的法律制度。韩国于2006年出台《游戏产业振兴法》,为保护游戏产业的虚拟财产权提供了法律依据。

另外,法律授权单行法对有关数据、网络虚拟财产作出特别规定。考虑到难以简单地界定数据、网络虚拟财产的复杂法律关系,采取模糊法律保护的表述方式,旨在授权特别法规定。

第七节 民事法律行为

一、民事法律行为概述

(一) 定义及类型

《民法总则》第6章第133条规定,民事法律行为是民事主体通过意思表示设立、变更、终止民事法律关系的行为。

民事行为是《民法通则》的概念,《民法通则》将法律行为界定为"合法行为"。随着《民法总则》的颁布,"合法性"要素从法律行为的概念中剔除,法律行为本身是中性概念:一个以意思表示为要素的行为,无论其是否合法,均可称为法律行为。

《民法总则》第134条第1款规定,民事法律行为可以基于双方或者多方的意思表示一致成立,也可以基于单方的意思表示成立。据此,形成单方、双方与多方3种法律行为的具体分类。

单方法律行为,指只需一个意思表示即可成立的法律行为。例如,订立遗嘱、赠与,均属于单方法律行为。

双方法律行为,指需要两方当事人均作出意思表示,且双方当事人意思达成合意后才成立的法律行为。例如,买卖合同、租赁合同、承揽合同、借款合同,均属于双方法律行为。

多方法律行为,又称共同法律行为,指需要各方当事人均作出意思表示,且各方意思表示达成合意后才能成立的法律行为。例如,公司股东会议决议的通过,就属于多方法律行为。

(二)意思表示

1. 意思表示的形式

意思表示的形式,指行为人意思的对外表达方式,包括明示、默示和沉默三种类型。

明示,指通过语言或文字,明确、直白地表达意思的方式,包括口头和书面两种形式。口头方式,指通过语言表达意思的方式,例如当面交谈、电话通话等形式;书面形式,指通过文字表达意思的方式。

默示,指通过积极行为表达意思的方式。虽然默示的意思表达方式没有明示方式直白,但其行为也是一种内在意愿的对外表达手段。例如,从租赁合同期满后承租人继续占有租赁物并交付租金的行为,可知行为人有续租的意思。

沉默,指在行为人完全不作为的情况下,根据法律的直接规定,推定其不作为具有意思表示的意义。《民法总则》第171条第2款规定,相对人可以催告被代理人自收到通知之日起一个月内予以追认。被代理人未作表示的,视为拒绝追认。

2. 意思表示的生效时间

(1) 到达生效,指意思表示到达相对人时发生法律效力,这是最常见的情形。根据《民法总则》第137条的规定,有特定相对人的意思表示,无论是采取对话方式还是采取数据电文等非对话方式,意思表示均在到达特定相对人时生效。

(2) 作出生效,指意思表示一经作出,即发生法律效力。根据《民法总则》第138条的规定,无相对人的意思表示,原则上也为作出生效。

(三)民事法律行为的成立、有效与生效

1. 民事法律行为的成立

民事法律行为的成立,指法律行为的存在。因此,民事法律行为是否成立,是事实判断。这意味着,民事法律行为是否成立,仅与其是否存在有关,而与其是否合法无关。例如,某以毒品为标的的买卖合同,在其订立之前,尽管该行为严重违法,但并不影响其已经成立的判断。

2. 民事法律行为的有效

《民法总则》第143条规定,具备下列条件的民事法律行为有效:(1)行为人具有相应的民事行为能力;(2)意思表示真实;(3)不违反法律、行政法规的强制性规定,不违背公序良俗。

可见,法律行为有效,不仅依赖于行为人的意思表示,而且取决于法律的确认。而法律赋予行为人所追求的法律效果的前提,就是法律行为的各个要素具有合法性。

法律行为的成立和有效的区别在于,法律行为是否成立,是事实判断;而法律行为是否有效,属于价值判断。二者的联系在于,只有当法律行为已经成立,才可能论及其是否有效。反之，倘若法律行为尚未成立，其是否有效也就无从谈起。

3. 民事法律行为的生效

法律行为生效，指法律行为效力的发动，即法律行为的法律效果开始运转的时刻。例如甲、乙双方订立的赠与合同约定，甲赠与乙一辆汽车，但以乙考上研究生为条件。该合同已经成立且有效，但尚未生效。法律行为的有效与生效的联系在于，有效是生效的前提，一个无效的法律行为不可能生效。二者的区别在于，对法律行为是否有效的考察，立足于法律行为的主体、意思表示和标的是否合法，即合法性考察；而对法律行为是否生效的考察，则是在该行为合法有效的前提下，立足于其法律效果是否已经现实地发动，例如权利人是否可以行使权利，义务人是否应当履行义务。

进一步，法律行为何时生效？原则上，民事法律行为的生效与其成立的时间同步，即成立时生效。但并非所有的法律行为均在成立时生效。某些特殊的法律行为，成立时虽然合法有效，但并不生效，而需成立后某事实的出现方能生效。例如，附延缓条件和附始期的法律行为。

二、民事法律行为效力瑕疵的原因

法律行为的效力瑕疵，指由于当事人所实施的法律行为不符合或不完全符合法定的生效条件，因而不能发生或不能完全发生行为人实施法律行为时所预期的法律目的的情形。民事法律行为效力瑕疵源于该行为不具备或不完全具备法律所要求的法律行为有效要件，具体包括主体、意思表示与标的三个方面。

（一）主体瑕疵

主体瑕疵，指法律行为人不具有实施该项法律行为的资格或权限的情形。主要包括以下三种情形：

1. 行为能力瑕疵

法律要求行为人实施法律行为，应当具有相应的民事行为能力。根据《民法总则》第 18～22 条的规定，完全行为能力人可以独立地进行民事活动；限制行为能力人可以进行与其年龄、智力相适应的民事活动，其他民事活动应由其法定代理人代理，或征得其法定代理人的同意；无行为能力人实施任何民事法律行为均应由其法定代理人代理。据此，限制行为能力人或无行为能力人，在未经其法定代理人代理或同意的情况下，所独立实施的超越其行为能力的法律行为，即存在行为能力瑕疵，进而导致其法律行为的效力瑕疵。

2. 代理权瑕疵

在行为人（代理人）以他人（被代理人）名义与相对人实施法律行为的情况下，代理人应当享有被代理人的代理权。《民法总则》第 162 条规定，代理人在代理权限内，以被代理人名义实施的民事法律行为，对被代理人发生效力。据此，若行为人在不享有代理权、超越代理权或代理权终止的情况下，以被代理人名义与相对人实施法律行为，则该行为具有代理权瑕疵。除非相对人有理由相信行为人具有代理权，即相对人为善意第三人的情形下，被代理人可以选择承担或拒绝承担代理后果。

3. 处分权瑕疵

在行为人与相对人实施处分法律行为的情况下，行为人应当享有相应财产、权利的处分权。《合同法》第 51 条规定，无处分权的人处分他人财产，经权利人追认或者无处分权的人订立合同后取得处分权的，该合同有效。据此，无处分权人的财产处分行为具有处分权瑕疵。

（二）意思表示瑕疵

意思表示瑕疵，指行为人在实施法律行为、作出意思表示时，其外部表示行为与内在意思表示不一致，或在意志不自由的情况下作出外部表示。主要包括两大类：

1. 意思与表示不一致

意思与表示不一致，指行为人在未面临外力作用的情况下，主动作出与其真意不相符的表示行为。理论上，包括三种类型：

1）真意保留

真意保留，指行为人明知所表示的意思并非其真实意思，却故意将该意思表达于外。就行为人一方的意思表示而言，真意保留的要件包括：第一，行为人表示的意思，形式上以设立、变更或消灭法律关系为目的，具有法律意义；第二，行为人所表示的意思，并非其真实意愿；第三，行为人明知所表示的意思并非其真实意愿，却故意为之。

真意保留的效力，应当根据该行为有无相对人以及相对人的主观心态来确定：第一，由于行为人的表示行为不构成意思表示，无相对人的真意保留行为不发生法律效力；第二，若相对人知道或应当知道行为人真意保留的，该真意保留行为不发生效力；若相对人不知道且不应当知道行为人真意保留的，为保护善意相对人的信赖利益，该真意保留行为有效。

例如，周某养了一盆名贵花草，吴某欣赏时啧啧称奇。周某说"如果喜欢，就拿走吧！"事实上，周某是在客套，并无真实的赠与意思。该案中，周某的话属于真意保留。按照一般社会观念，吴某知道周某是在客套，故这句话不会对周某产生法律约束力。

2）虚伪表示

虚伪表示，又称虚假意思表示，指行为人明知所表示的意思并非其真实意思，却与相对人通谋，将该意思表达于外。与真意保留不同，虚伪表示是就行为人与相对人双方而言的。因此，虚伪表示的要件，除上述真意保留的要件外，还包括行为人与相对人之间的通谋。通谋需要具备如下要素：第一，虚伪表示仅发生在有特定相对人的意思表示情形下，无相对人或相对人不特定的意思表示，不能构成通谋，也就不能构成虚伪表示。第二，相对人知道行为人所表示的意思并非其真实意思。第三，相对人与行为人存在意思联络，即相对人对行为人的非真意表示予以配合，并达成合意。

虚伪表示行为的法律效力，因行为的内部和外部关系而异：第一，在行为人与相对人之间，虚伪表示行为不发生法律效力。《民法总则》第 146 条第 1 款规定，行为人与相对人以虚假的意思表示实施的民事法律行为无效。第二，在涉及第三人的情况下，若该第三人知道或应当知道行为人虚伪表示的，虚伪表示行为对第三人不发生法律效力；若该第三人不知道且不应当知道行为人虚伪表示的，为保护善意第三人的信赖利益，虚伪表示行为不得对抗善意第三人。

例如，甲准备购买一套商品房，但受制于当地的"限购令"。因此甲与好友乙商量订立一个表面上的买卖合同，将现有的一套房屋在形式上登记到乙的名下，但实际上该房屋仍然为甲所有，乙表示愿意配合。该案甲、乙订立的"买卖合同"即构成虚伪表示，因为双方之间并不发生买卖的法律关系，乙也不会因登记而获得房屋的所有权。但若乙在获得登记后，把房屋出卖给不知情的丙，并为丙办理了房屋登记手续，则甲不得以其与乙的买卖合同是虚伪表示为由，对抗丙所取得的房屋所有权。

3）隐藏行为

隐藏行为，又称隐藏意思表示，指行为人隐藏真实的效果意思，而与相对人通谋，将与效果意思不一致的其他意思表示于外。隐藏行为与虚伪表示的区别：虚伪表示，是就行为人与相对人通谋为虚伪表示而言，至于行为人在虚伪表示的背后是否隐藏着另一个真实的效果意思，在所不问。在该基础上，如果行为人的虚伪表示隐藏着另一个真实的效果意思，即行为人与相对人通谋，以虚伪的表示来掩盖真实的效果意思，这种被掩盖于虚伪意思之下的真实意思表示行为，即为隐藏行为。

隐藏行为既然是行为人的真实意思，且相对人知道并予以配合，若隐藏意思具备法律行为的有效要件，自然可以在行为人与相对人之间发生法律效力。《民法总则》第 146 条第 2 款规定，以虚假的意思表示隐藏的民事法律行为的效力，依照有关法律规定处理。在涉及第三人的场合，行为人的隐藏意思是否可以对抗第三人，则根据第三人是否善意而区别对待。例如，杨某见小儿子一家生活拮据，打算把自己的一套房子赠与小儿子。又担心大儿子有意见，便与小儿子商量：房子算是赠送，但形式上采用买卖的方式。双方订立买卖合同，并办理了所有权转移登记。该案杨某与小儿子的行为就是隐藏行为，即以虚假买卖的外表隐藏真实的赠与。因此，在杨某与小儿子之间，应按照赠与行为界定双方关系；但若杨某将形式上的“买卖合同”的“价金债权”转让给不知情的第三人，小儿子则应当向该第三人履行债务，而不能以买卖合同并非真实合同为由，对抗善意第三人。

2. 意思表示不自由

意思表示不自由，指行为人在面临外力作用的情况下，违背自己的真实意愿，对外作出表示的行为。它主要包括以下四种情形：

(1) 欺诈，指以使他人陷入错误为目的而为的意思表示，如故意提供虚假信息或隐瞒真实信息的行为。是否构成欺诈，需要注意下列几个问题：第一，要求欺诈一方所提供的虚假信息或隐瞒的真实信息，必须与交易事项有关。第二，不仅要求行为人具有欺诈的故意与行为，而且相对人因欺诈而陷入错误认识。若仅有一方欺诈，而另一方并未因此陷入错误，仍愿意与之实施法律行为，则不构成欺诈。第三，要求故意提供虚假信息或隐瞒真实信息的人，必须在交易中负有信息披露义务。例如，出卖人谎称质次商品为质优商品，使买受人陷入错误认识，并与之订立合同的行为。

(2) 胁迫，指行为人向相对人实施威胁、逼迫，迫使其违反真实意愿而作出订立合同的意思表示，即无论是身体上的逼迫还是心理上的威胁，均属于胁迫。另外，行为人的胁迫行为与相对人不自由的意思表示之间具有因果关系。若相对人对行为人的胁迫并未感到畏惧，仍愿意与之实施法律行为，则不构成胁迫。

(3) 重大误解，指行为人一方由于对与法律行为相关的重要事项理解错误或表示失误所作出的意思表示。与欺诈、胁迫相比，重大误解完全是由产生误解或错误的一方当事人自身的原因造成的，而相对方并没有任何的诸如欺诈、胁迫或乘人之危的不法行为。但我国民法并未规定“表示错误”的事由。通常来说，表示错误指当事人并未发生误解，其内在意思的形成是真实的，但这种真实的内在意思在对外表示的过程中发生了错误，导致意思与表示不相符。例如，将“单价 2 000 元”错误地表示为“单价 200 元”。虽然表示错误并不是事关当事人合同实现的重要错误，而是表示错误，但在表示错误的情况下，其对于当事人的不利影响，与其他的重大误解情形相比并无不同。因此，“表示错误”可以纳入“重大误解”范畴。

(4) 显失公平，指行为人一方利用自己经验上或议约地位上的优势，或利用相对人的危难处境，与相对人实施权利和义务明显失衡的法律行为。其构成要件有二：第一，后果要件，指法律行为中权利和义务的内容明显失衡;第二,原因要件,指权利和义务的内容明显失衡,源于行为人与相对人交易地位的事实不对等。这种交易地位的不对等包括两方面含义:一是行为人利用自己的经济地位或交易经验上的优势;二是行为人利用相对人的危难处境。因此,尽管是在欺诈、胁迫和重大误解情况下,也会产生法律行为的权利和义务明显失衡的结果,但这种权利和义务的明显失衡并非由交易地位的不对等导致的,则构成欺诈、胁迫或重大误解,但不能构成显失公平。

另外,在《民法通则》《合同法》所规定的意思不自由的各类情形中,“显失公平”与“乘人之危”为并列关系,即“行为人利用相对人的危难”为乘人之危,“行为人利用自己的优势”为显失公平。《民法总则》第151条将“显失公平”界定为“一方利用对方处于危困状态、缺乏判断能力等情形,致使民事法律行为成立”,故在《民法总则》中“显失公平”与“乘人之危”为包容关系,即“显失公平”吸收了“乘人之危”的内容。因为无论是“行为人利用相对人的危难”还是“行为人利用自己的优势”,本质上都属于交易地位的不对等,即相对人在行为人面前别无选择而只能就范。

(三) 标的瑕疵

标的瑕疵,指法律行为的目的违反法律的强制性规定,损害国家、集体或他人利益,或有悖于社会公共利益。它主要包括四个类别:

1. 违反法律、行政法规的强制性规定

法律行为不得违反法律、行政法规的强制性规定的要求,反映出强行法对于民事主体私法自治的约束。《民法总则》第153条第1款规定,违反法律、行政法规的强制性规定的民事法律行为无效,但是该强制性规定不导致该民事法律行为无效的除外。

2. 恶意串通,损害国家、集体或第三人利益

恶意串通,损害国家、集体或第三人利益,指行为人双方相互通谋,以损害行为人之外的国家、集体或第三人利益为目的而实施的法律行为。恶意串通的形式多样:可以表现为当事人之间的明确约定,也可以表现为当事人之间“心领神会”的默契配合。

3. 以合法形式掩盖非法目的

以合法形式掩盖非法目的,指行为人所实施的法律行为,在形式上是合法的,但其目的是非法的。即行为人双方并无真实的效果意思,其所达成的形式上的合意,完全是掩盖其非法目的的手段。

4. 损害社会公共利益

社会公共利益,指为多数社会成员所认同的社会秩序和社会道德风尚,即公序良俗。不得损害社会公共利益,反映了道德规范对民事主体私法自治的约束。需要注意的是,作为私法自治之限制的公共利益,仅限于严重违反公序良俗的情形,如违反人伦、正义观念,剥夺或极端限制个人自由等法律行为。

三、法律行为的效力瑕疵分类

民事法律行为的效力瑕疵,具体包括无效、可撤销和效力待定三种类型。

(一) 无效的民事法律行为

无效的民事法律行为,指已经成立的法律行为自始、当然、确定地不能产生行为人所预期的法律后果的效力瑕疵情形。根据《民法总则》及《合同法》的规定,民事法律行为无效的原因

包括：

1. 无民事行为能力人独立实施的民事法律行为

无民事行为能力人受其心智水平的影响，依法不能独立实施法律行为。根据《民法总则》第 20 条、第 21 条规定，无民事行为能力的未成年人与成年人，由其法定代理人代理民事活动。第 144 条进一步规定"无民事行为能力人实施的民事法律行为无效"，彰显出民法对无民事行为能力人的关怀和特别保护，因为无论是不满 8 周岁的未成年人，还是不能辨认自己行为的未成年人、成年人，都不具有综合性的认识和判断能力，在法律交易中其利益很容易受到损害，故法律免除其行为带来的法律后果。

据此，无民事行为能力人只能通过法定代理人方式来实施法律行为，而不得独立完成。否则，无民事行为能力人独立实施的法律行为无效。需要注意的是，由于纯获利益的法律行为、小额的法律行为，民法理论上并不要求行为人具有行为能力，故无民事行为能力人独立实施这类法律行为，并不构成行为能力瑕疵，其法律行为有效。

2. 一方以欺诈、胁迫的手段订立合同，损害国家利益

根据《合同法》第 52 条的规定，一方以欺诈、胁迫的手段订立合同，损害国家利益的，合同无效。在构成欺诈、胁迫的情况下，不仅被欺诈、胁迫的一方的利益可能遭受损害，国家利益也有可能因此遭受损害。在这种情况下，由于该合同的消极影响已溢出当事人双方的范围，而危及国家利益以及国家所代表的公共利益。因此，这种合同违反了法律行为的根本性有效要件，应当归于无效。

3. 恶意串通，损害国家、集体或第三人利益

在这种情况下，法律行为的消极影响同样损害到行为人双方之外的国家、集体或第三人利益。因此，该法律行为违反了法律行为的根本性有效要件，应当归于无效。

4. 以合法形式掩盖非法目的

以合法形式掩盖非法目的的法律行为，行为人真实的效果意思在于追求合法形式之下的违法目的，这种行为违反了法律行为的根本性有效要件。若法律确认该伪装为合法的法律行为，必将使该行为的非法目的得以实现。因此，以合法形式掩盖非法目的的法律行为应当归于无效。

5. 损害社会公共利益

损害社会公共利益的法律行为，其行为的危害性同样具有超越行为人关系以外的特征。这种法律行为违反了法律行为的根本性有效要件，应当归于无效。

6. 违反法律、行政法规的效力强制性规定

违反法律、行政法规效力强制性规定的法律行为，本质上属于依法禁止实施的法律行为。该行为一经实施，便与法律、行政法规禁止性立法目的相冲突。因此，违反法律、行政法规效力强制性规定的法律行为，应当归于无效。

（二）可撤销的民事法律行为

可撤销的民事法律行为，指已经成立的法律行为，因实施法律行为的行为人的意思表示不真实，法律赋予行为人一方以行使撤销权的权利，使法律行为的效力归于消灭的瑕疵状况。根据《民法总则》、《民法通则》以及《合同法》的规定，可撤销的民事法律行为具体包括如下情形：

1. 无损于国家利益的欺诈与胁迫

《合同法》第 52 条将"一方以欺诈、胁迫的手段订立合同，损害国家利益"的情形界定为合

同无效的情形，本身就意味着“一方以欺诈、胁迫的手段订立合同，无损于国家利益”的另一种情形，属于纯粹的意思表示瑕疵，应当属于可撤销的情形。在此基础上，《民法总则》第148～150条将欺诈、胁迫区分为“行为人欺诈、胁迫”与“第三人欺诈、胁迫”两种情形，并分别加以规定：第一，行为人实施欺诈、胁迫行为的，受欺诈、胁迫方有权依法撤销该法律行为；第二，第三人实施欺诈行为，相对人知道或应当知道该欺诈行为的，受欺诈方有权依法撤销该法律行为；第三，第三人实施胁迫行为的，受胁迫方有权依法撤销该法律行为。

可以看出，在第三人欺诈、胁迫的情形下，受欺诈、胁迫方撤销该法律行为，是否应当以“相对人知道或应当知道”欺诈、胁迫之事实为条件，《民法总则》的规定不同。原因在于，就对意思自由的打压程度而言，欺诈较为轻微，而胁迫则较为严重。因此，在第三人欺诈的情况下，法律需要在受欺诈方与相对人之间进行利益衡量；而在第三人胁迫的情况下，法律保护的天平全面倒向被胁迫方。

2. 重大误解、显失公平

在重大误解、显失公平的情况下所实施的法律行为，行为人一方的意思表示，并不真实地反映其内在意愿，属于意思表示瑕疵。因此，因重大误解、显失公平所实施的法律行为，为可撤销的民事法律行为。

值得注意的是，撤销权人仅享有撤销权，并不能自动使一个可撤销的法律行为归于无效。根据《民法总则》第147～151条的规定，可以通过提起诉讼或申请仲裁行使撤销权，而不能仅通过单方面通知的方式行使该项权利。另外，撤销权行使应当受到除斥期间的制约。根据《民法总则》第152条的规定，撤销权原则上的行使期间为当事人自知道或者应当知道撤销事由之日起1年。其中，例外情况有二：第一，重大误解的当事人，其撤销权的行使期间为自知道或者应当知道撤销事由之日起3个月；第二，受胁迫的当事人，其撤销权的行使期间为自胁迫行为终止之日起1年。在此基础上，前述的原则和例外均应受到最长撤销期间的限制，即当事人自民事法律行为发生之日起5年内没有行使撤销权的，撤销权消灭。

案例1-11：王某与李某买卖瓷碗的行为，是否适用重大误解？

某山区农民王某家中有一瓷碗，系其祖父留下。李某通过他人得知王某家有一清朝瓷碗，遂上门索购。王某不知该瓷碗真实价值，以1.5万元卖给了李某。随后，李某将该瓷碗送到拍卖行进行拍卖，卖得价款11万元。王某在一个月后得知此事，认为李某欺骗了自己，通过多方渠道找到李某，要求李某退回瓷碗。李某认为买卖瓷碗是双方自愿的，不存在欺骗，拒绝了王某的请求。后王某到李某所在地法院提起诉讼，请求撤销合同，并请求李某返还瓷碗。

关于王某与李某买卖瓷碗的行为，适用：

A. 因重大误解订立合同，可撤销；　　B. 该合同显失公平，可撤销；

C. 李某欺诈王某，可撤销；　　D. 双方自愿订立，有效。

（三）效力待定的民事法律行为

效力待定的民事法律行为指已经成立的法律行为，因欠缺相应的权利或能力，不能当然发生法律效力，而需要相关的权利人表示追认方能有效的效力瑕疵状况。法律行为效力待定的原因，主要包括以下四种情形：

1. 限制行为能力人超越行为能力独立实施的法律行为

《民法总则》第19条、第22条规定，限制行为能力的未成年人或成年人，可以进行与其行为能力相适应的民事活动;其他民事活动由其法定代理人代理,或者征得其法定代理人的同意。如在实务中,签订出售房屋、借款以及承包合同具有较大的复杂性,标的金额也较大,一般被认定为超出了“与其年龄和智力相适应”的民事活动范围。据此,限制行为能力人超越行为能力独立实施的法律行为,为效力待定:如果其法定代理人表示追认,法律行为自始有效;但若其法定代理人表示否认,则法律行为自始无效。

案例 1-12:聋哑人 A 女士,其行为能力如何判定?

小夏在北京工作,长期独居一居室。2017 年初小夏的房东收回出租房,小夏需要重新找房搬家,此时小夏的好朋友 A 女士提出,自己家有一间闲置的一居室,可以租给小夏。A 女士是一名聋哑人,父亲再婚后,A 女士一直和二舅一起生活。小夏与 A 女士相识多年,关系一直很好,A 女士提出每月以 2 800 元的租金将北三环 40 多平方米的一居室租给小夏(同小区面积相近的一居室租金约为 3 000～4 000 元),小夏看房后,觉得房子的装修较差,提出自己想重新装修房子,A 女士表示可以,并免收小夏第一年的租金,装修费小夏出,新购置的家电费由 A 女士出,两人在房屋装修上达成一致,但并未签订租房合同。(备注:因为 A 女士为聋哑人,A 女士与小夏的沟通多为微信打字)

2017 年 3 月,小夏开始装修 A 女士的房子,至 2017 年 5 月,装修完成。在装修好后一周左右的时间,A 女士告知小夏,自己二舅家要装修(短期),她不能住在二舅家了,想回来和小夏同住,小夏表示自己一直独居,不想要合租,如果她想回来住的话,小夏可另搬新家。

若双方诉至法院,小夏处境被动,因为 A 女士属于:

A. 无行为能力人;　　B. 限制行为能力人;

C. 完全行为能力人;　　D. 视为完全行为能力人。

2. 狭义无权代理人所实施的法律行为

在狭义无权代理的情况下,行为人并不享有代理权,故被代理人并不一定接受其无权代理行为所引起的法律后果;同时,由于行为人的代理行为所引起的法律后果,未必不利于被代理人,故被代理人是否承受狭义无权代理行为的法律后果,应当由其权衡利弊作出取舍。因此,《民法总则》第 171 条第 1 款规定,行为人没有代理权、超越代理权或者代理权终止后,仍然实施代理行为,未经被代理人追认的,对被代理人不发生效力,即法律通过赋予被代理人追认权和否认权,实现其对是否承受狭义无权代理行为的法律后果的决定权。如果被代理人对该行为予以追认,则其承受该行为的法律后果;但若被代理人否认,则由无权代理的行为人自负其责。

3. 无权处分的法律行为

实施处分法律行为,处分人应当享有处分标的物的权利,即享有处分权。若其不享有处分权而实施处分法律行为,应当征得享有处分权人的同意。换言之,处分权人对无权处分行为享有追认权和拒绝权:如果处分权人表示追认,该行为自始有效;但若处分权人表示拒绝,则该行为自始无效。

4. 债务承担的法律行为

债务人转让债务于受让人,使得债权人主张权利的对象发生了改变。由于不同债务人的债务履行能力不同,因此债务承担合同的订立,有可能增加债权人不能实现其权利的风险,故需要征得债权人的同意。《合同法》第 84 条规定,债务人将合同的义务全部或者部分转移给第三人的，应当经债权人同意。据此，债务人与受让人所订立的债务承担合同，在征得债权人同意后，自始有效；但若未征得债权人的同意，则自始无效。

值得注意的是，法律行为无效、被撤销或被否认仅意味着该法律行为自始不能产生行为人所预期的法律后果，并不意味着其不会产生其他的法律后果。为了使遭受损害的行为人或国家、集体、第三人的利益得到救济，《民法总则》第157条及《合同法》第58条、第59条均规定，法律行为归于无效或被撤销后，因该法律行为取得的财产，应当予以返还；不能返还或者没有必要返还的，应当折价补偿；有过错的一方应当赔偿对方由此受到的损失；各方都有过错的，应当各自承担相应的责任；当事人恶意串通，损害国家、集体或者第三人利益的，因此取得的财产收归国家所有或者返还集体、第三人。

第八节　代　理

在现代社会，社会分工日趋复杂，代理行为也日趋专业化、经营化，在各个生产生活领域出现了各种类型的代理商。《民法总则》在该部分的主要亮点包括：新增共同代理、禁止自己代理和同时代理、职务代理、表见代理等规定。

一、代理概述

代理，有广义、狭义之分。广义的代理，指被代理人通过代理人所实施的法律行为，至于代理人是否以被代理人的名义实施法律行为，则在所不问。例如，《民法总则》第7章第161条第1款规定，民事主体可以通过代理人实施民事法律行为。狭义的代理，指代理人在代理权限内以被代理人的名义与相对人实施法律行为，由此所产生的法律效果由被代理人承受的法律制度。也就是说，《民法总则》所规定的代理制度，以狭义的代理概念为出发点。同样地，本书所称的代理，在无特别说明的情况下，系狭义的代理。

（一）代理的三方当事人

在代理活动中存在三方当事人：依照代理权实施代理行为的人，为代理人；代理人所实施的法律行为的对方当事人，为相对人；直接承受代理行为法律效果的人，为被代理人。

（二）代理与行纪、居间、传达的区别

1. 代理与行纪

行纪，指行纪人受委托人之托，以自己的名义与他人订立合同，从事商业活动的行为。代理人以被代理人的名义实施法律行为，而行纪人则以自己名义实施法律行为。

2. 代理与居间

居间，指居间人受委托人之托，为委托人与他人订立合同提供机会或充当媒介的行为。因此，居间的本质在于中介，居间人仅为他人合同之订立提供机会或充当媒介，而并不参与合同的订立过程。而代理人必须以被代理人的利益为出发点，与相对人实施相关法律行为。

3. 代理与传达

传达，指传达人受委托人之托，将委托人的相关意思表示告知相对人。因此，传达行为以委托人的名义进行，传达人本质上不过是委托人意思表示的复述者。而代理行为，则意味着代理人实施代理行为时，独立地作出了相应的意思表示，即代理人有权在代理权限内基于理性、专业知识及经验判断作出判断取舍。

二、代理的分类

（一）单独代理与共同代理

根据代理权属于一人还是数人，代理可以分为单独代理与共同代理。

单独代理，指代理权仅属于一个人的代理。共同代理，指代理权属于两个或两个以上的代理人。值得注意的是，共同代理不同于若干个单独代理的叠加。在共同代理中，各个代理人并不是就代理事项的各个组成部分分别负责，而是就所有部分共同负责。相应地，各个共同代理人对于代理事项所为的意思表示，均是在共同协商的基础上作出。可见，通过共同协商形式实施代理行为，是法律对于共同代理人施加的义务。《民法总则》第166条规定，数人为同一代理事项的代理人的，应当共同行使代理权，但是当事人另有约定的除外。

当代理人未与其他共同代理人协商，单独行使代理权时，法律效果如何？

若为单方法律行为，则因法律行为作出并非属于共同代理人的意思，属效力待定；若其他共同代理人或被代理人拒绝追认，则属无效，损失由单独作出意思表示的代理人承担。

如属双方法律行为或多方法律行为，则应区分第三人是否善意。如第三人善意，法律行为有效，被代理人受相应法律行为约束，相应损失由单独作出意思表示的代理人承担；如第三人恶意，则可能存在恶意串通损害被代理人利益的情形，法律行为应属无效。

随着民事交往日益复杂多元，一名代理人已逐渐不能满足被代理人的需求，共同代理制度应运而生。它在进一步提升被代理人能力的同时，也增加了相应的法律风险。在数名代理人与被代理人之间的关系中，数名代理人平等地享有对同一事务的代理权，因此当事人之间应当明确地约定在事务执行的过程中是协商处理代理事务还是明确分工，在各自的职权范围内行使代理权。

（二）法定代理与委托代理

根据代理权是基于法律规定还是当事人授权，可将代理分为法定代理和委托代理两种情形。

法定代理，指代理权基于法律规定而产生的代理，旨在补充无行为能力人和限制行为能力人的不足。法定代理人是无行为能力人和限制行为能力人的法定监护人。

委托代理，指代理权基于本人授权而产生的代理，又称意定代理。《民法总则》第165条规定，委托代理授权采用书面形式的，授权委托书应当载明代理人的姓名或者名称、代理事项、权限和期间，并由被代理人签名或者盖章。

授权委托书是确定代理人代理权的证明，对于确定代理人的代理权限非常重要：一旦颁发就具有授权的效力，无论是否存在基础关系，善意第三人完全可以信赖授权委托书的效力。因此，若不具备代理权的“代理人”基于书面委托代理授权书与不知情第三人进行的法律行为仍然有效。

（三）职务代理

职务代理是意定代理的一种，是因劳动关系或雇佣关系中的职务取得代理权而产生的代理。例如，公共汽车售票员的售票、商店售货员的售货等行为。《民法总则》第170条第1款规定，执行法人或者非法人组织工作任务的人员，就其职权范围内的事项，以法人或者非法人组织的名义实施民事法律行为，对法人或者非法人组织发生效力。该条第2款规定，法人或者非法人组织对执行其工作任务的人员职权范围的限制，不得对抗善意相对人。

原则上,应当将职务行为视为法人自己行为,即法律效果当然地归属于法人或非法人组织,而执行工作任务的人员与第三人之间并不产生直接的民事法律关系。但特殊情形下,执行工作任务的人员超越职权范围进行民事活动,此处职权范围的规定可能来源于两处:一是代理权限对于执行工作任务的人员的限制;二是法人或非法人组织内部的规章制度管理规定对于执行工作任务的人员的限制。职务代理人员超越上述两种限制,如第三人在审慎查明后不得而知,可认定为善意,不得对抗善意第三人。但如果相关代理权限证书上明确写明了代理事项及范围,第三人未注意,则不能认定为善意。

三、代理权的滥用

(一) 自己代理

自己代理,指代理人代理被代理人与自己从事民事活动的代理行为。

自己代理的本质,是代理人与相对人合二为一,即代理人同时也是相对人。在这种情况下,代理人的相对人地位与其代理人的地位在利益上发生冲突:一方面,其作为相对人,是被代理人的交易相对方,在利益上与被代理人相互对立;另一方面,其作为代理人,又应站在被代理人的立场上。由于兼具相对人身份的代理人,不可能兼顾利益截然对立的双重身份,因而代理人可能背叛被代理人的利益,而为了自己的利益从事代理活动,违背了代理行为的本质。因此,自己代理为法律所禁止。

(二) 同时代理

同时代理,指代理人同时担任被代理人与相对人的代理人的代理。

在同时代理中,由于代理人还是相对人的代理人,意味着其同时还必须为相对人的利益实施同一代理行为。在被代理人与相对人的利益截然对立的前提下,代理人不可能兼顾双方的利益,其可能为了一方的利益而损害另一方的利益。因此,同时代理也为法律所禁止。

《民法总则》第 168 条第 1 款规定,代理人不得以被代理人的名义与自己实施民事法律行为,但是被代理人同意或者追认的除外。该条第 2 款规定,代理人不得以被代理人的名义与自己同时代理的其他人实施民事法律行为,但是被代理的双方同意或者追认的除外。

基于人的有限理性,在自己代理情形下,法律推定代理人不能审慎履行代理人义务,代理人可能以一己私利损害被代理人利益,故法律禁止自己代理。在同时代理情形下,代理人管理数名被代理人事务,法律推定代理人可能损害其中一方被代理人利益或可能从中获取不法利益,故法律禁止同时代理。但法律的一概禁止不利于尊重第三人真实的意思表示,故如果被代理人同意或追认,则代理行为有效。

(三) 代理人与第三人恶意串通

恶意串通是指代理人和第三人之间存在同谋;损害被代理人的利益,是指实际造成了被代理人财产利益的损失。是否造成了被代理人的损失,应依客观标准确定。若代理人和第三人串通,损害被代理人的利益,则由代理人和第三人负连带责任。但如果代理人和第三人之间不存在损害被代理人利益的同谋,则不负连带责任。如甲为乙的代理人,从丙处购买水泥 50 袋,丙只装了 48 袋,谎称装了 50 袋,甲又为自己留下 2 袋,并向乙谎称买了 50 袋。对乙的损失,甲、丙不负连带责任,而应分别承担责任。

四、无权代理与表见代理

（一）无权代理

《民法总则》第 171 条第 1 款规定，行为人没有代理权、超越代理权或者代理权终止后，仍然实施代理行为，未经被代理人追认的，对被代理人不发生效力。该条第 2 款规定，相对人可以催告被代理人自收到通知之日起一个月内予以追认。被代理人未作表示的，视为拒绝追认。行为人实施的行为被追认前，善意相对人有撤销的权利。撤销应当以通知的方式作出。该条第 3 款规定，行为人实施的行为未被追认的，善意相对人有权请求行为人履行债务或者就其受到的损害请求行为人赔偿，但是赔偿的范围不得超过被代理人追认时相对人所能获得的利益。该条第 4 款规定，相对人知道或者应当知道行为人无权代理的，相对人和行为人按照各自的过错承担责任。

无权代理主要包括 3 种情况：(1)行为人虽然实施了代理行为，但没有代理权；(2)行为人虽然有代理权，但超越了代理权限，即行为人越权代理；(3)代理权终止后，行为人仍然以被代理人的名义实施代理行为。

无权代理的法律后果，适用效力待定。对于行为人实施的无权代理行为，若被代理人认为符合其利益，并予以追认，则无权代理转化为有权代理，法律后果由被代理人承担。反之，若被代理人拒绝追认，则一切法律后果由实施无权代理的行为人自行承担。也就是说，被代理人享有追认权，一经作出即产生法律效力，事后被代理人不得主张撤销。相对人可以催告被代理人在一个月内予以追认。被代理人在此期间未作表示的，法律推定被代理人拒绝追认。另一方面，在行为人实施的行为被追认前，善意相对人有撤销的权利。如果被代理人已经追认，则善意相对人不能行使撤销权。如果无权代理行为未被追认，则善意相对人可以要求行为人履行债务或赔偿。

（二）表见代理

《民法总则》第 172 条规定，行为人没有代理权、超越代理权或者代理权终止后，仍然实施代理行为，相对人有理由相信行为人有代理权的，代理行为有效。《合同法》第 49 条规定，行为人没有代理权、超越代理权或者代理权终止后以被代理人名义订立的合同，相对人有理由相信行为人有代理权的，该代理行为有效。

关于表见代理，《民法总则》与《合同法》均确认表见代理是一种无权代理，解决了学界长期对于表见代理性质的争议。表见代理的构成要件有四：

(1) 行为人为无权代理。这是成立表见代理的前提条件：如果行为人有代理权，则为有权代理。

(2) 有使相对人相信行为人具有代理权的事实或理由。这是成立表见代理的客观要件：该事实和理由能否使相对人相信行为人有代理权，应当以一般交易情况而定。以下两种情况可被认定为相对人有理由相信行为人具有代理权：一是行为人持有被代理人发出的证明文件，如被代理人的介绍信、盖有合同专用章或盖有公章的空白合同书，或有被代理人向相对人所作法人授予代理权的通知或公告。这些证明文件，构成认定表见代理的客观依据。二是根据交易习惯，相对人合理信赖行为人为有权代理。对上述客观依据，相对人负举证责任。在我国司法实践中，盗用他人的介绍信、持盖有合同专用章或盖有公章的空白合同书签订合同的，一般不认定为表见代理，但被代理人应负举证责任，如不能举证，则构成表见代理。对于借用他人介绍信、持盖有合同专用章或盖有公章的空白合同书签订合同的，一般不认定为表见代理，由出借人与借用人对无效合同的法律后果负连带责任。

(3) 相对人为善意或无过失。这是表见代理成立的主观要件，即相对人不知行为人系无权代理。如果相对人出于恶意或未负相应的注意义务，即知道或应当知道他人为无权代理，仍与其实施民事行为的，则表见代理不能成立。《民法总则》第167条规定，代理人知道或者应当知道代理事项违法仍然实施代理行为，或者被代理人知道或者应当知道代理人的代理行为违法未作反对表示的，被代理人和代理人应当承担连带责任。《民法总则》第171条第4款规定，相对人知道或者应当知道行为人无权代理的，相对人和行为人按照各自的过错承担责任。

(4) 行为人与相对人之间的民事行为有效。若不符合《民法总则》关于民事行为有效的规定，则自始无效，也不能构成表见代理。

表见代理制度是市场经济条件下当事人利益的法律平衡，体现了效率优于公平。从表见代理的规定看，尽管相对人有充分理由相信代理人，但实际上被代理人并未作出意思表示。在被代理人不同意接受代理人的行为结果，而本人又无过错的情况下，让被代理人对代理人的行为后果负责，实质是对被代理人意志的强迫。但表见代理制度的建构，很大程度上是因为代理人的财产和信誉已不足以保护善意相对人的利益，被代理人如果不对代理人的行为负责，则善意无过错相对人的权益就无法保护。该制度体现了对善意相对人的政策倾斜与有效保护。

第九节　民事责任

一、民事责任概述

民事责任，指民事主体违反法律规定或当事人约定的民事义务的法律后果。法律对民事责任的概念没有明文规定，理论上观点不一。按照大陆法系的民法理论，法律关系是权利、义务和责任三者的结合体，责任是法律关系的构成要素。权利、义务是法律关系的内容，而责任是权利、义务实现的法律保障。权利与义务只有与责任结合在一起，权利才能受到法律的有效保护。

(一) 责任概念与救济权

责任既与义务相对，又与救济权相对。责任与救济权的对立统一，构成另一种法律关系：如果义务人不履行义务，侵害了权利人的合法利益，原来的权利义务关系，就发生了性质和内容的变化，转化为以救济权和责任为内容的特殊民事法律关系——责任关系。原来的权利人因权利受到侵害而取得救济权，成为救济权的主体；原来的义务主体则因义务的违反而依法承担责任，成为责任主体。

(二) 责任的分类

1. 债务不履行责任与侵权责任

根据责任产生的原因，责任可以分为债务不履行责任与侵权责任。债务不履行责任，指因债务人不履行债务而承担的责任。侵权责任，指因行为人实施侵权行为而发生的责任。二者的区别主要表现在三个方面：(1)债务不履行责任仅承担财产责任，而侵权责任则包括财产责任和非财产责任。(2)在债务不履行责任中，义务人违反了积极的作为义务；在侵权责任中，义务人违反了消极的不作为义务。(3)在债务不履行责任中，义务人承担的责任因其不履行债务而发生，债务是原因，责任是后果；而在侵权责任中，义务人承担责任因侵权行为而发生，责任是原因，债务是后果。

2. 履行责任、返还责任与赔偿责任

根据责任内容的限制，责任可以分为履行责任、返还责任与赔偿责任。履行责任，指责任人应当履行自己原来所承担的义务的责任。例如，违反合同的债务人承担继续履行或采取其他补救措施的责任，侵权行为人承担停止侵害、排除妨碍、消除影响、恢复名誉等责任。返还责任，指以返还利益为内容的责任。例如，承租人在租赁期满后，负有将所占有的租赁物返还给出租人的责任。赔偿责任，指以赔偿受害人损害为内容的责任。例如，支付违约金、赔偿损失等。

3. 财产责任与非财产责任

根据责任内容是否具有财产性，责任可以分为财产责任和非财产责任。财产责任，指直接以一定财产为内容的责任。非财产责任，指不直接具有财产内容的责任。法律关系多为财产关系，人身关系虽然不具有财产性，但也能产生财产责任。因此，法律关系以财产责任为主。

二、特殊的民事责任

《民法总则》第 8 章将惩罚性赔偿归为一种特殊的民事责任，并新增见义勇为者保护、紧急救助人免责、侵害英烈等死者人格利益的特殊民事责任、民事责任优先等规定。

（一）惩罚性赔偿

《民法总则》第 179 条第 2 款规定，法律规定惩罚性赔偿的，依照其规定。该规定旨在防止行为人将来再犯。

何种行为、在何种情况下适用惩罚性赔偿，惩罚性赔偿金数额和计算方法，均由法律明确规定。例如，《消费者权益保护法》第 55 条第 1 款规定，经营者提供商品或者服务有欺诈行为的，应当按照消费者的要求增加赔偿其所受的损失，增加赔偿的金额为消费者购买商品的价款或者接受服务的费用的三倍；增加赔偿的金额不足五百元的，为五百元。法律另有规定的，依照其规定。该条第 2 款规定，经营者明知商品或者服务存在缺陷，仍然向消费者提供，造成消费者或者其他受害人死亡或者健康严重损害的，受害人有权要求经营者依照本法第 49 条、第 51 条等法律规定赔偿损失，并有权要求所受损失两倍以下的惩罚性赔偿。

（二）见义勇为者保护

《民法总则》第 183 条规定，因保护他人民事权益使自己受到损害的，由侵权人承担民事责任，受益人可以给予适当补偿。没有侵权人、侵权人逃逸或者无力承担民事责任，受害人请求补偿的，受益人应当给予适当补偿，旨在鼓励见义勇为者，弘扬良好的道德风尚。

首先，侵权人应承担相应的民事责任。见义勇为者遭受的损害，与侵权行为之间存在因果关系。因此，侵权人应当依《侵权责任法》承担侵权责任。

其次，受益人承担的补偿责任。通常分为两种情形：一是有侵权人且侵权人能够承担责任，受害人请求补偿的，受益人可给予适当补偿，旨在更充分地保障见义勇为者的权利。二是没有侵权人、侵权人逃逸或无力承担民事责任，受益人应当给予适当补偿。

最后，受益人与侵权人之间实际上不形成真正的连带债务。侵权人是终局责任人，故受益人补偿后，其有权向侵权人追偿。

(三) 紧急救助人免责

《民法总则》第184条规定，因自愿实施紧急救助行为造成受助人损害的，救助人不承担民事责任。旨在通过免除紧急救助人的责任，解决其后顾之忧，从而鼓励紧急救助行为，弘扬互助精神。

(四) 侵害英雄、烈士等死者人格利益的特殊民事责任

《民法总则》第185条规定，侵害英雄、烈士等的姓名、肖像、名誉、荣誉，损害社会公共利益的，应当承担民事责任。该规定旨在强化对英雄、烈士等死者人格利益的特殊保护，是对实践中毁损邱少云、狼牙山五壮士名誉等社会事件的回应。

英雄和烈士是一个国家和民族精神的体现，加强对英烈姓名、名誉、荣誉等的法律保护，对于强化扬善抑恶、弘扬社会主义核心价值观具有重大意义，同时彰显出民法高度的社会责任特点，以侵权责任之名，强化社会公共利益保护的实际需要。

(五) 民事责任优先

《民法总则》第187条规定，民事主体因同一行为应当承担民事责任、行政责任和刑事责任的，承担行政责任或者刑事责任不影响承担民事责任；民事主体的财产不足以支付的，优先用于承担民事责任。

该条针对民事责任与行政责任、刑事责任竞合的情形，确立了民事责任优先原则，体现了优先关怀私法主体利益的精神和“国不与民争利”的先进的法治理念。

三、依照法律规定或按份承担民事责任

《民法总则》第176条规定，民事主体依照法律规定和当事人约定，履行民事义务，承担民事责任。第177条规定，二人以上依法承担按份责任，能够确定责任大小的，各自承担相应的责任；难以确定责任大小的，平均承担责任。

案例1－13：李某大喊“小偷”与小偷摔死有因果关系吗？

某日凌晨，李某听到家里发出窸窸窣窣的声音，起身顺着声音一个个房间找过来，发现少了东西，可不见小偷人影。李某推开窗，上上下下查看，发现一个30岁左右的男人正蹲在6楼到7楼之间的雨篷上。李某本能地大喊一声“小偷”，小偷心虚惊慌，脚底打滑，从雨篷上摔了下去，不幸死亡。警方调查发现，小偷身上有失主的钱包等物。

小偷父母向失主李某索赔67万元，认为儿子是被“小偷”大喊声吓到，从而坠楼摔死的，李某应当承担民事赔偿责任，遭李某拒绝，后诉至法院。本案例适用：

A. 小偷自担死亡风险；

B. 李某大喊“小偷”，小偷心虚惊慌，从雨篷摔下，李某承担全部赔偿责任；

C. 李某大喊“小偷”，与小偷从雨篷摔下去有一定的因果关系，承担小部分赔偿责任；

D. 李某大喊“小偷”，是小偷从雨篷摔下去的重要原因，承担大部分赔偿责任。

第十节 诉讼时效与除斥期间

一、消灭时效

(一) 消灭时效的概念

消灭时效(Extinctive Prescription),指一定的事实状态经过一定期间之后,将导致请求权消灭的法律后果。换言之,请求权人怠于行使请求权,经过法定期间导致该请求权的消灭。请求权的保护必须通过法院或仲裁机构,即与诉讼密切相关,故苏联立法称其为"诉讼时效(Limitation of Action)"。我国民事立法受到苏联立法的影响,没有采纳大陆法系消灭时效的术语而借鉴了苏联的"诉讼时效"概念。

《民法总则》第 9 章共 12 个条文,只有 1 个条文规定除斥期间制度,其余 11 个条文均规定消灭时效制度,涉及普通消灭时效期间及其起算规则,最长权利保护期限,分期履行债务消灭时效的清算,消灭时效届满的法律效果,消灭时效的援用,消灭时效中止、中断及其效力,不适用消灭时效的情形,消灭时效的法定性,时效利益不得放弃等规定。

(二) 消灭时效的客体

消灭时效的客体,指消灭时效适用的范围。《民法总则》将消灭时效的客体明确规定为抗辩权,消灭时效期间届满的直接效果是义务人获得抗辩权。

在《民法总则》颁布前,抗辩权的对象仅限于债权请求权。《民法总则》肯定了部分物权请求权可以适用消灭时效,第 196 条列举了 2 类物权请求权(停止侵害、排除妨碍、消除危险请求权,不动产物权和登记的动产物权的财产返还请求权)、1 种亲属法上的请求权(抚养、赡养费或者扶养费支付请求权)及部分债权请求权排除适用消灭时效。

1. 停止侵害、排除妨碍、消除危险请求权

物权请求权指物权人在其物被侵害或有遭受侵害危险时,有权请求侵害人返还原物、恢复原状、停止侵害、排除妨碍、消除危险。停止侵害、排除妨碍、消除危险是物权请求权的基本内容,故停止侵害、排除妨碍、消除危险请求权不适用消灭时效。

2. 不动产物权和登记的动产物权的财产返还请求权

财产返还请求权是物权请求权的重要内容。基于登记物权的公信力,《民法总则》仅规定不动产物权和登记的动产物权的财产返还请求权不适用消灭时效。普通动产以占有和交付为所有权确认和变动的公示方式,基于对交易安全的保护,普通动产(非登记)物权的财产返还请求权则适用消灭时效。

换言之,当不动产物权人的标的物被他人非法占有时,无论是否经过不动产物权登记,物权人均可以向人民法院请求侵权人返还财产,不受诉讼时效期间的限制。当被非法占有的标的物是动产时,权利人在登记机关登记过其主张权利的返还原物纠纷诉讼标的物时,其返还原物、返还财产的权利请求不受诉讼时效期间的限制。但如果权利人未对飞机、船舶、汽车等特殊动产办理产生物权效力的登记时,权利人需要自知道或应当知道侵权事实与侵权人身份起 3 年内向侵权人主张返还原物、返还财产,否则将面临诉讼请求被驳回的不利后果。对不易证明流转过程的动产而言,以登记为不适用诉讼时效的前提,有助于法院查明动产的物权状况,排除年代过久无法由当事人举证证明的物权争议。

3. 抚养费、赡养费或者扶养费支付请求权

抚养费、赡养费或者扶养费支付请求权属于亲属法的请求权，不适用消灭时效。因为抚养费、赡养费或者扶养费的支付对象均为弱势群体，构成其基本生活来源，这些费用缺失将严重影响其正常生活。

4. 部分债权请求权

根据《诉讼时效司法解释》第 1 条的规定，支付存款本息请求权、兑付国债、金融债券和向不特定对象发行的企业债券本息请求权以及基于投资关系产生的缴付出资请求权等不适用消灭时效。

（三）消灭时效的类型

1. 普通消灭时效

普通消灭时效，又称一般消灭时效，指在通常情况下应适用的诉讼时效。《民法总则》第 188 条第 1 款规定，向人民法院请求保护民事权利的诉讼时效期间为 3 年。

基于近年社会生活发生的深刻变化，交易方式与类型的不断创新，权利义务关系更趋复杂，要求权利人在 2 年诉讼时效期间内行使权利显得过短，故《民法总则》将普通诉讼时效期间从 2 年延长为 3 年，旨在更好地保护债权人的合法利益。

案例 1－14：若李某将舅舅诉至法院，会得到法院支持吗？

1990 年，李某攒下 2 000 元准备结婚时买一台电视机。一天李某的舅舅来李某家借钱，说是种花生收益特别大，想借 2 000 元去南方买种。李某碍于其是亲戚也是长辈，不好意思不借，于是借给舅舅，李某的舅舅答应一年就还。后来李某得知，舅舅拿着钱去旅游，没种花生。到现在，李某的舅舅也没还钱，李某心里不舒服又碍于亲戚面子，不好意思开口催还。若李某将舅舅诉至法院“要求还钱”，结果将是：

A. 法院支持李某，借钱事实客观存在；　B. 法院不支持李某，已过 2 年诉讼时效；
C. 法院支持李某，只要舅舅承认借钱事实；D. 法院不支持李某，已过 3 年诉讼时效。

2. 特别消灭时效

特别消灭时效，指法律规定仅适用于特定类型法律关系的消灭时效。例如，《合同法》第 129 条规定，因国际货物买卖合同或技术进出口合同争议提起诉讼或者申请仲裁的期限为 4 年；《海商法》第 257 条规定，因海上货物运输向承运人要求赔偿的请求权，时效期间为 1 年。

3. 最长消灭时效

最长消灭时效，指不适用消灭时效中止、中断规定的时效，时效期间为 20 年。

（四）消灭时效的起算

《民法总则》新增欠缺民事行为能力人对其监护人的诉讼时效起算、未成年人遭受性侵害后诉讼时效起算规定。

1. 非完全民事行为能力人对其法定代理人的诉讼时效起算

《民法总则》第 190 条规定，无民事行为能力人或者限制民事行为能力人对其法定代理人的请求权的诉讼时效期间，自该法定代理终止之日起计算。

这里的“法定代理终止之日”为诉讼时效期间开始计算之日，旨在更好地保护受监护人。受监护人对监护人的请求权，可能基于两种情况：一是监护人自身违反监护职责产生的特殊监护责任。监护人应当按照最有利于被监护人的原则履行监护职责，保护被监护人的人身、财产

权利及其他合法权益；若不履行监护职责或侵害被监护人合法权益，应当承担责任。二是监护人对被监护人的加害，重点是侵权加害。监护人本身可能对被监护人实施侵犯身体健康、财产所有权的行为，被监护人可依据本法与《侵权责任法》等赋予的请求权向监护人请求承担责任。

2. 未成年人性侵害后的诉讼时效起算

《民法总则》第 191 条规定，未成年人遭受性侵害的损害赔偿请求权的诉讼时效期间，自受害人年满十八周岁之日起计算。

根据该条，未成年人遭受性侵害，诉讼时效期间直到受害人年满 18 周岁起计算。通过成年之前停止计算的办法，是对未成年人遭受性侵害后特殊的诉讼时效利益保护。新增该条的现实理由是，受“家丑不可外扬”传统观念影响，不少遭受性侵害的未成年人及其监护人往往不愿意、不敢公开寻求法律保护；或遭受性侵害时，未成年人年龄尚小，不具备识别判断性侵害行为的能力，而成年后往往已经超过诉讼时效。实践中，许多未成年人受到性侵害可能来自家庭内部，有时性侵害人就是监护人；还有许多受性侵害的未成年人是智力残缺者，即使成年也可能面临不知道受害的情况。

（五）消灭时效的中止

消灭时效的中止（Suspension of Prescription），指在消灭时效进行过程中发生法定的事由而导致权利人无法行使请求权，法律为保护权利人的利益而暂时停止时效期间的计算，待导致中止的事由消灭之后继续计算时效期间的制度。《民法总则》第 194 条规定了消灭时效中止的 5 种情形：(1)不可抗力；(2)无民事行为能力人或者限制民事行为能力人没有法定代理人，或者法定代理人死亡、丧失民事行为能力、丧失代理权；(3)继承开始后未确定继承人或者遗产管理人；(4)权利人被义务人或者其他人控制；(5)其他导致权利人不能行使请求权的障碍。

（六）消灭时效的中断

消灭时效的中断（Interruption of Prescription），指在消灭时效进行过程中，法定事由的发生从而导致已经过的时效期间全部归于无效，中断事由结束后重新开始时效期间的计算。《民法总则》第 195 条规定，有下列情形之一的，诉讼时效中断，从中断、有关程序终结时起，诉讼时效期间重新计算：(1)权利人向义务人提出履行请求；(2)义务人同意履行义务；(3)权利人提起诉讼或者申请仲裁；(4)与提起诉讼或者申请仲裁具有同等效力的其他情形。

（七）消灭时效的效力

消灭时效的效力，指消灭时效期间届满之后对权利所产生的法律后果。《民法总则》第 192 条规定消灭时效期限届满的，债务人取得抗辩权，可以提出不履行债务的抗辩。旨在督促权利人及时行使权利以维护正常的社会交易秩序，而并非否定权利的合法存在和行使。

在消灭时效完成后，权利人的债务从可强制执行的债务转变为自然债务，是否援引时效进行抗辩取决于债务人，适用意思自治原则。债务人仍然可以履行债务，义务人同意履行的，不得以诉讼时效期间届满为由抗辩；义务人已自愿履行的，不得请求返还。

（八）消灭时效的适用

《民法总则》第 193 条明文禁止法院主动援引消灭时效。消灭时效抗辩权是义务人的私权，义务人是否行使，适用意思自治原则，司法不应过多干预。在义务人不提出消灭时效抗辩时，法院不应主动援引消灭时效进行裁判，体现了法院居中裁判的法律定位。

二、除斥期间

(一) 除斥期间的概念

除斥期间(Scheduled Period),又称预定期间,指法律规定某种权利的存续期间,权利人在该期间内不行使权利的,其权利在存续期间届满时消灭。除斥期间为不变期间,通常为1年,不适用中断、中止或延长的规定。

除斥期间有法定除斥期间与约定除斥期间之分。前者是基于法律的直接规定,后者是基于当事人的约定。

(二) 除斥期间与消灭时效之比较

二者均以一定事实状态的存在和一定期间的经过为条件,从而导致一定法律后果的产生,目的均为督促权利人及时行使权利以维护法律秩序,但二者又有以下4个方面的不同:

1. 适用对象不同

消灭时效适用于请求权,而除斥期间适用于形成权。诉讼时效的适用对象是因基础权利而产生的请求权,通常是双方行为,有请求权行使的相对人,以债权请求权为代表;除斥期间适用的对象是形成权,并非因基础权利而产生,通常是单方行为,以撤销权为代表,有撤销瑕疵法律行为的效力。消灭时效是请求权的行使期限,实体权利不因消灭时效的届满而消灭;除斥期间则是一个实体权利的存在期间,一旦除斥期间届满,实体权利随即消灭。

2. 期间性质不同

消灭时效期间是可变期间,可以适用中断、中止和延长的规定;除斥期间是不变期间,不得适用中断、中止和延长的规定。中断、中止和延长,使消灭时效的期限具有很大的弹性;除斥期间则不存在中断、中止和延长的规定,在相关法律中均有明确的规定,期限无法延长。

3. 法律效力不同

消灭时效的完成导致诉权消灭,而实体权利并不消灭,非经当事人援用,法院不得依职权主动援用消灭时效作为裁判依据;除斥期间的经过则导致形成权的消灭,即使当事人不主动援用,法院也应当依职权调查作为裁判的依据。

4. 利益性质不同

消灭时效的利益,当事人可以放弃,使完成的时效归于无效;除斥期间经过的,当事人的权利消灭,没有利益可以放弃。

思考题:

(1) 简述《民法总则》规定生态环境保护原则的意义。

(2) 简述当前民法兼顾社会本位的意义。

(3) 简述英美法判例对商学院案例教学的启示。

(4) 简述《民法总则》将未成年人年龄提前至8周岁的原因。

(5) 简述《民法总则》强调个人信息保护的意义。

(6) 简述《民法总则》将法人进行三元分类的背景。

(7) 简述侵害英烈等的人格利益的特殊民事责任。

(8) 简述民事法律行为效力待定的规定。

(9) 简述《民法总则》将普通诉讼时效延长至3年的原因。

参考文献

[1] 龙卫球,刘宝玉. 中华人民共和国民法通则释义与适用指导[M]. 北京：中国法制出版社,2017.

[2] 孙国瑞. 知识产权法学[M]. 北京:知识产权出版社，2012.

[3] 王利明,王轶,杨立新,等. 我国民法典体系问题研究[M]. 北京：经济科学出版社，2009.

[4] 周学峰. 商法教程[M]. 北京：对外经济贸易大学出版社，2007.

[5] 费安玲,朱庆友,吴香香,等. 民法总论[M]. 2 版. 北京：高等教育出版社，2018.

[6] 郑云瑞. 民法总论[M]. 8 版. 北京：北京大学出版社，2018.

[7] 李永军. 民事合伙的组织性质疑——兼评《民法总则》及《民法典各分编(草案)》相关规定[J]. 法商研究，2019(2).

[8] 杨立新. 侵权责任法回归债法的可能及路径——对民法典侵权责任编草案二审稿修改要点的理论分析[J]. 比较法研究，2019(2).

[9] 王利明. 情事变更制度若干问题探讨——兼评《民法典合同编(草案)》(二审稿)第 323 条[J]. 法商研究，2019(3).

第二章 合同法

《合同法》是市场经济的核心交易规则，内容涉及合同订立、合同效力、合同履行、合同变更和转让、合同权利义务终止、违约责任等。近年新增一物多卖、情事变更、代为保管、提前还款、买卖不破租赁、客户“跳单”等合同纠纷，对商学院学生而言，正确处理这些合同纠纷更具现实意义。

关键词：合同订立；要约邀请；要约；过期承诺；缔约过失责任；合同效力；表见代理；不安抗辩权；流质契约；抵押；质押；定金；违约责任；情事变更；买卖不破租赁

第一节 概 述

一、合同的概念

合同的概念，在世界各国并不完全相同。德国法认为，合同包括两个方面的内容：(1)当事人的内在意思；(2)当事人表示这种意思的行为，二者结合起来才能构成合同。法国法强调合同是当事人之间的合意，即当事人意思表示一致，才能构成合同。英美法强调合同的实质在于当事人所作的允诺(Promise)，即当事人作出了法律上有约束力的、且能够强制执行的允诺，就是合同。

《中华人民共和国合同法》(简称《合同法》)第 2 条第 1 款规定，本法所称合同是平等主体之间的自然人、法人、其他组织之间设立、变更、终止民事权利义务关系的协议。

该条第 2 款将婚姻、收养监护等身份关系的协议排除在《合同法》的调整范畴外。

二、合同法基本原则

(一) 合同当事人法律地位平等

《合同法》第 3 条规定，合同当事人的法律地位平等，一方不得将自己的意志强加给对方。

(二) 合同当事人自愿订立合同

《合同法》第 4 条规定，当事人依法享有自愿订立合同的权利，任何单位和个人不得非法干预。

(三) 合同当事人应遵循公平原则

《合同法》第 5 条规定，当事人应当遵循公平原则确定各方的权利和义务。

案例 2-1：公平是谈判的重要原则

2018 年 5 月，刚刚工作满一年的万女士成为了一名正式的验光师，由于收入的上涨，万女士决定在离自己所在的眼镜店更近一点的小区租一间适合自己的小房子。在考察了多套房源之后，万女士选择了附近的一个小区，并与一位个人房东签订了为期半年的租房合同。按照当地的惯例，租房必须要交一个月房租的押金，如果租客损坏了房屋内的家具或者提前退租，押金将不会退还。在签订合同之后的 6 月初，万女士便搬进了房子。2018 年 9 月，也就是合同期内的第四个月，房东由于个人原因，要求万女士在本月末搬离房子，并承诺退还剩余房租和押金。但由于眼镜店的主要顾客群体（学生）在9月开学，万女士在此期间工作繁忙，无暇另寻房屋。后万女士与房东商量能否让其住至10月末，但遭到房东拒绝，为此万女士要求房东赔偿一个月的房租以弥补损失。房东以合同内没有此项拒绝了万女士。

万女士多次与房东协商，最终房东赔偿1 000元，理由最可能是《合同法》之：

A. 平等原则；　　B. 公平原则；　　C. 诚信原则；　　D. 公序良俗原则。

（四）合同当事人应遵循诚信原则

《合同法》第6条规定，当事人行使权利、履行义务应当遵循诚实信用原则。

（五）合同当事人应遵循公序良俗

《合同法》第7条规定，当事人订立、履行合同，应当遵守法律、行政法规，尊重社会公德，不得扰乱社会经济秩序，损害社会公共利益。

这里的社会经济秩序就是公序，社会公德就是良俗。

（六）合同当事人不得擅自变更或解除合同

《合同法》第8条第1款规定，依法成立的合同，对当事人具有法律约束力。当事人应当按照约定履行自己的义务，不得擅自变更或者解除合同。

案例2-2：甲奶牛场不得不交付5头小奶牛

甲奶牛场从澳大利亚引进了一批良种奶牛，产奶较多。乙奶牛场知道后，去函与甲奶牛场联系，希望小奶牛产出后向甲奶牛场购买5头小奶牛，甲奶牛场表示同意。双方在函件中谈妥了价格等条款，并约定如果到时候没有产出5头小奶牛，不能算甲奶牛场违约。在小奶牛还没有产出前，甲奶牛场觉得如果将小奶牛卖给乙奶牛场，以后牛奶的销售将增加一个竞争对手，于己不利。于是，甲奶牛场给乙奶牛场去函，提出取消原来的买卖小奶牛合同，但乙奶牛场不同意。后来，甲奶牛场产出8头小奶牛，乙奶牛场要求履行合同，甲奶牛场拒绝，理由是原来的合同是附条件合同，若条件没有成就则合同不生效，自己在合同生效以前已经取消了合同。于是，乙奶牛场将甲奶牛场诉至法院，要求交付5头小奶牛。后法院判决甲奶牛场应当交付小奶牛给乙奶牛场。

案例评析：

该案争议的焦点在于，已经成立的小奶牛买卖合同，有无法律效力？若要撤销，须符合哪些条件？

甲奶牛场与乙奶牛场就买卖5头小奶牛一事，通过要约与承诺达成协议，这说明合同已经成立，但该合同是附条件合同，在小奶牛产出以前，买卖5头小奶牛的合同尚未生效。但根据《合同法》第8条规定，该合同虽然尚未生效，但并不影响其依法已成立的事实。合同成立即对当事人具有法律约束力，即未经当事人双方协商一致，不得随意解除合同。甲奶牛场虽然提出取消原合同，但乙奶牛场并未同意，因此甲奶牛场取消原合同的行为不能产生法律效力。后来，甲奶牛场产出8头小奶牛，说明合同生效的条件已经具备，故甲奶牛场应当履行合同约定的交付5头小奶牛的义务。

当乙奶牛场向其提出购买5头小奶牛时，甲奶牛场缺乏风险意识，对卖给乙奶牛场5头小奶牛的后果估计不足，仓促与乙奶牛场订立合同。后来回过味来，要取消原来的买卖小奶牛合同，但遭乙奶牛场的拒绝，致使原合同无法撤销；最后不得不继续履行原合同，否则就要承担违约的责任。

第二节　合同订立

合同始于订立，终于适当履行或责任承担，其间可能涉及变更、转让、解除、消灭等环节。合同订立的质量状况，将直接影响到其后续环节。若合同订立审慎、完备、适法，一方面可加速交易的进程，另一方面也可保证其后续环节的顺利进行。

一、合同的形式

各国法律在合同的形式问题上，大都采取"不要式"原则，只有少数合同才要求其必须按照法律规定的特定形式来订立。

我国《合同法》在合同的形式问题上，也采取了"不要式"原则。《合同法》第10条规定，当事人订立合同，有书面形式、口头形式和其他形式。

案例2－3：借款聊天记录和截图

赵先生与贾女士是大学同学，关系很好。2015年底，赵先生以家里母亲生病急用钱为由通过微信提出向贾女士借款50 000元，贾女士当即取出50 000元现金亲手交给了赵先生，赵先生也在微信里保证有钱后肯定还款。但贾女士只将二人的聊天记录截图保存，并未让赵先生当场打借条。由于赵女士平时有着定期清理微信聊天记录的习惯，某天无意中删除了二人的聊天记录，但截图依然保存在手机里。

2017年初，贾女士父亲病危急需钱，贾女士要求赵先生还款，没想到赵先生却矢口否认。贾女士拿出之前的微信聊天记录截图，赵先生却表示是贾女士又申请了另一个微信号，用和赵先生头像、昵称一样的微信号自导自演，目的是骗取赵先生的存款。贾女士一气之下，将赵先生诉至法院，要求赵先生返还50 000元借款。经法院审理，法院以贾女士证据不足为由驳回了贾女士的诉求。

关于聊天记录和截图，适用：

A. 仅有截图，证据不足；

B. 仅有截图，证据不足，还需要聊天记录；

C. 仅有截图、聊天记录，证据仍不足，还需要借条；

D. 仅有截图，证据足矣。

（一）书面形式

书面形式指当事人以文字方式表达协议内容而订立的合同。

《合同法》第11条规定，书面形式是指合同书、信件和数据电文（包括电报、电传、传真、电子数据交换和电子邮件）等可以有形地表现所载内容的形式。

《合同法》第10条第2款规定，法律、法规规定采用书面形式的，应当采用书面形式。当事人约定采用书面形式的，应当采用书面形式。

书面形式的优点在于能够将当事人之间的权利义务记载清楚，发生纠纷时容易举证和分清责任，故大量运用于社会经济生活中。

(二) 口头形式

口头形式指当事人直接以对话方式订立的合同。

口头形式简便易行,广泛运用于社会生活的各个领域。但口头形式的弊端在于,发生纠纷时难以取证,不易分清责任。因此,对于不能即时清结和数额较大的合同,不宜采用口头形式。

(三) 其他形式

除书面形式和口头形式以外,当事人还可采取其他的形式订立合同,即当事人既未用语言,也未用文字表达其意思,而是用实际行为达成具有法律效力的合同。例如,某人将货币投入自动售货机,则买卖合同成立。

一般说来,这种形式只适用于交易习惯许可的场合,而不能普遍适用。

案例 2-4:俞某以优势证据赢得官司

俞某和梁某是好朋友,一天俞某向梁某借款 10 万元,且打了借条。后来,俞某将 10 万元归还梁某,但当时梁某未带借条,也没有给俞某打收据。半年后,梁某找到俞某,索要 10 万元,且出示了俞某打的借条。关于这 10 万元,俞某说"已经还给梁某了";而梁某称"俞某没有还款,这里有借条为证"。双方协商未果,于是梁某将俞某诉至法院,要求俞某归还 10 万元。

法院受理了该案。法庭上,甲、乙两人分别为俞某作证,甲的证词是"他看见俞某、梁某两人走进财务室,且俞某提了一个包,包里装的什么东西不知道,估计是现金。"乙的证词是"他看见俞某、梁某在财务室数钱,具体数目不知道,但看见一大堆钱。"俞某的母亲出示了当年从银行提款的账单 7.5 万元;俞某出示了当年从证交所提取 1.5 万元现金的记录。据此,法院认为,甲、乙两人的证词,俞某的母亲当年从银行提款的账单,俞某从证交所提取现金的记录,构成一个完整的证据链,其证明力大于单纯的借条。最后判决:俞某胜诉,驳回梁某的诉讼请求。

案例评析:

该案因俞某还款未要回借条,也未要求对方打收据而引发经济纠纷,争议的焦点在于,证人、证言与书证相比,哪个证明力更大?

梁某在诉讼过程中居于主动地位,因为他手里握有俞某打的借条,是直接的书证;而俞某则处境被动,他需要证明自己已经还给梁某 10 万元。根据民法的一般原则"谁主张,谁举证",俞某开始了艰苦的取证工作。

幸运的是,俞某在偿还梁某 10 万元借款的过程中,被甲、乙两人发现,且愿意为他作证;更幸运的是,俞某的母亲保留了当年从银行提款的账单 7.5 万元,还有他本人当年从证交所提取 1.5 万元现金的记录,二者加在一起是 9 万元。值得注意的是,这几个环节环环相扣,缺一不可,从而构成了一个完整的证据链。甲、乙两人的证词能够证明俞某曾经偿还过梁某的借款,但偿还了多少借款不得而知。但甲、乙两人的证词和"俞某的母亲当年从银行提款的账单""俞某从证交所提取现金的记录"的证据合在一起,则能够证明俞某偿还了梁某 10 万元借款,因为"银行提款 7.5 万元"加上"从证交所提取 1.5 万元现金"等于 9 万元,若俞某家里存放或到银行提取 1 万元现金,则可以证明还清借款,该推理具有可信性。

相较于梁某的直接证据,俞某的证据是证人、证言,例如甲、乙两人的证词,还有其母亲当年从银行提款的账单 7.5 万元、他本人当年从证交所提取 1.5 万元现金的记录,这些都是间接证据。但所有这些间接证据构成了一个完整的证据链,它们之间相互质证,从而可以推断俞某已经偿还了梁某 10 万元借款。

在民事案件中,当事人主张权利,总能找出点有利于自己的理由,不同的只是:有的理由比较充分，具有可信性；而有的理由则非常牵强，不可信。在这种情况下，法官就要看谁的证据更充分、更有说服力。一般说来，书证的证明力大于证人、证言；但法院以优势证据判决俞某胜诉。

该案俞某的胜诉实属侥幸，是多种巧合的组合。首先，甲、乙两人肯为俞某作证，对俞某而言实属不幸中的大幸。要知道，当事人利益是矛盾的，甲、乙两人的证词既然对俞某有利，必然不利于梁某，从而可能得罪梁某，这就解释了现实生活中为什么证人不好找。其次，俞某的母亲能够保留当年从银行提款的账单、俞某本人能够保留从证交所提取现金的记录，也属万幸，对该案的胜诉均起了重要作用。从这个意义上说，俞某既是不幸者，也是大幸者。该案例警示我们不能靠巧合赢得官司，还是应该按规则办事：偿还借款时，务必要回借条，或者让对方打收据，这才是规避风险的上策。

案例 2－5：3.2 万元借款，需要还两遍

案例发生在北京市石景山区。翁某与赵某是好朋友，两人曾发生过借款往来，后来翁某突然去世。翁某的妻子冯某在整理丈夫的遗物时，意外地发现了一张借条“今借人民币陆万元(后来又将陆万元改为叁万贰仟元)。借款人：赵某”。据此，冯某向赵某索要欠款，赵某说“欠款，他已经还给翁某了”。双方协商不成，于是冯某将赵某诉至法院。

在法庭上，赵某出具了两份证人、证言：一份是打牌时牌友出具的“赵某接了一个电话，手里拿着一个报纸包裹的东西就出去了，报纸包的是什么东西不知道”；另一份是赵某的生意伙伴龚某出具的“赵某说要偿还翁某的钱”。

法院经审理判决：赵某败诉，须偿还冯某 3.2 万元。赵某认为，自己已经偿还了翁某 3.2 万元，若要再偿还冯某 3.2 万元的话，二者加在一起是 6.4 万元；自己实在是冤枉，为此痛哭流涕。

案例评析：

该案争议的焦点在于，翁某的欠款，赵某到底偿还了没有？以什么为证？

冯某处于主动地位，因为她手里持有赵某打给其丈夫翁某的借条；而赵某则处境被动，他需要举证“自己已经偿还翁某 3.2 万元”。

赵某向法庭提供了两份证人、证言：一份是打牌时牌友出具的“赵某接了一个电话，手里拿着一个报纸包裹的东西就出去了，报纸包的是什么东西不知道”；另一份是赵某的生意伙伴龚某出具的“赵某说要还翁某的钱”。

与案例 2－4 不同的是，以上两份证人、证言之间不能相互质证，不能构成一个完整的证据链，从而法院并未采信。首先，牌友出具的证言，只能证明赵某拿着包出去了，但不能证明他是去找翁某，更不能证明他是去找翁某偿还欠款；其次，龚某与赵某是生意伙伴关系，两人间存在经济利害关系，有偏袒赵某的嫌疑，因此生意伙伴龚某出具的证言，也缺乏可信性。在这种情况下，借条(书证)的证明力大于证人、证言，故法院判决赵某败诉。

由于翁某突然去世，赵某是否偿还了翁某的欠款就成了一个谜。若赵某已经偿还翁某的欠款，但其提供的证据不足，法院只能判其败诉。该案给赵某的启示是，在偿还欠款时务必要回借条，或者让对方打一个收据。

二、合同的内容

根据《合同法》第 12 条的规定，合同的内容由当事人约定，一般包括以下条款：

(一) 当事人的名称或姓名和住所

合同,是当事人之间的协议。当事人是谁,住在何处或营业场所在何处,应当明确。

(二) 标 的

标的,是当事人之间合同法律关系的客体,是权利义务共同指向的对象。合同的标的,既可以是货物,也可以是劳务、技术成果或工程项目等,但法律禁止的行为或禁止的转让物不能成为合同的标的。

(三) 数 量

数量,是以数字和计量单位衡量标的的尺度。没有数量,当事人之间的权利义务的大小就很难确定。

(四) 质 量

质量,是标的的内在品质和外观形态的综合。它包括标的的名称、品种、规格、等级等内容。

(五) 价款或者报酬

价款或者报酬,指当事人取得标的物或接受劳务需支付的代价。

案例 2-6:合同订立时,忘了约定价款

2015 年 12 月底,李先生的公司已建成厂房,需安装一批玻璃窗。李先生和亲戚刘某无意间谈起此事,刘某当即说自己常年从事玻璃安装工作,在这方面很有经验。据李先生所知,安装玻璃只是刘某的副业,就顺口问了刘某安装玻璃的材料价格、人工费等。刘某当天就带了几个工人到李先生的公司测量了窗的尺寸等参数,说是帮李先生参考造价。

一周后,李先生忽然接到了刘某的电话,刘某问什么时候方便来公司安装玻璃,材料已经准备妥当。之前李先生并未和刘某说定要使用他的玻璃和工人,但眼下还未找到承包商,现在有现成的亲戚上门帮忙,李先生也未曾多想就满心欢喜地定下了动工的时间。

玻璃安装工作结束,李先生请刘某吃饭以犒劳他。饭桌上,谈到安装玻璃的价格,刘某竟报出比行业水平高出几十元的价格。李先生纳闷:还是亲戚关系,不给照顾就算了,竟然狮子大张口捞起自己人油水,怕是随口一说吧。但顾虑憋在心里也不是滋味,饭罢李先生忍不住再次问刘某:前不久我负责装的一批同样规格的玻璃窗只要 95 元/平方米,到你这儿怎么成了 120 元/平方米了? 刘某笑嘻嘻地说:当时你没问我价格,现在涨价了嘛。我还以为你一开始不谈价格是都知道行情的呢。碍于情面,李先生自认倒霉,向刘某支付了昂贵的安装费。

假设双方协商不成,诉至法院,法院将如何判决安装玻璃的价格?

A. 95 元/平方米; B. 按照订立合同时刘某所在地的市场价格;

C. 120 元/平方米; D. 按照订立合同时李先生公司所在地的市场价格。

(六) 履行期限、地点和方式

合同的履行期限,指享有权利的一方当事人要求对方当事人履行义务的时间。履行地点,指合同当事人约定履行和接受履行义务的地点。履行方式,指当事人履行合同义务采取的方法。

合同履行的期限、地点和方式,涉及当事人权利义务的界定和风险责任的承担。

(七) 违约责任

违约责任指当事人违反合同义务应当承担的民事责任。它对督促当事人自觉履行合同,保护当事人权益具有重要意义。

(八) 解决争议的方法

解决争议的方法,指当事人之间发生纠纷后,以何种方式解决、平息当事人之间的纠纷。

上述内容可归纳为两点:(1)合同的内容,由当事人根据“意思自治”原则自行协商确定,只要当事人的约定不违背国家法律的禁止性规定,国家不作干涉;(2)为保证当事人充分地表达自己的意愿,避免合同履行时产生纠纷,要求当事人按照该条规定的 8 个条款进行具体的协商。

三、合同订立的过程

合同,是当事人之间意思表示一致的结果。订立合同的意思表示,包括两个方面,分别称为要约和承诺。如果一方当事人向对方提出一项要约,对方当事人对该项要约表示承诺,则在双方当事人之间成立了一项具有法律约束力的合同。

(一) 要　约

《合同法》第 14 条规定,要约是希望和他人订立合同的意思表示,该意思表示应当符合下列规定:(1)内容具体确定;(2)表明经受要约人承诺,要约人即受该意思表示约束。在商业活动中,要约时常被称为发价、发盘、出盘、报价等。

要约的目的在于订立合同,凡不是以订立合同为目的的意思表示,都不能称为要约。要约的特点在于,一旦受要约人接受要约即做出承诺,合同即告成立,无须再征求要约人同意或经其确认。要约邀请,其目的也是订立合同,但它本身并不是要约,而是邀请对方向自己发出要约的行为。

1. 要约邀请

《合同法》第 15 条第 1 款规定,要约邀请是希望他人向自己发出要约的意思表示。要约邀请又称要约引诱,目的不是订立合同,而是吸引相对人向自己发出要约。寄送的价目表、拍卖公告、招标公告、招股说明书、商业广告等为要约邀请。

例如,某商场经常向交易伙伴寄送报价单、价目表及商品目录等,其内容可能包括价格、规格、数量等,但这不是要约,而是要约邀请,其目的在于吸引交易伙伴向自己提出订货单。如果交易伙伴收到报价单或价目表后向商场提交订货单,则这种订货单为要约。经商场承诺后,订货合同才能成立。如果商场不予承诺,即使订货单的内容与报价单或价目表完全相符,合同也无法成立,即商场不受其寄送的报价单或价目表的约束。

因此,就要约与要约邀请的效力而言,二者的区别在于:要约一经对方承诺,合同即告成立,要约人即受到合同约束;而即使交易伙伴完全接受要约邀请提出的条件,发出该项要约邀请的一方仍不受约束,除非他对此表示承诺。

该条第 2 款还规定,商业广告的内容符合要约规定的,视为要约。广告能否构成要约,要根据具体情况来确定。例如,某悬赏广告内,广告人声明:对于完成某特定行为的人,将给予一定的报酬。这种悬赏广告,各国法律一般认为是要约。一旦有人看到广告,完成了广告中要求做的事情,即构成承诺,合同即告成立,故广告人有义务支付广告中约定的报酬。至于普通的商业广告,原则上不认为是要约,而仅视为要约邀请。

案例 2-7：果品公司的传真，是要约还是要约邀请？

某果品公司因市场上西瓜脱销，便向新疆某农场发出一传真："我市市场西瓜脱销，不知贵方能否供应？若有充足货源，我公司欲购 10 个火车皮。望能及时回电。"农场因西瓜丰收，正愁没有销路，接到传真后，喜出望外，立即组织 10 个车皮的货物给果品公司发去，并随即回电"10 个车皮的货已发出，请注意查收"。在果品公司发出传真后、农场回电前，外地西瓜大量涌入，价格骤然下跌。接到农场回电后，果品公司立即复电"因市场发生变化，贵方发来的货，我公司不能接收，望通知承运方立即停发"。但货物已经起运，农场不能改卖他人。为此，果品公司拒收，农场指责果品公司违约，并向法院起诉，后法院判农场败诉。

案例评析：

该案争议的焦点在于，果品公司发给农场的传真，是要约还是要约邀请？若是要约，果品公司应接收该批货物，否则承担违约责任；若是要约邀请，则果品公司可以拒收该批货物。

从果品公司发给农场传真的内容看，是询问农场是否有货源，虽然果品公司在传真中提出了具体的数量和品种，但尚未确定购买的具体价格，同时希望农场回电通报情况。显然，该传真具有要约邀请性质。农场没有按果品公司的传真要求通报情况，而是直接向果品公司发货并回电，其发货、回电的行为不是承诺，而是要约。在这种情况下，如果果品公司将这批货物收下来，其行为构成承诺，合同成立；而若果品公司拒绝接收该批货物，则这批货物买卖只有要约，没有承诺，合同尚未成立，违约也就无从谈起，故法院判农场败诉。

农场接到果品公司的传真后，没有仔细阅读传真全文，只是粗略地阅读了传真的部分内容，而且这部分内容恰与自身"西瓜丰收，正愁没有销路"现状相吻合，于是匆忙作出该传真是要约的错误判断，最后损失惨重。

案例 2-8：李小姐通过微信展示的墙体彩绘效果图，如何定性？

某年 6 月，王某有意在新房里做墙体彩绘，通过微信与从事墙体绘画的李小姐相识。双方商定，由李小姐为其新房做手工墙体彩绘，李小姐自备颜料，价款 2 万元，三周内完工。对于绘画的效果，李小姐表示"画到你满意为止"。此后，王某支付给李小姐 1.6 万元。李小姐按时开工绘画。绘制期间，王某多次提出修改的要求，李小姐也进行了修改。但王某始终认为墙体绘画与最初的效果图之间存在较大差异。某年 7 月 20 日，李小姐与王某微信对话："我不想掩你的时间，要达到你男朋友的要求恐怕很难做到，他要另请高明你就随他去吧。剩下的钱我也不要了。"王某认为，李小姐没有按期完成绘画，且绘画效果也不尽如人意，便向法院提起诉讼，要求李小姐返还 1.6 万元，并将涉案屋顶及飘窗恢复原状。

李小姐通过微信展示的墙体彩绘效果图，属于：

A. 要约；　　　　B. 要约邀请；　　　　C. 承诺；　　　　D. 夸大承诺。

案例 2-9：互联网＋模式的宣传，如何定性？

某互联网公司众筹平台推出 O2O 上门理疗项目：宣传口径是 O2O 上门理疗领域首家线下巨头与互联网创业公司的"线下资源"＋"互联网创新"的全国性战略合作，结合传统理疗企业具备的人才培训、标准化服务以及强大的线下门店和客户资源累积，线上产品的推出弥补了线下企业拥抱互联网的愿望，开辟了新的用户服务渠道和方式，形成 1＋1＞2 的结果。

项目方宣传互联网合作伙伴包括京东、畅游、搜狐、美团、360、聚美优品、百度、小米、完美世界等互联网平台，已经获得千万级别的融资，目前正在进行第二轮融资。在互联网＋模式的宣传下，平台28位投资者参与众筹200份，众筹已完成。众筹投资者与众筹平台签署投资合同，标明投资项目的详细情况以及权责事项；项目方与众筹平台签署合同，众筹平台将众筹款打到项目方账户；众筹平台代投资者执行监督和沟通的工作。这里，互联网＋模式的宣传，属于：

A. 要约邀请；　　B. 要约；　　C. 承诺；　　D. 提前承诺。

2. 要约生效

按照大多数国家的法律，要约于到达受要约人时生效。因为受要约人只有在得知要约的内容后，才能决定是否作出承诺。

《合同法》第16条第1款规定，要约到达受要约人时生效。该条第2款针对现代商事合同大多采用数据电文方式订立的特点，对采用数据电文形式订立的合同进行了明确规定：收件人指定特定系统接收数据电文的，该数据电文进入该特定系统的时间，视为到达时间；未指定特定系统的，该数据电文进入收件人任何系统的首次时间，视为到达时间。

3. 要约撤回与要约撤销

要约撤回，指要约人发出要约后，在送达受要约人之前收回要约，使其不生效的行为。要约撤销，指要约送达受要约人之后，要约人消灭要约效力的行为。在大陆法中允许要约撤回的行为，且要约撤回通知必须先于要约或至少与要约同时到达受要约人；但是由于要约一经到达受要约人即对要约人产生拘束力，故一般不允许要约撤销，以防止要约人随意撤销其要约的行为。在大陆法国家，如果要约到达在先，而撤回要约的通知到达在后，则要约已经生效。除非要约人在要约中声明不受该要约的拘束，受要约人作出的承诺有效。按照英美普通法，要约原则上对要约人没有拘束力，要约人不仅可以在要约送达受要约人之前撤回其要约，而且即使要约已经送达受要约人，只要受要约人对该要约尚未作出承诺，要约人也可以撤销其要约。

《合同法》第17条规定，要约可以撤回。撤回要约的通知应当在要约到达受要约人之前或者与要约同时到达受要约人。在电子合同场合，由于数据电文的传输速度太快，要约撤回在现有的技术条件下很难做到。

《合同法》第18条规定，要约可以撤销。撤销要约的通知应当在受要约人发出承诺通知之前到达受要约人。在电子合同场合，要约撤销在技术上可以做到。

《合同法》第19条规定，有下列情形之一的，要约不得撤销：(1)要约人确定了承诺期限或者以其他形式明示要约不可撤销；(2)受要约人有理由认为要约是不可撤销的，并已经为履行合同作了准备工作。

从《合同法》的上述规定中可以看出，要约既可以撤回，也可以撤销，但要约的撤销有一定的限制条件，体现了《合同法》在吸收大陆法系和英美法系关于要约撤回和要约撤销规定的基础上，对二者的立场进行了一定的折中。

案例2-10：制衣厂采购员张某发给B市纺织厂的要约，能否撤回？

某制衣厂因订购服装的客户较多，原储备的布匹快用完了，厂长便打电话给该厂驻A市的采购员张某，要求其在A市订购一批布料，并立即发货回厂。厂长刚打完电话，副厂长便告诉厂长，他已经派人在另一纺织厂购足了布料，并且下午就将送货上门，没有必要再订货，否则将造成货物积压。厂长立即给张某打电话，通知其不要再订货了，但电话打了很久没有人接。第二天，厂长通过张某的朋友了解到，张某因A市的布料价格太高，已于昨天下午去B市联系采购某纺织厂的布料，张某之所以联系不上是因为他的手机被人偷走了。根据张某朋友提供的地址，厂长立即给B市某纺织厂发去传真，说制衣厂已经买到布料，不想再订货了。传真发出后的第二天上午，B市某纺织厂派人将布料送到制衣厂，制衣厂拒收，理由是制衣厂已给纺织厂发去传真，说明不再要货，现在纺织厂送货上门实际上是在强迫制衣厂买货。B市某纺织厂辩称，所送货物是张某代表制衣厂购买的，有张某发给纺织厂的传真为证。纺织厂送货后，制衣厂不再要货的传真才收到，故制衣厂没有理由拒收货物。

案例评析：

该案争议的焦点在于，制衣厂采购员张某发给B市纺织厂的要约能否撤回？撤回的条件是什么？

制衣厂由代理人张某向B市某纺织厂发出购货要约，该要约到达B市某纺织厂后，要约生效。要约一旦生效，不得撤回。在不知张某的传真是否到达B市纺织厂的情况下，制衣厂向B市纺织厂发出传真，试图撤回张某向B市纺织厂发出的要约，以阻止要约生效。但是由于张某的要约先于制衣厂撤回要约的通知到达B市纺织厂，因此要约已生效。B市纺织厂向制衣厂送货，是在履行合同义务，故制衣厂有义务接受标的物，否则构成违约。

回顾该案例的全过程：制衣厂副厂长派人订货后，厂长又安排采购员张某订货，从而造成重复订货。厂长获悉事情真相后，立即通知张某停止订货，意在阻止张某的订货要约生效。该补救措施能否达到预期的效果，存在两种可能性：若该行为发生在张某的传真到达B市纺织厂之前，能够撤回张某的要约；若制衣厂撤回要约的通知在到达B市纺织厂之前，张某的要约先期到达，则要约已经生效，不得撤回。遗憾的是，该案恰是制衣厂最不愿意看到的第二种情况，其阻止张某要约生效的愿望落空。

4. 要约失效

要约失效，指要约失去效力，无论是要约人还是受要约人，均不再受要约的约束。

《合同法》第20条规定，有下列情形之一的，要约失效：(1)拒绝要约的通知到达要约人；(2)要约人依法撤销要约；(3)承诺期限届满，受要约人未作出承诺；(4)受要约人对要约的内容作出实质性变更。

(二) 承　诺

承诺，指受要约人按照要约规定的方式，对要约的内容表示同意的意思表示。要约一经承诺，合同即告成立。

1. 承诺方式

各国法律一般规定，承诺可以采取口头、书面形式或实际行为作出，但缄默或不行为一般不构成承诺。就某项具体的交易来说，承诺的方式往往取决于要约的要求，若要约对承诺的方式提出了明确的要求，则承诺应当采用要约规定的方式；若要约没有明确提出承诺方式的要求，则承诺的方式应当与要约的方式一致。

《合同法》第22条规定，承诺应当以通知的方式作出，但根据交易习惯或者要约表明可以通过行为作出承诺的除外。

2. 承诺期限

《合同法》第23条第1款规定，承诺应当在要约确定的期限内到达要约人。该条第2款规定，要约没有确定承诺期限的，承诺应当依照下列规定到达：(1)要约以对话方式作出的，应当即时作出承诺，但当事人另有约定的除外；(2)要约以非对话方式作出的，承诺应当在合理的期限内到达。

3. 承诺撤回

承诺撤回，指承诺人阻止承诺发生效力的意思表示。承诺必须在生效前才能撤回，一旦生效，承诺人就不得撤回其承诺。英美法认为，承诺的函电一经投邮就立即生效，故受要约人发出承诺通知后，不得撤回其承诺。德国法认为，承诺的通知必须到达要约人才能生效，故受要约人发出承诺通知之后，原则上仍可把承诺撤回，但撤回承诺的通知必须与承诺通知同时或先时到达要约人。

我国《合同法》第 27 条规定，承诺可以撤回。撤回承诺的通知应当在承诺通知到达要约人之前或者与承诺通知同时到达要约人。

4. 过期承诺

若要约规定了有效期，则必须在该期限内承诺；若要约未规定有效期，则必须在“依照常情可期待得到承诺的期间内（大陆法）”或在“合理的时间内（英美法）”承诺。如果承诺的时间迟于要约的有效期，则称为“过期承诺”。一般来说，过期承诺不是有效承诺，而是一项新的要约，需要再次经过要约人的承诺，合同才能成立。但此时所成立的合同，是基于新的要约（承诺人过期的承诺）和新的承诺（要约人对承诺人过期承诺的同意）而成立的。

《合同法》第 28 条规定，受要约人超过承诺期限发出承诺的，除要约人及时通知受要约人该承诺有效的以外，为新要约。

《合同法》第 29 条规定，受要约人在承诺期限内发出承诺，按照通常情形能够及时到达要约人，但因其他原因承诺到达要约人时超过承诺期限的，除要约人及时通知受要约人因承诺超过期限不接受该承诺的以外，该承诺有效。

值得注意的是，承诺迟到的通知义务，不是法律上真正的义务（又称不真正义务、间接义务），违反它不产生损害赔偿责任，仅使不是真正的义务人遭受权利减损或丧失等不利结果。

案例 2-11：要约人未及时通知受要约人，承诺有效，需为此买单

A 胶合板厂供销科科长王某，出差时认识了做胶合板生意的私营商贸公司老板张某。因胶合板比较紧俏，张某向王某提出帮忙搞一批货。王某当即答应没问题，但要求张某回公司后立即将购货数量、品种、出价、型号、送货地点等用传真方式告诉他，以便安排好货源后立即通知张某，并为其送货。张某回公司后，立即按王某的要求发去传真。半个月过去了，王某没有回话。后来，张某又给王某发一传真，说自己的货要得急，客户一个月内要来公司提货，不管行与不行，务必在半个月内回话。半个月过去了，王某还是没有回话。这时 B 胶合板厂来到张某的公司推销胶合板，张某便与 B 胶合板厂签订了订货合同。签完合同后的第二天正好是星期一，秘书将刚收到的王某的回信交给张某。王某在信上说：“在贵公司要求答复的最后五天，我欲发传真告诉贵公司，我厂可以按贵公司的要求如数供货，并将按期送货。但因传真机坏了，只好改用信函将上述意见告知贵公司。”该信的发信邮戳日期正好是张某要求胶合板厂回复的最后五天。按通常惯例，两地信件五天之内能够收到，但王某的回信在路途走了一周，已经过了承诺期限三天。张某未加细想，只是简单比较了 A、B 两公司的价格，觉得还是 B 胶合板厂合适。于是对秘书说，立即通知王某，我公司不要其公司的产品。秘书得令后，正准备发通知，这时秘书的一位自称学习过法律的朋友告诉他，没有必要通知王某，因为王某的回复已经超过了承诺期限，根据《合同法》第 28 条的规定，该承诺无效，合同不成立；若他们送货上门，是自找倒霉。秘书觉得有理，便没有通知王某。半个月后，胶合板价格大跌，A胶合板厂按期送货上门，张某拒收。A胶合板厂将张某诉至法院，法院判张某败诉。

案例评析：

该案争议的焦点在于，该过期承诺，是否有效？有效的条件是什么？

A胶合板厂王某对张某的承诺到达张某时已经超过了承诺期限，这是客观事实，但该承诺是在承诺期限内发出的，而且按照通常情形应当在五天内到达，因为其他原因，该信在一周后才到达受要约人张某处，它符合《合同法》第29条的情形，因此承诺有效，合同成立。当然，张某也可以拒绝A胶合板厂的承诺，但负有及时通知该厂不接受承诺的义务。张某秘书由于轻信朋友的话，未及时通知王某，合同成立，故张某有义务接收货物并支付价款；否则，应承担违约责任。

对于过期承诺的处理方法，《合同法》第28条、29条已经作了明确规定。第28条强调受要约人在承诺期限已过后才发出承诺，而第29条则强调承诺的发出在承诺期限内，但承诺到达要约人时已过承诺期限的情形。受要约人在承诺期限内发出承诺，其结果有两种可能：(1)该承诺按通常情况应当到达要约人，但因其他原因没有到达要约人；(2)该承诺按通常情况不可能到达要约人。如果出现第一种情况，要约人对已过承诺期限的承诺，可用两种方式处理：(1)消极行为方式，即不通知受要约人不接受过期承诺。在这种情况下，承诺生效，合同成立。(2)积极行为方式，即要约人及时通知受要约人，因承诺超过期限而不接受该承诺。在这种情况下，过期承诺无效，合同不成立。值得注意的是，要约人若要拒绝承诺，务必履行及时通知的义务；如果要约人不通知或者怠于通知，则承诺生效，合同成立，要约人拒绝签订合同的愿望落空。

张某的秘书的朋友虽然学习过法律，但没学透，只知《合同法》第28条(过期承诺无效)，却不知《合同法》第29条(过期承诺有效)，误导张某的秘书，最后张某只得接收货物。该案给张某的秘书的启示是，不要轻信朋友的话，如果把握不准，还是及时通知对方为好，旨在做一个诚信的商人。

5. 承诺内容与要约内容不一致

承诺指受要约人愿意按照要约的内容与要约人订立合同的意思表示，故承诺的内容应当与要约的内容一致。如果受要约人在承诺中将要约的内容加以扩充、限制或变更，原则上说，这不是承诺，而是一项反要约，必须经原要约人承诺后合同才能成立。

在这个问题上，美国法比较灵活。美国《统一商法典》第二编第207条规定，在商人之间，如果受要约人承诺时附加了某些条款，承诺仍可有效，这些附加条款可视为合同的组成部分，除非：(1)要约明确规定，承诺不得附加任何条件；(2)附加条款对要约内容作了重大修改；(3)要约人接到承诺后，在合理时间内拒绝接受这些附加条件。

我国《合同法》第30条规定，承诺的内容应当与要约的内容一致。受要约人对要约的内容作出实质性变更的，为新要约。有关合同标的、数量、质量、价款或报酬、履行期限、履行地点和方式、违约责任和解决争议方法等的变更，是对要约内容的实质性变更。

《合同法》第31条规定，承诺对要约的内容作出非实质性变更的，除要约人及时表示反对或者要约表明承诺不得对要约的内容作出任何变更的以外，该承诺有效，合同的内容以承诺的内容为准。

从上述规定可以看出，我国《合同法》在承诺与要约的内容一致的问题上，也采取了灵活的态度，而且比美国法的规定更具可操作性。

案例 2－12：实质性变更，还是非实质性变更？

某公司向某农场去函要购买一批生猪。该公司在信函中，除提出购猪数量、价格、交货期限、交货地点、保证鲜活外，还提出要采用铁路恒温车厢运输生猪。某农场接到信函后，回函同意某公司的条件，但对采用铁路运输提出异议，因恒温车厢不好联系，农场拟采用汽车运输，如果猪死亡，损失由农场承担，保证某公司收到的都是鲜活生猪。某公司接到回函后没有表示反对。不久，农场将生猪全部按期运到交货地点。但这时生猪市场价格下跌，某公司反悔，欲将生猪价格压到最低，于是提出农场在回函中改变了要约规定的运输方式，其承诺不具有法律效力，双方买卖合同不成立，故拒收这批生猪。农场立即向法院起诉，法院要求某公司先将生猪收下，这时所有生猪均为活猪。后法院判某公司按合同支付价款。

案例评析：

该案争议的焦点在于，农场在回函中改变了要约规定的运输方式，属实质性变更，还是非实质性变更？

农场在承诺中将铁路恒温车厢运输改为汽车运输，是对要约内容的非实质性变更。同时，在承诺送达某公司后，某公司没有及时表示反对，根据《合同法》第 31 条规定，该承诺生效，即生猪买卖合同成立。在履行合同过程中，农场交给某公司的均为活猪，履行了合同规定的义务。因此，某公司应当按合同支付给农场生猪款。

某公司在信函中提出要采用铁路恒温车厢运输生猪，意在保证生猪的鲜活；若用汽车运输生猪，也能够保证该运输目的的实现，则运输方式的变更就是非实质性变更。农场将生猪全部按期运到交货地点时，生猪市场价格下跌，可知某公司拒收生猪不是目的，趁机压价才是其真正用意。假设农场将生猪全部按期运到交货地点时，生猪市场价格上涨，某公司不仅不会提出农场改变生猪运输方式的问题，而且还会顺利地接收这批生猪，因为接收这批生猪经济上是合算的。

市场经济条件下，价格波动属正常现象，既可能朝着对自己有利的方向变化，也可能朝着对自己不利的方向变化。如果价格发生变化，当事人就找茬不履行合同，必然导致市场秩序混乱，影响市场交易的正常进行。该案给某公司的启示是，合同一旦订立，就应当严格按照合同的约定履行义务，要做诚信的商人。

案例 2－13：甲可以有选择地接受要约吗？

甲公司从报纸上看到乙公司的一则广告，介绍该公司生产的新型热水器，价格为每个 300 元，多买可优惠。恰好甲所在的 A 市场上这种新型热水器紧俏，于是甲发电报给乙，电文内容为："欲购买贵公司热水器 1 000 个，如价格能降百分之十，则购买 2 000 个，货到后验收合格即付款"。乙收到电报后，回电称："同意降价百分之十，但现在本公司存货只有 1 000 个，可以立即发送；另 1 000 个 1 个月后发运"。甲收到电报后未做答复，乙即派销售员张某将 1 000 个热水器运往 A 市。张某将货物送到甲公司，甲公司验收合格后按原价格降价 10%后的价格付款。张某告知甲本公司正在加紧生产，另外 1 000 个热水器可在 5 日内运到，请甲公司做好接货准备。而甲公司当即回答本公司已经从其他渠道购入了 1 000 个同类热水器，不再需要另 1 000 个热水器了。

甲公司的下列做法哪个是错误的？

A. 全部拒绝；　　　　　　　　　　　B. 全部接受；

C. 可以有选择地接受要约；　　　　　D. 不得有选择地接受要约。

案例 2-14：框架协议与后续追补内容，是什么关系？

某通信运营商集团公司通过公开招标的方式集中采购了一些通信设备，并与中标的通信设备供应商签订了框架协议，协议明确要求该运营商集团公司及其关联公司（主要指其各类型的子公司，如负责市场运营的各省公司、专业公司、直属单位等二级单位）均在该框架下可以与该供应商签订合同，并有相同的法律效力。

该集团某子公司在后续管理过程中，召集供应商开会，并将内部管理要求传达给供应商，要求供应商签字表明已收悉相关管理要求。在后续执行过程中，供应商以该管理要求属于部分子公司的个性化管理要求，并且未在正式的框架协议或者签订的合同中写明确，属于后续追补的内容为由，认为不构成合同的有效内容，不具备对供应商的约束力。

框架协议与后续追补内容的关系，下列哪个说法是正确的？

A. 二者，共同构成一个完整的合同；　　　B. 以框架协议为准；

C. 以后续追补内容为准；　　　　　　　　D. 二者，当事人可以有选择地使用。

（三）合同订立与合同成立

合同订立与合同成立的含义不尽相同：前者含义广泛，既包括合同成立这个最终环节，也包括前期缔约各方接触和洽商的动态过程，反映交易主体（缔约人）利用其经济条件，发挥其聪明才智，采取策略性的谈判技巧，说服交易对手，争取确定有利于己的合同条款；而合同成立仅是前者的组成部分，标志着合同的产生和存在，属于静态协议，是洽商结果的固定。

（四）未签字或未盖章的合同

《合同法》第 32 条规定，当事人采用合同书形式订立合同的，自双方当事人签字或者盖章时合同成立。

但现实生活中，还存在一些当事人拟定合同书包括确认书文本，却没有正式签字或者盖章。在这种情况下，是否一律按《合同法》第 32 条的规定，以合同尚未成立为由否认其存在法律效力呢？

《合同法》第 37 条规定，采用合同书形式订立合同，在签字或者盖章以前，当事人一方已经履行主要义务，对方接受的，该合同成立。

案例 2-15：合同书只有一方签字盖章，合同是否成立？

某摩托车总装厂与某机械厂经过反复协商，决定签订一份合同。双方拟定了合同书文本，该合同书规定，机械厂在三个月之内，向摩托车厂提供 5 000 个汽缸，质量按照国家标准执行，并规定了价格、交货地点等。合同书拟好后，双方商定各自带回去签字盖章。摩托车厂很快将自己的那份合同文本签字盖章后寄给了机械厂。但机械厂一直没有将自己那份合同签字盖章，也就没有寄给摩托车厂。两个月后，机械厂按照合同规定给摩托车厂送去 3 000 个汽缸，摩托车厂也按合同规定支付了货款。但三个月后，机械厂没有继续为摩托车厂提供剩余的 2 000 个汽缸。摩托车厂派人催问，机械厂说因客户太多，无法满足摩托车厂的需要，如果实在要提货，应当在原来价格的基础上加价 15%。摩托车厂认为机械厂违反了双方的合同约定，认为双方之间有合同，应当按照合同的规定履行，不能单方面变更合同。机械厂则说，我们之间没有正式签订合同，原合同书拟定的权利义务因机械厂没有签字盖章，故对机械厂没有约束力。因双方无法协商一致，摩托车厂将机械厂诉至法院。

案例评析：

该案争议的焦点在于，没有正式签字盖章的合同，是否成立？

当事人双方对汽缸供货合同条款已经协商一致，并拟好了合同书，因只有一方正式签字盖章，另一方没有正式签字盖章，按照《合同法》第32条的规定，合同没有成立。如果以后双方也没有履行合同，则双方不存在异议。事实是，机械厂向摩托车厂提供了3 000个汽缸，摩托车厂也按合同规定支付了货款，依据《合同法》第37条的规定，合同成立。机械厂以自己没有正式在合同上签字盖章为由，认为双方合同没有成立，从而拒绝履行剩余的合同义务是错误的。

机械厂因为其客户较多，对市场前景怀有较好的预期，不愿意继续为摩托车厂提供剩余的2 000个汽缸，并向摩托车厂提出在原来价格的基础上加价15%的要求是不合理的。该案给机械厂的启示是，既然履行合同，就要履行彻底；若半途而废，则要承担违约责任。

四、格式合同

格式合同，指由合同一方当事人事先制定，由不特定的第三人接受且不允许相对人对其内容作出变更的，具有完整性和定型化的合同。

根据《合同法》第39～41条的规定，格式合同适用中应注意以下问题：

（一）免责条款

在适用格式合同的过程中，提供格式合同的一方应采取合理的方式提请对方注意免责或限制其责任的条款，并按对方要求，对该条款予以说明。若提供格式合同的一方未尽提示义务或拒绝说明的，该条款不发生效力。

（二）权利与义务的一致性

提供格式合同的一方，应遵循公平原则确定当事人之间的权利和义务。如果合同内的格式条款排除对方当事人主要权利或者免除自己主要义务的，该条款无效。

（三）格式合同的无效与可撤销

格式合同的无效与可撤销情形主要有以下几类：(1)提供格式合同的一方，采用欺诈或胁迫或乘人之危的方式与他人订立合同；(2)格式合同违反法律强制性的规定或损害国家利益及社会公共利益；(3)格式合同条款显失公平和对方当事人对格式合同的内容存在重大误解；(4)提供格式条款一方免除其责任、加重对方责任、排除对方主要权利。

（四）格式合同的解释

合同当事人对格式条款的理解发生争议的，应当按照通常理解予以解释。对格式条款有两种以上解释的，应当作出不利于提供格式条款一方的解释。如果合同中既有格式条款，也有非格式条款，当二者不一致时，应当采用非格式条款。

案例2-16：如何准确地解释格式合同条款？

2015年2月，某设备公司与某生产公司签订了一份《产品订货合同》，约定由设备公司向生产公司提供一批机器设备，合同总标的价值1 380万元，分两期进行，每期供货后三个月内，生产公司向设备公司支付货款，否则按合同最高额计收违约金。

合同履行中，因生产公司未按约定支付第二期货款，设备公司向法院起诉，要求对方除支付690万元的第二期合同价款外，另需以1 380万元按照月息2%计付违约金。庭审中，双方对"按合同最高额计收违约金"的理解存在较大分歧，设备公司认为最高额包含两层意思：一是合同标的的最高额；二是利息计付方式的最高额。但生产公司却认为，合同当期的最高额是690万元，双方未约定利息计付标准，应按银行利率计算。因双方所签订合同为设备公司提前拟定的格式合同，法院最终判决生产公司10日内支付货款690万元，并按照银行同期贷款利率计付利息。

格式合同，在什么情况下不利于格式合同提供方做出的解释？

A. 任何情况；　　B. 双方对争议条款理解都讲得通；

C. A、B答案均正确；　　D. A、B答案均错误。

五、缔约过失责任

缔约过失责任，指在订立合同的过程中缔约人因故意或者过失违反先合同义务依法应承担的责任。先合同义务，指缔约双方在签订合同过程中因相互接触、相互磋商而产生的义务，如相互协助、相互照顾、相互保护、相互通知、诚实信用等。

《合同法》第42条规定，当事人在订立合同过程中有下列情形之一，给对方造成损失的，应当承担损害赔偿责任：(1)假借订立合同，恶意进行磋商；(2)故意隐瞒与订立合同有关的重要事实或者提供虚假情况；(3)其他违背诚实信用原则的行为。

缔约过失责任，构成要件如下：

1. 缔约人一方违反了先合同义务

例如，当事人一方假借签订合同，恶意进行磋商或者有其他违背诚实信用原则的行为，损害了对方当事人的利益，就构成了违反先合同义务。

2. 违反先合同义务者主观上有过错

违反先合同义务一方的行为，是故意或过失。

3. 对方当事人存在损失

缔约过失责任所指的损失仅限于信赖利益损失，既包括直接损失，也包括间接损失，例如，缔约费用、查看标的物支出的费用、准备履行支出的费用、受害人支出上述费用的利息等，均属直接损失；当事人丧失与第三人另订合同机会的损失，则属于间接损失。

4. 违反先合同义务，与对方当事人的损失之间存在因果关系

案例2-17：定金链接已经被其他人拍下，卖家承担什么责任？

孙某是一名汉服爱好者，一直热衷于收集绝版汉服，她非常喜欢司南阁家的一套名为"心魄"的汉服，但苦于这套汉服已经绝版所以价格高昂，作为学生的她一直买不起。一天夜里，孙某在逛闲鱼(阿里巴巴旗下的二手交易APP)时惊喜地发现许某在出售一套二手"心魄"，售价1 000元。孙某立马与徐某联系，表示愿意买下这套汉服，但由于是学生，一时无法付清全款，孙某和许某商议后达成一致——孙某先付给许某100元定金，然后在15天内付清全款。当时已是凌晨一点，许某做了100元的定金链接给孙某，孙某要付款时突然手机欠费停机，宿舍里又无WiFi，舍友也都已就寝，无法给孙某开热点，孙某觉得她已经和卖家许某达成约定，只要明天早上起床后付定金就可以了，于是安然就寝。

第二天早上孙某准备付定金款时，发现定金链接已经被其他人拍下，许某已经和其他人完成了交易。孙某非常气愤，认为许某和她达成了约定就不应该再把汉服卖给其他人，可许某表

示孙某并没有立刻按照和她的约定拍下定金链接，她认为孙某有可能跑单，所以把汉服卖给了其他人。许某应当承担什么责任？

A. 违约责任；　　B. 缔约过失责任；　　C. 失算；　　D. 不诚信。

第三节　合同效力

一、合同效力概述

（一）合同效力的概念

合同效力，指法律对已经成立的合同进行的评价，即法律赋予依法成立的合同具有约束当事人各方乃至第三人的强制力。

在许多情况下，合同生效与合同成立是同时发生的，但二者又相互区别。例如，附条件的合同，在条件成就之前，合同虽然已经成立，但并未生效。

（二）合同效力的分类

根据《合同法》的规定，合同的效力分为四类：(1)有效；(2)无效；(3)可撤销和可变更；(4)效力待定。

二、有效合同

（一）有效合同的概念

有效合同，指已经成立的合同在具备法律规定的条件后，能够在当事人之间产生法律约束力，受到法律的保护，并产生合同当事人预期法律后果的合同。

（二）合同生效的时间

根据《合同法》的规定，合同生效的时间分为以下三种情形：(1)依法成立的合同，自成立时生效；(2)法律、行政法规规定应当办理批准、登记等手续生效的，依照其规定；(3)附生效条件的合同，自条件成就时生效；附生效期限的合同，自期限届至时生效。但是，当事人为自己的利益不正当地阻止条件成就的，视为条件已成就；不正当地促成条件成就的，视为条件不成就。

（三）合同生效的要件

合同生效，指已经成立的合同发生完全法律效力需要具备的条件，主要包括下列三项内容：(1)合同当事人必须具有相应的行为能力；(2)合同当事人的意思表示必须真实；(3)合同不能违反法律和社会公共利益。

《合同法》第7条规定，当事人订立、履行合同，应当遵守法律、行政法规，尊重社会公德，不得扰乱社会经济秩序，损害社会公共利益。

三、无效合同

（一）无效合同的概念

无效合同，指不符合或违反法律规定的生效要件，在法律上完全不发生法律效力，也不受法律保护的合同。

无效合同特征有四：(1)自始无效，指合同从订立时就不具有法律约束力；(2)绝对无效，指合同自订立时就无效，以后任何努力均无法使之有效；(3)当然无效，指这种无效不需要任何人主张，也不需要当事人知道，也不必经仲裁机构或人民法院确认；(4)违法，指合同违反了法律或社会公共利益，而且这种瑕疵是无可挽救的。

(二) 无效合同的种类

根据《合同法》的规定，以下五类情况将导致合同无效：(1)以欺诈手段订立的损害国家利益的合同；(2)因胁迫而订立的损害国家利益的合同；(3)恶意串通，损害国家、集体或者第三人利益的合同；(4)以合法形式掩盖非法目的的合同；(5)违反法律、法规强制性规定的合同和违反社会公共利益的合同。

(三) 无效合同的法律后果

无效合同，因自始无效、绝对无效和当然无效的特征，在当事人之间确立的权利义务关系也随之无效，合同未履行的不得履行，正在履行的应当立即终止履行。合同涉及财产的，依下列规定处理：(1)返还财产；(2)赔偿损失；(3)收归国家所有或者返还集体、第三人。

四、可撤销合同

(一) 可撤销合同的概念

可撤销合同，指欠缺合同有效要件的合同，合同当事人可以行使撤销权，使其归于无效。

可撤销合同，具有以下三个特征：(1)意思表示不真实；(2)若撤销权人不行使或未在规定期限内行使撤销权，合同有效；(3)撤销合同需要撤销权人通过行使撤销权来实现。

(二) 可撤销合同的种类

根据《合同法》的规定，可撤销合同有以下四种：

(1) 因重大误解而订立的合同。重大误解，指当事人作出意思表示时，对涉及合同法律效果的重大事项存在认识上的显著缺陷，以致严重影响了当事人应享有的权利和应该承担的义务。

(2) 一方乘人之危订立的合同。乘人之危，指一方当事人故意利用对方当事人的危难处境，为牟取不正当利益，迫使对方当事人作出不真实的意思表示，严重损害对方利益的行为。

(3) 显失公平的合同。显失公平，指合同当事人的权利义务明显不对等，使当事人之间的利益显著失衡。

(4) 一方以胁迫、欺诈手段订立的合同。

案例 2-18：刘先生真的受到胁迫了吗？

刘先生是经营进口水果及生鲜的批发商，与购货商 A 签订了供货合同，同时与 B 快递公司签订了运输合同，将货物交运给购货商 A。运输合同履行后，B 快递公司发现自己的计价策略有误，导致自己在此次运输中的议价极其不合算。于是 B 快递公司对刘先生声称，除非提高合同议价，否则将中止运输服务。刘先生因与购货商 A 签订了数额极大的合同，自己的生意很大程度上依赖这笔交易，如果不能及时交货可能承担违约风险，导致惨重损失；加之当时已经很难再找到其他承运人代行服务，刘先生只好答应了 B 快递公司提高运费的要求。但是合同履行后，刘先生以受到胁迫为由拒绝支付增加的运费，双方发生争议。

刘先生的情形，适用：

A. 胁迫；　　B. 重大误解；

C. 自愿；　　D. A、B、C 答案均正确。

(三) 可撤销合同的法律后果

可撤销合同是相对无效的合同,因此是否撤销,取决于享有撤销权的一方当事人的单方意思表示。可撤销合同的法律后果,有以下两种情况:(1)撤销权人放弃权利;(2)撤销权人行使撤销权。

《合同法》第 55 条规定,有下列情形之一的,撤销权消灭:(1)具有撤销权的当事人自知道或应当知道撤销事由之日起 1 年内没有行使撤销权;(2)具有撤销权的当事人自知道或应当知道撤销事由后明确表示或者以自己的行为放弃撤销权。

五、效力待定合同

(一) 效力待定合同的概念

效力待定合同,指已经成立但不完全具备法律规定的效力要件,效力处于不确定状态,尚待有形成权的第三人同意或拒绝来确定其效力的合同。

效力待定合同,特征有四:(1)合同已经成立,但效力不确定;(2)合同效力的确定,有待于享有形成权的第三人的行为;(3)合同经第三人同意后,效力确定于合同成立时;(4)合同经第三人拒绝后,合同自始无效。

(二) 效力待定合同的种类

1. 限制民事行为能力人订立的合同

根据《民法通则》第 12～13 条和《最高人民法院关于贯彻执行〈中华人民共和国民法通则〉若干问题的意见》第 3～6 条和《合同法》第 47 条的规定,限制民事行为能力人订立的合同分两种情况:(1)可以独立进行不需要法定代理人追认即有效的合同,如纯获利益的合同以及与其年龄、智力和精神健康状况相适应的合同;(2)不能独立进行、须经法定代理人追认才有效的合同。

案例 2-19:高中生能够代签购房合同吗?

2011 年 8 月 7 日,王先生与某开发商达成购房意向,约定:一周后来售房处签订购房合同,提交预付款,合同订立后三个月完成房屋剩余款项的交割。一周后,王先生需到外地出差,无法到场签订购房合同,便将预付款项交给他 16 岁正在读高中的儿子,代替他完成合同的签订。此后 3 个月房屋价格水涨船高,王先生带着剩余款项到达售楼处,要求完成房屋剩余款项的交割,遭开发商拒绝,理由为:"签订购房合同的是王先生的儿子,是未成年人,不具有完全民事行为能力,购房合同无效。"并表示愿意退回预付款,并赔偿一笔费用。但王先生认为,自己的儿子(未成年人)受自己委托,代订合同,没有超出认知范围,该行为有效,要求按合同完成房屋的买卖。该案适用:

A. 合同无效,王先生的儿子是未成年人;

B. 合同无效,王先生的儿子是未成年人,未能预见订立房屋买卖合同的后果;

C. 合同有效,王先生的儿子是未成年人,视为完全民事行为能力人;

D. 合同有效,王先生的儿子是未成年人,能够预见订立房屋买卖合同的后果。

限制民事行为能力人订立与其年龄、智力和精神健康状况不相适应的合同,属于效力待定合同。若法定代理人进行追认,该合同具有法律效力;若法定代理人拒绝追认或不予表示,则该合同归于无效。相对人可以催告法定代理人在 1 个月内予以追认,在法定代理人追认之前,善意相对人有撤销合同的权利,但撤销合同应当以通知的方式作出。

2. 无代理权人订立的合同

无代理权人订立的合同,指一方当事人在没有本人授权的情况下,以本人名义与第三人订立的合同。若经本人追认,该合同有效,对本人发生效力;若本人拒绝追认或经催告后不予追认,该合同无效,对本人不发生效力。与无代理权人订立合同的相对人,享有催告权和撤销权。相对人可以催告本人在1个月内予以追认,若本人未作表示,视为拒绝追认。相对人还可以在本人追认前,以明示方式撤销合同。

《合同法》第48条第1款规定,行为人没有代理权、超越代理权或者代理权终止后以被代理人名义订立的合同,未经被代理人追认,对被代理人不发生效力,由行为人承担责任。

《合同法》第49条规定,行为人没有代理权、超越代理权或者代理权终止后以被代理人名义订立的合同,相对人有理由相信行为人有代理权的,该代理行为有效。

值得注意的是,《合同法》第48条是关于无权代理的规定,而《合同法》第49条则是关于表见代理的规定,二者看起来很相似,但结果不同:无权代理,效力待定;表见代理,效力直接作用于本人。

案例2-20:面对WCL公司原业务员张某的行为,谁应当承受不利结果?

2006年11月的一天,WCL公司销售员小刘接到长期客户A公司采购员李某的电话,李某质问:既然双方已签订购货合同,并且A公司已预付了20%的货款,WCL公司为何没按约定日期发货。小刘一头雾水,印象中本周发货计划表里并没有A客户。小刘马上与负责A客户所在区销售的业务员张某联系,多次拨打张某电话,但其一直处于关机状态。小刘马上上报了销售总监,销售总监通过其他同事联系张某,也一直联系不上。

原来业务员张某于10月份盗用公司合同章,与A客户签订了一份180万元的购货合同,并且按照合同约定,A客户已预付36万元货款,但张某并未将此订单及预付款上报公司。为挽回损失,A公司以不知情为由,并在双方多次合作的基础上有理由相信对方合同章有效,向当地法院提起诉讼,称被告WCL公司没有管理好自己的合同章,没有管理好自己的员工,有义务继续履行合同或返还A公司已支付的36万元预付款。WCL公司则认为,公司合同章系被张某盗用,完全不是WCL公司真实意思的表达,合同理应无效。

WCL公司原业务员张某的行为,适用:

A. 无权代理;　　B. 无权处分;　　C. 表见代理;　　D. 越权行为有效。

案例2-21:见习律师的不法行为,律师事务所需买单

案例发生在武汉协力律师事务所。朱某,毕业于某高等院校法律系专科,是协力律师事务所的见习律师。一天,他持协力律师事务所出具的代理合同和公函,与当事人易某签订了一份代理合同,收取易某代理费3万元和10万元欠条一张。后来,朱某携款逃逸,易某找到协力律师事务所理论,要求协力律师事务所承担赔偿责任,结果遭协力律师事务所拒绝,理由是"朱某系盗用单位的空白代理合同和公函,应由朱某本人承担责任"。

双方协商不成,易某将协力律师事务所诉至法院,要求协力律师事务所返还其交纳的3万元代理费、10万元债权以及1万元利息。

法院经审理判决:协力律师事务所须返还易某代理费3万元,但驳回其他诉讼请求。

案例评析：

该案争议的焦点在于，朱某的行为，应由谁买单？理由是什么？

协力律师事务所的人都知道或者应当知道朱某是见习律师，只能做一些辅助工作，而不能代理合同。但是，对易某而言，面对协力律师事务所的工作人员，他很难辨别哪个是执业律师，哪个是见习律师。因此，由于朱某持有协力律师事务所出具的代理合同和公函，易某没有理由怀疑朱某不是执业律师。在该案中，朱某的上述行为构成了表见代理，故协力律师事务所须返还易某代理费 3 万元。

3. 无处分权人订立的合同

无处分权人订立的合同，指无处分权人以自己的名义将属于他人的财产加以处分而订立的合同，属于效力待定合同。若经权利人追认，该合同发生法律效力；若权利人拒绝追认，则该合同无效。但善意的、支付了对价的第三人的利益，应受到法律保护。

无权处分与无权代理的区别在于：无权处分，是无处分权人以自己的名义将不属于自己的财产进行处分；而无权代理，则是无代理权人以他人的名义进行的民事行为。

第四节　合同履行

一、合同履行概述

合同履行，指债务人全面地、适当地完成其约定义务，使债权人的合同债权得到完全实现。例如，在买卖合同履行的过程中，卖方按合同规定的时间、地点和质量交货，买方按合同规定的时间、方式支付货款和受领货物等。

当事人在合同履行的过程中，应当遵循下列三个原则：(1)适当履行，指合同当事人按照合同规定的内容，全面、正确地完成合同义务；(2)协作履行，指在合同履行的过程中，合同当事人应当相互协助、相互配合；(3)诚实信用，指合同当事人在履行合同的过程中，应当公平地考虑对方的正当利益和社会公共利益，善意地行使权利、履行义务。

《合同法》第 6 条规定，当事人行使权利、履行义务，应当遵循诚实信用原则。该规定的意义在于，在合同履行过程中，如果一方当事人恶意损害他人利益，即使法律没有规定，当事人也无明确约定，仍属违约行为，应承担违约责任。

二、双务合同履行中的抗辩权

抗辩权，指妨碍对方当事人行使其权利的对抗权，或否认对方主张权利的权利。双务合同履行中的抗辩权包括三类：(1)同时履行抗辩权；(2)先履行抗辩权；(3)不安抗辩权。

(一) 同时履行抗辩权

同时履行抗辩权，指没有先后履行顺序的双务合同的一方当事人，在对方当事人对等给付以前，有权拒绝自己给付。

《合同法》第 66 条规定，当事人互负债务，没有先后顺序的，应当同时履行。一方在对方履行之前有权拒绝其履行要求。一方在对方履行债务不符合约定时，有权拒绝其相应的履行要求。

（二）先履行抗辩权

先履行抗辩权，指当事人双方互负债务，且有先后履行顺序，若先履行一方未履行债务或履行债务不符合约定，后履行一方有权拒绝其履行或拒绝其相应的履行。

《合同法》第67条规定，当事人互负债务，有先后履行顺序，先履行一方未履行的，后履行一方有权拒绝其履行要求。先履行一方履行债务不符合约定的，后履行一方有权拒绝其相应的履行要求。

（三）不安抗辩权

不安抗辩权，指在有先后履行顺序的双务合同中，若后履行的一方当事人出现财务状况严重恶化、丧失或可能丧失履行债务的能力，则先履行的一方当事人因为忧虑和不安可以主张中止履行。

《合同法》第68条第1款规定，应当先履行债务的当事人，有确切证据证明对方有下列情形之一的，可以中止履行：(1)经营状况严重恶化；(2)转移财产、抽逃资金，以逃避债务；(3)丧失商业信誉；(4)有丧失或者可能丧失履行债务能力的其他情形。

《合同法》第69条规定，当事人依照本法第68条的规定中止履行的，应当及时通知对方。对方提供适当担保的，应当恢复履行。中止履行后，对方在合理期限内未恢复履行能力并且未提供适当担保的，中止履行的一方可以解除合同。

根据《合同法》第68条的规定，不安抗辩权成立的条件有三：(1)双方当事人因同一双务合同而互负债务；(2)后给付义务人的履行能力明显降低，有不能给付对价的现实危险；(3)后给付义务人未提供适当担保。由于不安抗辩权的行使会给对方当事人带来不利影响，如果后履行方没有证据证明出现了《合同法》第68条规定的情形但声称行使不安抗辩权的，其应当承担违约责任。

《合同法》第69条说明，不安抗辩权的行使包括以下三个方面：(1)先给付义务人在行使不安抗辩权时，除应当履行证明对方不能履行义务的责任外，还负有及时通知对方当事人的义务；(2)先给付义务人在行使不安抗辩权后，如果后给付义务人为履行合同提供适当担保的，先给付义务人应当恢复履行合同义务；(3)先给付义务人在中止履行后，如果对方在合理期间内不能恢复履行能力的，先给付义务人有权解除合同。

根据《合同法》第68～69条的规定，主张不安抗辩权，需要承担较重的举证责任，否则就应承担相应的法律责任。

案例2-22：甲公司是在行使什么权利？

甲、乙两公司签订加工5万套服装、单价100元的合同，双方约定：

(1) 甲公司于2001年10月30日前向乙公司支付预付款100万元，乙公司应在2001年12月1日前交付第一批服装2万套；

(2) 甲公司于2001年12月10日前支付乙公司款项200万元，乙公司应在2002年1月15日前交付第二批服装3万套；

(3) 甲公司接到第二批服装15日内将余款200万元交付乙公司；

(4) 一旦双方出现纠纷，提交北京市仲裁委员会仲裁。

2001年10月25日，甲公司按照合同约定向乙公司支付预付款100万元，乙公司于2001年11月20日交付了第一批服装。2001年12月5日，乙公司突发大火，厂房、布料和大部分设备烧毁。甲公司知道后，停止向乙公司支付第二批款项200万元。经乙公司交涉，甲公司同意“若乙公司在2002年1月5日前恢复生产能力,双方继续履行合同”。由于筹措资金困难,乙公司于2002年1月20日恢复生产,请求甲公司继续履行合同。甲公司认为,服装销售季节性很强,这时再生产服装已错过销售高峰期,很难卖掉,便于2002年2月1日通知对方解除合同,但表示可以结清乙公司已交付服装的款项。乙公司多次与甲公司协商未果,将甲公司诉至法院。

甲公司中止履行合同、解除合同,是行使:

A. 同时履行抗辩权;　B. 不安抗辩权;　C. 先履行抗辩权;　D. 预期违约。

三、涉他合同中对第三人的规定

涉他合同,指突破合同的相对性原则,合同当事人在合同中为第三人设定了权利或约定了义务。

(一) 涉他合同中为第三人设定权利

《合同法》第64条规定,当事人约定由债务人向第三人履行债务的,债务人未向第三人履行债务或者履行债务不符合约定的,应当向债权人承担违约责任。

涉他合同中为第三人设定权利,简称利他合同,具有如下四个特征:(1)第三人不是缔约人,不需要在合同上签字或盖章,也不需要通过其代理人参与缔约;(2)合同当事人只能给第三人设定权利,而不得为其约定义务;(3)第三人可以依据当事人之间的约定,向债务人请求履行;(4)合同成立后,第三人可以接受也可以拒绝该合同权利。

(二) 涉他合同中为第三人约定义务

《合同法》第65条规定,当事人约定由第三人向债权人履行债务的,第三人不履行债务或者履行债务不符合约定的,债务人应当向债权人承担违约责任。

涉他合同中为第三人约定义务,指由第三人履行的合同,具有如下三个特征:(1)第三人不是缔约人,不需要在合同上签字或盖章,也不需要通过其代理人参与缔约;(2)合同当事人的约定并未增加第三人的负担;(3)由于当事人的约定对第三人没有约束力,所以当第三人不履行债务或履行债务不符合约定时,合同债务人应当向债权人承担违约责任。

四、提前履行债务和部分履行债务

(一) 提前履行债务

提前履行债务,指债务人在合同约定的履行期届至之前,履行债务。

《合同法》第71条第1款规定,债权人可以拒绝债务人提前履行债务,但提前履行不损害债权人利益的除外。

该条第2款规定,债务人提前履行债务给债权人增加的费用,由债务人负担。

案例2-23:中秋月饼,能否提前送达?

某商场与某食品厂于2004年7月中旬签订中秋月饼购销合同。合同约定,2004年9月10日食品厂向商场出售月饼500公斤,由食品厂送货至商场并结清货款。7月末,食品厂便将合同约定的500公斤月饼送到商场。由于距中秋节还有近两个月的时间,商场难以马上销售,遂拒绝接受食品厂送来的500公斤月饼。双方发生纠纷,诉至法院,法院判食品厂败诉。

案例评析：

该案争议的焦点在于，中秋月饼，能否提前送达？理由是什么？

合同约定的履行日期为 2004 年 9 月 10 日，食品厂于 7 月末将 500 公斤月饼送至商场，属于提前履行。根据《合同法》第 71 条的规定，商场可以拒绝接受月饼，因为食品厂的提前履行，势必给商场造成不应有的负担，损害其利益。

《合同法》第 71 条规定的本意是，债权人约定的合同履行时间，可能正好是债权人处理标的物的最好时间；如果允许债务人不按约定任意提前履行，可能会给债权人增加保管标的物的负担，加大其不必要的成本，故法律不支持不按合同约定进行的提前履行。

（二）部分履行债务

部分履行债务，指债务人在履行期内，向债权人履行部分债务。

《合同法》第 72 条第 1 款规定，债权人可以拒绝债务人部分履行债务，但部分履行不损害债权人利益的除外。

该条第 2 款规定，债务人部分履行债务给债权人增加的费用，由债务人负担。

依照该条的规定，债权人可以拒绝债务人的部分履行，但不损害债权人利益的不在此限。也就是说，债权人能否拒绝部分履行，关键看是否损害其利益。

五、代位权与撤销权

代位权与撤销权均属于债权的保全措施，指法律为防止因债务人财产的不当减少而导致债权人的债权不能实现而设置的保全债务人财产的法律制度。二者的区别在于：代位权针对债务人的消极不作为；而撤销权则针对债务人的积极作为。

（一）代位权

代位权，指当债务人怠于行使其对第三人享有的权利而危及债权人的债权时，债权人为保全自己的债权，请求人民法院以自己的名义代位行使债权人对第三人的权利。

《合同法》第 73 条第 1 款规定，因债务人怠于行使其到期债权，对债权人造成损害的，债权人可以向人民法院请求以自己的名义代位行使债务人的债权，但该债权专属于债务人自身的除外。

该条第 2 款规定，代位权的行使范围以债权人的债权为限。债权人行使代位权的必要费用，由债务人承担。

从上述规定可以看出，由于在诉讼外行使很难达到债权保全的目的，因此，代位权必须通过诉讼程序行使。

案例 2-24：A 商场在行使什么权利？

A 商场欠 B 公司 50 万元货款，双方约定 A 商场于×年 3 月 10 日之前付清货款。但 A 商场因经营不善，到期后无力支付货款。×年（债务到期年）5 月 12 日，B 公司从他处得知 A 商场对其母公司 C 拥有同年 1 月 15 日到期债权 70 万元，但 A 商场并未要求 C 公司还款。

A 商场未要求 C 公司还款，若 B 公司代替 A 商场向 C 公司主张债权，属于：

A. 代位权；　　B. 委托代理；　　C. 越权代理；　　D. 无权处分。

（二）撤销权

撤销权，指当债务人放弃对第三人的债权、实施无偿或低价处分财产的行为而有害于债权人的债权时，债权人可以依法请求人民法院撤销债务人所实施行为的权利。

《合同法》第 74 条第 1 款规定，因债务人放弃其到期债权或者无偿转让财产，对债权人造成损害的，债权人可以请求人民法院撤销债务人的行为。债务人以明显不合理的低价转让财产，对债权人造成损害，并且受让人知道该情形的，债权人也可以请求人民法院撤销债务人的行为。该条第 2 款规定，撤销权的行使范围以债权人的债权为限。债权人行使撤销权的必要费用，由债务人负担。

《合同法》第 75 条规定，撤销权自债权人知道或应当知道撤销事由之日起 1 年内行使。自债务人的行为发生之日起 5 年内没有行使撤销权的，该撤销权消灭。

值得注意的是，撤销权具有形成权的性质，它是债权人的法定权利，不以当事人的约定为条件。

第五节　合同担保

一、《担保法》概述

担保，指在民商事法律关系中发生的，保证债务人清偿债务、债权人实现债权的制度，其实质是对债权人债权的保证。我国于 1995 年颁布了《中华人民共和国担保法》(简称《担保法》)；2000 年 9 月，最高人民法院发布了《最高人民法院关于适用＜中华人民共和国担保法＞若干问题的解释》(简称《解释》)。

《担保法》规定了五种担保形式：(1)保证；(2)抵押；(3)质押；(4)留置；(5)定金。其中，保证，是人的担保，以第三人的信用确保债权的实现，实质是把债务主体由债务人扩大到第三人；抵押、质押和留置，是物的担保，以债务人或第三人的特定财产确保债权人债权的实现，实质是对债务人或第三人对其特定财产权利的行使进行限制；定金，是货币担保。

根据《担保法》第 2 条的规定，《担保法》的适用范围是在借款、买卖、货物运输、加工承揽等经济活动中，债权人需要以担保方式保障其债权实现的情形。

另外，担保人也可要求债务人设定反担保。反担保指在商品贸易、工程承包和资金借贷等经济往来中，为了换取担保人提供保证、抵押或质押等担保方式，由债务人或第三人向该担保人新设担保，以担保其在承担了担保责任后易于实现其追偿权的制度。该新设担保相对于原担保而言，被称为反担保。

二、保　证

(一) 保证的概念

保证，指保证人和债权人约定，当债务人不履行债务时，保证人按约定向债权人履行债务或者承担责任。保证的实质是以保证人的全部和不特定财产作为对主债务人财产的补充，以此作为履行责任的后盾，以增强债权实现的可能性。

(二) 保证人

1. 保证人的资格

保证人，是保证合同中的当事人。法律对保证人的资格有一定的要求。

《担保法》第 7 条规定，具有代为清偿债务能力的法人、其他组织或者公民，可以作保证人。可见，成为保证人最重要的要求为具有清偿能力。该规定是为了保护债权人的利益，并使保证人确实能够承担担保责任，避免当债务人不能履行债务时，保证人仍无法承担保证责任的情况出现。

2. 不能作为保证人的主体

根据《担保法》第 8～11 条的规定，不能作为保证人的主体有以下几类：

1）国家机关

国家机关的职责是依法进行公共事务管理，其经费由国家财政划拨，主要目的为保障国家机关履行职责，而不是从事民事活动。如果国家机关充当保证人，就会出现两难情况：第一，当债权人请求履行保证债务时，如果履行债务，则损害国家机关的利益，影响其职责的行使；第二，如果不履行债务，则破坏经济秩序，不利于经济运行的安全，故国家机关不能充当保证人。但是，经国务院批准为使用外国政府或国际经济组织贷款进行的担保除外。在该情形下，国家以国库作后盾，履行其对外经济职能。

2）学校、幼儿园、医院等以公益为目的的事业单位、社会团体

这类主体一旦作为保证人，将违背其设立的目的。在保护特定债权人的同时，影响了社会的整体利益。

3）企业法人的分支机构、职能部门

企业法人的分支机构、职能部门，没有独立的法人资格，也没有独立的财产，不能独立承担民事责任。以上主体只能在法人书面授权的情况下，在法人授权范围内以法人的名义进行保证。

4）不得强令具有保证资格的主体作保证人

有些主体可以作保证人，但必须是自愿地为他人提供保证，法律禁止强令性保证。《担保法》第 11 条规定，任何单位和个人不得强令银行等金融机构或者企业为他人提供保证；银行等金融机构或企业对强令其为他人提供保证的行为，有权拒绝。

(三) 保证合同

1. 保证合同的分类

根据保证责任的不同，保证合同分为两类：(1) 一般保证合同；(2) 连带保证合同。

一般保证合同，指当事人在保证合同中约定，只有当债务人不能履行债务时，才由保证人承担保证责任。保证人享有先诉抗辩权，在主合同纠纷未解决、并就债务人财产依法强制执行仍不能清偿债务前，保证人可以拒绝承担保证责任。

连带保证合同，指当事人在保证合同中约定，保证人对债务人的债务承担连带责任。只要债务人到期未履行债务，债权人就可以要求保证人在其保证的范围内承担保证责任。连带保证合同有利于保护债权人的利益，但保证人将承担较大的责任。

订立何种保证合同，当事人可以根据实际情况自愿选择，但必须明确约定保证合同的类别。若当事人没有约定或者约定不明确的，则视为连带保证合同。

2. 保证合同的内容

根据《担保法》的规定，保证合同应以书面形式订立，一般包括下列内容：

(1) 被保证的主债权的种类、数额。

(2) 债务人履行债务的期限。

(3) 保证方式。

(4) 保证责任的范围：一般包括主债权及利息、违约金、损害赔偿金、实现债权的费用等。其中，主债权最重要，其他债权都是在主债权的基础上派生出来的。当事人应在保证合同中明确上述内容约定；若没有约定或约定不明确的，保证人则要承担全部责任。

(5) 保证期间：《担保法》第25条规定，一般保证的保证人与债权人未约定保证期间的，保证期间为主债务履行期届满之日起6个月。《担保法》第26条规定，未约定保证期间的，债权人有权自主债务履行期届满之日起6个月内要求保证人承担保证责任。在保证期间内，若债权人未要求保证人承担保证责任，保证人可免除责任。《担保法》第27条指出，若保证人与债权人协议在最高债权额限度内就一定期间连续发生的借款合同或者某项商品交易合同订立一个保证合同，但未约定保证期间的，保证人可以随时书面通知债权人终止保证合同，但保证人对通知到达债权人前所发生的债权承担保证责任。

(6) 双方认为需要约定的其他事项。实务中出现的"保证协助借款人筹集资金以偿还贷款""保证债务人将所借资金投入生产过程中所产出的产品合格"等所谓的"保证"，实质上是安慰函，不发生《担保法》所设置的保证的效力。

(四) 保证人的追偿权

保证人按照保证合同约定承担了保证责任后，就获得了向债务人的追偿权。债务履行期限届满债务人不能承担债务时，由保证人代主债务人履行债务或承担责任后，在保证人承担保证责任的限度内，原主债权人对于主债务人的债权以及该债权的附属权利，当然地转移至保证人。

案例2-25：保证人的义务与权利

2004年，李某的姐夫赵某向银行申请贷款30万元，保证人为在某镇政府工作的李某，贷款年限5年。2005年，赵某无法正常偿还贷款、名下没有任何财产且目前无法联系到赵某。银行向法院起诉李某，法院最终判决李某应替赵某偿还银行贷款。

李某作为保证人，适用下列哪种情形？

A. 承担还款责任；　　B. 承担还款责任后，可向债务人赵某追偿；

C. 不承担还款责任；　　D. 不承担还款责任，保证是碍于面子，非真心意思表示。

三、抵　押

(一) 抵押的概念

抵押，指债务人或者第三人不转移对自己特定财产的占有，约定将该财产作为债权的担保，当债务人不履行债务时，债权人有权依法将该财产折价、变卖或拍卖，并就所得价款优先受偿。其中，提供财产的一方当事人为抵押人。抵押人既可以是债务人，也可以是第三人；债权人为抵押权人；提供担保的财产，为抵押物。

(二) 抵押物

1. 可以作抵押物的财产

根据《担保法》第34条的规定，下列财产可以抵押：(1)抵押人所有的房屋和其他地上定着物；(2)抵押人所有的机器、交通运输工具和其他财产；(3)抵押人依法有权处分的国有土地使用权、房屋和其他地上定着物；(4)抵押人依法有权处分的国有的机器、交通运输工具和其他财产;(5)抵押人依法承包并经发包方同意抵押的荒山、荒沟、荒丘、荒滩等荒地的土地使用权;(6)依法可以抵押的其他财产。

2. 不能作为抵押物的财产

根据《担保法》第37条的规定,下列财产不得抵押:(1)土地所有权。(2)耕地、宅基地、自留地、自留山等集体所有的土地使用权,但依法承包并经发包方同意抵押的土地使用权及乡(镇)、村的厂房等建筑物占有范围内的土地使用权除外。(3)学校、幼儿园、医院等以公益为目的的事业单位、社会团体的教育设施、医疗设施和其他社会公益设施,但是用以上设施之外的财产为自身债务设定抵押的,其抵押有效。(4)所有权、使用权不明或者有争议的财产。这里要注意,以共有财产设定抵押的要区分共同共有与按份共有的不同:共同共有人在将其共有的财产设定抵押时,若未经其他共有人同意,抵押无效;若其他共有人知道或应当知道而未提出异议的,视为同意,抵押有效。按份共有人则可以将其共有财产中自己享有的份额设定抵押。(5)依法被查封、扣押、监管的财产,已经设定抵押的财产若被采取查封、扣押等财产保全或者执行措施的,不影响抵押权的效力。(6)依法不得抵押的其他财产。

(三)抵押合同

抵押合同,指债权人与抵押人之间订立的确定双方权利和义务关系的书面协议。抵押合同应当采用书面形式,主要包括下列内容:(1)被担保的主债权种类、数额;(2)债务人履行债务的期限;(3)抵押物的名称、数量、质量、状况、所在地、所有权及使用权权属;(4)抵押物的担保范围;(5)其他的约定事项。

值得注意的是,抵押权人和抵押人在抵押合同中不得约定,当债务履行期届满抵押权人未受清偿时,抵押物的所有权转移为债权人所有,学者称为流质契约(或流抵契约、流押契约、抵押物代偿条款等)。

案例2-26:以抵押物抵债的流质契约,无效

被告因经营之需,向原告借款4.2万元,双方约定:月息为千分之二十五,2000年下半年归还3.5万元,余款本息于2001年下半年还清;如不能按时偿还,被告以城西餐厅房屋六间及房前土地抵偿债务。借款到期以后,被告未能归还本息,原告将被告诉至法院,要求被告办理六间房屋及土地的过户手续。

法院经审理认为,借款事实成立,双方在借款尚未到期的情况下,约定以房地产抵偿债务,这是一个流质契约,无效。

案例评析:

该案争议的焦点在于,当事人双方设定的流质契约是否有效?

流质契约,指当事人在签订抵押合同时,或者债权清偿期届满前,约定在债务履行期届满抵押权人未受清偿时,抵押物的所有权转移为债权人所有的契约。流质契约在大多数国家的担保法中都被禁止,我国也不例外。《担保法》第40条明确规定:"订立抵押合同时,抵押权人和抵押人在合同中不得约定在债务履行期届满抵押权人未受清偿时,抵押物的所有权转移为债权人所有。"

一方面,法律禁止流质契约,主要目的是维护弱势债务人的合法利益。在抵押中,担保物的价值往往高于抵押债权的实际价值,二者之间存在一个差额。如果允许债权人,即抵押权人在抵押协议中设立流质契约,则对债务人或者抵押人有失公平。而且,流质契约虽然表达了当事人的自由意思,但在大多数情况下,抵押人签订如此不平等的契约,多数是为情势所迫。法律为防止债权人在设立抵押的过程中，利用自己的优势地位以及债务人所处的窘境，造成当事人权利、义务显失公正的情况，对于流质契约采取了禁止性的规定。

另一方面，法律禁止流质契约也有利于保护债权人，即抵押权人的合法利益。假设当事人订立了流质契约，若出现抵押物的价值贬值、设立抵押时高估了抵押物的价值等情形，造成合同到期时担保物的价值低于抵押所担保的债权价值，如果按照流质契约的约定，抵押人仅仅需要转移抵押物的所有权就清偿了所有债务，对抵押权人显然不公平。

（四）抵押物登记

建立抵押物登记制度，意在使抵押物特定，减少恶意重复抵押，更好地保护债权人的利益。

根据《担保法》的规定，当事人以土地使用权、房地产或厂房等建筑物、林木、航空器、船舶、车辆、企业的设备和其他动产为标的物订立的抵押合同，自登记之日起抵押合同生效。办理抵押物登记的部门如下：(1)以无地上定着物的土地使用权作抵押，为核发土地使用权证书的土地管理部门；(2)以城市房地产或者乡(镇)、村企业的厂房等建筑物作抵押，为县级以上地方人民政府规定的部门；(3)以林木作抵押，为县级以上林木主管部门；(4)以航空器、船舶、车辆作抵押，为运输工具的登记部门；(5)以企业的设备和其他动产作抵押，为财产所在地的工商行政管理部门。

当事人以其他财产作抵押合同标的，可以根据自愿原则决定是否办理登记；若未办理登记，则只在当事人之间有效，不得对抗第三人。若当事人办理抵押物登记，登记部门为抵押人所在地的公证部门。

案例 2-27：抵押房地产应到哪个部门登记？

A 向 B 借款 20 万元，双方签订抵押借款协议，协议约定 A 将自己的一处住房作为抵押物，并约定一年后 A 连本带息一次性还清借款。为简化手续，未办理抵押物登记。还款期满后，B 多次向 A 催还借款，但 A 始终以各种理由推脱不还。两个月后，A 将作为抵押的房屋转让给第三人，B 得知后起诉至法院，请求撤销 A 与第三人的买卖合同，并依抵押合同将房屋判归 B。法院经审理，判决：A 与 B 的债务关系成立，A 向 B 偿还 20 万元的借款本息，驳回 B 关于撤销 A 与第三人买卖合同的请求。

若双方欲办理抵押物登记，抵押登记部门应当是：

A. 房地产公司；　　B. 公证处；　　C. 房管局；　　D. 车管所。

（五）抵押权实现

债务履行期届满后，若债务人未履行债务，抵押权人可以处分抵押物以实现债权。当事人之间若能够达成协议，则按协议方式以折价、拍卖、变卖等方式实现债权；若达不成协议，可以向人民法院提起诉讼。

案例 2-28：抵押物价值不足以偿还贷款，怎么办？

2014 年 9 月，张某想要在某商场开设店铺，但由于资金不足无法启动，于是张某以店铺为抵押向商场基金会贷款 6 万元，还款期限为 2016 年 9 月。两年后，由于张某经营不善，没有能力向商场偿还贷款，于是张某将店铺抵押给商场并且没有继续还款赎回店铺的意愿。但经过商场方面的估计，店铺的价值并不足以偿还 6 万元的贷款。

当抵押物价值不足以偿还贷款时，借款方应当：

A. 负继续清偿责任；　B. 无继续偿还贷款责任；
C. A、B 选项都正确；　D. A、B 选项均错误。

四、质　押

(一) 质押的概念

质押，指债务人或第三人将其财产移交债权人占有，将该财产作为债权的担保。当债务人不履行债务时，债权人有权将该财产折价或拍卖、变卖，并就卖得价款优先受偿。其中，债务人或第三人是出质人，债权人为质权人，移交的动产是质物。

根据《担保法》的规定，质押可以分为两类：(1)动产质押；(2)权利质押。

(二) 动产质押

1. 动产质押合同的概念

动产质押指以动产为标的设定的质押，其标的具有可让与性。动产质押合同应当采用书面形式，自质物移交质权人占有时生效。该规定意在保障交易的安全和债权人的利益，避免出质人任意对质物进行处分。

值得注意的是，与抵押合同禁止设立流质契约相似，出质人和质权人也不得在质押合同中约定，在债务履行期限届满，质权人未受清偿时，质物的所有权转移给质权人。

2. 质权人的权利

在质押期间，质权人权利如下：(1)质权人有权收取质物所生孳息，若合同另有约定，从其约定。(2)若质物有损害或价值明显减少，足以危害质权人权利，质权人可以要求出质人提供担保。若出质人不提供担保，质权人可以出卖或变卖质物，将所得价款提前清偿所担保的债权，此为质权人的物上代位权。(3)质押期限届满后，若出质人不履行债务，质权人有权拍卖或变卖质物而受清偿。若所得价款受偿后有余额，余额归出质人；若所得价款不足抵偿，不足部分由债务人清偿。

3. 质权人的义务

质权人的义务如下：(1)妥善保管质物，否则要承担民事赔偿责任；(2)在质权存续期间，不得擅自使用、出租、处分质物，若给出质人造成损失，要承担赔偿责任；(3)质押期限届满，质权人受清偿后，应及时将质物返还给出质人。

(三) 权利质押

权利质押指以动产之外的财产权为标的设定的质押，权利质押合同应当采用书面形式。

可以作质押的权利分为以下四类：(1)汇票、本票、支票、债券、存款单、仓单、提单；(2)依法可以转让的股份、股票；(3)依法可以转让的商标专有权、专利权、著作权中的财产权；(4)依法可以转让的其他权利，例如以公路、桥梁、隧道或者渡口等不动产收益权出质。

如果在同一财产上法定登记的抵押权与质权并存，抵押权人优先于质权人受偿。

五、留　置

(一) 留置的概念

留置指债权人按照合同约定占有债务人的动产，当债务人不按照合同约定的期限履行债务时，债权人有权扣留该财产。若经过一定的宽限期债务人仍不履行债务的，债权人有权折价、拍卖或变卖该财产而优先受偿。

值得注意的是，留置权与质权不同：质权，是约定担保物权，可以依双方的合意而成立；留置权，是法定的担保物权，它由法律直接规定，而非当事人双方自由约定。

（二）留置权的成立条件

根据《担保法》的规定，留置权的成立必须具备以下条件：

1. 债权人必须依合同约定合法地占有债务人的财产

《担保法》第 48 条规定，因保管合同、运输合同、加工承揽合同发生的债权，债务人不履行合同的，债权人有留置权。

2. 债权已届期满而未受清偿

若债权已到受偿期，债权人可以行使留置权。若未到期不可行使留置权，因为债务人是否会自觉地清偿债务尚不可知，这时行使留置权对债务人不公平。那么，如何确定是否已到清偿期限？若合同中有规定，合同期满为已届清偿期限；若合同中无规定，应依债权人发出的催告时间来确定。

3. 留置的财产必须是与债权人有关的财产

债权人留置的财产，与债务的产生应属同一法律关系；与债权人无关的债务人的其他财产，不能作为留置财产。

（三）留置权的实现

留置权一般通过债权人折价、依法拍卖、变卖留置物的方式来实现，对所得价款有优先受偿权，超过债权数额的部分返还债务人，不足的部分由债务人补足。但是，债权人留置财产后，不能立即进行折价、拍卖或变卖。按照《担保法》第 87 条的规定，债权人与债务人应当在合同中约定，债权人留置财产后，债务人应当在不少于两个月的期限内履行债务。债权人与债务人在合同中未约定的，债权人留置债务人财产后，应当确定两个月以上的期限，通知债务人在该期限内履行债务。

如果同一财产抵押权与留置权并存，留置权人优先于抵押权人受偿。

六、定　金

（一）定金的概念

定金指合同当事人的一方预先交付给另一方一定数额的货币作为债权的担保。

该规定意在通过定金罚则担保合同的履行。若合同履行，定金应当抵作价款或者收回；若合同由于给付定金一方的原因而不能履行，给付定金的一方无权要求返还定金；若合同由于接受定金一方的原因不能履行，接受定金的一方应当双倍返还定金；若由于不可抗力等事由使当事人不能履行合同的，则接受定金的一方应当返还定金。

（二）定金合同的订立

定金应当以书面形式订立，既可以单独订立，也可以作为主合同中的担保条款。多数情况下，定金会在主合同中的担保条款内表现出来。

值得注意的是，定金合同的成立，不但要当事人达成合意，而且要有交付定金的实际行为，即定金合同自交付定金时生效。

（三）定金的数额

《担保法》第 91 条规定，定金的数额由当事人约定，但不得超过主合同标的额的 20%。该规定意在保护双方当事人的利益，若定金太低，起不到担保合同履行的效果；若定金太高，守约方可能获得多于损害的赔偿。

案例 2-29：押金与定金，意思迥异！

案例发生在南京。甲是浙江温州商人，在南京金桥市场租了 2 节柜台做生意。甲早就看好了本市场三层的 4 节柜台，经多方打听，如果 4 节柜台全租下，约需 40 万元。事实上，甲拿得出 40 万元资金，但如果全用来承租柜台，流动资金就没有了，生意也就没法做了。甲计划将手中的 2 节柜台先转租出去，可得 20 万元，自己再出 20 万元即可；这样，既可租下 4 节柜台，手里还有 20 万元流动资金，这是最佳方案。

甲同时联系下家（自己 2 节柜台的承租者）和上家（三层 4 节柜台的出租人）：下家是乙，与甲是老乡，也在金桥市场做生意。乙早就看好了甲的 2 节柜台，故立即对甲报出的 20 万元价格表示承诺，并交了 2.8 万元押金，甲出具了一张收条。

后来，情况发生变化：上家先是答应转租 4 节柜台给甲，后来变卦，又不想转租了。甲转租给乙 2 节柜台，意在筹集承租三层 4 节柜台的资金；现由于上家的变卦，甲的 2 节柜台也不想转租给乙了。但甲、乙是老乡，拒绝的话不好当面说，于是采取了拖延的办法，从 11 月底拖到 12 月底，又从 12 月底拖到下一年的 1 月底。乙出于保护自己利益的考虑，提出由于交割的时间发生了变化，要求甲重新出具一张收条，甲表示同意。乙将原收条的内容抄了一遍，但时间作了改动，要求甲签字确认。甲简单地看了一下，以为新收条和原收条的内容完全一致，故爽快地在新收条上签上了自己的名字。值得一提的是，乙在抄原收条内容的过程中，悄悄地将原收条的“押金”改成了定金。

后来，甲不想履行合同，被乙诉至法院。

案例评析：

该案争议的焦点在于，定金与押金，有何区别？乙将“押金”改为定金的行为，是否具有法律效力？

根据《担保法》的规定，当合同由于可归责于定金给付方的事由而不能履行时，给付定金方无权要求返还定金；当合同由于可归责于定金收受方的事由而不能履行时，收受定金方应双倍返还定金。也就是说，定金的作用是双向的，它对定金给付方和定金收受方的惩罚力度是一样的，充分体现出其担保的功能。而押金的作用是单向的，它仅对押金给付方有制约作用，即押金给付方必须履行合同，若不履行合同，则不得要回押金；而它对押金收受方没有制约作用，即押金收受方既可以履行合同，也可以不履行合同，若不履行合同，将押金退回即可。

乙将“押金”改为定金，一字之差，意思大变：在押金情况下，仅对乙有约束力，而对甲没有约束力，甲只需将押金原路返还给乙即可；而在定金情况下，该措施对甲、乙均有约束力，故甲的处境被动，要么履行合同，要么双倍返还定金。若履行合同，即将 2 节柜台转租给乙，就没法做生意了；若不履行合同，则要返还给乙 5.6 万元，要付出 2.8 万元的代价。

乙将“押金”改为定金，违背诚信原则，不值得提倡。但对甲而言，应吸取教训：签名前，务必把合同的内容看清楚，以规避签名风险；一旦签名，甲将为自己的疏忽行为付出 2.8 万元的代价！

（四）定金与相关概念介绍

1. 定金与预付款

预付款指买方在交易合同签订后即向卖方支付一定金额的货款，又称订金。它是提前履行的部分债务，属于价金支付债务的一部分，在客观上起到了保障相应债权实现的作用。

在交付标的物一方违约的情况下，如果交付预付款的一方解除合同，那么其有权请求返还预付款；如果其不解除合同，则有义务继续交付剩余价款。

2. 定金与押金

押金是一种质押担保，指为了担保债务的履行，债务人或第三人将一定数额的金钱移交债权人占有，在债务人不履行合同时，债权人可以债务人所交押金优先受偿；如债务人依约履行了债务，则其所交押金可以抵作价款或者收回。

押金可以在合同订立前、合同履行中交付，本质上不具有预先支付的特点。

3. 定金与保证金

在期货交易、国有建设用地使用权出让、建设工程、长途电话业务合作、租赁、房屋装修等合同或法律关系中，时常出现保证金的担保方式。其类型和性质复杂，对于债权的保障作用也多种多样。基于意思自治原则，对实务中出现的保证金，应当按照当事人的约定赋予保证金相应的法律效果。

1）备用金类型的保证金

有的保证金无定金罚则的效力，只是作为当事人一方履行付款义务的备用金，存储于双方当事人指定的账户或债权人的账户，在该当事人未及时或未如数地支付应付款额时，相对人有权从保证金中提取相应数额。这种保证金对于债权人而言具有较强的保障作用。

例如某《担保合作协议》约定：被保证人同意，在本次向某银行贷款 7 000 万元后，将贷款总额的 30%作为保证金存入保证人指定的账户；保证人保证在被保证人贷款到期日前 10 个工作日内，将保证金全额退还至被保证人的贷款账户，由贷款银行监管；被保证人同意承担该保证金应分担的贷款利息。

2）预付款类型的保证金

有的保证金能够使债权全部或部分地提前实现，实为预付款。就这部分债权而言，保证金实际上起到了保障债权实现的作用，但就尚未清偿的债权而言，保证金显然不是担保方式，其担保作用至多与违约责任的担保作用相当。

3）租赁保证金

某《房屋租赁合同》约定：承租人应在本合同签订后 5 个工作日内向出租人交纳 2 个月的租金作为租赁保证金，共计 20 万元。在本合同终止时，出租人收取的租赁保证金除用以冲抵合同约定的应由承租人承担的费用外，剩余部分由出租人无息返还承租人。未经出租人同意而将租赁房屋整体转租给第三人的，出租人有权解除本合同，且不再退还租赁保证金，同时承租人还得承担违约责任。在政府规划建设征用、自然灾害或不可抗力致使承租人不能正常使用租赁房屋时，本合同自行终止，出租人退还保证金，双方按当年实际使用时间结算租赁等各项费用，互不承担违约责任。

上述约定反映出：该类租赁保证金具有预付部分租金、双方当事人清结合同、返还租赁房屋所需费用的备用金、承租人承担违约责任的备用金、在合同因不可归责于双方当事人的原因而终止时予以退还的性质。

4）装修保证金

某《房屋租赁合同》约定，承租人在按照本合同约定进行装修时，应缴纳装修保证金，共计 10 万元给出租人，在承租人装修完毕的 3 日内，若无其他纠纷，则出租人应将该保证金全额退还。这里的“其他纠纷”,包括因承租人违反法律、法规、规章的规定,或者违反本合同的约定,擅自改变租赁房屋的主体结构、损坏各种专用部分的管道和电梯等共用部分、乱倒垃圾等而发生的纠纷。在承租人需要对上述行为产生的费用进行赔偿时,出租人乃至物业管理公司有权从装修保证金中扣除。

5）质量保证金

在买卖、建设工程施工等合同场合,当事人通常约定质量保证金,甚至法律直接规定质量保证金。因为只有在买卖物符合约定、建设工程于其质量保证期届满质量符合约定时才有义务支付或退还该笔价款,故称为质量保证金。对此,《最高人民法院关于审理买卖合同纠纷案件适用法律问题的解释》〔2012〕8号第21条规定,买受人依约保留部分价款作为质量保证金,出卖人在质量保证期间未及时解决质量问题而影响标的物的价值或者使用效果,出卖人主张支付该部分价款的,人民法院不予支持。该规定一方面可以促使出卖人消除瑕疵;另一方面有利于保护买受人的合理权益。

第六节　合同变更和转让

一、合同变更

(一) 合同变更的概念

合同变更指在合同成立后、尚未履行或尚未完全履行之前,当事人基于意思表示或法律规定不改变合同的主体,而仅改变合同的内容的行为。

(二) 合同变更的原则

《合同法》第77条第1款规定,当事人协商一致的,可以变更合同。该条第2款规定,法律、行政法规规定变更合同应当办理批准、登记等手续的,依照其规定。

《合同法》第78条规定,当事人对合同变更的内容约定不明的,推定为未变更。

案例2-30:“完全同意”,到底是何意?

某衬衫厂与某商场签订一份衬衫购销合同,合同约定:衬衫厂每月向商场提供红豆牌衬衫2万件,单价为118元/件,每月的第一个星期一交货,月底结账,合同期限为1年。开始合同履行得很好,到了下半年,红豆牌衬衫的市场销路看好,商场发传真给衬衫厂,提出每月的衬衫订货量增加到5万件,价格可否再降低一些,衬衫厂回复“完全同意”。月底结账时,衬衫厂发现商场交付的货款不够,于是找到商场。商场称衬衫厂已同意变更合同,故对货款短缺不负责任。衬衫厂则认为,自己确实同意变更合同,但对衬衫单价降为110元/件并没有进行意思表示。双方发生纠纷,诉至法院。

案例评析:

该案争议的焦点在于,当事人对合同变更的内容约定不明时,价格如何确定?

双方都同意变更合同,如增加衬衫的月订货量;但对变更合同后衬衫的单价约定不明确,如商场提出“价格可否再降低一些”,衬衫厂回复“完全同意”。根据《合同法》第78条规定,当事人对合同变更的内容约定不明的,推定为未变更,双方应继续履行原合同,或重新协商确定变更合同的具体内容。

商场向衬衫厂发出变更合同内容的传真中,明确提出每月的衬衫订货量增加到5万件,但没有提出具体的价格，只是含糊地提出“价格可否再降低一些”，衬衫厂也模糊地回复“完全同意”，最后应当推定价格未变更。假设商场除提出每月的衬衫订货量增加到5万件外，还明确提出订货量增加后的衬衫单价，如110元/件，这时若衬衫厂回复“完全同意”，则变更合同成立。

二、合同转让

（一）合同转让的概念

合同转让指在不改变合同内容的前提下，合同的一方当事人将合同的权利和义务全部或部分转让给第三人。在转让合同中，债权人称为让与人，第三人称为受让人。

合同转让，包括债权人转让权利、债务人转移债务两种形式。

（二）债权人转让权利

1. 债权人转让权利的概念

债权人转让权利，指债权人通过协议，将合同的全部或部分权利转让给第三人。

2. 债权人转让权利的限制

《合同法》第79条规定，债权人可以将合同的权利全部或者部分转让给第三人，但有下列情形之一的除外：(1)根据合同性质不得转让；(2)按照当事人约定不得转让；(3)依照法律规定不得转让。

3. 债权人转让权利应当通知债务人

债权人转让权利，除转让人和受让人外，还涉及债务人。因此，债权人转让其权利，虽不必征得债务人的同意，但须将债权转让的事实通知债务人，否则该转让对债务人不发生效力。

《合同法》第80条第1款规定，债权人转让权利的，应当通知债务人。未经通知的，该转让对债务人不发生效力。该条第2款规定，债权人转让权利的通知不得撤销，但经受让人同意的除外。

4. 债权人转让权利的法律效力

债权人转让权利成立后，既可在转让人与受让人之间产生内部效力，也可对债务人产生外部效力。

债权人转让权利的内部效力包括：(1)受让人取代转让人的法律地位，成为合同关系的债权人；(2)受让人取得与债权有关的从权利，但该从权利专属于债权人自身的除外；(3)转让人应将债权证明文件全部交付受让人，并告知受让人行使合同权利所必需的一切情况。债权人对其转让的权利，应负瑕疵担保责任。

债权人转让权利的外部效力包括：(1)债务人接到债权转让通知后，债务人对让与人的抗辩，可以向受让人主张；(2)债务人接到债权转让通知时，债务人对让与人享有债权，并且债务人的债权先于转让的债权到期或者同时到期的，债务人可以向受让人主张抵消。

（三）债务人转移债务

1. 债务人转移债务的概念

债务人转移债务，指在不改变合同内容的前提下，债务人将合同的债务全部或部分转移给第三人承担。

2. 债务人转移债务，须经债权人同意

债务人转移债务与债权人转让权利不同，债权人转让权利只是更换了债权人，不会影响到债务人的履约能力；而债务人转移债务更换的则是债务人，不同债务人的资信、履约能力、经营作风等差异较大，很大程度上将会影响到债权人的利益。因此，债务人转移债务只有经债权人同意后才能生效。

《合同法》第 84 条规定，债务人将合同的义务全部或者部分转移给第三人的，应当经债权人同意。

《合同法》第 87 条规定，法律、行政法规规定转让权利或者转移义务应当办理批准、登记等手续的，依照其规定。

3. 债务人转移债务的法律效力

《合同法》第 85 条规定，债务人转移义务的，新债务人可以主张原债务人对债权人的抗辩。

《合同法》第 86 条规定，债务人转移义务的，新债务人应当承担与主债务有关的从债务，但该从债务专属于原债务人自身的除外。

第七节 合同的权利义务终止

一、合同的权利义务终止概述

合同的权利义务终止指合同由于某种原因客观上已不复存在，合同的债权和债务归于消灭。

《合同法》第 91 条规定，有下列情形之一的，合同的权利义务终止：(1)债务已经按照约定履行；(2)合同解除；(3)债务相互抵销；(4)债务人依法将标的物提存；(5)债权人免除债务；(6)债权债务同归于一人；(7)法律规定或者当事人约定终止的其他情形。

二、债务已按约定履行

债务已按约定履行，又称债务的清偿。债务一经清偿，且债权人接受，当事人订立合同的目的得以实现，合同关系自然归于消灭。清偿是合同的权利义务终止的主要原因。

三、合同解除

合同解除，指合同成立并生效后，因当事人一方或双方的意思表示，使基于合同发生的债权债务关系归于消灭。

(一) 合同解除的类型

合同解除，包括约定解除和法定解除两种。

约定解除，指当事人以合同的形式，约定为一方或双方保留解除权。

《合同法》第 93 条第 1 款规定，当事人协商一致的，可以解除合同。

该条第 2 款规定，当事人可以约定一方解除合同的条件。解除合同的条件成就时，解除权人可以解除合同。

法定解除，指出现法律规定的解除事由，享有解除权的一方当事人可以解除合同。

《合同法》第 94 条规定，有下列情形之一的，当事人可以解除合同：(1)因不可抗力致使不能实现合同目的；(2)在履行期限届满之前，当事人一方明确表示或者以自己的行为表明不履行主要债务；(3)当事人一方迟延履行主要债务，经催告后在合理期限内仍未履行；(4)当事人一方迟延履行债务或者有其他违约行为致使不能实现合同目的;(5)法律规定的其他情形。

案例 2-31:国家出台房产新政,属于不可抗力吗?

2016 年 8 月 29 日,陈先生通过 A 房产中介公司,想购买一套 130 平方米的商品房。两日后,陈先生相中了一套 132 平方米的二手商品房,并通过中介公司和卖家签订了三方协议。内容如下:①陈先生购房款首付 4 成,其他走商业贷款,由中介公司负责指定银行及申请安排。②陈先生应支付给 A 中介公司中介费用 30 万元,其中签订协议时先支付 5 万元,余款在交易完结后一次性支付给中介公司。③交付定金 20 万元给卖家。④注明:如发生不可抗力及政策原因,导致本协议所列事项无法进行的,三方互不追责。在协议签订后,陈先生支付 5 万元给中介公司,支付 20 万元给商品房卖家。

但在 2016 年 9 月 30 日,中介公司办理的银行贷款还没下来,国家出台房产新政,陈先生所购商品房首付比例为 8 成,且利率提高,导致陈先生资金不足,无法进行原协议。陈先生提出,因不可抗力及国家政策原因无法进行,要求中介公司及卖家退还自己所付的 25 万元;中介公司认为原协议可以执行,是陈先生自己的资金不足,因此不退还其所支付款项。

国家出台房产新政,属于:

A. 不可抗力;

B. 不是不可抗力;

C. 不可抗力,中介公司和房产卖家要返还陈先生所付款项;

D. 不可抗力,但中介公司和房产卖家不须返还陈先生所付款项。

(二) 合同解除权的行使和期限

《合同法》第 96 条第 1 款规定,当事人一方主张解除合同的,应当通知对方。合同自通知到达对方时解除。对方有异议的,可以请求人民法院或者仲裁机构确认解除合同的效力。该条第 2 款规定,法律、行政法规规定解除合同应当办理批准、登记手续的,依照其规定。

《合同法》第 95 条第 1 款规定,法律规定或者当事人约定解除权行使期限,期限届满当事人不行使的,该权利消灭。该条第 2 款规定,法律没有规定或者当事人没有约定解除权行使期限,经对方催告后在合理期限内不行使的,该权利消灭。

(三) 合同解除的效力

《合同法》第 97 条规定,合同解除后,尚未履行的,终止履行;已经履行的,根据履行的情况和合同性质,当事人可以要求恢复原状、采取其他补救措施,并有权要求赔偿损失。

四、债务抵销

债务抵销指合同当事人之间互负相同种类债务,各以其债权充当对债务人的清偿,使其债务与对方的债务在相等额度内相互消灭。债务抵销,分为法定抵销和约定抵销两种。

法定抵销,指由法律规定构成要件,当交易事实符合法定要件时,依当事人一方的意思表示而发生的抵销。

《合同法》第 99 条第 1 款规定,当事人互负到期债务,该债务的标的物种类、品质相同的,任何一方可以将自己的债务与对方的债务抵销,但依照法律规定或者按照合同性质不得抵销的除外。

约定抵销,指合同当事人意思表示一致所为的抵销,体现了当事人“意思自治”原则。《合同法》第 100 条规定，当事人互负债务，标的物种类、品质不相同的，经双方协商一致，也可以抵销。

五、债务人依法将标的物提存

(一) 提存的概念

提存指债务人履行债务时，由于债权人的原因而无法向其交付合同的标的物，债务人将标的物交给提存机关的行为。自提存之日起，债务人依法将标的物提存的行为使债务人与债权人之间的合同关系归于消灭。

(二) 提存的原因

《合同法》第 101 条第 1 款规定，有下列情形之一，难以履行债务的，债务人可以将标的物提存：(1)债权人无正当理由拒绝受领；(2)债权人下落不明；(3)债权人死亡未确定继承人或者丧失民事行为能力未确定监护人；(4)法律规定的其他情形。

该条第 2 款规定，标的物不适于提存或者提存费用过高的，债务人依法可以拍卖或者变卖标的物，提存所得的价款。

《提存公证规则》第 7 条规定，适宜提存的标的物有：(1)货币；(2)有价证券、票据、提单、权利证书；(3)贵重物品；(4)担保物(金)或其替代物；(5)其他适宜提存的标的。

(三) 提存应注意的事项

《合同法》第 102 条规定，标的物提存后，除债权人下落不明的以外，债务人应当及时通知债权人或者债权人的继承人、监护人。

《合同法》第 103 条规定，标的物提存后，毁损、灭失的风险由债权人承担。提存期间，标的物的孳息归债权人所有，提存费用由债权人负担。

《合同法》第 104 条第 1 款规定，债权人可以随时领取提存物，但债权人对债务人负有到期债务的，在债权人未履行债务或者提供担保之前，提存部门根据债务人的要求应当拒绝其领取提存物。

该条第 2 款规定，债权人领取提存物的权利，自提存之日起 5 年内不行使而消灭，提存物扣除提存费用后归国家所有。

六、债权人免除债务

(一) 免除的概念

债权人免除债务指债权人自愿放弃债权，解除债务人承担的义务，从而消灭合同关系及其他债之关系。

(二) 免除的效力

免除，属单方法律行为，一旦债权人向债务人或其代理人作出免除的意思表示，即产生债务消灭的法律后果。债权人既可以免除全部债务，也可以免除部分债务。同时，债权的从权利，如利息权、担保权等也归于消灭。

七、混　同

(一) 混同的概念

混同指债权人和债务人归于同一人，导致合同关系及其他债之关系消灭。

同一人，既是债权人，又是债务人，这时债的关系已无存在的必要，应归于消灭。

(二) 混同的原因

1. 概括承受

概括承受，既包括民法的概括承受，也包括商法的概括承受。民法的概括承受，一般指自然人死亡后，若该死者是债权人或债务人，由其债务人或债权人继承其债权或债务，其债权或债务因混同而消灭。商法的概括承受，通常指作为债权人的公司和作为债务人的公司合并，这时公司的债权和债务因归于同一人而消灭。

2. 特定承受

特定承受，指因债权人转让权利或债务人转移债务而导致合同的债权债务集中于同一人，债权和债务因混同而消灭。

第八节 违约责任

一、违约责任概述

违约责任指合同当事人不履行合同义务或者履行合同义务不符合约定时，依法应承担的民事赔偿责任。

《合同法》第 107 条规定，当事人一方不履行合同义务或者履行合同义务不符合约定的，应当承担继续履行、采取补救措施或者赔偿损失等违约责任。这意味着《合同法》将违约责任主要归责为严格责任，有时也适用过失责任。

违约责任的构成要件有三：(1)必须有违约行为；(2)必须有损害事实；(3)违约行为与损害事实之间存在因果关系，即损害事实是违约行为的结果。

二、违约的补救方法

根据《合同法》第 107 条的规定，违约的补救方法主要有继续履行、采取补救措施、赔偿损失三种途径。

(一) 继续履行

继续履行，指根据受害方的要求，违约方继续按合同约定的质量、数量、规格和标准及期限履行合同义务。这种履行经人民法院的判决书、调解书和仲裁机构的裁决书确定，具有强制执行的效力。

(二) 采取补救措施

采取补救措施，指违约方根据对方当事人的要求，按照合同的约定，能够采取补救措施挽回损失的，要尽量采取补救措施。例如，将有瑕疵的商品修理好，消除其残损瑕疵；或者按照合同规定的标准和要求重新制作商品；或者以合格的产品调换不合格的产品等。

(三) 赔偿损失

赔偿损失，指违约方向对方支付一定数量的金钱，作为给对方造成损失的补偿。赔偿损失，有约定的依照约定计算；没有约定的，除法律另有规定外，应包括直接损失和可得利益的损失。

《合同法》第 113 条第 1 款规定，当事人一方不履行合同义务或者履行合同义务不符合约定,给对方造成损失的,损失赔偿额应当相当于因违约所造成的损失,包括合同履行后可以获得的利益,但不得超过违反合同一方订立合同时预见到或者应当预见到的因违反合同可能造成的损失。

该条体现了两个原则:(1)完全赔偿;(2)合理预见,即根据“合理预见”确定赔偿总额。所谓完全赔偿,指当事人一方违约后,不但要赔偿给对方造成的财产毁损、减少、灭失等直接损失,还要赔偿对方在合同履行后可以获得的利益。所谓合理预见,指在贯彻完全赔偿原则时仅在“合理预见”的基础上确定赔偿总额,而并非对受害方的所有损失都给予赔偿。这里的“合理预见”是一个客观标准,指任何一个与违约方具有同等资格的人,在同等情形下能够作出的预见,即合同当事人只能对其主观上有过错的行为和能够预见的后果负责。如果违约方对某项损失没有预见或无法合理地预见,这说明他在订立合同时主观上并没有准备对这部分损失承担责任,客观上也就不能为此付出代价。这部分损失,虽然与其违约行为有关,但不必负赔偿责任。总之,合理预见原则是对完全赔偿原则的限制。

案例 2-32:8 000 元展销会违约金,因无法合理预见而难以获赔

2004 年 10 月,某商场为组织元旦、春节的货源,与某电视机厂签订了购买 100 台电视机的合同。合同约定:电视机单价为 2 400 元/台(当时市场零售价为 2 800 元/台),交货日期为 2004 年 12 月 15 日。商场按合同约定于 2004 年 11 月 20 日给付一半货款,另一半货款等电视机厂按时将货送到商场且验收合格后付清。2004 年 12 月 14 日,电视机厂司机在送货途中因醉酒将车开下山崖,导致车毁人亡,车上的 100 台电视机全部报废。商场在两节期间因缺少电视机这一重要商品,导致其销售收入受到很大影响。值得一提的是,电视机厂的违约行为还使得商场与另外两家商场约定的双节期间电视机展销会无法举行,商场为此支付给上述两家商场违约金 8 000 元。商场起诉电视机厂,要求退还已付货款,赔偿利润损失 4 万元及货款的利息,承担展销会违约金 8 000 元。电视机厂称不知有展销会一事,不愿意承担展销会违约金 8 000 元,并接受原告其余要求。

案例评析:

该案争议的焦点在于,商场支付给另两家商场的展销会违约金 8 000 元,电视机厂要不要买单?理由是什么?

当事人双方既没有约定违约金,也没有约定损失赔偿额的计算方法,但在合同履行过程中,电视机厂的违约行为确实给商场造成了经济损失,主要包括三个方面:(1)一半货款及利息;(2)合同履行后可以获得的利润 4 万元;(3)展销会违约金 8 000 元。

电视机厂应赔偿商场多少经济损失呢?首先,电视机厂应赔偿商场的直接损失,即退还一半货款及利息;其次,电视机厂订立合同时知道或应当知道双节期间电视机对商场的重要性,以及不能履行合同将对商场的销售收入产生很大的影响,故对商场遭受的可以预先估计的合同履行后的 4 万元利润应承担赔偿责任。最后,对于展销会一事,因电视机厂不知情,无法合理预见展销会的违约损失,故 8 000 元展销会违约金虽然与电视机厂的违约行为有关,但电视机厂可不负赔偿责任。也就是说,根据《合同法》第 113 条,商场无权就展销会的违约损失获得赔偿。

当事人违约后,并不需要对因违约行为引起的一切损失都给予赔偿,而是对订立合同时预见或者应当预见的因违反合同可能造成的损失给予完全赔偿,即根据“合理预见”确定赔偿总额,或者用“合理预见”限制“完全赔偿”。

(四) 违约金

违约金，指当事人为保证合同的履行，在合同中约定的，当一方当事人违约时应支付给对方当事人的金钱。

《合同法》第 114 条第 1 款规定，当事人可以约定一方违约时应当根据违约情况向对方支付一定数额的违约金，也可以约定因违约产生的损失赔偿额的计算办法。这说明，《合同法》只有约定违约金，而无法定违约金，体现了当事人"意思自治"原则。

该条第 2 款规定，约定的违约金过分低于造成的损失的，当事人可以请求人民法院或者仲裁机构予以增加；约定的违约金过分高于造成的损失的，当事人可以请求人民法院或者仲裁机构予以适当减少。约定违约金应视为违约的损失赔偿，对受害方所受损失具有补偿性质，意味着约定违约金不能低于，也不能过分高于实际损失，补偿应与实际损失相适应。

案例 2－33：约定违约金是否过分高于造成的损失，参照标准是什么？

2003 年 2 月底，北京某大学的周先生看好了离学校不远的一个新开发的居民小区，该小区离学校约 4 公里，交通方便，骑自行车 20 分钟即可到达。周先生经过简单的考察，很快相中了 B 区 4 号楼 801 房间，售楼处工作人员告诉他，该房屋总价款约 84 万元，若要购买，先缴纳 2 万元定金，缴纳房屋价款 20%（约 20 万元）的首付后即可签约。3 天后，周先生凑齐了 24 万元首付款，于是双方正式签订了商品房买卖合同，差额部分拟向银行贷款。然后，商品房买卖合同送交城市房屋管理部门办理备案登记；同时，周先生向住房公积金管理中心提交了办理个人信用评估的申请书。

事有凑巧，就在周先生办理个人信用评估的过程中，其所在的大学也在张罗着给本校职工团购房屋事宜，不到一个月，团购结果竟是 B 区 6 号楼整个楼盘，共有 94 套房子，距离周先生刚刚购买的 B 区 4 号楼仅有 100 米之遥。周先生开始盘算如何将房子从 B 区 4 号楼更换到 B 区 6 号楼，如果换房成功，可把现住房退回学校，学校将给一笔不菲的回购款，这样就可以增加房屋首付款比例，从而大大减少贷款数额。于是，周先生找到了曾卖给他 B 区 4 号楼 801 房间的房地产公司售楼处工作人员，不料说明来意后，遭对方拒绝。

售楼处工作人员认为，该换房行为应属违约，理由如下：周先生是直接与房地产公司签订了 B 区 4 号楼 801 房间的商品房买卖合同，合同的主体是周先生和房地产公司；而 B 区 6 号楼系房地产公司卖给周先生所在的大学的房屋，故合同的主体是房地产公司和周先生所在的大学。若周先生从 B 区 4 号楼换到 B 区 6 号楼，意味着将合同的一方主体"周先生所在的大学"变更为"周先生"，这属于合同的转让，故定性为违约。

接着，周先生又咨询该售楼处工作人员："如果该换房行为算是违约，需要支付多少违约金？"售楼处工作人员答："一要没收定金，二要缴纳合同标的额 3%的违约金"，理由如下：第一，依据我国担保法关于定金的规定，"交付定金方不履行合同，无权要求返还定金；收受定金方不履行合同，要双倍返还定金，故在该案中应没收 2 万元定金"；第二，在 B 区 4 号楼 801 房间的商品房买卖合同中，第三款明确规定"如果房屋买受人不履行合同，要交付合同标的额 3%的违约金"。该案中，周先生欲从"B 区 4 号楼 801 房间换到 B 区 6 号楼"意味着他不想履行已经就 B 区 4 号楼 801 房间签订的合同，构成违约。由于 B 区 4 号楼 801 房间的合同标的额约为 84 万元，按 3%违约金计算，即 2.5 万元。两项加在一起，周先生共需支付给房地产公司 4.5 万元。

周先生指出：(1)首付款 24 万元含 2 万元定金，故定金不复存在；(2)房屋标的物有所变动，从B区4号楼换到B区6号楼，但购房款仍是打入同一开发商的银行账户，应属合同变更；(3)即使按违约处理，“以市场价格作为参照物”计算违约金最为公平。订立合同时，该房屋单价约6 000元/平方米；现在，该房屋单价仍是约6 000元/平方米，说明“开发商并没有遭受实质损失”。但基于开发商行政人员还是做了部分前期工作，例如指导业主签订了5本购房合同，付出了一定的劳动，愿意“支付开发商5 000元必要损失”。

双方经充分协商，最终和解：开发商不要求业主支付违约金，但业主须负担5本购房合同到房管局备案产生的印花税约200元。

案例评析：

该案涉及问题有三：一是定金应否没收？二是该行为属于违约还是合同变更？三是如果系违约，开发商损失如何计算？

首先，定金具有担保作用，旨在促使业主尽快交纳首付款。当业主交纳首付款行为完成，定金即不复存在，因为其已经变成首付款的一部分。因此在该案例中，定金的作用已经消失，不适用定金罚则。

其次，该行为属于违约还是合同的变更的分歧源于当事人看问题的不同角度：开发商认为是违约，其关注的是购房人主体从业主个人变成了某大学组织；而业主认为是变更，其关注的是收款人无变化，都是同一开发商。双方的观点均有一定的道理，但相对方的意见也并非完全没有道理。

再次，如果系违约，开发商损失如何计算？该问题涉及损失指标的确定及计算依据，是该案的关键。业主提出“以市场价格作为参照物”建议，兼顾双方利益，因为市场价格不会偏袒当事人任何一方。订立合同时，该房屋单价约6 000元/平方米；现在，该房屋单价仍是约6 000元/平方米，说明“开发商并没有遭受实质损失”，也反映了约定违约金过分高于造成的损失。进一步，基于开发商行政人员还是做了部分前期工作，例如指导业主签订了5本购房合同，付出了一定的劳动，提出“支付开发商5 000元必要损失”，反映了业主诚实信用，“得理还让人”。

最终，双方和解：开发商不要求业主支付违约金，反映了开发商也很大度。

案例2-34：潘女士应赔偿王先生多少损失？

2016年8月11日，王先生、潘女士与中介签订《房地产买卖合同》，约定：卖方潘女士将涉案涉房屋以现状售予买方，总楼价125万元；买方王先生应在2016年8月11日向卖方支付定金5万元，首期楼款(不含定金)32万元在成功递件当天由买方直接支付给卖方，楼价余款(贷款银行批准按揭的金额)在办妥交易过户及抵押登记后，由贷款银行划入卖方在该贷款银行开设的账户。合同签订当天，王先生向潘女士支付定金5万元。

此后，王先生与潘女士约定于2016年11月3日前往房管部门办理过户手续，但当日潘女士以其未带身份证原件及中介不在场为由拒绝办理过户手续。第二天王先生委托律师向潘女士发出《律师函》，要求潘女士在2016年11月8日前协助王先生办理案涉房屋的递件手续，否则将追究潘女士违约责任，但潘女士未予理会。王先生再次通过中介联系潘女士，在2016年11月15日的微信聊天记录中，潘女士明确表示不再将房屋出售给王先生。

在潘女士拒绝出售房屋后，急于用房的王先生在2016年11月30日又联系了另一中介在同栋购买了另一处二手房，房价168万元。但因为房屋不能马上交付，王先生只能租了一套房，租期为一年。重新购买的二手房过户完毕后，王先生将潘女士告上法庭，要求潘女士按照合同约定返还定金5万元、支付违约金12.5万元，赔偿房价差额损失30.5万元。此外王先生还要求潘女士赔偿中介费、按揭贷款代理费、律师费、租赁房屋费用和诉讼费。

潘女士应赔偿王先生：

A. 双倍返还定金；　　B. 违约金12.5万元；

C. 房屋差价损失30.5万元；　　D. A、B、C的总和。

案例2-35：张某能够要回多少违约金？

住在北京昌平区A小区的张某，欲给小孩提供一个更好的教育环境，2016年初打算将现有房产出售，再贷款在海淀区买一套小两居。2016年北京执行购房限购政策，张某通过链家中介了解到可以先买房，并与卖房者约定首付款付清时间，利用这个时间段把现有房产卖出，将卖房款作为首付款支付给卖房者。张某看上了海淀区B小区房产，于2016年3月10日与房东王某签署总价为400万元的购房协议，要点如下：(1)总房款400万元，首付150万元，首付分两期支付；(2)首付第一期30万元，当日支付；(3)首付第二期120万元，当年7月10日前完成支付；(4)约定违约金为总房款的30%。

按合同张某当场支付了30万元，然后立即出售自己昌平A小区的房产。5月，小李夫妇看上了张某A小区的房产，经讨价还价，5月5日以180万元成交，双方约定首付54万元于次日给付，贷款126万元。因为银行贷款额度比较紧张，预计需要30～45天才能办理完成。这时，北京房地产市场逐步变热，成交价格越来越高，张某时刻担心房东王某违约。6月2日房东王某告知张某：房产涨价到500万元；不涨价就解约，愿在退回已付30万元基础上再付违约金30万元，共计60万元。

若房东王某违约，张某能够要回多少违约金？

A. 120万元，合同约定违约金为总房款的30%；

B. 120万元，张某已履行第一期首付；

C. 60万元，市场突然变热，双方应共担市场风险；

D. 30万元，张某仅交第一期首付30万元。

《合同法》第114条第3款规定，当事人就迟延履行约定违约金的，违约方支付违约金后，还应当履行债务。该条款说明违约金可以和实际履行并存，说明违约金具有惩罚性。这种惩罚性通过使违约方感受到道德和法律对其过错违约的否定性评价，使其认识到：过错违约不仅不会获得利益，反而将使其一方面在物质利益方面受到损害；另一方面将降低自身的信誉，将来可能遭受更大损失。因此，违约金的惩罚性将促使当事人严格遵守合同和适当履行合同债务。

总之，《合同法》强调违约金的补偿性，同时兼顾其惩罚性的特点。

三、预期违约

（一）预期违约的概念

预期违约指合同依法成立后，履行期届至前，根据已有事实可预示合同一方当事人将来不会履行其合同义务的情形，它包括明示预期违约和默示预期违约两种情况。明示预期违约，指当事人以语言或文字明确表示，在合同履行期届至时将不履行合同。默示预期违约，指当事人以其行为或依当时的具体情况可以断定其将违约。

《合同法》第108条规定，当事人一方明确表示或者以自己的行为表明不履行合同义务的，对方可以在履行期限届满之前要求其承担违约责任。

(二) 预期违约的特点

预期违约的特点有三:(1)预期违约表现为未来将不履行义务,而实际违约表现为现实的违反义务;(2)预期违约侵害的是期待债权,而实际违约侵害的是现实债权;(3)预期违约具有特殊的补救方法。

(三) 预期违约的补救方法

关于预期违约的法律救济,债权人有三种选择:(1)当一方当事人预期违约时,债权人可以立即解除合同并要求损害赔偿,而不必等到合同履行期届至时;(2)债权人可以拒绝承认债务人预期违约,坚持到合同履行期届满时,再采取法律救济措施;(3)债权人可以中止履行合同,若对方当事人在法定期限内提供担保,应恢复合同的履行;若对方当事人在合理期限内未提供担保,债权人可以解除合同并要求损害赔偿。

预期违约制度,是《合同法》内一种对守约方的重要的违约救济安排,将解除合同并要求损害赔偿的时间点从"合同履行期届至时"提前到"合同履行期届至之前",可更好地保护守约方的利益,但守约方必须拿出对方"将不履行合同"的充分证据。

四、违约责任免除

(一) 违约责任免除的概念

违约责任的免除指依据法律明文规定或当事人特别约定,合同当事人对其不履行合同或延迟履行合同不承担违约责任。

(二) 违约责任免除的事由

《合同法》第 117 条第 1 款规定,因不可抗力不能履行合同的,根据不可抗力的影响,部分或者全部免除责任,但法律另有规定的除外。当事人迟延履行后发生不可抗力的,不能免除责任。

该条第 2 款规定,本法所称不可抗力,是指不能预见、不能避免并不能克服的客观情况。

不可抗力,包括两类情形:(1)自然原因引起的不可抗力,如水灾、火灾、旱灾、泥石流、地震、台风等;(2)社会原因引起的不可抗力,如战争、罢工、骚乱、政府封锁禁运等。

不可抗力所引发的法律后果,分为三种情况:(1)发生不可抗力,致使合同全部义务不能履行,当事人可以解除合同,并免除违约责任;(2)发生不可抗力,致使合同部分义务不能履行,当事人可以免除部分义务;(3)不可抗力只是导致合同不能按约定时间履行,当事人可以延迟履行合同,在不可抗力影响持续期内,免除其延迟履行的责任。

五、违约责任和侵权责任的竟合

违约责任和侵权责任的竟合,指当事人一方的违约行为,侵害了对方当事人的人身、财产权益,这时受害人不能就违约和侵权提出双重的损害赔偿请求,而只能主张其一,以防不当得利。

《合同法》第 122 条规定,因当事人一方的违约行为,侵害对方人身、财产权益的,受损害方有权选择依照本法要求其承担违约责任或者依照其他法律要求其承担侵权责任。

缔约过失责任与违约责任比较:

1. 先合同义务与合同债务

缔约过失责任,以先合同义务成立为前提;违约责任,以合同的债务责任为前提。先合同义务，属于法定义务；合同债务，属于约定义务。

2．过错责任与严格责任

缔约过失责任，实行过错责任原则；违约责任，既实行过错责任原则，也实行无过错责任（严格责任）原则。

3．信赖利益与履行利益

缔约过失责任的赔偿范围仅限于信赖利益的损失；而违约责任的赔偿范围是履行利益的损失。

第九节　实践中常见的合同纠纷

一、买卖合同

（一）买卖合同的定义

买卖合同指出卖人转移标的物的所有权于买受人，买受人支付价款的合同（《合同法》第130条）。

在实务中，出卖人被称为卖方或供方，指对标的物享有处分权的人，例如财产所有人；买受人，被称为买方或需方；买卖合同的标的物，包括不动产和动产。

（二）"一物多卖"行为

由于背信及其他原因，出卖人将同一标的物出卖于数人的情形并不少见。《最高人民法院关于审理买卖合同纠纷案件适用法律问题的解释》〔2012〕8号（简称《法释》〔2012〕8号）第9条规定，出卖人就同一普通财产订立多重买卖合同，在买卖合同均有效的情况下，买受人均要求实际履行合同的，应当按照以下情形分别处理：(1)先行受领交付的买受人请求确认所有权已经转移的，人民法院应予支持；(2)均未受领交付，先行支付价款的买受人请求出卖人履行交付标的物等合同义务的，人民法院应予支持；(3)均未受领交付，也未支付价款，依法成立在先合同的买受人请求出卖人履行交付标的物等合同义务的，人民法院应予支持。

《法释》〔2012〕8号第10条规定，出卖人就同一船舶、航空器、机动车等特殊动产订立多重买卖合同，在买卖合同均有效的情况下，买受人均要求实际履行合同的，应当按照以下情形分别处理：(1)先行受领交付的买受人请求出卖人履行办理所有权转移登记手续等合同义务的，人民法院应予支持；(2)均未受领交付，先行办理所有权转移登记手续的买受人请求出卖人履行交付标的物等合同义务的，人民法院应予支持；(3)均未受领交付，也未办理所有权转移登记手续，依法成立在先合同的买受人请求出卖人履行交付标的物和办理所有权转移登记手续等合同义务的，人民法院应予支持；(4)出卖人将标的物交付于买受人之一，又为其他买受人办理所有权转移登记，已受领交付的买受人请求将标的物所有权登记在自己名下的，人民法院应予支持。

案例2-36：一房二卖，如何处理？

2001年3月，某房地产开发公司（简称房地产公司）与某市商业公司（简称商业公司）签订了《商品房认购书》，由商业公司向房地产公司订购3个单元的房屋，并支付定金12万元。4月，商业公司与房地产公司签订了《商品房预售合同》，合同约定：商业公司购买房地产公司花园小区D座201、202、203三个单元的房屋，共300平方米，每平方米售价4 000元，共计房款120万元，合同签订之日起3个月内支付60万元，房价余款60万元在商业公司入住前付清。随后，商业公司按合同约定向房地产公司支付了首期房款60万元。

而后房地产公司在经营过程中因管理不善，无法支付某建筑装饰公司（简称装饰公司）的装修工程款，故提出以房抵价，将花园小区12个单元的房屋产权转让给装饰公司，其中包括商业公司在合同中已认购的202、203两个单元。装饰公司同意房地产公司的提议，双方遂于2002年1月15日签订了房屋转让协议，装饰公司经房地产公司同意，已经开始使用上述房屋，并打算把位置最好的202、203两个单元的房屋作为总经理寓所，但尚未办理产权转让手续。2002年2月，商业公司按合同约定前来房地产公司交纳其余房款，并准备办理产权手续时，却发现其中两套房屋已被装饰公司占用，遂向房地产公司提出异议，要求其作出解释。房地产公司提出，商业公司可以在花园小区尚未售出的20余套房屋中任选两套，价格优惠。但商业公司未予同意，仍坚持购买原先订购的房屋。双方协商未果，商业公司向法院起诉，要求获得原订购房屋的产权。

法院受理后，追加装饰公司为该案第三人。在法院审理过程中，调解未成，商业公司及装饰公司均主张所争议房屋的产权，而不要经济赔偿，要求法院作出公正的判决。最后，法院判决：这两处房屋的产权应归商业公司所有，装饰公司的损失由房地产公司另行赔偿。

案例评析：

该案争议的焦点在于，房地产公司针对同一房屋订立了两份房屋销售合同，哪一份合同受法律保护？理由是什么？

首先，应区分动产与不动产在所有权转移方式上的区别。一般而言，动产以交付，即动产占有的移转为所有权移转方式；而不动产则以办理登记手续为所有权移转方式。房屋，作为不动产的一种，其所有权的转移也须办理房屋权属变更登记手续。也就是说，房屋买卖合同签订后，应当到房屋登记机关进行登记；未履行登记手续之前，买卖合同不产生法律效力。根据该规定，两份房屋买卖合同均没有法律效力。装饰公司虽然已经占有使用该房屋，但由于合同没有生效，其权利难以得到法律的保护。这里，值得关注的问题是，如何处理该案更符合公平原则？

就商业公司与房地产公司签订的合同看，虽然没有履行登记手续，合同没有产生法律效力，但该合同因双方意思表示一致，且无违反法律和行政法规的行为，故该合同已经成立，只要履行完登记手续即可生效。而装饰公司与房地产公司签订的房屋买卖合同，因房地产公司已经将该房屋卖给了商业公司，在该合同没有正式解除之前，不应当将同一房屋再行出售，故房地产公司在第二个房屋买卖合同的签订上有过错，合同不能成立。这两个买受人均未受领交付，也未办理所有权转移登记手续，依法成立在先合同的买受人请求出卖人履行交付标的物和办理所有权转移登记手续等合同义务的，人民法院应予支持。因此，装饰公司要求得到该房屋产权的主张不能得到法律支持，但若装饰公司在签订该合同时没有恶意，则有权要求房地产公司赔偿其经济损失。

（三）情事变更原则

情事变更指合同依法成立后，因不可归责于双方当事人的原因发生了不可预见的异常变动，致使合同的基础丧失或动摇，若继续维持合同原有效力则显失公平，故允许变更或解除合同。

情事变更原则受到重视，源自第一次世界大战引发物价飞涨，合同履行显失公平。第二次世界大战再次产生该问题，除适用情事变更原则外，别无其他良策。《最高人民法院关于适用〈中华人民共和国合同法〉若干问题的解释（二）》〔2009〕5号（以下简称《法释》〔2009〕5号）第26条关于"合同成立以后客观情况发生了当事人在订立合同时无法预见的、非不可抗力造成的不属于商业风险的重大变化，继续履行合同对于一方当事人明显不公平或者不能实现合同目的，当事人请求人民法院变更或者解除合同的，人民法院应当根据公平原则，并结合案件的实际情况确定是否变更或者解除"的规定，适用于所有的民事合同，从整体上填补了合同法的漏洞。

情事变更原则的适用条件有五：(1)有情事变更的事实。情事，泛指作为合同成立基础或客观环境的情况，例如合同订立时的供求关系。变更，指上述客观情况发生了异常变动，例如战争引起严重的通货膨胀。因此是否构成情事变更，应以是否导致合同基础丧失、是否致使目的落空、是否造成对价关系障碍为判断标准。(2)发生在合同订立后，履行完毕前。(3)不可归责于当事人，即由不可抗力及其他意外事故引起。(4)当事人不可预见。(5)情事变更使履行原合同显失公平。

值得注意的是，情事变更不同于商业风险。第一，商业风险属于从事商业活动所固有的风险，作为合同成立基础的客观情况的变化没有达到异常的程度，例如一般的市场供求变化、价格涨落等；而情事变更则是作为合同成立基础的环境发生了异常的变动。第二，对于商业风险，法律推定当事人有所预见，能够预见；对于情事变更，当事人未预见到，也不能预见。第三，商业风险带给当事人的损失，可归责于当事人；而情事变更不可归责于当事人。

案例2-37：政府出台"限购"政策，如何定性？

2017年4月5日，周某将位于燕郊大厂潮白新区的一套房子卖于王某，双方订立书面协议，总价180万元，一个月内付清首付款。王某支付定金5万元，然后准备首付款（房价的30%）和一系列证明准备办理银行贷款。5月1日，当地房价猛涨，同比上涨10%以上，周某借机上涨总房价到200万元，并告知：如果不同意此价格，将取消合同，并愿意赔付一倍定金。基于房价继续上涨，王某同意按照200万元房价成交，5月15日双方重新签订合同。6月9日，燕郊出台限购政策"非本地户籍居民家庭，能够提供当地3年以上纳税证明或社会保险缴纳证明的，限购1套住房，包括新建商品住房和二手住房，且首付款金额不低于50%"。之后燕郊房价又呈过山车似的下跌，6月15日该类房屋跌到190万元；加上首付比例上调到50%，王某无力承担多出的40万元，提出放弃购买此房屋，并以国家政策出台为由让周某退还之前支付的定金5万元。但周某不同意，双方沟通无果，周某将王某告上三河市人民法院。

法院经调查，王某系非本地户籍居民家庭，仅能提供2年的当地纳税证明或社会保险缴纳证明，不符合购买该房屋的条件。以不可归责于当事人双方的政府限购政策出台为由，无法履行合约，判决周某退还王某所交的5万元定金，合同终止。

政府限购政策的出台，属于：

A. 不可抗力；　　　　　　　　B. 不可抗力，周某应当退还定金给王某；

C. 情事变更；　　　　　　　　D. 情事变更，周某是否退还定金给王某，由法官酌定。

（四）代为保管

买受人对于出卖人不按合同约定条件交付的标的物，例如多交付、提前交付、交付的标的物有瑕疵等，有权拒绝接收。在特殊情况下，买受人虽然作出拒绝接受交付的意思表示，但有暂时保管并应急处置标的物的义务。

根据《合同法》第162条的规定，买受人拒绝接收多交部分标的物的，可以代为保管多交部分标的物。买受人主张出卖人负担代为保管期间的合理费用的，人民法院应予支持(《法释》〔2012〕8号第6条第1款)。这里的"代为保管"，指成立了有偿的保管合同；"合理费用"，应为保管费用，一般限于必要费用，不包括有益费用。

一般而言，在有偿合同情况下，当事人即使存在一般过失，也要承担赔偿责任；但在无偿合同场合，当事人承担责任仅限于其故意或重大过失，一般过失不负责任。例如买卖合同，出卖人多交付货物，在没有合同依据的情况下买受人本可以置之不理，但是出于关照出卖人的考虑，法律规定买受人要进行保管，给买受人增加了"额外"义务。通盘考虑出卖人、买受人权利义务关系，出卖人超出合同的约定交付标的物，只要买受人不予接受，就是不妥当行为；而买受人对出卖人多交的标的物进行保管，属于"做好事"，应予鼓励。买受人代为保管买卖物期间非因自己故意或重大过失造成的损失，应由出卖人承担。

案例2-38：暴雨使鱼蹦进河中，谁应当承担损失？

原告为一大型养鱼场，被告为一副食品批发公司。双方于5月20日签订了一份购买活鱼的合同，其中约定，被告向原告购买活鱼4 000千克，于6月10日以前，由被告至原告处取货。原告为保证按期向被告供货，且便于被告取货，便将被告所需的鱼集中放置于一个临近一条大河的水池之中。同年6月5日，原告催促被告前来取货，并提出也可由原告送货，由被告承担费用。被告提出因其库存的鲜鱼尚未售完，暂不能收货。至6月10日，被告仍未前来取货。6月中旬以后，因连续罕见的暴雨，致使原告池中的水涨满并溢出。鱼纷纷蹦进附近的大河中。原告提出，因为被告违约，其存放的鱼因蹦进河中，损失2 000千克，价值3万元，损失应由被告承担。被告提出尽管其迟延数天取货，但双方并没有约定迟延履行的责任，所以他不应承担责任，至于鱼蹦进河中，是由于原告自身的过错造成的。

谁应当承担损失？

A. 原告；　　B. 被告；

C. 原告、被告平均分担；　　D. 被告负主要责任，原告负次要责任。

二、赠与合同

(一) 赠与合同的定义

赠与合同指赠与人将其财产无偿给予受赠人，受赠人表示接受的合同(《合同法》第185条规定)。在赠与关系中，转让财产的一方称为赠与人；接受财产的一方称为受赠人。

(二) 瑕疵担保责任

法律一般不要求赠与人承担瑕疵担保责任，但《合同法》191条规定了两种例外：(1)在附义务的赠与中，赠与物有瑕疵的，赠与人在附义务的限度内承担与出卖人相同的瑕疵担保责任。(2)赠与人故意不告知赠与物的瑕疵或保证赠与物无瑕疵，造成受赠人损失的，应当承担损害赔偿责任。这里的"保证赠与物无瑕疵"，指保证赠与物普通的无瑕疵状态，而非保证具有特种品质；"造成受赠人损失"，指受赠人因相信赠与物无瑕疵所产生的损失，属于信赖利益损失，不包括赠与物完全无瑕疵时应得的利益损失。

例如，甲将赠与物交付于乙，乙因该物的隐蔽瑕疵受到伤害，适用《合同法》还是《侵权法》？《合同法》对于赠与人持宽容态度，而《侵权法》关注侵权事实，没有考虑赠与人的无偿奉献。因此，应优先适用《合同法》，旨在贯彻法律宽恕无偿奉献者的宗旨。

（三）赠与的任意撤销

赠与的撤销指无须具备法定情形，由赠与人依其意思任意撤销赠与合同。《合同法》第186条第1款规定，赠与人在赠与财产的权利转移之前可以撤销赠与。

例如，捐赠目的是为某人治病，在该病人死亡时还剩余部分捐款，如何处理？如果病人或其代理人仅是为治病而使用该笔捐款，则病人死亡时赠与的目的不复存在，因此捐款不得作为遗产，应当返还给赠与人；但如果该笔捐款的所有权已经归该病人享有，则可以作为其遗产。

又如，捐赠目的是为救助贫困学生上学，贫困生死亡或退学的，剩余捐款如何处理？在该笔捐款归学校所有时，如果赠与合同明确约定该笔捐款仅为特定的贫困生学习专用，不得他用的，则该贫困生死亡或退学的，赠与人有权请求学校返还余款；如果赠与合同无此特约的，可以宽泛地理解赠与目的，即学校可将此款用于其他贫困生的学习。在该笔捐款已经归该贫困生所有时，贫困生死亡或退学的，赠与人有权主张赠与目的落空，可以请求贫困生或其代理人返还余款。若有证据证明受赠学生将此款挥霍浪费时，赠与人有权以受赠人违反赠与目的、债务本质为由解除合同，请求返还余款。

三、借款合同

（一）借款合同的定义

借款合同指借款人向贷款人借款，到期返还借款并支付利息的合同（《合同法》第196条规定）。其中，向对方借款的一方称为借款人；出借钱款的一方称为贷款人。

借款合同约定有利息的，为有偿合同；若未约定利息的，为无偿合同。借款合同一般为有偿合同。借贷双方没有约定利息，出借人主张支付借期内利息的，人民法院不予支持（《最高人民法院关于审理民间借贷案件适用法律若干问题的决定》（以下简称《法释》〔2015〕18号）第25条第1款）。自然人之间借贷对利息约定不明，出借人主张支付利息的，人民法院不予支持。除自然人之间借贷外，借贷双方对借贷利息约定不明，出借人主张利息的，人民法院应当结合民间借贷合同的内容，并根据当地或当事人的交易方式、交易习惯、市场利率等因素确定利息（《法释》〔2015〕18号第25条第2款）。自然人之间的借款合同约定的利率不得违反国家有关限制借款利率的规定（《合同法》第211条）。

《法释》〔2015〕18号第14条规定，只有具备下列情形之一的，人民法院才认定民间借贷合同无效：(1)套取金融机构信贷资金又高利转贷给借款人，且借款人事先知道或者应当知道的；(2)以向其他企业借贷或者向本单位职工集资取得的资金又转贷给借款人牟利，且借款人事先知道或者应当知道的；(3)出借人事先知道或者应当知道借款人借款用于违法犯罪活动仍然提供借款的；(4)违背社会公序良俗的；(5)其他违反法律、行政法规效力强制性规定的。

（二）还款期限

借款人应当按期返还借款。《合同法》第206条规定，借款人应当按照约定的期限返还借款。对借款期限没有约定或者约定不明确，依照本法第61条的规定仍不能确定的，借款人可以随时返还；贷款人可以催告借款人在合理期限内返还。

《合同法》第207条规定，借款人未按照约定的期限返还借款的，应当按照约定或者国家有关规定支付逾期利息。

案例 2-39：当事人订立合同时未约定借款期限，如何还款？

原、被告原系男女朋友关系。原告提交借条一张，内容为“关于北京市宣武区广安门外大街×××号××××小区××号楼××××室，由于李星还不上此房屋月供，至此房屋全部余额由王倩支付。支付金额为人民币：壹搭肆万零柒佰壹搭叁元零玖角壹分整。（140 713.19元）。借款人：李星 2010 年 3 月 4 日。”原告称其中的“搭”是笔误，应为“拾”，其中 140 713.19 是笔误，应为 140 713.91 元。被告认可向原告借款 140 713.91 元，并称曾经还过现金给原告，但时间和金额记不清了。原告对此不予认可，称被告未还款。

双方未约定借款期限，下列哪个选项是正确的？

A. 无须还款；

B. 被告可以随时返还；

C. 原告可以随时催告被告返还；

D. A、B、C 答案均正确。

（三）提前还款

借款人提前返还借款的，除当事人另有约定的以外，应当按照实际借款的期间计算利息（《合同法》第 208 条规定）。

但《合同法》第 71 条第 1 款规定，债权人可以拒绝债务人提前履行债务，但提前履行不损害债权人利益的除外。故第 71 条与第 208 条存在冲突：根据第 208 条，借款人提前还款，贷款人肯定有利息损失；根据 71 条，债权人可以拒绝债务人提前还款。

如何协调第 71 条与第 208 条的冲突呢？第 71 条是基本原则，第 208 条是对第 71 条的补充，不能与之冲突。在实务处理过程中，应充分兼顾双方利益：按照合同约定利率（考虑贷款人利益，合同约定利率一般高于借款人提前还款时的利率），且按照实际借款的期间（考虑借款人利益，实际使用借款时间短于合同约定时间）计算利息。

（四）约定利率高于国家规定的借款利率

《合同法》第 211 条规定，自然人之间的借款合同约定支付利息的，借款的利率不得违反国家有关限制借款利率的规定。

《法释》〔2015〕18 号第 26 条规定，借贷双方约定的利率未超过年利率 24%，出借人请求借款人按照约定的利率支付利息的，人民法院应予支持。借贷双方约定的利率超过年利率 36%的，超过部分的利息约定无效。借款人请求出借人返还已支付的超过年利率 36%部分的利息的，人民法院应予支持。

案例 2-40：民间高利贷，国家如何保护？

2016 年，魏某投资于民间集资，并与为其投资的人签订合同，约定给予投资人极高的利息以及本金返还。魏某将所筹集的资金进行再投资，期间魏某投资的对象因事故潜逃，魏某的投资人向魏某索要本金以及利息。经调查魏某的个人资产足够偿还，但流动资金不足以偿还，并且魏某并不打算偿还利息。

魏某集资为高利贷，国家给予有限度的保护，利息不得高于银行同期贷款利率的：

A. 2 倍； B. 3 倍； C. 4 倍； D. 5 倍。

四、租赁合同

（一）租赁合同的定义

租赁合同指出租人将租赁物交付承租人使用、收益，承租人支付租金的合同（《合同法》第

212 条规定)。其中,租赁物是租赁合同的标的物;租金是承租人为使用、收益租赁物而支付的对价;将租赁物租出的一方为出租人;使用租赁物并支付租金的一方为承租人。

(二) 优先购买权

1. 优先购买权的定义

在租赁合同存续期间,出租人要出卖租赁物时,应当在出卖之前的合理期限内通知承租人,承租人在同等条件下享有优先购买的权利。法律赋予承租人优先购买权,旨在简化法律关系,实现物尽其用。

这里的“同等条件”,指综合考虑价格、付款期限长短、一次付清还是分期付款、有无担保等因素。

2. 优先购买权的适用范围

法律关于承租人具有优先购买权的规定,仅适用于房屋买卖合同。需要注意的是,出租人与抵押权人协议折价、变卖租赁房屋偿还债务,应当在合理期限内通知承租人。承租人请求以同等条件优先购买房屋的,人民法院应予支持(《法释》〔2009〕11 号第 22 条)。

但具有下列情形之一,承租人主张优先购买房屋的,人民法院不予支持:(1)房屋共有人行使优先购买权的;(2)出租人将房屋出卖给近亲属,包括配偶、父母、子女、兄弟姐妹、祖父母、外祖父母、孙子女、外孙子女的;(3)出租人履行通知义务后,承租人在 15 日内未明确表示购买的;(4)第三人善意购买租赁房屋并已经办理登记手续的(《法释》〔2009〕11 号第 24 条)。

3. 承租人优先购买权的放弃

《法释》〔2009〕11 号第 23 条规定,出租人委托拍卖人拍卖租赁房屋的,应当在拍卖 5 日前通知承租人。承租人未参加拍卖的,人民法院应当认定承租人放弃优先购买权。

案例 2-41:承租人的优先购买权,不适用哪类人群?

2016 年 7 月,王某和张某租赁某房地产开发公司商品房进行经营活动,约定租赁期限为五年;2016 年 10 月,房地产开发公司在未明确告知王某和张某的情况下,将租赁的商品房卖给第三人刘某,并办理了房屋产权登记;2017 年 4 月,王某和张某以侵害其优先购买权起诉该房地产开发公司,并列刘某为第三人。该案经过一、二审的审理,法院判决:(1)某房地产开发公司与刘某签订的房屋买卖合同无效;(2)确认王某和张某在同等条件下享有优先购买权。

承租人优先购买权,不适用哪类人群?

A. 仅房屋共有人;

B. 仅出租人将房屋出卖给近亲属;

C. 仅出租人履行通知义务后,承租人在 15 日内未明确表示购买;

D. 包括 A、B、C 三种情形。

(三) 买卖不破租赁

《合同法》第 229 条规定,租赁物在租赁期间发生所有权变动的,不影响租赁合同的效力。这就是人们常说的买卖不破租赁。

买卖不破租赁的成立要件包括:(1)出租人将租赁物的所有权转让给第三人,至于转让的原因(如买卖、互易、赠与、合伙、公司的出资等)如何,均不过问。(2)转让发生在租赁物交付承租人占有后。因为租赁物在交付于承租人前,租赁权欠缺公示方法,第三人难以知晓租赁权是否存在,故不宜赋予租赁权对抗力。(3)租赁合同有效。

需要注意的是，租赁房屋具有下列情形之一的，不适用《合同法》第229条关于买卖不破租赁的规定：(1)房屋在出租前已设立抵押权，因抵押权人实现抵押权发生所有权变动的；(2)房屋在出租前已被人民法院依法查封的(《法释》〔2009〕11号第20条)。

但《合同法》第229条关于买卖不破租赁的规定，并非强制性规定，当事人可以约定排除(《法释》〔2009〕11号第20条)。

买卖不破租赁将产生以下法律效果：(1)承租人和第三人(受让人)之间当然发生租赁合同关系，无须再经过要约和承诺程序签订租赁合同。(2)若有押金担保，且兼有租金作用，即以押金的利息或押金抵充租金的，在出租人地位移转的情况下，原出租人应将已经收取的押金交付给受让人；原出租人若尚未收取押金的，受让人可请求承租人交付。

案例2-42：买卖与租赁冲突

2012年，杨某准备购买某小区的一间二手房。而后杨某通过中介商相中顾某的房屋，而顾某也因急需一笔资金而急于出售。于是双方达成协议，签订商品房买卖合同，杨某以150多万元价格买下了这间二手房。然而，等杨某全额支付了购房款并办理了房产证之后，却发现这套房子他根本住不进去，因为房屋里已经有承租人李某，而且跟原来的房东顾某签了从2004年开始的10年的租赁合同。

承租人李某认为，此房屋在租赁合同的期限内自己有权继续租赁，专业法律术语是：

A. 买卖不破租赁；　　B. 租赁优先买卖；

C. 买卖弱于租赁；　　D. 租赁不破买卖。

五、承揽合同

(一) 承揽合同的定义

承揽合同指承揽人按照定作人的要求完成工作，交付工作成果，定作人给付报酬的合同(《合同法》第251条规定)。其中，完成工作并将工作成果交付给对方的一方当事人，叫作承揽人；接受工作成果并向对方给付报酬的一方当事人，称为定作人；完成一定的工作并交付工作成果，为承揽合同的标的。

(二) 加工或定作合同

加工合同是最常见的承揽合同，多用于企业之间来料加工，指定作人向承揽人提供材料，承揽人以自己的技能、设备和劳力，为定作人进行加工，并将符合定作人要求的成品交付给定作人，定作人接受该成品并向承揽人支付报酬的合同。注意，材料必须由定作人提供，而不得由承揽人自备。

定作合同，俗称包工包料，指依合同约定，由承揽人自己准备材料，并以自己的技术、设备和劳力对该材料进行加工，按定作人的要求制成特定产品，将该产品交付给定作人，定作人接受该产品并向承揽人支付报酬的合同。

(三) 承揽合同的风险负担

承揽合同的风险负担应在承揽人和定作人之间，合理地进行利益权衡。

1. 材料的风险负担

材料的风险负担问题指在承揽合同中，定作人或承揽人所提供的材料一旦由于不可归责于双方当事人的事由毁损、灭失所造成的损失，由谁来承受。

承揽合同中，材料毁损、灭失的风险负担，一般遵循民法“标的物毁损、灭失风险负担”规则：由材料的所有人负担材料毁损、灭失的风险，当事人另有约定的除外。该规则，为很多国家和地区民事立法所确认。例如，德国民法典第644条第1款和第3款规定，承揽人对定作人所供给材料的意外灭失或意外毁损，不负其责任。

2．工作成果的风险负担

工作成果的风险负担问题指在承揽合同中，承揽人已经完成的工作成果一旦由于不可归责于双方当事人的事由毁损、灭失，工作成果本身所遭受的损失由谁来承受。

若定作人自始取得工作成果的所有权，当事人之间不需进行财产所有权的转移。遵循民法的一般原则：由工作成果的所有人，即定作人负担工作成果毁损、灭失的风险，当事人另有约定的除外。

若承揽人首先取得工作成果的所有权，在当事人之间须进行财产所有权的转移。应参照买卖合同有关规定，工作成果的风险在交付前由承揽人承担，在交付后由定作人承担，当事人另有约定或法律另有规定的除外。

3．报酬的风险负担

报酬的风险负担问题指在承揽合同中，承揽人已经完成的工作成果一旦由于不可归责于双方当事人的事由毁损、灭失，致使承揽人无法交付工作成果或无法转移工作成果的所有权于定作人，定作人应否向承揽人支付约定的报酬。

若定作人自始取得工作成果的所有权，承揽人已经完成的工作成果一旦由于不可归责于双方当事人的事由毁损、灭失，导致承揽人不能履行交付工作成果的义务，考虑到毁损、灭失的工作成果中，既包括定作人提供材料所形成的价值，也包括承揽人提供劳务所形成的价值，报酬的风险应依据这两部分价值之间的比例，在定作人和承揽人之间进行合理分担。承揽人只能依照定作人承担风险的比例主张报酬的支付。

若承揽人首先取得工作成果的所有权，承揽人已经完成的工作成果一旦由于不可归责于双方当事人的事由毁损、灭失，导致承揽人不能履行交付工作成果并转移工作成果的所有权于定作人的债务，报酬的风险负担应适用《合同法》第94条第1项规定：由承揽人负担报酬的风险，承揽人不得向定作人主张报酬的支付。

六、建设工程合同

（一）建设工程合同的定义

建设工程合同指承包人进行工程建设，发包人支付价款的合同（《合同法》第269条第1款规定），包括勘察合同、设计合同和施工合同。

（二）承包人虚夸已完工程量

在建设工程施工合同实务中，结算工程款时经常遇到承包人虚夸已完工程量、水分过大的问题。解决该问题，路径有三：一是援用《最高人民法院关于审理建设工程施工合同纠纷案件适用法律问题的解释》（以下简称《法释》〔2004〕14号）第19条关于“当事人对工程量有争议的，按照施工过程中形成的签证等书面文件确认。承包人能够证明发包人同意其施工，但未能提供签证文件证明工程量发生的，可以按照当事人提供的其他证据确认实际发生的工程量”规定。二是需要发包人聘请经验丰富的工程专家，查找出承包人所报工程量失实的事实。三是确立“承包人虚夸已完工程量一经查实，要承担较重的法律责任”规则。例如，一经查实承包人虚夸了已完工程量，对承包人某些真实的证据也不予采信，迫使承包人不敢虚夸已完工程量。

（三）承包人包料时，材料款的计算及确认

建设工程施工合同约定，承包人包料。对于承包人所购建筑材料的材料款如何确认？发包人经常主张，承包人所购建筑材料，未经其派驻工地代表的签字确认，不承担支付材料款的义务。承包人则坚持，只要监理工程师已经签字确认，发包人就应当支付材料款。而建设工程方面的专家认为，监理工程师在 FIDIC 条件即由国际咨询工程师联合会编制的《土木工程施工合同条件》模式中就是发包人一方的人，故其在材料款的单据上签字确认，就意味着发包人签字确认，对发包人发生法律效力，发包人有义务支付材料款。

我国虽然没有沿袭 FIDIC 条件模式中监理工程师与发包人一体的观点，但承认监理工程师系发包人的代理人。基于代理制度，发包人对监理工程师已经签字确认的材料款应负支付义务。当然，若当事人双方出于真意，明确约定只有发包人派驻工地代表和监理工程师共同在材料款单据上签字确认，才有义务支付材料款的，则依其约定。

（四）合同约定固定价格、包死价

有些建设工程施工合同约定，合同价格为固定价格，或包死价。承包人可否对超出约定价格部分主张工程款、材料款？

既然合同已经明确约定了固定价格、包死价，该约定又出于当事人的真意，应当尊重当事人的意思，不应支持承包人要求超出固定价、包死价部分的工程款、材料款的请求。但是，若同一份合同设有但书，或在其他条款中载有“酌情确定合同价格”字样，应适当考虑超出固定价、包死价的约定对于承包人过于苛刻，显失公平。若符合情事变更原则适用的条件，应当允许承包人援用情事变更原则，主张适当增加合同价格，乃至主张解除合同。

七、客运合同

（一）客运合同的定义

客运合同又称旅客运输合同，指承运人与旅客关于承运人将旅客及其行李安全地运输到目的地，旅客支付运费的协议。

（二）承运人保障旅客人身安全的义务

运输合同生效后，承运人负有将旅客安全地送达目的地的义务，即在运输中承运人应当保证旅客的人身安全。

《合同法》第 301 条规定，承运人在运输过程中，应当尽力救助患有急病、分娩、遇险的旅客。该条明确规定了承运人对在运输途中患有急病、分娩、遇险的旅客负有救助的附随义务。该规定加重了承运人责任，强化了对旅客的保护：如果承运人对患有急病、分娩、遇险的旅客不予救助，可以承运人不作为为由要求其承担相应的民事责任。

（三）承运人对运输过程中旅客伤亡的赔偿责任

基于承运人负有将旅客安全送达目的地的义务，承运人应当对运输过程中旅客的伤亡承担损害赔偿责任，但伤亡是旅客自身健康原因造成的或承运人证明伤亡是旅客故意、重大过失造成的除外（《合同法》第 302 条第 1 款）。

上述规则也适用于按照规定免票、持优待票或经承运人许可搭乘的无票乘客（《合同法》第 302 条第 2 款）。除上述旅客外，对于无票乘车又未经承运人许可的人员伤亡，因没有合法有效的合同关系存在，承运人不承担赔偿责任。

八、技术开发合同

（一）技术开发合同的定义

技术开发合同指当事人之间就新技术、新产品、新工艺和新材料及其系统的研究开发所订立的合同（《合同法》第330条第1款）。

（二）委托人接受开发成果

委托人应当按期接受研究开发人完成的研究开发成果。委托人不及时接受的，至少构成不真正义务的违反，研究开发人员有权根据《合同法》第101条第1款第1项规定，予以提存，保管费用由委托人负担。

委托人没有全部或部分支付经费、报酬，亦未及时接受研究开发成果时，研究开发人有权援用《物权法》第230条规定，将该研究开发成果留置，乃至依法将该项成果转让，从所得收益中扣除约定的报酬和保管费。

九、居间合同

（一）居间合同的定义

居间合同指双方当事人约定一方为他方提供、报告订约机会或为订立合同的媒介，他方给付报酬的合同。

在居间合同中，提供、报告订约机会或提供交易媒介的一方为居间人，给付报酬的一方为委托人（《合同法》第424条）。

（二）委托人"跳单"行为

委托人的跳单指委托人与居间人订立居间合同后，就居间人报告的标的物，绕开居间人，而径直与交易对方达成买卖合同，或另行委托他人提供居间服务的行为。委托人违背了诚信原则，应当承受不利后果。居间人有权援用《合同法》第45条第2款的规定，请求委托人支付报酬，视为委托人支付报酬义务的条件成就，不宜机械地适用《合同法》第427条"居间人未促成合同成立的，不得要求支付报酬，但可以要求委托人支付从事居间活动支出的必要费用"。若仅允许居间人请求委托人支付从事居间活动支出的必要费用，则忽视了居间人的实际损失，纵容了背信的委托人。

如果居间合同就"跳单"约定有违约金条款或损害赔偿的计算方法，应当允许居间人请求委托人承担违约金责任或损害赔偿责任。在居间合同实务中，不宜夸大禁止"跳单"条款的危害，因为它实质上并未不合理地限制委托人另觅其他居间人的自由，亦未限制委托人与交易相对人缔约的自由，而是违反诺言的委托人应就其允诺负责的反映，是对居间人已付工作应予报偿的法律保护措施。因此，不宜全面否定禁止"跳单"条款的效力，但可酌情减轻委托人依据禁止"跳单"条款应承担的法律责任。

案例2-43：客户是否"跳单"？

2008年下半年，原产权人李某到多家房屋中介公司挂牌销售涉案房屋。2008年10月22日，上海某房地产经纪有限公司带陶德华看了该房屋；11月23日，上海某房地产顾问有限公司（简称房地产顾问公司）带陶德华之妻曹某某看了该房屋；11月27日，中原公司带陶德华看了该房屋，并于同日与陶德华签订了《房地产求购确认书》。该《确认书》第2.4条约定，陶德华在验看过该房地产后六个月内，陶德华或其委托人、代理人、代表人、承办人等与陶德华有关联的人，利用中原公司提供的信息、机会等条件但未通过中原公司而与第三方达成买卖交易的，陶德华应按照与出卖方就该房地产买卖达成的实际成交价的1%，向中原公司支付违约金。当时中原公司对该房屋报价165万元，而某房地产顾问公司报价145万元，并积极与卖方协商价格。11月30日，在某房地产顾问公司居间下，陶德华与卖方签订了房屋买卖合同，成交价138万元。后买卖双方办理了过户手续，陶德华向某房地产顾问公司支付佣金1.38万元。

陶德华通过不同的中介公司了解到同一房源信息，最终购买到满意的房屋，适用：

A. 违约；　　B. 缔约过失；　　C. 欺诈；　　D. A、B、C答案均错误。

思考题：

(1) 比较要约与要约邀请。

(2) 比较承诺对要约内容的实质性变更与非实质性变更。

(3) 比较要约撤回与要约撤销。

(4) 比较缔约过失与违约。

(5) 比较定金与预付款(订金)。

(6) 比较过期承诺有效与过期承诺无效。

(7) 比较无权代理与表见代理。

(8) 比较不可抗力与情事变更。

(9) 简述违约金的补偿性与惩罚性。

参考文献

[1] 崔建远. 合同法[M]. 3版. 北京：北京大学出版社，2016.

[2] 宁红丽. 合同法[M]. 北京：对外经济贸易大学出版社，2013.

[3] 翟云岭，郭洁. 合同法论[M]. 北京：法律出版社，2012.

[4] 中华人民共和国合同法[M]. 北京：中国法制出版社，2018.

[5] 中华人民共和国担保法[M]. 北京：中国法制出版社，2018.

第二篇

企 业 法

第三章　公司法

2013年12月28日，第十二届全国人民代表大会常务委员会第六次会议表决通过了《中华人民共和国公司法》（简称《公司法》）的修正方案，新增取消对公司注册资本最低限额限制等四大亮点。《最高人民法院关于适用＜中华人民共和国公司法＞若干问题的规定（四）》（法释〔2017〕16号）（简称《公司法》司法解释四）于2016年12月5日经最高人民法院审判委员会通过，新增承认公司决议不成立诉讼等五大亮点。2018年10月26日，第十三届全国人民代表大会常务委员会第六次会议表决通过了全国人民代表大会常务委员会关于修改《中华人民共和国公司法》的决定，明确了公司可收购本公司股份的六种情形，例如减少公司注册资本等。

关键词：有限责任公司；一人有限公司；股份有限公司；股东出资形式；股东出资产权转移；股东（大）会；董事会；监事会；竞业禁止；隐名股东；掺水股；库存股

第一节　概　述

一、公　司

公司是现代社会经济生活中最基本的企业组织形式。美国习惯于使用Corporation，而英国以及受英国法影响的国家和地区则习惯于使用Company，日本则表述为“会社”。依据《公司法》的规定，我国公司法的调整对象为依国家法律规定的条件和程序登记设立的企业法人，即依照《公司法》在中国境内设立的有限责任公司和股份有限公司。

该定义基本含义有二：(1)公司是具有法人（Legal Person/Legal Entity）资格的经济组织，依法独立享有民事权利、承担民事义务；(2)公司是依照法律经过登记注册而设立的经济组织。公司法人是虚拟的（Artificial）、非自然意义上的人，但它与自然人（Natural Person）一样，具有独立的人格。经典法人理论将法人区分为社团法人和财团法人。前者以社员的结合作为其成立基础，例如公司、合作社；后者以财产的捐助作为其成立的基础，例如慈善机构、基金会等。

（一）公司种类

1. 大陆法系公司的法定分类

在大陆法系公司法体系内，依股东责任的不同，将公司分为四类：

(1) 无限公司。所有股东不论出资数额的大小，均对公司债务承担无限连带责任，即各股东以其全部财产共同向公司债权人承担清偿全部债务的责任。其特征在于，各股东的责任是无限的，且应承担连带责任。

(2) 有限公司。所有股东以其认缴的出资额为限对公司债务承担责任。实际上，各股东只需对公司承担出资义务，而不需以自己出资额以外的财产对公司债务承担直接责任。

(3) 股份有限公司。股份有限公司将公司全部资本划分为金额相等的股份，所有股东均以其所持股份为限对公司债务承担责任。其特征在于，每个股东仅就其认购的股份数量对公司负担出资义务，承担有限责任。

(4) 两合公司。两合公司是无限公司与有限公司的结合，即由无限责任股东和有限责任股东共同组成的公司形式。其中，无限责任股东对公司债务承担无限责任，有限责任股东仅以其出资额为限对公司债务承担责任。

我国《公司法》将公司分为两类：(1)有限责任公司；(2)股份有限公司。这意味着，在我国，投资者不能选择成立诸如无限公司或两合公司的形式，因为无限公司已经被普通合伙替代，两合公司则由有限合伙替代。

2. 以公司股份掌握对象及其股票转让方式的分类

美国公司法以公司股份掌握对象及股票转让方式将公司分为两类：(1)封闭公司(Closed Corporation)；(2)公众公司(Public Corporation)。

封闭公司，指股票不能在证券交易所公开挂牌，不能在股票市场上自由流通的公司形式。通常而言，封闭公司的资产较少，规模不大，大致相当于有限责任公司以及非公开发行股份(发起设立)的股份有限公司。

公众公司，指股票可以在证券交易所挂牌，可以在股票市场上公开进行交易；其资金雄厚，规模较大；相当于公开发行股份(募集设立)以及股份上市交易的股份有限公司。实际上，大部分公司是介于二者之间的中间型公司(Medium Corporation)。

值得注意的是，封闭公司和公众公司的区分，具有一定的相对性。例如，大陆法系体系下部分有限责任公司以及非公开发行股份的股份有限公司，虽然不能公开发行股份，但其具有较大的公司资产规模，所以很难将其认定为封闭公司。

3. 基于公司的信用组成基础的法理分类

基于公司的信用组成基础的分类，指区分公司在对外经济活动中是以资本的结合抑或是以股东信用的结合作为基础。据此，将公司分为三类：(1)人合公司；(2)资合公司；(3)人合兼资合公司。

人合公司以股东个人的信用、地位、声望等条件作为对外活动的信用基础。例如，无限责任公司属于典型的人合公司。多数情况下，人合公司的所有权与经营权往往合二为一。

资合公司以资本的结合作为公司的信用基础。例如，股份有限公司即是典型的资合公司。资合公司的企业所有权与企业经营权往往相互分离。

人合兼资合公司，指经营活动兼具人的信用和资本的信用两方面属性。例如，两合公司既有资合性质，也有人合成分。

值得注意的是，人合与资合的区分仅具有理论意义，也具有一定的相对性。实务中，对于公司性质的区分应当视公司具体情况的不同而异。例如，股份有限公司通常应当是资合公司，但若股东人数较少，股东兼任董事或高级管理人员，其人合性也很强。而若有限责任公司的股东人数众多，所有权与经营管理权分离得比较彻底，则呈现出较强的资合性质。

4. 基于公司组织系统的法理分类

公司的组织系统，指某公司与其他公司在组织上所具有的从属关系。据此，将公司分为两类：(1)本公司；(2)分公司。

本公司，也称总公司，在组织上统辖和管理若干个分公司。分公司，也称被统辖和被管理公司，《公司法》第14条规定分公司不享有独立的法人人格。因此分公司并不是公司，只是作为总公司的组成部分或业务机构而存在，由总公司承担相应的民事责任。

5. 依公司间控制与依附关系的分类

依据公司间的控制与依附关系，可将公司分为两类：(1)母公司；(2)子公司。

母公司，是控制性公司，指直接控制其他公司的经营活动。子公司，指受其他公司控制的公司。二者都具备独立的法人资格，能够独立承担民事责任(《公司法》第14条第2款)。

案例3-1：子公司无义务替母公司还债

案例发生在辽宁省某县城，父亲年轻时创办了一家企业，有两个儿子。大儿子能力突出，成立了一家子公司，发展迅速，业绩良好。后来，大儿子与父亲有时会因意见不合发生争吵，而后父亲继续经营母公司，子公司全权交给大儿子经营。几年后，父亲经营的母公司发展情况不好，亏空严重。为了不让自己辛苦经营的公司倒闭，父亲借了大笔债务，但企业的情况依旧没有转好。不幸的是，父亲不久后在一次车祸中意外去世，留下了大笔债务。两个儿子将父亲治理的公司变现，用父亲剩余的财产及变现所得偿还了部分债款，但还有一部分未偿还。债权人要求子公司偿还母公司的债务。

案例评析：

《公司法》第14条第1款规定，公司可以设立分公司。设立分公司，应当向公司登记机关申请登记，领取营业执照。分公司不具有法人资格，其民事责任由公司承担。该条第2款规定，公司可以设立子公司，子公司具有法人资格，依法独立承担民事责任。因此，分公司、子公司的定性非常重要：若是分公司，母、分公司二位一体；若是子公司，母、子公司法律关系独立。

该案大儿子经营的是子公司，母公司(父亲经营)、子公司(大儿子经营)法律关系独立，各自独立承担民事责任，故子公司无义务替母公司还债。

6. 基于公司国籍的法理分类

根据公司的国籍，可将公司分为三类：(1)本国公司；(2)外国公司；(3)多国公司。

凡在我国批准登记设立的公司，均为我国公司。凡不在我国批准登记设立的公司，均为外国公司。多国公司，也称跨国公司或国际公司，由母公司和设立在国外的一些子公司组成，母公司是在本国登记的法人，子公司则是依照所在国家法律登记的法人。

7. 依据公司规模的分类

按照公司规模的不同，可以将公司分为3种类型：(1)小型封闭公司；(2)中型普通公司；(3)大型公众公司。其中，中型普通公司，既不具有公众公司的特征，也不具有封闭公司的特征，或者说其兼具这两类公司的特征(In-Between)。

在关于控制和管理权力的分配和安排方面，传统的理想化的法律规范可能较适宜中间型公司(Intermediate Corporation)。但是，无论是对拥有数以万计股东的大型公众公司，还是对仅有数名股东的小型封闭公司，其适用效果均不理想。如大型公众公司的控制权实际上掌握在全职的专业经理层手中，而非由股东会或董事会掌握。而对小型封闭公司来说，其管理类似合伙，由股东直接兼任董事或经理，所有权与经营权实际上没有分开。

传统的法人治理规范主要为“标准公司”(中间公司)设计，但基于小型封闭公司和大型公众公司的特殊性，应对传统的法律规划进行修正，即放弃不加区分地对所有公司适用相同的治理规则。因此，在对公司适用一般性治理规则时，有必要对小型封闭公司和大型公众公司分别制定特殊的治理规则。

现行《公司法》在部分法律规范中表现出对两种公司形式的区别对待，其中直接表现为对有限责任公司较大的宽容性。在表决制度方面,《公司法》允许有限公司依据公司章程自行决定其普通决议的议事方式和表决程序,而对于股份公司则由法律直接规定出席与表决要求,体现出有限公司需要更大的自治空间和股份公司需要从严控制的治理需求。但就特别决议而言,无论是有限公司还是股份公司,法律均直接规定了出席与表决要求。因为特别决议所涉事项关乎公司、股东或其他利益相关者的根本利益,所以需要由法律从程序上提供最低限度的保障。

(二) 公司的发展历史

最早出现的公司形式来源于意大利的家族经营的无限公司。事实上,无限公司与合伙并没有本质的区别,但在以下两个方面有一定区别:(1)无限公司的出资人是股东,而合伙的出资人则是合伙人;(2)无限公司关于股东权利义务及其组织形式的规定比合伙更加明确和稳定。

无限公司在各国历史上有不同的称呼。1673 年法国路易十四颁布的《商事条例》将无限公司称为普通公司;1807 年《法国商法典》将无限公司称为“合名公司”;1957 年《日本商法典》将无限公司称为“合名会社”,其中的“合名”指该公司的名称应当包含所有股东的姓名,以便他人从公司的名称中判断该公司由哪些股东组成。

无限公司最大的缺陷在于,所有股东均参与公司的经营活动且对公司债务负无限责任的设置,不利于公司资金的筹集。以投资为主要业务的资本家、银行家,拥有大量的可以投资的资本,但他们只希望通过投资获取利润,而不愿意直接参与公司的经营管理活动,或承担超过其出资额的无限连带责任。在这种情况下,急需资金从事贸易的人以自己承担无限责任来换取出资人的有限责任为代价,以吸收投资。于是,具有部分股东承担有限责任、部分股东承担无限责任的“康孟达组织”由此产生,即两合公司的前身。两合公司,在日本称为“合资会社”,在英美称为“有限合伙”。

在公司产生和发展的进程中,具有划时代意义的公司组织形式是股份有限公司,其出现是欧洲国家进行商业活动,特别是进出口贸易不断发展的结果。16 世纪,英国出现了专门针对某个国家进行贸易的商业冒险公司。1555 年,英国女王特许成立的专门与俄国进行贸易的俄国公司,是历史上第一个股份有限公司。而 1 600 年成立的英国东印度公司与 1602 年成立的荷兰东印度公司为最具代表性的早期股份有限公司。18 世纪,股份有限公司已经发展到法国和德国,19 世纪遍布于世界各地以及各个行业,从对外贸易发展到银行、保险、制造等行业,成为当时西方国家占统治地位的公司形式。

在历史发展过程中最晚出现的公司形式是有限责任公司,它产生于 19 世纪末的德国和英国。它吸收了无限公司和股份有限公司的优点,特别适合中小企业。这种公司一经产生,便在欧美国家普遍推行起来,进而扩展到世界各国,已成为当代世界各国最主要的公司形式。

二、《公司法》

《公司法》指规定各种公司设立、组织和解散、清算以及其对内对外关系的法律规范的总称,不仅包括实体法,也包括程序法。

(一)《公司法》的性质

1. 组织法

《公司法》作为组织法的特征主要体现在以下六个方面:(1)规范公司的设立、变更和终止;(2)规范公司的章程;(3)规范公司内部组织机构的设立及其权利义务;(4)规范公司股票、债券的发行，规范公司财务、会计制度以及公司破产、解散、清算的原因和程序；(5)不仅规范股东与公司之间的关系，还规范股东和股东之间的关系，特别是股东在公司经营管理和利益分配等方面的权利；(6)规定了公司作为组织的人格权，例如公司的名称权、住所权等。

2. 行为法

公司直接参加社会的商品流通，其与外界发生的经营、交易行为有些需要由公司法来调整，即行为法。值得注意的是，公司法的调整对象仅限于与公司活动中与该组织特点有关的一些行为，例如股票的发行与交易、债券的发行和转让等，而非公司的全部经营行为。

3. 强制性规范

法律规范，既有强制性的，也有任意性的。强制性规范，指人们必须遵守的法律规范；而任意性规范，是人们可以遵守，也可以不遵守的法律规范。在公司法中，强制性规范的数量大大超过了任意性规范，明显地体现了国家的干预和国家的意志。该特点在资本主义国家的公司法中也很突出，是"私法公法化"的集中反映。

公司法规范具有强制性与严格性，是为了保障社会交易的安全，维护经济秩序的稳定。其严格性，主要表现在三个方面：(1)公司法对公司的设立、经营、解散等都作了严格规定，当事人不能通过协议改变公司法律规范；(2)违反该法应负的法律责任，包括民事责任、行政责任、刑事责任；(3)国家以其强制力保护公司的合法权益不受侵犯。

《公司法》第 5 条第 1 款规定，公司从事经营活动，必须遵守法律、行政法规，遵守社会公德、商业道德，诚实守信，接受政府和社会公众的监督，承担社会责任。

案例 3-2：公司在经营过程中如何承担社会责任？

2010 年 3 月，甲公司与山西丙煤炭实业集团有限公司签订《煤层气(瓦斯)项目战略合作框架协议书》，大致内容为：双方将在企业现有煤炭资源探矿权、采矿权以及煤层气矿业权区块范围内，在双方合作区域内进行勘探、开发和利用煤层气资源。在双方合作区域的煤矿内，进行煤炭与煤层气资源协调开发的技术性探索实验。双方还确定了专人建立交流与会商制度，并积极为对方提供一切方便，尽快落实具体合作项目，加快该地区煤层气勘探开发步伐。丙公司在 AA 区块内钻井 26 口，新建井场 39 个，同时又假借煤矿井下瓦斯地面预抽放项目之名打出招标文件，招标钻煤层气井 133 口。甲公司认为，丙公司涉嫌违法侵权，侵害了甲公司的合法权益。丙公司主张，AA 区块是煤炭矿权与煤层气矿权的重叠区，因而丙公司可以组织开发。

《煤层气(瓦斯)项目战略合作框架协议书》约定模糊，丙公司过分强调自身权利，忽略了合作方的利益，违反了《民法总则》第 9 条"民事主体从事民事活动，应当有利于节约资源、保护生态环境"，也违反了下列哪项民法本位之规定？

A. 义务本位；　　B. 权力本位；

C. 社会本位；　　D. A、B、C 答案均错误。

(二)《公司法》的作用

1. 确定公司的法定条件和地位

《公司法》规定了设立各种公司应具备的特定条件；规定各种公司的规格模式，从而限制、取消一些不符合条件的公司。对合乎条件、依法设立的公司，对其自主经营给予充分的发展余地。

2. 规范公司的行为原则

《公司法》把公司活动纳入法制的轨道，规定了公司的财产制度和经营活动规则，要求公司必须健全财务、会计制度，并向社会公开其有关的财产状况，使国家和公众能够及时、准确地了解公司承担债务和责任的能力，以保证交易活动安全。国家通过对公司业务活动情况和财务状况的监督，及时查处各种违法行为，可以保障社会经济秩序的稳定。

3. 确定股东的权利和义务

公司资本是公司成立和运转的"命脉"，而股东是公司资本的出资者或股份持有人，虽然他们无法直接参与公司的经营管理活动，但他们应该成为公司一切权利的源泉。只有从法律上明确股东在经营管理、重大决策及资产受益等方面的权利，并明确其按股份承担责任的义务，才能保证出资人在正常情况下获得应有的利益，从而保护投资者的积极性，保证公司正常有效地运转。

第二节　有限责任公司

一、有限责任公司概述

(一) 定　义

有限责任公司也称有限公司，指由 50 个以下股东出资组织，股东以出资额为限对公司负责，公司以全部资产对公司债务负责的公司。该概念，可以从以下四个方面去把握：

1. 股东人数限制

《公司法》第 24 条规定，有限责任公司由 50 个以下股东出资设立。法律没有设定最低人数限制，意味着《公司法》承认了一人有限责任公司的形式。

股东人数以 50 人为上限，说明有限责任公司主要适合中小企业、具有人合性特点，股东之间的信任与合作显得异常重要；若股东人数过多，则股东之间很难熟悉，也就难以建立信任关系，这种情况既不利于股东之间的合作，也难以实现公司的发展壮大。

2. 股东资格

股东，既可以是自然人，也可以是法人，还可以是国家。其中，自然人可以是完全行为能力人，也可以是征得其法定代表人同意的无民事行为能力人或限制民事行为能力人。也就是说，对于未成年人，若其法定代理人同意，同样可以成为有限责任公司的股东。法人、政府、外国投资者，也可以成为有限责任公司的股东。

其中，国家作为一个特殊的主体具有双重身份：一方面，作为主权者是政权的承担者；另一方面，又是国有资产的所有者。国家基于其政权行使行政管理职能是行政法律关系的主体，而作为国有资产的所有者又可以成为民事法律关系的主体。因此，国家可以从事投资行为，成为国有公司的股东。

应当注意的是，公司不能成为自己的股东。若允许公司成为自己的股东，则会破坏资本充实原则，导致资本虚假。同时，也可能导致公司管理层借助公司持股操纵公司。但是，该原则也有例外，《公司法》允许公司在几种限制情形回购股份时，临时持有自己的股份。例如，《公司法》规定，公司依法回购自己股份的，应在法定期限内转让或者注销该股份，但公司持有的本公司股份没有表决权。国外也有类似的法律规定，即公司在回购自己的股份时，可以持续持有该股份，但该种股份没有表决权。

案例3-3：夫妻能否以个人身份组建有限公司？

高某（甲）与王某（乙）系夫妻，共同发起设立有限责任公司丙。丙公司于2015年向丁银行借款，期限一年。后丙公司于2016年因未参加年检被工商局吊销营业执照，此后公司债权人丁起诉到法院，要求甲、乙两股东承担债务清偿责任。经审理查明，丙公司注册资本100万元，甲出资60万元，其中货币资金20.9万元，实物出资39.1万元，乙出资40万元，全部为实物出资。两股东之实物出资均未评估作价，其中厂房、汽车、设备等亦未办理产权转移手续。

关于夫妻以个人身份组建有限公司，适用：

A. 夫妻不得以个人身份组建有限公司；

B. 夫妻可自由地以个人身份组建有限公司；

C. 妻不可，但夫可以个人身份组建有限公司；

D. 若夫妻个人财产容易分割，可以个人身份组建有限公司。

3. 股东对公司承担的责任

有限责任公司是以股东出资为基础建立的，股东对公司承担的责任以其出资额为限，不对公司的债权人承担直接责任，这是有限责任公司最主要的特征。

所谓股东对公司承担有限责任，指公司债务只与股东出资额发生法律关系，而与股东其他财产无关，但公司法人应当以其全部资产对公司债务承担责任。

4. 全体股东认缴的出资额

《公司法》第23条规定，设立有限责任公司，应当有符合公司章程规定的全体股东认缴的出资额。

自2014年3月1日起，《公司法》取消对有限责任公司最低注册资本3万元、一人有限责任公司最低注册资本10万元的限制。这意味着，公司设立活动向所有的市场主体放开，注册资本不因公司形式不同而有不同的要求，公司股东（发起人）可以不受注册资本多少的影响而自主决定设立有限责任公司或股份有限公司，"1元"公司的设立成为可能。该法律的修订旨在降低公司设立门槛，放松对公司设立的过度管制，增加就业机会，同时也可增加国家的税收收入。

废除最低资本限额要求，不是说不要注册资本，而是说投入多少资本由投资者和企业自己决定，是投资者自由、企业自主、市场自律问题，即政府不能滥用其公共权力干涉本应属于企业自主经营管理的事务，破坏市场经济规律。

值得注意的是，《公司法》放弃对注册资本最低限额的管制，仅针对从事普通业务的商事公司，而并不包括从事特殊业务的公司。例如，法律并未放弃对从事存贷款业务的商业银行、从事证券业务的证券公司、从事保险业务的保险公司、从事信托业务的信托公司、从事基金管理与投资的基金公司，以及从事其他需要获得特别许可业务的机构的资本管制。如果相关法律、行政法规或国务院相关决定对这类公司或机构注册资本的最低限额有特别规定，仍然应当遵守其规定。由于这类公司或机构可能涉及社会公共利益、自然资源统筹调配或国家公共安全，因而需要对其施加必要的管制。

（二）特　征

有限责任公司有别于其他类型的公司，其特点如下：

1. 公司设立简单

有限责任公司，只有发起设立，而无募集设立，即公司仅能采用全部股份由发起人自行认购而设立公司的方式。

2. 具有封闭性

有限责任公司，介于无限责任公司与股份有限公司之间，兼有资合性和人合性。其人合性表现有二：(1)股东人数有上限规定；(2)股东对外转让出资受到严格限制。其经营与社会公众没有关系，具有封闭性。

3. 组织结构简单

在正常情况下，有限责任公司的组织机构应该包括股东会、董事会、监事会。但是，若股东人数较少，可不设董事会，而只设一名执行董事；也可以不设监事会。与股份有限公司股东大会、董事会、监事会等复杂的组织结构相比，有限责任公司组织结构的设置显得灵活、简单。

4. 股东出资形式灵活

《公司法》第27条第1款规定，股东可以用货币出资，也可以用实物、知识产权、土地使用权等可以用货币估价并可以依法转让的非货币财产作价出资；但是，法律、行政法规规定不得作为出资的财产除外。

这里的“法律、行政法规规定不得作为出资的财产”，包括劳务和信誉等形式。与合伙企业可以用劳务和信誉出资相比，有限责任公司股东的出资形式稍欠灵活；但与股份有限公司一般限于现金出资相比，有限责任公司股东的出资形式则灵活得多。

案例3-4：有限责任公司股东，不得以劳务出资

李某、宋某、任某是好朋友，2015年三人决定出资组建一有限责任公司，专门从事汽车的销售与服务。李某拟以土地使用权、实物、资金等出资400万元，宋某、任某各自提供资金300万元。宋某提出作为公司的日常管理人员以劳务作价，提高个人资本投入占比(自己在公司的股份)，但遭李某、任某反对。

为什么宋某劳务作价出资的提议，未被其他股东采纳？

案例评析：

有限责任公司属于两合公司，兼具人和资本两方面属性。但公司以资合为主，兼具人合的特点。资合性表现为，公司以资本结合作为其信用基础，并以其全部资产对公司债务承担责任。进一步，有限责任公司资本来自何处？如何让相对人相信本公司具有足够的资本实力？

公司资本来自股东出资，股东仅以出资额为限对公司承担责任。若允许股东以劳务和信誉出资，一旦公司发生亏损，势必导致以劳务和信誉出资的股东不能对公司承担责任，从而削弱了对公司债权人的保护。正是基于对公司债权人的保护，增强有限责任公司对外信誉的资本基础，所以《公司法》规定有限责任公司的股东不得以劳务和信誉出资。

5. 股东对公司债务不负直接责任

有限责任公司股东只以出资额为限对公司负责。

6. 公司不能公开募集股份

在有限责任公司，股东的出资证明书称为股单。股单与股票的区别在于，股单一般不能自由买卖，而股票可以在证券市场上自由买卖和流通。

7. 股东出资转让受到严格限制

基于有限责任公司人合性的特点，根据《公司法》第71条的规定，在公司内部，股东自由地转让出资；向股东以外的人转让出资，须经其他股东过半数同意。

(三) 有限责任公司的优、缺点

前文述及，有限责任公司出现得最晚，故它克服了股份有限公司和无限责任公司的某些缺陷，并扬其所长。因此，它具有自己的特殊优势，也存在着某些不足。

有限责任公司的优点在于其兼具资合性和人合性特点：资合性，公司重视资金的确定性和充实性；人合性，公司注意股东之间相互信任。与股份有限公司相比，有限责任公司便于管理、容易协调、工作效率高，特别适合中小企业。

有限责任公司的缺点在于，容易损害债权人利益。因为股东仅以出资额为限对公司承担责任，若有限责任公司因资不抵债而被法院宣告破产，则债权人无法使自己的利益得到充分保障或补偿。

二、有限责任公司的设立

(一) 设立条件

在我国，有限责任公司采取发起设立的模式，应当具备下列条件：

1. 股东必须符合法定人数

在我国，有限责任公司由 50 个以下股东出资设立，股东主体既可以都是自然人，也可以都是法人；还可以既有自然人，也有法人。但若股东超过 50 人，则不得设立有限责任公司。

2. 股东出资

有限责任公司股东必须履行出资义务，出资形式可以是货币，也可以是实物、知识产权、土地使用权等。

这里的“非货币出资”，包括动产、不动产、有形资产、无形资产等。一切“可以用货币估价并可以依法转让”的财产均可以成为出资财产。

3. 全体出资人制定公司章程

为了使公司有章可循，以保证公司的生产经营活动正常进行，全体出资人共同制定公司章程，是有限责任公司设立的必备条件之一。国际通行的做法是，公司的重大问题由公司的全体出资人决定。有限责任公司成立以前，出资人不能称为股东；但公司成立后，出资人就成为公司的股东。因此，对有限责任公司而言，全体出资人制定公司章程与全体股东制定公司章程基本上是一回事。

4. 有公司名称和组织机构

《公司法》第 23 条规定，设立有限责任公司，应当有公司名称，建立符合有限责任公司要求的组织机构。有限责任公司的组织机构，主要包括股东会、董事会、监事会。若公司股东人数较少，可以不设董事会，而只设一名执行董事；也可以不设监事会，只设 1～2 名监事。

(二) 设立程序

有限责任公司设立程序比较简单，主要有订立章程、确定组织机构、缴纳出资、设立登记等。

1. 订立章程

《公司法》第 23 条规定，设立有限责任公司，股东共同制定公司章程。这意味着，有限责任公司的章程经全体股东同意后，签名盖章，置于本公司，股东每人各执一份。

2. 确立公司组织机构

确立公司的组织机构,即确立公司的股东会、董事会或执行董事、监事会或监事。

《公司法》第36条规定,有限责任公司股东会由全体股东组成,股东会是公司的权力机构,依照本法规定行使职权。这意味着,有限责任公司应设立股东会。但对一人有限责任公司和国有独资公司而言,由于一人股东为其投资主体,故没有必要设立股东会。

有限责任公司如何确立董事或董事会?一般依公司章程处理。《公司法》对有限责任公司是否设立董事会作了不同的规定。针对国有独资公司,法律明确规定公司必须设立董事会。对股东人数较少的有限责任公司,是否设立董事会由公司自己决定,公司可以设立董事会,也可以只设一名执行董事。董事由股东会选举产生,董事可以是股东,也可以是股东以外的人员。

监事会,是公司的监督机构。一般情况下,有限责任公司应设立监事会。监事会由股东代表和职工代表组成。若有限责任公司人数较少、规模较小,可只设1～2名监事。

3. 缴纳出资

股东依公司章程缴纳出资既是有限责任公司股东的义务,也是有限责任公司设立的前提和必经程序。

《公司法》第27条第2款规定,对作为出资的非货币财产应当评估作价,核实财产,不得高估或者低估作价。法律、行政法规对评估作价有规定的,从其规定。

《公司法》第28条第1款规定,股东应当按期足额缴纳公司章程中规定的各自所认缴的出资额。股东以货币出资的,应当将货币出资足额存入有限责任公司在银行开设的账户;以非货币财产出资的,应当依法办理其财产权的转移手续。该条第2款规定,股东不按照前款规定缴纳出资的,除应当向公司足额缴纳外,还应当向已按期足额缴纳出资的股东承担违约责任。

该规定包含几层意思:(1)《公司法》将出资义务的履行由实缴制改为认缴制,无论是一次性缴纳还是分期缴纳,均应在公司章程规定期限内按期足额缴纳;(2)无论是货币出资还是非货币财产出资,均需归属于公司名下,使公司取得对出资财产的权利;(3)若股东未按照规定缴纳出资,构成义务不履行或不完全履行的,应负继续履行义务,不受诉讼时效的时间限制;(4)如果因为股东不履行出资义务而给其他已经履行出资义务的股东造成损失的,应当承担违约损害赔偿责任。

案例3-5:第三人代垫出资并协助抽逃出资,应承担赔偿责任

甲建筑公司原注册资本1 000万元,公司实际控制人祁某为扩大公司影响力,拟将公司注册资本增加2 000万元,但缺乏投资能力,亦不打算真正投入相应资金,故通过中间人联系了专门为验资提供资金的陈某,双方约定祁某向陈某借款2 000万元用于验资,验资完成后即还本付息。2011年3月7日,陈某向甲建筑公司的验资账户汇款2 000万元。2011年3月15日,工商登记管理部门将甲建筑公司的注册资本变更为3 000万元。次日,甲建筑公司以借款名义转出2 000万元及相应利息,并最终汇至祁某控制的账户。2011年11月,甲建筑公司与银行签订合同,借款600万元。同日,乙担保公司为该笔借款提供连带责任保证。借款到期后,甲建筑公司无还款能力,乙担保公司向银行代偿了该笔借款。

乙担保公司向法院提起诉讼,要求甲建筑公司归还代偿款项,同时还以祁某抽逃出资、陈某协助抽逃出资为由,要求该两人承担相应的连带责任。甲建筑公司、祁某对乙担保公司的主张没有异议。陈某辩称,《最高人民法院关于适用〈中华人民共和国公司法〉若干问题的规定

(三)》(法释〔2011〕3号)(简称《公司法》司法解释三)原第15条已经被删除,要求其承担所谓的连带责任没有法律依据。

法院认为,祁某通过借款将2 000万元增资款投入甲建筑公司,甲建筑公司增资完成后,祁某又将款项转出,属于侵犯公司财产的行为。第三人陈某对此明知,仍与祁某约定,由其代垫资金协助祁某骗取变更注册资本后抽回出资,亦属于侵权行为。判决:甲建筑公司归还代偿款本金及利息,祁某、陈某在抽逃出资范围内承担连带责任。

案例评析:

2013年底修正的《公司法》对公司资本制度进行了根本性的改革,《公司法》司法解释亦进行了相应的调整。《最高人民法院关于适用〈中华人民共和国公司法〉若干问题的规定(三)》(法释〔2011〕3号)原第15条"第三人代垫资金协助发起人设立公司,双方明确约定在公司验资后或者在公司成立后将该发起人的出资抽回以偿还该第三人,发起人依照前述约定抽回出资偿还第三人后又不能补足出资,相关权利人请求第三人连带承担发起人因抽回出资而产生的相应责任的,人民法院应予支持"被删除,不少以代垫资金为业的公司或自然人误认为在新资本制度下已无须承担民事责任。

该条文被删除的直接原因在于新资本制度下无须验资,制定该条文的上位法依据即《中华人民共和国侵权责任法》第8条,仍可规制相关行为。股东抽回出资属于侵犯公司财产权的行为,第三人协助股东完成上述行为,构成共同侵权,依据《中华人民共和国侵权责任法》第8条"二人以上共同实施侵权行为,造成他人损害的,应当承担连带责任"规定,第三人仍然应当连带承担因抽回出资而产生的相应责任。

案例3-6:原股东转让瑕疵出资股权,不能免除补足出资义务

甲公司注册资本1 000万元,两位自然人股东赵某、钱某各持50%股权。公司设立时,用于验资的资金来源于专门代垫资金的公司。在验资完成之后,甲公司遂通过借款等名义将1 000万元归还给垫资的第三人。之后,赵某因与钱某产生分歧,决定将股权转让给孙某,双方在股权转让协议中约定,赵某完全退出公司经营管理,不再享有股东权利,对公司债权债务不再承担责任,孙某受让股权后缴足出资。协议签订后,双方办理了工商变更登记,甲公司在股东会决议中亦载明要求孙某在限定期限内补足出资。之后,孙某未补足出资。

甲公司向法院提起诉讼,要求原股东赵某向甲公司履行补足出资义务。赵某辩称:向公司负有出资义务的应当是公司股东,其已不再是甲公司股东,对甲公司已不负有出资义务;股权转让时对于出资未到位这一事实,受让股东孙某知晓并承诺履行补足义务,即使原股东负有补足义务,也已经转让至新股东名下;甲公司对前述情况清楚并接受,故已无权再要求原股东赵某承担补足出资的义务。

法院认为,有限责任公司股东对公司的出资义务为法定义务。未尽出资义务即转让股权,转让股东的出资义务并不因此而免除,公司仍有权请求转让股东承担相应责任。受让股东孙某承诺补足出资,公司曾要求受让股东补足出资,均不能构成对原股东赵某法定义务的免除。遂判决:赵某向甲公司履行补足出资的义务。

案例评析:

实践中有限责任公司出资不到位的情形并不少见,而瑕疵出资股权的转让涉及补足出资责任主体的法律问题。

该案旨在澄清：股东的出资义务是法定义务，股权转让时如存在出资不实情形，原股东的补足出资义务不因股东身份丧失而免除，且因该义务的履行涉及到公司债权人利益的保护，包括受让股东、公司在内的任何人，均无权免除该项法定义务。根据《最高人民法院关于适用<中华人民共和国公司法>若干问题的规定（三）》（法释〔2011〕3号）第18条规定，受让股东知晓并承诺由其补足出资的，相关的法律后果是出让股东与受让股东对于补足出资义务应向公司承担连带责任，公司可以选择向两者中任何一个主张权利，亦可要求两者承担连带责任。

另外，如果受让股东明知股权存在瑕疵仍受让的，无权在接受股权后再要求出让股东补足出资，有权要求的主体为公司或公司债权人等其他主体。

4. 设立登记

设立有限责任公司的各种法定条件均已具备后，应依法向主管机关申请登记，并提交登记申请书。经主管机关审查，若符合法定条件，予以登记，宣告公司成立。在我国，主管公司登记的机关是各级工商行政管理局。

（三）公司章程

公司章程，是公司组织和行为的基本准则，一经订立，对股东、公司内部的组织机构、公司职工、第三人均有约束力。公司章程，必须采用书面形式，经全体股东订立或由全体股东推选的股东代表订立。

1. 公司章程订立程序

《公司法》第60条规定，一人有限责任公司章程由股东制定。《公司法》第65条规定，国有独资公司章程由国有资产监督管理机构制定，或者由董事会制定报国有资产监督管理机构批准。

2. 公司章程内容

《公司法》将公司章程记载事项分为应当记载事项和任意记载事项两类。

《公司法》第25条规定，有限责任公司章程应当载明下列事项：(1)公司名称和住所；(2)公司经营范围；(3)公司注册资本；(4)股东的姓名或名称；(5)股东的出资方式、出资额和出资时间；(6)公司的机构及其产生办法、职权、议事规则；(7)公司法定代表人；(8)股东会会议认为需要规定的其他事项。其中，该条第(8)项的规定股东会会议认为需要规定的其他事项属于任意记载事项，即由股东自己决定是否需要记载的事项。其余法律明确规定事项均为应当记载事项。

关于公司名称和住所，《公司法》第8条规定，依照本法设立的有限责任公司，必须在公司名称中标明有限责任公司或者有限公司字样。该规定，意在明确公司的种类。另外，公司名称中还应冠以公司所在地名称，这样有利于明确有关的管辖权，例如到何地工商行政管理机关登记、行政管辖是何地、诉讼管辖是何地等。

确定公司的经营范围，是为了区分公司的经营行为是否合法。若公司依法在登记机关批准的经营范围内经营，其经营行为是合法的；若公司的经营范围超出了登记机关核准的范围，其经营行为即为非法。若公司需要变更其经营范围，应向公司登记机关办理变更手续。

关于公司法定代表人的确定，《公司法》第13条规定，公司法定代表人依照公司章程的规定，由董事长、执行董事或者经理担任，并依法登记。公司法定代表人变更，应当办理变更登记。该条表明：公司代表人实际上具有法定和章定的双重属性。另外，法定代表人作为公司最高负责人，其行为对外代表公司。

公司代表人可能存在越权行为，指公司代表人超越其权限范围所实施的代表行为，包括两种情形：一是违反法律对代表权的限制，应属无效，由越权代表人自己承担行为后果，公司不承担；二是违反公司章程或股东会或董事会决议对代表权的限制，除相对人知道或者应当知道其超越权限的以外，代表行为有效，即有效情形限于相对人是善意第三人。公司承担责任后，可追究代表人的内部责任，如解任或请求损害赔偿。但是，若交易相对人为恶意，如明知公司法定代表人超越职权范围代表公司进行民事行为活动，则由越权代表人自行承担行为后果，公司不承担责任，但公司可以主张该交易有效。

案例 3－7：B 公司拖欠 A 公司债务，应由谁偿还？

2012 年 8 月 29 日，A 公司与 B 公司及第三方 C 公司签约《关于 C 公司债务转让相关问题的协议》，约定 B 公司同意接受 C 公司对 A 公司债务，C 公司拖欠 A 公司的 1 600 万元由 B 公司偿还。协议还约定此前 A 公司向 C 公司购买的原材料支付了 800 万元的预付款，由于合同无法履行，B 公司在此协议承诺将拖欠债务 1 600 万元与预付款 800 万元，两项合计 2 400 万元一并返还给 A 公司。2017 年 6 月 25 日，A 公司再次与 B 公司签订了《抵押担保合同》，B 公司再次确认应承担还欠款的数额，当天，两公司还办理了《动产抵押登记书》。2017 年下半年，B 公司用委托方式由 D 公司向 A 公司还款 20 万元，但大宗款项仍未偿还。B 公司现法定代表人 X 表示自己并未经手 C 公司债务转让情况，对此情况并不知情，而是由原法定代表人 Y 经手，故不同意 A 公司的要求。

B 公司拖欠 A 公司的款项，应当由谁偿还？

A. B 公司原法定代表人 Y；

B. B 公司现法定代表人 X；

C. B 公司；

D. A、B、C 答案均正确。

值得注意的是，现代公司法对公司章程呈现出简化强制性要求、扩大任意记载事项的倾向，即大幅度增加赋权性规范。在公司法修订过程中表现出注重公司自治的倾向，提供更为宽松的公司治理环境，符合“封闭公司治理要宽松”的现代公司治理理念。

关于公司章程另行规定的赋权倾向表现在公司法的各个方面。例如，有限责任公司章程对股东会、董事会、监事会的构成和程序，董事（包括董事长、副董事长、执行董事）、监事、经理的选举、职权或任期，甚至发行新股的优先认购权和利润分配等方面，在法律规定之外的另作规定。

（四）股东出资和注册资本

1. 股东出资

有限责任公司是资合公司，注重资本的充实，股东出资只以财产为限，劳务和信用不得成为股东的出资标的。根据《公司法》规定，股东可以用货币出资，也可以用实物、知识产权、土地使用权等可以用货币估价并可以依法转让的非货币财产作价出资。

若股东以知识产权出资，包括著作权、商标权、专利权、非专利技术等。商标，一经注册，权利人即拥有独占使用权。《专利法》赋予专利权人实施其专利的独占权利。非专利技术，包括尚未获得授权的专利申请技术和未申请专利的技术秘密。

根据《公司法》规定，对作为出资的非货币财产应当评估作价，核实财产，不得高估或者低估作价。但对“谁有权利进行评估作价”并没有具体规定，从《公司法》关于评估作价规定的精神看，有限责任公司的作价权应属于全体股东。

2. 注册资本

有限责任公司注册资本，是其承担亏损的资本担保，它表示公司用自己的财产清偿债务的最低限额。对债权人而言，有限责任公司注册资本是其债权得以实现的重要保障。

《公司法》第 26 条规定，有限责任公司的注册资本为在公司登记机关登记的全体股东认缴的出资额。该条第 2 款规定，法律、行政法规以及国务院决定对有限责任公司注册资本实缴、注册资本最低限额另有规定的，从其规定。这意味着股东根据公司章程确定的出资总额自行认缴出资。如果公司章程规定的是一次性足额缴纳，股东应当在规定的期限内一次性足额缴纳；如果公司章程规定的是分期缴纳，股东就应当根据公司章程规定的期次和数额分期缴纳。因此，认缴制排除了法律强制干预因素，注册资本如何缴纳由当事人通过公司章程自行决定，该规定充分体现了公司自治的思想。

认缴注册资本的规定，对于促进个体经济发展，促进社会创业具有重要的价值。公民个体创业环境的优化，对于缓解我国就业压力，带动个体经济繁荣具有重要的价值。基于认缴模式，股东出资可能不到位；在追查出资责任过程中，股东可能隐匿财产，并可能出现转移风险，从而损害债权人利益，故要强化"揭开公司面纱"制度。如果发生股东滥用公司独立地位与有限责任特权欺诈债权人或逃避债务，则应否认公司的独立人格，即股东应直接对公司债务承担责任。

为了确保有限责任公司注册资本的真实性，使公司债权人的利益不因公司设立时出现的过错而受到不应有的损害，《公司法》对股东以非货币财产出资而在设立时对该出资估价过高的情况规定了出资填补责任。例如，《公司法》第 30 条规定，有限责任公司成立后，发现作为设立公司出资的非货币财产的实际价额显著低于公司章程所定价额的，应当由交付该出资的股东补足其差额；公司设立时的其他股东承担连带责任。

同时，应当关注实践中常出现的非货币财产出资未经评估的情况。根据《公司法》司法解释三规定，如果出资人拟出资的"非货币财产"没有评估作价，公司、其他股东或公司债权人可以请求法院认定出资人未履行出资义务。法院应当委托具有合法资格的评估机构对该财产评估作价，如果评估后确定的价额显著低于公司章程所定的价额，应当认定出资人未全面履行出资义务，应负差额填补责任。

自 2014 年 3 月 1 日起，《公司法》取消了有限责任公司登记应提交验资证明的要求。股东缴纳出资后，不再要求必须经依法设立的验资机构验资并出具证明，公司登记机关也不再要求提供验资证明，不再登记公司股东的实缴出资情况，公司营业执照不再记载"实收资本"事项。

三、有限责任公司股东

(一) 出资证明书和股东名册

有限责任公司股东，即有限责任公司出资人，其出资被记载在出资证明书中。

《公司法》第 31 条第 2 款规定，出资证明书应当载明下列事项：(1)公司名称；(2)公司成立日期；(3)公司注册资本；(4)股东的姓名或者名称、缴纳的出资额和出资日期；(5)出资证明书的编号和核发日期。

值得注意的是，出资证明书上必须记载股东本名，若股东为自然人，应记载该自然人的真实姓名；若股东为法人，应记载该法人的名称。出资证明书的转让受到严格限制，未经其他股东过半数同意，出资证明书的持有者不能转让该股份。出资证明书，是股东出资的凭证，股东以此享受对公司的权利,履行对公司的义务。

有限责任公司应当置备股东名册,它是记载股东自然状况和出资额、出资日期等情况的重要文件。

《公司法》第 32 条第 1 款规定,有限责任公司应当置备股东名册,记载下列事项:(1)股东的姓名或名称及住所;(2)股东的出资额;(3)出资证明书编号。该条第 2 款规定,记载于股东名册的股东,可以依股东名册主张行使股东权利。该条第 3 款规定,公司应当将股东的姓名或者名称及其出资额向公司登记机关登记;登记事项发生变更的,应当办理变更登记。未经登记或者变更登记的,不得对抗第三人。这意味着股东依法转让其出资后,受让人姓名或者名称、住所以及受让的出资额,也应记载在股东名册中。

有限责任公司备置股东名册,对全体股东的姓名或名称、住所、出资额等予以记载,一方面有利于公司与各股东联系,当公司开展活动时,可按股东名册与各股东取得联系;另一方面,股东名册也是股东状况的查询依据,而股东状况往往反映出公司的有关情况,即公司的管理机关、公司的债权人可以通过查阅股东名册,加深对公司的了解。

但是,有的股东已经履行了出资义务或依法继受股权后,公司章程或股东名册却没有记载或没有变更记载,此种情形下股东有权要求公司予以记载或变更记载。如果因上述原因而引发股东身份纠纷的,只要股东能够证明其已经实际履行了出资义务或依法继受股权,应当确认其股东身份。

还有的股东已经履行了出资义务或依法继受股权,但公司却没有在工商行政管理机关进行登记或变更登记的,股东有权请求公司进行登记或变更登记。在没有登记或变更登记前,股东权利的行使不受影响,公司不得以没有进行登记或变更登记而对抗股东。但未经公司登记机关登记或变更登记的,不得对抗第三人。

案例 3-8:实际出资人,不经法定程序无法获得股东资格

甲公司由 4 位发起人设立,每人出资 250 万元,注册资本 1 000 万元。其中,股东李某因缺乏足够的出资能力,拟向朋友张某借款 150 万元。张某听李某介绍该公司前景后,产生投资意愿,两人遂商定由张某作为隐名股东,投入该 150 万元,而股权登记在李某名下,相应的红利均由张某享有。公司设立后的前三年,公司经营红火,张某每年均从李某处取得分红款。从第四年开始,李某解释称公司经营不善,张某未能再收到分红款。张某对该解释不予认可,以股东身份要求行使知情权,被甲公司拒绝。

张某诉至法院,要求确认其为甲公司股东,享有 15% 股权。诉讼中,张某、李某确认纠纷发生前甲公司及其他股东并不知晓两人关于隐名出资的约定。在此情况下,法院征求其他三位股东的意见,仅有一人不反对张某成为公司股东,另两人明确表示基于之前与张某不认识,不同意其成为公司股东。

法院认为,因未获得公司其他股东半数以上的同意,根据《最高人民法院关于适用〈中华人民共和国公司法〉若干问题的规定(三)》第 24 条的规定,实际出资人张某要求确认其为股东的请求,缺乏依据。判决:驳回张某的诉讼请求。

案例评析:

隐名出资是目前实践中大量存在的特殊现象。实际出资人出于某种目的选择隐身幕后,在工商登记管理部门登记备案的名义股东与实际出资人非同一主体的情况,极易引发股东身份之争。不少实际出资人误以为,谁实际出资谁就是公司真正的股东,工商登记并不重要。

该案旨在澄清以下几点：

（1）实际出资人、名义股东、公司三者之间存有两个独立的法律关系，一是实际出资人与名义股东之间的合同关系；二是名义股东与公司之间的出资关系。实际出资人享有何种权利由其与名义股东之间的约定来确定，在性质上属于合同项下的权利，而非股东权利。因此，《最高人民法院关于适用〈中华人民共和国公司法〉若干问题的规定（三）》第24条赋予其身份名称为"实际出资人"而非"隐名股东"的目的就是避免产生其已获股东资格的误解。

（2）根据《最高人民法院关于适用〈中华人民共和国公司法〉若干问题的规定（三）》第24条的规定，实际出资人成为股东的意愿能否实现，关键在于有无半数以上的其他股东表示同意。一旦达不到这个要求，实际出资人将面临显名失败的结局。立法做这样的安排是考虑到有限责任公司的人合性、社团性，但对于其他股东作出意思表示的具体方式未作限制性规定。

隐名出资的出发点常常位于灰色地带，既不利于公司内部治理，又影响公示信息权威与市场交易安全，极易引发纠纷，故建议投资者谨慎选择，避之为佳。

（二）股东的权利和义务

1．股东的权利

根据《公司法》规定，有限责任公司股东享有以下九项权利：(1)表决权；(2)选举权和被选举权；(3)分取红利的权利；(4)剩余财产分配权；(5)查阅公司会议记录和财务会计报告权；(6)增资优先认购权；(7)转让出资权；(8)优先购买其他股东转让的出资权；(9)制定和修改公司章程的权利。

这里详细分析股东知情权引发的法律纠纷。股东知情权，指公司股东了解公司信息的权利，即上述九项权利中的第五项权利。《公司法》第33条第1款规定，股东有权查阅、复制公司章程、股东会会议记录、董事会会议决议、监事会会议决议和财务会计报告。该条第2款规定，股东可以要求查阅公司会计账簿。股东要求查阅公司会计账簿的，应当向公司提出书面请求，说明目的。公司有合理根据认为股东查阅会计账簿有不正当目的，可能损害公司合法利益的，可以拒绝提供查阅，并应当自股东提出书面请求之日起15日内书面答复股东并说明理由。公司拒绝提供查阅的，股东可以请求人民法院要求公司提供查阅。该条是关于有限责任公司股东知情权及限制条件的规定。

何谓"不正当目的"？根据《公司法》司法解释四第8条的规定，公司有证据证明股东存在如下情形之一的，法院应当认定股东有"不正当目的"：(1)股东自营或为他人经营与公司主营业务有实质性竞争关系业务的，但公司章程另有规定或全体股东另有约定的除外。(2)股东为了向他人通报有关信息查阅公司会计账簿，可能损害公司合法利益的。这是最典型的不正当目的。(3)股东在向公司提出查阅请求之日前3年内，曾通过查阅公司会计账簿，向他人通报有关信息损害公司合法利益的。(4)股东有不正当目的的其他情形。例如，股东可能闲来无聊骚扰公司，或以查阅公司文档为名掩盖其不正当目的等。

股东的上述九项权利，可以分为两类：(1)自益权；(2)共益权。自益权，指股东为自己的利益而行使的权利，包括股东分取红利的权利、依法转让出资的权利、购买其他股东转让出资的优先权、认购公司新增资本权、依法分取公司解散清算后的剩余财产权等。共益权，指股东为公司利益，同时兼为自己利益而行使的权利，包括参加股东会并按照出资比例行使表决权的权利、选举和被选举为公司董事和监事的权利、查阅股东会议记录和财务会计报告的权利、监督公司业务的权利、参与制定和修改公司章程的权利等。

2. 股东的义务

股东的权利和义务是对等的。《公司法》在规定股东享有权利的同时，还规定了股东应承担的义务，主要包括：按期足额缴纳出资、出资填补、遵守公司章程、以所缴纳的出资额为限对公司承担责任、不得抽逃出资、依法转让出资等。例如，《公司法》第28条规定，股东应当按期足额缴纳公司章程中规定的各自认缴的出资额。股东以货币出资的，应当将货币出资足额存入有限责任公司在银行开设的账户；以非货币财产出资的，应当依法办理其财产权的转移手续。该条第2款规定，股东不按照前款规定缴纳出资的，除应当向公司足额缴纳外，还应当向已按期足额缴纳出资的股东承担违约责任。

《公司法》第30条规定，有限责任公司成立后，发现作为设立公司出资的非货币财产的实际价额显著低于公司章程所定价额的，应当由交付该出资的股东补足其差额；公司设立时的其他股东承担连带责任。《公司法》第3条第2款规定，有限责任公司的股东以其认缴的出资额为限对公司承担责任。《公司法》第35条规定，公司成立后，股东不得抽逃出资。

四、组织机构

有限责任公司是独立的法人，其内部设立一定的组织，对公司生产经营进行管理和控制。根据《公司法》规定，有限责任公司组织机构包括：(1)股东会；(2)董事会；(3)经理；(4)监事会。

(一) 股东会

股东会作为有限责任公司最高权力机构，由全体股东组成，对公司的一切重大事项进行决策。每个股东，不管其出资额是多少，都是公司股东会的成员。股东通过股东会行使自己的权利，维护自己的利益。

股东会，对外并不代表公司，对内也不执行业务，但有权对公司的一切重要事务作出决定。《公司法》第37条规定，股东会行使下列职权：(1)决定公司的经营方针和投资计划；(2)选举和更换非由职工代表担任的董事、监事，决定有关董事、监事的报酬事项；(3)审议批准董事会的报告；(4)审议批准监事会或者监事的报告；(5)审议批准公司的年度财务预算方案、决算方案；(6)审议批准公司的利润分配方案和弥补亏损方案；(7)对公司增加或者减少注册资本作出决议；(8)对发行公司债券作出决议；(9)对公司合并、分立、解散、清算或者变更公司形式作出决议；(10)修改公司章程；(11)公司章程规定的其他职权。

这里详细分析股东会表决问题，涉及股东表决协议和单纯多数要求。

1. 股东表决协议

现代公司法承认封闭公司具有更为灵活的治理方式，故一些国家的法律允许利用股东表决协议(Shareholder Voting Agreement)进行表决。股东表决协议指两个或两个以上的股东之间所达成的集体或联合投票或作为一个单位投票的协议，又称集体协议(Pooling Agreement)。表决协议的内容，一般只涉及董事的选举或特定提案、建议，但不能涉及董事会的决策权力。若仅涉及前者，该表决协议有效；反之，若涉及后者，该表决协议可能无效。例如，两股东同意在将来：(1)相互投票选举其为董事；(2)他们尽力选举一人为总裁、另一人为秘书；(3)他们会促使公司向每人支付月薪10 000美元。则该协议第(1)条有效，其他两条无效。

2. 单纯多数要求

一般情况下，可将股东会的决议分为普通决议和重要决议。对普通决议，适用简单多数通过的表决程序，经代表1/2以上表决权的股东通过即可；对重要决议，适用绝对多数通过的表决程序；对事关公司重大利益的特别重要决议，适用一致通过的表决程序。至于哪些是普通决议，哪些是重要决议，除《公司法》第43条第2款规定“股东会会议作出修改公司章程、增加或者减少注册资本的决议，以及公司合并、分立、解散或者变更公司形式的决议，必须经代表2/3以上表决权的股东通过”外，其余事项的表决程序依公司章程规定。

《公司法》第42条规定，股东会会议由股东按照出资比例行使表决权；但是，公司章程另有规定的除外。也就是说，除公司章程另有规定外，股东对公司议案的表决权与其出资额的多寡成正比。该规定，一定程度上保护了大股东的利益。

为保证股东会议的合法性，一项决议的作出必须同时满足出席和表决双规则的要求。但在很多情况下，满足这两个要求很困难，故有的法律修正了传统的简单多数同意规则，规定“支持该项议案的票数应超过反对的票数”，又称“单纯多数要求(Plurality Vote Requirements)”。该规则的设定旨在解决弃权问题，即采用表决权多数通过，而非出席多数通过决议方法。它完全忽略弃权票，而简单多数同意规则将弃权票视为否决票。例如，某公司总出资额为100个单位，每个单位均享有一票表决权，法定出席单位应为51个。如果60个出席，赞成票为28个，反对票为23个，9票弃权。根据传统规则，该议案无法通过，因为28票通过不能达到出席股东代表股份的多数。但若将9张弃权票视作未出席会议，则该议案将得到通过。而若直接根据单纯多数同意规则，赞成票数(28)超过反对票数(23)，该议案将获得通过。

股东会，应当对所议事项的决定形成会议记录，出席会议的股东应当在会议记录上签名。公司应当妥善保管会议记录，以备股东查阅。

(二)董事会

董事会作为有限责任公司执行机构，以公司名义对外活动，执行公司业务。董事会成员由股东会选举产生，对股东会负责，董事会要无条件地执行股东会的决定。在我国，董事一般由公司中出资较多的股东担任，具体办法由公司章程规定。有些国家的公司法规定，董事也可由股东以外的人担任。例如，法国《公司法》第49条规定，股东或他人均可任董事，即强调“适任原则”。

1. 董事对公司的注意义务

董事对公司负注意义务。如果董事根本不履行职责或漠不关心，放任公司错误行为的发生，则违反了其对公司的注意义务。例如，某董事借由感觉到自己之所以被选举为董事，仅是作为一个傀儡，实际上他不能发挥重大作用；或因懒惰借口上了年纪、生病了，住在较远的地方，或者过分信任其他董事。以上这些辩护均不成立，因为当他同意担任董事时，就同时承诺了一定的义务和责任，如果感觉这种工作太麻烦，则最好辞职，而不是挂名、无所事事。

2. 影子董事

英国的公司法，还明确界定了“影子董事(Shadow Directors)”。指由于其个人地位和影响，公司的董事在进行公司决策时习惯于听从其指示和命令。根据《英国公司法》(1985年)第741(2)条，影子董事通常表现为三种情形：(1)大股东为避免个人责任而拒绝担任董事，但却在幕后操纵公司董事会的决策；(2)某人因破产而丧失担任董事资格，但却在幕后操纵公司董事会的决策；(3)母公司持续地操纵子公司的业务。但如果仅是以职业身份提供咨询意见，则不能视为影子董事。

《公司法》对两个以上的国有企业或者其他两个以上的国有投资主体投资设立的有限责任公司的董事会成员，做了特别规定。《公司法》第44条第2款规定，两个以上的国有企业或者两个以上的其他国有投资主体投资设立的有限责任公司，其董事会成员中应当有公司职工代表。董事会中的职工代表由公司职工通过职工代表大会、职工大会或者其他形式民主选举产生。关于职工代表在董事会成员中的比例，《公司法》未做规定的，而由公司章程规定。

《公司法》第45条规定，董事任期由公司章程规定，但每届任期不得超过3年。董事任期届满，连选可以连任。董事任期届满前，股东会不得无故解除其职务。若股东会无故解除董事职务，属于侵权行为，应当赔偿该董事因无故被解除职务而受到的损失。

值得注意的是，若公司股东人数较少、规模较小，公司可以不设董事会，而只设一名执行董事。执行董事由股东会选举产生，对内行使经营管理权，对外代表公司。

董事会，是股东会的执行机构，对股东会负责，依照法律、法规和公司章程行使职权。其职权主要包括业务决策和人事决策两个方面，具体包括：(1)召集股东会会议，并向股东会报告工作；(2)执行股东会的决议；(3)决定公司的经营计划和投资方案；(4)制定公司的年度财务预算方案、决算方案；(5)制定公司的利润分配方案和弥补亏损方案；(6)制定公司增加或者减少注册资本以及发行公司债券的方案；(7)制定公司合并、分立、解散或者变更公司形式的方案；(8)决定公司内部管理机构的设置；(9)决定聘任或者解聘公司经理及其报酬事项，并根据经理的提名决定聘任或者解聘公司副经理、财务负责人及其报酬事项；(10)制定公司的基本管理制度；(11)公司章程规定的其他职权。

通常将董事会议案分为普通事项、重要事项和特别重要事项。对普通事项，适用简单多数通过的表决程序，即必须经全体董事过半数通过；对重要事项，适用绝对多数通过的表决程序，即必须是2/3或3/4以上董事通过；对特别重要事项，适用全体董事一致通过的表决程序。至于哪些是普通事项，哪些是重要事项，哪些是特别重要事项，由公司章程予以规定。一般将事关股东和公司重大权益的事项，列为重要事项或特别重要事项。在董事会会议上，每个董事均有一票表决权，即董事会按照出席董事的人数表决。

董事会应将所议事项的决定形成会议记录，出席会议的董事应在会议记录上签名。公司要妥善保管会议记录，董事对会议记录承担责任。

案例3-9：董事若有异议，需记载于董事会议记录

甲、乙、丙，系某有限责任公司的三名董事。2000年，市场行情看好，公司欲进行某项投资，但须董事会表决后才能最终确定。董事会表决时，对该项投资，甲、乙持支持意见，故投了赞成票；丙，不看好该项投资，对其前景看淡，本欲投反对票，但看到其他董事都投了赞成票，于是随大流，也投了赞成票。由于全体董事一致同意，公司就进行了该项投资，后来事实证明该项投资是错误的，给公司造成了很大的经济损失，自然也严重影响到公司股东们的利益。公司股东追究公司领导层的责任，由于甲、乙、丙三名董事对该项投资都投了赞成票，故要求三名董事对公司损失乃至股东们的损失均承担赔偿责任。

对该结果，甲、乙表示接受，但丙提出反对意见，理由是“对该项投资，自己本想投反对票，但趋于从众心理，也投了赞成票。”也就是说，投反对票是其内心真实意思的反映，投赞成票是不得已而为之。

丙能否免于承担赔偿责任？为什么？

案例评析：

该案争议的焦点在于，丙对该项投资持有异议，如何证明？

《公司法》规定，董事会应当对所议事项的决定形成会议记录，出席会议的董事应当在会议记录上签名。董事会表决时，对该项投资，甲、乙持支持意见，投赞成票；丙，不看好该项投资，对其前景看淡，欲投反对票，但看到其他董事都投赞成票，于是随大流，也投赞成票。不难看出，在公司会议记录上，应当记载“丙投赞成票”。因此，丙提出的免责理由不成立。

（三）经　理

作为公司行政工作负责人，经理是公司高级管理人员，由董事会聘任或者解聘，对董事会负责。董事会与经理之间，是委托代理关系。

经理，在董事会授权范围内，对外进行商务活动，对内负责日常经营管理活动，执行董事会的所有决议和指示，可行使下列职权：(1)主持公司的生产经营管理工作，组织实施董事会决议；(2)组织实施公司年度经营计划和投资方案；(3)拟定公司内部管理机构设置方案；(4)拟定公司的基本管理制度；(5)制定公司的具体规章；(6)提请聘任或者解聘公司副经理、财务负责人；(7)决定聘任或者解聘除应由董事会决定聘任或者解聘以外的负责管理人员；(8)董事会授予的其他职权。

（四）监事会

监事会作为有限责任公司监督机构，对公司的财务状况、经营状况、董事及经理的职务行为进行监督、检查，对股东会负责并报告工作。

监事的主要职责，是纠正公司内部活动的偏差，防止董事、经理滥用职权，损害公司利益，保护公司全体股东以及公司职工利益。因此，规定监事会为有限责任公司必设组织的国家，通常规定监事由股东会和工会选举产生，以分别代表股东和公司职工的利益，并对公司职工代表在监事会中所占比例给予明确规定。

我国《公司法》规定，除特殊情况外，监事会为有限责任公司的必设机构。例如，《公司法》第 51 条规定，有限责任公司设监事会，其成员不得少于 3 人。股东人数较少或者规模较小的有限责任公司，可以设 1 至 2 名监事，不设监事会。该条第 2 款规定，监事会应当包括股东代表和适当比例的公司职工代表，其中职工代表的比例不得低于 1/3，具体比例由公司章程规定。监事会中的职工代表由公司职工通过职工代表大会、职工大会或者其他形式民主选举产生。公司董事、经理、财务负责人是监事监督检查的对象，为了保障监事公正监督，各国公司法都规定，董事、经理、财务负责人不得兼任监事，《公司法》也不例外。例如，该条第 4 款规定，董事、高级管理人员不得兼任监事。

《公司法》第 53 条规定，监事会、不设监事会的公司的监事行使下列职权：(1)检查公司财务状况；(2)对董事、高级管理人员执行公司职务的行为进行监督，对违反法律、行政法规、公司章程或者股东会决议的董事、高级管理人员提出罢免的建议；(3)当董事、高级管理人员的行为损害公司的利益时，要求董事、高级管理人员予以纠正；(4)提议召开临时股东会会议，在董事会不履行本法规定的召集和主持股东会会议职责时召集和主持股东会会议；(5)向股东会会议提出提案；(6)依照本法第 152 条的规定，对董事、高级管理人员提起诉讼；(7)公司章程规定的其他职权。《公司法》第 54 条规定，监事可以列席董事会会议，并对董事会决议事项提出质询或者建议。

《公司法》第 52 条规定，监事的任期每届为 3 年。监事任期届满，连选可以连任。值得注意的是，董事的任期由公司章程规定，而监事的任期则为法定任期。该法第 55 条第 3 款规定，监事会会议应当经半数以上监事通过。该条第 4 款规定，监事会应当对所议事项的决定形成会议记录,出席会议的监事应当在会议记录上签名。

五、股权转让

《公司法》关于有限责任公司股权转让的规定比较集中,主要包括股东内部自由转让股权、向股东以外的第三人转让股权的限制、优先购买权。

《公司法》第 71 条第 1 款规定,有限责任公司的股东之间可以相互转让其全部或者部分股权。该条第 2 款规定,股东向股东以外的人转让股权,应当经其他股东过半数同意。股东应就其股权转让事项书面通知其他股东征求同意,其他股东自接到书面通知之日起满 30 日未答复的,视为同意转让。其他股东半数以上不同意转让的,应当购买该转让的股权;不购买的,视为同意转让。可见,有限责任公司股东,在转让其部分或全部出资时受到严格限制,体现了有限公司的人合性,保护了现有股东的利益。

案例 3-10:向股东以外的人转让出资限制

宏图有限责任公司注册资本 20 万元,有股东 5 人。其中,刘某、关某、张某和赵某是自然人股东,各持有公司 2 万元股份,甲企业是法人股东,持有公司 12 万元的股份。刘某欲将股份转让给乙企业,刘某书面通知关某、张某、赵某和甲企业,关某不同意刘某将股份转让给乙企业,张某、赵某同意刘某转让,甲企业收到刘某的书面通知后迟迟不作出答复,直至两个月后通知刘某不同意转让。

《公司法》规定,向股东以外的人转让出资,须经:

A. 全体股东均同意; B. 其他股东均同意;

C. 全体股东过半数同意; D. 其他股东过半数同意。

案例 3-11:有限责任公司新股东加入,须经其他股东过半数同意

2017 年,李某的好友康某希望入股金盛隆销售与服务有限责任公司。康某计划投入资金 500 万元,购买公司 30%的股份,但遭到原股东宋某、任某的反对。宋某、任某认为,康某的投资资金将大幅稀释原有管理者股份,因此不认同康某的投资计划,且李某作为第一大股东没有权利改变注册资本。

康某希望入股金盛隆有限公司,但遭到原股东宋某、任某的反对,体现了有限公司的:

A. 资合性; B. 人合性;

C. 资合性和人合性; D. A、B、C 答案均正确。

《公司法》第 71 条第 3 款规定,经股东同意转让的股权,其他股东在同等条件下享有优先购买权。两个以上股东主张行使优先购买权的,协商确定各自的购买比例;协商不成的,按照转让时各自的出资比例行使优先购买权。

这里详细分析《公司法》司法解释四就行使优先购买权的具体情形给出的解决方案。

(一) 不适用自然人股东继承的情形

根据《公司法》司法解释四第 16 条的规定,有限责任公司的自然人股东因继承发生变化时,其他股东不能主张依据《公司法》第 71 条第 3 款的规定行使优先购买权。但例外是公司章程或全体股东另有约定的,均表明该自然人股东同意即使发生了股权继承情形,其他股东仍可以行使优先购买权。这种特别约定,主要发生在封闭公司。

(二) 优先购买权的同等条件

何谓“同等条件”？根据《公司法》司法解释四第 18 条的规定，在判定同等条件时，应综合考虑转让股权的价格、数量、支付方式以及期限等其他相关因素。一般而言，同等条件指股权转让协议的价格条件。但价格并非唯一考虑因素。例如，出让股权虽然作价 10 万元，但要求受让人以现金即时支付，或出让股权价格实际高于 10 万元，但转让协议中另外安排了受让人对转让人的其他补偿计划等特殊情况。

(三) 转让股东的通知义务

在经股东同意转让股权的情形下，转让股东同样需要通知其他股东，应告知其他股东拟转让股权的条件及在同等条件下享有优先购买权。通知的方式同样是“书面或以其他能够确认收悉的合理方式”。

(四) 优先购买权的适用对象

所有除转让股东以外的其他股东，均享有优先购买权。但在实务中最有可能行使优先购买权的股东应当是在股东决议中不同意转让的股东，但因其是少数，无法阻止决议的通过的情形。如果是两个以上股东主张行使优先购买权的，应先行协商，若协商不成，则按转让时各自的出资比例行使优先购买权。

(五) 优先购买权的行使期间

根据《公司法》司法解释四第 19 条的规定，有限责任公司的股东主张优先购买转让股权的，应当在收到通知后，在公司章程规定的行使期间内提出购买请求。公司章程没有规定行使期间或规定不明确的，以通知确定的时间为准，通知确定的时间短于 30 日或未明确行使期间的，行使期间为 30 日。

(六) 转让股东的反悔行为

根据《公司法》司法解释四第 20 条的规定，有限责任公司的转让股东，在其他股东主张优先购买权后，又不同意转让股权的，其他股东则不能主张优先购买权。但是，公司章程另有规定或全体股东另有约定的除外。但反悔的股东应当承担对原本意欲行使优先购买权的其他股东造成的合理损失的赔偿，如为了筹集行使优先购买权资金而借款或发生的其他费用。

(七) 转让股东欺诈、恶意串通等行为

根据《公司法》司法解释四第 21 条第 1 款、第 2 款的规定，有限责任公司的股东向股东以外的人转让股权，未就其股权转让事项征求其他股东意见，或以欺诈、恶意串通等手段，损害其他股东优先购买权的，其他股东可以主张按同等条件购买转让股权。例如，转让股东与第三人恶意串通，在转让协议中将拟转让股权抬高作价 15 万元，但受让人真实支付 10 万元，其目的是阻止其他股东行使优先购买权，则其他股东可以实际支付的 10 万元作为同等条件行使优先购买权。但法律对其他股东行使此种优先购买权设置了期间限制，即其他股东自知道或应当知道行使优先购买权的同等条件之日起 30 日内没有主张，或自股权变更登记之日起超过 1 年的，则丧失其优先购买权。前款规定的其他股东仅提出确认股权转让合同及股权变动效力等请求，未同时主张按照同等条件购买转让股权的，人民法院不予支持，但其他股东非因自身原因导致无法行使优先购买权，请求损害赔偿的除外。

(八) 股权受让人目的落空

根据《公司法》司法解释四第 21 条第 3 款的规定，股东以外的股权受让人，因股东行使优先购买权而不能实现合同目的，可以请求转让股东承担相应民事责任。但从法理上考虑，该规定似乎不妥。基于股权转让之优先购买权的行使而导致受让人合同落空所遭受的损失，应认定为受让人的缔约成本，由受让人自担风险。

六、一人有限责任公司

（一）定　义

一人有限责任公司又称一人公司，指公司只有一个自然人股东或者只有一个法人股东。一人公司可分为两类：(1)形式意义的一人公司；(2)实质意义的一人公司。前者指无论形式还是实质，公司股东只有一个人；后者指形式上股东为复数，但实质上股东只有一人。其中，形式意义的一人公司，又分为两类：(1)设立时的一人公司；(2)成立后的一人公司。前者指公司成立时只有一个股东；后者指公司成立时股东为复数，但公司成立后，因股份转让等原因，股东只剩下一人。

公司股东，既可以是自然人，也可以是法人，故一人公司还可分为两类：(1)一人（自然人）公司；(2)一人（法人）公司。

（二）一人公司存在的合法性

《公司法》第 24 条规定，有限责任公司由 50 个以下股东出资设立。对股东人数下限未作规定，即承认一人公司的合法存在，理由有三：(1)对工商行政管理机关而言可降低管制成本，减少实质性一人公司造成的不经济。(2)扩大有限责任适用范围。从微观角度看，有利于鼓励自然人投资开创新的事业，使个人企业利用公司形式获得更多的社会信用，有利于该企业的发展；从宏观角度看，可增加就业机会，增加国家的税收收入。(3)公司成立后，因继承、股权转让等原因导致公司的股权或出资全部归属于一个股东，这时若承认一人公司存续，而不强制其解散，有利于该企业健康、持续、稳定地发展。

自 2014 年 3 月 1 日起，《公司法》取消一人有限责任公司最低注册资本 10 万元限制。

（三）对一人公司的特别规定

1. 自然人只能投资设立一个一人公司

《公司法》第 58 条规定，一个自然人只能投资设立一个一人有限责任公司，且该一人有限责任公司不能投资设立新的一人有限责任公司。这是对自然人滥设一人公司的禁止，但《公司法》对于法人投资设立一人有限责任公司或法人投资设立的一人有限责任公司增设新的一人有限责任公司没有做出限制。

2. 应当在公司登记中注明自然人独资或法人独资

《公司法》第 59 条规定，一人有限责任公司应当在公司登记中注明自然人独资或者法人独资，并在公司营业执照中载明。

一人有限责任公司的股东，可以是自然人，也可以是法人，但自然人和法人有着显著的区别。若是法人独资，其内部自然人之间相互制约；若是自然人独资，内部缺乏监督，经营风险较大。商事活动的其他主体，有必要知道一人有限责任公司的设立人是自然人还是法人。《公司法》规定一人有限责任公司公开其设立人的性质，意在使公司的债权人查阅和了解一人有限公司的情况，然后决定是否与其进行交易。

3. 法人人格否认

《公司法》第 63 条规定，一人有限责任公司的股东不能证明公司财产独立于股东自己财产的,应当对公司债务承担连带责任。

一人有限责任公司,股东单一,缺乏公司内部的相互制约,容易产生公司财产与股东财产混同的现象。《公司法》为防止股东滥用公司的独立法人人格,将公司财产与自己的财产混同,实现非法目的,要求一人有限责任公司股东承担证明公司财产独立于自己财产的义务。若股东不能有效地证明这一点,则要以自己的全部财产承担对公司债务连带的清偿义务。该规定,借鉴个人独资企业出资人对公司债务承担无限责任的特点。

案例 3-12:"以公司资产支付股权转让款"约定无效

沈某是甲公司的唯一股东。2015 年 3 月,沈某与周某签订股权转让协议,约定沈某将股权转让给周某,周某向沈某支付股权转让款 100 万元,支付方式为甲公司申请的银行贷款通过后,于一个月内支付完毕;甲公司对乙公司享有的债权亦归沈某所有;办理完移交手续后,沈某愿意放弃公司股东所有权益,公司与沈某也无任何关系。协议签订后,甲公司在工商登记管理部门的股东变更为周某,但甲公司未支付该 100 万元,沈某遂提起诉讼,要求周某向其支付股权转让款 100 万元。周某抗辩称,股权转让协议约定的付款主体是甲公司,且付款前提是甲公司申请的贷款获得审批,现甲公司未从银行借到相应款项,无力支付。

法院认为:股权转让协议约定以甲公司的银行贷款、应收债权来支付周某应付的股权转让款,处分了甲公司的资产,违反了公司法的强制性规定,合同中关于该约定的部分无效。周某作为股权受让方,负有支付约定股权转让款的义务。判决:周某向沈某支付股权转让款 100 万元。

案例评析:

股权转让时约定以公司部分财产作为股权转让对价,实践中并不少见。这种错误做法的根源在于,缺乏公司财产独立、依法治理公司的意识,将公司财产视同股东财产。这种现象在微小型公司,尤其是家族制公司、一人公司,较为普遍。有的股东甚至简单地认为"公司是我的,公司的财产当然也是我的"。以公司财产支付股权转让款,使得该部分股权对应出资瑕疵,类似抽逃出资;而该行为本质属于侵害公司财产,且股权转让时的价值可能远远大于原对应的注册资本金,故该行为的危害性也会大于抽逃出资。因此,股权转让时如约定"以公司财产支付股权转让对价",相关约定因损害第三人利益而无效。

案例 3-13:一人有限公司股东,须举证自己的财产与公司的财产独立

某村 A 借助扶贫政策收购农产品,主要为大白菜,并且自己或与别家合作贩卖。2014 年 10 月,同乡的 B 找到 A,希望能与 A 建立合作关系,A 定期向 B 交货,B 则自己开办了一家蔬菜再加工企业,以一人有限责任公司形式运行,注册资本 10 万元。11 月和 12 月,A 向 B 交货多次,每次交易均由 B 的弟弟 C 在购销合同上签字,而由 B 随后交付货款。2015 年 2 月,B 告诉 A 自己公司最近资金周转不畅,希望能暂缓付款,A 看在同乡以及过往交易的份上同意了这一请求,依然由 C 出具了收货条,上述"现收到 A 公司所交付大白菜,货款 20 万元",随后 B 交付了 1 万元后再无下文。为追讨剩余款,A 将 B 告上法庭,并提供以前交易的录音和收据。B 以收货条是 C 开具的为由拒绝承认该合同与自己有关,并且说自己已经向 A 的银行卡中转了 6 万元,剩余款也应当由 C 支付。法庭判决 B 败诉并支付剩余款。B 转而申请破产,请求以注册资本10万元与固定资产5万元为限免去其余债务，法庭以证据不足为由要求其承担无限连带责任。

一人有限公司股东负举证自己的财产与公司的财产独立的义务，下列哪个选项是错误的？

A. 一人公司有完整、独立并发挥作用的会计部门，有规范的会计账簿，凭证完整等；

B. 在经营过程中，股东以自己的名义对外发生关系时将自己与公司区分对待；

C. 股东可以滥用公司的独立法人地位，为自己获取利益或逃避债务；

D. 在每一会计年度终了时编制财务会计报告，并经会计师事务所审计。

七、国有独资公司

（一）定 义

《公司法》第64条第2款规定，本法所称国有独资公司，是指国家单独出资、由国务院或者地方人民政府委托本级人民政府国有资产监督管理机构履行出资人职责的有限责任公司。

根据该规定，国有独资公司特点有二：(1)国家是设立国有独资公司的唯一主体；(2)国有独资公司的组织形式为有限责任公司。

（二）董事会代行股东会的部分职权

《公司法》第66条规定，国有独资公司不设股东会，由国有资产监督管理机构行使股东会职权。国有资产监督管理机构可以授权公司董事会行使股东会的部分职权，决定公司的重大事项，但公司的合并、分立、解散、增加或者减少注册资本和发行公司债券，必须由国有资产监督管理机构决定；其中，重要的国有独资公司合并、分立、解散、申请破产的，应当由国有资产监督管理机构审核后，报本级人民政府批准。

（三）监事会的组成和职权

《公司法》第71条第1款规定，国有独资公司监事会成员不得少于5人，其中职工代表的比例不得低于1/3，具体比例由公司章程规定。该条第2款规定，监事会成员由国有资产监督管理机构委派；但是，监事会成员中的职工代表由公司职工代表大会选举产生。监事会主席由国有资产监督管理机构从监事会成员中指定。

（四）组织机构的特殊规定

《公司法》第67条规定，国有独资公司设立董事会，依照本法第46条、第66条的规定行使职权，即董事会除自身的基本职权外，还可代行股东会的部分职权。可见，国有独资公司董事会比一般有限责任公司董事会享有权利的范围要大。

《公司法》第69条规定，国有独资公司的董事长、副董事长、董事、高级管理人员，未经国有资产监督管理机构同意，不得在其他有限责任公司、股份有限责任公司或者其他经济组织兼职。《公司法》第148条规定，未经股东会或者股东大会同意，董事、高级管理人员不得利用职务便利为自己或者他人谋取属于公司的商业机会，自营或者为他人经营与其所任职公司同类的业务。可以看出，《公司法》对于国有独资公司董事长、副董事长、董事、高级管理人员不得兼职的规定更为严格。

第三节　股份有限公司

一、股份有限公司概述

在现代企业制度中，股份有限公司是最重要的企业组织形式之一，其在社会经济生活中占据主导地位。

（一）特　征

1. 对股东人数的最低限制

《公司法》第78条规定，设立股份有限公司，应当由2人以上200人以下为发起人，其中须有半数以上的发起人在中国境内有住所。可见，法律对股份有限公司的股东人数只有最低限制，而无最高限制。

2. 股份等额

股份有限公司，注册资本由若干等额股份组成，而股份单位的数额可由公司根据自身情况确定，但最后每个股份单位的数额都是相等的。

3. 股份体现为股票形式

股份体现为股票形式，尤其是上市的股份有限公司与股票市场有着不可分割的联系，每个购买公司股票的人都是公司的股东，股东可以通过经纪人在证券交易所自由出售股票。

4. 有限责任制

与有限责任公司一样，股份有限公司股东以其投资入股财产为限对公司债务承担责任，股份公司作为法人主体以其全部资本为限对公司债务承担责任。即使股份公司亏损破产，股东除投入资本外，对股份公司债权人并无清偿义务，股份公司对超过其资产的债务也不承担清偿义务。

（二）性　质

1. 典型的资合公司

股份有限公司将其全部资本分为等额的股份，股东以其所认股份对股份公司承担责任。它不注重股东个人的声望、地位，以资本的组合为基础，属于典型的资合公司。

2. 股权与产权分离

股份有限公司，股权和产权相分离，具体表现为三点：(1)股份公司资产作为整体存在，财产不可分割，但股权可以分割；(2)股份公司，资产变动与股票流动相分离，股份公司财产的处置与股东转让股票的活动相互独立；(3)不管股份公司的股东如何变化，股份公司的生产经营始终是连续的，股东可以自由买卖股票。

3. 股东平等

股东平等，指股东按照持有的股份额，依比例享受平等待遇，即平等地享有权利、承担义务。因此，股东平等实质上是股份平等。

4. 股份转让自由

股份转让自由，是股份有限公司最重要的特征之一，不得以股份有限公司的章程禁止或限制。

但部分股份有限公司是非上市公司，而且相当股份有限公司采取发起设立方式，而非募集设立，即股票没有公开发行，没有公众股东。其股东数量可能非常少，有时可能少于有限责任公司的股东人数，尤其是一些家族股份有限公司。由于这些股份公司也存在人合性，关于股份转让是否由公司章程加以限制，可以由公司自行决定。公司在设立时不仅可以通过公司章程设置限制性条款，还可以通过修改公司章程的方式设置限制性条款。

二、股份有限公司的设立

（一）设立条件

《公司法》第76条规定，设立股份有限公司应当具备下列条件：(1)发起人符合法定人数；(2)有符合公司章程规定的全体发起人认购的股本总额或者募集的实收股本总额；(3)股份发行、筹办事项符合法律规定；(4)发起人制定公司章程，采取以募集方式设立的需经创立大会通过；(5)有公司名称，建立符合股份有限公司要求的组织机构；(6)有公司住所。只有同时具备上述6项条件，才能依法成立股份有限公司。

《公司法》第84条规定，以募集设立方式设立股份有限公司的，发起人认购的股份不得少于公司股份总数的35%；但是，法律、行政法规另有规定的，从其规定。

2014年3月1日起，《公司法》取消股份有限公司最低注册资本500万元的限制。

（二）公司章程

股份有限公司章程，是对股份公司宗旨、财产组织、活动等重大事项的规定，具有股份公司“宪法”的作用。按其在股份公司章程中的地位和效力，可分为三类：(1)绝对必要记载事项；(2)相对必要记载事项；(3)任意记载事项。

1. 绝对必要记载事项

绝对必要记载事项指《公司法》规定必须记载于股份公司章程的事项。《公司法》第81条规定，股份有限公司章程应当载明下列事项：(1)公司名称和住所；(2)公司经营范围；(3)公司设立方式；(4)公司股份总数、每股金额和注册资本；(5)发起人的姓名或者名称、认购的股份数、出资方式和出资时间；(6)董事会的组成、职权和议事规则；(7)公司法定代表人；(8)监事会的组成、职权和议事规则；(9)公司利润分配办法；(10)公司的解散事由与清算办法；(11)公司的通知和公告办法。

2. 相对必要记载事项

相对必要记载事项指法律列举的、由发起人自由选择记载于公司章程的事项。若发起人予以记载，则发生效力；若不予记载，不影响整个公司章程的效力，只是该事项不产生效力；若记载违法，仅该事项无效，并不导致整个公司章程无效。例如，分公司的设立，仅载明设立分公司即可；至于分公司的名称、住所，没有必要事先制定。

3. 任意记载事项

任意记载事项与相对必要记载事项在股份公司章程中的效力基本相同，区别在于：后者是发起人选择法律列举的事项；前者是法律并无明文列举，发起人根据不违反法律和股份公司性质的原则，一致同意载入股份公司章程的事项，一般包括下列内容：(1)股票种类；(2)股款缴纳方法；(3)股东大会的开会地点、股东大会主席的选任等。

（三）设立责任

和其他类型公司相比，股份有限公司设立手续最为复杂，因而相对较容易产生缺陷。规范化的股份有限公司，一般采用募集方式设立，即股份面向发起人以外的社会公众招募，如果公司设立时就不健全，将对社会公众产生极大的负面影响。因此，《公司法》对股份有限公司的发起人、董事、监事等规定了较重的设立责任。

《公司法》第94条规定，股份有限公司的发起人应当承担下列责任：(1)公司不能成立时，对设立行为所产生的债务和费用负连带责任；(2)公司不能成立时，对认股人已缴纳的股款，负返还股款并加算银行同期存款利息的连带责任；(3)在公司设立过程中，由于发起人的过失致使公司利益受到损害的，应当对公司承担赔偿责任。

三、股份有限公司股东

股份有限公司股东指股份有限公司股份所有人。基于其持有的股份，对公司享有权利、承担义务。

(一)股东表决权

《公司法》第103条规定，股东出席股东大会会议，所持每一股份有一表决权。该规定体现了表决权平等原则。但是，有些国家和地区对该原则作了例外规定。例如，中国台湾地区的《公司法》规定，公司各股东，每股有一表决权，但股东拥有已发行股份总数3%以上者，应以章程限制其表决权。该例外规定，意在保护小股东利益。

(二)股东名册

股东名册，指备置于本公司及存置于主管机关记载股东本名或名称、地址及股份数的簿册。《公司法》第130条第1款规定，公司发行记名股票的，应当备置股东名册，记载下列事项：(1)股东的姓名或者名称及住所；(2)各股东所持股份数；(3)各股东所持股票的编号；(4)各股东取得股份的日期。该条第2款规定，发行无记名股票的，公司应当记载其股票数量、编号及发行日期。

股东名册，是公司分派股息红利、通知或催告股东等的依据，对记名股票股东权利的行使也具证明力。其一经记载，即可对抗公司。例如，在记名股票转让过程中，若未将受让人的姓名或者名称记载于股票，并将受让人的姓名或者名称及住所记载于公司股东名册的，不得以其转让来对抗公司。

四、组织机构

股份有限公司的组织机构主要包括股东大会、董事会和监事会。该组织机构，是按照所有权、经营权、监督权适当分离、相互制约的原则建立的。

(一)股东大会

股东大会作为公司最高权力机构，由公司股东组成。《公司法》第99条规定，本法第37条第1款关于有限责任公司股东会职权的规定，适用于股份有限公司股东大会。也就是说，股东大会的职权如下：(1)决定公司的经营方针和投资计划；(2)选举和更换非由职工代表担任的董事、监事，决定有关董事、监事的报酬事项；(3)审议批准董事会的报告；(4)审议批准监事会或者监事的报告；(5)审议批准公司的年度财务预算方案、决算方案；(6)审议批准公司的利润分配方案和弥补亏损方案；(7)对公司增加或者减少注册资本作出决议；(8)对发行公司债券作出决议；(9)对公司合并、分立、解散、清算或者变更公司形式作出决议；(10)修改公司章程；(11)公司章程规定的其他职权。

《公司法》第103条第1款规定，股东出席股东大会会议，所持每一股份有一表决权。但是，公司持有的本公司股份没有表决权。该规定充分体现了股东平等原则，且该表决权不得以公司章程加以剥夺。

该条第2款规定，股东大会作出决议，必须经出席会议的股东所持表决权过半数通过。但是，股东大会作出修改公司章程、增加或者减少注册资本的决议，以及公司合并、分立、解散或者变更公司形式的决议，必须经出席会议的股东所持表决权的2/3以上通过。

(二) 董事会

董事会由股东大会选出的董事组成，受股东委托，全权负责公司的经营管理，其运作方式是举行董事会会议并作出决议。

《公司法》第111条第1款规定，董事会会议应有过半数的董事出席方可举行。董事会作出决议，必须经全体董事的过半数通过。该条第2款规定，董事会决议的表决，实行一人一票。可以看出，在表决机制方面，董事会与股东大会有很大的不同。股东大会按股权表决，而董事会则按人表决。无论董事持有多少公司的股份，在董事会会议表决时，始终遵循一人一票的原则。

《公司法》第112条第1款规定，董事会会议，应由董事本人出席；董事因故不能出席的，可以书面委托其他董事代为出席，委托书中应载明授权范围。该条第3款规定，董事应当对董事会的决议承担责任。董事会的决议违反法律、行政法规或者公司章程、股东大会决议，致使公司遭受严重损失的，参与决议的董事对公司负赔偿责任。但经证明在表决时曾表明异议并记载于会议记录的，该董事可以免除责任。

案例3-14：反对、弃权董事，是否承担损害赔偿责任？

至诚科技开发股份有限公司董事会，共有9名成员。一次，董事长召集董事会会议，讨论将公司闲置资金1亿元投资于期货交易。这次董事会议，共有6名董事出席，3名董事因故未能出席，其中董事张某虽未出席，但书面委托他的助理王某(不是董事)代理出席并表决。会上董事长介绍期货投资的巨大盈利性，并表示赞成投资。董事李某表示疑虑，认为该投资不属于公司章程规定的公司经营范围。董事赵某坚决反对。经记名式书面表决，结果如下：4位董事赞成，1名董事和董事张某的代理人王某反对，董事李某弃权。董事长认为，该议案多数通过，决议有效。

公司因投资期货亏损1 000万元，公司股东以董事会决议给公司造成损失为由，将董事会诉至法院，要求董事会赔偿损失，适用：

A. 全体董事均承担损害赔偿责任；

B. 4位赞成董事，承担主要损害赔偿责任；

C. 4位赞成董事，承担损害赔偿责任；

D. 反对、弃权董事，承担次要损害赔偿责任。

在股份有限公司，董事会是最高经营权机构，总经理的管理权属于公司经营权的一部分，是公司的二级经营权。《公司法》第114条第1款规定，股份有限公司设经理，由董事会决定聘任或者解聘。也就是说，董事会与总经理之间，是授权关系，而非分权关系，这样有助于保证总经理在董事会的领导下贯彻董事会的经营理念与意图。

《公司法》第123条规定，上市公司设董事会秘书，负责公司股东大会和董事会会议的筹备、文件保管以及公司股东资料的管理，办理信息披露事务等事宜。董事会秘书，是股份公司的高级管理人员，代表公司的内在素质和外在形象，应当具有必备的专业知识和经验，由董事长提名，经董事会聘任或者解聘。

（三）监事会

监事会由股东大会、职工代表大会分别选出的代表组成，全面监督公司的经营管理。

《公司法》第 120 条第 1 款规定，监事会每 6 个月至少召开一次会议。监事可以提议召开临时监事会会议。该条第 2 款规定，监事会的议事方式和表决程序，除本法有规定的外，由公司章程规定。该条第 3 款规定，监事会会议应当经半数以上监事通过。该条第 4 款规定，监事会应当对所议事项的决定形成会议记录，出席会议的监事应当在会议记录上签名。

五、股份发行和转让

（一）股份发行

《公司法》第 126 条第 1 款规定，股份的发行，实行公平、公正的原则，同种类的每一股份应当具有同等权利。

《公司法》第 127 条规定，股票发行价格可以按票面金额，也可以超过票面金额，但不得低于票面金额。《公司法》第 129 条第 1 款规定，公司发行的股票，可以为记名股票，也可以为无记名股票。

《公司法》第 130 条第 1 款规定，公司发行记名股票的，应当置备股东名册，记载下列事项：(1)股东的姓名或者名称及住所；(2)各股东所持股份数；(3)各股东所持股票的编号；(4)各股东取得股份的日期。该条第 2 款规定，发行无记名股票的，公司应当记载其股票数量、编号及发行日期。

股份有限公司成立后，可以发行新股。根据《中华人民共和国证券法》(简称《证券法》)第 13 条规定，公司公开发行新股，应当符合下列条件：(1)具备健全且运行良好的组织机构；(2)具有持续盈利能力，财务状况良好；(3)最近 3 年财务会计文件无虚假记载，无其他重大违法行为；(4)经国务院批准的国务院证券监督管理机构规定的其他条件。《公司法》第 134 条第 1 款规定，公司经国务院证券监督管理机构核准公开发行新股时，必须公告新股招股说明书和财务会计报告，并制作认股书。

（二）股份转让

股份转让指股份所有人出让股份给受让人，双方当事人必须同意让渡和受让。

股份转让自由，是股份有限公司最本质的特征。对股份出让人而言，属于投资的回收；对于股份受让人而言，则是资本的投入；对股份公司而言，由于股款已经缴足，因此股份转让并不影响公司的资本总额。所以在股份有限公司的体系下，股份转让原则上是自由的，公司不得以章程禁止或限制；但不可将“股份转让自由”绝对化，其有以下限制：(1)股东转让其股份，应当在依法设立的证券交易所或者按照国务院规定的其他方式进行；(2)股份转让必须依照法定形式进行；(3)股份转让主体的特殊限制。

《公司法》第 139 条第 1 款规定，记名股票，由股东以背书方式或者法律、行政法规规定的其他方式转让；转让后由公司将受让人的姓名或者名称及住所记载于股东名册。

《公司法》第 140 条规定，无记名股票的转让，由股东将该股票交付给受让人后即发生转让的效力。

《公司法》第141条第1款规定了公司发起人及董监高股份转让的锁定期限制，即发起人持有的本公司股份，自公司成立之日起一年内不得转让。公司公开发行股份前已发行的股份，自公司股票在证券交易所上市交易之日起一年内不得转让。该条第2款规定，公司董事、监事、高级管理人员应当向公司申报所持有的本公司的股份及其变动情况，在任职期间每年转让的股份不得超过其所持有本公司股份总数的25%；所持本公司股份自公司股票上市交易之日起一年内不得转让。上述人员离职后半年内，不得转让其所持有的本公司股份。公司章程可以对公司董事、监事、高级管理人员转让其所持有的本公司股份作出其他限制性规定。

一般来说，公司不得收购本公司股份。但《公司法》第142条第1款规定了公司可以收购本公司股份的几种特殊情况：

(1) 减少公司注册资本；

(2) 与持有限公司股份的其他公司合并；

(3) 股东因对股东大会作出的公司合并、分立决议持异议，要求公司收购其股份；

(4) 将股份用于员工持股计划或者股权激励；

(5) 将股份用于转换上市公司发行的可转换为股票的公司债券；

(6) 上市公司为维护公司价值及股东权益所必需。

该条第2款规定，公司因前款第(1)项、第(2)项规定的情形收购本公司股份的，应当经股东大会决议；公司因前款第(4)项、第(5)项、第(6)项规定的情形收购本公司股份的，可以依照公司章程的规定或者股东大会的授权，经三分之二以上董事出席的董事会会议决议。

该条第3款规定，公司依照本条第一款规定收购本公司股份后，属于第(1)项情形的，应当自收购之日起10日内注销；属于第(2)项、第(3)项情形的，应当在6个月内转让或者注销；属于第(4)项、第(5)项、第(6)项情形的，公司合计持有的本公司股份数不得超过本公司已发行股份总额的10%，并应当在3年内转让或者注销。

该条第4款规定，上市公司收购本公司股份的，应当依照《证券法》的规定履行信息披露义务。上市公司因本条第1款第(4)项、第(5)项、第(6)项规定的情形收购本公司股份的，应当通过公开的集中交易方式进行。

(二) 上市公司的信息披露义务

《公司法》第120条规定，本法所称上市公司，是指其股票在证券交易所上市交易的股份有限公司。《证券法》第50条规定，股份有限公司申请股票上市，应当符合下列条件：(1)股票经国务院证券监督管理机构核准已向社会公开发行；(2)公司的股份总额不少于人民币3 000万元；(3)公开发行的股份达到公司股份总数的25%以上，公司股本总额超过人民币4亿元的，公开发行股份的比例为10%以上；(4)公司在最近3年内无重大违法行为，财务会计报告无虚假记载。值得注意的是，上述4项条件必须同时具备，才可成为上市公司。

《公司法》第145条规定，上市公司必须按照法律、行政法规的规定，公开其财务状况、经营情况及重大诉讼，在每会计年度内半年公布一次财务会计报告。这是《公司法》对上市公司披露信息所作的原则性规定。根据《公开发行股票公司信息披露实施细则》的规定，上市公司披露信息的义务主要体现在以下三个方面：(1)在每个会计年度前6个月结束后60日内提交中期报告；(2)在会计年度结束后120日内提交经注册会计师审计的年度报告；(3)公开重大事项。

一般情况下，上市公司应当将可能影响股票市价的重大事项报告证券交易所和证监会，并向社会公布，说明事件的实质。但是，若上市公司有充分的理由认为向社会公布该重大事项将严重损害其利益，而不公布该重大事项也不会导致股票市场价格发生重大变动，经证券交易所同意，可以不予公布。同时，法律允许予以保护、不予披露的商业秘密或财务信息，证券主管机关在调查违法行为过程中获得的非公开信息和文件以及根据有关法律明确规定可不予披露的其他信息和文件，也可以不予公布。

第四节　公司董事、监事、高级管理人员

董事、监事、高级管理人员，在公司中处于重要地位并具有法定的职权，其行为是否合法，不仅关系到公司的利益、股东的利益以及公司债权人的利益，还涉及社会经济秩序的稳定。因此，《公司法》从保障公司的合法经营、维护公司活动的正常秩序出发，参考国际上通行的做法和规则，对公司董事、监事、高级管理人员的任职资格、义务等作了明确规定。

一、董事、监事、高级管理人员的任职资格

根据《公司法》规定，有限责任公司、股份有限公司的董事、监事和经理，由自然人担任。其中，董事、监事，可以是公司股东，也可以不是公司股东。公司经理，可以由公司董事兼任，也可以另行聘任。

公司股东，一般会从自身利益考虑，选择他们认为能够胜任职责的人担任公司的负责人。但是，为加强对公司组织和行为的管理，《公司法》对于部分人群担任董事、监事的资格做出了限制性规定，避免某些特定人群给公司、债权人及社会公众造成损害。

《公司法》第 146 条第 1 款规定，有下列情形之一的，不得担任公司的董事、监事、高级管理人员：(1)无民事行为能力或者限制民事行为能力；(2)因贪污、贿赂、侵占财产、挪用财产或者破坏社会主义市场经济秩序，被判处刑罚，执行期满未逾 5 年，或者因犯罪被剥夺政治权利，执行期满未逾 5 年；(3)担任破产清算的公司、企业的董事或者厂长、经理，对该公司、企业的破产负有个人责任的，自该公司、企业破产清算完结之日起未逾 3 年；(4)担任因违法被吊销营业执照、责令关闭的公司、企业的法定代表人，并负有个人责任的，自该公司、企业被吊销营业执照之日起未逾 3 年；(5)个人所负数额较大的债务到期未清偿。

该条第 2 款规定，公司违反上述规定选举、委派董事、监事或者聘任高级管理人员的，该选举、委派或者聘任无效。

该条第 3 款规定，董事、监事、高级管理人员在任职期间出现本条第 1 款所列情形的，公司应当解除其职务。

二、董事、监事、高级管理人员的义务

《公司法》第 147 条第 1 款规定，董事、监事、高级管理人员应当遵守法律、行政法规和公司章程，对公司负有忠实义务和勤勉义务。该条第 2 款规定，董事、监事、高级管理人员不得利用职权收受贿赂或者其他非法收入，不得侵占公司的财产。

《公司法》第 148 条第 1 款规定，董事、高级管理人员不得有下列行为：(1)挪用公司资金；(2)将公司资金以其个人名义或者以其他个人名义开立账户存储；(3)违反公司章程的规定，未经股东会、股东大会或者董事会同意，将公司资金借贷给他人或者以公司财产为他人提供担

保;(4)违反公司章程的规定或者未经股东会、股东大会同意,与本公司订立合同或者进行交易;(5)未经股东会或者股东大会同意,利用职务便利为自己或者他人谋取属于公司的商业机会,自营或者为他人经营与所任职公司同类的业务;(6)接受他人与公司交易的佣金归为己有;(7)擅自披露公司秘密;(8)违反对公司忠实义务的其他行为。该条第2款规定,董事、高级管理人员违反前款规定所得的收入应当归公司所有。

案例3-15:5万元借款,是个人债务还是公司债务?

陈某是甲公司董事长,2001年6月因其个人债务急需用钱,便找楚某借款5万元,楚某同意借款。2001年6月15日,楚某与陈某签了5万元借款合同,在借款人一栏,陈某填上了甲公司,并加盖了甲公司公章。陈某拿到款后偿还了个人债务。2003年4月5日陈某偿还给楚某1万元。2005年2月12日楚某找陈某追要余款,发现陈某已被公司开除,楚某遂找甲公司要求偿还余款,甲公司认为该笔借款属于陈某个人债务,拒绝偿还。

这5万元借款,属于:

A. 甲公司债务,借款人为甲公司,并加盖甲公司公章;

B. 甲公司债务,在借款人一栏,陈某填上了甲公司;

C. 陈某,2003年4月5日陈某偿还了1万元;

D. 陈某,该笔借款事实是陈某个人债务。

案例3-16:董事长未经董事会同意,擅自为钱大公司提供担保

银大房地产开发有限责任公司(简称银大公司)成立于2015年,公司设立时选举张一、王二、李三、赵四、周五作为公司董事会成员,张一任公司董事长,郑六为公司总经理,何七为办公室主任。公司章程规定,公司对外担保须经董事会全体一致同意方可。2016年3月22日,董事长张一以银大公司的名义为钱大公司向建设银行贷款4 000万元出具了保函,提供了担保。2017年3月22日贷款到期,钱大公司无法清偿,建设银行向法院起诉,法院判决银大公司与钱大公司对该笔贷款4 000万元承担连带清偿责任。

董事长张一未经董事会同意,擅自为钱大公司提供担保,适用:

A. 越权行为有效；　B. 无权代理；　　C. 表见代理；　　D. 无权处分。

这里重点分析自我交易和关联关系、公司机会、竞业限制等与公司利益相冲突的交易行为。

(一) 自我交易和关联关系

自我交易指董事、高级管理人员在为公司实施行为时知道其自身或关联人是该交易的另一方当事人或与该交易存在经济利益及密切关系,并且使人们有理由相信该种利益的存在将会对该董事、高级管理人员的判断产生影响。自我交易是公司利益冲突交易的典型形式。

《公司法》第148条第1款第(4)项是关于自我交易的规定。根据该条规定,《公司法》并不禁止自我交易,但前提是:如果董事、高级管理人员与本公司订立合同或者进行交易,须有公司章程规定作为依据,或者经过股东会、股东大会的同意,从而排除了自我交易人自己证明该交易为公平交易的可能性。国外法律虽然也将取得股东会同意或追认作为确认交易合法性的方法之一,但首先由董事会进行审查,遇到困难时交由股东会审查,是相对应的事前防范措施,更具有效性。

《公司法》第216条第(4)项对关联关系作了界定,指公司控股股东、实际控制人、董事、监事、高级管理人员与其直接或间接控制的企业之间的关系，以及可能导致公司利益发生转移的其他关系。《公司法》第 21 条规定，公司的控股股东、实际控制人、董事、监事、高级管理人员不得利用其关联关系损害公司利益。违反前款规定，给公司造成损失的，应当承担赔偿责任。《公司法》第 124 条规定，上市公司董事与董事会会议决议事项所涉及的企业有关联关系的，不得对该项决议行使表决权，也不得代理其他董事行使表决权。该董事会会议由过半数的无关联关系董事出席即可举行，董事会会议须经无关联关系董事过半数通过。出席董事会的无关联关系董事人数不足 3 人的，应将该事项提交上市公司股东大会审议。

（二）公司机会

公司机会指与公司利益相关的商业机会。根据《公司法》第 148 条第 1 款第(5)项规定，董事、高级管理人员负有维护公司利益的义务，不能利用其职务便利私自利用属于公司的商业机会，除非事先取得了股东会同意或事后获得了股东会追认。

案例 3－17：邹焱的行为侵占了三立公司的商业机会，如何定性？

常州三立公司是一家环保设备工程公司，股东之一 TNJ 公司(日本企业)，主要为三立公司开拓日本市场出口环保设备相关业务。邹焱为三立公司的董事，其职责是为三立公司开拓日本市场。但邹焱与其妻子戴小苹通过二人全资控制的士通公司、世界之窗公司，经营 TNJ 公司介绍和推荐的日本业务，且没有将涉案业务带来的收益交给三立公司。

邹焱的行为侵占了三立公司的商业机会，适用：

A. 合同无效，其违背公司法、私自利用属于公司的商业机会；

B. 合同无效，涉案业务收益归三立公司；

C. 合同有效，保护善意第三人(涉案公司)；

D. 合同有效，保护善意第三人(涉案公司)，涉案业务收益归三立公司。

（三）竞业限制

竞业限制指法律虽然不禁止公司董事、高级管理人员自营或与他人经营与所任职公司同类的业务，但却设定了一定的限制条件。

根据《公司法》第 148 条第 1 款第(5)项规定，我国法律并非不允许同业竞争，而是要求公司董事、高级管理人员在从事同业竞争时事先取得股东会同意或事后获得股东会追认。

案例 3－18：公司董事，不得从事“竞业限制”业务

李某是 A 电器有限公司董事兼总经理。2006 年 7 月，A 公司所在地 K 市出现罕见的高温，空调供不应求。李某以 B 公司名义从 H 市购进一批总价 200 万元的空调，将该批空调销售给 C 公司，获利 10 万元。A 公司董事会闻讯，认为李某身为本公司董事兼总经理，应当忠实履行其职责，负有竞业限制义务，不得经营与本公司同类的业务。

李某以 B 公司名义购进总价 200 万元的空调，将该批空调销售给 C 公司，适用：

A. 合同无效，其违背公司法竞业限制义务；

B. 合同无效，10 万元利润归 A 公司；

C. 合同有效，保护善意第三人(C 公司)；

D. 合同有效，保护善意第三人(C 公司)，10 万元利润归 A 公司。

第五节　公司债券

一、公司债券的定义与法律特征

《公司法》第 153 条第 1 款规定，本法所称公司债券，是指公司依照法定程序发行、约定在一定期限还本付息的有价证券。

该条第 2 款规定，发行公司债券应当符合《证券法》规定的发行条件。也就是说，发行公司债券，除具备《公司法》规定的发行条件外，还应当符合《证券法》规定的发行条件。

发行公司债券与公司股票对于企业而言是重要的外部融资手段，对购买者而言则为投资工具。二者的共性在于，它们都是可流通的有价证券，其收益具有不确定性。但二者毕竟是两种不同的有价证券，它们之间有着本质的区别：

(一) 权利性质不同

公司债券，持有人是公司的债权人，与公司之间形成债权、债务关系，其无权参与公司的经营决策。公司股票，持有者是公司的股东，依其所持股份享有股东权利，有权参与公司的经营决策及其他重大问题的决策。

(二) 获得收益不同

公司债券，利率一般固定，而且不管公司是否盈利，公司均有义务按期支付利息。持有公司股票的股东，在公司存续期间原则上无权要求公司退回出资，而且一般在公司利润弥补亏损、提取公积金和公益金之后若有盈余，才可能分得股息，而股息一般是不固定的。可见，公司债券的收益是稳定的，而公司股东的收益则具有不确定性。

(三) 承担风险不同

当公司破产或解散时，公司债券持有人优先于公司股东就公司的财产获得清偿。股东则须在公司债权人获得清偿后，才能对公司的剩余财产进行分配。可见，购买股票是一种风险投资，其风险程度远远高于公司债券。

二、公司债券的种类

(一) 记名公司债券与无记名公司债券

《公司法》第 156 条规定，公司债券，可以为记名债券，也可以为无记名债券。若公司债券上记载债权人的姓名或者名称，即为记名公司债券。若公司债券上不记载债权人的姓名或者名称，则为无记名公司债券。

(二) 可转换公司债券与非转换公司债券

可转换公司债券，指公司债券的持有人能够申请将该债券转换为公司股票，公司债券的债务人(股份有限公司)具有按一定程序将该公司债券转换为公司股票的义务。相反，公司债券的持有人无权将其持有的公司债券转换为公司股票，为非转换公司债券，即普通公司债券。

我国法律允许可转换公司债券与非可转换公司债券的发行，但可转换公司债券的发行人仅限于上市公司。例如,《公司法》第 161 条第 1 款规定,上市公司经股东大会决议可以发行可转换为股票的公司债券,并在公司债券募集办法中规定具体的转换方法。上市公司发行可转换为股票的公司债券,应当报国务院证券监督管理机构核准。

该条第 2 款规定,发行可转换为股票的公司债券,应当在债券上标明“可转换公司债券”字样,并在公司债券存根簿上载明可转换公司债券的数额。

三、公司债券的发行

公开发行债券的资金募集对象是社会大众,其发行涉及社会公众投资者的利益。因此,为了保护公司债券持有人的利益,稳定社会投资心理,《公司法》和《证券法》对公司债券的发行均作了一些必要的限制和禁止规定。

各国公司法一般规定,只有股份有限公司才可发行公司债券。但根据我国《证券法》第 16 条的规定,达到特定要求的股份有限公司、有限责任公司,为筹集生产经营资金,能够公开发行公司债券。也就是说,我国发行公司债券的主体包括股份有限公司、国有独资公司与有限责任公司。

《证券法》第 16 条对以上主体发行公司债券的条件作了明确规定:(1)股份有限公司的净资产不低于人民币 3 000 万元,有限责任公司的净资产不低于人民币 6 000 万元;(2)累计债券余额不超过公司净资产的 40%;(3)最近 3 年平均可分配利润足以支付公司债券的 1 年利息;(4)筹集的资金投向符合国家产业政策;(5)债券的利率不超过国务院限定的利率水平;(6)国务院规定的其他条件。

《证券法》第 18 条规定,有下列情形之一的,不得再次公开发行公司债券:(1)前一次公开发行的公司债券尚未募足;(2)对已公开发行的公司债券或者其他债务有违约或者延迟支付本息的事实,仍处于继续状态;(3)违反该法规定,改变公开发行公司债券所募资金的用途。

四、公司债券的转让

公司债券一经发行可以自由转让,公司不得以任何方式加以禁止或限制。

《公司法》第 159 条第 1 款规定,公司债券可以转让,转让价格由转让人与受让人约定。该条第 2 款规定,公司债券在证券交易所上市交易的,按照证券交易所的交易规则转让。

公司债券转让,可分为两种情况:(1)记名公司债券转让;(2)无记名公司债券转让。

《公司法》第 160 条第 1 款规定,记名公司债券,由债券持有人以背书方式或者法律、行政法规规定的其他方式转让;转让后由公司将受让人的姓名或者名称及住所记载于公司债券存根簿。也就是说,记名债券一经背书交付,在当事人之间即产生转让的效力,并可以其转让对抗第三人。但是,若未将受让人的姓名或名称记载于记名公司债券,并将受让人的姓名或名称及住所记载于公司债券存根簿,则不得以其转让对抗公司。

该条第 2 款规定,无记名公司债券的转让,由债券持有人将该债券交付给受让人后即发生转让的效力。可见,无记名公司债券的转让,以交付债券的方式进行;一经交付,公司债券的转让即生效,并可以其转让对抗公司及第三人。

第六节　公司合并、分立、增资、减资

一、公司合并

(一) 公司合并的定义及方式

公司合并指两个或两个以上的公司按照《公司法》等有关法律、法规的规定，通过订立合并协议的方式，变更为一个公司的法律行为。

《公司法》第 172 条第 1 款规定，公司合并可以采取吸收合并或者新设合并的方式。该条第 2 款规定，一个公司吸收其他公司为吸收合并，被吸收的公司解散。两个以上公司合并设立一个新的公司为新设合并，合并各方解散。

一般来说，进行合并的公司若实力相差悬殊，一方的实力明显地强于另一方，必然是弱者被淘汰，多采取吸收合并的方式。如果合并各方实力相当，为了防止各方利益受损，则采取新设合并的方式。从国外公司合并的实际情况看，以吸收合并居多。

(二) 公司合并的程序

根据《公司法》规定，公司合并的法定程序如下：(1)董事会提出合并方案；(2)公司权力机构作出决议；(3)签订合并协议；(4)编制资产负债表和财产清单；(5)通知和公告；(6)办理登记手续。

《公司法》第 173 条规定，公司合并，应当由合并各方签订合并协议，并编制资产负债表及财产清单。公司应当自作出合并决议之日起 10 日内通知债权人，并于 30 日内在报纸上公告。债权人自接到通知书之日起 30 日内，未接到通知书的自公告之日起 45 日内，可以要求公司清偿债务或者提供相应的担保。

(三) 公司合并的法律后果

主要表现在两个方面：(1)公司的解散或新设；(2)权利义务的概括承受。

因公司合并，部分参与合并的公司(在吸收合并的场合)或者全部参与合并的公司(在新设合并的场合)解散。在新设合并的情况下，产生一个新的公司。

因合并而消灭的公司，其权利义务由合并后存续的公司或新设立的公司当然地、概括地承受。所谓“当然”，指不应附加任何先决条件。所谓“概括”，指一切权利义务，承受公司不得进行选择，不得附有任何先决条件。《公司法》第 174 条规定，公司合并时，合并各方的债权、债务，应当由合并后存续的公司或者新设的公司承继。

案例 3－19：先合并、后直接破产的公司终止，违反公司合并制度立法目的

甲公司是 A、B 两公司的唯一股东。2013 年，甲公司计划终止这两家公司。7 月，甲公司将 A 公司无偿并入 B 公司。同日，A、B 两公司签订合并协议，由 B 公司吸收 A 公司，A 公司解散；原 A 公司债权债务由 B 公司承继。9 月，A 公司注销，声称债权债务已清理完毕。10 月，B 公司申请破产。法院受理破产申请，查明 B 公司从 2007 年开始经营困难，2011 年全面停产；合并后 B 公司资产负债率为 136.61%。2014 年 1 月，法院宣告 B 公司破产。乙公司诉至法院，称甲公司作为 A、B 两公司的股东，在合并过程中未依法编制资产负债表和财产清单，未书面通知已知债权人，导致乙公司无法要求 A 公司清偿债务或者提供担保，构成侵权，应当承担赔偿责任。

甲公司未能提交关于A公司并入B公司时实际已无资产的证据。经审查,A公司2012年度年检报告书所附2012年12月31日资产负债表载明的所有者权益数额93 880 876元;合并后B公司进入破产程序,破产管理人对合并前两公司的财产进行梳理,A公司资产负债表载明的所有者权益76 388 918元。法院认为:甲公司作为A、B两公司的股东,旨在终止两公司,不按公司法规定分别对两公司进行解散、清算或者申请破产,特意安排先合并、后破产的终止途径,不编制资产负债表和财产清单,将A公司无偿并入B公司,直接申请合并后B公司破产,构成对A公司债权人乙公司的侵权,属于《公司法》第20条"公司股东滥用公司法人独立地位和股东有限责任,逃避债务,严重损害公司债权人利益的行为",应当对公司债务承担连带责任。判决:甲公司赔偿乙公司未实现债权的相应损失。

案例评析:

该案涉及公司在合并过程中的两种侵权方式:

一是以终止所有参与合并的公司为直接目的,先合并,合并后公司直接申请破产,违背公司合并制度立法目的,对合并前资产状况相对好的公司债权人构成侵权。该案中甲公司直接将合并后公司申请破产,打破了原本各自独立的公司法人财产的界限,将所有参与合并的公司各自的债权人一律作为合并后公司的债权人参与分配,必然损害部分债权人的利益。

二是合并过程中法定通知义务的履行,关系到债权人的重大权益。《公司法》第173条规定"债权人自接到通知书之日起30日内,未接到通知书的自公告之日起45日内,可以要求公司清偿债务或者提供相应的担保"。虽然公司法并未规定公司不按照债权人的要求清偿债务或者提供相应担保的,债权人可以阻止或者否定合并,但是债权人提出要求后,若公司既不清偿债务,又不提供相应担保,坚持进行合并的公司股东可能承担相应风险,即一旦合并行为被证明损害债权人利益,则应承担损害赔偿责任。

案例3-20:被吸收合并的B公司债务,由C公司负责偿还给债权人

A公司于2013年9月与B公司正式签订了施工及采购两份合同,A公司不仅按合同的约定完成了合同内所有的供货及安装施工内容,在合同之外,还完成了甲方(B公司为原项目甲方)下发的21项工程联系单上的所有工作,增加了部分设备的供货及安装施工,洽商金额总计70万元,甲方一直未给予结算,A公司与甲方沟通此洽商部分的结算事宜,因甲方各管理部门的意见不统一,一直没有进展和结果。此工程竣工三年有余,质保期已过,洽商部分的结算仍无结果。

2014年9月,B公司被C公司吸收合并,且公告"B公司已注销"。B公司与A公司洽商的款项,应当:

A. 自行消灭;　　B. B公司法人代表承担;

C. C公司承担;　　D. A公司与C公司协商。

二、公司分立

(一)公司分立的定义和方式

公司分立指一个公司依法定程序分为两个或两个以上公司的法律行为。

实践中,公司分立一般采取两种形式:新设分立和派生分立。新设分立,指将一个公司的资产进行分割,分别设立两个或两个以上的公司,原公司因此而消灭。派生分立,指在不消灭原公司的基础上，将原公司资产分出一部分成立一个或数个公司的行为。

（二）公司分立的程序

公司分立的程序与公司合并的程序基本相同，大致如下：(1)原公司的董事会提出公司分立的方案；(2)原公司董事会将分立方案提交公司权力机构讨论，由权力机构作出有关决议；(3)由分立各方签订书面分立协议；(4)编制资产负债表及财产清单；(5)通知和公告。

《公司法》第 175 条第 1 款规定，公司分立，其财产作相应的分割。该条第 2 款规定，公司分立，应当编制资产负债表及财产清单。公司应当自作出分立决议之日起 10 日内通知债权人，并于 30 日内在报纸上公告。

（三）公司分立的法律后果

1. 债务分担

公司分立，对债权人利益影响最大。《公司法》第 176 条规定，公司分立前的债务由分立后的公司承担连带责任。但是，公司在分立前与债权人就债务清偿达成的书面协议另有约定的除外。同时，《合同法》第 90 条规定，当事人订立合同后分立的，除债权人和债务人另有约定外，由分立后的法人或其他组织对合同的权利和义务享有连带债权，承担连带债务。因此，公司分立中的债务分担应按如下原则处理：

(1) 公司分立前的债务可由公司在分立前与债权人就如何清偿债务达成协议进行处理。如果公司在分立前已经与债权人就债务清偿问题达成协议，该种协议对分立后的公司和债权人具有拘束力，应按所达成的协议处理。

(2) 如果公司在分立前没有与债权人就债务清偿债务达成协议；或虽有约定，但约定不清楚或有争议；或虽有约定，但约定显失公平的，应当由分立后的公司（包括分立后的存续公司、新设公司和吸收公司）承担连带责任。

2. 对少数股东的保护

公司分立，对异议股东也构成重大影响。股东虽然有权参与表决，但如果对公司分立有异议的股东是少数，他不能阻止公司分立的进行。因此，法律赋予股东以评估权，即对公司分立有异议的股东可以要求公司以公平价格回购其股份，从而使异议股东可以退出公司。

在公司分立中，公司董事、大股东应对少数股东承担受信义务，若对少数股东存在欺压、欺诈或不公平的行为，应当承担违信责任。

三、增加注册资本

增加注册资本，指在公司成立后，经公司权力机构决议，依法定程序在原有注册资本的基础上予以扩大，增加公司实有资本总额的行为。

《公司法》第 179 条第 1 款规定，有限责任公司增加注册资本时，股东认缴新增资本的出资，依照本法设立有限责任公司缴纳出资的有关规定执行。

该条第 2 款规定，股份有限公司为增加注册资本发行新股时，股东认购新股，依照本法设立股份有限公司缴纳股款的有关规定执行。

根据该规定，注册资本增加分两种情况：(1)有限责任公司，增加注册资本的途径主要是股东增加出资，比较简单；(2)股份有限公司，可以通过发行新股来增加注册资本，也可以用公积金转为注册资本，比较复杂。

股份有限公司，经股东大会决议将公积金转为注册资本时，按股东原有股份比例派送新股或增加每股面值；但法定公积金转为注册资本时，所留存的该项公积金不得少于注册资本的 15%。

四、减少注册资本

减少注册资本，指公司成立后，经权力机构决议，依法定程序使其注册资本在原有基础上进行削减的法律行为。

《公司法》第 177 条第 2 款规定，公司应当自作出减少注册资本决议之日起 10 日内通知债权人，并于 30 日内在报纸上公告。债权人自接到通知书之日起 30 日内，未接到通知书的自公告之日起 45 日内，有权要求公司清偿债务或者提供相应的担保。

案例 3-21:《公司法》对减少公司注册资本的限制

向世仁等 5 人为金时达有限责任公司全体股东，公司注册资本 170 万元，向世仁为法定代表人。公司成立并经营若干年后，5 位股东协议减少公司资本，将公司注册资本变更为 70 万元。

《公司法》对减少公司注册资本给予了限制，下列哪个说法是错误的?

A. 公司自作出减少注册资本决议之日起，10 日内通知已知债权人；

B. 公司自作出减少注册资本决议之日起，若无法通知债权人，60 日内在报纸上公告；

C. 债权人自接到通知书之日起 30 日内，有权要求公司清偿债务或提供相应的担保；

D. 债权人未接到通知书，自第一次公告之日起 45 日内，有权要求公司清偿债务或提供相应的担保。

值得注意的是，在增加注册资本的情况下，公司不必通知和公告债权人；但公司减少注册资本时，公司必须通知和公告债权人，同时债权人有权要求提前清偿或提供相应的担保，意在保护债权人的合法利益。

第七节　公司解散、清算

公司在经营过程中，往往与其他企业、经济组织、个人发生经济往来，从而产生许多债权债务关系。因此，当公司被宣告破产或解散时，必须依法对其债权债务进行清算，以维护公司、股东、债权人的合法利益。《公司法》第十章对公司的解散和清算作了规定。

一、公司解散

(一) 定　义

公司解散指使公司丧失法人资格的法定原因已经产生，从而应当终止公司权利义务的行为。

根据是否具有强制性，公司解散可分为两种情况：自愿解散和强制解散。自愿解散，指公司根据章程规定或股东会决议，或者根据公司业务发展的需要决定合并或分立而解散。强制解散，指公司在生产经营过程中因违反法律、行政法规，被政府主管部门或法院依法责令解散的情况。

(二) 公司解散的事由

《公司法》第 180 条规定，公司可因下列原因解散：(1)公司章程规定的营业期限届满或者公司章程规定的其他解散事由出现;(2)股东会或者股东大会决议解散;(3)因公司合并或者分立需要解散;(4)依法被吊销营业执照、责令关闭或者被撤销;(5)人民法院依照本法第 182 条的规定予以解散。

《公司法》第 182 条规定,公司经营管理发生严重困难,继续存续会使股东利益受到重大损失,通过其他途径不能解决的,持有公司全部股东表决权百分之十以上的股东,可以请求人民法院解散公司。

(三) 公司解散的后果

公司解散后,产生的法律后果有二:(1)公司解散,尽管其法人资格并不立即消灭,但公司不能再以原法人名义对外进行新的经营活动,而只能进行清算范围内的活动;(2)公司清算期间,清算组为公司的对外代表人。

二、公司清算

(一) 定　义

公司清算指公司解散后,为了终结公司现存的各种法律关系、债权债务关系,对公司资产进行清理、处分,并依法向原登记机关办理注销登记手续的法律行为。

公司清算完结,注销登记手续完成后,公司的法人资格即告消灭。

(二) 清算组

清算组,指公司出现清算的原因后,依法成立的处理公司债权、债务的组织。清算组在公司清算期间对外代表公司。

1. 清算组的组成

根据《公司法》第 183 条的规定,有限责任公司的清算组由股东组成,股份有限公司的清算组由董事会或者股东大会确定其人选。若公司逾期不成立清算组进行清算,债权人可以申请人民法院指定有关人员组成清算组,进行清算。该规定,是为了更好地保护股东和债权人的合法利益。

公司应当给予清算组成员适当的报酬,具体数额由股东会决定。若清算组成员由人民法院或有关主管机关指定,其报酬应由人民法院或有关主管机关确定。

2. 清算组的职权

《公司法》第 184 条规定,清算组在清算期间行使下列职权:(1)清理公司财产,分别编制资产负债表和财产清单;(2)通知、公告债权人;(3)处理与清算有关的公司未了结的业务;(4)清缴所欠税款以及清算过程中产生的税款;(5)清理债权、债务;(6)处理公司清偿债务后的剩余财产;(7)代表公司参与民事诉讼活动。

3. 清算组的义务

根据《公司法》的规定,清算组负有如下义务:(1)公告、通知债权人;(2)不得从事与公司清算无关的活动;(3)清算期间,公司不得开展新的经营活动;(4)若发现公司财产不足以清偿债务,应立即向人民法院申请宣告破产;(5)公司清算结束后,清算组应当制作清算报告,注销公司登记,公告公司终止;(6)清算组成员应当忠于职守,依法履行清算义务。

(三) 公司清算程序

根据《公司法》的规定,公司清算须经下列程序:

1. 公告、通知、债权申报

清算组成立后，应当自成立之日起10日内通知债权人，并于60日内在报纸上公告。债权人应当自接到通知书之日起30日内，未接到通知书的自第1次公告之日起45日内，向清算组申报其债权。

债权人申报其债权，应当说明债权有无担保，并提供相关的证明材料。清算组应当对债权进行登记。

2. 清理财产、债权、债务

清算组成立后，应立即对公司的财产进行登记。

公司解散时，若尚有业务未了结，清算组应予以了结；若公司的债权尚未到期，清算组应当将该债权提前收回。

清算组在清理公司财产、编制资产负债表和财产清单后，应当制定清算方案，并报股东会或主管机关确认。

3. 清偿债务、分配财产

若公司财产能够清偿公司债务，应按照顺序分别支付清算费用、职工工资、社会保险费用和法定补偿金，缴纳所欠税款，清偿公司债务。公司清偿债务后的剩余财产，有限责任公司按照股东的出资比例分配，股份公司按照股东持有的股份比例分配。

4. 制作清算文件、注销登记

公司清算结束后，清算组应当制作清算报告、清算期间的收支报表及各种财务账册，报股东会或者有关主管机关确认，并报送公司登记机关，申请注销公司登记，公告公司终止。

案例3-22：清算义务人，应对欺诈注销的行为承担侵权赔偿责任

甲公司设立于2005年，注册资本200万元，股东曹某、孙某分别持股55%、45%，曹某任公司法定代表人。2013年11月，公司召开股东会，决定解散公司，于同日成立由两位股东组成的清算组，曹某为清算组负责人。2014年1月，公司清算组向工商行政管理部门申请注销甲公司，申请书载明甲公司债权债务已清理完毕。清算组还一并提交了一份《清算报告》，载明清算组于成立起十日内通知了全体债权人，并在相关报纸上刊登公告；债权债务清理情况：公司库存资产300万元，收回债权0元，偿还债务0元，剩余资产300万元，全部为货币，曹某分配210万元，孙某分配90万元；至报告出具之日，公司已清理完毕。曹某作为清算组负责人在申请书上签字确认提交材料真实有效，明确声明对真实性承担责任。

10月，乙公司诉至法院，称甲公司向银行借款1 000万元，乙公司为该笔债务提供了担保。借款于2013年9月到期后，甲公司无力偿还，乙公司代其向银行偿还借款本息共计1 100万元。但乙公司向甲公司追偿时发现甲公司已注销。经调查，甲公司《清算报告》不实，公司注销时资产远不止300万元，两股东恶意注销公司逃债，损害债权人利益，要求两股东对欠款承担连带清偿责任。曹某、孙某不能提供证据证明清算组实际开展了清算工作，亦不能提交相关证据证明《清算报告》的真实性。

法院认为，曹某、孙某未实际开展清算工作，属于《最高人民法院关于适用〈中华人民共和国公司法〉若干问题的规定(二)》(以下简称《公司法》司法解释二)第19条规定的未经依法清算，以虚假的清算报告骗取公司登记机关办理法人注销登记的情形，应当对债权人承担赔偿责任。判决：曹某、孙某赔偿乙公司代垫款1100万元及相应利息。

案例评析：

欺诈注销行为大量存在，反映出清算义务不被投资者重视，即从公司办理注销手续的依据材料看，清算程序依法进行，但实际上清算工作并未依法开展。投资者面临的法律风险是，须承担侵权责任。

值得注意的是：(1)公司解散后，清算义务人负有在法定期间内组织清算组依法进行清算的义务，如不履行或不适当履行该义务给公司及债权人造成损失的，属于侵权行为，应承担相应的民事责任。(2)清算义务人的不当行为可分为不作为与作为两类，前者包括履行清算义务的行为；后者包括未经依法清算，以虚假的清算报告骗取公司登记机关办理法人注销登记的行为，即欺诈注销。(3)清算义务人存在欺诈注销行为的，应承担侵权赔偿责任。

第八节　实践中常见的公司纠纷

一、隐名股东

在正常情况下，公司章程或股东名册记载的股东就是实际出资人或依法继受股权人。但在公司实践中，经常出现“名不副实”的情况，即公司章程或股东名册记载的股东并不是实际出资人或依法继受股权人。

隐名股东，又称匿名股东，指实际出资人或认购股份人以他人名义履行出资义务或认购股份。而显名股东，又称名义股东，指股东姓名或名称在公司章程或股东名册中予以记载。

一般而言，法律将名义股东视为股东。商法与民法的最大不同在于：民法重意思，商法重表示；民法重个人，商法重团体。这样的法律设置不仅是为了提高商事交易的效率，也是为了保护交易的安全。因此，当名义股东与实际出资人或股份认购人不一致时，原则上应以外观表示来确认股东身份，即将名义股东视为股东。

但该原则也有例外，即如果公司明知实际出资人或认购股份人的身份，并且已经认可其以股东身份行使股东权利，如果不存在违反强行法律规定的情形，则可以认定实际出资人或股份认购人为股东。例如公司在分配股利时直接向实际出资人或股份认购人进行分配；又如，实际出资人或股份认购人参与公司管理等。

《公司法》司法解释三，专门就实际出资与名义持有的权益争议、名义股东责任等问题进行了规定。

（一）权益争议

尽管名义股东被记载于股东名册，甚至经由公司登记机关登记，但实际出资人以其实际履行了出资义务为由仍然可以向名义股东主张权利。名义股东不得以公司股东名册记载、公司登记机关登记为由，否认实际出资人权利进行抗辩。

但实际出资人是否可以成为公司股东，还需要满足其他条件。《公司法》第 71 条规定，实际出资人获得名义股东身份需要获得公司其他股东过半数同意。如果实际出资人未经公司其他股东过半数同意，即使否认了名义股东的身份，实际出资人也难以成为公司股东。

在确认了实际出资人的实际出资权益并经公司其他股东过半数同意后，实际出资人还须请求公司办理股权变动手续，包括请求公司变更股东、签发出资证明书、记载于股东名册、记载于公司章程，并办理公司登记机关登记等事项。

(二) 名义股东的责任

《公司法》司法解释三第 27 条规定,公司债权人以登记于公司登记机关的股东未履行出资义务为由,请求其对公司债务不能清偿的部分在未出资本息范围内承担补充赔偿责任,股东不得以其仅为名义股东而非实际出资人为由进行抗辩。名义股东应根据前款规定承担赔偿责任后,向实际出资人追偿。

这里较好地处理了名义股权的外部关系和内部关系。无论名义股东有无获得实际出资人资金供给,只要他显名为公司股东,就应当对债权人承担补充赔偿责任。然后再转而求助于订立内部关系的委托合同,向实际出资人进行追偿。

案例 3-23:张巡担任什么角色?

2012 年 4 月,陈明设立一家有限责任公司,从事绿色食品开发,注册资本 200 万元。公司成立半年后,为增加产品开发力度,陈明拟新增资本 100 万元,并分别与张巡、李贝洽谈,该二人均有意愿认缴全部新增资本,加入陈明的公司。陈明先后与张巡、李贝二人就投资事项分别签订了书面协议。张巡在签约后第二天,即将款项转入陈明的个人账户,但陈明一直以各种理由拖延办理公司变更登记等手续。2012 年 11 月 5 日,陈明最终完成公司章程、股东名册以及公司变更登记手续,公司注册资本变更为 300 万元,陈明任公司董事长,而股东仅为陈明与李贝,张巡的名字则未出现在公司登记的任何文件中。

张巡的角色,属于:

A. 借款人; B. 显名股东; C. 隐名股东; D. 监事。

案例 3-24:公司法如何保护隐名股东?

案例发生在云南昆明。许志华从华铁置业公司受让 40%股份,但没有到工商局办理股东变更手续,原因主要是许志华不愿意让别人知道其投资的事,希望做隐名股东,后来其当上了公司的法人代表(董事长兼总经理)。

许志华想将一部分股份转让给张会,双方签订了转让协议。张会正准备将 20 万元受让款交给许志华,到工商局一调查才知道"许志华根本不是公司股东,其转让股份的协议无效"。于是,张会找到真正的股东(华铁置业),双方签订了股份转让协议。许志华将张会诉至法院,要求张会履行合同。

关于隐名股东、显名股东,公司法保护:

A. 隐名股东; B. 显名股东;

C. 隐名股东或显名股东; D. 隐名股东和显名股东。

二、掺水股(Watered Shares)

(一) 表现形式

掺水股一般包括高估股、红利股两种形式。

从技术上讲,高估股指对非现金出资的高估而产生的掺水股。我国法律要求,对作为出资的实物、知识产权、土地使用权等可以用货币估价并可以依法转让的非货币财产,必须进行评估作价,核实资产价值,不得高估或低估作价。这里,如果对非现金出资产生了高估,则将导致掺水股的产生。

红利股主要表现为三种情形:一是公司以发行股份的形式替代现金分配,俗称"送股"或

“派股”，这种红利股有对价；二是公司发行股份作为对公司雇员的奖酬，这种红利股实际上也包含对价；三是发行没有任何对价的股份或不适格对价，俗称“干股”。

（二）掺水股股东承担的责任

现代法律要求接受掺水股的股东应当承担差额填补责任，如果接受掺水股的股东拒绝承担差额填补责任，公司应当负责落实该责任，即公司章程规定的价额和实际支付价款之间的差额。

在我国，关于高估股，《公司法》第 30 条和第 93 条第 2 款均规定，公司成立后，发现作为设立公司出资的非货币财产的实际价额显著低于公司章程所定价额的，应当由交付该出资的股东（有限公司）或者发起人（股份有限公司）补足其差额，公司设立时的其他股东或发起人应当承担连带责任。关于红利股，《公司法》虽然没有对其责任作出具体规定，但依法理类推，接受这种无对价红利股的股东应当承担补缴责任。

上述规定，表明我国法律对于掺水股采用差额填补责任。值得注意的是，这些规定是从出资瑕疵的视角加以规定的，并没有针对掺水股的各种情况形成一般性的责任规则。

三、库存股（Treasure Stock）

库存股指公司将已经合法发行的股份进行回购并作为“库存”而持有的股份，仅指发行公司回购自己公司的股份。

库存股在法定的资本余额意义上被视为“已发行股份”，但不具有表决权，不能决定法定出席数额，不能参与分配。

库存股通常被用来规避有关法律规则。例如，账面资本并不因为库存股份的票面价值而减少。库存股通过特别的记载反映在财务账册中，表示这些股份是作为库存股而持有，并在盈余剩余/资本剩余账户上加以限制，以反映库存股份的回购价格已经转换到了这些账户。

根据《公司法》第 142 条第 2 款规定，为减少公司注册资本而收购本公司股份的，应当自收购之日起 10 日内注销；与持有本公司股份的其他公司合并和基于股东行使异议评估权而由公司收购本公司股份的，应当在 6 个月内转让或注销；将股份奖励给本公司职工而收购本公司股份的，所收购的股份应当在一个年度内转让给职工。可见，公司所回购的股份必须在法定期限内予以转让或注销。公司除在法定期限内临时持有所回购的股份外，不得持有回购股份。

另外，根据《公司法》第 103 条规定，公司持有的本公司股份没有表决权。依法理，公司持有的本公司股份也不得参与利润分配和剩余财产分配。

四、滥用股东权利导致公司不分配利润的情形

在封闭公司，大股东掌握着公司决策，其股利政策显然有利于控制股东，往往对小股东产生一定的侵害。大股东滥用股东权利，包括两种情形：

（一）欺压或排挤少数股东

控制股东往往倾向于采用“无股利政策”，并将大量公司利润以薪金、奖金、利润分配计划和边际利益（如免费使用高档汽车、俱乐部会员资格）等方式转移到自己名下，从而导致少数股东无股利分配。

在极端情况下，这样的政策可能导致少数股东的投资及其在公司中的利益根本没有回报。大股东可以采取这种“无股利政策”来“软化”（Soften up）少数股东并迫使其以低廉的价格将

股份出售给公司或其他股东，被称为“排挤”(Squeeze out)或“挤走”(Freeze out)策略。

(二) 长期不分配且有充分盈余积累

根据《公司法》第 74 条第 1 款第(1)项的规定，公司连续五年不向股东分配利润，而公司该五年连续盈利，并且符合本法规定的分配利润条件。

若少数股东提起“控制股东滥用股东权利”之诉，以上两种情形无须同时具备，只要具备其中之一即可。

五、公司决议不成立诉讼

公司决议不成立诉讼指公司会议的召集程序或决议方法存在可视为公司会议不存在的重大瑕疵。也就是说，公司决议的成立过程中所存在的瑕疵明显重大，以至于连决议本身的存在也无法认可，即构成确认决议不存在的情况。

根据《公司法》司法解释四第 5 条的规定，股东会或股东大会、董事会决议存在下列情形之一的，当事人可以主张决议不成立：(1)公司未召开会议。公司根本就没有召开会议，其所谓的决议必然是虚假的或伪造的，自然不能作为决议成立。但有两种例外情形，即根据《公司法》第 27 条第 2 款或公司章程规定可以不召开股东会或股东大会而直接作出决议，并由全体股东在决议文件上签字、盖章的除外。公司召开会议不一定非要在现场召开，法律亦允许其他方式，如书面确认或电话、视频会议或网络投票。因此，所谓的“未召开会议”应限定于没有依照法律规定的方式召开会议。(2)会议未对决议事项进行表决。公司会议对决议事项进行表决实际上是对决议内容的同意、反对或弃权的意思表示。如果公司会议没有对决议事项进行表决，自然决议不能成立。(3)出席会议的人数或股东所持表决权不符合《公司法》或公司章程的规定。公司决议是团体性法律行为，法律或章程往往对出席股东会或董事会的人数或股东所持表决权的比例有相应的要求，如不能满足要求，则属于重大瑕疵，决议不能成立。(4)会议的表决结果未达到公司法或公司章程规定的通过比例。同理，基于公司决议是团体性法律行为的性质，法律或章程对决议的表决结果亦规定了通过比例，如董事会决议至少需经过半数以上董事同意，股东会一般决议至少需要股东所持表决权半数以上同意。如不能满足要求，则属于重大瑕疵，决议不能成立。(5)导致决议不成立的其他情形。实践中，公司决议瑕疵情形复杂多样，法律不可能穷尽罗列。因此，如果出现新的情形，法官可以裁量斟酌予以处理。

例如在封闭公司，公司股东、董事和经理往往为同一人，股东应像合伙人一样管理公司，故封闭公司又称“公司型合伙”(Incorporated Partnership)。众所周知，合伙人之间是一种信托、信任和忠诚的关系，控制股东对少数股东也要承担类似合伙人之间的受信义务(Fiduciary Duties)，即最大善意和忠实(Utmost Good Faith and Loyalty)。但现实生活中，某些控制股东背离了其对公司和其他股东的忠实义务而表现出贪婪、自私的行为，其做出的决议自然是有偏的。

案例 3－25：控股股东不召开股东会，签署的股东会决议不成立

甲公司设立于 2008 年，注册资本 100 万元，发起人为两位自然人，其中朱某持股 65%、王某持股 35%。公司章程规定，股东会会议应对所议事项作出决议，决议由代表二分之一以上表决权的股东表决通过即生效；但股东会对公司重大事项所作出的决定，必须由代表三分之二以上表决权的股东表决通过才能生效。经营中，两股东产生矛盾，甲公司从 2009 年开始未再召开过股东会。2010 年，王某起诉要求解散公司。关于公司解散的条件之一，即股东会机制有无失灵问题，产生争议。王某认为，公司多年无法召开股东会，股东会机制长期失灵，属于公司经营管理发生严重困难的情形。而甲公司、朱某则认为，根据章程，除增资、解散等重大事项外，一般事项的决议仅需代表二分之一以上表决权的股东表决通过即可生效；公司仅有两位股东，朱某持股 65%，所代表的表决权已超过二分之一，故即使王某不参加股东会，不作出任何表决，也不会影响公司的正常管理运作，另一股东仍可以召开股东会或临时股东会作出有效的股东会决议。鉴于两股东的持股比例以及章程规定的议事规则，两股东之间不会形成有效对抗，股东矛盾并未引发公司决策机制失灵。

法院认为，根据《公司法》第 37 条第 2 款规定，只有在股东对股东会所议事项以书面形式一致表示同意的情形下，才可以不召开股东会会议，直接作出决定，并由全体股东在决定文件上签名、盖章。简言之，只要股东之间对股东会所议事项存在争议，就必须依法召开股东会。不召开股东会会议即就应由股东会所议事项作出决定，是违反法律规定的。朱某虽是甲公司的大股东，但其不通过股东会这一平台依法行使股东权利，其意志仍无法上升为公司的意志，其直接签署的股东会决议不成立，对其他股东没有约束力。结合其他事实，法院判决解散甲公司。

案例评析：

资本多数决原则使得控股股东天然地对公司具有更大的影响力，一旦持股比例达到决议通过要求，这种影响便具有决定性。这也使得控股股东常常基于自身的优势对小股东的权利不重视甚至漠视。股东会会议中绝对地否定、忽视小股东的观点，甚至不再召开股东会即签署股东会决议的情形，也并不罕见。

该案旨在澄清：对于表决权达到决议通过要求的控股股东不召开股东会即签署的股东会决议，应当认定为不成立。

(1) 股东会决议的形成有法定程序要求。根据《公司法》第 37 条第 2 款规定，只有在股东对股东会所议事项以书面形式一致表示同意的情形下，才可以不召开股东会，直接作出决定，并由全体股东在决议文件上签名、盖章。换言之，只要股东之间对股东会所议事项存在争议，就必须依法召开股东会；不召开股东会就对应由股东会所议事项作出决定，明显违反法律规定。

(2) 资本多数决原则的适用并非没有边界。控股股东不召开股东会即签署股东会决议的做法，超越了资本多数决原则的合法适用范围，属于滥用资本多数决的行为。司法如果不予规制，将架空公司法对公司内部治理的制度设计。

(3) 应正确理解股东会设置的内在价值。股东会是股东行使股东权的平台，股东通过行使表决权对待议事项作出自己的意思决定，众股东分散之意思决定通过表决权规则汇集形成集体意志，转化为公司意思，即若不通过股东会这一平台，包括控股股东在内的任何一个股东的意志均无法上升为公司意志。而且，股东会不仅是单纯的表决平台，亦是聚合集体智慧的沟通平台，通过股东会上的辩论、沟通，完全可能出现小股东说服大股东改变其原有计划的情形。

六、股东派生诉讼

股东派生诉讼又称股东代表诉讼，指当公司由于某种原因没有就其所遭受的某种行为的侵害提起诉讼时，以使公司获得赔偿等救济为目的，公司股东可以代表公司针对该种行为提起诉讼。股东代表诉讼的机制对公司董事、高级管理人员具有一定的威慑作用，并有利于保护公司及少数股东的利益。

(一) 适用情形

股东派生诉讼主要适用于公司董事、高级管理人员等违反了注意和忠实之受信义务,包括如下情形:

(1) 涉及公司管理层重大过失的案件。例如,公司在项目投资上存在重大失误;在存在竞争收购的情况下,公司选择了较低价格出售公司股份;或者公司管理者的其他重大过失情形。值得注意的是,由于公司管理者受到商业判断规则的保护,故原则上须以管理者有重大过失情形才能判定其违反了应尽的注意义务。

(2) 涉及浪费公司资产的案件。例如,公司进行与公司利益没有明显关系的不合理巨额捐助,将构成对公司资产的浪费。

(3) 涉及自我交易的案件。例如,公司董事将自己的土地出售给公司,公司董事向公司贷款或从公司贷款等。按照现代法律,上述行为并不为法律所禁止,但是交易本身必须符合公平标准,否则,将构成违反忠实义务。

(4) 涉及关联交易的案件。利益关联交易损害公司利益的,构成对忠实义务的违反,从事关联交易的行为人应当承担违约责任。

(5) 涉及管理报酬的案件。如果公司管理报酬过高或公司给管理者提供边际利润,而接受报酬的人实际上没有对公司作出相应的贡献,同样构成前述对公司资产的"劫掠"和"浪费"。区别在于,浪费公司资产,是违反了注意义务;而管理报酬过高,则违反了忠实义务。

(6) 涉及利用公司机会的案件。公司机会属于公司财产,公司管理者利用其地位和职位将公司机会据为己有,构成对公司财产的损害。

在上述情况下,无论是违反了注意义务还是忠实义务,均可能导致对公司利益的损害,股东可以基于对公司利益的维护而提起派生诉讼。

(二) 当事人

1. 原　告

提起股东派生诉讼的原告只能是股东,包括普通股股东和优先股股东。在股东提起诉讼后,后来的股东可以参加该诉讼、成为共同原告,但作为被告的股东应当排除在外。另外,股东要成为适格原告,还必须具备一定资格:一是必须享有同期所有权;二是能够公正且充分地代表公司的利益。

根据《公司法》第151条规定,派生诉讼的原告股东资格因公司性质而异:有限责任公司,法律对原告股东资格没有设定任何限制,只要是公司的适格股东,就可以提起派生诉讼。但法律对股份有限责任公司的原告股东资格设定了限制:只有连续180日以上单独或合计持有公司1%以上股份的股东,才有资格提起派生诉讼。

2. 被　告

股东派生诉讼的被告主要是公司董事及其他内部人,如高级管理人员、监事或控制股东。

(三) 诉讼发动

诉讼发动指原告应当先向公司提出请求,只有在公司自己没有提起诉讼而又没有正当理由时,才允许股东提起本来属于公司的诉讼请求。

根据《公司法》第151条第1款规定,董事、高级管理人员有违反受信义务情形的,股东可以书面请求监事会或不设监事会的有限责任公司的监事向人民法院提起诉讼;监事有违反受信义务情形的,股东可以书面请求董事会或者不设董事会的有限责任公司的执行董事向人民法院提起诉讼。

《公司法》也规定了先诉请求的豁免。第 15 条第 2 款规定，情况紧急、不立即提起诉讼将会使公司利益受到难以弥补的损害的，股东有权为了公司的利益以自己的名义直接向人民法院提起诉讼。

根据《公司法》第 151 条规定，股东可以在下列三种情况下提起派生诉讼：一是公司拒绝股东提起诉讼的请求；二是公司超过法定期限未提起诉讼；三是获得先诉豁免的情形。

(四) 和　解

和解指在诉讼进行中，当事人在法院的干预下通过协商谈判自愿处理争议和了结诉讼。大多数派生诉讼，或者在先诉请求阶段处理，或者经由和解处理，并不进入最终判决阶段。

思考题：

(1) 简述《公司法》取消公司注册资本最低限额的影响。

(2) 简述公司法人人格否认的意义。

(3) 比较小型封闭、中型普通、大型公众 3 类公司治理规则的差异。

(4) 简述有限责任公司章程任意记载扩大化的倾向。

(5) 简述公司决议不成立诉讼的情形。

(6) 简述股东知情权行使的“不正当目的”。

(7) 简述有限公司股权转让行使优先购买权的情形。

(8) 简述股东派生诉讼的适用情形。

(9) 简述控制股东滥用权利导致不分配利润的情形。

参考文献

[1] 施天涛. 公司法论[M]. 北京：法律出版社，2018.

[2] 李建伟. 公司法学 [M]. 4 版. 北京：中国人民大学出版社，2018.

[3] 王欣新. 公司法[M]. 3 版. 北京：中国人民大学出版社，2016.

[4] 肖桑. 我国公司法最新修订评析[J]. 法制与社会，2019(2).

[5] 段姝好. 浅析 2014 年新公司法修正案中的出资规则[J]. 法制与社会，2014(6).

[6] 游昭逸. 浅谈 2014 年新《公司法》的利弊和应对[J]. 法制与社会，2014(8).

[7] 中华人民共和国公司法[M]. 北京：中国法制出版社，2019.

第四章　个人独资企业法

1999 年 8 月 30 日，我国第九届全国人民代表大会常务委员会第十一次会议通过了《中华人民共和国个人独资企业法》(简称《个人独资企业法》)，并于 2000 年 1 月 1 日起实施。

关键词：自然人；无限责任；个体工商户；一人有限公司

第一节　概　述

一、立法宗旨

个人独资企业法，是指调整个人独资企业法律关系，规范个人独资企业的设立、管理、解散、清算及投资人的生产经营行为的法律规范的总称。

《个人独资企业法》的立法宗旨主要包括：(1)规范个人独资企业的行为；(2)保护个人独资企业投资人和债权人的合法权益；(3)维护社会经济秩序；(4)促进社会主义市场经济健康发展。

二、法律特征

《个人独资企业法》第 2 条规定，本法所称个人独资企业，是指依照本法在中国境内设立，由一个自然人投资，财产为投资人个人所有，投资人以其个人财产对企业债务承担无限责任的经营实体。

从该定义可以看出，个人独资企业具有以下四项法律特征：

(一) 企业由一个自然人投资

首先，个人独资企业的投资人只能是一个人，两个或两个以上的人不能投资设立个人独资企业。其次，个人独资企业的投资人必须是自然人，即投资人应是有血有肉的生命体，且该自然人是具有完全民事行为能力的中国公民。也就是说，法人不能成为个人独资企业的投资主体。

(二) 财产为投资人个人所有

个人独资企业的投资人，对个人独资企业的财产依法享有所有权，这是个人独资企业区别于其他企业形态的重要特征之一。个人独资企业不是一个独立的财产权主体，它依附于投资人的人格而存在。正因为如此，投资人对个人独资企业享有完全的控制权和管理权，完全拥有个人独资企业的经营成果。

(三) 投资人以其个人财产对企业债务承担无限责任

个人独资企业属于自然人性质的企业，不具有独立的法律人格，必须以投资人个人的身份进行经营活动。由于个人独资企业的财产与投资人个人的财产难以清楚地分割，投资人应以个人的全部财产对个人独资企业的债务承担无限责任。个人独资企业的收益归投资人个人享有，风险也由投资人个人承担，这种制度安排符合权利与义务对等的原则。

(四) 以营利为目的

个人独资企业和别的企业形式一样,也以营利为目的。但它能否盈利,不以投资人的主观愿望为转移,而是取决于很多因素,例如投资人能否熟练驾驭个人独资企业,能否驾驭市场风险,能否妥善处理和交易伙伴的关系等。个人独资企业首先应依法、规范经营,即在工商部门核准登记的范围内从事经营活动,这是其实现营利目标的前提和基础。

案例 4-1:老贾家的烦心事

案例发生在安徽芜湖。父亲贾驷富创办了一个生产电池的个人独资企业,大儿子贾宁是副厂长,女儿陈燕是会计,企业做得很大。

后来,父亲贾驷富与母亲陈延华闹离婚,于是全家人签署财产分割协议,实行股份制,组建有限责任公司,四人股份比例如下:贾驷富,30%;陈延华,30%;贾宁,20%;陈燕,20%。在新组建的有限责任公司中,贾驷富是法人代表,拥有公司全部财产的控制权。

后来,家庭内部矛盾越来越大,贾驷富将贾宁、陈燕赶出企业,而贾宁、陈燕、陈延华则通过召开股东会罢免了贾驷富的法人代表。

于是,贾驷富将贾宁、陈燕、陈延华诉至法院,要求撤销曾经签署的财产分割协议,收回赠与贾宁、陈燕的财产。最后法院驳回了贾驷富的诉讼请求。

案例评析:

该案争议的焦点在于,已经签署的财产分割协议,能否收回?

个人独资企业由父亲贾驷富创办,他是投资人,也是企业负责人。但是,该个人独资企业系家族企业,家庭成员(父亲贾驷富、母亲陈延华、儿子贾宁、女儿陈燕)都参与经营,以家庭共同财产对外承担责任。

当全家人签署财产分割协议、实行股份制后,企业性质发生了根本变化,由个人独资企业变更为有限责任公司。在个人独资企业,贾驷富是对外负责人,陈延华、贾宁、陈燕只是家庭成员。但在有限责任公司,贾驷富、贾宁、陈燕、陈延华的身份,不再是家庭成员,而是有限责任公司股东。他们四人出资的股份比例一旦在工商局登记,即发生法律效力,这也是贾驷富败诉的原因所在。

个人独资企业和有限责任公司是两种不同的制度,各自的权利、义务不同。在法律上,赠与行为具有无因性、非要式性、无偿性特点。

三、个人独资企业的优、缺点

个人独资企业历史悠久,历史上,农业、商业、手工业、渔业、家庭作坊等多数采用这种形式。这种企业形式,和别的企业形式一样,也是利弊同在。

(一) 个人独资企业的优点

1. 设立程序简单

个人独资企业由一个自然人投资,个人决策即可以设立。另外,法律对设立个人独资企业的要求比较简单,设立手续也比较方便。

2. 规模较小,但灵活性强、效率较高

个人独资企业由一个自然人投资,经营规模一般较小。但是,经营管理权高度集中,个人投资者既没有董事会的干预,也没有来自于股东的制约,能够灵活地根据市场需求的变化,随时调整经营方向，效率较高，即“船小掉头快”的道理。

3．保密性最好

面临激烈的市场竞争环境，保密措施是否得力对于企业市场竞争主动权的取得起着至关重要的作用。就个人独资企业而言，营业额需要向征税机关如实填写，据此计算应纳税额，但其余的企业事务，例如财务、经营等信息，法律则没有规定告知义务，企业就可以采取保密措施，不让外界知晓。任何企业都不可能一帆风顺，若个人独资企业经营陷入困境，由于外界不知晓其经营状况恶化的信息，这样就可以避免市场的大起大落；从而通过励精图治，顺利地度过危险期。

4．进取心强

个人独资企业多数本微势单，是在大中企业的竞争夹缝中求生存、求发展，这就要求他们必须具备顽强拼搏的性格，否则很容易在竞争中失败。这种不利的市场竞争地位使得个人独资企业富于进取心，从而提高了竞争力。

5．吸纳大量劳动力就业

下岗人员的数量越来越大，社会上每年还要新增几百万劳动力。如何吸纳这些人员就业，创办个人独资企业是一个重要的途径。因为个人独资企业门槛较低，具有点多、面广、数量大的特点，可以吸纳大批人员就业，既可增加个人收入，也有利于社会的稳定，是一举两得的好事。

6．对外信誉较高

个人独资企业属于自然人性质的企业，投资者对企业的债务承担无限责任。这有利于维护个人独资企业信誉，更好地保护债权人的利益。

（二）个人独资企业的缺点

1．经营管理知识和能力存在局限性

个人独资企业由一个自然人投资设立而成，其所有权和经营管理权均集中在投资者一个人身上，这样企业的发展完全取决于投资者个人的知识和能力。由于投资者一个人的精力、经验是有限的，这在很大程度上限制了个人独资企业的发展壮大。

2．发展速度缓慢

个人独资企业的出资者只有一个自然人，自有资本有限，故经营规模较小，难以从银行等正规金融机构获得融资，故大多采取利润积累的方法进行扩大再生产，这限制了其发展速度和发展规模。

3．承担风险较大

根据《个人独资企业法》的规定，投资人以其个人财产对企业的债务承担无限责任。对投资者而言，若个人独资企业的财产不足以清偿债权人，投资者还要用个人的其他财产予以清偿，这大大增加了投资者的责任和风险。所以，个人独资企业的投资者经营的压力较大，缺乏安全感。

4．存续时间具有不确定性

个人独资企业与投资者个人的状况密切相关，如果投资者死亡，或者因为意外事故丧失行为能力和经营能力，都会影响个人独资企业的偿债能力，进而影响债权人债权的实现。因此，债权人在选择和个人独资企业进行交易时，务必关注个人独资企业投资者个人的状况，及早采取应对措施。

第二节　个人独资企业的设立

一、个人独资企业的设立条件

根据《个人独资企业法》第 8 条的规定，设立个人独资企业应当具备下列五项条件：

（一）投资人为一个自然人

这是设立个人独资企业的首要条件，即个人独资企业投资人只能是一个自然人。若投资者是两个或两个以上自然人，则是共同投资，其组织形式可能是合伙企业，也可能是有限责任公司；若投资者是自然人之外的法人或者其他组织，亦不能算个人独资企业，因为法人承担有限责任，而个人独资企业则要承担无限责任；若投资者是国家，则属于国有独资公司，而国有独资公司承担有限责任。

另外，作为自然人的投资者，应当是具备完全民事行为能力的自然人。同时，法律、行政法规禁止从事营利性活动的自然人不得申请设立个人独资企业。若投资人以家庭财产作为投资，则在个人独资企业登记设立时必须明确注明。

（二）有合法的企业名称

个人独资企业作为一个经营实体，应当有自己的名称或商号、商业名称，以与其他企业区别开来。

《个人独资企业法》第 11 条规定，个人独资企业的名称应当与其责任形式及从事的营业相符合。

（三）有投资人申报的出资

个人独资企业的投资者必须履行出资义务，出资数额由投资者申报，但法律没有规定出资的最低限额，以及出资来源和出资形式。法律不对其进行规定，是因为投资者对个人独资企业的债务承担无限责任，债权人的利益基本上能够得到保证。

（四）有固定的生产经营场所和必要的生产经营条件

个人独资企业与其他形式的企业一样，必须有必要的场地设施和生产经营设施，这样企业才能正常地从事生产经营活动。

（五）有必要的从业人员

任何企业的发展都离不开劳动力，个人独资企业也一样，劳动力是生产过程中必不可少的要素，必要的从业人员是个人独资企业开展生产经营活动的重要条件。

总之，我国关于个人独资企业设立的条件比较宽松，只要符合设立条件，即可登记设立，无须有关部门批准。

二、个人独资企业的设立程序

（一）提出设立申请

根据《个人独资企业法》第 9 条的规定，申请设立个人独资企业，应当由投资人或者其委托的代理人向个人独资企业所在地的登记机关提交设立申请书、投资人身份证明、生产经营场所使用证明等文件。委托代理人申请设立登记时，应当出具投资人的委托书和代理人的合法证明。

个人独资企业不得从事法律、行政法规禁止经营的业务；从事法律、行政法规规定须报经有关部门审批的业务，应当在申请设立登记时提交有关部门的批准文件。

(二) 设立申请书应当载明的事项

《个人独资企业法》第10条规定，个人独资企业设立申请书应当载明下列事项：(1)企业的名称和住所；(2)投资人的姓名和住所；(3)投资人的出资额和出资方式；(4)经营范围。

(三) 登记机关处理

《个人独资企业法》第12条规定，登记机关应当在收到设立申请文件之日起15日内，对符合《个人独资企业法》规定条件的，予以登记，发给营业执照；对不符合本法规定条件的，不予登记，并应当给予书面答复，说明理由。

(四) 企业成立的日期

个人独资企业营业执照的签发日期，为个人独资企业成立的日期，之后投资人可以个人独资企业的名义从事经营活动。也就是说，在领取个人独资企业营业执照之前，投资人不得以个人独资企业的名义从事经营活动。

(五) 企业分支机构的设立和变更登记

《个人独资企业法》第14条规定，个人独资企业设立分支机构，应当由投资人或者其委托的代理人向分支机构所在地的登记机关申请登记，领取营业执照。分支机构经核准登记后，应将登记情况报该分支机构隶属的个人独资企业的登记机关备案。个人独资企业的分支机构不能独立承担民事责任，应由设立该分支机构的个人独资企业承担。

《个人独资企业法》第15条规定，个人独资企业存续期间登记事项发生变更的，应当在作出变更决定之日起15日内依法向登记机关申请办理变更登记。

第三节　个人独资企业投资人及事务管理

一、个人独资企业投资人资格限制

《个人独资企业法》第16条规定，法律、行政法规禁止从事营利性活动的人，不得作为投资人申请设立个人独资企业。具体包括法官、检察官、人民警察、公务员、现役军人等民事主体。

二、个人独资企业投资人的权利和义务

(一) 个人独资企业投资人的权利

《个人独资企业法》第17条规定，个人独资企业投资人对本企业的财产依法享有所有权，其有关权利可以依法进行转让或继承。

(二) 个人独资企业投资人的义务

个人独资企业投资人在享有权利的同时，也要承担相应的义务。

《个人独资企业法》第18条规定，个人独资企业投资人在申请企业设立登记时明确以其家庭共有财产作为个人出资的，应当依法以家庭共有财产对企业债务承担无限责任。

案例4-2：以家庭共有财产作为个人独立企业出资来源

2000年6月，王某下岗后利用家庭自有的3万元，另向朋友借了1万元，合计4万元，在自己家附近租了一个30平方米的空房，准备自己投资兴办一个小型豆制品加工作坊。该作

坊，计划由王某及其妻子共同经营。

如果该作坊对外负责，如何承担该债务？

A. 王某；　　　　　　　　　　B. 王某的个人财产；

C. 王某及其妻子的家庭财产；　　D. A、B、C 答案均错误。

《个人独资企业法》第 31 条规定，个人独资企业财产不足以清偿债务的，投资人应当以其个人的其他财产予以清偿。

应该说，《个人独资企业法》为个人独资企业的投资人规定了较重的义务，意在更好地保护债权人的合法权益。

三、个人独资企业的事务管理

(一) 个人独资企业的事务管理的方式

《个人独资企业法》第 19 条规定，个人独资企业投资人可以自行管理企业事务，也可以委托或者聘用其他具有民事行为能力的人负责企业的事务管理。投资人委托或者聘用他人管理个人独资企业事务的，应当与受托人或者被聘用的人签订书面合同，明确委托的具体内容和授予的权利范围。

(二) 个人独资企业对受托人或者被聘用人员的规定

《个人独资企业法》第 19 条第 3 款规定，受托人或者被聘用的人员应当履行诚信、勤勉义务，按照与投资人签订的合同负责个人独资企业的事务管理。该条第 4 款规定，投资人对受托人或者被聘用的人员职权的限制，不得对抗善意第三人。因此，投资人应谨慎选择受托人或聘用具有民事行为能力的人负责企业的事务管理。若受托人或者被聘用的人员对善意第三人造成损害，投资人应承担民事赔偿责任。

《个人独资企业法》第 20 条规定，投资人委托或者聘用的管理人员不得有下列行为，否则应对投资人损失负赔偿责任：(1)利用职务上的便利，索取或者收受贿赂；(2)利用职务或者工作上的便利侵占企业财产；(3)挪用企业的资金归个人使用或者借贷给他人；(4)擅自将企业资金以个人名义或者以他人名义开立账户储存；(5)擅自以企业财产提供担保；(6)未经投资人同意，从事与本企业相竞争的业务；(7)未经投资人同意，同本企业订立合同或者进行交易；(8)未经投资人同意，擅自将企业商标或者其他知识产权转让给他人使用；(9)泄露本企业的商业秘密；(10)法律、行政法规禁止的其他行为。

第四节　个人独资企业的解散与清算

一、个人独资企业解散的原因

个人独资企业解散的原因有以下几点：

(1) 投资人决定解散。个人独资企业由一个自然人投资形成，如果该投资人不再愿意继续经营，可以自行决定解散，而不必像有限责任公司、合伙企业那样，需要经过一定的程序和其他投资人的同意。

(2) 投资人死亡或者被宣告死亡，无继承人或者继承人决定放弃继承。由于个人独资企业的出资主体已不存在，个人独资企业的权益随之消失。

(3) 个人独资企业被依法取消经营资格，自然应当解散。

(4) 法律、行政法规规定的其他情形为兜底条款，因为个人独资企业的数量很多，分布又广，故很可能存在法律规定之外的其他情况。因此本条采用概括式的兜底条款，可避免列举不全，事先在法律上留出余地。

二、个人独资企业的清算程序

清算是企业解散的法律后果，是对被解散企业的财产进行清理，收回债权，偿还债务，若有剩余财产，则依法进行分配的过程。清算主要有如下四个步骤：(1)通知或者公告债权人；(2)对债权人的债权申请进行审查；(3)财产清理；(4)财产分配。

《个人独资企业法》第 27 条规定，个人独资企业解散，由投资人自行清算或者由债权人申请人民法院指定清算人进行清算。投资人自行清算的，应当在清算前 15 日内书面通知债权人，无法通知的，应当予以公告。债权人应当在接到通知之日起 30 日内，未接到通知的应当在公告之日起 60 日内，向投资人申报其债权。

《个人独资企业法》第 28 条规定，个人独资企业解散后，原投资人对个人独资企业存续期间的债务仍应承担偿还责任，但债权人在 5 年内未向债务人提出偿债请求的，该责任消灭。

《个人独资企业法》第 30 条规定，清算期间，个人独资企业不得开展与清算目的无关的经营活动。在清偿债务前，投资人不得转移、隐匿财产。

上述规定，意在最大限度地保护债权人的合法权益。在诉讼时效的规定上也与民法的规定有异：民法规定一般的诉讼时效是 3 年，而个人独资企业债权人的诉讼时效是 5 年。值得注意的是，债权人要及时行使自己的权利，若 5 年的诉讼时效已过，而债权人尚未向个人独资企业的投资人主张权利，则债权人将丧失请求人民法院依诉讼程序强制义务人履行义务权利，这一点债权人应谨记。

三、财产清偿顺序

《个人独资企业法》第 29 条规定，个人独资企业解散的，财产应当按照下列顺序清偿：(1)所欠职工工资和社会保险费用；(2)所欠税款；(3)其他债务。

案例 4－3：A 企业清偿债务，如何排序？

2000 年 1 月 15 日，林某出资 5 万元设立个人独资企业 A。7 月 4 日，该企业亏损，不能向许某清偿到期的债务，林某决定解散该企业，并请求人民法院指定清算人。7 月 10 日，人民法院指定戊为清算人对该企业清算。经查，该企业和林某的资产及债权债务情况如下：欠缴税款 2 000 元，欠李某工资 5 000 元，欠社会保险费 5 000 元，欠许某 10 万元。

该企业清偿债务，顺序是：

A. 欠缴税款 2 000 元，欠李某工资 5 000 元，欠社会保险费 5 000 元，欠许某 10 万元；

B. 欠李某工资 5 000 元，欠社会保险费 5 000 元，欠许某 10 万元，欠缴税款 2 000 元；

C. 欠许某 10 万元，欠缴税款 2 000 元，欠李某工资 5 000 元，欠社会保险费 5 000 元；

D. 欠李某工资 5 000 元，欠社会保险费 5 000 元，欠缴税款 2 000 元，欠许某 10 万元。

《个人独资企业法》第 32 条规定，个人独资企业清算结束后，投资人或者人民法院指定的清算人应当编制清算报告，并于 15 日内到登记机关办理注册登记。

第五节　法律责任

一、违反企业设立、登记管理规定的法律责任

《个人独资企业法》第 33 条规定，提交虚假文件或采取其他欺骗手段，取得企业登记的，责令改正，处以 5 000 元以下的罚款；情节严重的，并处吊销营业执照。

《个人独资企业法》第 34 条规定，个人独资企业使用的名称与其在登记机关登记的名称不相符合的，责令限期改正，处以 2 000 元以下的罚款。

《个人独资企业法》第 35 条第 1 款规定，涂改、出租、转让营业执照的，责令改正，没收违法所得，处以 3 000 元以下的罚款；情节严重的，吊销营业执照。该条第 2 款规定，伪造营业执照的，责令停业，没收违法所得，处以 5 000 元以下的罚款；构成犯罪的，依法追究刑事责任。

二、投资人委托或聘用人员违反其依法应尽义务的法律责任

《个人独资企业法》第 38 条规定，投资人委托或者聘用的人员管理个人独资企业事务时违反双方订立的合同，给投资人造成损害的，承担民事赔偿责任。

《个人独资企业法》第 40 条规定，投资人委托或者聘用的人员违反本法第 20 条规定，侵犯个人独资企业财产权益的，责令退还侵占的财产；给企业造成损失的，依法承担赔偿责任；有违法所得的，没收违法所得；构成犯罪的，依法追究刑事责任。

三、侵犯职工合法权益的法律责任

《个人独资企业法》第 39 条规定，侵犯职工合法权益，未保障职工劳动安全，不缴纳社会保险费用的，按照有关法律、行政法规予以处罚，并追究有关责任人员的责任。

四、违反清算管理规定的法律责任

《个人独资企业法》第 42 条规定，个人独资企业及其投资人在清算前或清算期间隐匿或转移财产，逃避债务的，依法追回其财产，并按照有关规定予以处罚；构成犯罪的，依法追究刑事责任。

《个人独资企业法》第 43 条规定，投资人应当承担民事赔偿责任和缴纳罚款、罚金，其财产不足以支付的，或者被判处没收财产的，应当先承担民事赔偿责任。

五、登记机关违反企业设立、登记管理规定的法律责任

《个人独资企业法》第 44 条规定，登记机关对不符合本法规定条件的个人独资企业予以登记，或者对符合本法规定条件的企业不予登记的，对直接责任人员依法给予行政处分；构成犯罪的，依法追究刑事责任。

《个人独资企业法》第 45 条规定，登记机关的上级部门的有关主管人员强令登记机关对不符合本法规定条件的企业予以登记，或者对符合本法规定条件的企业不予登记的，或者对登记机关的违法登记行为进行包庇的，对直接责任人员依法给予行政处分；构成犯罪的，依法追究刑事责任。

《个人独资企业法》第46条规定，登记机关对符合法定条件的申请不予登记或者超过法定时限不予答复的，当事人可依法申请行政复议或者提起行政诉讼。

六、侵犯个人独资企业合法权益的法律责任

《个人独资企业法》第41条规定，违反法律、行政法规的规定强制个人独资企业提供财力、物力、人力的，按照有关法律、行政法规予以处罚，并追究有关责任人员的责任。

第六节　个人独资企业与个体工商户、一人(自然人)有限公司比较

一、个人独资企业与个体工商户比较

根据我国目前的情况，个体工商户与个人独资企业的区别在于：个体工商户是商个人，而个人独资企业是商企业。该形式差异在《民法总则》中得以凸显，即个体工商户被置于第二章"自然人"之下，而个人独资企业则被明确列举为非法人组织。作为非法人组织的法定类型，个人独资企业取得了实体法律关系的主体资格，参照适用法人规则，独立性较强。但二者是否具有实质差异，仍值得商榷。

二、个人独资企业与一人(自然人)有限公司比较

二者的区别，主要体现在如下四点：

(一) 出资人地位

个人独资企业的出资人，为企业的所有人；一人（自然人）公司的出资人，是公司的股东。

(二) 组织程度

个人独资企业，只需有从业人员即可；一人（自然人）公司，则须有公司章程、财务会计报告等。

(三) 法律地位

个人独资企业，虽然可以自己的名义对外进行经济活动，但不具有法人资格，属于非法人组织，由《个人独资企业法》调整。一人（自然人）公司，是社团法人，由《公司法》调整。

(四) 债务承担方式

个人独资企业的债务由投资人承担，若在申请企业设立登记时明确以家庭共有财产作为出资，则以家庭共有财产对企业债务承担无限责任。一人（自然人）公司的债务由公司财产承担，但若一人（自然人）公司的股东不能证明公司财产独立于股东个人财产，即股东人格与公司人格混同，适用过失法人人格否认，应当由股东对公司债务承担连带责任（见《公司法》第63条）。

思考题：

(1) 简述个人独资企业对投资人的规定。

(2) 简述投资人对个人独资企业承担无限责任的规定。

(3) 比较个人独资企业与一人（自然人）有限责任公司的异同点。

(4) 比较个人独资企业与个体工商户的异同点。

参考文献

[1] 江平，李国光. 最新公司法培训教程[M]. 北京：人民法院出版社，2006.
[2] 卞耀武. 中华人民共和国个人独资企业法释义[M]. 北京：法律出版社，2000.
[3] 蔡曙涛. 企业经济法概论[M]. 北京：中国人民大学出版社，2002.
[4] 沈四宝，刘刚仿，黄勇. 中国商法·经济法概论[M]. 北京：对外经济贸易大学出版社，2002.
[5] 中华人民共和国个人独资企业法[M]. 北京：中国法制出版社，2003.

第五章　合伙企业法

合伙企业、个人独资企业、公司，在西方国家是并驾齐驱的三类主要企业形态。1997 年 2 月 23 日第八届全国人民代表大会常务委员会第二十四次会议通过、2006 年 8 月 27 日第十届全国人民代表大会常务委员会第二十四次会议修改的《中华人民共和国合伙企业法》(简称《合伙企业法》)，自 2007 年 6 月 1 日起施行。该法最大的亮点在于，引入由普通合伙人和有限合伙人共同组成的有限合伙制度。

在创新、创业的市场环境下，融合“公司制有限责任”和“合伙制人合”优点的“公司制合伙”日渐流行，但成功和失败案例均不在少数。本章重点还涉及：谁是合适的合伙人？领袖型合伙人应具备哪些素质？如何设计股权架构、建立激励制度、避免散伙等？作为商学院学生，不得不认真思考上述问题。

关键词：普通合伙人；有限合伙人；劳务出资；竞业禁止；合伙事务执行人；公司制合伙；一般合伙人；领袖型合伙人；技术出资；关系和资源出资；股权架构设计；激励设计

第一节　合伙概述

一、合伙的概念和特征

(一) 合伙的概念

合伙指两个或两个以上的民事主体以经营共同事业为目的，自愿订立合同，共同出资、共同经营、共享收益、共担风险，对外负无限连带责任的联合体。

合伙由合伙协议与合伙组织两个不可分割的部分构成。合伙协议体现了对合伙人有约束力的内部关系，而合伙组织则是全体合伙人作为整体与第三人发生法律关系的外部形式。

(二) 合伙的特征

合伙具有以下特征：

1. 以合伙协议为基础

合伙是合伙协议的产物，合伙人组成合伙必须订立合伙协议。合伙协议类似公司章程，是合伙组织最重要的内部法律文件，是确定合伙人之间权利义务关系的基本依据。

2. 具有团体属性

合伙的团体属性，主要表现在合伙的人格、财产、利益和民事责任等方面均具有相对独立性。这种独立性没有法人那么高，其团体的属性也没有法人那么强。因此，如果说法人是一种高级的组织形态，合伙则是一种低级的组织形态。

3. 以经营共同事业为目的

由于合伙人就事业的成立在客观上具有共同利害关系，因此合伙以经营共同事业为目的。至于行为人的主观观点，则在所不问。这种共同事业，可以是持续性的，也可以是临时性的；可以是营利的，也可以是非营利的。

4. 共同出资、共同经营

合伙人在共同出资的基础上，为了共同的事业从事合伙业务，并与第三人发生法律关系。在合伙业务的范围内，每个合伙人既可以作为经营者对合伙事务进行干预，也可以作为业务执行者亲自参与日常的经营活动，各个合伙人互为代理人。

合伙人可以推举负责人，合伙负责人和其他人员经营活动的法律后果由全体合伙人承担。自然人或法人按照协议提供资金或实物，并按约定参与盈余分配，但不参与合伙经营、劳动，或者仅提供技术性劳务而不提供资金或者实物，但约定参与盈余分配的，则视为合伙人。

5. 共享收益、共担风险

合伙以从事共同的事业为目的，那么合伙人应当共担合伙经营的收益与亏损。当合伙财产不足以清偿合伙债务时，合伙人对合伙债务承担无限连带责任。进行投资、收取固定利润但不承担风险的人，无论是否参与合伙经营的主体，不视为合伙人。

二、合伙制的优劣势分析

作为一种经营组织形式，合伙制的利弊同在。

（一）合伙的优势

与法人组织形式相比，合伙具有以下优点：(1)合伙组织一般规模较小，是对法人组织必要的补充；(2)合伙人之间具有比法人成员之间更为紧密的人际联系，内部利益关系容易得到调整，便于民主管理；(3)与法人制相比，合伙企业的设立和解散不必经过一系列的严格的法定程序，这种聚散灵活的经营方式，在激烈的市场竞争中具有较强的应变能力；(4)合伙人对合伙债务承担无限连带责任，使其具有较强的商业信誉。

（二）合伙的劣势

与法人组织形式相比，合伙的弊端主要表现在四点：(1)合伙的资金来源和资信能力受到一定的限制；(2)合伙人投资风险较大，一旦经营失败，合伙人将面临倾家荡产的威胁；(3)由于每个合伙人都可以参与管理，所以不利于合伙集中和统一管理；(4)某个合伙人的死亡或退出可能导致合伙解散，不利于合伙持续稳定地发展。

合伙作为一种组织经营形式，是商品经济发展到一定阶段的产物，特别适合中小企业。无论是在发展中国家，还是在发达国家，合伙都是一种普遍存在的经营方式。特别是近几十年来，西方发达国家越来越重视小型企业的发展，一些跨国企业集团也采取合伙的形式，合伙制得到了进一步的发展。

三、合伙的分类

合伙的形式多种多样，除普通合伙外，还包含隐名合伙、有限合伙、有限责任合伙等具体形式。隐名合伙，指当事人一方(隐名合伙人)对他方(出名营业人)所经营的事业进行出资，隐名合伙人分享其营业所生利益，但不参加执行业务，并仅以出资额为限承担亏损责任。有限合伙，由至少一名普通合伙人和至少一名有限合伙人组成，普通合伙人对合伙债务负无限责任，有限合伙人以出资额为限对合伙债务负有限责任。有限责任合伙，最早出现于美国，1991 年德克萨斯州制定了第一部有限责任合伙法，1994 年修订的《美国统一合伙法》亦规定了有限责任合伙，其特点是所有合伙人均受到有限责任的保护。

《民法总则》对合伙企业的性质进行了界定。《民法总则》第 102 条第 1 款规定，非法人组织是不具有法人资格，但是能够依法以自己的名义从事民事活动的组织。该条第 2 款规定，非法人组织包括个人独资企业、合伙企业、不具有法人资格的专业服务机构等。

2006 年 8 月 28 日修订通过的《合伙企业法》第 2 条第 1 款规定，本法所称合伙企业，是指自然人、法人和其他组织依照本法在中国境内设立的普通合伙企业和有限合伙企业。根据该规定，我国合伙分为两类：普通合伙和有限合伙。

第二节　普通合伙企业

一、合伙企业的成立

根据《民法总则》、《合伙企业法》以及相关法律、法规的规定，合伙企业的成立一般应具备以下条件：

（一）实质要件：签订合伙协议

合伙协议，指两个以上当事人以经营共同的事业为目的而达成的按约定出资、共同经营、共担风险的协议。该协议具有以下特点：(1)合伙协议是合伙人为了经营共同事业而为的法律行为。合伙人因合伙协议产生的权利义务是一致的，而不是对应的。(2)合伙协议是诺成性合同。一经当事人意思表示一致，即告成立，而不以出资为要件。(3)合伙协议当事人人数的限定性。由于合伙协议基于信任关系而产生，且合伙多为中小企业存在的形式，故合伙协议的当事人不宜过多。例如，法国民法典规定为二人或数人；英国《公司法》(1948 年)规定通常的合伙人数不得超过 20 人、从事银行业务的合伙人数不得多于 10 人；但我国的《合伙企业法》对普通合伙人的上限未作规定。(4)合伙协议一般为要式合同。但根据最高人民法院《关于贯彻执行＜民法通则＞若干问题的意见》第 50 条的规定，当事人之间没有书面合伙协议，但具备合伙的其他条件，有两个以上无利害关系人证明的口头合伙协议或者有其他证据证明的，可以认定为合伙关系。

要使合伙协议取得法律的确认与保护，从而对合伙协议的当事人具有法律上的约束力，必须具备法定的有效要件：

1. 合伙协议当事人具有相应的订立合伙协议的民事行为能力

对于自然人而言，根据《合伙企业法》第 2 条、第 14 条规定，自然人可以成为普通合伙人，但应当具有完全民事行为能力。

对于法人而言，根据《合伙企业法》第 3 条规定，国有独资公司、国有企业、上市公司以及公益性的事业单位、社会团体可以充当合伙人，但只能是有限合伙人，而不得成为普通合伙人。

2. 合伙协议当事人意思表示必须真实

首先，合伙协议的合法有效要求当事人参加合伙、订立合伙协议是出于自愿，而不是因他人欺诈、胁迫等违法行为所致。其次，合伙当事人的意思表示必须真实，即合伙人参加合伙的真实意思与其意思表示一致。

3. 合伙协议不得违反法律和社会公共利益

合伙协议不得违反法律，指不得违反现行法律、法规的强制性规范和国家的政策。合伙协议不得违反社会公共利益，指不得违反我国社会生活的政治基础、社会秩序、法律准则和风俗习惯等。若合伙协议违反法律和社会公共利益，则合伙协议无效，合伙组织无法成立。

4. 合伙协议应当载明的其他事项

根据《合伙企业法》第 18 条的规定，合伙协议应当载明以下重要事项：(1)合伙企业的名称和主要经营场所的地点；(2)合伙目的和合伙经营范围；(3)合伙人的姓名或者名称、住所；(4)合伙人的出资方式、数额和缴付期限；(5)利润分配、亏损分担方式；(6)合伙事务的执行；(7)入伙与退伙；(8)争议解决办法；(9)合伙企业的解散与清算；(10)违约责任。上述内容，合伙协议必须记载，否则合伙协议无效。

（二）形式要件：核准登记

根据《民法总则》的规定，合伙企业必须经工商行政管理机关依法核准登记才能成立。

《合伙企业法》第 9 条第 1 款规定，申请设立合伙企业，应当向企业登记机关提交登记申请书、合伙协议书、合伙人身份证明等文件。该条第 2 款规定，合伙企业的经营范围中有属于法律、行政法规规定在登记前须经批准的项目的，该项经营业务应当依法经过批准，并在登记时提交批准文件。

根据《合伙企业法》第 10～11 条的规定，若申请人提交的登记申请材料齐全、符合法定形式，企业登记机关应予登记，发给营业执照；合伙企业的营业执照签发日期，为合伙企业成立日期。根据《合伙企业登记管理办法》第 3 条的规定，合伙企业经企业登记机关依法核准登记，领取营业执照后，方可从事经营活动；合伙企业应在企业登记机关核准的登记事项内依法从事经营活动。

案例 5－1："赖皮鱼冷锅店""赖皮鱼餐饮连锁有限责任公司"，是否与邹某有关？

案例发生在四川成都。2001 年 3 月，赖某、廖某、邹某三人签署一份合伙协议，拟成立"赖皮鱼冷锅店"，三人出资情况如下：(1)赖某，懂管理，出资 3 万元；(2)廖某，会技术，出资 3 万元；(3)邹某，负责接待，出资 5 万元。

一个月后，赖某说要做大冷锅店，拟成立"赖皮鱼餐饮连锁有限责任公司"，须追加出资，又签署新的出资协议，三人追加出资情况：(1)赖某追加出资 6 万元；(2)廖某追加出资 2 万元；(3)邹某追加出资 2 万元。

后来廖某退出，赖某与廖某签署退出合伙协议，赖某一次性给付廖某出资款 8 万元。其中，5 万元是廖某的出资款，3 万元是补偿费。邹某也要求退出合伙，包括出资款 7 万元(第一次出资 5 万元，第二次出资 2 万元)，还要分红。但赖某仅同意退回邹某第一次出资款 5 万元，拒绝退回"第二次追加出资"，因为邹某没有第二次交款收据，赖某也不同意分红，因为赖皮鱼冷锅店、赖皮鱼餐饮连锁有限责任公司均没有成立。

邹某到工商局，查阅赖皮鱼冷锅店、赖皮鱼餐饮连锁有限责任公司注册登记，发现："赖皮鱼冷锅店"，出资人为"杨某"(赖某的妻子)；"赖皮鱼餐饮连锁有限责任公司"，出资人为赖某、杨某。按照赖某的说法，赖皮鱼冷锅店没有成立，因为找不到合适的租赁地点；赖皮鱼餐饮连锁有限责任公司没有注册，工商局要求注册资本最低 50 万元，而他们三人出资加在一起才 21 万元，远远不够。

邹某将赖某诉至法院，要求认定合伙企业成立，退回出资 7 万元，并要求分红。但均被法院驳回。

案例分析：

该案争议的焦点在于，赖某、廖某、邹某三人的合伙企业是否成立。

合伙企业成立条件有二：合伙协议、核准登记，二者必须同时具备，缺一不可。

对赖某、廖某、邹某三人合伙而言，无论是赖皮鱼冷锅店还是赖皮鱼餐饮连锁有限责任公司，均仅有合伙协议，而缺核准登记，故合伙企业没有成立。

至于工商登记的“赖皮鱼冷锅店”，出资人为“杨某”（赖某的妻子），与邹某无关；“赖皮鱼餐饮连锁有限责任公司”，出资人为赖某、杨某，也与邹某无关。故邹某无法依《合伙企业法》追回出资。

二、合伙人出资

合伙人出资，指合伙人为凑集合伙事业所需资本而实施的给付，是合伙进行业务活动的物质基础，也是自然人或法人成为合伙人的先决条件。

（一）出资种类

《合伙企业法》第 16 条第 1 款规定，合伙人可以用货币、实物、知识产权、土地使用权或者其他财产权利出资，也可以用劳务出资。该条第 2 款规定，合伙人以实物、知识产权、土地使用权或者其他财产权利出资，需要评估作价的，可以由全体合伙人协商确定，也可以由全体合伙人委托法定评估机构评估。该条第 3 款规定，合伙人以劳务出资的，其评估办法由全体合伙人协商确定，并在合伙协议中载明。

根据《合伙企业法》的规定，合伙人可以用货币、实物、技术、土地使用权、劳务等出资。若以实物、技术作为出资的标的，既可以是所有权，也可以是使用权，由合伙人通过合伙协议约定。

如果出资的标的是所有权，应及时将实物过户于合伙企业，从而成为合伙人的共有财产，出资人须为标的负担保责任。若出资的标的是使用权，则该物的所有权仍属于原所有人，但须明确该物在使用过程中的正常损耗由何方承担，而且出资人同样须为标的负担保责任。若以技术出资，无论以所有权出资还是以可依法转让的使用权出资，出资人对出资的技术负瑕疵担保责任。在合伙经营活动中，出资技术的风险应由全体合伙人按协议的约定或出资的比例分担。

案例 5－2：大明公司名为有限公司，实为合伙企业

股东 A、B 均为自然人，到工商局注册成立了大明有限责任公司（简称大明公司）。大明公司在经营过程中，向某银行贷款 100 万元，后因经营管理不善，被法院依法宣告破产。

根据《公司法》，大明公司是有限责任公司，故股东 A、B 仅以出资额为限对大明公司承担责任，大明公司则以其全部财产对银行负责。若大明公司的财产不足以偿还银行的债务，银行作为债权人可以向人民法院申请宣告大明公司破产，用大明公司的破产财产来偿还银行的债务。经调查，大明公司的破产财产不多，不能清偿银行的债务。根据《破产法》《民事诉讼法》的相关规定，若大明公司的破产财产不足以偿还银行的债务，则依法免除其无法偿还的债务，这意味着银行要承担 100 万贷款不能完全追回的风险。银行为挽回损失，到工商局查阅大明公司的注册登记，发现股东 A、B 出资均为个人存折，而没有将出资打到大明公司在银行设立的临时账户。据此，银行诉至法院，要求股东 A、B 共同赔偿损失。

法院经审理认为，大明公司名为有限公司，实为合伙企业，故判决股东 A、B 负连带责任，负有共同偿还银行贷款的义务。

案例评析：

该案争议的焦点在于，大明公司是有限责任公司，还是合伙企业？

根据《公司法》，股东A、B应将其货币出资打入大明有限公司在银行设立的临时账户，这样A、B的股东身份才能得以确认。该案中A、B均以个人存折出资，意味着他们事实上并未出资。表面上看，大明公司是有限公司；实质上，它更符合合伙企业特征。

根据《合伙企业法》，合伙人须向合伙企业出资，但合伙人出资数额和合伙企业出资数额均没有规定，而且合伙人出资方式也有很大的灵活性，例如可以用劳务和信誉出资；但《合伙企业法》规定，合伙人对合伙企业债务承担无限连带责任。因此，大明公司作为实质上的合伙企业，合伙人A、B应对合伙企业的债务承担连带无限责任。

银行通过查阅大明公司的注册登记，发现A、B出资均为个人存折，后诉诸法律，有效地保护了自身合法利益，无疑是幸运的。该案对银行的启示是，事前应对贷款公司进行彻底的调查，例如到工商局查阅其注册登记，然后决定是否向其贷款，这是规避风险的上策。

劳务出资，指以身体的劳务或精神的劳务出资，这是合伙企业的　大特色。只要全体合伙人达成合意，合伙企业的合伙人能够以劳务出资，既体现了合伙企业出资方式更为灵活的特点，也是合伙企业人合性的体现。其是否为技术性劳务，在所不问。但是，在判断劳务是否为出资时，应以合伙协议的约定为准。

案例5-3：亲兄弟也要明算账

案例发生在四川省某县。有兄弟两人，甲为哥哥、乙为弟弟，甲担任某县税务局长，乙到日本留学做博士后。一天，甲给乙写信，提出家乡旅游资源如何丰富，但苦于缺乏资金，导致大好的旅游资源白白地浪费，希望乙往家里汇款，开发一个旅游项目。多年来甲对乙很照顾，出于报恩，乙多次往家里汇款。甲利用这些汇款，不仅办起一个旅游项目，而且项目很成功，收益颇丰。甲将收益的小部分孝敬父母，大部分收益则自己留下，惟独没给乙留一份，主要是基于以下考虑“日本是发达国家，乙在日本应当生活得很好，至少比国内好。”后来，乙回国探亲，对旅游项目收益的分配现状颇为不满。乙认为，该旅游项目是利用他从日本汇款办的，收益应当完全归他，但考虑到甲多年对自己很照顾，可以分给甲小部分，自己应得80%。乙提出的分配比例立即遭到甲及父母亲的反对，后协商不成，乙将甲诉至法院，要求“该旅游项目收益，自己分割80%，甲分割20%”。

法庭上，乙提出先后向家里汇款合计人民币200万元，但有证据支持的汇款只有120万元；甲也提出其往旅游项目投资80万元，但有证据支持的投资只有10万元。法院经审理认为，甲、乙之间构成事实上的合伙关系，判决收益分割比例如下：乙分割80%，甲占20%。

案例评析：

该案争议的焦点在于甲、乙之间的合作关系如何定性？

甲、乙办旅游项目时，没有约定项目性质，也没有约定项目成功后如何分配收益。后来项目成功了，且收益较高，但对如何分配收益产生争议，这属于典型的“先做后说”。

旅游项目以甲妻的名义（实质上以甲、甲妻共同财产出资）注册为个人独资企业。根据《个人独资企业法》，投资收益归投资人个人所有，即旅游项目收益完全归甲。由于旅游项目主要是借助于乙的资金办的，故法院将甲、乙看成合伙关系。根据《合伙企业法》，合伙人主要根据出资比例分享利润、承担亏损。

以有证据支撑的投资金额为依据，乙出资 120 万元，甲出资 10 万元，即总出资 130 万元。按照出资比例，乙占 92.3%，甲占 7.7%。法院判决：甲分割 20%，远高于其出资比例 7.7%。《合伙企业法》允许合伙人以劳务出资，高出部分 12.3%视为甲以劳务出资，因为甲的人脉、时间和精力投入不可低估。

假设旅游项目没有办起来，双方也可能争议如何承担亏损，乙可能主张当初汇款是借给甲使用，要求甲归还借款。若诉至法院，法院也会将甲、乙看成合伙关系，合伙人承担无限连带责任。

该案的启示是，在投资前应预先就收益、亏损分配事项做出约定，即使是亲兄弟，也要明算账，这叫“先小人，后君子”。

案例 5－4：李某拟用项目资源出资，适合哪类群体？

陈某结识了模具供应商销售代表李某。2014 年初，李某通过关系拿到一系列项目。陈某和李某就其中的一个项目达成合作，收益颇丰。陈某豪爽，虽然大部分工作是自己干的，但李某的项目信息和关系也是必不可少的，所以陈某将一半的利润分给了李某。后来李某希望加入陈某的有限责任公司，提出以这些项目资源作为出资，占有公司 50%股份。

李某拟用项目资源出资，下列哪个说法是正确的？

A. 有限责任公司股东，可以用劳务出资；　B. 普通合伙人，可以用劳务出资；

C. 劳务出资，适用于任何企业的出资人；　D. A、B、C 答案均错误。

（二）出资数额

合伙人的出资数额，既包括全体合伙人的出资数额，也包括各个合伙人的出资数额。全体合伙人出资的数额，原则上应为所营事业需要自由约定，反映合伙企业的经营规模和经济实力。各个合伙人的出资数额，也无须均等。若以非现金出资，必须折合为现金，以使各合伙人出资的数额确定化，反映每个合伙人在合伙企业中的地位及出资比例，作为合伙人享有权利和承担义务，特别是损益分配的理算依据。

（三）出资时间

合伙人应依约定时间交付其出资。若无约定或约定不明，应为合伙协议成立时。如果某合伙人未在约定的时间内缴纳出资，或出资数额不足，从而影响了合伙企业的设立和经营的，应当按照合伙协议承担相应的责任；若合伙协议没有约定，应当按照公平原则由责任人承担相应的责任；经全体合伙人同意，还可将该合伙人除名。

（四）出资义务履行

合伙人应依约定履行出资义务。请求合伙人履行出资义务的权利，分为两种：(1)合伙出资请求权，指在指定合伙事务执行人的合伙企业中，该执行业务合伙人请求其他合伙人向合伙企业履行出资义务的权利，该权利为全体合伙人共有；被请求出资义务的合伙人，须向执行业务的合伙人履行其出资义务。(2)他合伙人的出资请求权。合伙出资请求权，指不执行业务的合伙人请求他合伙人向合伙企业履行出资义务的权利；被请求履行出资义务的合伙人，须向执行业务的合伙人或全体合伙人履行其出资义务。

（五）出资增加与补充

合伙人于约定出资之外无增加出资的义务，因损失而导致资本减少时亦无补充出资的义务。但如果合伙协议约定在一定情形下应追加出资或以多数决的方式决定追加出资的，应从其约定。当然,该增加出资应有一定的界限,不得任意经由多数决无限增加出资额,否则有违背公序良俗之嫌。另外,合伙人可以基于该不当增加出资的多数决,以发生合伙人难以继续参加合伙企业为由,声明退伙。

(六) 劳务出资与提供劳务的比较

劳务出资,指合伙人以其智力上和体力上的经营性劳务折价抵充出资,其与雇工为合伙组织提供劳务有着本质的区别:(1)以劳务出资的合伙人与其他合伙人之间是合伙关系,而合伙组织的雇工与合伙组织之间是雇佣关系;(2)以劳务出资的合伙人对合伙组织的经营事务有表决权,而雇工没有该权利;(3)以劳务出资的合伙人与其他合伙人之间适用互为代理的原则,而合伙组织的雇工和合伙人之间不适用该原则;(4)以劳务出资的合伙人对合伙债务承担无限连带责任,而合伙组织的雇工不须承担该责任,仅从合伙组织获得工资收入。

三、合伙财产

合伙财产,指为经营合伙事业所集合的各种财产的总称。

(一) 合伙财产的构成

合伙财产由两部分构成:(1)合伙人作为出资投入的财产,不仅指合伙人已履行的出资,还包括合伙人尚未履行的出资,即合伙企业对尚未履行出资的合伙人的出资请求权;(2)合伙经营积累的财产,包括因业务执行所生的财产(例如获得的利润)以及由合伙所滋生的财产(例如合伙财产所生的孳息)。

(二) 合伙财产的性质

关于合伙财产的性质,不仅要考虑合伙人之间的约定,还要考虑合伙人投入财产的种类以及法律对合伙人权利义务的规定等。

1. 合伙人投入的财产

关于合伙人投入的财产的性质,应作具体分析:(1)若以货币出资,其实质是转移货币的所有权,投入财产应归合伙人共有,至于当事人之间的约定在所不问。(2)若合伙人约定以实物的所有权出资,出资实物直接构成合伙人的共有财产,不再属于出资者个人所有;若合伙人以实物的使用权出资,出资实物本身并不构成合伙人的共有财产,该实物仍归出资人个人所有。(3)若合伙人约定以技术的专有权出资,该技术归合伙人共有,各合伙人可以将该技术进行再投资、再转让,原出资人无权阻止;若合伙人以技术的使用权出资,则该技术并不构成合伙人的共有财产,而由出资方保留专有权,在合法条件下,出资方仍可将该技术进行再投资或再转让,所获得的收益为其个人财产。(4)若以具有人身属性的信用、劳务出资,则不可能构成合伙人的共有财产。(5)若以国有土地使用权出资,虽然国家土地所有权具有不可流通性,但国有土地使用权可以转让,因而其可以构成合伙人的共有财产。

同时,无论合伙人投入的财产是归个人所有或者是归合伙人共有,都由合伙人统一进行使用和管理,这对稳定合伙关系、使合伙财产具有相对稳定性和独立性有着非常重要的意义。

2. 合伙经营积累的财产

合伙经营积累的财产的性质,归合伙人共有,理由有二:(1)该类财产是合伙人共同经营行为的结果,在分割以前,全体合伙人对该类财产享有平等的权利;(2)每个合伙人在按合伙协议分配合伙财产以前,无权单方面要求分割或转让其财产。

（三）合伙财产的保全

为了保证合伙人共同经营目的的实现，同时保护第三人的合法权益，各国民法大多对合伙财产的保全进行了规定。保全措施主要有以下几点：

1. 禁止分割合伙财产

合伙人在合伙清算之前，除依合伙协议的约定或全体合伙人协商同意外，不得请求分割合伙财产，其中包括不得请求返还出资、不得请求分配其他财产中的应有份额。合伙人在合伙企业清算前私自转移或者处分合伙企业财产的，合伙企业不得以此对抗善意第三人。

2. 占有、使用的限制

合伙人出资的财产，只能用于合伙目的；合伙人无权为合伙目的以外的其他目的占有和使用财产。

3. 财产份额转让的限制

在合伙关系存续期间，不符合合伙协议约定的条件或不经全体合伙人的同意，合伙人不得将出资的份额转让给第三人。合伙人退伙时，该合伙人的份额或自动转移给其他合伙人，或其他合伙人行使优先购买权购买份额。

《合伙企业法》第 22 条第 1 款规定，除合伙协议另有约定外，合伙人向合伙人以外的人转让其在合伙企业中的全部或者部分财产份额时，须经其他合伙人一致同意。

《合伙企业法》第 23 条规定，合伙人向合伙人以外的人转让其在合伙企业中的财产份额的，在同等条件下，其他合伙人有优先购买权；但是，合伙协议另有约定的除外。

4. 债权人抵销权、代位权行使的限制

在合伙关系存续期间，合伙的债务人不得主张以其对于某合伙人的债权行使抵销权，也不得就该合伙人对于合伙的权利行使代位权。

5. 财产份额出质的限制

《合伙企业法》第 25 条规定，合伙人以其在合伙企业中的财产份额出质的，须经其他合伙人一致同意；未经其他合伙人一致同意的，其行为无效，由此给善意第三人造成损失的，由行为人依法承担赔偿责任。

四、合伙债务承担

（一）合伙债务的概念

合伙债务，指在合伙关系存续期间，合伙以其字号或全体合伙人的名义，在与第三人发生民事法律关系中所承担的债务。合伙企业是承担合伙债务的主体，其履行债务的担保或承担债务的财产应以合伙人的共有财产和各合伙人的个人财产为限。合伙人以个人名义所为产生的债务，是合伙人的个人债务，与合伙企业和其他合伙人无关。合伙人应以其个人的名义向债权人履行清偿义务，承担债务的财产应以合伙人个人的财产和他在合伙中享有的财产份额为限。

（二）合伙债务承担的顺序

《合伙企业法》第 42 条第 1 款规定，合伙人的自有财产不足清偿其与合伙企业无关的债务的，该合伙人可以依法请求人民法院强制执行该合伙人在合伙企业中的财产份额用于清偿。如果合伙人个人的债务与合伙的债务同时存在，合伙人个人的债权人和合伙的债权人都要求以合伙人个人的财产和他在合伙财产中的应有份额来满足自己的债权，这时就涉及承担债务的顺序问题了。

我国的《民法总则》和《合伙企业法》,对承担合伙债务的顺序问题未作规定。但从其他国家或地区有关立法的规定看,主要有两种立法例:(1)双重优先权原则,指合伙财产优先用于清偿合伙债务,个人财产优先用于清偿个人债务,英美国家的合伙法大都采取该原则。(2)并存债权原则,指合伙债权人就合伙财产优先受偿,不足部分,与合伙人个人债权人就合伙人的个人财产共同受偿,我国台湾地区的判例采取该原则。

虽然我国现行立法没有明确规定双重优先权原则,但在司法解释中早已采用了该原则。例如,1957 年最高人民法院第 1480 号文件曾规定,关于合伙经营的企业与独资经营的企业均负有债务,独资企业无力偿还时,拍卖合伙企业的财产,应先清偿合伙企业所负债务,然后才能就各合伙人按比例分得部分,清偿其独资企业所负债务。

(三) 合伙人对合伙债务承担无限责任

《合伙企业法》第 38 条规定,合伙企业对其债务,应先以其全部财产进行清偿;第 39 条规定,合伙企业不能清偿到期债务的,合伙人承担无限连带责任。根据该规定,若合伙企业的财产能够清偿,债权人不得一开始就要求合伙人以个人财产进行清偿。但在现实生活中,合伙人可否先以个人财产清偿合伙企业的债务呢?若合伙协议有约定,或者合伙人经协商一致,主动以合伙人的个人财产先行清偿合伙企业的到期债务,以保证合伙企业的正常经营的,应予允许,即《合伙企业法》第 38 条、第 39 条关于合伙企业债务清偿顺序的规定是一般原则,不可将该原则绝对化。只要全体合伙人协商一致,对"以合伙人的个人财产先行清偿合伙企业的到期债务"的做法应予允许。这种做法没有损害合伙企业债权人的利益,保证了合伙企业的正常经营,体现了"私法自治"。

对于自然人合伙人而言,合伙人"各自的财产"应包括他个人所有的财产以及在合伙财产中享有的份额。若合伙人以个人财产出资,以合伙人的个人财产承担;若合伙人以其家庭共有财产出资,以其家庭共有财产承担;若合伙人以个人财产出资,合伙的盈余分配所得用于其家庭成员生活,应先以合伙人的个人财产承担,不足部分以合伙人的家庭共有财产承担。对于法人合伙人而言,法人合伙人"各自所有的或者经营管理的财产"应包括它作为法人所占有的财产以及在合伙财产中所享有的份额。可见,无论是自然人作为合伙人,还是法人作为合伙人,合伙人都应以自己的全部财产对合伙企业债务承担无限责任。

合伙人对合伙债务承担无限责任,是一种法定责任,它不能因合伙人或合伙人与第三人协议的变更而改变;它也是一种加重责任,因为合伙人不仅要以其出资的财产承担清偿合伙债务的责任,当出资的财产不足以清偿时,还要用其个人所有或经营管理的全部财产承担清偿责任。

规定合伙人对合伙债务承担无限责任,理由有二:(1)合伙人的出资标的具有多样性。如果合伙人以技术、劳务、商誉等出资,不能直接构成合伙财产,无法作为履行债务的担保,债权人的合法利益可能因此而受到损害。(2)合伙人的最低出资数额一般不受法律限制。这样形成的合伙财产,往往不足以作为履行债务的担保,债权人所承担的风险相应增加,既不利于保护债权人的合法权益,也不利于合伙人对自己行为的约束。(3)法律不要求或很少要求合伙人在盈余分配之前提取一定的后备基金,合伙人也未必会自觉地将部分经营收益用于扩大再生产。这种盈余分配的方式,必然限制合伙财产的不断积累。在这种情况下,如果合伙人仅以合伙财产承担债务的清偿责任,就会促使合伙人将经营收益的全部或大部分据为己有,其结果不仅损害债权人的合法权益，而且妨碍合伙经营的健康发展。因此，规定合伙人对合伙债务承担无限责任，是商品经济关系和交易秩序的客观要求，是维护债权人合法权益、保障合伙经营的自身发展的需要。

（四）合伙人对合伙债务承担连带责任

《民法总则》第104条规定，非法人组织的财产不足以清偿债务的，其出资人或者设立人承担无限责任。法律另有规定的，依照其规定。

所谓合伙人连带责任，指每一合伙人均负有清偿全部合伙债务的义务，合伙的债权人有权向任何一个、几个或全体合伙人提出履行债务的请求，当某个合伙人履行了此项义务后，该合伙人有权要求其他负有连带责任的合伙人偿付其应当承担的份额。合伙人对合伙债务的连带责任，是一种法定责任，除法律另有规定的以外，合伙人承担的连带责任不以当事人之间有无约定或有无相反约定为转移。规定合伙人承担连带责任，是基于合伙财产的共有性质以及全体合伙人对第三人的共同行为而产生的。因此，合伙人仅就合伙企业的债务承担连带责任，对合伙人个人的债务没有承担连带责任的义务。

合伙人承担合伙债务的顺序，决定了合伙人对合伙债务所负的连带责任具有补充的性质。合伙人首先以合伙的共有财产向债权人承担合伙债务，当合伙的共有财产不足以清偿合伙债务时，才负有以个人财产承担连带责任的义务。合伙人对合伙企业债务负连带责任，有利于稳定合伙的内部关系，维护合伙债权人和合伙人个人的利益。

案例5－5：难了的夫妻债

案例发生在河南。安某（丈夫）与朱某（妻子）在婚姻关系存续期间，向韩某借了一笔债，借条内容：今借人民币14（拾肆）万元，时间（夫妻离婚以前）。该借条由安某书写，但签的是朱某的名字。

后来，两人协议离婚，约定：(1)两个孩子归安某抚养，朱某每月支付300元生活费；(2)塑料厂全部资产归安某所有，婚姻关系存续期间的全部债务由安某负担，朱某净身出户。一年后，塑料厂被查封，安某一无所有。朱某除了在河南办企业外，还在新疆成立了一家公司，公司净资产上亿元。这时，债权人韩某拿着欠条向朱某要债，遭朱某拒绝。

韩某诉至法院。法院经审理认为，夫妻借债的事实客观存在，遂支持韩某的诉讼请求，判决安某、朱某向韩某承担连带责任。

案例评析：

该案争议的焦点在于，安某、朱某协议离婚“由安某偿还债务”的约定对韩某有无约束力？

安某与朱某向韩某借债发生在婚姻关系存续期间，借条由安某书写、签朱某的名字并不重要，因为借条是以家庭的名义写的。后来，二人协议离婚，约定：离婚后塑料厂全部资产归安某所有，婚姻关系存续期间的全部债务由安某负担。但该约定对债权人韩某有失公平。因为塑料厂被查封后，安某一无所有，无力偿还债权人韩某的债。

安某、朱某关于“婚姻关系存续期间的全部债务由安某负担”的约定，类似合伙企业的内部约定，对债权人韩某能否发生对抗效力，取决于韩某是否知情。若该约定除安某、朱某签名外，还有韩某签名，则意味着韩某知情，在此情况下，朱某可行使抗辩权，拒绝韩某的偿债要求。但在本案例中，该约定只有安某、朱某签名，可推定债权人韩某并不知情。韩某是理性人，最关心债权能否按期、足额要回，他不会在该约定上签名。

对该问题的分析可借鉴《合伙企业法》的基本思路。《合伙企业法》第33条第1款规定，合伙企业的利润分配、亏损分担，按照合伙协议的约定办理。本法第40条规定，合伙人由于承担无限连带责任，清偿数额超过本法第33条第1款规定的其亏损分担比例的，有权向其他合伙人追偿。因此，该约定仅在安某、朱某之间具有法律约束力；在朱某替安某向韩某偿债后，可以向安某追偿。

案例5-6：合伙企业债务6.5万元，各合伙人如何分担？

张某与甲、乙两人商议合伙开办一个小食品加工厂，三人商定各出资5万元，订立了书面协议。在准备生产过程中，发现资金仍然不够，张某动员胞弟丙支持他们5万元。丙表示出资可以，但要参加合伙的盈余分配。经张某与甲、乙两合伙人商议，对丙参加盈余分配表示同意，但约定丙不得参与合伙的经营活动，并正式写下了书面协议。

小食品加工厂成立2年后，丙了解到该厂经营情况不景气，以家母生病，急需用钱为由，要求抽回他的5万元。张某不答应。某日，张某外出，丙找到甲、乙两位合伙人，以同样理由要求还钱，并声称张某已经同意，碍于张某与丙的关系，两位合伙人便将该小食品加工厂仅有的3万元现金交给了丙。张某回来后，对此十分不满。又过了半年，张某告知丙，小食品加工厂现已累计亏损6.5万元，债权人正在追讨债务。

关于合伙企业债务6.5万元，各合伙人应当：

A. 张某、甲、乙、丙均为普通合伙人，负无限连带责任；

B. 张某、甲、乙均为普通合伙人，负无限连带责任；

C. 甲、乙对丙抽回3万元现金存在重大过错，负无限连带责任；

D. 张某是合伙负责人，负担更大的赔偿责任。

五、合伙内部关系

（一）合伙经营事务的决策、执行与监督

1. 合伙经营事务的决策

合伙作为一个共同出资、共同经营、共享收益、共担风险的经济组织，其经营管理活动的好坏，尤其是经营事务决策是否科学，直接影响到每个合伙人的切身利益。因此，合伙经营事务决策必须兼顾两个方面：(1)充分保障合伙人的个人权利；(2)积极促进合伙业务的顺利开展。

首先，合伙企业的重要经营管理事项应经全体合伙人一致同意。合伙并非是个人权利的合一，而是一种个人权利的联合，每个合伙人在合伙内部始终保持着独立的主体地位。例如，《合伙企业法》第31条规定，除合伙协议另有约定外，合伙企业的下列事项应当经全体合伙人一致同意：(1)改变合伙企业的名称；(2)改变合伙企业的经营范围、主要经营场所的地点；(3)处分合伙企业的不动产；(4)转让或者处分合伙企业的知识产权和其他财产权利；(5)以合伙企业名义为他人提供担保；(6)聘任合伙人以外的人担任合伙企业的经营管理人员。

其次，无特殊约定的，实行合伙人一人一票的表决方法。《合伙企业法》第30条第1款规定，合伙人对合伙企业有关事项作出决议，按照合伙协议约定的表决办法办理。合伙协议未约定或者约定不明确的，实行合伙人一人一票并经全体合伙人过半数通过的表决办法，即如果合伙协议没有特别约定时，合伙人不论出资多少和以何物出资，对合伙事务均有同等的表决权。

最后，合伙是一种相对独立的联合体，必须在经营活动中表现为合伙人集体的意志，合伙人个人的意志受到制约。在日常业务活动中，应坚持少数服从多数的原则，不能因为少数或个

别合伙人的不同意见，影响合伙日常事务的经营决策。当然，合伙的性质决定了适用少数服从多数的原则来解决争议，并不意味着多数合伙人可以作出以损害少数或个别合伙人利益为代价的决议。相反，少数合伙人与多数合伙人一样有充分陈述自己意见和要求全体合伙人就争议进行表决的权利。同时，任何合伙人在执行合伙业务完成前，都有声明异议、请求停止执行的权利。如果受异议表示的合伙人不停止该事务的执行，即应对合伙企业因此产生的损害负赔偿责任；反之，持异议的合伙人应对不当异议造成停止事务执行所生的损害负赔偿责任。

2. 合伙经营事务的执行

《合伙企业法》第 26 条第 1 款规定，合伙人对执行合伙事务享有同等的权利。该条第 2 款规定，按照合伙协议的约定或者经全体合伙人的决定，可以委托一个或者数个合伙人对外代表合伙企业，执行合伙事务。按照上述合伙规则，合伙业务的执行应由全体合伙人共同为之，各业务的执行须经合伙人全体的同意。当然，为了合伙经营活动的方便，合伙人全体可以指定一个或数个合伙人执行合伙事务。这时，只有业务执行人有权对外代表合伙或其他合伙人。但是，这种做法必须在合伙协议中明确规定。

除非有明确证据表明与合伙企业进行民事活动的第三人知道该合伙人无此项权利，对于和合伙进行民事活动的第三人来说，任何一个合伙人都是合伙及其他合伙人的代理人。不具有事务执行权的合伙人，擅自执行合伙企业的事务，给合伙企业或者其他合伙人造成损失的，应依法承担赔偿责任。此外，合伙企业对合伙人执行合伙企业事务以及对外代表合伙企业权利的限制，不得对抗不知情的善意第三人。

《合伙企业法》第 28 条第 1 款规定，由一个或者数个合伙人执行合伙事务的，执行事务合伙人应当定期向其他合伙人报告事务执行情况以及合伙企业的经营和财务状况，其执行合伙事务所产生的收益归合伙企业，所产生的费用和亏损由合伙企业承担。

案例 5－7：16 万元的水果买卖合同，效力如何？

甲、乙、丙合伙经营“满意水果店”，甲为负责人。2005 年 7 月的一天，因丙外出，甲与乙协商后以合伙企业名义与果农签订一份总额 16 万元的水果买卖合同。因合伙企业流动资金不足，甲决定向银行贷款 10 万元，银行要求提供抵押担保，甲以合伙企业的一辆尼桑货车作抵押，与银行签订了抵押合同，但未办理抵押物登记。后合伙企业无力偿还银行贷款，被银行诉至法院。

经查：(1)满意水果店的合伙协议约定，凡 5 万元以上业务，须经甲、乙、丙三人一致同意；(2)甲曾在一次诉讼中免除了戊对水果店的 2 万元债务；(3)水果店的财产价值 10 万元。

甲与乙协商后以合伙企业名义与果农签订了 16 万元的水果买卖合同，适用：

A. 违背合伙协议“一致同意”约定，水果买卖合同无效；

B. 违背合伙协议“一致同意”约定，水果买卖合同无效，打击恶意第三人(果农)；

C. 虽违背合伙协议“一致同意”约定，但水果买卖合同有效；

D. 虽违背合伙协议“一致同意”约定，但水果买卖合同有效，保护善意第三人(果农)。

案例 5－8：覃某作为合伙事务执行人，收益或损失归谁？

谭某与覃某经协商于 2004 年 11 月 18 日签订一份《合伙合同》，约定共同出资修建环江县下南乡仪凤村三阳水电站，经营水电能源开发，合伙期限不定。2005 年 9 月 1 日，工商行政管理局核准颁发了《合伙企业营业执照》，执行合伙事务的合伙人为覃某。

2005年10月24日，双方对合伙投资款项确认，谭某投资118 013元，覃某投资127 483元。2006年12月11日，覃某与环江安源电力开发有限责任公司签订《转让仪凤村三阳水电站设备协议书》，转让得款19万元。2008年1月3日，覃某经谭某之父谭某某的农行账户支付给谭某5万元。同年7月30日，谭某以覃某擅自转让水电站且仅支付其5万元为由向法院提起诉讼，要求覃某赔偿其经济损失68 013元。

覃某作为合伙事务执行人，适用：

A. 合伙收益，归合伙企业；

B. 合伙损失，归其个人；

C. 合伙损失，主要归其个人；

D. 合伙收益、损失，均归合伙企业。

基于合伙的性质，每个合伙人都有权代理合伙事务和作为其他合伙人的代理人，这种合伙代理与一般的委托代理十分相似，可准用有关委托代理中受托人权利义务的规定，但合伙代理与一般的委托代理并非完全相同。委托代理是基于委任合同而产生的，但委任合同的成立与生效，并不当然产生代理权，只有委托人作出委托授权的单方行为，代理权才产生。而合伙代理则是直接根据合伙协议关系而产生的，按照合伙协议委任一个或数个合伙人执行业务时，该合伙人没有正当理由，不得辞任或解任。当然，对于合伙人执行合伙事务的代理权限，应在合伙协议中明确加以规定。《合伙企业法》第29条第1款规定，合伙人分别执行合伙事务的，执行事务合伙人可以对其他合伙人执行的事务提出异议。提出异议时，应当暂停该项事务的执行。该条第2款规定，受委托执行合伙事务的合伙人不按照合伙协议或者全体合伙人的决定执行事务的，其他合伙人可以决定撤销该委托。

合伙作为一种社会组织，要正常地开展业务活动，不可能由各个合伙人分别执行。通常在签订合伙协议时，各合伙人就应民主推举出能力较强、威信较高的合伙人作为负责人，并在合伙协议中加以明确。在法理上，合伙负责人应视为合伙企业的代理人，具体执行合伙企业的内外事务，没有正常理由不得辞任或解任。合伙负责人在执行业务中所产生的法律后果，应由合伙组织和各合伙人共同承担，任何一个合伙人都不能以负责人的过错为由推卸自己的责任。但在合伙内部，合伙和各合伙人有权要求由于故意或疏忽而造成损失的负责人赔偿损失。

执行合伙事务的合伙人，应承担以下义务：(1)注意义务。合伙人执行合伙事务时，应与处理自己的事务为同一注意；其受有报酬者，应尽善良管理人的注意义务。否则，应对给合伙造成的损失承担损害赔偿责任。(2)忠实处理合伙事务的义务。合伙人对于合伙事务应亲自执行，及时向合伙组织汇报合伙事务的执行情况，对所收取的金钱、物品、孳息及其他取得的权利应及时交付或移转于合伙组织。合伙执行人怠于履行其合伙事务给合伙组织造成损害的，该合伙人应承担损害赔偿责任。(3)竞业禁止义务。除合伙协议另有约定或者经全体合伙人同意外，合伙人不得自营或者同他人合作经营与本合伙企业相竞争的业务。否则，给合伙企业或者其他合伙人造成损失时，依法承担赔偿责任。(4)任何合伙人都不得为个人谋私利。合伙人不能与本合伙企业签订合同，由此取得的利益应归合伙企业所有；合伙人也不得为了个人利益而与第三人恶意串通损害其他合伙人的共同利益，否则应承担损害赔偿责任。

执行合伙事务的合伙人负有义务的同时，也享有以下权利：(1)因执行合伙事务所支出的必要费用，有请求合伙组织偿还的权利(包括利息请求权)。(2)因执行合伙事务而负担的必要债务，有请求合伙组织代其清偿的权利。(3)因执行合伙事务而受有不可归责于自己的损害，有请求合伙组织赔偿的权利。(4)执行合伙事务，如果约定给付报酬，有报酬请求权。

此外，合伙企业还可聘请非合伙人担任经营管理人员。根据《合伙企业法》第31条的规定，经全体合伙人一致同意，合伙企业可以聘请合伙人以外的人担任合伙企业的经营管理人员。该规定，包含四层意思：(1)合伙企业可以从合伙人之外聘任经营管理人员；(2)聘任非合伙人担任合伙企业的经营管理人员，必须经全体合伙人一致同意；(3)聘任的非合伙人，不须对合伙企业的债务承担无限连带责任；(4)聘任的非合伙人如何承担责任、承担何种责任，应在聘任合同中明确约定。非合伙人被聘任为合伙企业的经营管理人员后，应履行相应的职责，具体职权范围依照合伙企业的约定。例如，《合伙企业法》第 35 条第 1 款规定，被聘任的合伙企业的经营管理人员应当在合伙企业授权范围内履行职务。该条第 2 款规定，被聘任的合伙企业的经营管理人员，超越合伙企业授权范围履行职务，或者在履行职务过程中因故意或者重大过失给合伙企业造成损失的，依法承担赔偿责任。

3. 合伙经营事务的监督

根据《合伙企业法》第 27～28 条的规定，不参加执行事务的合伙人有权监督执行事务的合伙人。监督权，包括事务检查权和查阅权，为强制性规定，不得约定排除。事务检查权，包括随时检查合伙事务(例如查询与他人所签订的合同内容)和检查财产状况(例如资产负债的情形)的权利。查阅权，指查阅账簿的权利。监督权对合伙经营事业的正常进行起着重要的保障作用，但是，实施监督权应受诚信原则的制约，以避免无执行事务权限的人滥用权利，对合伙事务的执行构成不当的阻挠。

(二) 合伙内部的损益分配

1. 损益的含义

合伙财产多于合伙人的出资总额，超出部分为合伙利益；反之，合伙财产少于合伙人的出资总额，差额即为合伙亏损。

2. 损益分配的份额或比例

合伙人的损益分配，在合伙人有约定时，从其约定。但是，当合伙协议对此未做约定时，主要有下列两种立法例：(1)约定了利益(盈余)分配比例的，按比例进行利益分配；未约定利益分配比例的，则由各合伙人平均分摊。例如，德国民法和我国香港地区的合伙法采用该立法例。(2)按合伙人的出资比例分担。仅就利益或仅就损失所定的分配比例，视为损益共同的分配比例。例如，法国、日本和我国台湾地区“民法”采用该立法例。

从我国现行立法及司法解释的规定来看，最高人民法院《关于贯彻执行＜民法通则＞若干问题的意见(试行)》第 47～48 条规定，应按出资比例分担；如协议未规定出资比例的，可以按照约定的或者实际的盈余分配比例承担。但是对造成合伙经营亏损有过错的合伙人，应当根据其过错程度相应地多承担责任。根据《合伙企业法》第 33 条第 1 款的规定，若无法确定出资比例的，由合伙人平均分配、分担。当然，由于合伙人共享收益、共担风险，因此《合伙企业法》第 33 条第 2 款规定，合伙协议不得约定将全部利润分配给部分合伙人或者由部分合伙人承担全部亏损。

案例 5－9：自驾游活动，如何分担损失？

卓力(网名)是自驾游爱好者，经常参加绿野网站上组织的户外自驾游活动。自 2013 年起，和朋友“猎豹”搭档，通过组织户外自驾游活动，顺便靠推销自己的户外装备的方式盈利。2014 年 11 月，APEC 会议在北京举行。卓力和“猎豹”再次搭档，在绿野网站上发起了“让行 APEC，初冬锡盟探宝游”的自驾游召集令，内容如下：

报名费用：双号车(10 日回京)，每人活动费用 650 元；

单号车(11 号回京),每人活动费用 800 元;

儿童:8 岁以下免费,8～15 岁半价。

费用说明:包括餐费和短期个人意外伤害保险。不包括车辆、油耗、过桥路费、住宿费用(AA)、景区门票及其他自费项目。住宿由领队统一安排,费用自理(参考标间 120 元/每晚,三人间 160 元/每晚)。搭车费用:1 000 元,费用包括车辆损耗、油费和过桥路费。

2014 年 11 月 9 日夜,卓力领队带领的 4 辆车先行探路,未及时发现禁止驶入的警示牌,误闯入在建的高速公路。造成正在进行硬化施工的高速公路路面损坏。经保险公司和施工单位的联合评估,高速公路路面损坏 50 米,赔偿金额高达 25 万元。由于团队的集体观念较强,大家一致通过共同承担该损失。车队共 20 辆车,每车通过商业保险,报销 1 万元。剩余的 5 万元,每辆车承担 2 500 元。

自驾游活动,类似合伙,适用:

A. 20 辆车共担损失;　　　　　　B. 出险的 4 辆车承担主要损失;

C. 未出险的 16 辆车承担次要损失;D. 领队卓力和"猎豹"是合伙负责人,担当更大损失。

关于以劳务、技术等出资的合伙人的损益分配问题,尽管大多数国家的民事立法都肯定这类合伙人可以参与盈余分配,但对其是否应承担亏损责任却有不同的立法体例。依我国最高人民法院《关于贯彻执行＜民法通则＞若干问题的意见(试行)》第 45 条和第 62 条的规定,只提供技术性劳务,不提供资金、实物的合伙人,对于合伙经营的亏损额,对外也应承担连带责任;对内则应当按照协议约定的债务承担比例或者技术性劳务折抵的出资比例承担;协议没有约定债务承担比例的,可以按照约定或合伙人实际盈余分配比例承担;没有盈余分配比例的,按照其余合伙人平均投资比例承担。以提供土地使用权作为合伙型联营的一方,对联营企业的债务,应当按照书面协议的约定承担;书面协议未约定的,可以按照出资比例或盈余分配比例承担。

3. 损益分配的方法

损益分配的方法,合伙协议有约定的,可依其约定。就利益分配而言,如果合伙协议未约定的,除非经合伙人决议,否则应采用现金分配。以利益分配充作合伙人增资或填补损失的,由于合伙人无补充资金的义务,因而除合伙协议另有约定外,应经合伙人全体同意。

4. 损益分配的时间

损益分配的时间,不仅涉及合伙人利益的实现,而且还关系到合伙债权人利益的保护。因而,大多数国家立法对合伙损益的分配时间作了明确规定。例如德国民法规定,只有合伙解散,合伙人才可以请求决算及损益分配。如果合伙长期存续,应于每个事务年度终结时解决决算及利益分配疑义。从我国的司法实践来看,合伙盈余的分配可分为定期分配、退伙时分配和解散时分配;合伙亏损的分配,一般在合伙人退伙或合伙企业解散时进行。

六、入伙、退伙

(一) 入　伙

1. 入伙的概念与要件

入伙,指合伙成立后,第三人加入合伙并取得合伙人资格的行为。

第三人入伙,必须以接受原合伙协议的基本内容为前提。在合伙经营过程中增加合伙人,除书面协议已作约定的情况外,须经全体合伙人的一致同意;未经全体合伙人同意的,应当认定入伙无效。新合伙人入伙时，应依法订立书面入伙协议，并依法办理变更登记手续。订立入伙协议时，原合伙人应当向新合伙人如实告知原合伙企业的经营状况和财务状况。

案例 5-10：杨某是否是新合伙人？

原告吴某、邓某与被告刘某三人合伙承包用电安装工程，后因工程款结算发生争议。原告提出，杨某作为新合伙人也是本案诉讼当事人之一，因为其履行了出资义务并要求参与分取合伙收益，但被法院驳回。

根据合伙企业法，杨某成为新合伙人的条件是：

A. 履行了出资义务；　　B. 经全体合伙人同意；

C. A、B 答案均正确；　　D. A、B 答案均错误。

根据《合伙企业法》第 50 条的规定，合伙人死亡或者被依法宣告死亡的，对该合伙人在合伙企业中的财产份额享有合法继承权的继承人，按照合伙协议的约定或者经全体合伙人一致同意，从继承开始之日起，取得该合伙企业的合伙人资格。

2. 入伙效力

入伙效力主要包括：(1)取得合伙人资格。新合伙人与原合伙人享有同等权利，承担同等责任，按约定或出资比例获取盈余和负担亏损。(2)新合伙人应与其他合伙人一起对入伙前合伙企业的债务承担连带责任。该规定意在保护合伙企业的债权人，避免新合伙人与其他合伙人串通延后入伙日期，以逃避承担合伙企业债务的责任。

案例 5-11：覃某作为新合伙人，享有什么权利？

2008 年 3 月 25 日，廖某与韦某、陈某、谢某、陈某签订《合股造林合同书》，约定共同出资经营大步屯联营林场的林木种植，每人占股 20%。同日，廖某邀请覃某投资，覃某当即投资 2 万元，廖某出具《合股造林凭证》，载明覃某占廖某股份的二分之一。2012 年 11 月 21 日，廖某等 5 人对林场收益进行盈利分红，韦某以其儿子韦某某名义将 7.45 万元通过广西农村信用社汇给覃某。

2013 年春季，合伙林场进入复垦、除草、施肥等管理时期，廖某以不缺少资金为由拒绝覃某投入资金并称终止与其合伙关系。下列哪个说法是错误的：

A. 廖某与韦某、陈某、谢某、陈某，是原始合伙人；

B. 覃某，是新合伙人；

C. 原始合伙人、新合伙人，享有同等权利；

D. 新合伙人，享有的权利低于原始合伙人。

(二) 退　伙

1. 退伙的概念与种类

退伙，指合伙人脱离合伙组织，丧失合伙人资格的行为。

根据退伙的原因不同，可以分为三类：(1)声明退伙；(2)法定退伙；(3)除名。

声明退伙，又称任意退伙，指出于合伙人退伙的单方面意思表示而发生的退伙，但不是在任何情况下都是许可的。德国民法规定，若合伙未约定存续期间，各合伙人可以随时告知退伙；若合伙约定有存续期间，必须有重大理由才能退伙，例如其他合伙人因故意或重大过失严重违反合伙协议约定致使合伙经营亏损时。此外，德国法规定合伙人退伙只须告知其他合伙人，而法国法则要求须征得其他合伙人同意。根据《合伙企业法》第 45 条的规定，合伙协议约定合伙企业有经营期限的，有下列情形之一时，合伙人可以退伙：(1)合伙协议约定的退伙事由出现；(2)经全体合伙人一致同意；(3)发生合伙人难以继续参加合伙企业的事由；(4)其他合伙人严重违反合伙协议约定的义务。根据《合伙企业法》第 46 条的规定，合伙协议未约定合伙企业的经营期限的，合伙人在不给合伙企业事务执行造成不利影响的情况下，可以退伙，但应当提前 30 日通知其他合伙人。《合伙企业法》第 47 条规定，合伙人违反本法第 45 条、第 46 条的规定退伙的，应当赔偿由此给合伙企业造成的损失。

法定退伙，又称非任意退伙，指并非基于合伙人本人的意思，而是根据法律规定的条件退伙。《合伙企业法》第 48 条第 1 款规定，合伙人有下列情形之一的，当然退伙：(1)作为合伙人的自然人死亡或者被依法宣告死亡；(2)个人丧失偿债能力；(3)作为合伙人的法人或者其他组织依法被吊销营业执照、责令关闭、撤销，或者被宣告破产；(4)法律规定或者合伙协议约定合伙人必须具有相关资格而丧失该资格；(5)合伙人在合伙企业中的全部财产份额被人民法院强制执行。该条第 3 款规定，退伙事由实际发生之日为退伙生效日。

除名，又称开除，指基于法定原因或合伙协议约定原因开除某一或某些合伙人的情形。《合伙企业法》第 49 条第 1 款规定，合伙人有下列情形之一的，经其他合伙人一致同意，可以决议将其除名：(1)未履行出资义务；(2)因故意或者重大过失给合伙企业造成损失；(3)执行合伙事务时有不正当行为；(4)发生合伙协议约定的事由。该条第 2 款规定，对合伙人的除名决议应当书面通知被除名人。被除名人接到除名通知之日，除名生效，被除名人退伙。该条第 3 款规定，被除名人对除名决议有异议的，可以自接到除名通知之日起 30 日内，向人民法院起诉。

2. 退伙效力

根据我国有关立法及司法解释，退伙效力主要有：

(1) 退伙人终止与其他合伙人之间的合伙关系，并丧失合伙人资格。

(2) 退伙并不绝对导致合伙关系的终止。英美法一般认为，合伙是当事人之间信用的聚结，所以合伙人中有一人退伙，合伙关系即应终止。如果其他合伙人继续合伙，应认为是新的合伙关系，而不是原合伙的继续。1804 年的法国民法典也做过类似规定。在法理上，上述规定符合合伙性质；但在实践中，随着社会经济的发展，它已经越来越不利于合伙业务的发展，影响社会经济生活的稳定。所以，一些国家现代的法律规定，声明合伙只终止退伙人的权利义务关系，合伙并不因此解散。法国于 1978 年也对原规定作了修改，承认合伙不因个别合伙人的死亡或退出而解散。显然，这种立法的改变增强了合伙企业的独立性。根据《合伙企业法》第 46 条、第 85 条的规定，个别合伙人退伙并不影响合伙的继续经营。当然，如果合伙人退伙后，合伙企业内仅剩下一个普通合伙人，合伙企业应当解散。

(3) 财产结算和损益分配。退伙人与其他合伙人进行财产结算，应以退伙时的财产状况为准。如果合伙事务尚未了结，应于了结时清算；合伙人退伙时分割的合伙财产，应当包括合伙时投入的财产和合伙期间积累的财产以及合伙期间的债权和债务。入伙的原物，原则上应予退还，若一次清退有困难，可以分批分期退还；若退还原物确有困难，可以折价处理。合伙期间发生的债务，若合伙人退伙时未按约定分担或者未合理分担，退伙人退伙后对原合伙的债务仍应承担连带清偿责任。若退伙人已分担合伙债务，对其参加合伙期间的全部债务仍负连带责任。合伙人因退伙而转让出资份额时，其他合伙人有优先购买权。

(4) 因退伙给其他合伙人造成损失的，应当考虑其退伙的原因、双方当事人的过错等情况，确定退伙人应当承担的赔偿责任。

(5) 向企业登记机关办理有关登记手续。根据我国《合伙企业登记管理办法》第 56 条的规定,若合伙人退伙,应当于作出退伙决议或者发生退伙事由之日起 15 日内向企业登记机关办理有关登记手续。但是,如果未办理有关登记手续,效力如何?我国台湾地区认为,对于声明退伙,如未为变更登记,不得对抗善意第三人,即声明退伙人于退伙后,就退伙后的债务,仍须与其他合伙人共同对善意第三人负责。我国现行立法对此未作规定,应作出和我国台湾地区相同的解释。

案例 5-12:退伙人、入伙人对合伙企业债务如何担责?

张某、李某、赵某三人经协商,签订了一份合伙协议,协议规定:三人各出资 5 万元,在某纺织城合伙经营纺织品购销业务,合伙企业的名称为大华纺织实业公司(简称大华公司)。另外,该协议对合伙企业事务的执行等事项也作了规定。随后,三人共同办理了营业执照,并开始经营纺织品购销业务。

次年 8 月,赵某与张某、李某多次发生争执。三人经协商,同意赵某退出合伙,张某和李某继续合伙经营,但未清理大华公司的债务。9 月,原在大华公司受雇从事销售业务的王某向张某、李某提出请求,希望加入大华公司。张某、李某同意王某入伙,并要求王某出资 5 万元。9 月 23 日,张某、李某、王某签订了入伙协议,其中约定"王某对此前的债务不承担责任",王某正式加入大华公司。经营数月后,张某、李某对纺织品的市场前景看淡,决定于年底终止大华公司的经营。在这种情况下,王某也只好同意解散大华公司。经清理账目,到次年 8 月赵某退伙时止,大华公司的三名合伙人各分取利润 10 万元,但大华公司对外欠债 12 万元。到次年底,大华公司对外欠债共计 18 万元,经清理存货抵债后,仍有债务 15 万元。如何分配合伙债务,当事人之间产生争议:(1)赵某认为,其于次年 8 月退出大华公司,故不应对大华公司的债务承担责任;(2)王某认为,其于次年 9 月 23 日才加入大华公司,不应对此前的债务承担责任。

案例评析:

该案争议的焦点有三:(1)退伙人对合伙企业债务承担什么责任?(2)入伙人对合伙企业债务承担什么责任?(3)合伙人之间内部约定能否对抗外部第三人?

赵某经其他合伙人张某、李某同意而退伙,符合《合伙企业法》规定的退伙条件。问题在于,赵某退伙后,对合伙企业债务应否承担责任?如何承担责任?《合伙企业法》第 53 条规定,退伙人对基于其退伙前的原因发生的合伙企业债务,承担无限连带责任。三人经协商,同意赵某退出合伙,但未清理大华公司的债务。因此,赵某退伙不彻底,无法分清其退伙前、后合伙企业分别有多少债务。因此其对于合伙企业的既往债务并没有解除,仍然要负连带责任。赵某主张"其于次年 8 月退出大华公司,故不应对大华公司债务承担责任",不能得到法律支持,赵某对退伙前合伙债务应承担连带责任。

次年 9 月,王某向张某、李某提出请求,希望加入大华公司,张某、李某同意王某入伙。9 月 23 日,张某、李某、王某签订了入伙协议,其中约定王某对此前债务不承担责任,王某正式加入大华公司。问题在于,王某作为新合伙人,对合伙债务应承担什么责任?其与张某、李某约定"王某对此前债务不承担责任"有无法律效力?《合伙企业法》第 44 条第 1 款规定,入伙的新合伙人与原合伙人享有同等权利,承担同等责任。该条第 2 款规定,新合伙人对入伙前合伙企业的债务承担连带责任。因此,王某主张"其于次年 9 月 23 日才加入大华公司,不应对此前债务承担责任",也得不到法律的支持,其对合伙债务应承担连带责任,包括其入伙前的合伙债务。王某与其他合伙人张某、李某约定"王某对此前债务不承担责任",只是合伙人内部分担债务的约定，对债权人不具有法律效力，王某仍应承担连带责任。合伙人对合伙企业债务承担无限连带责任，是合伙企业最主要的特点。合伙人退出合伙企业，务必清理合伙企业债务。合伙人之间内部约定仅对合伙人有约束力，而对外部第三人不具有法律效力。

第三节　有限合伙企业

一、有限合伙的概念和特点

（一）概　念

有限合伙，指为了在某一商号的名义下经营商事企业而建立的一种商事合伙，由至少一名普通合伙人和至少一名有限合伙人组成。

《合伙企业法》第 61 条第 1 款规定，有限合伙企业由 2 个以上 50 个以下合伙人设立；但是，法律另有规定的除外。该条第 2 款规定，有限合伙企业至少应当有一个普通合伙人。

有限合伙企业中的普通合伙人与有限合伙人的分工互不相同。普通合伙人负责合伙业务的经营，并对合伙债务负无限责任；而有限合伙人不参与合伙业务的经营，也不能以其行为控制商号或撤回其所出资本，对合伙债务仅负有限责任。

（二）特　点

有限合伙企业与公司（有限责任公司、股份有限责任公司）、个人独资企业、普通合伙企业一样，均为现代企业制度的重要组织形式。

但有限合伙企业不同于普通合伙企业，合伙人分为两类：(1)普通合伙人，负责合伙企业的生产经营，对合伙企业债务承担无限连带责任。(2)有限合伙人，向合伙企业投资，不参加合伙企业的实际经营活动；按照约定的比例分享收益，并以出资额为限承担亏损。其有两个特点：① 有限合伙人不参与合伙组织的经营管理。有限合伙人与合伙组织实质上是一种投资关系，不能直接参与合伙组织的经营管理。有的国家规定，如果有限合伙人直接参与了合伙组织的经营管理，该合伙人便转为普通合伙人，对外承担无限责任。② 有限合伙人的出资所有权转归普通合伙人。有限合伙人，可以货币、实物、知识产权、土地使用权或者其他财产权利作价出资，但不得以劳务、技术等形式出资。有限合伙人出资后，其财产所有权转归普通合伙人，不再支配该财产。有限合伙人以该财产对合伙债务承担责任，也以该财产按约定的比例分享收益。

案例 5－13：有限合伙人，如何担责？

2013 年 11 月 14 日，王某与恒业泰和公司签订《北京恒业泰和投资中心合伙协议》（简称《合伙协议》），作为有限合伙人向恒业泰和投资 360 万元。

王某作为有限合伙人，适用：

A. 类似有限公司股东，以出资额为限对合伙企业承担责任；

B. 与普通合伙人相同，均对合伙企业债务承担无限连带责任；

C. 可以担当合伙企业执行人；

D. 可以参与合伙企业的经营和管理。

二、有限合伙制度的引入

(一) 有限合伙的历史

有限合伙制度起源于 16 世纪地中海沿岸的康孟达(Commenda)契约。当时的航海冒险业特别兴盛,但航海冒险家的资产一般不多,而拥有大量资产的资本家一方面不愿以自己的所有财产去从事航海冒险业,另一方面这种高风险的航海冒险业带来的高收益对资本家又极具吸引力。再者,中世纪的教会法禁止收取利息和放出高利贷,促使资本家和航海冒险家以康孟达契约的形式合作,这样不仅能够规避法律,还可以给资本家带来收益。根据康孟达契约,资本家出资,航海冒险家贩售货物于海外,盈利按约定的比例分配;若发生亏损,航海冒险家负无限责任,资本家仅以出资额为限承担责任。

康孟达组织后来向两个方向发展:(1)资本所有人对外不公开(隐名),对第三人不负任何责任,而后形成了隐名合伙的形式;(2)资本所有人与经营人使用共同商号,经营人对第三人负无限责任,而后形成了两合公司或有限合伙的形式。其中,英美等国的公司法,不承认两合公司,而以有限合伙代替其发挥作用。

(二) 风险投资企业对有限合伙的青睐

根据美国全美投资协会的定义,风险投资是由职业金融家投入新兴的、迅速发展的、有巨大竞争潜力的企业中的一种权益资本。根据 1966 年经合组织科技创新委员会发表的《风险投资与创新》研究报告,风险投资被定义为一种向极具发展潜力的新建企业或中小企业提供股权资本的投资行为。国内学者认为,风险投资是指投资人把风险资本投向刚刚成立或快速成长的未上市新兴企业(主要是高科技中小型企业),在承担很大风险的基础上,为融资人提供长期的股权投资和增值服务,培育企业快速成长,数年后(至少 3～5 年)再通过上市、兼并或其他股权转让方式撤出投资,取得高额投资回报的一种投资方式。

在现代高新技术企业,技术拥有者以智力型劳务进行投资,拥有技术但缺乏资金;而投资者有资金,但不愿意承担高新技术带来的风险。选择有限合伙形式,使投资者承担有限责任,技术拥有者承担无限责任,很好地满足了两类主体的主观愿望。这种风险小、收益大的有限合伙形式,有利于现代高科技企业的发展壮大。2000 年 12 月,北京市第十一届人大常委会通过的《中关村科技园区条例》原则性地规定了有限合伙制度,其第 25 条规定风险投资机构可以采取有限合伙的形式。

(三) 修订后的《合伙企业法》引入了有限合伙制度

中华人民共和国第十届全国人民代表大会常务委员会第二十三次会议于 2006 年 8 月 27 日修订通过的《合伙企业法》,在原有的普通合伙企业外,引入了有限合伙制度。

《合伙企业法》第 2 条第 1 款规定,本法所称合伙企业,是指自然人、法人和其他经济组织依照本法在中国境内设立的普通合伙企业和有限合伙企业。该条第 3 款规定,有限合伙企业由普通合伙人和有限合伙人组成,普通合伙人对合伙企业债务承担无限连带责任,有限合伙人以其认缴的出资额为限对合伙企业债务承担责任。

《合伙企业法》第 3 条规定,国有独资公司、国有企业、上市公司以及公益性的事业单位、社会团体不得成为普通合伙人。其言外之意,即以上主体可以成为有限合伙人。

三、有限合伙企业的特别规定

（一）有限合伙企业的名称中应当标明“有限合伙”字样

根据《合伙企业法》第 62 条的规定，有限合伙企业名称中应当标明“有限合伙”字样。该规定意在提醒交易相对人在与有限合伙企业进行交易的过程中，并不是每个合伙人均承担连带无限责任，只有普通合伙人对合伙企业债务承担无限连带责任，而有限合伙人仅以其认缴的出资额为限对合伙企业债务承担责任。

（二）有限合伙企业的合伙协议

《合伙企业法》第 63 条规定，合伙协议除符合本法第 18 条规定的普通合伙企业合伙协议应载明的事项外，还应当载明下列事项：(1)普通合伙人和有限合伙人的姓名或者名称、住所；(2)执行事务合伙人应具备的条件和选择程序；(3)执行事务合伙人权限与违约处理办法；(4)执行事务合伙人的除名条件和更换程序；(5)有限合伙人入伙、退伙的条件、程序以及相关责任；(6)有限合伙人和普通合伙人相互转变程序。

根据上述规定，设立普通合伙企业，合伙协议只须符合《合伙企业法》第 18 条的规定即可；而要设立有限合伙企业，除须符合《合伙企业法》第 18 条的规定外，还须符合第 63 的规定，可见对有限合伙企业的设立更加严格了。

（三）有限合伙人的出资

《合伙企业法》第 64 条第 1 款规定，有限合伙人可以用货币、实物、知识产权、土地使用权或者其他财产权利作价出资。该条第 2 款规定，有限合伙人不得以劳务出资。而根据《合伙企业法》第 16 条的规定，普通合伙人可以用劳务出资。规定有限合伙人不得用劳务出资的原因在于：有限合伙人仅以出资额对合伙企业承担责任，而不对合伙企业的债权人负责，若允许有限合伙人用劳务出资，将造成普通合伙人承担的风险太大的问题，对普通合伙人有失公平。

《合伙企业法》第 65 条规定，有限合伙人应当按照合伙协议的约定按期足额缴纳出资；未按期足额缴纳的，应当承担补缴义务，并对其他合伙人承担违约责任。根据该规定，有限合伙人按照合伙协议的约定按期足额缴纳出资是对合伙企业承担责任的物质基础和重要保障。

（四）有限合伙企业的事务执行

《合伙企业法》第 67 条规定，有限合伙企业由普通合伙人执行合伙事务。

《合伙企业法》第 68 条规定，有限合伙人不执行合伙事务，不得对外代表有限合伙企业。

上述规定表明，有限合伙人的出资行为，意在分配合伙企业的利润，而无意参与合伙企业的经营管理，这与普通合伙企业全体合伙人共同参与经营管理有着本质区别。

（五）有限合伙人可以同本企业进行交易，也可以从事“竞业禁止”业务

《合伙企业法》第 70 条规定，有限合伙人可以同本有限合伙企业进行交易；但是，合伙协议另有约定的除外。

《合伙企业法》第 71 条规定，有限合伙人可以自营或者同他人合作经营与本有限合伙企业相竞争的业务；但是，合伙协议另有约定的除外。

值得注意的是，普通合伙人进行上述行为，则为法律所禁止。例如，《合伙企业法》第 32 条第 1 款规定，合伙人不得自营或者同他人合作经营与本合伙企业相竞争的业务。该条第 2 款规定，除合伙协议另有约定或者经全体合伙人一致同意外，合伙人不得同本合伙企业进行交易。

（六）有限合伙人的入伙、退伙

《合伙企业法》第77条规定，新入伙的有限合伙人对入伙前有限合伙企业的债务，以其认缴的出资额为限承担责任。根据该规定，入伙是一种风险投资，作为新入伙的有限合伙人要有充分的思想准备。

《合伙企业法》第81条规定，有限合伙人退伙后，对基于其退伙前的原因发生的有限合伙企业的债务，以其退伙时从有限合伙企业中取回的财产承担责任。根据该规定，有限合伙人退伙，其责任并不当然解除，以其退伙时从有限合伙企业中取回的财产承担责任。

（七）有限合伙人与普通合伙人的相互转化

《合伙企业法》第82条规定，除合伙协议另有约定外，普通合伙人转变为有限合伙人，或者有限合伙人转变为普通合伙人，应当经全体合伙人一致同意。

《合伙企业法》第83条规定，有限合伙人转变为普通合伙人的，对其作为有限合伙人期间有限合伙企业发生的债务承担无限连带责任。

《合伙企业法》第84条规定，普通合伙人转变为有限合伙人的，对其作为普通合伙人期间合伙企业发生的债务承担无限连带责任。

第四节　合伙终止

一、合伙终止的概念

合伙终止，指由于法律规定的原因而使合伙事业终结，合伙关系在法律上归于消灭。

一个现存合伙企业的完全消灭，必须经过三个独立的步骤：(1)解散；(2)清算；(3)办理注销登记。合伙企业作为一种组织体，在其解散后，为了结束其经营事务，在清算期间视合伙关系继续存在。同时，依照我国法律，合伙组织在清算完毕后，应当到工商行政管理部门办理注销登记手续。若不办理注销登记，由企业登记机关吊销营业执照。

二、合伙解散的原因

根据《合伙企业法》第85条的规定，合伙企业解散的原因主要有：(1)合伙期限届满，合伙人决定不再经营；(2)合伙协议约定的解散事由出现；(3)全体合伙人决定解散；(4)合伙人已不具备法定人数满30天；(5)合伙协议约定的合伙目的已经实现或者无法实现；(6)依法被吊销营业执照、责令关闭或者被撤销；(7)法律、行政法规规定的其他原因。

三、合伙的清算

合伙企业解散后，必须进行清算，完成了结合伙事务、收取合伙债权、清偿合伙债务、返还出资、分配剩余财产等工作，使合伙归于消灭。

《合伙企业法》第86条第1款规定，合伙企业解散，应当由清算人进行清算。清算，不仅关系到合伙人的利益，对合伙债权人的利益也有极重要的影响。

（一）清算人的确定

《合伙企业法》第86条第2款规定，清算人由全体合伙人担任；经全体合伙人过半数同意，可以自合伙企业解散事由出现后15日内指定一个或数个合伙人，或者委托第三人，担任清算人。该条第3款规定，自合伙企业解散事由出现之日起15日内未确定清算人的，合伙人或者其他利害关系人可以申请人民法院指定清算人。

另外，清算方式应当在合伙协议中约定，如果没有约定，也可以在解散时另行约定。如果合伙人不能就此达成一致，根据最高人民法院《关于贯彻执行〈民法通则〉若干问题的意见》第52条的规定，如果合伙人出资额相等，应当考虑到多数人的意见酌情处理；若合伙人出资额不等，按出资额占全部合伙财产多的那一方合伙人的意见处理，但不得损害其他合伙人的利益。

（二）清算人的职责

一经合伙人选任，清算人应在清算目的的范围内，实施了结合伙尚未终结的事务，请求合伙债权的履行，变卖合伙财产偿还合伙债务，并将剩余财产移交给合伙人等行为。如果没有特殊情况，不能使清算人丧失权限，也不允许清算人卸任。若有正当理由解任清算人，须经其他合伙人全体的同意；如果清算人为全体或数个合伙人，应以共同处理清算事务为原则。

清算人在清算期间执行下列事务：

(1) 了结合伙债务。合伙企业已经解散，由于不能进行新的业务经营，应对已经存在或正在进行的业务着手了结。

(2) 清理合伙财产。清算人应编制资产负债表和财产清单，以清理合伙财产。

(3) 清缴所欠税款、清偿合伙债务。根据《合伙企业法》第89条的规定，合伙企业财产在支付清算费用后，按照下列顺序清偿：①职工工资、社会保险费用、法定补偿金；②所欠税款；③所负债务。

如果某项债务还没有到清偿期或正在诉讼过程中，应在合伙财产中将清偿债务所必需的部分划出保留。

(4) 返还出资。清算人在清偿合伙债务或划出必要的数额后，应以剩余的财产返还各合伙人的出资。返还的财产，应为可转让的财产，劳务、信用等出资不包括在内。

非以金钱为标的的出资，是以现物返还还是变价返还，应以何时价格为准等问题可由合伙人约定；如果没有约定，房屋、设备等固定资产，以原物返还为原则。如果原物不存在或返还原物确有困难时，应折价返还。投入使用权的标的物返还时，标的物如果因非归责于合伙的原因毁损，合伙人不负赔偿责任。当合伙企业剩余财产不足以返还合伙人出资时，合伙人有约定的，按约定办理；如果合伙人没有约定的，合伙人平均分配。

(5) 分配剩余财产。清偿合伙债务和偿还各合伙人出资后，如果合伙财产还有剩余的，应当按照合伙人约定的损益分配比例进行分配；没有约定时，按出资比例或实际损益分配比例分配。

可分割的财产，可采取实物分割的办法；不可分割的财产，可以采取折价、适当补偿等方式处理。

(6) 代表合伙企业参与民事诉讼活动。

（三）清算结束

《合伙企业法》第90条规定，清算结束，清算人应当编制清算报告，经全体合伙人签名、盖章后，在15日内向企业登记机关报送清算报告，申请办理合伙企业注销登记。

《合伙企业法》第91条规定，合伙企业注销后，原普通合伙人对合伙企业存续期间的债务仍应承担无限连带责任。该规定，意在最大限度地保护债权人利益。

第五节　“公司制合伙”成败分析

“公司制合伙”指管理实践意义的合伙，是对法律意义上合伙制管理模式的借鉴，即公司的合伙人脱离无限连带责任约束，实行类似合伙制企业的机制，将短期激励与长期激励有效地结合起来，发挥核心人才的积极性。因此，“公司制合伙”既吸取了合伙制企业“人合”的组织优点，又很好地规避了“无限连带责任”风险，是公司制与合伙制的最佳组合形式。

一、实践中常见的公司制合伙纠纷

（一）部分合伙人工作懈怠

对于创业者来说，如果没选对合伙人，就是一切噩梦的开始。若部分合伙人拼命地工作，而另有部分合伙人业绩不佳，但获得同样的回报，此种情况下，即使心胸再宽阔，恐怕也只能忍得了一时，忍不了一世。毕竟合伙人就像人生伴侣，如果一再忍让，不仅会把自己憋出内伤，还会影响合伙企业的长期发展以及其他合伙人的利益。

案例 5－14：西少爷创始人之一宋鑫，被踢出创业团队

2015 年，曾经轰轰烈烈的互联网餐厅西少爷肉夹馍宣布散伙。创始人之一宋鑫被扫地出门，其中一个重要原因是孟兵认为宋鑫作为合伙人不好好干活，对其工作态度极为不满。

企业成立之初，孟兵与宋鑫的争吵就没有停止过。另一位普通合伙人罗高原认为，争吵的直接原因是宋鑫消极的工作态度以及几乎为零的工作成果。随着矛盾的不断激化，最终导致宋鑫被迫离开创业团队。原本西少爷有望成为一家前途无量的明星创业公司，却在公司刚走上正轨时，创始人团队分崩离析。

案例分析：

该案值得反思的问题是，如果发现某个合伙人不好好干，应如何处理？

西少爷一拍两散，肯定不是最佳选择。应当尽快找出其工作懈怠的原因，并积极地解决矛盾。首先，积极地与其沟通，帮助其回到正轨。如果确实没法挽救，仍有两个退出方案：一是其根据出资比例领取固定分红，但不得参与企业额外业绩提成分配。因为其没有认真地参与企业经营，而企业盈利与参与经营高度相关，即借鉴有限合伙人“不参与经营，承担有限责任与享受有限权利对称”的特点；二是退伙，企业以合理价格回购其出资，好聚好散。

（二）合伙人仅以技术出资

一个靠谱的技术合伙人在创业初期非常重要，如果没有懂技术的人，再好的项目也难以启动。对很多创业者来说，找到一个最佳的技术合伙人有时比找人生伴侣还要难。因为专注于技术的人和混迹于商场的人在思维上有很大的不同，彼此能够“一见钟情”实在不易。

“技术”被视为无形资产，是创业真正宝贵的资源。但技术出资不同于货币、实物出资，因为它不是客观存在的实物，很难对其绝对的真实价值进行衡量。另外，技术合伙人一般在项目前期扮演重要角色，而项目一旦进入正轨，技术合伙人的地位相对下降。

案例 5－15：小李作为技术型合伙人，后期被架空

小李和朋友合伙办厂：朋友有厂房设备、资金，但缺乏技术，在和小李合伙前，一直无法开工；小李有技术，还有一些工人和客户，两人一拍即合。小李和朋友约定：小李以技术入股占

20%，负责生产；朋友负责客户的维持。两人的合作初期很愉快，但随着公司逐步进入正轨，矛盾日益凸显。

小李发现，朋友什么事都不和自己商量，直接指挥工人干，自己成了“上班无人问、下班无人管”的闲人。同时，小李基本不管钱，年底分红数额完全由朋友决定，小李只能接受。当小李拉来客户，朋友只说一句话“你太忙，专心生产，下面的工作不要管”；而没有订单时，小李还得亲自跑市场。各种矛盾集合在一起，小李特别不是滋味，他甚至觉得自己该卷铺盖走人了。

案例评析：

对技术型合伙人而言，最大的风险就是和小李一样——项目前期被当作宝贝，但项目步入正轨后被一脚踢开，即技术型合伙人被当作苦力压榨了。

为保证技术型合伙人的权利，最好的办法就是“先小人后君子”，即在合伙前找专业评估机构科学地评估合伙人所出技术的含金量，明确定价，进而明确双方的权利和义务。

（三）合伙人不参与经营

有些合作伙伴只想提供资金在企业中占有一定的股份，但不想参与经营管理。这种情况下最容易出现两类问题：一是当公司发生债务危机时，合伙人以不参与经营为由，拒绝承担债务责任；二是合伙人在公司处于低谷时不闻不问，稍有起色则又想分享收益。

案例 5－16：不参与经营的合伙人李某，企业亏损时要求撤资

张某、王某、李某是从小一起玩大的好朋友。2008 年，三人约定合伙开一家汽车修理厂，张某出资 20 万元，王某、李某各出资 10 万元。修理厂开业后，由张某、王某负责经营管理，李某并不参与经营活动。

修理厂开业三年，由于经营不善、亏损严重，李某提出撤资，并要求张某、王某出具“修理厂经营亏损与李某无关”的字据。三人就能否认定“李某为合伙人以及该字据的效力”产生了严重分歧。

案例分析：

李某虽然没有参与经营，但作为合伙人之一，在共享收益的同时自然也应当共担风险。如果仅以“没有参与经营”就撇清承担修理厂亏损的责任，法律上是不予认可的。

案例 5－17：不参与经营的合伙人崔某，公司盈利时要求分享收益

2014 年 4 月，陈某和崔某两个朋友一起合伙做小本生意。两人都投了钱，但生意不景气。9 月以后，崔某一直没来公司上班，对店里情况也不再过问，把经营权全部交给了陈某。

陈某继续增加投资额，跑市场、建立关系网。一年后，生意开始好转。崔某跑回来想一起干，但陈某不愿意，欲返还崔某当初投资的金额，自己单干。两人发生矛盾，对簿公堂。

案例分析：

由于没有用书面协议明确约定“双方的合伙关系”，导致双方扯皮，崔某认为自己是合伙人，但陈某拒绝承认。“陈某欲返还崔某当初投资的金额，自己单干”想法也不妥，可根据出资比例让崔某领取固定分红，但不得参与企业额外业绩提成分配。

为避免不参与经营的合伙人出现上述风险，在合伙之前务必签订明确的书面协议，获取出资证明书、工商注册登记、实际出资或享有出资权利等证明。另外，还应当特别约定：若不参与经营，按出资比例领取固定分红，不得参与公司额外的盈余分配，即类似有限合伙人“不参与经营，承担有限责任与享受有限权利对称”。

(四)合伙人违反竞业禁止协议

商业秘密对企业来讲非常重要。多数企业通过独占商业秘密而战胜竞争对手,故商业秘密一旦泄露,往往给企业带来致命的伤害。

掌握企业核心商业秘密的,往往不是一个人,而是全体合伙股东和相关负责人员。一旦高层出现人事浮动,很容易造成商业秘密的泄露,从而给企业和其他股东带来较大的损失。

案例 5-18:盛大文学通过“竞业禁止”协议成功维权

2013 年 3 月,盛大文学以侯小强为代表的管理层和以吴文辉为代表的创始团队因观念冲突无法调解,最终导致吴文辉与部分起点创始团队集体离职。5 月初,离职的起点创始团队获得腾讯投资,成立了腾讯读书频道下另一文学网站——创世中文网。而此次离职的起点中文网前任副总经理以及版权中心前任负责人罗立,正是创世中文网的主要筹建人。

罗立以涉嫌“倒卖、贩卖作者版权到自己名下的一家空壳公司”的罪名,被警方拘留审查,同时接受警方审查的还有起点的其他员工,并有多名员工接受调查。根据调查,被警方审查和正在接受调查的这些编辑在离职前均与盛大签订了至少 1 年的竞业禁止协议。但他们离职后一个月,就投到腾讯旗下创立创世中文网,违反了企业成员竞业禁止条例。

5 月 30 日,盛大文学在网上发表了一封“致关心起点中文网的朋友们”公开信,声明“罗立被捕是盛大文学向警方报案所致”。盛大文学明确表示,将把所有违反竞业禁止的人都告上法庭。盛大文学指出,部分管理团队成员“未离职即秘密煽动作家签约到新公司,在离职并获得竞业禁止补偿后,立即无视合同约定,开展同业竞争,要付出应有的代价”。

案例评析:

竞业禁止协议是公平的,无论是谁违反了协议的规定,都要付出相应的代价。此举旨在防止企业董事、经理、股东等核心人物利用特殊的地位及所获得的公司内部资源损害公司利益。因此,企业中所有掌握核心技术和秘密的人员,都要签署竞业禁止协议,旨在防止发生人事变动后,损害企业的整体利益和其他股东的利益的情况发生。

除竞业禁止协议外,股东在合伙创业之初,还要签署商业秘密协议,旨在保证企业的商业秘密不被泄露,影响公司发展前景。在利益面前,每个人都会遇到诱惑。通过签订竞业禁止和商业秘密协议,试图违约者需要掂量违约的高昂代价,从而可极大地减少企业运营过程中因追求私利而损害企业利益的行为。

(五)合伙人账目记录不清,财务收支模糊

关于财务账目,相关人员应当把每一笔账目都记得清楚、详细,同时,账务要及时跟进,每发生一笔业务,财务账目都要有所反映,不得有任何遗漏。这样一旦出现问题,就可以及时查询到是哪里出了差错。

但一些小公司,合伙人因前期忙于业务发展,有时忘记把资金变动情况反映到财务账目上。后期发现问题时,合伙人相互猜疑,最终导致合伙人之间互不信任,影响团队的团结。

案例 5-19:财务漏洞引发信任危机,工厂顷刻倒闭

甲、乙曾一起合伙办工厂,甲负责进出货管理,兼管财务;乙负责技术生产。由于前期事务繁忙,财务监管比较放松,等工厂正常运转后,在年终财务总结中发现一笔巨额资金不知去向,乙怀疑甲私吞了这笔款项,甲满腹委屈,无处诉说。

两人矛盾不断升级,合伙关系无法维持,只好申请解散公司。结果,他们在仓库盘点时找

到了用这笔款项购买的物料。乙捶胸顿足，想与甲握手言和，但为时已晚。

案例分析：

该案因一笔巨额资金去向不明，引发当事人之间猜忌，最后导致工厂解散。因此，在企业经营过程中，务必保证财务公开、公正、透明。它直接影响合伙人之间的信任度。财务账目记录清楚，既是对其他合伙人负责的行为，也是有效地撇清自己“暗箱操作”之嫌的方法。

(六) 合伙人决策意见谈不拢

合伙创业过程中，遇到重大的决策问题，合伙人经常出现意见相左的情况，主要原因有二：(1)考虑问题具有片面性。合伙创业者，一般都是在某个领域能力较强的人，而且这些人在公司运营过程中，也是各负其责。因此，在进行某项决策时，往往从单一的、自己擅长的领域的视角看问题，难免有一定的片面性。(2)争权夺利。企业合伙人，都是有想法、有梦想的精英。说得直白些，都是做老板的料，都想说了算。

案例 5－20：赚到第一桶金时，却迎来散伙结局

杨某 14 岁就外出打拼，一个偶然的机会向朋友学习解码手艺，不久获得了反解码拆卸专利，和两个朋友合伙开始防盗门锁的创业，但其样品未得到汽车生产商的认可。而后杨某又转型做家庭防盗系统，仍然没有被市场认可，于是将目光转向指纹锁。半年后，指纹锁研制成功。国外指纹锁单价是 5 000～10 000 元，而他们的指纹锁只卖 1 000 元。明显的价格优势使他们迎来第一个价值50 万元的电路板设备大单，不久还获得了 50 万元的国家级科技创新基金支持。

之后 50 万元的国家级科技创新基金到账，但三个合伙人对如何使用这笔钱出现了严重分歧：杨某主张把钱投入到产品的研发和生产，继续扩大公司规模；另两个合伙人则坚持将这笔钱用来分红，两方谁也说服不了谁。经过一年多交涉，协调无果，合伙创业宣告结束。

案例分析：

该企业最终失败，源于合伙人在重大决策上意见相左：杨某注重长远利益，而其余两个合伙人更关注短期利益。另外，杨某缺乏足够的说服他人的能力、拍板决策的魄力，也是该案最终失败的重要原因。因此，事先设计在这种情况下“如何兼顾短期和长期利益”的解决方案非常重要。

(七) 大股东被小股东“绑架”

某些新公司的部分合伙人为了发展自己的势力，在股权占比上有决定性优势，可能拉一些自己的亲朋好友或陌生人加入合伙企业。在实际操作中，常常导致大股东被小股东“绑架”的情况。尤其是在企业做大后，众人为了各自利益往往会激化股东之间的战争。

案例 5－21：两个小股东“合伙”，大股东陷入被动

老张是一个小作坊的创立者，后来小成气候，升级为张总。为了帮扶亲弟弟小张，大学刚毕业就让他进入公司。在两兄弟共同努力下，公司发展势头很好。为了使公司更上一层楼，张总派能力突出的员工阿肖获取一份重要的特许执照，并承诺：如果能成功地取得执照，将以10％的股份作为报酬。阿肖不负众望，成功地取得执照。老张没有食言，阿肖顺利地成为公司的股东。老张、小张、阿肖持股情况分别为：50％、40％、10％。

令老张没预料到的是，小张与阿肖日久生情，最终步入婚姻殿堂。公司章程规定“任何决议以股东过半数(指人数过半)以上表决通过”。在阿肖还未成为小张妻子以前，弟弟都听哥哥的，哥哥作为大股东当然如鱼得水。但弟弟与阿肖结婚后，小张则倾向于妻子，只要阿肖反对，小张也跟着反对，哥哥的提议就被否决；而当阿肖提议某个方案，小张也马上跟进，哥哥一百个反对，也无济于事。老张作为公司的大股东，彻底地被小股东阿肖"绑架"了！

案例评析：

按照常理，老张公司的股权安排还算合理，但前提是三人没有"剪不断理还乱"的亲属关系。首先，顾及人情，让亲戚进公司，是一个很危险的信号。其次，股东平权原则也是罪魁祸首。如果小张没有与阿肖结婚，平权原则最大的受益者是老张，却损害了阿肖的利益。因此，老张被两个小股东"绑架"的根本原因不是弟弟与阿肖结合，而是公司管理机制和股东权利分配存在缺陷。事实是，如果不能实现大股东和小股东双赢，总有一方的利益将受到侵犯。

(八) 合伙人以关系和资源出资

不少创业者喜欢与有关系、有资源的人合伙，因为关系和资源有时确实对项目的开启有很大的帮助。但是，需要对拟合伙的人脉和资源进行慎重的评估，明确其入股条件，把合伙人的资源和关系转化为公司财产的一部分。如果这些资源长期把控在某个合伙人手里，其他合伙人很容易陷入被动的境地。

案例 5－22：霸占资源的合伙人，容易架空其他合伙人

董某在家装行业摸爬滚打几年后，积累了大量关系和资源，便萌生出了自己开公司的念头；但奈何资金不足，公司一直没能开起来。其好友宋某了解该情况后，提出合伙开公司。两人一拍即合，公司很快便开了起来。

刚开始，双方合作还算愉快。但一段时间后，宋某发现：很多客户资源都掌握在董某手上，自己根本插不上手，而董某也不愿意跟宋某分享自己的资源，很多事情都是亲力亲为。宋某对自己的处境惴惴不安，担心公司步入正轨后自己将被董某一脚踢开。

案例分析：

在与有关系、有资源的合伙人合作时，不能只看眼前利益，务必把合作的细节规范好。否则，任何看似不起眼的小问题都可能为双方的合作埋下隐患，最终因矛盾升级而一拍两散。

二、合伙人应具备的素质

这里将合伙人分为一般合伙人、领袖型合伙人两类。

(一) 选择合伙人的标准

合伙到底"合"什么？创业初期，合伙人可能急缺资金、技术、创意等，故看重资金、技术、项目、专长等异质性或互补性的物质层面合作，但财产合作的背后必须由精神层面同质性的理想和信念作支撑，主要包括：

1. 相同的价值观

价值观决定了人的自我认识，并直接影响和决定着一个人的理想、信念、生活目标和追求方向的性质。价值观对人的行为有很大的影响，在相同条件下，不同的价值观将会产生不同的行为结果。因此，对于合伙企业来说，合伙人间契合的价值观非常重要。

价值观统一是合伙企业成功的前提。相反，如果几个合伙人间价值观不一致，就会出现各种意外情况，最终对企业的运营产生不良影响。

案例 5-23：价值观相同的合伙人，造就强势途牛网

途牛网的两位创始人性格截然不同：于敦德相对含蓄内向，而严海峰则热情奔放。一个像火一个像水，因此在创业过程中也发生过很多争执。但他们只是“吵”，遇到小问题就吵几分钟，大问题可能要吵几天，但大部分情况是：越争吵越接近真理，两人总会在正确的方向上达成默契和共识。时间长了，可能一个人刚张嘴，另一个人就知道他要“吵”什么。

为了更好地合伙发展，两人也始终秉持“简单直接”原则：有什么意见和看法就直接表达出来，而不是藏着掖着。

案例分析：

虽然于敦德、严海峰在性格上截然相反，但相同的价值观让两人一干就是十几年。

与人合作，是取长补短、优势互补的过程。在寻找创业伙伴的过程中，只有找到那些既与自己相似（价值观、信念、理想等精神层面），又与自己能够形成互补（资金、技术、人脉、资源等物质方面）的人，才能增加创业成功的可能性。

2. “爱”的合伙精神

若合伙人具有共同的价值观，必然催生“爱”的合伙精神，即关爱其他合伙人和企业的整体利益。创业发起者在选择合伙人时，需要对合伙人的道德品质进行必要的考量。为了自身利益而不择手段的人万不可选作合作伙伴。因为很多时候，精神层面发挥的作用要远大于物质层面。

《圣经》关于“爱”的解释为：爱是恒久忍耐，又有恩惠。合伙精神的秘诀就是对合伙企业以及其他合伙人的爱，这是合伙企业最好的良方。那些过分关注个人利益的人，在自身利益得不到满足时，一定会选择抽身而退。而在合伙过程中，一定会遇到个人利益与集体利益冲突的情况，这时个人利益应当服从集体利益，否则合伙企业很难走得长远。另外，在个人利益与集体利益必须做出取舍之际，也是判断一个人是否具有合伙精神的最佳时机。

进一步，若合伙人有“爱”，必然表现出“诚信”行为。虽然坚持诚信可能会暂时损害自身的利益，但有“爱”的合伙人仍会坚持诚信原则，即对其他合伙人言行一致、信守承诺，这是保证合伙企业良好运作的前提条件。《中庸》中的“至诚无息”“诚者天之道也”，《大学》中的“诚意正心，修身齐家”等都说明：诚信是对合伙人的伦理道德要求，也是检验企业能否良好运转的试金石。

案例 5-24：雷达诚信为本，经营出“血浓于水”的企业

雷达是银川雷达建筑劳务的创始人之一：豁达而健谈，不喝酒、不抽烟、不去夜场，实在是建筑业的另类，经营着当地最大的劳务输出公司。

雷达的成功，正在于“诚信”两字：对合伙人，十年如一日携手；对客户，提前完成工期；对务工人员，从不拖欠工钱，过年还提前发放奖金。他如此善待各个利益相关者，正所谓“人在做，天在看；人在做，天会还”。过完年，多数企业抱怨，人手严重不足；而雷达的员工却会像候鸟一样找回来。

雷总说：“我和合伙人、供应商、员工、客户，都是血浓于水的关系，无法分割。就像鱼儿离不开水，瓜儿离不开秧”。

案例分析：

诚是真实无欺，是智慧、仁爱、力量，是伦理道德的根本。《论语》“人而无信，不知其可也”。

做到至诚至信，必定能感化他人，也必能赢得客户。因此，诚信的合伙人，短期可能会有小损失，但长期肯定会有大盈利。

3. 共同的目标

在共同价值观的基础上，合伙人还要有共同的奋斗目标。目标一致，才能共创未来。对于企业的经营有共同认知的人，才可纳入合伙人的考虑范围，因为志同道合的人在运营分工中往往体现出较高的默契度。

如果合伙人目标不一致，就如同两个人相处，离得远，可能发现不了；走得越近，分歧越大。

4. 坚定的信念和激情

做事只有三分钟热度，没有坚持走下去的决心，没有长期做事的激情，绝对不适合做合伙人。这类人通常无法共担风险，一有困难就想退缩，会给合作埋下隐患，或影响整个企业打拼的劲头。因此，需要寻找一个对于成功有极其强烈愿望、对创业有坚定信念的人作为合作伙伴。

案例 5－25：新东方，因为激情走到一起

徐小平是一位充满激情的演说家，他的演说总是能够激起人们的欢呼和掌声。俞敏洪的激情丝毫不亚于徐小平，他曾公开表示：一个人如果内心没有激情和火焰，就等同于行尸走肉。另一位创始人王强表示：他在新东方问心无愧地做了所有的东西，几乎没有保留，挥洒了他十几年的才华和激情。

案例评析：

虽然新东方的三位创始人性格有很大的差异，但他们拥有非常相似的“激情”，故他们能够在创业的道路上相互扶持，相互尊重。正如马云所言“创业路上需要激情、执着和谦虚，激情和执着是油门，谦虚是刹车，一个都不能少”。注意这里的“激情”是指持久而非短暂的激情。

5. 有创业的信心和面对失败的勇气

做企业必须有失败的心理准备。创业有风险，且必然会经历失败。大部分合伙人创业失败最重要的原因就是没有信心，或稍有挫折就士气低落。当你深陷“懊恼后悔的低谷”时，就丧失了站起来继续坚持的决心和勇气，创业也就难以为继。因此，创业成功的关键和前提是必须要有勇气，勇气会激发出创业者的激情和毅力，有勇气的创业者才能在创业的过程中携手共赢。

（二）拍板型合伙人的担当和责任

当几个合伙人决策意见相左，谁也说服不了谁时，这时要么散伙，要么企业停滞不前。无论是哪种情况出现，对企业都意味着损失，这时就需要有担当的领袖型合伙人站出来，果断地拍板决策。因此，担当型合伙人除具有一般合伙人的素质外，还应当具备更高的能力要求，主要表现有三：

1. 关键时刻成为具有绝对话语权的核心人物

经营企业最忌讳的就是同时有好几个领导，你不让我，我不让你，谁都想说了算，却没有一个最终拍板决策的人。为了避免这种情况发生，在创业之初，在制定关系到企业未来的决策时，一定要有一个大家充分认可的、有绝对话语权的核心人物。当合伙人意见相左时，这个人能够最终拍板决策。这一核心人物对企业未来的发展起着决定性的影响。

另外，如果某个合伙人觉得自己的意见是对公司未来有利的正确决策，而自己又属于少数派，不妨强势一把，做一个意见领袖，坚持己见。

案例 5－26：海底捞张勇，一直说了算

1994 年在四川简阳，四个年轻人开了一家只有四张桌子的小火锅店，这是海底捞的第一家店。现在的董事长兼总经理张勇当时没有出钱，其他三人共凑了 8 000 元，四个人分别占 25％股份。后来这四个人结成了两对夫妻，两家人各占 50％的股份。

随着企业的发展，张勇认为另外三个股东跟不上企业发展的步伐，毫不留情地让他们离开了海底捞，只保留股东身份。张勇最先让自己的太太离开，2004 年又让施永宏的太太离开。2007 年企业步入快速发展阶段，张勇决定让无论从股权投入还是时间和精力的付出都与他不相上下的老朋友施永宏也离开海底捞，同时以原始出资额的价格从施永宏手中买回了 18％的股权，成为海底捞的绝对控股股东。

当施永宏被问及此事时，他如此回答："不同意，能怎么办？一直是他（张勇）说了算；后来我想通了，股份虽然少了，赚钱却多了，同时也清闲了。他是大股东，对公司会更操心，公司会发展得更好。"

案例分析：

该案值得思考的问题是：为什么海底捞张勇，一直说了算？

张勇突出的工作能力，早已被其他三名股东高度认可，主要表现在两个方面：一是海底捞 1994 年成立时，张勇没有出钱，其他三人共凑了 8 000 元，四个人分别占 25％的股份，即张勇以劳务（经营能力）出资，但其工作能力被其他三人一致认可，故三人合计为其出资 2 000 元，算是对他工作能力的作价。二是其他三名股东一直配合张勇的决策，张勇的太太以及施永宏夫妇先后离开海底捞，最终使张勇成为绝对控股股东。主要原因在于张勇的决策不是为其个人，而是为企业发展的大局。总之，自公司成立起，张勇一直是拥有绝对话语权的核心人物。

案例 5－27：UC 俞永福的坚持，引进了第四位合伙人

众所周知，俞永福被何小鹏和梁捷招揽加入 UC 创业团队，成为第三位合伙人。俞永福认为，一个创业型企业不仅要找对合伙人，还需要及时补充合伙人，因为新合伙人往往会带来新的利益。2007 年年底的人事调整会议上，作为合伙人之一的俞永福大胆地提出邀请朱顺炎加入合伙团队，成为 UC 的第四位合伙人。

此言一出，投资人立即表示异议，导致俞永福第一次在董事会上红了脸。但在俞永福的坚持下，最终朱顺炎顺利地成为 UC 团队的第四位合伙人。

案例分析：

后来 UC 的顺利发展证明当时俞永福的坚持是正确的。朱顺炎成为合伙人后，给 UC 带来了两个深远的影响：一是朱顺炎在 UC 的市场和渠道拓展上发挥了重要作用；二是俞永福和朱顺炎先后融资成功，使得整个 UC 团队在整合心态方面越来越开放。

2. 换位思考，站在其他合伙人的角度看问题

合伙人之间能力互补，有利于企业多方位进行把控。但是，也因为能力互补，合伙各方往往更容易站在自己的角度看问题，尤其遇到重大的决策问题时，合伙人很自然地从自己擅长、自己负责的领域考虑问题，并从这个角度制定相应的决策。

如果某个合伙人能够站在其他合伙人的立场考虑问题，充分理解其他合伙人的需要，据此提出的决策方案自然更容易得到大家的认可，进而成为关键时刻拍板的合伙人。

案例 5-28:小米雷军,耐心地说服硬件工程师

2010 年 4 月,雷军创办了小米公司。在搭建硬件团队时,他耗费了大量时间和精力,为公司未来的发展打下了坚实的基础。

为了找到一位硬件工程师,他不厌其烦地打了近百个电话。为了说服一位他看好的硬件工程师能够加盟小米,他甚至与对方持续交谈了十个小时。硬件工程师始终不相信小米能够盈利,雷军问他:"你觉得,你钱多还是我钱多?"他说:"当然是你钱多"。雷军就说:"那就说明我比你更会赚钱,不如我们俩分工,你负责产品,我负责销售"。就是听了雷军的话,这位硬件工程师最终决定加盟小米。

案例分析:

雷军在这位硬件工程师身上花费了很多时间和精力:不厌其烦地打了近百个电话,甚至与对方持续交谈了十个小时。因为雷军看到了这位硬件工程师对小米未来发展的重要性,他做到了从兼顾对方合伙人和企业发展大局两个视角考虑问题。

3. 从公司全局的利益出发做决策

当合伙人在决策的过程中意见相左时,应当采取有利于企业未来发展的决策为最终目标,抛弃个人之间的恩怨,以企业发展为重。若某个合伙人能够从全局出发,基于综合的视角而不是从局部利益出发考虑企业决策,一方面可避免合伙人之间因为决策意见相左从而出现的矛盾;另一方面,基于全局的视角作出的决策肯定最符合企业未来的发展的,自然更容易获得大家的认可,进而成为关键时刻拍板的合伙人。

案例 5-29:蓝色光标赵文权,用道理说服反对者

赵文权、孙陶然、吴铁、许志平、陈良华,是蓝色光标的五位合伙创始人。蓝色光标最突出的管理规则为坚持"一票否决"制:任何决策,只要有一个人反对,就无法通过。赵文权说:"我们是多数服从少数,必须全票通过才能执行。只要有一个合伙人坚决不同意,就得放弃。这样的规则可以避免因某合伙人头脑发热而提出的建议。"但这个机制也有明显的弊端。2002 年赵文权提出通过上市的方式进行融资,但合伙人中两人支持,一人反对,其他人不表态。

尽管有人反对,赵文权、孙陶然仍坚持只有上市融资,蓝色光标才能获得更好的发展。因此,他们认为在上市这件事上不能妥协,需要尽力去推动、说服。为了说服这位反对者,赵文权坚持用道理劝说:如果蓝色光标不上市,一切都无从谈起;只有将蓝色光标上市,才能将蓝色光标做大做强。最终这位合伙人被赵文权说服,蓝色光标也实现了上市,且获得了极大的成就。赵文权经常代表蓝色光标出席各种活动,在孙陶然等其他合伙人心中,赵文权是蓝色光标实际上的领军人物。

案例分析:

赵文权从公司全局的利益出发,用道理劝说反对者:如果蓝色光标不上市,一切都无从谈起;只有将蓝色光标融资上市,才能将蓝色光标做大做强。所以领导者的心胸必须宽广,能从公司全局的视角上进行决策。

三、股权分配、进入、退出、激励等规则的约定

(一) 股权分配设计

创业者如何组建合伙人团队,团队利益如何分配,公司如何经营管理,是企业最核心的问

题。而以上每个问题的制度设计均涉及公司的股权结构。

合伙人之间的股权分配原则主要包括：

1. 创始人绝对控股

创始人是公司的发起人，是最核心的精神领袖和利益相关者。同时，创始人还是企业发展方向和经营策略的决策者，故必须拥有绝对控股权。

2. 杜绝平均主义，考虑出资和贡献

创业团队的股权分配力戒平均主义。出资是第一考虑因素，还要充分考虑每个合伙人的贡献，旨在与其所获的股权份额相匹配。

3. 股权绑定，分期兑现

股权价值是所有合伙人通过长期服务于公司而获得的，故应按照合伙人在公司工作的年限逐步兑现。一方面，可以避免某合伙人中途退出带走大量股权，致使公司陷入困境；另一方面，能够有效地平衡合伙人之间股权分配不均的情况。

4. 遵守"契约精神"

股权分配最核心的原则是"契约精神"。股权结构一旦确定，就意味着利益分配机制已经成型，除后期调整外，大家均应当认真履行契约。

(二) 股权进入机制

合伙人的股权进入机制，必须以书面形式在合伙企业的初创时期确定，让新的合伙人一进入公司，就感受到"家规和家训"。正所谓拥有共识才能共赢：道不同不相为谋，不合者出局。

1. 创始合伙人按贡献大小占有大部分股权

对于公司发展做出最大贡献的创始人，自然最应该拥有公司的股权。对于既有创业能力，又有创业心态的公司初始合伙人，无论其出资多少，或是否出资，都应当尽早发放股权。

2. 投资人以"投大钱，占小股"的方式取得股权

天使投资人可以拥有企业股权，但不能以合伙人的方式占有公司股份，即天使投资人不能按照合伙人的标准低价购买股权，他们购买股份的价格应当高于合伙人。

一般说来，天使投资额度比合伙人大得多。如果按照投资比例分配股权，企业的创始合伙人所占股权比例将大大减少，会形成创始人受制于投资人的局面，对企业发展极其不利。一方面会导致创始人失去经营管理的动力；另一方面，会导致创始人在企业未来的发展上没有话语权，无法保证企业的发展方向。

合理的创业合伙人与天使投资人的股权分配比例应当是：投资人"投大钱，占小股"，只出资但不参与公司经营；合伙人"投小钱，占大股"，通过长期全职服务公司赚取股权。简言之，投资人只出钱不出力，创始合伙人既出钱又出力。

3. 激励员工的股权，应在企业发展稳定后发放

在企业发展早期，创业公司不宜过早给员工发放股份。一方面，早期员工结构不稳定，人员流动性较大，股权激励的成本很高；另一方面，公司刚创业，员工不知道企业未来的发展会是什么样，他们更多关注的是公司发放的固定工资，而不是多少股份。甚至有的员工认为公司不想发工资，通过发放股权的方式画饼充饥，反而会产生负面影响。

在公司发展中后期，给员工发放股权最合适。公司和员工都稳定了，也都互相认可，企业用较少的股权，就能对更多员工起到激励作用。这个阶段的员工，往往不关注自己持有股权的百分比，而是按照公司业绩直接计算所持股票的价值。

4. 高技术兼职人员按聘请顾问的方式,发放少量股份

有些外聘人员,确实能够为企业的发展提供重要的核心技术,为企业发展作出重大的贡献。对这些兼职人员,可以按聘请顾问的方式发放少量股权,且这部分股权来自前期公司预留的股权池。

5. 短期资源提供者,不宜进入股权分配

实现创业公司的价值,需要整个创业团队长期投入大量的时间和精力,而短期资源提供者不可能参与创业全过程。因此,不适合与公司绑定股权,可以采用项目提成的方式合作,一单一结账。

(三)股权退出机制

随着公司的发展,早期创业时合伙人投入的资金,已经不能反映所持股权的真实价格。而股权的真实价格,指在所有合伙人的共同参与下,公司发展以后股权的价格。如果不设定合伙人股权退出机制,一旦合伙人中途退出,带走所持有的部分股权,对其他创业的合伙人不公平。另外,持股合伙人发生意外也会导致合伙人退出。因此,在设定股权退出机制时,这些因素都要考虑进去,并提前做相应的应对方案。

1. 合伙人的股权和服务期限挂钩

约定合伙人的股权与服务期限挂钩,股权先由创始股东代持。在合伙人服务一定年限后,由创始股东把股权给予合伙人。

2. 持股合伙人中途退出,股权溢价回购

在合伙人退出时,退出合伙人的股权应按照约定的方式回购。一般由公司按照当时公司的估值或增加一定的溢价回购合伙人手里的股权。

3. 设定高额违约金条款

为防止合伙人退出公司时,不同意向公司回售股权,可以在股权退出协议中设定高额的违约金条款。

4. 持股合伙人离婚

根据《婚姻法》,夫妻关系存续期间,如果没有特殊约定,股权被视为夫妻共同财产。如果某合伙人离婚,他所持有的股权将被视为夫妻共同财产进行分割。因夫妻离婚后财产分割,很容易给合伙人的公司带来股权的变动,从而影响公司的发展。

在设计股权退出机制时,要求合伙人与现有或未来配偶约定"股权为合伙人一方个人财产",或约定"如果合伙人离婚,其配偶可以得到相应的经济利益,但不具有主张公司事务的任何权利"。

5. 持股合伙人犯罪

如果某合伙人犯罪,被追究刑事责任,其不能或不适合继续参与公司管理,应强制其退出。其未成熟股权,由其他合伙人溢价或折价回购。

6. 持股合伙人去世

当持股合伙人去世时,股权属于遗产范畴。《公司法》规定,当股权成为遗产后,继承人有权继承股东资格和股权财产。为了避免因股东资格的继承给企业带来不便和隐患,可以提前通过公司章程约定:一旦某合伙人去世,其继承人只能继承股权财产,而不能继承股东权利。

(四)股权激励设计

在企业经营过程中,特别是当公司步入正轨,逐渐发展壮大时,人才将成为最宝贵的资源。

如何吸引优秀人才，稳定员工队伍，提高员工的工作积极性和创造性成为经营者必须思考的问题。而股权激励是企业为了留住和激励核心员工而推行的一种长期激励机制。

股权激励计划旨在有条件地给予激励对象部分股东权益，使他们与企业形成利益共同体，从而让他们尽职尽责地为公司的长远发展服务。

1. 激励对象

激励对象即股权的受益者，主要分为三种类型：一是全员参与，一般是在企业初创时期；二是大多数员工持有股份，适用于高速成长期，目的是为了留住更多人才以支持企业的发展；三是核心员工持有股份，核心员工指管理人员和关键技能人员。

对于激励对象的选择要遵循“宁缺毋滥”的原则，千万不要把股权激励变成公司福利或奖励。

2. 激励方式

常用的激励方式有三种：一是限制性股权，指有权利限制的股权；二是期权，指在条件满足时，将来员工可以按照事先确定的价格购买公司股权的权利；三是利益分享，主要有股票增值权、虚拟股票以及直接的工资、奖金。

每种方法都有优缺点以及具体的适用前提条件。无论采用哪种方法，都应当将激励和约束机制有机地结合起来，以真正调动员工的积极性。

3. 员工持股总额及分配

企业可以根据自身的实际情况确定股权激励的总量、每位受益人的股权激励数量以及用于后期激励的预留股权数量。每位受益人的股权数量，一般按照其职位高低以及个人的价值和能力确定。

4. 股票来源

上市公司的股票来源复杂，需要经过股东大会通过，证监会审核。股票来源一般有：定向发行、回购、大股东出让、库存股等。

5. 资金来源

购买股票的资金来源一般有：员工现金出资、公司历年累计的公益金、福利基金、公司或大股东提供融资、员工用股权向银行抵押贷款等。大多数公司采用员工出资购买的方式，直接从员工工资中按比例扣除，这样更有利于对员工的控制。

6. 退出机制

退出机制指对员工退出激励方案的约定，通常包括以下三种情况：一是正常离职，企业一般按照合同约定，继续让这些员工享受股权或期权；二是非正常离职，如果员工离职并没有给公司造成损失，也不存在违反保密协议等情况，大部分公司允许离职员工继续享受被授予的股权收益；三是开除，按照相关规定取消其享受股权收益的权利。

一般说来，上市公司更愿意在行业低迷期推出股权激励措施，因为这时出台的考核指标更容易完成，此后的股价效应也更加理想。在进行股权激励设计时，还要估算可能对公司财务造成的潜在影响，帮助企业进行全面的判断。需要注意的是，股权激励具有一定的生命周期，在宏观经济和政策环境发生变化时，一定要做出恰当的调整。

7. 期权池设计

期权池，指创业初期先预留出一部分公司股权的做法。考虑到如果在团队建设初期将股权全部分完，以后入职的高级人才如果要求分股份，将会稀释原始创业团队的股份，对公司的发展非常不利。

欧美国家的很多公司一般会预留出全部股份的10%～20%作为期权池。董事会依照公司的发展情况，决定把期权发给谁和发多少。一般而言，公司倾向于将期权的较大部分发给那些对公司发展重要、贡献较为突出的员工。

公司设立期权池，还要注意以下四个细节：

1）期权与股权份额相对应

对合伙公司而言，在第一次融资之前，股权相对应的价格都较低。但随着公司的发展，价格也会随之增高。因此，定价原则应当与授予时的公允价值相对应。

2）明确期权的计算时间

一般将开始授予期权的当日作为第一天，大多从员工入职的当日起算。

3）约定授予期限

授予期限指截至合同对应的全部期权全部到手的时间，一般为4年。

简单地说，期权按月授予，以4年的授予期限为例，每月获得1/48，期限届满意味着可以行权。

4）界定最短生效期

若最短生效期设定为1年，员工工作满1年，期权的承诺开始生效；如果员工在公司工作未满1年，离职则不能行权。

员工办理离职后，必须在生效期规定的时间内决定是否行使购买的权利，生效期通常设定为180天。

思考题：

(1) 比较有限合伙人与普通合伙人。

(2) 比较创业合伙人与天使投资人的股权占比。

(3) 简述普通合伙企业典型的"人合"特点。

(4) 简述创始合伙人应具备的素质。

(5) 简述领袖型创始合伙人的特质。

(6) 简述创业合伙"爱"的精神。

(7) 简述股权分配遵守"契约精神"的意义。

(8) 简述将合伙人股权与服务期限挂钩的意义。

(9) 简述期权池设计对吸引和留住高级人才的意义。

参考文献

[1] 谢秋荣. 合伙企业实务全书[M]. 北京：中国法制出版社，2019.

[2] 吴帅. 不懂合伙，必定散伙[M]. 北京：中信出版集团，2017.

[3] 张子凡. 新合伙制[M]. 北京：中国经济出版社，2018.

[4] 张诗信，王学敏. 合伙人自我修养[M]. 北京：企业管理出版社，2018.

[5] 中华人民共和国合伙企业法[M]. 北京：中国法制出版社，2016.

第六章　劳动法

各类企业均涉及劳动者。2007年6月29日，中华人民共和国第十届全国人民代表大会常务委员会第二十八次会议通过了《中华人民共和国劳动合同法》（简称《劳动合同法》），于2008年1月1日起施行。2008年9月18日，《劳动合同法实施条例》对《劳动合同法》作出了进一步补充和完善。《劳动合同法》的实施诱发了两大道德风险：一是雇员淡化对用人单位的忠诚义务；二是用人单位滥用劳动合同试用期。

关键词：劳动合同；试用期；服务期；违约金；经济性裁员；劳务派遣；加班费；女职工；未成年工

第一节　劳动法概述

我国2007年先后通过了三部重要的劳动法律：6月29日第十届全国人大常委会第二十八次会议通过的《劳动合同法》；8月30日第十届全国人大常委会第二十九次会议通过的《中华人民共和国就业促进法》（简称《就业促进法》）；12月29日第十届全国人大常委会第三十一次会议通过的《中华人民共和国劳动争议调解仲裁法》（简称《调解仲裁法》），均自2008年1月1日起施行。此外，国务院还颁布了两个重要的条例：《职工带薪年休假条例》（2007年12月24日）与《劳动合同法实施条例》（2008年9月18日）。

《劳动法》的调整对象包括劳动关系和与劳动关系密切联系的其他社会关系。其中，劳动关系是劳动法的核心与关键，不同于雇佣关系、劳务关系、人事关系等。劳动法律关系的主体是劳动者与用人单位，内容是劳动者（或用人单位）的权利与义务。

一、《劳动法》的基本内容

《劳动法》主要包括如下制度：

（1）促进就业。

（2）劳动合同。劳动合同是《劳动法》的核心内容，主要包括劳动合同的形式、种类、主要条款，劳动合同的订立、变更、履行、解除、终止与违约责任等。

（3）集体谈判与集体合同。集体谈判与集体合同是缓和劳资纠纷、协调劳动关系、维持正常劳资秩序与生产秩序的有效手段，主要包括集体谈判的主体、对象和程序，劳动者的谈判权，政府在谈判中的作用等；集体合同一般包括集体合同的订立、变更、解除、效力等。

（4）工作时间和休息休假。

（5）工资。

（6）劳动安全与卫生。主要包括劳动安全卫生规程及标准，伤亡事故和职业病统计报告与处理，劳动安全卫生管理等。

（7）女职工与未成年工保护。主要包括规定女职工“四期”（经期、孕期、产期、哺乳期）的保护与妇女禁忌从事的劳动范围以及未成年工禁忌从事的劳动范围与定期健康检查等。

(8) 职业培训。

(9) 社会保险与社会福利。社会保险包括养老保险、工伤保险、医疗保险、生育保险、失业保险，其作用是劳动者在年老、患病、失业、工伤和生育等情况下国家能为其提供一定的物质帮助。社会福利包括社会救助、社会优抚等。

(10) 劳动争议处理。

(11) 劳动监察。

(12) 违反《劳动法》的法律责任。主要包括用人单位的违法责任、劳动者的违法责任和劳动行政管理部门及其他主管部门的违法责任三类。

二、劳动关系的边缘界定

劳动关系，又称劳使关系、劳资关系、劳雇关系、狭义上的劳动关系。

劳动关系的边缘界定，指将不是劳动关系但与劳动关系非常相近或联系紧密的其他关系剔除出去，旨在更清晰地呈现劳动关系的内涵。

(一) 雇佣关系与劳动关系

雇佣关系，是指受雇人向雇用人提供劳务，雇用人支付相应报酬，形成的权利义务关系。劳动关系与雇佣关系同质，等同或类似雇佣关系。

《最高人民法院关于审理劳动争议案件适用法律若干问题的解释(征求意见稿)》第 4 条规定，不符合《劳动法》第 2 条规定的用工主体因服务或提供劳务发生的下列纠纷，应当按照雇佣关系处理：(1)家庭或者个人与家政服务人员之间的纠纷；(2)个体工匠与帮工、学徒之间的纠纷；(3)农村承包经营户、个人合伙与受雇人之间的纠纷；(4)提供劳务的劳动者与建筑施工或者其他劳务使用人之间的纠纷；(5)外国企业或者其他组织的劳动者与建筑施工或者其他劳务使用人之间的纠纷。

这里的“雇佣关系”适用于用工主体不符合《劳动法》第 2 条的规定，即“雇主”不是《劳动法》规定的“用人单位”。

案例 6-1：小王受伤，适用劳动关系还是雇佣关系？

小张是个体户，主要承包工地工程，没有营业执照与经营许可证。2014 年 6 月，房东老秦找到小张，欲翻盖自家房子，希望小张承接这项工程，并负责找工人施工。双方达成口头协议，没有签署正式合同。小王是小张的亲戚，赋闲在家，得知小张承包这项工程，主动找到小张想参与施工，小张正愁找不到工人，马上答应，双方口头约定了工资结算方式。

6 月 15 日，施工过程中，由于保护措施不当，两人从房顶上掉了下来，小张脚骨骨折，小王脊椎骨折。经医院抢救，小王保住了性命，但高位截瘫，花去医药费 60 万元，且每年还有高额的保健费用。小王的孩子刚过 1 周岁，还有 60 岁父母，父母无工作也没有退休金，小王的妻子没有工作。小王的家人找到小张讨要说法，小张认为房主老秦应该承担小王的这些费用，老秦认为小张没有做好防护措施导致小王出现工程事故，责任应由小张承担。双方争执不下，小王只好将小张与老秦诉至法院，适用：

A. 老秦应负赔偿责任，因为小王直接为小张打工，间接也为老秦打工；

B. 老秦应负赔偿责任，因为小张(小王)为老秦翻盖房子；

C. 老秦、小张共负赔偿责任，小张与老秦为承揽关系，间接与小王发生承揽关系；

D. 小张应负赔偿责任，雇主应保证雇员之安全。

(二) 劳务关系与劳动关系

劳务关系,指两个或两个以上的平等主体之间就劳务事项进行等价交换过程中形成的一种经济关系。例如,加工承揽、运输、保管、建设工程承包、委托、居间代理等。

值得注意的是,劳务关系主体之间法律地位是平等的,由民法调整;而劳动关系主体双方存在隶属性,由劳动法调整。

(三) 人事关系与劳动关系

在我国,人事关系是一个非常模糊的概念,既包括国家机关和其所属工作人员的关系,也包括企事业单位和其所属管理人员、专业技术人员的关系。

随着事业单位全面进行合同制改革及劳动人事制度的改革,事业单位与企业单位的区别越来越小,除公务员之外的其他事业组织人员均与劳动关系中的普通劳动者趋于一致,应并入劳动关系进行调整。《劳动合同法》第 96 条对此已作出尝试性的“对接”规定,事业单位与实行聘用制的工作人员之间订立、履行、变更、解除或者终止劳动合同,法律、行政法规或者国务院另有规定的,依照其规定;未作规定的,依照本法有关规定执行。同时,随着档案、户籍等制约因素的解冻、取消、放开,统一的劳动力市场已经形成,人事关系将成为一个历史概念。

三、劳动关系的分类

劳动关系,依照不同标准,可以作不同分类。

(一) 个体劳动关系与集体劳动关系

以劳动者的人数为标准,可分为个体劳动关系与集体劳动关系。

个体劳动关系,指劳动者个人在运用劳动能力、实现劳动过程时与用人单位之间发生的关系。个体劳动关系,分为单一劳动关系和兼职劳动关系。单一劳动关系,指劳动者仅与一个用人单位形成劳动关系,是个体劳动关系的主流和常态。兼职劳动关系,指一个劳动者与两个或两个以上用人单位之间形成双重劳动关系或多重劳动关系,是劳动关系的潜流与补充。

集体劳动关系,指在实现劳动过程中,劳动者集体(如组织为工会)与用人单位或用人单位集体之间发生的涉及劳动者整体的社会关系。集体劳动关系,一般由企业、行业、产业等不同的层面构成。随着社会经济和产业结构的改变,劳动法治状况的完善劳动者主体意识、维权意识的增强,工会力量越来越强大,这类劳动关系将日益成为劳动法关注的新重点。

(二) 劳动合同关系与事实劳动关系

以劳动关系的形式为标准,劳动关系可分为劳动合同关系与事实劳动关系。

劳动合同关系,指依书面劳动合同而建立的劳动关系。

事实劳动关系,指用人单位与劳动者之间没有签订书面劳动合同,或劳动合同期满未续订书面劳动合同,但劳动者事实上为用人单位提供有偿劳动的一种劳动关系。

四、劳动法律关系

劳动法律关系,指劳动者与用人单位之间,在劳动过程中依据劳动法律规范而形成的劳动的权利义务关系,主要包括劳动法律关系的主体、内容与适用范围等。

(一) 劳动法律关系的主体

劳动法律关系的主体,指在实现社会劳动过程中,依照劳动法律规范享有权利并承担义务的当事人,即劳动法律关系的参与者,具有特定性,包括劳动者和用人单位。

1. 劳动者应为自然人，需具备4个标准

1）年龄标准

以法定年龄作为确定是否具备劳动能力的依据，包括就业年龄和退休年龄。

年满16周岁是法定就业年龄，或称为劳动者的起始年龄。所谓童工，指未满16周岁，与单位或个人发生劳动关系从事有经济收入的劳动或者从事个体劳动的未成年人。《劳动法》第15条规定，禁止用人单位招用未满16周岁的未成年人。

法定退休年龄一般情况下是指：男职工年满60周岁，女干部年满55周岁，女工人年满50周岁。

2）体能标准

体能标准包括健康标准和体力标准两方面。

劳动者只能从事自己体能所支持的劳动。残疾人只能从事与其残疾状况相适应的职业。未成年工与女性劳动者，其体力与成年男性劳动者不同，国家禁止招用他们从事危害其生理健康的某些特定职业，法律对其所能从事的劳动作出了严格的划分，体现了国家对女职工、未成年工的特殊保护。

3）智力标准

除精神健全外，智力标准还包括文化水平和职业资格。

4）行为自由标准

一个人若人身自由受到限制，如因触犯刑律被剥夺人身自由期间无法自由支配劳动能力，就不可能成为劳动者。另外，行为自由受到特定限制者，也不可能成为劳动者。例如，履行竞业限制义务期间，不得自营原单位同类产品、同类业务或到与原单位有竞争关系的其他用人单位从业、任职等。

2. 用人单位

用人单位指依据劳动法律和劳动合同的规定，使用劳动者并向其支付劳动报酬的单位。用人单位应当具备必要的条件，包括：财产条件、技术条件、组织条件等。

（二）劳动法律关系的内容

劳动法律关系的内容，指劳动法律关系主体双方依法享有的劳动权利和承担的劳动义务。劳动者的权利，即用人单位的义务；反之，劳动者的义务，即用人单位的权利。

基于劳动者的视角，劳动法律关系的内容包括：

1. 劳动者的劳动权利

劳动者的劳动权利主要包括劳动就业、劳动报酬、休息休假、劳动保护、职业培训、生活保障、劳动争议提请处理、结社。

2. 劳动者的劳动义务

劳动者的劳动义务主要包括完成劳动任务、提高职业技能、执行劳动安全卫生规程、遵守劳动纪律和职业道德。

职业道德，指劳动者在劳动过程中应具备的道德操守，来源于劳动者的自律。但随着社会的进步和法律的完善，职业道德的内涵发生了一定的变化：职业道德不再求助于劳动者的个体道德自律，而是依托行业之不同特征与要求，形成不同行业独特的"自律标准"或"行业自治标准"。而对于特殊的劳动者，从法律层面规定其必须遵守的职业道德，如规定劳动者应当保守用人单位的商业秘密及与知识产权有关的事项，还规定用人单位可以与劳动者约定竞业限制条款、违约金等。

案例 6-2:如何看待小朱辞职 H 央企、跳槽外企的行为?

2014 年,小朱从北京某名校硕士毕业,通过招聘顺利进入 H 央企总部(北京)工作。按照企业招聘约定,半年后迁入企业京籍集体户口。因看到央企老员工工作数年,工资涨幅较低,小朱萌生了跳槽的想法。过了半年,小朱拿到年终奖也找到高薪外企下家,准备离职,人力资源部口头告知:如果坚持辞职,京籍集体户口有可能打回原籍或在档案中留下相关说明材料。小朱觉得高薪工作来之不易,否则有户口也无法安家立业,坚持辞职。在辞职手续完成,即将与外企签订劳务合同时,小朱被告知档案中有原单位放入的《未按合同有效期履行职责的情况说明》,需由原单位提供进一步解释材料才考虑与小朱签署劳务合同。小朱找到原单位申请提供相关证明,遭原单位拒绝,最终小朱错过了与外企签约的最后时限。小朱一怒之下聘请律师起诉原单位,未按《公司集体户口管理规定》且未经本人同意,在档案中违规添加相关说明材料,带来后续不良影响,要求在档案中撤销情况说明,并赔偿误工损失、精神损失及律师诉讼费,总计 10 万元。

小朱坚持辞职 H 央企、跳槽外企的行为,属于:

A. 违约,小朱不诚信;

B. 违约,但小朱的行为很明智;

C. 没有违约,与 H 央企签订就业协议是迫于无奈;

D. 没有违约,法院极有可能支持小朱的跳槽行为。

(三)《劳动法》对人的适用范围

《劳动法》第 2 条规定,在中华人民共和国境内的企业、个体经济组织(统称用人单位)和与之形成劳动关系的劳动者,适用本法。国家机关、事业单位、社会团体和与之建立劳动合同关系的劳动者,依照本法执行。

《劳动合同法》第 2 条规定,在中华人民共和国境内的企业、个体经济组织、民办非企业单位等组织(称用人单位)与劳动者建立劳动关系,订立、履行、变更、解除或者终止劳动合同,适用本法。国家机关、事业单位、社会团体和与其建立劳动合同关系的劳动者,订立、履行、变更、解除或者终止劳动合同,依照本法执行。《劳动合同法实施条例》第 3 条规定,依法成立的会计师事务所、律师事务所等合伙组织和基金会,属于劳动合同法的用人单位。

1.《劳动合同法》对《劳动法》的突破

《劳动合同法》扩大了《劳动法》对人的适用范围,主要体现在以下几个方面:(1)将民办非企业单位,会计师事务所、律师事务所等合伙组织和基金会,纳入用人单位范畴;(2)将事业单位的劳动者明确纳入“依照执行”范围,但法律、行政法规或者国务院另有规定的,依照其规定;(3)将劳务派遣、非全日制用工形成的非标准劳动关系纳入适用范围;(4)将劳动者、用人单位不合格情况下形成的“劳动关系”纳入调整范围;(5)将个人承包经营中的劳动关系有条件地纳入适用范围。

2. 不适用《劳动法》的情形

不适用《劳动法》的情形主要包括:(1)国家机关与其公务员之间的关系;(2)比照实行“公务员制度”的事业单位和社会团体与其工作人员之间的关系;(3)农村集体经济组织与农业劳动者之间的关系,但乡镇企业职工、进城务工、经商的农业劳动者除外;(4)军队与现役军人之间的关系;(5)家庭保姆与其雇主、家庭或个人与家政服务人员之间的关系;(6)农村承包经营户与受雇人之间的关系;(7)个体工匠与帮工、学徒之间的关系;(8)在校生,例如其利用业余时间勤工俭学的,不视为就业,未建立劳动关系,可以不签订劳动合同。

五、《劳动法》的基本原则

《劳动法》的基本原则指劳动者的劳动自由,包括劳动合同的自由及劳动者的人身和意志自由,具体包括:(1)择业自由;(2)辞职自由;(3)反对就业歧视;(4)禁止强迫劳动。

第二节　劳动合同

劳动合同是用人单位与劳动者确立劳动关系、明确双方权利义务的协议,但由于经济力量、供求关系等客观因素的影响,双方在劳动关系中的地位并不完全对等。一般来说,劳动者处于弱势地位。相较于《劳动法》,《劳动合同法》对劳动合同的订立、变更、履行、解除与终止,劳务派遣关系、非全日制用工等均作出了更为合理、完整的规定。

一、劳动合同的特征

劳动合同,又称劳动契约,一方为用人单位,另一方为劳动者。其具有下列特征:

(一)劳动合同体现国家意志

劳动法一方面保护企业的自主权,要求劳动者遵守用人单位的规章制度,将其个人意志整合为集体意志;另一方面,又通过立法对用人单位给予必要的限制,以防止对劳动者的侵权。例如,《劳动合同法》第58条第2款规定,劳务派遣单位应当与被派遣劳动者订立2年以上的固定期限劳动合同,按月支付劳动报酬;被派遣劳动者在无工作期间,劳务派遣单位应当按照所在地人民政府规定的最低工资标准,向其按月支付报酬。

另外,加班加点工资支付、休息休假、社会保险等制度,双方当事人的约定不得违反国家强制性规定。

(二)劳动合同为要式合同

《劳动法》第19条规定,订立劳动合同应采用书面形式。《劳动合同法》第10条规定,建立劳动关系,应当订立书面劳动合同。已建立劳动关系,未同时订立书面劳动合同的,应当自用工之日起1个月内订立书面劳动合同。但立法上对未采用书面形式订立的劳动合同并不一概否定,只是对用人单位规定了较重的法律责任。《劳动合同法》第82条规定,用人单位自用工之日起超过1个月不满1年未与劳动者订立书面劳动合同的,应当向劳动者每月支付2倍的工资;第14条规定,用人单位自用工之日起满1年未与劳动者订立书面劳动合同的,视为用人单位与劳动者已订立无固定期限劳动合同。

(三)劳动合同往往涉及第三人的物质利益

劳动者的配偶、父母、子女等直系亲属虽不是劳动合同的当事人,但劳动合同的某些条款或履行结果都与他们有着紧密的联系。劳动合同不仅限于当事人双方权利义务的约定,而且涉及劳动者直系亲属在一定条件下应享受的物质帮助权,如无论是最低工资标准,还是用人单位与劳动者协商确定的工资数额,都需要考虑劳动者家庭成员基本生活费用的要求;劳动者因工负伤或死亡,其家属有获得赔偿或补偿的权利等。

二、劳动合同的分类

依不同的标准,劳动合同可以进行不同的分类。

(一)以劳动合同期限为标准

以劳动合同期限为标准,可分为固定期限劳动合同、无固定期限劳动合同和以完成一定工作任务为期限的劳动合同。

1. 固定期限劳动合同

固定期限劳动合同指用人单位与劳动者约定合同终止时间的劳动合同。这种合同具有灵活性和可预见性,用人单位可以根据生产经营需要雇用劳动者,劳动者也可以根据劳动力市场的变化和个人的就业要求、就业愿望,选择合适的工作期限。

2. 无固定期限劳动合同

无固定期限劳动合同指用人单位与劳动者约定无确定终止时间的劳动合同。

这是《劳动合同法》最具争议性的条款。《劳动合同法》第 14 条规定,有下列情形之一,劳动者提出或者同意续订、订立劳动合同的,除劳动者提出订立固定期限劳动合同外,应当订立无固定期限劳动合同:(1)劳动者在该用人单位连续工作满 10 年的;(2)用人单位初次实行劳动合同制度或者国有企业改制重新订立劳动合同时,劳动者在该用人单位连续工作满 10 年且距法定退休年龄不足 10 年的;(3)连续订立 2 次固定期限劳动合同,且劳动者没有本法第 39 条和第 40 条第 1 项、第 2 项规定的情形,续订劳动合同的。用人单位自用工之日起满 1 年不与劳动者订立书面劳动合同的,视为用人单位与劳动者已订立无固定期限劳动合同。对劳动合同的内容,双方应当按照合法、公平、平等自愿、协商一致、诚实信用的原则协商确定;对协商不一致的内容,依照《劳动合同法》第 18 条的规定执行。

《劳动合同法》第 82 条第 2 款规定,用人单位违反本法规定不与劳动者订立无固定期限劳动合同的,自应当订立无固定期限劳动合同之日起向劳动者每月支付 2 倍的工资。

3. 以完成一定工作任务为期限的劳动合同

以完成一定工作任务为期限的劳动合同指用人单位与劳动者约定以某项工作的完成为合同期限的劳动合同。一般适用于建筑业、铁路交通、水利工程等行业的工种。

(二)以就业方式为标准

以就业方式为标准,可分为全日制用工劳动合同、非全日制用工劳动合同。

全日制用工劳动合同,指劳动者从事全时劳动而与用人单位签订的劳动合同。这是传统就业或正规就业的实现方式,是典型的用工劳动合同。

非全日制用工劳动合同,指劳动者与用人单位约定的以小时作为工作时间单位确立的劳动关系协议。这是非典型用工劳动合同,多适用于弹性工作。《劳动合同法》第 68 条规定,非全日制用工是指以小时计酬为主,一般劳动者在同一用人单位平均每日工作时间不超过 4 小时,每周工作时间累计不超过 24 小时的用工形式。

(三)以劳动合同形式为标准

以劳动合同形式为标准,可分为书面劳动合同和口头劳动合同。

我国立法非常强调劳动合同的书面形式。《劳动法》第 19 条规定,劳动合同应当以书面形式订立;《劳动合同法》第 10 条也规定,建立劳动关系应当订立书面劳动合同。仅《劳动合同法》第 69 条规定,非全日制用工双方当事人可以订立口头协议。因此,除非全日制用工劳动合同外，一般劳动合同均应采用书面形式。

三、劳动合同的内容

劳动合同的内容指劳动合同的条款，是约定劳动者与用人单位双方劳动权利、义务的具体合同条款。根据劳动合同的条款是否由法律规定，可以将劳动合同的条款分为必备条款和约定条款。

（一）劳动合同的必备条款

《劳动合同法》第17条规定，劳动合同应当具备以下条款：(1)用人单位的名称、住所和法定代表人或者主要负责人；(2)劳动者的姓名、住址和居民身份证或者其他有效身份证件号码；(3)劳动合同期限；(4)工作内容和工作地点；(5)工作时间和休息休假；(6)劳动报酬；(7)社会保险；(8)劳动保护、劳动条件和职业危害防护；(9)法律、法规规定应当纳入劳动合同的其他事项。

（二）劳动合同的约定条款

《劳动合同法》第17条第2款规定，劳动合同除前款规定的必备条款外，用人单位与劳动者可以约定试用期、培训、保守秘密、补充保险和福利待遇等其他事项。

1. 试用期

试用期（Probation）指用人单位和劳动者为相互了解、选择而依法约定的考察期。其意义在于，用人单位通过试用期，了解劳动者的劳动能力，判断其是否符合本单位的录用条件和用人预期，并在此基础上决定是否与其建立劳动关系；劳动者通过试用期，了解用人单位的实际状况、工作性质与自身预期和能力是否匹配等情况，进而决定是否与用人单位建立劳动关系。在试用期期间，双方当事人均享有相对宽松的劳动合同解除权，或者自由选择权。

试用期期限依劳动合同期限的长短确定：劳动合同期限3个月以上不满1年的，试用期不得超过1个月；劳动合同期限1年以上不满3年的，试用期不得超过2个月；3年以上固定期限和无固定期限的劳动合同，试用期不得超过6个月。试用期包含在劳动合同期限内。以完成一定工作任务为期限的劳动合同、劳动合同期限不满3个月的以及非全日制用工劳动合同，不得约定试用期。

同一用人单位与同一劳动者，只能约定一次试用期。

试用期内，用人单位不得以劳动者患病为由解除劳动合同，应给予医疗期待遇，劳动者被有关医疗机构鉴定证明患有精神病的除外。

但是，现实生活中用人单位试用钻营问题时有发生。试用钻营指用人单位通过在6个月以内使用试用期员工，薪酬待遇以试用为名而降低，解雇之限制亦大为宽松。对用人单位而言，不仅可以减少人工成本，亦可降低用人风险。于是，用人单位一批又一批地使用试用期劳动力，尤其是技术性要求相对较低的岗位。

案例6-3：Z公司能否解雇张小姐？

Z公司因大力发展“互联网＋”业务，急招技术人才，张小姐应聘，经数轮面试，Z公司于2015年9月15日向张小姐发出录用通知书，约定职位为产品经理，月薪18 000元，合同期1年，试用期1个月。Z公司安排张小姐做入职体检，Z公司项目负责人白先生安排张小姐先行进入项目组，9月20日进入试用期。10天后，张小姐体检结果出来，肝功能检查，有三项指数严重超标。白先生也判定，张小姐实际工作能力和面试表现差异悬殊，达不到工作要求。

之后白先生便以工作能力不达标为由向公司申请，不录用张小姐。张小姐表示，如果不被录用，会将Z公司告上法庭，理由有二：(1)双方没有签订劳动合同；(2)体检结果出来后，不录用她，存在歧视。该案适用：

A. Z公司必须聘用张小姐，因其于2015年9月15日向张小姐发出了录用通知书；

B. 张小姐体检结果“肝功能检查，三项指数严重超标”，Z公司有权决定不予聘用；

C. 张小姐实际工作能力与面试差异悬殊，达不到工作要求，Z公司有权决定不予聘用；

D. Z公司根据张小姐的实际工作能力、体检结果，有权决定是否聘用张小姐。

案例6-4：刘某不能入职，A公司承担什么责任？

2015年1月初，25岁的刘某在原公司工作3年后寻找新工作，后被A公司看中，经几轮面试拟录用刘某。A公司在3月2日以电子邮件向刘某发送Offer，约定：刘某需在5月1日前入职公司，担任市场推广部门副经理，月薪12 000元，试用期三个月，试用期工资为全工资的80%。3月5日，刘某邮件回复A公司接受Offer，向所在公司辞职，约定4月1日前完成工作交接，离开公司。4月，A公司高层经讨论，决定对公司发展方向进行调整，撤销市场推广部。4月7日，刘某去公司报到，人力资源部告知其应聘职位已取消，不能入职。刘某大怒，与人力资源部经理争吵，随后A公司副总经理与刘某协商，提出两种解决方案：(1)补偿刘某2000元，刘某去其他公司寻找工作；(2)刘某入职A公司，进入其他部门，月薪8 000元。

关于刘某不能入职，A公司承担：

A. 违约责任； B. 缔约过失责任； C. 不诚信责任； D. 欺诈责任。

2. 服务期

《劳动合同法》第22条规定，用人单位为劳动者提供专项培训费用，对其进行专业技术培训的，可以与该劳动者订立协议，约定服务期。可见，服务期是基于劳动者享受了用人单位提供的特殊待遇，而与用人单位约定的必须为用人单位工作的期限。

服务期约定一般与脱产培训学习有关，但存在劳动合同订立时即订有服务期约款的事例。目前，现实生活中的培训费用纠纷大多与服务期约定有关，如果劳动者已经完成了服务期之约，发生纠纷并不多；多数情况下，培训纠纷系劳动者经过特别培训后，技能有所提高，其他用人单位亦在挖人，而劳动者也有跳槽另谋高就之意愿，劳动者不等服务期满即与原用人单位解约。因此，所谓的培训费用纠纷实际上是诸多纠纷的混杂，其中包括服务期约定之纠纷。劳动者承担违约责任的基础应当是“服务期之约”而非“培训费之专约”；用人单位与劳动者专门就培训费用的赔偿形成约款，多为附约，以限制劳动者离职。用人单位之所以培训劳动者，关键在于“用人”。因此，培训费纠纷实质上是服务期约定之纠纷。关于服务期的约定时间，部分劳动合同在订立时已经明确了劳动者的服务期，如5年不得离开本单位的特别约定，这种情形下，可能服务期约定并非完全与特别培训有关；而在劳动合同履行过程中，用人单位专门对特定劳动者进行特别培训，培训结束后劳动者必须回用人单位供职，并必须继续为用人单位服务若干年，劳动者在这样的“格式合同”上签字，形成了服务期专约，也可以称为对劳动合同内容的部分变更。

注意，服务期与劳动合同期限不同。服务期是一种单向约定，非必备条款，且并不是所有的劳动合同都能约定服务期，只限于用人单位为劳动者提供了专项培训的情形，一般适用于核心劳动者。而劳动合同期限是双方约定的，是劳动合同的必备条款。劳动合同一经依法签订，在合同期限内任何一方非经双方协商或符合法定解除或终止情形的，则劳动关系一直存续。

一般而言，服务期内用人单位一方灵活性更大；而劳动合同期内，劳动者权利更大。

案例 6－5：法院已支持张某离职，公司为何将不诚信标签放入张某档案？

2010 年，王某毕业后加入京东方科技集团有限公司。公司承诺为其解决户口，王某填写了相关资料，12 月公司通知王某户口已审批通过，王某万分激动和感恩；但公司强制所有人签订一份诚信协议，约定：若劳动合同期内离职需交纳 3 万元违约金，王某迫于无奈签订了协议。工作 2 年后，王某有了更好的选择，向公司提出离职申请，公司同意离职但要求缴纳违约金。王某咨询了其他离职的同事，大部分都是缴纳了违约金才离职的。但张某是例外，他将公司告上了法院，法院裁决张某不需缴纳违约金离职，而公司将不诚信标签放入了张某的档案。

张某签订诚信协议、后将公司诉至法院的行为，属于：

A. 违约，张某不诚信；

B. 违约，但张某行为明智；

C. 没有违约，与公司签订诚信协议是迫于无奈；

D. 没有违约，法院裁决张某不需缴纳违约金。

案例 6－6：田某为何支付 1.3 万元违约金？

2012 年 7 月，田某与国企 A 公司签订了 3 年期劳动合同，无关于违约金具体数额要求，但公司规定：按照劳动合同签订的服务年限，每少服务一年，需支付违约金 5 000 元。入职后，A 公司给田某提供了 3 000 元安家费。任职期间，A 公司安排田某参加了 3 次培训，共花费培训费约 1.5 万元。2013 年 7 月，田某提出离职申请，公司领导虽百般不舍，却难以打消田某辞职的决心，便提出高额违约金要求，后经协商，田某支付 A 公司安家费及未服务的 2 年平摊的培训费，共计 1.3 万元后离开。

田某支付 1.3 万元违约金，适用：

A. 受到胁迫，田某是弱势群体；　　B. 田某违约；

C. 田某履行瑕疵；　　D. 田某未违约，公司强加于田某。

3. 保密——竞业限制

《劳动合同法》第 23 条规定，用人单位与劳动者可以在劳动合同中约定保守用人单位的商业秘密和与知识产权相关的保密事项。对负有保密义务的劳动者，用人单位可以在劳动合同或者保密协议中与劳动者约定竞业限制条款，并约定在解除或者终止劳动合同后，在竞业限制期限内按月给予劳动者经济补偿。劳动者违反竞业限制约定的，应当按照约定向用人单位支付违约金。

在我国现实生活中，雇员对用人单位的忠诚意识较淡薄，屡屡产生“跳槽”现象。例如，劳动者准备辞职自行创业者并不少见，但劳动者自行创业是否与原用人单位形成竞业？进一步，劳动者准备辞职自行创业是否有招揽原用人单位客源和接洽原用人单位供应商之嫌？根据法律规定，若存在上述行为，应认定为竞业，雇员应承担相应的法律责任。不少律师创业就存在拉走原律师事务所客户的行为。

案例 6－7：李某是否应向 A 公司支付“竞业限制”违约金？

李某原为某教育咨询公司（A 公司）市场经理（中层管理人员），双方在劳动合同中约定竞业限制条款，规定李某在解除劳动合同后不得到竞争对手公司工作，但没有约定竞业限制补偿金，也没有约定竞业限制条件。李某曾询问人力资源部竞业限制条款的合法性及必要性，得到答复“这是标准合同，这部分条款不会真正执行”。李某急需这份工作，没有过多考虑，签署了劳动合同。在A公司工作期间，李某勤恳工作，发挥才干，任劳任怨，职位从助理逐步升为部门经理。劳动合同期满后，李某希望换一个环境，没有和该公司续签劳动合同。公司副总和人力总监都约谈李某，希望李某留下，但李某去意已决。和公司交接了全部工作内容，并对接任者做了详细培训，李某离开了这家公司。

李某后来入职另一家教育公司(B公司)，出任市场总监一职。新公司和老东家在部分业务上存在直接竞争关系。由于李某在新公司的出色工作，B公司在市场业务上有明显增长。A公司领导联系李某，希望其回到原公司，李某婉言拒绝。老东家A公司认为李某违反了双方签订的“竞业限制”协议，向劳动仲裁机关提出仲裁申请，要求李某支付违反“竞业限制”违约金30万元。李某认为，双方签订“竞业限制”协议，但未就补偿金和限制年限约定，亦没有支付竞业限制补偿金(李某辞职在家休假两个月，也没有获得补偿金)，其无需履行“竞业限制”约定。

李某后来入职另一家教育公司(B公司)，适用：

A. 违反“竞业限制”约定，须向A公司支付违约金30万元；

B. 违反“竞业限制”约定，但A公司提出的违约金30万元有一定的下降谈判空间；

C. 没有违反“竞业限制”约定；

D. 没有违反“竞业限制”约定，可要求A公司支付竞业限制补偿金。

4. 违约金

《劳动合同法》第25条严格限制了违约金条款的适用情形，除劳动者违反“服务期约定”和“竞业限制约定”两种情况外，用人单位不得与劳动者约定由劳动者承担的违约金。

5. 补充保险和福利待遇

除依法参加基本社会保险外，用人单位可以根据自身实际情况为劳动者建立补充保险，如补充医疗保险、补充养老保险、雇员团体险、人身意外伤害险等，以满足劳动者多方位、高层次的需要。补充保险，多采取商业保险的形式。

四、劳动合同的效力

(一) 劳动合同对当事人的效力

《劳动法》第17条规定，劳动合同依法订立即具有法律约束力，当事人必须履行劳动合同规定的义务。《劳动合同法》第3条规定，依法订立的劳动合同具有约束力，用人单位与劳动者应当履行劳动合同约定的义务。

(二) 劳动合同对第三方的效力

《劳动法》第99条规定，用人单位招用尚未解除劳动合同的劳动者，对原用人单位造成经济损失的，该用人单位应当依法承担连带赔偿责任。《劳动合同法》第91条规定，用人单位招用与其他用人单位尚未解除或者终止劳动合同的劳动者，给其他用人单位造成损失的，应当承担连带赔偿责任。

五、离退休人员再就业

一般认为，劳动者达到退休年龄之后就不再具有法律上的劳动者资格，其与聘用单位形成的是劳务关系，不适用劳动法调整。但在现实中，离退休人员再就业现象十分普遍，如果不正视这一现象，可能会导致出现用人单位大量雇用离退休人员的极端现象。

案例 6－8：退休人员 A 在 S 公司工作时突发脑梗死亡，是否算工伤？

A 2000 年退休，身体状况良好，一直返聘于原单位。2008 年 A 离开原单位，成为 S 公司返聘的技术专家，负责技术咨询、评审把关等，S 公司按月为 A 发放返聘工资，A 享受与在职职工相同的餐补等待遇。2013 年 A 又受聘于 S 公司的上级单位 D 院，除负责技术咨询、评审外，还开展质量监督工作，D 院每月将工资拨转到 S 公司，由 S 公司实际为 A 发放返聘工资。A 还是另一单位 Y 院的技术专家组成员，参与专业相关评审，也获取评审报酬。A 平均每周约 2～3 个半天工作，偶尔会议较多时全天工作。

A 有轻微高血压和糖尿病。2016 年年底 A 到 S 公司，上午和下午连续参加了两个会议，下午 3 点回到办公室，突发脑梗倒地。S 公司迅速将 A 送往最近医院，但 A 出现脑出血等并发症，第三天下午 5 点因抢救无效去世。S 公司全额支付了 A 住院期间的医疗费。几个月后，A 的家属向 S 公司索要工伤赔偿 200 万元，S 公司未同意，双方诉至法院。

A 在 S 公司工作时突发脑梗死亡，是否算工伤，下列哪个选项是正确的？

A. 算工伤，退休人员也属于《工伤保险条例》保护的对象；

B. 算工伤，尽管退休人员没有签订劳务合同，也应认定为工伤；

C. 不算工伤，退休人员不属于《工伤保险条例》保护的对象；

D. 不算工伤，A 与 S 公司明确约定“A 不受工伤保险条例保护”。

劳动者退休后，其与用人单位的劳动合同随之终止。另，为保障就业年龄段职业劳动者的工作权和就业权，国家不鼓励退休人员返聘，法律更不以劳动合同法规视角保障他们的权益（如解雇保护制度），各国均不可能对这类人员予以劳动者同等保护。

六、劳动合同的单方解除

劳动合同解除，多数是协商解除，即双方当事人在平等自愿、协商一致的情况下解除劳动合同。《劳动法》第 36 条规定，用人单位与劳动者协商一致的，可以解除劳动合同。

但现实生活中，还存在单方解除劳动合同的情形，既包括劳动者单方解除，也包括用人单位单方解除。

（一）劳动者单方解除

1. 劳动者预告解除

劳动者的预告解除即劳动者的“辞职权”，指无须用人单位同意，劳动者只需履行一定的预告程序后就可以单方解除劳动合同。《劳动合同法》第 37 条规定，劳动者提前 30 日以书面形式通知用人单位，可以解除劳动合同。劳动者在试用期内提前 3 日通知用人单位，可以解除劳动合同。

2. 劳动者即时解除

劳动者即时解除也称为“被动辞职”或“推定解雇”，指在用人单位严重违约或违法，即用人单位有严重过错的情况下，劳动者可以不经预告而随时通知用人单位解除劳动合同，且无须承担违约责任。

《劳动合同法》第 38 条规定，用人单位有下列情形之一的，劳动者可以解除劳动合同：

(1)未按照劳动合同约定提供劳动保护或者劳动条件的;(2)未及时足额支付劳动报酬的;(3)未依法为劳动者缴纳社会保险费的;(4)用人单位的规章制度违反法律、法规的规定,损害劳动者权益的;(5)因本法第26条第1款规定的情形致使劳动合同无效的;(6)法律、行政法规规定劳动者可以解除劳动合同的其他情形。

(二)用人单位单方解除

1. 过失性辞退——即时解除

即时解除指用人单位在劳动者存在一定过失的情况下,无须预告即可解除劳动合同。劳动者因个人过失被解除劳动合同的,用人单位无须支付经济赔偿金。

《劳动合同法》第39条规定,劳动者有下列情形之一的,用人单位可以解除劳动合同:(1)在试用期内被证明不符合录用条件的;(2)严重违反用人单位规章制度的;(3)严重失职,营私舞弊,给用人单位造成重大损害的;(4)劳动者同时与其他用人单位建立劳动关系,对完成本单位的工作任务造成严重影响,或者经用人单位提出,拒不改正的;(5)因本法第26条第1款第1项规定的情形致使劳动合同无效的;(6)被依法追究刑事责任的。

2. 非过失性辞退——预告解除

预告解除指在劳动者无过错的情况下,由于客观情况的变化导致劳动合同无法履行时,用人单位在提前通知劳动者或额外支付一定金额的代通知金后(如我国台湾地区的用人单位一般会采用此种方式),即可单方解除劳动合同。

《劳动合同法》第40条规定,有下列情形之一的,用人单位提前30日以书面形式通知劳动者本人或者额外支付劳动者1个月工资后,可以解除劳动合同:(1)劳动者患病或者非因工负伤,在规定的医疗期满后不能从事原工作,也不能从事由用人单位另行安排的工作的;(2)劳动者不能胜任工作,经过培训或者调整工作岗位,仍不能胜任工作的;(3)劳动合同订立时所依据的客观情况发生重大变化,致使劳动合同无法履行,经用人单位与劳动者协商,未能就变更劳动合同达成协议的。

3. 经济性裁员

经济性裁员指用人单位由于生产经营状况出现重大危机而劳动力过剩时依法单方解除与部分劳动者的劳动合同的行为。表现形式为集体辞退,而非单个辞退。

经济性裁员是法律赋予企业经营自主权的体现。《劳动法》第27条规定,用人单位濒临破产进行法定整顿期间或者生产经营状况发生严重困难,确需裁减人员的,应当提前30日向工会或者全体职工说明情况,吸取工会或者职工的意见,并向劳动行政部门报告后,可以裁减人员。用人单位依据本条规定裁减人员,在6个月内录用人员的,应当优先录用被裁减的人员。

《劳动合同法》第41条对经济性裁员作出了进一步细化的规定。经济性裁员的条件有四:(1)依照企业破产法规定进行重整的;(2)生产经营发生严重困难的;(3)企业发生转产、重大技术革新或者经营方式调整,经变更劳动合同后,仍需裁减人员的;(4)其他因劳动合同订立时所依据的客观经济情况发生重大变化,致使劳动合同无法履行的。

《劳动合同法》第41条规定了经济性裁员的程序:需要裁减人员20人以上或者裁减不足20人但占企业职工总数10%以上的,用人单位需提前30日向工会或者全体职工说明情况,听取工会或者职工的意见后,裁减人员方案向劳动行政部门报告后,可以裁减人员。

案例6-9:刘某被裁员,能够拿到多少赔偿?

2012年3月,刘某加入某大型外企从事技术研发工作。2014年5月,公司被收购,大量裁员，刘某所在的部门除几名核心领导外都被裁掉。公司给出的赔偿标准为，2015年3月30日之前被裁员的员工可以得到N+2倍工资赔偿（N代表所在公司服务的年限），之后到5月30日选择离开的员工可以得到N倍赔偿。刘某在辞退书上签字，选择在3月30日之前离开公司。2月公司要求刘某去越南的工厂出差，为期2周。但在越南出差过程中，因为产品出现问题，刘某出差时间被延长3周。他回到北京总部，已经是3月下旬，无法正常离职。他向领导反映情况，领导让他放下工作，办理离职，保证拿到N+2赔偿。4月刘某离职，拿到的赔偿金不是N+2。他找公司HR，答复是"他没有按照原签字离职书的时间离职，只能拿到N倍"。刘某说明在越南出差的特殊情况，并出示了其在越南出差往返的机票信息，得到的答复依旧是"原来处理他离职的HR专员已经离职，没有留下特殊情况说明，现在HR只能按照正常的流程办理"。

刘某大为恼火，将公司告上法庭，要求公司赔偿N+2倍工资，且以欺诈罪要求公司额外赔偿，该案适用：

A. 公司管理规范，HR只是按照正常的流程办理；

B. 领导应对刘某的事情特殊办理，让他拿到N+2赔偿；

C. 公司为降低成本，故意安排刘某到越南出差，并延长3周；

D. 公司对刘某的处理行为，适用欺诈。

4. 用人单位不得解除劳动合同的情形

《劳动法》第29条规定，劳动者有下列情形之一的，用人单位不得依据本法第26条、第27条的规定解除劳动合同：(1)患职业病或者因工负伤并被确认丧失或者部分丧失劳动能力的；(2)患病或者负伤，在规定的医疗期内的；(3)女职工在孕期、产期、哺乳期内的；(4)法律、行政法规规定的其他情形。

《劳动合同法》第42条对用人单位不得解除劳动合同的情形作了进一步的完善，包括以下6种情形：(1)从事接触职业病危害作业的劳动者未进行离岗前职业健康检查，或者疑似职业病病人在诊断或者医学观察期间的；(2)在本单位患职业病或者因工负伤并被确认丧失或者部分丧失劳动能力的；(3)患病或者非因工负伤，在规定的医疗期内的；(4)女职工在孕期、产期、哺乳期的；(5)在本单位连续工作满15年，且距法定退休年龄不足5年的；(6)法律、行政法规规定的其他情形。

七、特殊性劳动合同

(一) 劳务派遣

劳务派遣指劳务派遣单位根据用工单位的需求，为其选拔、派遣劳动者，由劳务派遣单位与被派遣劳动者建立劳动关系，负责其工资支付、办理社会保障等日常管理事务，而用工单位实际地使用劳动者并向劳务派遣单位支付服务费用的一种新型的用工方式。其本质特征在于劳动力的雇佣与使用相分离，劳动力的使用与管理相分离，是人力资源外包的一种重要形式。

1. 劳务派遣三方当事人及其关系

劳务派遣涉及三方当事人，分别为：劳务派遣单位、用工单位和被派遣劳动者。其中，劳务派遣单位与被派遣劳动者之间要订立劳动合同，但不发生劳动力工资的给付，属于"拟制"的劳动关系，劳务派遣单位是劳动法意义上的"用人单位"，履行用人单位对劳动者的义务；劳务派遣单位与用工单位之间要订立劳务派遣协议，二者属于合同关系，但劳动法对协议内容进行了一定程度的干预；用工单位与被派遣劳动者之间无须合同，双方权利义务一般在劳务派遣协议中予以明确，用工单位依据劳务派遣协议直接对劳动者行使劳动指挥权，被派遣劳动者依据劳动合同与劳务派遣协议，直接接受用工单位指挥，为用工单位提供劳动。

我国采用“单一雇主模式”，规定仅在被派遣劳动者与派遣单位之间存在劳动关系；用工单位仅在派遣单位“给被派遣劳动者造成损害”的情况下，与派遣单位承担连带责任，但这是损害赔偿责任而非雇主责任。

2. 劳务派遣三方的权利与义务

劳务派遣单位，作为法律意义上的用人单位，应当履行如下用人单位对劳动者的义务：(1)与劳动者签订劳动合同；(2)与用工单位签订劳务派遣协议；(3)将劳务派遣协议的内容告知被派遣劳动者；(4)向被派遣劳动者支付劳动报酬；(5)禁止克扣与滥收费(不得克扣用工单位按照劳务派遣协议支付给被派遣劳动者的劳动报酬，不得以收取管理费、其他经营税费等名义向被派遣劳动者收取费用)；(6)禁止“自我派遣”(用人单位不得设立劳务派遣单位向本单位或者所属单位派遣劳动者)；(7)劳务派遣单位依法解除、终止劳动合同时，应当依照《劳动合同法》第46条、第47条的规定向劳动者支付经济补偿金。

用人单位应履行的义务：(1)与劳务派遣单位签订劳务派遣协议；(2)根据实际需要确定派遣期限；(3)维护被派遣劳动者的合法权益；(4)禁止转派遣(不得将被派遣劳动者再派遣到其他用人单位)；(5)不得滥收费(不得向被派遣劳动者收取费用，不得要求劳动者提供担保或者以其他名义向劳动者收取财物)。

被派遣劳动者的特别权利：(1)同工同酬(《劳动合同法》第63条规定，被派遣劳动者享有与用工单位劳动者同工同酬的权利。用工单位无同类岗位劳动者的，参照用工单位所在地相同或者相近岗位劳动者的劳动报酬确定)；(2)组织参加工会；(3)劳动合同解除。

长期以来，被派遣劳动者与用工单位正式劳动合同制职工之间劳动不平等，同工不同酬、同工不同时、同工不同休、同岗不同劳等身份歧视现象十分普遍，这是用工单位侵犯劳动者权益的一种“合法化”手段，也是用工单位借以降低用工成本、向被派遣劳动者转嫁劳务派遣管理成本的主要手段，为社会各界所诟病。《劳动合同法》对“同工同酬”作出明确规定，有利于保护被派遣劳动者。

被派遣劳动者可以依照《劳动合同法》第36条、第37条的规定与劳务派遣单位解除劳动合同。但被派遣劳动者有《劳动合同法》第39条和第40条第1项、第2项规定情形的，用工单位可以将劳动者退回劳务派遣单位，劳务派遣单位可以依照本法有关规定，与劳动者解除劳动合同。

3. 劳务派遣适用的岗位

劳务派遣最初是用工单位为满足临时用工需求的一种手段。与其他形式的非正规就业相比，通过临时工作机构派遣用工，节约了用工单位招聘、考核、管理雇员以及解雇雇员的成本。法律为了限制该不安定的雇佣模式给工人带来的不利影响，均规定派遣用工是临时用工，用工单位不得将“临时用工”固定化。

《劳动合同法》第66条规定，劳务派遣一般在临时性、辅助性或者替代性的工作岗位上实施。临时性岗位，主要指非常年有劳动力需求或者需求不稳定、相对集中的季节性、短期性工作，如月饼、元宵的加工、包装等。相对于核心、关键岗位而言，辅助性岗位所针对的工作一般都是普遍需要的，不具有独特性，不需要具备用工单位所要求的特别技能，不会威胁到用工单位的商业秘密，也不需要用工单位有针对性地特别培养；而核心、关键岗位是用工单位的核心竞争力，往往也是商业秘密聚集的岗位，用工单位需要重点培养和保护，对从业者的技能和素质有独特要求，其性质决定了这部分岗位不适合使用派遣劳动者。

用工单位应根据自身生产经营的特点与需要，合理地区分岗位价值，确定本单位劳动力需求，科学评估劳务派遣的功效，正确运用劳务派遣手段。

案例 6－10：劳务外包公司解雇小 A，须支付多少赔偿金？

小 A 毕业后被某劳务外包公司派遣到某知名外企工作，工作 2 年后，刚刚续签合同的小 A 恰逢经济危机，小 A 所在的项目组被解散。劳务外包公司通知给小 A 1 个月的时间找工作，继续为其发放 1 个月薪水，如果 1 个月内找不到工作，合同自动解除，并且不给予赔偿。

1 个月后，小 A 没有找到合适的工作，公司不再发放工资。小 A 不同意公司做法，自费聘请律师，律师经计算，公司需按照 N＋2 方式赔偿小 A，大概 3 万元左右，再加上这段时间公司违约利息费用，共计 4.9 万元。

律师带领小 A 提起劳动仲裁，劳动仲裁结果公司赔偿小 A 3 万元。但 1.9 万元利息没有得到支持，原因最可能是：

A. 没有合理依据；　B. 公司违约的惩罚；　C. 保护弱势的员工；　D. 高额的投资收益。

案例 6－11：王小姐被裁员，谁负责补偿？

CEC 信息是跨国公司 CEC 集团（中国有限公司）全资子公司，王小姐 2008 年 11 月经猎头推荐，进入 CEC 信息 IT 系统部工作任职产品助理。

2008 年 11 月至 2009 年 2 月试用期，王小姐人事关系临时挂靠到猎头公司智联招聘，实际工作地点在 CEC 公司。

2009 年 3 月，王小姐正式入职 CEC 信息有限公司，劳动合同签订甲方为 CEC 信息。2011 年 4 月，CEC 集团架构调整，所有子公司人事关系全部合并到 CEC 集团，于是和所有子公司员工重新签订劳动合同，劳动合同开始日期 2011 年 5 月，甲方为 CEC 集团。

2014 年 3 月，因为国内业务不景气，CEC 集团开始裁员，补偿标准为年均月薪 *（N＋2），N 为公司任职年限，不满 1 年按照 1 年计算。王小姐也在裁员名单之列，按照补偿标准她应该是 N＝6，共计 8 个月工资。但是公司核算的结果是 N＝3。王小姐认为，任职年限应该从挂靠到智联招聘的第一份劳动合同算起，共 5 年零 3 个月，所以 N＝6。集团人事认为其和集团的劳动合同从 2011 年 4 月起计，N＝3。

王小姐被裁员，谁负责补偿？

A. CEC 集团；　B. CEC 信息有限公司；　C. 智联招聘；　D. 王小姐自担。

（二）非全日制用工

非全日制用工是灵活就业的一种重要形式，近年在我国呈迅猛发展的趋势，特别是在餐饮、娱乐、超市、社区服务等领域的低端岗位内广泛运用，以其灵活快捷、成本低廉而为用人单位所青睐，已经成为我国促进就业的重要途径之一。

1. 定义和特点

非全日制用工，是相对于全日制用工而言的。《劳动合同法》第 68 条规定，非全日制用工，指以小时计酬为主，劳动者在同一用人单位一般平均每日工作时间不超过 4 小时，每周工作时间累计不超过 24 小时的用工形式。又称为“小时工”、“计时工”或“临时工”。

非全日制用工的特点主要表现为用工具有较强的灵活性。《劳动合同法》仅规定了劳动者每日“平均”工作时间的上限和每周“累计”工作时间的上限，没有明确规定劳动者每日工作时数。每日工作多长时间，完全由用人单位和劳动者根据自身情况自由、灵活确定，只要不突破法律规定即可。与全日制用工相比，用人单位用工更具灵活性。

2. 劳动合同

《劳动合同法》对非全日制劳动关系作出了较为宽松的规定。

《劳动合同法》第 69 条第 1 款规定，非全日制用工双方当事人可以订立口头协议。该条第 2 款规定，从事非全日制用工的劳动者可以与一个或一个以上用人单位订立劳动合同；但是，后订立的劳动合同不得影响先订立的劳动合同的履行。

《劳动合同法》第 70 条规定，非全日制用工双方当事人不得约定试用期。

《劳动合同法》第 71 条规定，非全日制用工双方当事人任何一方均可以随时通知对方终止用工。终止用工，用人单位不向劳动者支付经济补偿。

(三) 涉承包类雇佣

例如，出租车司机与出租车公司之间存在特殊的雇佣关系。

1. 形式上属于承包合同关系

出租车司机自愿租用公司车辆从事客运业务，按照合同约定上缴“份钱”(承包费)，不论出租车司机如何营运，收入多少，出租车司机每月必须缴纳一定数额的“份钱”(承包费)。这种承包关系，从合同订立的视角，具有相应的形式地位平等，而且出于当事人自愿。

2. 实质上是劳动合同关系

一些出租车公司开始为出租车司机缴纳“三险”(养老、失业与医疗保险)。有些地方出租车管理部门已经明确上述两者的劳动合同关系。例如，上海出租车行业已经承认出租车司机的劳动者地位，即为公司的雇员。因此，公司承担了比单纯承包经营模式更多的劳动法和社会法义务，如劳动安全卫生义务，为员工缴纳社会保险的义务等。

因此，不能以承包经营合同系一般民事合同为由，否认出租车司机属于雇员的基本判断，否认出租车司机属于劳动法之劳动者。若不适用《劳动法》，司机的相关权益将难以获得保障。例如，在承包合同背景下，出租车司机一旦生病住院，在当月或更长时间内无法营运，但仍需向出租车公司缴纳“份钱”(承包费)，显得不通人性。若不承认司机劳动法之劳动者地位，社会保险经办机构很难为这部分人群办理社会保险手续，那么他们未来的生活就得不到保障。

(四) 涉提成类雇佣

例如，代销人员与商业公司之间存在特殊的雇佣关系。

代销方式与提成紧密相连，不论是机构代销或个人代销，多涉及提成问题，而不单单是手续费的给付问题，例如证券销售以机构代销的方式进行。代销和提成有时与雇佣又有关联，尤其当自然人负责代销时，这种代销方式背后往往隐含着实质的雇佣。

如何判定双方是否属于单纯的委托代销合同关系呢？一般而言，如果代销人员不需要底薪，不需要商业公司之纪律约束，天马行空、自我发展的个人诉求得以体现在代销合同关系中，则可认定这类代销合同属于单纯的委托代销合同关系。如果代销人员心存顾虑，期望不论销售情况如何，均需要商业公司给付一定数额的基本底薪，之后再结算提成款时，委托代销合同关系将糅合到雇佣关系中，故代销人员与商业公司之间为特殊劳动合同关系。

第三节　集体合同

集体协商与集体合同可以弥补劳动立法与劳动合同的不足，在保护劳动者利益、协调劳动关系方面，具有劳动法律法规和劳动合同无法取代的功能。

一、工　会

《劳动法》第 7 条规定，工会代表和维护劳动者的合法权益，依法独立自主地开展活动。该法第 8 条规定，劳动者依照法律规定，可通过职工大会、职工代表大会或者其他形式，参与民主管理或者就保护劳动者合法权益与用人单位进行平等协商。

二、集体协商

广义上讲，集体协商包括劳资双方的一切互动过程。狭义上讲，集体协商是雇主与受雇者组织的代表建立与执行工作规则、工作条件、工时和工资的活动，是利用劳资双方代表谈判和协商过程以决定雇佣条件的一种方法。

我国一直使用“集体协商”或“平等协商”概念，将“集体协商”规定为劳动者通过自己的组织或代表与相应的雇主、雇主组织或者其代表为签订集体合同进行商谈的行为，并将集体协商规定为签订集体合同的法定程序。《集体合同规定》第 4 条规定，用人单位与本单位职工签订集体合同或专项集体合同，以及确定相关事宜的，应当采取集体协商的方式。

三、集体合同

集体合同，也称团体协约或团体合同，国际劳工组织在《关于团体协约的建议书》中将其界定为“个别或多数雇主或雇主团体，与代表工人的团体或者由工人依照国家法令选举并授权的代表缔结的关于规定工作条件及雇佣条件的书面契约”。

《集体合同规定》第 3 条规定，集体合同是指用人单位与本单位职工根据法律、法规、规章的规定，就劳动报酬、工作时间、休息休假、劳动安全卫生、职业培训、保险福利等事项，通过集体协商签订的书面协议。专项集体合同，是指用人单位与本单位职工根据法律、法规、规章的规定，就集体协商的某项内容签订的专项书面协议。

企业职工一方与用人单位可以订立劳动安全卫生、女职工权益保护、工资调整机制等专项集体合同。在县级以下区域内，建筑业、采矿业、餐饮服务业等行业可以由工会与企业方面代表订立行业性或区域性集体合同。实践中，我国集体合同的签订往往缺乏交涉色彩，名为协商实为地方总工会对用人单位之敦促。2007 年 6 月 29 日通过的《劳动合同法》在第五章“特别规定”第一节对集体合同的订立、内容、类型、效力、法律救济等问题作出了明确的规定。

与劳动合同相比，集体合同的内容具有更大的不确定性，它既可以规定劳动关系的某个方面，也可以涵盖劳动关系的所有环节，甚至可以涵盖用人单位的若干管理制度规定，如技术引进制度、人力资源管理制度等。

集体合同或专项集体合同期限一般为 1～3 年，期满或双方约定的终止条件出现时，合同终止。集体合同或专项集体合同期满前 3 个月内，任何一方均可向对方提出重新签订或续订的要求。

四、劳动合同与集体合同效力对比

劳动合同，指用人单位与劳动者之间形成个别合意，即单个用人单位与单个劳动者形成合意，这种合意的核心是劳动者劳动义务之给付与用人单位劳动报酬之支付，还包括其他的相关权利义务。而集体合同，又称为团体协约，指团体之间的合意。

第四节　工作时间和休息休假

工作时间即劳动时间，一方面，用于计量劳动者的劳动贡献，计付劳动报酬；另一方面，用于规范用人单位支配劳动力的时间，保证劳动者的身心健康。工作时间包括标准工作日、弹性工作日、非全时工作日等。休息休假包括法定节假日、探亲假、年休假等。

一、工作时间

（一）工作时间的概念

工作时间指劳动者根据国家规定，在一昼夜之内或一周之内，用于完成本职工作的时间。一昼夜内工作时数的总和，为工作日；一周内工作日的总和，为工作周。

各国劳动立法，一般都规定了工作时间的标准长度和最长限度。工作时间，有如下特征：(1)工作时间的种类、适用对象、适用条件、适用标准、最长工时等，均由法律规定。用人单位安排劳动者工作，必须在法律允许的范围内，与劳动者协商并征得劳动者同意，而不能随意安排，任意改变。(2)工作时间还包括工作准备时间和交接班时间，以及工作中间的休息时间、女职工哺乳时间、孕期检查时间、人体的自然需要时间、出差时间、参加特定活动的时间、因用人单位原因造成的等待工作任务时间、参加与工作有直接联系并有法定义务性质的职业培训和教育时间、连续性有害于身体健康工作的休整时间等。劳动者由用人单位安排从事其他工作的，也包括在工作时间之内；即使不是雇主指挥命令的劳动，只要实际工作所必需，都视为劳动时间，例如美国将工作结束后的洗手时间也视为劳动时间。(3)劳动者的劳动时间包括两部分：一是为自己劳动的时间，二是为社会劳动的时间；前者对应劳动者的劳动报酬，后者对应企业利润、国家税收。(4)如果劳动者没有按照劳动合同的约定提供足够的劳动时间，其工资福利往往会受到影响。同理，如果劳动者加班加点，根据法律规定可以得到相应的加班工资。(5)工作日和工作周，是衡量工作时间的两个基本标准，是法律确定的劳动者工作时间的上限，用人单位不得突破，但可根据自身情况确立低于标准的工作时间。工作周较工作日而言更具灵活性与弹性，能够适应用人单位生产经营的特殊需要。另外，参照标准工作日和标准工作周，可以实行其他工时制度，例如不定时工时制、综合计算工时制等。(6)法定工作时间，适用于从事公共事务的国家公职人员、事业单位人员以及与用人单位建立劳动关系的劳动者，但不适用于农民和个体劳动者。

（二）工时立法概况

1. 国外工时立法

1802年英国颁布《学徒健康与道德法》，被公认为现代劳动立法的开端。该法案以限制工作时间为基本内容，规定纺织工厂童工每天工作不得超过12小时。此后，随着人道主义思想的广泛传播、劳资双方的不断斗争，各国立法都将限制工作时间作为一项重要内容。至20世纪70年代，欧美国家已普遍实行40小时工作周，并呈现继续缩短工时之势。例如，法国实行每周5日35小时工时制。

2. 我国工时立法

19世纪中叶，产业工人在我国出现后，工作日通常为12～14小时，国民党统治时期虽然规定“成年工人每日实际工作时间以8小时为原则”，但实际上并未实现。

新中国成立后，工作时间呈现不断缩短的趋势。1960年12月21日，中共中央《关于在城市坚持8小时工作的通知》规定，全国各城市的一切单位、一切部门，在一般情况下，必须严格实行8小时工作制，不得任意加班加点，不得任意侵占干部和群众的休息时间。随着经济体制改革的深化和经济的迅速发展，1994年2月7日公布的《国务院关于职工工作时间的规定》明确，自1994年3月1日起，国家实行劳动者每日工作时间不超过8小时，平均每周工作时间不超过44小时的规定。1994年7月5日通过的《劳动法》，以基本法的形式对工时制度予以明确，与《企业实行不定时工作制和综合计算工时工作制的审批办法》配套同时实施。1995年3月25日国务院《关于修改国务院关于职工工作时间的规定》规定，自1995年5月1日起，实行每周工作5天，每周不超过40小时的工作周制度。实施有困难的企事业单位可适当延期，但事业单位最迟应当自1996年1月1日起，企业最迟应当自1997年5月1日起实行。这是我国工作时间制度的一项重大改革。

（三）工作时间（工作日）的种类

各国法律、法规通常将工作时间分为标准工作时间和非标准工作时间，以适应不同工作性质或生产经营特点的需要。我国根据计量单位的不同，将工作时间分为工作日和工作周。国际劳工组织1935年第47号公约规定，劳动时间为一周40小时，即将“周”作为工作时间的计量单位。

依据《劳动法》、《国务院关于职工工作时间的规定》、国务院《关于修改国务院关于职工工作时间的规定》和《劳动合同法》的规定，以工作日为标准，工作时间可以分为以下几种：

1. 标准工时制

标准工时制指在正常情况下，法律规定的一般职工从事工作或劳动的时间。通常包括劳动者一昼夜间的工作时间和一周内的工作天数两个标准。

标准工作时间，广泛适用于我国境内的一切机关、团体、企事业单位和其他组织的职工。标准工作日，是实行其他工时制度的基础和计算依据。我国自1997年5月1日起，全部用人单位均实行“职工每日工作不超过8小时，每周工作不超过40小时”的工时制度，突破这两个标准中的任何一个即构成对劳动者休息权的侵害。

根据劳动和社会保障部《关于职工全年月平均工作时间和工资折算问题的通知》的规定，年工作日为：365天－104天（休息日）－11天（法定节假日）＝250天；季工作日：250天÷4季＝62.5天/季；月工作日：250天÷12月＝20.83天/月。

2. 计件工时制

计件工时制指以劳动者完成一定劳动定额为标准来确定劳动报酬的工作时间。根据《劳动法》第37条的规定，对实行计件工时制的劳动者，用人单位应当以劳动者在一个标准工作日和一个标准工作周的工作时间内能够完成的计件数量为标准，合理地确定劳动者日或周的劳动定额和计件报酬标准。

其中，劳动定额包括时间定额和数量定额两种形式。中华全国总工会《关于积极开展行业性工资集体协商工作的指导意见》规定，劳动定额的制订标准为“在法定工作时间内、正常劳动条件下、90％以上职工能够完成的工作量”。计件报酬标准，是指预先规定的用以计量劳动者劳动报酬的计件单位。用人单位在确定这两个标准时，要保证劳动者的实际工作时间和劳动收入都符合法律的规定。因此，计件工时制实际上是标准工时制的特殊转化形式。

3．缩短工时制

缩短工时制指劳动者每日工作时间少于8小时，每周工作时间少于40小时。《国务院关于职工工作时间的规定》第4条规定，在特殊条件下从事劳动和有特殊情况需要适当缩短工作时间的，按照国家有关规定执行。

目前，我国实行缩短工时制的劳动者主要有以下几种：

1）从事矿山、井下、高山、高温、低温、有毒有害、特别繁重等行业的劳动者

特殊行业的劳动者，每日工作时间不得超过8小时，每周工作时间不得超过40小时。例如，纺织行业实行“四班三运转”工时制；化工行业从事有毒有害作业的工人，根据生产特点和条件分别实行“三工一休制”、“每天6小时或7小时工时制”和“定期轮流脱离接触工时制”；煤矿井下实行“四班6小时工时制”。

2）从事夜班工作的劳动者

夜班工作时间，一般指自本日22时至次日6时的工作时间。夜班工作改变了人的正常生活规律，增加了神经系统的负荷，工作较辛苦。因此，从事夜班工作的劳动者，每日工作时间一般比标准工作日缩短1小时，并享受夜班津贴。

禁止安排未成年工、怀孕满7个月以上和哺乳不满周岁婴儿的女职工从事夜班工作。另外，钢铁冶炼、发电等连续生产不容间断、必须安排夜班的工作，工作时长可与白班相同，但需给夜班劳动者发放夜班津贴。

3）在哺乳期工作的女职工

根据《女职工劳动保护规定》第9条的规定，正在哺乳不满1周岁婴儿的女职工，在每日工作时间内有两次哺乳时间，每次30分钟。多胞胎生育的，每多哺乳1个婴儿，每次哺乳时间增加30分钟。女职工的哺乳时间及在本单位内哺乳往返途中的时间，算作工作时间。因此，在哺乳期内的女职工实际日工作时间少于8小时。

4）未成年工

为保障未成年工的正常发育、身心健康，很多国家都规定对未成年工实行缩短工时制。我国也有类似规定，对未满18周岁的未成年工实行少于8小时的缩短工时制。

5）其　他

根据《劳动法》等相关法律、法规的规定，其他需要缩短工作时间的用人单位在依法履行审批手续后，也可以实行缩短工时制。

4．综合计算工时制

综合计算工时制指由于用人单位生产或工作的特点，劳动者的工作时间不宜以日计算，需要分别以周、月、季、年等为周期综合计算工作时间长度的工时制度。

我国劳动和社会保障部《关于企业实行不定时工作制和综合计算工时工作制的审批办法》（简称《审批办法》），对我国综合计算工时工作制的实行条件、方式、审批办法都作了明确规定：

1）适用的条件

综合计算工时制，主要适用于：(1)交通、铁路、邮电、水运、航空、渔业等行业中因工作性质特殊需要连续作业的职工；(2)地质、石油及资源勘探、建筑、制盐、制糖、旅游等受季节和自然条件限制行业的职工；(3)其他适合实行综合计算工时制的职工，例如亦工亦农或由于受能源、原材料供应等条件限制难以均衡生产的乡镇企业职工。

另外，对于那些在市场竞争中，由于外界因素影响，生产任务不均衡的企业的部分职工，经劳动行政部门严格审批后，也可以参照综合计算工时制的办法实施。

2）实行的方式

根据《审批办法》第 6 条规定，综合计算工时制的实施方式为：在确保职工的休息休假权利和生产、工作任务完成的前提下，在保障职工身体健康并充分听取职工意见的基础上，综合计算工时制可采用集中工作、集中休息、轮休调休、弹性工作时间等适当的工作和休息方式进行。

3）审批的手续

根据《审批办法》第 7 条的规定，企业需实行综合计算工时工作制的，应履行一定的审批手续。其中，中央直属企业要经国务院行业主管部门审批，报国务院劳动行政部门批准；地方企业的审批由各省、自治区、直辖市人民政府劳动行政部门制定，报国务院劳动行政部门备案。

值得注意的是，综合计算工时工作制无论是选用周、月为周期，还是选用季、年为周期，职工的平均日工作时间和平均周工作时间均应与法定标准工作时间基本相同，超过部分应视为延长工作时间，须按规定支付职工延长工作时间的工资。

5. 不定时工时制

不定时工时制指针对因生产特点、工作特殊需要或职责范围的关系，需要机动作业的职工所采用的工时制度，即劳动者每日没有固定的工作时数。

根据《企业实行不定时工作制和综合计算工时工作制的审批办法》第 4 条的规定，企业对符合下列条件之一的职工，可以实行不定时工作制：(1)企业中的高级管理人员、外勤人员、推销人员、部分值班人员和其他因工作无法按标准工作时间衡量的职工；(2)企业中的长途运输人员、出租企业司机和铁路、港口、仓库的部分装卸人员及因工作性质特殊，需机动作业的职工；(3)其他因生产特点、工作特殊需要或职责范围的关系，适合实行不定时工作制的职工，如特殊工作形式的个体工作岗位的职工。

其审批办法与实施方式与综合计算工作时间工时制相同。

6. 非全时工时制

非全时工时制指以小时计酬为主，劳动者在同一用人单位一般平均每日工作时间不超过 4 小时，每周工作时间累计不超过 24 小时的工时形式。

该用工形式近年在我国发展很快，它突破了传统的全日制用工形式，适应了用人单位灵活用工和劳动者自主择业的需要，成为促进就业的重要途径。

7. 弹性工时制

弹性工时制指在完成规定的工作任务或固定的工作时间长度的前提下，员工可以自由选择工作的具体时间，以代替统一固定的上下班时间的制度。弹性工时制有多种形式：

1）定额时间与弹性时间结合

把一个工作日分为定额时间（通常为 5～6 小时）和弹性时间两部分：在定额时间内，所有职工必须同时按岗上班；其余的弹性时间由劳动者自由选定上岗工作，只要补足每天规定的标准工作时数即可。

2）成果中心

公司对职工的劳动只考核结果，不规定具体时间。只要职工在规定的时限内按质量完成工作任务，公司须依约付酬。

3）紧缩工作时间

职工可以将一周的工作时间压缩在二三天内完成，剩余时间自行安排处理。

弹性工作时间有解决职工上下班交通拥挤的困难、提高公司的设备利用率等优势，自20世纪70年代开始在欧美得到稳定的发展。近年我国部分企业开始试行弹性工作时间，效果良好。

（四）加班加点

从保护劳动者休息权的角度出发，应取消加班加点。但生产经营难免出现突发事件或紧急任务等客观现实，又不得不通过加班加点予以排除和解决。因此，立法只能通过严格限制加班加点，既满足用人单位生产经营的需要，又保护劳动者的切身利益。

1. 加班加点的概念

加班加点指超过正常工作时间长度的工作时间。其中，在法定节日和公休假日进行工作的时间为加班；超过正常工作时间以外的延长工作时间为加点。

2. 加班加点的条件

《劳动法》第41条规定，用人单位由于生产经营需要，经与工会和劳动者协商后，可以延长工作时间。因此，加班加点需符合下列三个条件：

1）生产经营需要

《国务院关于职工工作时间的规定的实施办法》第7条规定，各单位在正常情况下不得安排职工加班加点，即如果不实行加班加点就不能如期完成生产或工作任务时，才可以安排加班加点。

2）与工会协商

用人单位认为需要延长工作时间的，必须将延长工作时间的理由、人数、时间长短等向工会做出说明，以征得工会的同意。

3）与劳动者协商

除法律规定的用人单位在紧急情况下延长工作时间不受限制外，用人单位在其他情况下延长工作时间必须以劳动者本人自愿为前提，不得强迫劳动者加班加点。

另外，也不得安排怀孕7个月以上的女职工和未成年工加班加点。

3. 加班加点的时间限度

用人单位延长工作时间，一般每日不超过1小时；因特殊原因需要延长工作时间的，在保证劳动者身体健康的条件下延长工作时间每日不得超过3小时，每月不得超过36小时。如果超过这一限度即为违法，用人单位将承担《劳动法》第90条规定的法律责任。

4. 限制加班加点的例外规定

依《劳动法》第42条的规定，有下列情形之一的，延长工作时间不受本法第41条规定的限制：(1)发生自然灾害、事故或者其他原因，威胁劳动者生命健康和财产安全，需要紧急处理的；(2)生产设备、交通运输线路、公共设施发生故障，影响生产和公共利益，必须及时抢修的；

(3)法律、行政法规规定的其他情形。

在下列情况中,用人单位可直接延长劳动者工作时间,无须与工会和劳动者进行协商,延长工作时间的幅度也可视实际情况而定,不受限制,主要包括:在法定节日和公休假日内工作不能间断,必须连续生产、运输或营业的;须利用法定节日或公休假日的停产期间进行设备检修、保养的;为完成国防紧急任务的;为完成国家下达的其他紧急生产任务的;为完成上级安排的其他紧急任务的。

5. 加班加点工资的计算

《劳动法》第 44 条规定,有下列情形之一的,用人单位应当按照下列标准支付高于劳动者正常工作时间的工资报酬:(1)安排劳动者延长工作时间的,支付不低于工资 150%的工资报酬;(2)休息日安排劳动者工作又不能安排补休的,支付不低于工资 200%的工资报酬;(3)法定休假日安排劳动者工作的,支付不低于工资 300%的工资报酬。

二、休息休假

(一) 休息时间的概念

休息时间指劳动者在任职期间,根据国家规定,不从事劳动和工作而自行支配的时间,既包括法定工作时间之外的时间,也包括法定节假日、年休假等。

《世界人权宣言》第 24 条规定,人人享有休息和闲暇的权利。《宪法》第 43 条规定,中华人民共和国劳动者有休息的权利。《劳动法》第 38 条、第 40 条、第 45 条等规定,是《宪法》关于劳动者休息权的具体体现。

(二) 休息时间的种类

用人单位应当根据劳动者的生理规律和习惯,结合本单位的生产经营特点与需要,合理安排劳动者的休息时间。劳动者的休息时间,主要包括:

1. 工作日内的间歇时间

间歇时间指劳动者在 1 个工作日内用膳和工间休息的时间,无明确的法律规定。一般而言,劳动者应当在工作 4 小时后有一次间歇休息时间,具体长度由用人单位根据生产经营特点决定,但最短不得少于半小时。

2. 工作日间的休息时间

通常情况下,劳动者每日工作时间不得超过 8 小时,且劳动者工作日之间的休息时间不少于 16 小时。实行轮班制的企业,班次必须平均轮换,不得使劳动者连续工作两个工作日。

3. 周休息日

通常情况下,劳动者在 1 周内可以休息两天。《劳动法》第 38 条规定,用人单位应当保证劳动者每周至少休息 1 天,即劳动者每周至少有一次 24 小时不间断的休息。

《国务院关于职工工作时间的规定》第 7 条规定,一般情况下,星期六和星期日为周休息日,即公休假日;但不能实行统一工作时间的用人单位,也可以根据实际情况灵活安排周休息日。

因公出差人员的周休息日,应在出差地点享用;如因工作需要未能享用者,给予补休。

4. 休　假

休假主要包括法定节假日、探亲假、年休假、婚丧假、产假等。

（三）休假的种类

1．法定节假日

法定节假日指国家法律统一规定的用于纪念、庆祝活动的休息时间，分为政治性节日、职业性节日、传统习惯性节日、全民节日、宗教节日等。依据《全国年节及纪念日放假办法》，包括：

1）适用于中国境内所有劳动者的节假日

包括7个类别，分别是：元旦，放假1天（1月1日）；春节，放假3天（农历除夕、正月初一、初二）；清明节，放假1天（农历清明当日）；劳动节，放假1天（5月1日）；端午节，放假1天（农历端午当日）；中秋节，放假1天（农历中秋当日）；国庆节，放假3天（10月1日、2日、3日）。

全体公民放假的假日，如果适逢星期六、星期日，应当在工作日补假。

2）属于部分公民的节日

包括4个类别，分别是：妇女节（3月8日），妇女放假半天；青年节（5月4日），14周岁以上的青年放假半天；儿童节（6月1日），不满14周岁的少年儿童放假1天；中国人民解放军建军纪念日（8月1日），现役军人放假半天。

部分公民放假的假日，如果适逢星期六、星期日，则不补假。

3）民族习惯性节日

少数民族习惯的节日，由各少数民族聚居地区的地方人民政府，按照各民族习惯，规定放假日期。

4）其他各种纪念日

二七纪念日、五卅纪念日、七七抗战纪念日、九三抗战胜利纪念日、九一八纪念日、教师节、护士节、记者节、植树节等其他节日、纪念日，均不放假。

2．探亲假

探亲假指劳动者享有保留工资、工作岗位而同分居两地的父母或配偶团聚的假期。

1）探亲假的享受条件

凡在用人单位工作满1年的劳动者，与配偶或父母任何一方都不住在一起，又不能在公休假日团聚的，可享受探亲假待遇。“在用人单位工作满1年”，包括在本单位的工作年限，也包括在其他用人单位的工作年限。“父母”不包括公婆、岳父母，但包括自幼（指16周岁以前）抚养职工长大现由职工供养的亲属。

2）探亲假的时间

职工探望配偶的，每年给予一方探亲假一次，假期为30天。未婚职工探望父母的，原则上每年给假一次，假期为20天；如因工作需要或职工自愿2年探亲一次的，可2年休假一次，假期为45天。已婚职工探望父母的，每4年休假一次，假期为20天。同时，根据实际情况给予职工探亲路程假。凡实行休假制度的职工，应在休假期间探亲；如休假期较短的，可补足其探亲假的天数。上述假期，均包括公休假日和法定节假日在内。

另外，学徒、见习生、实习生在学习、见习、实习期间，不享受探亲假待遇。

3）探亲假的待遇

关于工资待遇，职工在规定的探亲假期和路程假期内，按本人标准工资给付工资报酬。关于路费报销，职工探望配偶和未婚职工探望父母的往返路费，由所在单位负担。已婚职工探望父母的往返路费，在本人标准工资30％以内的，由本人自理，超过部分由所在单位负担。

关于路费报销，具体车船费标准和报销项目包括：乘坐火车的，不分职级，一律报销硬座车票费，年满50周岁以上并连续乘车48小时以上的，可报销硬卧车票费；乘轮船的，报销四等舱位费；乘长途汽车及其他民用交通工具的，按凭据实报实销；探亲途中的市内交通费，按起止站的直线公共电车、汽车、轮渡费凭据报销；职工探亲途中不得报销飞机票，因故乘飞机的，按直线车船费报销；途中转车、转船的，每转一次，可凭据报销一天的普通床位住宿费；汽车夜间停驶或遇到意外交通事故等待恢复需要住宿的，可凭据报销住宿费。

3. 年休假

年休假指职工工作满一定年限，每年可享有的带薪连续休息的假期。

1）年休假的条件

《职工带薪年休假条例》第2条规定，机关、团体、企业、事业单位、民办非企业单位、有雇工的个体工商户等单位的职工连续工作满1年以上的，享受带薪年休假。单位，应当保证职工享受年休假。

劳务派遣单位的职工符合本条件的，可以享受年休假。其中，船员的年休假，按《中华人民共和国船员条例》执行。

2）带薪年休假天数

年休假天数，根据职工累计工作时间确定。职工在同一或者不同用人单位工作期间，以及依照法律、行政法规或者国务院规定视同工作期间，应当记为累计工作期间。职工累计工作已满1年不满10年的，年休假5天；已满10年不满20年的，年休假10天；已满20年的，年休假15天。

劳动合同、集体合同约定的或者用人单位规章制度规定的年休假天数，高于法定标准的，用人单位应当按照有关约定或者规定执行。

国家法定休假日、休息日，不计入年休假的假期。职工依法享受的探亲假、婚丧假、产假等假期以及因工伤停工留薪期间，不计入年休假的范围。

3）不享受年休假的情形

职工有下列情形之一的，不享受当年的年休假：职工依法享受寒暑假，其休假天数多于年休假天数的；职工请事假累计20天以上，且单位按照规定不扣工资的；累计工作满1年不满10年的职工，请病假累计2个月以上的；累计工作满10年不满20年的职工，请病假累计3个月以上的；累计工作满20年以上的职工，请病假累计4个月以上的。

职工已享受当年的年休假，年度内又出现累计事假或病假超过法律规定期限的，不享受下一年度的年休假。

被派遣职工在劳动合同期限内无工作期间由劳务派遣单位依法支付劳动报酬的天数多于其全年应当享受的年休假天数的，不享受当年的年休假；少于其全年应当享受的年休假天数的，劳务派遣单位、用工单位应当协商安排补足被派遣职工年休假天数。

职工新进用人单位且符合年休假条件的，当年度年休假天数，按照在本单位剩余日历天数折算确定，折算后不足1整天的不享受年休假。折算方法为：（当年度在本单位剩余日历天数÷365天）×职工本人全年应当享受的年休假天数。

4）年休假的安排

用人单位根据生产、工作的具体情况，并考虑职工本人意愿，统筹安排职工年休假。年休假在1个年度内可以集中安排，也可以分段安排，一般不跨年度（公历年度）安排。用人单位确因工作需要不能安排职工年休假或者跨1个年度安排年休假的，应征得职工本人同意。

用人单位经职工同意不安排年休假或者安排年休假天数少于应休天数的，应当在本年度内对职工应休未休年休假天数，按照其日工资收入的300%支付未休年休假工资报酬，其中包含用人单位支付职工正常工作期间的工资收入。

用人单位安排职工休年休假，但是职工因本人原因且书面提出不休年休假的，用人单位可以只支付其正常工作期间的工资收入。

5）年休假的落实

县级以上地方人民政府人事部门、劳动保障部门应当依据职权对用人单位执行年休假的情况主动进行监督检查。工会组织应依法维护职工的年休假权利。

4. 婚　假

职工本人结婚可由本单位行政领导批准，酌情给予1～3天婚假；双方不在一起工作的，可根据路程远近，另给路程假。男女双方按晚婚要求结婚的，除国家规定的婚假外，另增加婚假7天。在规定的婚假和路程假期间，工资照发。

5. 丧　假

职工的直系亲属（父母、公婆、岳父母、配偶、子女）死亡，可由本单位行政领导批准，酌情给予1～3天丧假，另可给路程假。在规定的丧假和路程假期间，工资照发。

6. 产　假

正常产假为90天，包括产前假15天和产后假75天；难产的，增加产假15天；多胞胎生育的，每多生一个婴儿，增加产假15天。怀孕不满4个月流产的，凭医院证明可享受15～30天的产假；怀孕4个月以上流产的，可享受42天产假。产假期间，工资照发，用人单位不得降低其基本工资。

（四）请　假

劳动者的休息休假，尤其是休假，往往采取"法定主义"。但在实际的劳动关系中，劳动者往往由于个人的、家庭的或社会的各种原因，出现劳务给付不能或给付困难，"请假"也就应运而生，例如事假、病假等。

请假制度原则上属于用人单位的内部管理制度，不同的用人单位对此有不同的规定和把握。用人单位应通过民主程序制定本单位的请假制度，包括请假事由、申请时间、请假程序、补假情况、请假期间工资待遇等。

第五节　工　资

工资是劳动者劳动收入的主要组成部分，是用人单位根据劳动者提供的劳动数量和质量，按照劳动合同约定支付的货币报酬。工资的数额、形式及其决定过程，对劳动关系双方至关重要。可以说，工资是劳动关系中最核心的问题。现行法律对劳动者的这一权利进行了多层次保护，包括公平劳动报酬、同工同酬以及最低工资标准。

一、工资概述

（一）工资的概念

工资有广义和狭义之分。广义的工资，泛指劳动者从事某种形式的劳动获得的、作为其主要生活来源的经济收入。狭义的工资，仅指按月支付的基本工资。

我国采用广义的概念。《关于贯彻执行〈中华人民共和国劳动法〉若干问题的意见》(简称《贯彻意见》)第53条规定,《劳动法》中的“工资”,是指用人单位依据国家有关规定或劳动合同的约定,以货币形式直接支付给本单位劳动者的劳动报酬,一般包括计时工资、计件工资、奖金、津贴和补贴、延长工作时间的工资报酬以及特殊情况下支付的工资等。

值得注意的是,劳动报酬与工资都基于“劳动”而产生,但劳动报酬的适用范围远比工资广泛。劳动报酬除工资外,还包括奖金、佣金、认股权、人寿保险、养老金计划等一切与劳动关系有关的利益。工资通常是数额固定并且定期支付的劳动报酬。劳动报酬主要指工资,现在很多国家以及国际条约更多地使用“劳动报酬”的概念。

(二) 工资分配原则

《劳动法》第46条规定,工资分配应当遵循按劳分配原则,实行同工同酬。工资水平随经济发展逐步提高,国家对工资总量实行宏观调控。

1. 按劳分配

按劳分配指用人单位根据劳动者劳动的数量和质量决定其工资报酬,同工同酬,等量劳动获得等量报酬,多劳多得,少劳少得,不劳不得。

这里的“劳”,是指“劳动量”,而劳动量在一定程度上体现为劳动成果。因此,在企业凡是能够通过劳动成果计算劳动报酬的,一律实行计件工资制。

坚持同工同酬,尤其是男女同工同酬,不能仅因为劳动者的性别、年龄、民族等身份不同而在工资分配时差别对待。

制定劳动定额,要以“在法定工作时间内、正常劳动条件下、90%以上职工能够完成”为标准。

2. 在经济发展的基础上逐步提高工资水平

在经济发展的基础上逐步提高工资水平指工资水平的提高应当低于国民生产总值的增长率,平均工资增长率应低于社会劳动生产率的增长率,企业职工的工资增长率应当低于本企业的利润增长率。

(三) 工资形式

工资形式指计量劳动和支付工资的形式,包括基本形式和辅助形式两种。

1. 工资的基本形式

1) 计时工资

计时工资指用人单位按照单位时间工资标准和劳动者实际工作时间所支付给劳动者的报酬。可采用时、日、周、月四种形式进行计算。计时工资适用性较强,几乎在任何部门、任何岗位都可采用。

2) 计件工资

计件工资指按照劳动者生产合格产品的数量或其他可以计量的作业量和预先规定的计件单价来计算的工资。用一定时间内的劳动成果(间接劳动时间)来计算工资,只适用于具备一定条件的企业和岗位:产品的数量或工作量能够准确地进行测量;具有先进的计量制度和计量标准;生产任务饱满,能够正常进行;管理制度比较健全。

2. 工资的辅助形式

1) 奖　金

奖金指用人单位根据劳动者的超额劳动和增收节支数额支付劳动报酬的工资形式,即有效超额劳动报酬。奖金可以分为年度奖、季度奖和月奖,以及经常性奖金和一次性奖金。

2）津　贴

津贴指补偿劳动者在特殊条件下的劳动消耗及生活费额外支出的工资补充形式。例如，矿山井下津贴、高温津贴、野外施工津贴、林区津贴、山区津贴、驻岛津贴等。

奖金和津贴的区别：前者是超额劳动报酬，旨在奖励有效超额劳动的劳动者；后者是对额外劳动消耗的补偿，体现劳动者在不同的劳动条件下劳动消耗的差别。

值得注意的是，越来越多单位对部分有特殊贡献的职工，例如企业高级管理人员或承包经营者，采取年薪制的形式。年薪一般高于职工平均水平，但往往与其经营业绩相挂钩，并随之上下浮动，体现奖励性和风险性。若企业经济效益较好，年薪较高；但若经营者没有完成经营合同计划，则要承担一定的责任。

二、我国现行工资制度

（一）宏观工资制度

1．工资等级制

等级制指根据工作的复杂程度、繁重程度、精确程度、风险程度、环境状况、责任大小等因素，将各类工作（工种、岗位、职务）进行等级划分，并规定相应工资标准的制度。它是其他工资制的基础，也称基本工资制。

2．工资调整制

调整制指将工资等级制确立后的工资调整为动态量，能及时反映劳动关系中的某些特点，使工资制度在变动中趋于平衡与合理。主要包括考核升级、自动增加工资、考核定级、提高工资标准等，是工资等级制的补充。

3．工资支付制

支付制指计算支付职工工资的有关原则、标准和具体立法的制度，包括支付原则、各类人员的初期工资待遇和特殊情况下的工资处理等内容。

4．工资基金管理制

工资基金，指用人单位从其经营或利润中提取的职工工资总和。广义的工资基金管理，指国家对于工资进行宏观调控和工资管理的全部制度和整个工资运行体系。狭义的工资基金管理，指国家规定一系列的工资基金审批程序和监督措施，对各类单位工资基金的使用进行监督、统计、分析等行政管理活动。

（二）基本工资制度（企业）

1．等级工资制

等级工资制是企业基本工资制的主要形式，也是基本工资制中最主要的组成部分，包括企业普通劳动者的技术等级工资制和管理人员的职务等级工资制。企业工人的技术等级工资一般由工资标准、工资等级表和技术等级标准三部分组成。企业职员职务工资由职务序列、业务标准、职责条例和职务工资标准组成。

2．岗位工资制

岗位工资制指按照工人在工作中的不同岗位确定工人的级别和工资等级，它适用于专业化程度较高、分工较细、技术单一的企业。

3．岗位技能工资制

岗位技能工资制指以岗位工资和技能工资为基本工资结构的工资制度，包括劳动评价体系、基本工资单元和岗位技能工资标准三部分。

其中，劳动评价体系又分为岗位劳动评价和职工劳效评价，岗位劳动评价包括劳动技能、劳动责任、劳动强度、劳动条件四个因素；职工劳效评价包括职工岗前的任职资格考试、劳动实绩考核、技能水平考核三个部分。基本工资单元包括技能工资单元、岗位工资单元和其他工资单元。

4. 结构工资制

结构工资制，又称“分解工资制”。结构工资由基础工资、职务工资、工龄工资、奖励工资等不同职能的工资组成。我国实行以职务工资为主要内容的结构工资制。

5. 效益工资制

效益工资制，又称工资挂钩制，即企业工资总额同企业经济效益挂钩。

（三）我国工资制的确定

1. 用人单位工资制的确定

《劳动法》第47条规定，用人单位根据本单位的生产经营特点和经济效益，依法自主确定本单位的工资分配方式和工资水平。

2. 工资集体协商制

工资集体协商制指职工代表与企业代表依法就企业内部工资分配制度、工资分配形式、工资收入水平等事项进行平等协商，在协商一致的基础上签订工资协议的行为。

（1）工资集体协商的适用范围主要针对非公有制企业、改制的国有控股企业和集体企业。

（2）工资集体协商的内容。一般包括：工资协议的期限；工资分配制度、工资标准和工作分配形式；职工年度平均工资水平及其调整幅度；奖金、津贴、补贴等分配办法；工资支付办法；变更、解除工资协议的程序；工资协议的终止条件；工资协议的违约责任；双方认为应当协商约定的其他事项。

（3）协商工资水平参考的因素。除符合国家有关工资分配的宏观调控政策外，还要综合参考：地区、行业、企业的人工成本水平；地区、行业的职工平均工资水平；当地政府发布的工资指导线、劳动力市场工资指导价位；本地区城镇居民消费价格指数；企业劳动生产率和经济效益；国有资产保值增值；上年度企业职工工资总额和职工平均工资水平；其他与工资集体协商有关的情况。

（4）工资协议，指专门就工资事项签订的专项集体合同。已订立集体合同的，工资协议作为集体合同的附件，与集体合同具有同等效力。依法订立的工资协议，对企业和职工双方具有同等约束力。

三、最低工资制度

（一）最低工资的概念

最低工作指劳动者在法定工作时间或依法签订的劳动合同约定的工作时间内提供了正常劳动的前提下，用人单位依法应支付的最低劳动报酬，也称最低工资标准。该概念包含两个要点：

1. 法定工作时间

根据国务院《关于职工工作时间的规定》，每天工作8小时、每周工作40小时为法定工作时间。

2. 正常劳动

正常劳动指劳动者按照依法签订的劳动合同，在法定或劳动合同约定的工作时间内从事的劳动。

若劳动者在法定工作时间内未提供正常劳动的，不适用《最低工资规定》。如果劳动者未完成合同约定的工作，则企业可以扣除劳动者的收入，不受最低工资标准的限制。

（二）最低工资的组成

最低工资由国家规定的报酬项目组成，包括基本工资、奖金（由于劳动者在完成规定工作时所得的奖金，已固定作为报酬的组成部分，故也包括在最低工资内）、浮动工资等。

《最低工资规定》第12条规定，在劳动者提供正常劳动的情况下，用人单位应支付给劳动者的工资在剔除下列各项以后，不得低于当地最低工资标准。因此，下列收入不得列入最低工资的范围：(1)延长工作时间工资；(2)中班、夜班、高温、低温、井下、有毒有害等特殊工作环境、条件下的津贴；(3)法律、法规和国家规定的劳动者福利待遇等。主要包括：企业对职工进行培训的费用；因执行国家有关劳动安全卫生的规定而发放给职工的防护用品及企业自身的各项用品；职工所得的计划生育补贴；特别困难补助；因住房改革发给职工的住房补贴；企业为职工交纳的社会保险费等。

实行计件工资或提成工资等形式的用人单位，在科学合理的劳动定额基础上，其支付给劳动者的工资不得低于相应的最低工资标准。

（三）最低工资的适用范围

最低工资的适用范围包括两个方面：一是适用的产业范围；二是适用的劳动力种类范围。

《最低工资规定》没有规定最低工资适用的排除范围。其第2条称：本规定适用于中华人民共和国境内的企业、民办非企业单位、有雇工的个体工商户（统称用人单位）和与之形成劳动关系的劳动者。国家机关、事业单位、社会团体和与之建立劳动合同关系的劳动者，依照本规定执行。下列范围的企业和劳动者，不适用最低工资制的规定：公务员和公益团体的工作人员；租赁经营企业或承包经营企业的租赁人或承包人；学徒、利用假期勤工俭学的学生、残疾人等。但对于在试用期、熟练期、见习期与用人单位形成劳动关系的劳动者的，凡在法定工时内提供了正常劳动的，所在用人单位应支付不低于其最低工资标准的工资。

（四）最低工资标准的确定

1. 确定最低工资标准的参考因素

《劳动法》第49条规定，确定和调整最低工资标准应当综合参考下列因素：

(1) 劳动者本人及平均赡养人口的最低生活费用。一般参照国家统计部门统计调查中对调查户数中一定比例的最低收入户的人均生活费用支出额乘以赡养人口系数来计算最低工资额，再根据其他因素作适当调整并确定。

(2) 社会平均工资水平，指在当时情况下整个社会工人平均工资的标准。

(3) 劳动生产率，指单位时间内劳动者为社会工作的效率，是有效劳动量与劳动时间之比。

(4) 就业状况，指整个社会劳动者的就业率、就业行业和部门的情况。

(5) 地区之间经济发展水平的差异。我国法律规定，省、自治区、直辖市范围内的不同行政区域可以有不同的最低工资标准。

2. 确定最低工资标准的通用方法

(1) 比重法，指根据城镇居民家计调查资料，确定一定比例的最低人均收入户为贫困户，统计出贫困户的人均生活费用支出水平，乘以每一就业者的赡养系数，再加上一个调整数。

(2) 恩格尔系数法，指根据国家营养学会提供的年度标准食物谱及标准食物摄取量，结合标准食物的市场价格，计算出最低食物支出标准。以此标准除以恩格尔系数，得出最低生活费用标准，再乘以每一就业者的赡养系数，再加上一个调整数。

(3) 社会平均工资法。国际上通常的月最低工资标准相当于月平均工资的40%～60%。

目前，我国普遍采用比重法和恩格尔系数法确定最低工资标准，但贫困家庭和恩格尔系数的产生有人为的不公平因素，不尽合理；而社会平均工资法计算基数的统计不尽科学。

3. 确定最低工资标准的程序

最低工资标准的确定和调整方案，由省、自治区、直辖市人民政府劳动保障行政部门会同同级工会、企业联合会/企业家协会研究拟订，并将拟订的方案报送劳动保障部。方案内容包括最低工资确定和调整的依据、适用范围、拟订标准和说明。劳动保障部在收到拟订方案后，应征求全国总工会、中国企业联合会/企业家协会的意见。劳动保障部对方案可以提出修订意见，若在方案收到后14日内未提出修订意见，视为同意。

四、工资支付制度

工资支付制度指工资的具体发放办法及规定。《劳动法》第50条规定，工资应当以货币形式按月支付给劳动者本人，不得克扣或者无故拖欠劳动者的工资。工资支付制度包括下列内容：

(一) 工资支付方式

工资应以法定货币支付。一般情况下，用人单位应当用人民币支付劳动者工资，不得以实物及有价证券替代。特定用人单位，例如外资企业，可以用外币进行支付。

(二) 工资支付对象

用人单位应将工资支付给劳动者本人。劳动者本人因故不能领取工资时，可由其亲属或劳动者委托人代取。用人单位可委托银行代发工资。

用人单位必须书面记录支付劳动者工资的数额、时间、领取者的姓名及签字，并保存两年以上备查；用人单位在支付工资时应向劳动者提供个人工资清单。

(三) 工资支付时间

工资必须在用人单位与劳动者约定的日期支付，如遇节假日或休息日，应提前在最近的工作日支付。工资至少每月支付一次，实行周、日、小时工资制的，可依周、日、小时支付工资。对完成一次性临时性劳动或某项具体工作的劳动者，用人单位应按有关协议或合同规定在其完成劳动任务后立即支付工资。

劳动关系双方依法解除或终止劳动合同时，用人单位应在解除或终止劳动合同时一次性付清劳动者工资。

(四) 工资支付项目

用人单位支付的工资，只能是法律规定的“工资”范畴所包括的工资项，而不包括不属于工资范围的劳动者的其他劳动收入。

(五) 特殊情况下的工资

特殊情况下的工资指依法或按协议在非正常工作情况下支付给职工的工资。《劳动法》第51条规定，劳动者在法定休假日、婚丧假以及依法参加社会活动期间，用人单位应当依法支付工资。

1. 法定休假日期间

法定节假日工资照发；因特殊原因必须工作的，按 300% 支付加班工资。

2. 履行国家和社会义务期间

《工资支付暂行办法》第 10 条规定，劳动者在法定工作时间内依法参加社会活动期间，用人单位应视同其提供了正常劳动而支付工资。社会活动包括：依法行使选举权和被选举权；当选代表出席乡(镇)、区以上人大、政府、工会、共青团、妇联等组织召开的会议；出席劳动模范、先进工作者大会；《工会法》规定的不脱产工会基层委员会委员因工会活动占用的生产或工作时间；其他依法参加的社会活动，如企业领导指定参加的会议等。

3. 依法享受婚丧假、探亲假、年休假期间

根据《工资支付暂行办法》第 11 条的规定，在上述休假期间，工资照发。

4. 产假期间

女职工在规定享受的产假期间，工资照发。

5. 停工期间

《工资支付暂行办法》第 12 条规定，非因劳动者原因造成单位停工、停产在一个工资支付周期内的，用人单位应按劳动合同规定的标准支付劳动者工资。超过一个工资支付周期的，若劳动者提供了正常劳动，则支付给劳动者的劳动报酬不得低于当地的最低工资标准；若劳动者没有提供正常劳动，应按国家有关规定办理。

6. 关于特殊人员的工资支付

特殊人员的工资支付包括三种情形：(1)劳动者受行政处分后仍在原单位工作，如留用察看、降级等，或受刑事处分后重新就业的，应主要由用人单位根据具体情况确定其工资报酬；劳动者受刑事处分期间，如收容审查、拘留、缓刑、监外执行或劳动教养期间，其待遇按国家有关规定执行。(2)学徒工、熟练工、大中专毕业生在学习期、熟练期、见习期、试用期及转正定级前的工资待遇由用人单位自主确定。(3)新就业复员军人的工资待遇由用人单位自主确定；分配到企业的军队转业干部的工资待遇，按国家有关规定执行。

7. 紧急情况下的工资支付

在劳动者或其亲属生病、生育、遭受灾难等特殊情况下，应根据情况允许劳动者预先支取工资。

(六) 工资支付保障

1. 用人单位不得克扣劳动者的工资

克扣，指用人单位无正当理由扣减劳动者应得工资。但合法减发工资、依法代扣工资，均不属于克扣。

1) 合法减发工资的情形

符合下列情形的，用人单位可以减发工资：(1)国家法律、法规有明确规定的；(2)依法签订的劳动合同中有明确规定的；(3)用人单位依法制定并经职代会批准的厂规、厂纪中有明确规定的；(4)企业工资总额与经济效益相联系，经济效益下浮时工资必须下浮的，但支付给劳动者的工资不得低于当地的最低工资标准；(5)因劳动者请事假等原因相应减发工资的。

2) 依法代扣工资的情形

有下列情形之一的，用人单位可以代扣劳动者的工资：(1)用人单位代扣代缴的个人所得税；(2)用人单位代扣代缴的应由劳动者个人负担的各项社会保险费用；(3)法院判决、裁定中

要求代扣的抚养费、赡养费；(4)法律、法规规定从劳动者工资中扣除的其他费用。

另外，用人单位对职工违纪罚款的金额，一般不得超过本人月工资标准的20%；由于劳动者本人原因给用人单位造成损失的，用人单位可以按照劳动合同的约定要求其赔偿经济损失。经济损失的赔偿可从劳动者本人的工资中扣除。但每月扣除的部分不得超过劳动者当月工资的20%。若扣除后的剩余工资部分低于当地月工资标准，则按最低工资标准支付。

2. 用人单位不得无故拖欠工资

无故拖欠，指用人单位无正当理由超过规定付薪时间未支付劳动者工资的情况，但不包括以下情形：(1)用人单位遇到不可抗力，例如自然灾害、战争等，无法按时支付工资；(2)用人单位确因生产经营困难、资金周转受到影响，在征得本单位工会同意后，可暂时延期支付劳动者工资，延期时间的最长限制可由省级劳动行政部门根据当地情况确定。

3. 法律保障措施

《劳动合同法》第30条规定，用人单位应当按照劳动合同约定和国家规定，向劳动者及时足额支付劳动报酬。

《劳动合同法》第38条规定，用人单位"未及时足额支付劳动报酬的"，劳动者可以解除劳动合同。

《劳动合同法》第85条规定，用人单位"未按照劳动合同的约定或者国家规定及时足额支付劳动者劳动报酬的"、"低于当地最低工资标准支付劳动者工资的"或者"安排加班不支付加班费的"，由劳动行政部门责令限期支付劳动报酬、加班费或者经济补偿；劳动报酬低于当地最低工资标准的，应当支付其差额部分；逾期不支付的，责令用人单位按应付金额50%以上100%以下的标准向劳动者加付赔偿金。

劳动者与用人单位因工资支付发生争议的，可以申请仲裁；对仲裁裁决不服的，可以向人民法院起诉。

根据有关法律、法规和政策的规定，劳动行政部门、工会组织和人民银行要加强对工资支付的监督力度。

第六节　劳动安全卫生

在劳动者的各项权利中，生命安全权和身体健康权是最基本的权利。劳动安全卫生是基于劳动关系而产生的、对劳动过程中劳动者的生命安全权和身体健康权予以的劳动保护。劳动安全卫生制度具有专业性、特定性和一定的国际性，由国家立法强制推行。

女职工和未成年工是特殊的劳动者，因其体能与男性职工、成年职工迥然有异，法律对之规定了特殊的保护政策。《劳动法》第58条规定，国家对女职工和未成年工实行特殊劳动保护。

一、劳动安全卫生制度概述

劳动安全卫生，又称劳动保护，是根据劳动过程的特点和劳动过程涉及的物理因素、化学因素以及自然因素等制定的相应规范、标准和保护措施。劳动安全卫生制度，是指保护劳动者在劳动或工作过程中的生命安全和身体健康的各种物质技术措施和法律措施，是保护劳动者职业安全的基准制度。

(一) 劳动安全卫生制度的责任主体

在劳动安全卫生基准制度中,有三方当事人:劳动安全卫生行政部门、用人单位和劳动者及其工会。

1. 劳动安全卫生行政部门

《劳动法》第 9 条规定,国务院劳动行政部门主管全国劳动工作。县级以上地方人民政府劳动行政部门主管本行政区域内的劳动工作。

2. 用人单位

《劳动法》第 52 条规定,用人单位必须建立、健全劳动安全卫生制度,严格执行国家劳动安全卫生规程和标准,对劳动者进行劳动安全卫生教育,防止劳动过程中的事故,减少职业危害。《劳动法》第 54 条规定,用人单位必须为劳动者提供符合国家规定的劳动安全卫生条件和必要的劳动防护用品,对从事有职业危害作业的劳动者应当定期进行健康检查。

3. 劳动者及其工会

劳动者依法享有某些基本权利,同时承担某些基本义务。

根据《劳动法》《安全生产法》《职业病防治法》等法律的有关规定,劳动者在劳动安全卫生制度中享有以下基本权利:知情权、建议权、拒绝权、监督权、紧急情况处置权、工伤保险权以及获得赔偿权。这里重点介绍紧急情况处置权、工伤保险权以及获得赔偿权。

《安全生产法》第 47 条规定,从业人员发现直接危及人身安全的紧急情况时,有权停止作业或者在采取可能的应急措施后撤离作业场所。生产经营单位不得因从业人员在前款紧急情况下停止作业或者采取紧急措施而降低其工资、福利等待遇或者解除与其订立的劳动合同。

《安全生产法》第 44 条第 2 款规定,生产经营单位不得以任何形式与从业人员订立协议,免除或者减轻其对从业人员因生产安全事故伤亡依法应承担的责任。《职业病防治法》第 50 条、第 51 条规定,职业病病人依法享受国家规定的职业病待遇,其诊疗、康复费用,伤残以及丧失劳动能力的职业病病人的社会保障,按照国家有关工伤社会保险的规定执行。《职业病防治法》第 53 条规定,劳动者被诊断患有职业病,但用人单位没有依法参加工伤社会保险的,其医疗和生活保障由最后的用人单位承担;最后的用人单位有证据表明该职业病是先前用人单位的职业病危害造成的,由先前的用人单位承担。

《安全生产法》第 48 条规定,因生产安全事故受到损害的从业人员,除依法享有工伤社会保险外,依照有关民事法律尚有获得赔偿的权利的,有权向本单位提出赔偿要求。《职业病防治法》第 52 条规定,职业病病人除依法享有工伤社会保险外,依照有关民事法律,尚有获得赔偿权利的,有权向用人单位提出赔偿要求。

劳动者在劳动安全卫生制度中的基本义务,可归结为以下几个方面:

(1) 服从安全管理,严格遵守用人单位的有关规章制度和操作规程。《劳动法》第 56 条第 1 款规定,劳动者在劳动过程中必须严格遵守安全操作规程。《安全生产法》第 49 条规定,从业人员在作业过程中,应当严格遵守本单位的安全生产规章制度和操作规程,服从管理,正确佩戴和使用劳动防护用品。

(2) 接受劳动安全卫生知识教育,提高安全生产技能和处置能力。《安全生产法》第 50 条规定,从业人员应当接受安全生产教育和培训,掌握本职工作所需具备的安全生产知识,提高安全生产技能,增强事故预防和应急处理能力。

(3) 及时报告。《安全生产法》第 51 条规定,从业人员发现事故隐患或者其他不安全因素，应当立即向现场安全生产管理人员或者本单位负责人报告。

(4) 安全生产。《安全生产法》第6条规定，生产经营单位的从业人员有依法获得安全生产保障的权利，并应当依法履行安全生产方面的义务。

另外，《安全生产法》第52条规定，工会有权对建设项目的安全设施与主体工程同时设计、同时施工、同时投入生产和使用进行监督，提出意见。工会对生产经营单位违反安全卫生法律、法规，侵犯从业人员合法权益的行为，有权要求纠正；发现生产经营单位违章指挥、强令冒险作业或者发现事故隐患时，有权提出解决的建议，生产经营单位应当及时研究答复；发现危及从业人员生命安全的情况时，有权向生产经营单位建议组织从业人员撤离危险场所，生产经营单位必须立即作出处理。工会有权依法参加事故调查，向有关部门提出处理意见，并要求追究有关人员的责任。

(二) 特殊岗位或特种作业人员的资格认证

1. 特殊岗位人员的资格认证

《安全生产法》、《矿山安全法》和《关于生产经营单位主要负责人、安全生产管理人员及其他从业人员安全生产培训考核工作的意见》规定，国家对特殊岗位人员实行资格认证制度。特殊岗位人员包括生产经营单位主要负责人、安全生产管理人员。国家安全生产监督管理局或其委托的有关行业主管部门，各省(区、市)安全生产监督管理部门或其委托的部门负责本行政区域内生产经营单位主要负责人和安全生产管理人员的培训、考核和发证。例如，煤矿矿长须经培训考核，依法取得矿长资格证和矿长安全生产资格证。

2. 特种作业人员的资格认证

《劳动法》第55条规定，从事特种作业的劳动者必须经过专门的培训并取得特种作业资格。《安全生产法》、《矿山安全法》、《特种作业人员安全技术培训考核管理办法》和《关于特种作业人员安全技术培训考核工作的意见》等对特种作业人员的安全技术培训、考核与发证工作作出了具体规定。

(1) 特种作业人员的范围。特种作业，是指容易发生人员伤亡事故，对操作者本人、他人及周围设施的安全可能造成重大危害的作业。直接从事特种作业的人员，称为特种作业人员，包括从事下列作业的人员：电工作业；金属焊接、切割作业；起重机械(含电梯)作业；企业内机动车辆驾驶；登高架设作业；锅炉作业(含水质化验)；压力容器作业；制冷作业；爆破作业；矿山通风作业；矿山排水作业；矿山安全检查作业；矿山提升运输业；采掘(剖)作业；矿山救护作业；危险物品作业；经国家安全生产监督管理局批准的其他作业等。另外，根据《特种设备安全监察条例》规定，客运索道、大型游乐设施的作业人员及其相关管理人员，也属于特种设备作业人员。

(2) 特种作业人员必须接受与本工种相适应的、专门的安全技术培训，经安全技术理论考核和实际操作技能考核合格，取得特种作业操作证后，方可上岗作业；未经培训或培训考核不合格者，不得上岗作业。

(3) 特种作业操作证由省级安全生产监督管理部门、煤炭安全监察机构负责签发，全国通用，每2年由原考核发证部门复审一次；连续从事本工种10年以上的，经用人单位进行知识更新后，复审时间可延长至每4年一次。

二、伤亡事故和职业病危害事故

（一）伤亡事故报告和处理制度

1. 伤亡事故的概念和类别

伤亡事故，是指职工在劳动过程中发生的人身伤害、急性中毒事故，包括职工在本岗劳动或不在本岗劳动，但由于企业的设备和设施不安全、劳动条件和作业环境不良所引发的轻伤、重伤以及死亡事故。

进一步，事故分为以下五类：(1)轻伤事故，指职工负伤后休息一个工作日以上，不构成重伤的事故；(2)重伤事故，指造成职工肢体残缺，或视觉、听觉等器官受到严重损伤，一般能引起人体长期存在功能障碍，或劳动能力有重大损失，但无死亡发生的事故；(3)死亡事故，指一次死亡1～2人的事故；(4)重大死亡事故，指一次死亡3～9人的事故；(5)特大死亡事故，指一次死亡10人以上的事故。

案例6－12：小张购物受伤，是否算工伤？

小张是一名飞行员，就职于A航空公司。2015年9月13日，他执行北京飞纽约的航班任务。美洲航线飞行较长，所以机组到达美国后有72小时的休息时间。经过十几个小时的飞行，小张很是疲惫，到了酒店倒头便睡。第二天醒来，小张突然想起答应给女朋友买MK手提包，便打车去了商场。再加上还要给很多朋友代购，小张逛着逛着天已黑，便提着大包小包走出了商店。但小张早已被两个黑人盯住，要抢小张买的东西和钱包，小张被砍伤了胳膊。小张被送到医院，虽然没有生命危险，但被要求住院治疗，无法执行纽约飞北京的回程航班。公司只得更换机组，从北京派飞行员乘机来纽约。因小张给公司造成一定损失，公司给予小张降级并停飞一年的处分。小张认为自己受伤是意外，且受伤是驻外期间，应算工伤。小张将航空公司告上法庭，要求恢复其飞行资质并支付其工伤费用，而公司应诉的理由是其个人原因造成受伤与公司无关，并且反诉小张给公司造成经济损失。

小张购物受伤的情形，适用：

A. 小张受伤是意外，应算工伤；

B. 小张是工伤，公司应恢复其飞行资质且支付其工伤费用；

C. 小张受伤是意外，源于美国社会治安太差；

D. 小张不算工伤，其购物是个人原因，提着大包小包走出商店，招惹黑人。

案例6－13：许某摔伤，是否算工伤？

2004年1月10日上午，公司业务员许某接到部门领导指示，10:00到达首都机场接客户A，顺便到京密路客户B处取一份保密文件。许某担心路上堵车，拿上公司车钥匙，便急忙下楼。但手机来电，许某一边下楼一边接电话，一不留神脚下踩空，从八层台阶上摔滚下楼梯。公司行政人员立即将许某送往医院。公司自2月1日起停付许某医疗费及工资，不承认其为工伤。公司人事解释“公司实行末位淘汰制，许某于2003年12月底签署自愿离职单，工作交接期为1个月，自2004年2月1日起，许某已不是公司员工，其受伤不是工作原因，而是注意力不集中，脚底踩空，下台阶时摔伤，受伤结果与接受的工作任务无明显联系”。

公司1月份出于人道主义考虑为其支付医药费且足额支付1月份工资，拒绝承担后续住院期间的医药费用。该案适用：

A. 许某摔伤是工伤，发生在上班时间；

B. 许某摔伤是工伤，公司出于人道主义考虑；

C. 许某摔伤不是工伤，受伤不是工作原因；

D. 许某摔伤不是工伤，受伤是注意力不集中。

2. 伤亡事故报告

事故发生后，负伤者或现场有关人员应立即直接或逐级报告企业负责人。企业负责人接到重伤、死亡、重大死亡事故报告后，应当采用快速方法立即报告企业主管部门和企业所在地劳动部门、公安部门、人民检察院、工会，报告时间最迟不超过24小时。报告内容包括发生事故的时间、地点、伤亡情况、事故原因的初步分析等。企业主管部门和劳动部门接到死亡、重大死亡事故报告后，应当立即按系统逐级上报，死亡事故应报至国务院有关主管部门、劳动部门。企业应当保护事故现场，专人看护，组织抢救，防止事故扩大。

3. 伤亡事故调查

伤亡事故发生后，应依法成立调查组进行调查。

调查组按伤亡事故的种类成立，包括：(1)轻伤、重伤事故，由企业负责人或其指定人员组织生产、技术、安全等有关人员以及工会成员参加的事故调查组，进行调查；(2)死亡事故，由企业主管部门会同企业所在地设区的市(或者相当于设区的市一级)劳动部门、公安部门、工会组成事故调查组，进行调查，并应邀请人民检察院派员参加；(3)重大死亡事故，按照企业隶属关系由省级企业主管部门或国务院有关主管部门会同同级劳动部门、公安部门、检查部门、工会组成督查组，进行调查，并应当邀请人民检察院派员参加。督查组成员应当符合规定的条件。

督查组应当查明事故发生的原因、过程和人员伤亡、经济损失情况，确定事故责任，提出事故处理意见和防范措施建议，撰写事故调查报告。

4. 伤亡事故处理

事故调查组提出的事故处理意见和防范措施建议，由发生事故的企业及其主管部门负责处理。企业及其主管部门根据督查组的报告，撰写《企业职工伤亡事故调查处理报告书》。根据不同情况对伤亡事故分别作出处理：

(1) 因忽视安全生产、违章指挥、违章作业、玩忽职守或者发现事故隐患、危害情况而不采取有效措施而造成伤亡事故的，由企业主管部门或企业按照国家规定，对企业负责人和直接责任人员给予行政记过处分；构成犯罪的，由司法机关依法追究刑事责任。

(2) 在伤亡事故发生后隐瞒不报、谎报、故意迟延不报、故意破坏事故现场，或者无正当理由拒绝接受调查以及拒绝提供有关情况和资料的，由有关部门按照国家有关规定，对有关单位负责人和直接责任人员给予行政记过处分；构成犯罪的，由司法机关依法追究刑事责任。

(3) 在调查、处理伤亡事故中玩忽职守、徇私舞弊或者打击报复的，由其所在单位按照国家有关规定给予行政记过处分；构成犯罪的，由司法机关依法追究刑事责任。

伤亡事故的处理工作应当在90日内结案，特殊情况不得超过180日。延长工作时间应经企业主管部门提出意见，劳动部门同意。伤亡事故处理结案后，应当公开宣布处理结果。

(二) 职业病危害事故报告、调查处理和统计制度

1. 职业病危害事故的分类

按事故造成的危害程度进行区分，职业病危害事故分为一般事故、重大事故和特大事故三类。其中，一般事故是指发生急性职业病10人以下的情形。重大事故，是指发生急性职业病

10 人以上 50 人以下或者死亡 5 人以下，或者发生职业性炭疽 5 人以下的情形。特大事故，是指发生急性职业病 50 人以上或者死亡 5 人以上，或者发生职业性炭疽 5 人以上的情形。

2．危害事故的报告、调查处理与统计

发生职业病危害事故时，用人单位应当立即向所在地县级卫生行政部门和有关部门报告，后者接到报告后，应根据事故等级实施紧急报告。其中，特大和重大事故，应当立即向同级人民政府、省级卫生行政部门和卫生部报告；一般事故，应当于 6 小时内向同级人民政府和上级卫生行政部门报告。任何单位和个人不得以任何借口对职业病危害事故瞒报、虚报、漏报和迟报。

发生职业病危害事故时，用人单位和卫生行政部门接到事故报告后，应当立即采取措施停止导致职业病危害事故的作业，控制事故现场，及时组织施救。卫生行政部门应当及时组织用人单位和有关部门组成事故调查组，进行事故调查，提出事故处理意见。卫生行政部门据此决定和实施对发生事故的用人单位的行政处罚，并责令用人单位及其主管部门负责落实有关改进措施建议。凡被确诊为患有职业病的病人，享有国家规定的职业病待遇，用人单位应安排治疗、康复和定期检查。对不宜继续从事原工作的，应当调离原岗位，并妥善安置。对从事接触职业危害作业的劳动者，应当给予适当的经济补偿。

地方各级卫生行政部门负责管辖本地区职业病危害事故的统计报告工作，并应不定期地向有关部门和同级工会组织通报职业病危害事故发生的情况。职业病危害事故发生的情况，由省级以上卫生行政部门统一对外公布。

案例 6－14：王某工作 2 个月后发现职业病，谁承担责任？

王某为山东滨州市滨北镇人，年龄 48 周岁，2015 年前在山东无棣某化工厂工作四五年，有化工操作经验。2015 年 3 月，山东滨州宏瑞医药招聘合成车间操作工，王某通过面试进入滨州宏瑞医药工作，签订为期 3 年的劳动合同，约定试用期 6 个月。

王某进入公司工作 2 个月后，5 月公司组织员工体检，发现王某患有职业病，不适合目前的工作岗位，想与其解除劳动合同。但王某不同意，将该公司告到了滨州市劳动局，称自己以前身体一直很健康，工作了两个月后便患上了职业病，向滨州宏瑞医药索赔。滨州宏瑞医药认为，王某的病是在入职前得的，且在试用期内，公司有权解除劳动合同，并拒绝赔偿。

王某工作 2 个月后发现职业病，滨州宏瑞医药应当：

A．拒绝赔偿，王某的病是在入职前得的；

B．拒绝赔偿，王某在试用期内，公司有权解除劳动合同；

C．与山东无棣某化工厂共同赔偿，但要出具权威鉴定机构关于王某职业病的意见；

D．完全赔偿，王某的病在试用期内发现，且确诊。

三、女职工的特殊劳动保护

由于女职工的生理特点、家庭角色、社会角色、抚育子女的需要等特征与男性劳动者迥然有别，对女职工进行特殊劳动保护，既是对性别差异这一事实的正视和对女性性别本身的尊重，也是对家庭和谐美满、社会稳定发展中妇女的独特作用给予肯定。

（一）女职工特殊劳动保护相关法律体系

我国对女职工的特殊劳动保护，由来已久。现已形成从宪法到法律、专门法规和规章一整套体系较为完整、内容较为科学完备的女职工特殊劳动保护的法律体系。

《宪法》第48条规定，中华人民共和国妇女在政治、经济、文化、社会和家庭生活等各方面享有与男子平等的权利。国家保护妇女的权利和利益，实行男女同工同酬，培养和选拔妇女干部。

《劳动法》第2章第13条规定了男女平等就业权，《就业促进法》第27条规定了男女公平就业权。《劳动法》第七章专门规定了女职工劳动强度限制及“四期”保护的具体内容。《妇女权益保护法》第四章对妇女的相关权利也作了专门规定。

另外，《女职工劳动保护规定》《女职工禁忌劳动范围的规定》等都对女职工的权利保护作了规定。

(二) 女职工特殊劳动保护的主要内容

1. 女职工劳动权的特殊保护

1) 女职工的平等就业权

消弭、矫正对女职工的就业歧视一直为各国所重视，各国往往通过立法强制推行在就业方面的男女平等，我国也不例外。《劳动法》第13条规定，妇女享有与男子平等的就业权利。在录用职工时，除国家规定的不适合妇女的工种或者岗位外，不得以性别为由拒绝录用妇女或提高对妇女的录用标准。《女职工劳动保护规定》第3条规定，凡适合妇女从事劳动的单位，不得拒绝招收女职工。但禁止招用未满16周岁的女工。

2) 女职工禁忌从事劳动范围的一般规定

《劳动法》第59条规定，禁止安排女职工从事矿山井下、国家规定的第四级体力劳动强度的劳动和其他禁忌从事的劳动。

《女职工禁忌劳动范围的规定》第3条规定，女职工禁忌从事以下范围的劳动：(1)矿山井下作业；(2)森林业伐木、归楞及流放作业；(3)《体力劳动强度分级》标准中第四级劳动强度的作业；(4)建筑业脚手架的组装和拆除作业，以及电力、电信行业高处架线作业；(5)连续负重(指每小时负重次数在6次以上)每次负重超过20公斤，或间断负重每次超过25公斤的作业。第5条规定，已婚待孕女职工不得在铅、汞、苯、镉等作业场所从事属于《有毒作业分级》标准中第三级、第四级的作业。

3) 女职工的解雇保护权

根据《劳动法》第29条、第42条规定，除非女职工符合《劳动法》第25条或《劳动合同法》第39条的情形，女职工在孕期、产期、哺乳期内的，用人单位不得依据本法第26条、第27条的规定与其解除劳动合同。同时，依据《劳动法》第45条的规定，对处于孕期、产期、哺乳期的女职工，其劳动合同应当续延至相应的情形消失时终止。

《妇女权益保障法》第27条规定，任何单位不得因结婚、怀孕、产假、哺乳等情形降低女职工的工资，辞退女职工，单方解除劳动(聘用)合同或者服务协议。但是，女职工要求终止劳动(聘用)合同或者服务协议的除外。

4) 女职工的平等退休权

《妇女权益保障法》第27条规定，各单位在执行国家退休制度时，不得以性别为由歧视妇女。

案例6-15：如何看待小红试用期怀孕的行为？

小红应聘北京某公司综合管理部行政经理的职位，双方在面试过程中达成口头协定，小红在进入公司两年内不得怀孕。双方于 2015 年 7 月签订劳动合同，试用期 3 个月。入职一个月后，小红时常感觉身体不适，多次请假，均得到领导同意。连续请假一周后，小红告知公司已怀有身孕，要求再次请假，但未得到批准，后自行休假十余天。9 月小红自行休假未结束，便收到了公司解除其劳动合同的书面通知。

公司认为，小红在试用期内请假未经领导批准，擅自休假属于旷工行为，属于自动离职，公司依据规章制度对旷工的员工做解除劳动合同处理，且不给予经济补偿。小红认为，根据《劳动合同法》"用人单位不得解除孕期、产期、哺乳期的女职工，劳动者可以申请劳动仲裁要求恢复劳动关系或要求支付赔偿金、产假工资、哺乳期工资等"的规定，自己在入职时并未接受公司相关的规章制度、岗位培训和考试，公司的员工手册也没有关于怀孕女工请假的相关规定。

据此，小红申请劳动仲裁，要求单位解除决定，恢复劳动合同关系，并按正常工作时的工资计发其休假工资。

关于小红试用期怀孕，公司可：

A. 解除合同，且无经济补偿；B. 解除合同，但给予一定的经济补偿；

C. 调换小红工作岗位；　　D. 调换小红工作岗位，预期小红在公司无发展前景。

2. 女职工的"四期"保护

女职工处于"经期""孕期""产期""哺乳期"时，生理、心理发生很大变化，应予理解与特殊保护。

1）经期保护

《劳动法》第 60 条规定，不得安排女职工在经期从事高处、低温、冷水作业和国家规定的第三级体力劳动强度的劳动。《女职工禁忌劳动范围的规定》第 4 条规定，女职工在月经期间禁忌从事的劳动范围包括：(1)食品冷冻库内及冷水等低温作业；(2)《体力劳动强度分级》标准中第三级体力劳动强度的作业；(3)《高处作业分级》标准中第二级(含第二级)以上的作业。

2）孕期保护

《劳动法》第 61 条规定，不得安排女职工在怀孕期间从事国家规定的第三级体力劳动强度的劳动和孕期禁忌从事的劳动。《女职工禁忌劳动范围的规定》第 6 条规定，怀孕女职工禁忌从事的劳动范围包括：(1)作业场所空气中铅及其化合物、汞及其化合物、苯、镉、氯化物、氮氧化物、一氧化碳、二氧化碳、氯、氯丁二烯、氯乙烯、环氧乙烷、苯胺、甲醛等有毒物质浓度超过国家卫生标准的作业；(2)制药行业中从事抗癌药物及已烯雌酚生产的作业；(3)作业场所放射性物质超过《放射防护规定》中规定剂量的作业；(4)人力进行的土方和石方作业；(5)《体力劳动强度分级》标准中第三级体力劳动强度的作业；(6)伴有全身强烈振动的作业，如风钻、捣固机、锻造等作业，以及拖拉机驾驶等；(7)工作中需要频繁弯腰、攀高、下蹲的作业，如焊接作业；(8)《高处作业分级》标准所规定的高处作业。

《劳动法》第 61 条规定，对怀孕 7 个月以上的女职工，不得安排其延长工作时间和夜班劳动。《女职工劳动保护规定》第 6 条规定，对怀孕 7 个月以上的女职工，用人单位不得延长劳动时间或者安排夜班劳动，并应当在劳动时间内安排一定的休息时间。对不能胜任原劳动的，应当根据医务部门的证明，予以减轻劳动量或者安排其他劳动。为了保证孕妇和胎儿的健康，怀孕女职工应按卫生部门的要求做产前检查。怀孕的女职工，在劳动时间内进行产前检查，应当算作劳动时间，不能按病假、事假、旷工处理。对于生产第一线的女职工，要相应地减少生产定额，以保证产前检查时间。

3）产期保护

《劳动法》第 62 条规定，女职工生育享受不少于 90 天的产假。《女职工劳动保护规定》第 8 条规定，女职工产假为 90 天，其中产前休假 15 天。难产的，增加产假 15 天。多胞胎生育的，每多生育一个婴儿，增加产假 15 天。女职工怀孕流产的，其所在单位应当根据医务部门的证明，给予一定时间的产假。其中，产前假 15 天，指预产期前 15 天的假期，一般不得放到产后使用；若孕妇提前生产，可将不足的天数和产后假合并使用；若孕妇推迟生产，可将超出的天数按病假处理。女职工怀孕不满 4 个月流产的，应当根据医务部门的意见，给予 15～30 天的产假；怀孕满 4 个月以上流产的，给予 42 天产假。

4）哺乳期保护

《劳动法》第 63 条规定，不得安排女职工在哺乳未满 1 周岁的婴儿期间从事国家规定的第三级体力劳动强度的劳动和哺乳期禁忌从事的其他劳动，不得安排其延长工作时间和进行夜班劳动。《女职工劳动保护规定》第 10 条规定，女职工在哺乳期内，所在单位不得安排其从事国家规定的第三级体力劳动强度的劳动和哺乳期内禁忌从事的劳动，不得延长其劳动时间，一般不得安排其从事夜班劳动。依据《女职工禁忌劳动范围的规定》第 7 条的规定，哺乳期禁忌从事的劳动范围包括：(1)作业场所空气中铅及其化合物、汞及其化合物、苯、镉、氯化物、氮氧化物、一氧化碳、二氧化碳、氯、氯丁二烯、氯乙烯、环氧乙烷、苯胺、甲醛等有毒物质浓度超过国家卫生标准的作业；(2)《体力劳动强度分级》标准中第三级体力劳动强度的作业；(3)作业场所空气中锰、氟、甲醛、有机磷化合物、有机氯化合物的浓度超过国家卫生标准的作业。

《女职工劳动保护规定》第 9 条规定，有不满 1 周岁婴儿的女职工，其所在单位应当在每天劳动时间内给予 2 次哺乳（含人工喂养）时间，每次 30 分钟。多胞胎生育的，每多哺乳一个婴儿，每次哺乳时间增加 30 分钟。女职工每天劳动时间内的两次哺乳时间，可以合并使用。哺乳时间和在本单位内哺乳往返途中的时间，算作劳动时间。

案例 6－16：栾某休完产假，公司能否辞退之？

栾某是某外资软件企业员工，总经理一直由韩国人担任，栾某韩语熟练，担任公司总经理秘书。2014 年 3 月，韩国籍总经理被免职，接替者是中国籍总经理，栾某依然任总经理秘书。栾某计划生育小孩，经常请假，引起总经理的不满。加之栾某英语能力欠佳，新任总经理对英语能力要求较高，在各种场合流露出对栾某的不满。但栾某自觉是公司老员工，并未重视。5 月栾某怀孕后，以保胎为由，向公司申请长休病假，得到公司人力资源部批准。期间，公司新招了一名总经理秘书，代替栾某。2015 年 7 月，栾某休完产假、准备回公司上班时，接到了公司的辞退通知书，认为栾某不能胜任工作，且工作期间有以公司名义替其他员工出具虚假收入证明等违规行为，故与其解除劳动雇佣关系。

栾某休完产假、准备回公司上班，接到公司辞退通知书，适用：

A. 公司总经理打击报复；

B. 栾某不能胜任总经理秘书职位，公司可与其解除劳动合同关系；

C. 劳动法规定了妇女生育权利，公司不得与其解除劳动合同关系；

D. 公司可根据栾某的能力、企业需要，调换栾某到适当的工作岗位。

3. 男女同工同酬

《妇女权益保障法》第 24 条规定，实行男女同工同酬。妇女在福利待遇方面享有与男子平等的权利。《妇女权益保障法》第25条规定，在晋升、晋级、评定专业技术职务等方面，应当坚持男女平等的原则，不得歧视妇女。

任何企事业单位、机关、团体的任何工作岗位，不论男女，只要付出同等劳动，就应取得同等劳动报酬。任何企事业单位、机关、团体不得因女职工怀孕、生育、哺乳而降低其基本工资。

4. 女职工特殊保护设施

《女职工劳动保护规定》第11条规定，女职工比较多的单位应当按照国家有关规定，以自办或者联办的形式，逐步建立女职工卫生室、孕妇休息室、哺乳室、托儿所、幼儿园等设施，并妥善解决女职工在生理卫生、哺乳、照料婴儿方面的困难。

5. 安心工作环境权

工作场所"性骚扰"，隐蔽、多发、危害甚多，不仅影响工作环境，而且会使受侵害者的工作效率、工作积极性严重受挫。现实中，受侵害者以女性居多。"性骚扰"已成为女性劳动权益保护中不可忽视、不可轻视的一个新问题。

用人单位应当采取各种"可能的""可行的"措施，禁止或尽量避免"性骚扰"发生，给女职工提供一个安心的工作环境。一旦发生，用人单位应提供救济程序和防止措施。如果发生严重后果，用人单位应对受侵害者承担赔偿责任。

四、未成年工的特殊劳动保护

未成年工，指16周岁以上不满18周岁的未成年劳动者，他们具有"未成年人""劳动者"的双重身份，但其心智、体力显然有别于成年劳动者。在16周岁到18周岁这一时段内，既是未成年工生长发育的关键阶段，也是学习文化知识、专业技能的黄金年龄。因此，我国法律明确规定对未成年工予以特殊的劳动保护。这是针对未成年工处于生长发育期的特点，以及接受义务教育的需要，采取的特殊劳动保护措施。

（一）未成年工特殊保护的内容

未成年工特殊保护包括最低就业年龄的规定、未成年工禁忌劳动的范围、定期健康检查、登记制度、职业培训教育五项内容。

1. 最低就业年龄

最低就业年龄，指国家法律规定的公民就业的最低年龄。我国规定最低就业年龄为16周岁，这是未成年工特殊劳动保护的法律基础。

《劳动法》第58条规定，未成年工指年满16周岁未满18周岁的劳动者。《劳动法》第15条规定，禁止用人单位招用未满16周岁的未成年人。文艺、体育和特种工艺单位招用未满16周岁的未成年人，必须依照国家有关规定，履行审批手续，并保障其接受义务教育的权利。

《未成年人保护法》第38条规定，任何组织和个人不得招用未满16周岁的未成年人，国家另有规定的除外。任何组织和个人依照国家有关规定招收已满16周岁未满18周岁的未成年人，应当执行国家在工种、劳动时间、劳动强度和保护措施等方面的规定，不得安排其从事过重、有毒、有害等危害未成年人身心健康的劳动或危险作业。

2. 未成年工禁忌劳动的范围

用人单位招用未成年工，应严格遵守并执行相关法律规定。

《劳动法》第64条规定，不得安排未成年工从事矿山井下、有毒有害、国家规定的第四级体力劳动强度的劳动和其他禁忌从事的劳动。

《未成年工特殊保护规定》第3条规定，用人单位不得安排未成年工从事以下范围的劳动：(1)《生产性粉尘作业危害程度分级》国家标准中第一级以上的接尘作业；(2)《有毒作业分级》国家标准中第一级以上的有毒作业；(3)《高处作业分级》国家标准中第二级以上的高处作业；(4)《冷水作业分级》国家标准中第二级以上的冷水作业；(5)《高温作业分级》国家标准中第三级以上的高温作业；(6)《低温作业分级》国家标准中第三级以上的低温作业；(7)《体力劳动强度分级》国家标准中第四级体力劳动强度的作业；(8)矿山井下及矿山地面采石作业；(9)森林业中的伐木、流放及守林作业；(10)工作场所接触放射性物质的作业；(11)有易燃易爆、化学性烧伤和热烧伤等危险性大的作业；(12)地质勘探和资源勘探的野外作业；(13)潜水、涵洞、涵道作业和海拔3 000米以上的高原作业(不包括世居高原者)；(14)连续负重每小时在6次以上并每次负重超过20公斤，间断负重每次超过25公斤的作业；(15)适用凿岩机、捣固机、气镐、气铲、铆钉机、电锤的作业；(16)工作中需要长时间保持低头、弯腰、上举、下蹲等强迫体位和动作频率每分钟大于50次的流水线作业；(17)锅炉司炉。

《未成年工特殊保护规定》第4条规定，未成年工患有某种疾病或具有某些生理缺陷(非残疾型)时，用人单位不得安排其从事以下范围的劳动：(1)《高处作业分级》国家标准中第一级以上的高处作业；(2)《低温作业分级》国家标准中第二级以上的低温作业；(3)《高温作业分级》国家标准中第二级以上的高温作业；(4)《体力劳动强度分级》国家标准中第三级以上体力劳动强度的作业；(5)接触铅、苯、汞、甲醛、二硫化碳等易引起过敏反应的作业。

3. 定期健康检查

《劳动法》第65条规定，用人单位应当对未成年工定期进行健康检查。

《未成年工特殊保护规定》第6条规定，用人单位应按下列要求对未成年工定期进行健康检查：(1)安排工作岗位之前；(2)工作满1年；(3)年满18周岁，距前一次的体检时间已超过半年。

未成年工的健康检查，应按规定的《未成年工健康检查表》列出的项目进行。相关费用，由用人单位承担。

《未成年工特殊保护规定》第8条规定，用人单位应根据未成年工的健康检查结果安排其从事适合的劳动，对不能胜任原劳动岗位的，应根据医务部门的证明，予以减轻劳动量或安排其他劳动。

4. 登记制度

《未成年工特殊保护规定》第9条规定，对未成年工的使用和特殊保护实行登记制度。

用人单位招收使用未成年工，除符合一般用工要求外，还须向所在地县级以上的劳动行政部门办理登记。劳动行政部门根据《未成年工健康检查表》《未成年工登记表》，审核体检情况和拟安排的劳动范围，核发由国务院劳动行政部门统一印制的《未成年工登记证》。未成年工须持《未成年工登记证》上岗。

5. 职业培训教育

《未成年工特殊保护规定》第10条规定，未成年工上岗前用人单位应对其进行有关的职业安全卫生教育、培训。

(二) 禁止使用童工

《劳动法》第15条规定，禁止用人单位招用未满16周岁的未成年人。国务院《禁止使用童工规定》对此作出了更为明确、具体的规定：国家机关、社会团体、企事业单位、民办非企业单位或者个体工商户均不得招用未满16周岁的未成年人；禁止任何单位或者个人为未满16周岁的未成年人介绍就业；禁止未满16周岁的未成年人从事个体经营活动；各级工商部门不得为未满16周岁的未成年人核发营业执照；父母或其他监护人不得允许未满16周岁的未成年人被招用为童工。

《劳动法》第94条规定，用人单位非法招用未满16周岁的未成年人的，由劳动行政部门责令改正，处以罚款；情节严重的，由工商行政管理部门吊销营业执照。有关部门的工作人员违法或用人单位违法，将被追究行政责任，直至刑事责任。

五、违反女职工和未成年工特殊保护的法律责任

《劳动法》第95条规定，用人单位违反本法对女职工和未成年工的保护规定，侵害其合法权益的，由劳动行政部门责令改正，处以罚款；对女职工和未成年工造成损害的，应当承担赔偿责任。

依据《劳动保障监察条例》规定，用人单位有下列行为之一的，由劳动保障行政部门责令改正，按照受侵害的劳动者每人1 000元以上5 000元以下的标准计算，处以罚款：(1)安排未成年工从事矿山井下、有毒有害、国家规定的第四级体力劳动强度的劳动或者其他禁忌从事的劳动的；(2)未对未成年工定期进行健康检查的。

思考题：

(1) 简述劳动与雇佣、劳务、人事等关系的边缘界定。
(2) 简述《劳动法》关于无固定期限劳动合同的规定。
(3) 简述《劳动法》关于试用期、服务期的规定。
(4) 简述《劳动法》关于保密——竞业限制、违约金的规定。
(5) 简述《劳动法》关于劳务派遣、非全日制用工的规定。
(6) 如何看待"过劳死"现象？
(7) 如何看待最低工资标准？
(8) 简述《劳动法》关于伤亡事故和职业病的规定。
(9) 简述《劳动法》对女职工、未成年工特殊劳动保护的规定。

参考文献

[1] 王学芳. 劳动和社会保障法[M]. 北京：法律出版社，2010.
[2] 郑尚元. 劳动合同法的制度与理念[M]. 北京：中国政法大学出版社，2008.
[3] 胡彩霄. 劳动法精要[M]. 北京：中国政法大学出版社，2008.
[4] 黄乐平. 最新劳动法热点难点疑点问题解析(第2辑)[M]. 北京：法律出版社，2014.
[5] 叶静漪. 比较劳动法学[M]. 北京：北京大学出版社，2018.
[6] 祝明新. 劳动合同法理论与应用指南[M]. 济南：山东人民出版社，2016.

第七章　破产法

2006年8月27日，第十届全国人大常委会第二十三次会议通过了《中华人民共和国企业破产法》(简称《破产法》)，自2007年6月1日起施行。《破产法》最大的亮点在于引入了重整制度，旨在通过市场化、法治化途径挽救困境企业。

关键词：破产事由；取回权；别除权；管理人；破产费用；共益债务；破产债权；债权人会议；重整；重整申请；重整计划；重整计划批准；破产分配顺序

第一节　破产法概述

由于各国的破产法立法体例不同，使破产法具有广义与狭义之分。广义的破产法包括三种程序：破产清算、和解和重整；狭义的破产法仅指破产清算程序。美国、德国、英国与我国台湾地区，均采取广义的破产法概念。我国大陆所颁布的《破产法》将破产清算、和解和重整程序集于一身，故也采取了广义的破产法概念。

一、破产制度的变迁

破产制度源于古罗马的财产委付，距今已有2 000多年的历史。该制度自产生以来，完成了从债权人本位主义到免责主义、从公平分配破产财产到企业价值最大化两大飞跃。

(一) 债权人本位主义

债权人本位主义，指对债权人财产权实行绝对保护。这就意味着，欠债还钱，天经地义，破产即有罪。破产的英文“Bankruptcy”源于拉丁语“Banca Rotta”，意即砸烂摊位，可见对债务人制裁的严厉性。

债权人本位还意味着，债务人并不因破产而免责。破产制度并不是帮助那些不幸的债务人，而是增加了债权人实现其债权的一般执行程序。破产之后，债权人仍可向债务人讨债，只不过每个债权人需按比例进行分配。对于债务人而言，破产只是避免其恶名远扬的手段，但尚未清偿的剩余债务仍需清偿。日本和我国甚至要求父债子还，子孙有义务清偿长辈未清偿之余债。

(二) 免责主义

免责主义，指债务人所欠剩余债务因破产程序终结而一笔勾销，使其得以解脱。这意味着，破产制度不再只是债权人实现其债权的一般执行程序，而且也是诚实的债务人得以摆脱历史负债，获得重生之机会，这就打破了债权人本位主义之禁锢。破产制度不仅保障债权，而且为债务人提供救济。

值得注意的是，各国均对债务人免责附有各种条件，以平衡债权人和债务人利益，防止滥用。例如，美国的免责方式因破产人的收入情况而异，自然人可以依据破产法第7章(清算程序)和第13章(个人债务的调整)的规定申请破产。依据破产法第7章，债务人要交出豁免财产之外的所有财产，剩余债务因破产程序终结而免除。2005 年美国破产法改革，限制高收入者利用第 7 章的清算程序：凡是收入超过所在州的中间收入水平、在支付固定债务和支出之后还能每月剩余 100 美元以上的债务人，必须根据第 13 章的规定申请破产。依据第 13 章的规定，债务人需要集合未来 3～5 年的可支配收入，债权人可根据债务人提出的且经法庭认可的重组方案从该收入中获得清偿。2005 年，美国破产法改革时，限制高收入者利用第 7 章的清算程序，凡是收入超过所在州的中间收入水平、支付固定债务与固定支出后每月剩余 100 美元以上的债务人，必须根据第 13 章的规定申请破产。也就是说，在破产程序终结后，低收入者可以自动免责，高收入者还需用未来的收入清偿债务。

（三）公平分配破产财产

公平分配破产财产，意在保障债权人实现债权，但该保障主要限于债务人现有的全部财产，将个别执行转换为一般执行，以免个别霸道债权人巧取豪夺，使所有债权人得到公平对待。“不患寡，而患不均”是债务人进入破产程序后债权人的显著特征。

（四）企业价值最大化

企业价值最大化，也包含公平对待债权人、保障债权人实现债权的思想，但视野不是局限于债务人的现有财产，而是着眼于企业的营运价值，着眼于将蛋糕做大。例如，优先通过和解、重整程序拯救企业，若拯救失败，再适用解体型的清算程序。以企业价值最大化为目标的破产程序，既“患寡”，也“患不均”，但首先是“患寡”。为解决“患寡”问题，债权人、股东等甚至可能牺牲一些眼前利益，以便将蛋糕做大，从而更好、更充分地保障债权人实现债权，股东和其他利益相关者亦因此受益，可谓皆大欢喜。

二、破产的概念

商法上的破产，指债务人不能清偿到期债务的一种事实状态，其特点有二：(1)其债务履行期限已经届满；(2)以其全部财产无法清偿该债务。这时，遵循私法自治原则，债权人和债务人可以通过平等协商，达成债的变更与解除协议，而无需进入破产程序。即使进入破产程序，现代各国均设有各种救济程序，尽可能让债务人东山再起，恢复营运能力，经全体债权人一致同意就债权债务处理达成协议的，经法院认可后，可终结破产程序，使股东和利益相关者因企业价值最大化而获得更大的利益。只有在无挽救可能或挽救已宣告失败的情况下，才依序进入破产清算程序，使债务人企业在法律上归于消灭。

总之，现代商法的破产，不再是“倒闭清算”之同义词，而仅指债务人无力偿债的事实状态。例如，某企业总资产只有 100 万元，而总债务高达 500 万元，但该企业有良好的信誉，在债务到期时能够通过举新债还旧债的方式偿还。

三、破产程序

根据债务人是否因破产程序终结而解体，可将破产程序分为拯救型程序与解体型程序两类。传统的破产程序，就是破产清算，债务人交出其全部财产，在法院指挥和监督下将其公平地分配给所有债权人，了结其一切债权债务关系，债务人自身随之归于消灭。清算程序，虽然仍为现代各国或地区破产程序所共有，但它既不是唯一途径，更不是优先适用的程序。20 世纪 70 年代兴起于美国的重整程序，现已传播到世界各国或地区，且优先适用。

《破产法》也强化了拯救型程序，除和解外，还引进了为各国所青睐的重整程序。重整体现了对债权人与债务人的保护，其最大的特点是给予债务人以重新开始的机会：对于符合法定条件的诚实债务人进行免责，使其摆脱债务，东山再起。

四、破产事由

破产事由，又称破产界限，指债务人存在的、能够对其宣告破产的特定事实状态。它是衡量债务人是否陷入破产之界限，是判断破产申请成立与否以及能否作出破产宣告的依据。《破产法》第2条第1款规定，企业法人不能清偿到期债务，并且资产不足以清偿全部债务或者明显缺乏清偿能力的，依照本法规定清理债务。

对于重整而言，出于“早发现，早治疗”之考虑，各国并不以具备破产事由为启动该程序的要件，而是只要出现经营困难、陷入困境，需要重整即可。《破产法》第2条第2款规定，企业法人有前款规定的情形，或者有明显丧失清偿能力可能的，可以依照本法规定进行重整。

另外，《破产法》第135条明确了我国破产法的主体资格：“企业法人以外的组织破产清算的，参照该法规定的程序。”这就明确了即只有法人企业和其他法律规定破产的非法人企业才有破产能力。因此，《破产法》不适用于自然人破产(例如个体工商户、农村承包经营户、合伙人和个人独资企业的出资人)，不适用于国家机关法人及事业单位法人，也不适用于非法人企业(除非法律有特别规定)，而仅适用于私法中的企业法人。

第二节 破产程序

一、破产案件及其裁定

(一) 破产案件

破产案件，指通过司法程序处理的无力偿债事件。《破产法》规定了和解、重整、破产清算三种破产程序，且这三种破产程序均为独立破产案件，均可直接启动，即债务人或债权人可直接向法院提出重整、和解或破产清算申请。值得注意的是，根据《破产法》第70条第2款的规定，若债权人申请对债务人进行破产清算，在人民法院受理破产申请后、宣告债务人破产前，出资额占债务人注册资本1/10以上的出资人，可向人民法院申请重整。当然，若重整或和解失败，则转换为破产清算案件。总之，可以申请重整的主体包括：债务人、债权人或出资额占债务人注册资本10%以上的出资人。

《破产法》第3条规定，破产案件由债务人所在地人民法院管辖。这与民事诉讼法的“原告就被告”原则类似。债务人所在地指债务人的主要办事机构所在地，若债务人无办事机构，由其注册地法院管辖。

(二) 破产案件的裁定

在破产案件中，法院采用裁定形式的主要事项如下：(1)驳回破产申请；(2)确认债务人破产程序前的无效行为；(3)债权申报；(4)认可和解申请；(5)认可和解协议；(6)终结和解程序；(7)破产宣告；(8)破产财产分配方案；(9)破产程序终结。另外，法院对重整申请的许可、重整保护期的延长、重整计划的批准以及重整程序的终止，亦采用裁定的形式。

法院所做裁定，自裁定之日起生效。若对裁定有异议，可向原审法院申请复议。而对破产案件的裁定，原则上不得提起上诉。复议期间，不停止裁定的执行。

法院所做裁定，原则上应同时采用两种方式进行公告：(1)刊登于最高人民法院指定登载公告的媒体上；(2)张贴于受理破产案件的法院布告上。公告，自最后登载日的次日起生效。

二、破产程序的开始

(一) 破产案件的申请

破产申请，指破产申请人请求法院受理破产案件的意思表示。我国破产程序开始于法院的受理日。

1. 破产申请书的内容

《破产法》第8条第2款规定，破产申请书应当载明下列事项：(1)申请人、被申请人的基本情况；(2)申请目的；(3)申请的事实和理由；(4)人民法院认为应当载明的其他事项。

该条第3款规定，债务人提出申请的，还应当向人民法院提交财产状况说明、债务清册、债权清册、有关财务会计报告、职工安置预案以及职工工资的支付和社会保险费用的缴纳情况。

2. 破产申请内容因不同主体而异

债务人可进行重整、和解、破产清算的申请；债权人可提起重整或破产清算的申请；税务机关和社会保险机构只有破产清算的选择；破产企业职工可以申请破产清算或破产重整。

(二) 破产案件的受理

破产案件的受理，又称立案，指法院收到破产申请后，认为符合法定条件而予以接受，并开始破产程序的司法行为。一旦受理，破产程序即告开始。

1. 不受理、驳回

根据《破产法》第12条第1款的规定，人民法院裁定不受理破产申请的，应当自裁定作出之日起5日内送达申请人并说明理由。

根据该条第2款的规定，人民法院受理破产申请后至破产宣告前，经审查发现债务人不符合破产要件的，可以裁定驳回申请。

2. 受　理

法院对破产申请，需进行形式要件和实质要件的审查。其中，形式要件包括：(1)申请人是否具备破产申请资格；(2)申请材料是否符合法律规定；(3)本院对该案是否有管辖权；(4)债务人是否属于《破产法》适用范围内的商事主体。若认为符合破产申请的法定条件，应在法定时限内决定受理破产案件。

实质审查是指判断破产申请是否具备法定破产申请的实质条件，主要审查破产原因是否存在。从《破产法》整个程序设计看，破产原因是否存在，只有在赔偿程序开始后法院开庭时才能查清楚；而申请时，实质审查充其量也只是表面的审查，即依据申请人提供的资料进行书面审查。如果不能查清楚破产原因就受理，即使将来在庭审中查清无破产原因而不能宣告债务人破产，对债务人的效力(如财产接管、营业停业等)也已经开始，将对企业产生诸多不利影响。因此，法院审查破产原因时，务必谨慎，且要重视债务人的异议。

《破产法》第11条第1款规定，人民法院受理破产申请的，应当自裁定作出之日起5日内送达申请人。该条第2款规定，债权人提出申请的，人民法院应当自裁定作出之日起5日内送达债务人。债务人应当自裁定送达之日起15日内，向人民法院提交财产状况说明、债务清册、债权清册、有关财务会计报告以及职工工资的支付和社会保险费用的缴纳情况。

3．受理的效果

法院受理破产案件，破产程序即告开始。法院指挥和监督破产程序的进行，债务人财产进入保全状态，债权人权利行使亦受限制。

1）法院通知、公告

《破产法》第14条第1款规定，人民法院应当在裁定受理破产申请之日起25日内通知已知债权人，并予以公告。

根据《破产法》第14条第1款的规定，应通知和公告如下事项：(1)申请人、被申请人的名称或者姓名；(2)人民法院受理破产申请的时间；(3)申报债权的期限、地点和注意事项；(4)管理人的名称或者姓名及其处理事务的地址；(5)债务人的债务人或者财产持有人应当向管理人清偿债务或者交付财产的要求；(6)第一次债权人会议召开的时间和地点；(7)人民法院认为应当通知和公告的其他事项。

2）对债务人的约束

《破产法》第15条规定，债务人企业的法定代表人或经人民法院决定后的财务管理人员和其他经营管理人员自人民法院受理破产申请的裁定送达债务人之日起至破产程序终结之日，应承担下列义务：(1)妥善保管其占有和管理的财产、印章和账簿、文书等资料；(2)根据人民法院、管理人的要求进行工作，并如实回答询问；(3)列席债权人会议并如实回答债权人的询问；(4)未经人民法院许可，不得离开住所地；(5)不得新任其他企业的董事、监事、高级管理人员。

《破产法》第16条规定，人民法院受理破产申请后，债务人对个别债权人的债务清偿无效。

3）对债权人的约束

为了实现债权人集体受偿，避免个别债权人巧取豪夺，损害其他债权人的利益，破产程序开始后，自动冻结债权人的个别追索行为。具体来说就是：第一，债权人只能通过破产程序行使权利。债权人不得个别追索债务，也不得向法院提起新的民事诉讼。第二，有财产担保的债权人，在破产宣告前，未经法院准许，不得行使优先权。

4）债务人财产进入保全状态

为确保债权人公平受偿，人民法院受理破产申请后的核心任务是保全债务人的财产，具体表现在三个方面：第一，管理人接管债务人财产。《破产法》第17条第1款规定，人民法院受理破产申请后，债务人的债务人或者财产持有人应当向管理人清偿债务或者交付财产。第二，民事诉讼程序的中止。《破产法》第20条规定，人民法院受理破产申请后，已经开始而尚未终结的有关债务人的民事诉讼或者仲裁应当中止；在管理人接管债务人的财产后，该诉讼或者仲裁继续进行。第三，民事执行程序和财产保全程序的中止。《破产法》第19条规定，人民法院受理破产申请后，有关债务人财产的保全措施应当解除，执行程序应当中止。

三、财产管理

（一）债务人财产

《破产法》第30条规定，破产申请受理时属于债务人的全部财产，以及破产申请受理后至破产程序终结前债务人取得的财产，为债务人财产。

债务人财产在破产宣告作出后，便改称破产财产。两个概念在财产意义上并无本质区别，区别仅在于表明债务人(财产主体)在破产程序中不同阶段的不同法律地位。破产财产主要是英美法系国家使用的概念，大陆法系国家多称为破产财团(Bankruptcy Estate)。

1. 两种立法主义比较

关于债务人财产(破产财产)的构成范围,各国破产立法主要有固定主义与膨胀主义两类。固定主义以破产案件受理时或破产宣告时债务人所有的财产,包括将来行使的财产请求权为破产财产,即破产宣告时破产财产的范围已经确定。日本、美国等国家均采用固定主义构建破产财产的范围。膨胀主义是指破产财产不仅包括债务人在破产宣告时所有的财产,而且包括其在破产程序终结前新取得的财产,即破产财产的范围在破产宣告后仍能有所膨胀,英国、德国等采用膨胀主义。

两种破产立法各有利弊:固定主义因在破产宣告时破产财产的范围已经确定,管理人的工作较为简单,有助于破产程序迅速进行,使债权人早日得到分配。但弊病是对债权人利益的保障不足,给予的清偿较少;还可能出现破产人利用破产宣告与取得新财产的时间差规避债务,侵害债权人利益的诈欺现象。膨胀主义通过将破产终结前破产人新取得的财产纳入破产财产,增加了对债权人的分配,防止出现债务人实际上有钱但不还债的不公平现象,可制止诈欺行为。但因破产程序终结前破产财产可能不断增加,致使其管理、变价等工作较为复杂,破产程序的时间相对较长。

相对而言,固定主义在理论上较为合理,而膨胀主义则更为实用。我国破产法在破产财产范围上采用膨胀主义,有助于制止破产诈欺行为,维护债权人合法利益。另外,还可适应将来破产制度扩大适用到自然人企业乃至自然人破产的发展趋势。

2. 自然人破产人不受执行(保留)的破产财产

通常当破产人为自然人时,为保障其生活需要,在破产清算时对其财产作出一定的保留,不纳入破产财产的范围。这些财产在破产程序中被称为自由财产或自由财团,在破产程序启动后仍由破产人支配。

我国《民事诉讼法》第 243 条第 1 款规定,被执行人未按执行通知履行法律文书确定的义务的,人民法院有权扣留、提取被执行人应当履行义务部分的收入。但应当保留被执行人及其所扶养家属的生活必需费用。《民事诉讼法》第 244 条第 1 款规定,被执行人未按执行通知履行法律文书确定的义务的,人民法院有权查封、扣押、冻结、拍卖、变卖被执行人应当履行义务部分的财产。但应当保留被执行人及其所扶养家属的生活必需品。

对自由财产具体范围的界定,各国立法规定有一定的差异。美国破产法对自由财产的范围规定得十分详细,具体列明了不受执行的财产的种类及其价值上限,如不超过 15 000 美元的房产,不超过 2 400 美元的汽车,以及其他家庭日常用品,具有精神价值或对家庭具有特殊纪念意义的物品,如结婚戒指、家庭照片以及家庭养的猫、狗等宠物,都在保留之列。我国破产法目前不适用于自然人,故对自由财产问题尚无规定。

(二) 影响破产财产的五类权利

破产财产,深受下列五类权利的影响。

1. 破产撤销权

破产撤销权指债务人的财产管理人对债务人在破产申请受理前的法定期间内进行的欺诈债权人或损害对全体债权人公平清偿的行为,有申请法院予以撤销的权利。

通常来说,债务人在陷入破产境地后,出于种种利益动机,往往会在破产案件受理前竭力转移财产、逃避债务,或对个别债权人进行偏袒性清偿,一些债权人也会利用各种不正当手段争夺清偿,从而造成经济秩序混乱的情况。撤销权的设立,旨在防止债务人在丧失清偿能力的情况下，通过无偿转让、非正常交易或偏袒性清偿债务等方式损害全体或多数债权人的利益，破坏破产法的公平清偿原则。由于破产程序启动后，债务的个别清偿均被中止，故上述行为集中发生在破产案件受理前、债务人仍控制其财产的一段时间内。

《破产法》第31条规定，人民法院受理破产申请前一年内，涉及债务人财产的下列行为，管理人有权请求人民法院予以撤销：(1)无偿转让财产的；(2)以明显不合理的价格进行交易的；(3)对没有财产担保的债务提供担保的；(4)对未到期的债务提前清偿的；(5)放弃债权的。《破产法》第32条规定，人民法院受理破产申请前6个月内，债务人有不能清偿到期债务，且资产不足以清偿全部债务或者明显缺乏清偿能力的情形，如仍对个别债权人进行清偿的，管理人有权请求人民法院予以撤销。但是，个别清偿使债务人财产受益的除外。

这些可撤销行为，进一步可分为损害全体债权人利益的欺诈行为和对个别债权人的偏袒性清偿行为两类：(1)欺诈行为，包括无偿转让财产、放弃债权、以明显不合理的价格进行交易三种。(2)偏袒性清偿行为，又称优惠性清偿，指债务人在破产申请受理前的法定期间内，以提前偿还未到期债务、对原无财产担保的债务提供财产担保等方式，使特定债权人取得原没有的优先受偿地位或获得更多的清偿。偏袒性清偿行为，是为了庇护特定债权人，其违背了对全体债权人公平、有序清偿的原则，损害了其他债权人的合法利益。

2. 破产无效行为

《破产法》第33条规定，涉及债务人财产的下列行为无效：(1)为逃避债务而隐匿、转移财产的；(2)虚构债务或者承认不真实的债务的。

无效行为因其本质具有违法性，自始不发生法律效力。对无效行为无论何时发现，均可追回被行为人非法处分的财产，而且原则上任何人均可主张其行为无效。人民法院在案件审理中可主动认定行为无效、追回财产的，不以利害关系人提出申请为前提。

隐匿是指将债务人财产藏匿或转移至他人无法找到或自认为他人无法找到的处所，或对债务人财产隐瞒不报，使之不能依破产程序被管理人接管和处分的行为。所隐匿的财产包括财产与财产性权利，如债权等。隐匿财产既包括积极藏匿财产的行为，也包括消极隐瞒的行为，如对财产不在财务报表上做相应记载或作不真实的记载、对财产去向隐匿不报、在接受有关财产情况的询问时不如实回答等。隐匿并不以转移财产所在地为要件，只要是秘密藏匿，意欲不为管理人、债权人和司法机关知晓，不论财产留在原处或转藏他处均构成隐匿行为。

根据《破产法》第8条、第11条的规定，债务人提出破产申请时，或债权人提出的破产申请为人民法院受理时，债务人应当向人民法院提供财产状况说明等证据材料。凡债务人未将企业财产列入财产清单的，在没有相反证据的情况下，均可推定为隐匿财产的行为。

转移财产是指将债务人企业的财产转移至原所在地之外或债务人企业的控制之外，使管理人无法接管和处分的行为。转移必然涉及财产的移动，故其适用范围应为动产。从广义上讲，隐匿财产可以涵盖转移财产的行为，只不过“转移财产”不强调其行为的秘密性。

由于债务人破产时其全部财产已不足以清偿债务，债务增加与否对其本人已经没有实际利益影响，损害的只是其他债权人的利益，故债务人可能通过虚构债务或承认不真实债务，恶意串通向其他人转移利益，抽逃财产，以逃避债务。

对上述各种欺诈行为，均应严厉打击。

3. 取回权

取回权分为一般取回权与特别取回权。

一般取回权，指在管理人接管债务人的财产中有他人财产时，该财产的权利人享有的不依破产程序取回其财产的权利。《破产法》第38条规定，人民法院受理破产申请后，债务人占有的不属于债务人的财产，该财产的权利人可以通过管理人取回。但是，本法另有规定的除外。司法实践中，取回权主要表现为加工承揽人破产时，定作人取回定作物；承运人破产时，托运人取回托运物；承租人破产时，出租人取回出租物；保管人破产时，寄存人或存货人取回寄存物或仓储物；受托人破产时，信托人取回信托财产等。

特别取回权，即出卖人取回权，是指在异地动产买卖合同中，在人民法院受理买受方的破产申请时，出卖人已经发货，买受方在尚未收到货物也未付清货款的情况下，出卖人享有的取回货物的权利。《破产法》第39条规定，人民法院受理破产申请时，出卖人已将买卖标的物向作为买受人的债务人发运，债务人尚未收到且未付清全部价款的，出卖人可以取回在运途中的标的物。但是，管理人可以支付全部价款，请求出卖人交付标的物。

取回权，特征有三：(1)其标的物为破产人占有，但不为其所有。(2)它是对特定物的返还请求权。该请求权须同时具备下列三个条件：第一，以破产人占有请求人财产的事实为前提；第二，以特定物为请求标的；第三，以该物的原物返还为请求内容。(3)该财产不属于破产财产，取回权的行使无需依破产分配程序，拥有优先取回权。但管理人实际占有该财产，须通过管理人才能将其取回。

设置出卖人取回权的目的是合理保障出卖人的权益。标的物为动产的，通常依转移占有而发生所有权变更。买受人在进入破产程序时尚未付清货款，也没有收到货物，未取得所有权。若不允许出卖人将当时尚属于自己的货物取回，货物被管理人收到后即成为破产财产，出卖人应收的货款只能作为普通债权申报而无法得到完全的赔偿，有失公平。为此，英国在立法中设置了中途停止权，法国、德国设置了追及权制度，而日本则设立了出卖人取回权。总体上看，大陆法系国家普遍采取取回权制度，尽管其称谓可能有所不同。

4．别除权

《破产法》第109条对别除权作出规定，“对破产人的特定财产享有担保权的权利人，对该特定财产享有优先受偿的权利”。别除权是大陆法系所使用的概念，在英美法系中与之相对应的概念是“有担保的债权”，指约定或法定物权担保的债权。

别除权以担保物权为基础，核心是优先受偿权，是物权优于债权的体现。别除权的特征有四：(1)以担保物权为基础，例如抵押权、质押权、留置权等；(2)以实现债权为目的，若担保物的价款超过其担保的债务数额，其超过部分属于破产财产；(3)以破产人的特定财产为标的物，若特定财产不足以清偿债权人的债权，未足额清偿的部分只能作为破产债权，参与集体受偿的破产分配程序；(4)破产别除权制度不依集体清偿程序而行使，属于破产集体受偿原则的例外，破产别除权人享有就标的物优先受偿的权利。

别除权在重整程序中受到限制。《破产法》第87条第2款第1项规定，人民法院在强制批准重整计划草案时，别除权在重整中“因延期清偿所受的损失”应得到公平补偿。通常的公平补偿原则是定期向其支付在重整申请受理后债权的相应利息。立法允许当事人在重整计划草案中对别除权人的清偿及补偿问题另行作出约定，前提是“该表决组已经通过重整计划草案”。

5．抵销权

抵销权指债权人在破产申请受理前对债务人(破产人)负有债务的，无论是否已到清偿期限、标的是否相同，均可在破产财产最终分配确定前向管理人主张相互抵销的权利。

抵销权本是民法上的权利，但其运用于破产程序中，对维护当事人权益更具现实意义，可在债权相互抵消的范围内实际起到担保的作用。在正常的民事活动中，当事人双方均有支付能力，抵销权主要是为双方当事人节省结算时间和费用、避免交叉诉讼服务，但其担保的作用并不突出。而在破产程序中，若无抵销权的设置，破产债权人对破产人享有的债权因破产人无力清偿，只能得到一定比例的偿还，甚至完全得不到偿还，但破产债权人对破产人所负的债务，却已经全额清偿，利益相差甚大。破产抵销权实施的结果，使债权人的破产债权在抵销范围内得以全额、优先清偿。

为防止破产抵销权被当事人所滥用，损害他人利益，各国破产法对抵销权的行使均规定有禁止条款。最高人民法院司法解释《关于审理企业破产案件若干问题的意见》第 60 条规定，受让人以受让的债权抵销其所欠债务人债务的，人民法院不予支持。《破产法》第 40 条对禁止抵销的情况作出了更为完善的规定，即有下列情形之一的，不得抵销：(1)债务人的债务人在破产申请受理后取得他人对债务人的债权的。(2)债权人已知债务人有不能清偿到期债务或者破产申请的事实，对债务人负担债务的；但是，债权人因为法律规定或者有破产申请一年前所发生的原因而负担债务的除外。(3)债务人的债务人已知债务人有不能清偿到期债务或者破产申请的事实，对债务人取得债权的；但是，债务人的债务人因为法律规定或者有破产申请一年前所发生的原因而取得债权的除外。

(三) 管理人

《企业破产法(试行)》规定了清算组制度，在破产宣告后接管破产人的财产，这为债务人转移、私分或浪费财产提供了可乘之机。《破产法》将清算组修改完善为管理人制度，并设专章加以规定。它对管理人的任职资格、指定办法，管理人的职责、义务等问题均作出了具体细致的规定，有利于提高破产程序的运行效率，更好地保护债权人和债务人的合法权益。

1. 管理人的指定

根据《破产法》第 22～24 条规定，管理人由人民法院指定，自然人和法人均可以担任管理人；管理人向人民法院报告工作，并接受债权人会议和债权人委员会的监督；若债权人会议认为管理人不能依法、公正执行职务或者有其他不能胜任职务情形的，可以申请人民法院予以更换。

2. 管理人的任职资格

管理人必须具备一定的专业素质或者特定的执业资格。

《破产法》第 24 条第 1 款规定，管理人可以由有关部门、机构的人员组成的清算组或者依法设立的律师事务所、会计师事务所、破产清算事务所等社会中介机构担任。该条第 2 款规定，对于事实清楚、债权债务关系简单、债务人财产相对集中的企业破产案件，人民法院可以指定管理人名册中的个人为管理人。

《破产法》第 24 条第 3 款规定，有下列情形之一的，不得担任管理人：(1)因故意犯罪受过刑事处罚；(2)曾被吊销相关专业执业证书；(3)与本案有利害关系；(4)人民法院认为不宜担任管理人的其他情形。

3. 管理人的职责

《破产法》第 25 条第 1 款规定，管理人履行下列职责：(1)接管债务人的财产、印章和账簿、文书等资料；(2)调查债务人的财产状况，制作财产状况报告；(3)决定债务人的内部管理事务；(4)决定债务人的日常开支和其他必要开支；(5)在第一次债权人会议召开之前，决定继续或者停止债务人的营业;(6)管理和处分债务人的财产;(7)代表债务人参加诉讼、仲裁或者其他法律程序;(8)提议召开债权人会议;(9)人民法院认为管理人应当履行的其他职责。

4. 管理人的义务

《破产法》第 27 条规定,管理人应当勤勉尽责,忠实执行职务。

《破产法》第 130 条规定,管理人未依照本法规定勤勉尽责,忠实执行职务的,人民法院可以依法处以罚款;给债权人、债务人或者第三人造成损失的,依法承担赔偿责任。

5. 管理人的报酬

各国破产法一般都规定,破产管理人执行职务,有权取得报酬,并且破产管理人的报酬属于共益债务,由破产企业的财产随时支付。例如,德国《破产法》第 63 条规定,破产管理人有权得到报酬及补偿垫款。

《破产法》第 28 条第 2 款规定,管理人的报酬由人民法院确定。债权人会议对管理人的报酬有异议的,有权向人民法院提出。根据该条规定,管理人有权要求报酬,进而管理人责、权、利明确。根据最高人民法院《关于审理企业破产案件确定管理人报酬的规定》(简称《管理人报酬规定》)第 2 条的规定,法院应根据债务人最终清偿的财产价值总额(担保权人优先受偿的担保物价值不计入财产价值总额),在以下比例限制范围内分段确定管理人报酬:(1)不超过 100 万元(含本数,下同)的,在 12%以下确定;(2)超过 100 万元至 500 万元的部分,在 10%以下确定;(3)超过 500 万元至 1 000 万元的部分,在 8%以下确定;(4)超过 1 000 万元至 5 000 万元的部分,在 6%以下确定;(5)超过 5 000 万元至 1 亿元的部分,在 3%以下确定;(6)超过 1 亿元至 5 亿元的部分,在 1%以下确定;(7)超过 5 亿元的部分,在 0.5%以下确定。高级人民法院认为有必要的,可以参照上述比例在 30%的浮动范围内制定符合当地实际情况的管理人报酬比例限制范围,并通过当地有影响的媒体公告,同时报最高人民法院备案。

(四) 破产费用和共益债务

1. 破产费用

破产费用,指破产程序开始后,为破产程序的进行以及为全体债权人的共同利益而在债务人财产的管理、变价和分配中产生的费用,以及为债务人财产进行诉讼和办理其他事务而支付的费用。简言之,是为全体破产债权人的共同利益所支出的费用。

《破产法》第 41 条规定,人民法院受理破产申请后发生的下列费用,为破产费用:(1)破产案件的诉讼费用;(2)管理、变价和分配债务人财产的费用;(3)管理人执行职务的费用、报酬和聘用工作人员的费用。

2. 共益债务

共益债务,指破产程序中为全体债权人的共同利益而管理、变价和分配破产财产而负担的债务。简言之,是指在破产程序开始后,为全体债权人的共同利益而对第三人所负担的债务。对共益债务的相对人而言,即为共益债权。

《破产法》第 41 条规定,人民法院受理破产申请后发生的下列债务,为共益债务:(1)因管理人或者债务人请求对方当事人履行双方均未履行完毕的合同所产生的债务;(2)债务人财产受无因管理所产生的债务;(3)因债务人不当得利所产生的债务;(4)为债务人继续营业而应支付的劳动报酬和社会保险费用以及由此产生的其他债务;(5)管理人或者相关人员执行职务致人损害所产生的债务;(6)债务人财产致人损害所产生的债务。

3. 清偿规则

破产费用、共益债务，系为债权人共同利益而产生，应当从破产财产中优先拨付，且应当随时发生、随时偿付。

《破产法》第 43 条第 1 款规定，破产费用和共益债务由债务人财产随时清偿。该条第 2 款规定，债务人财产不足以清偿所有破产费用和共益债务的，先行清偿破产费用。

该条第 3 款规定，债务人财产不足以清偿所有破产费用或者共益债务的，按照比例清偿。

该条第 4 款规定，债务人财产不足以清偿破产费用的，管理人应当提请人民法院终结破产程序。人民法院应当自收到请求之日起 15 日内裁定终结破产程序，并予以公告。

四、破产债权的申报

（一）破产债权的概念

破产债权指在破产案件受理前成立的，经依法申报并获得确认的，对破产人享有的，可以且只能通过集体受偿程序受偿的财产请求权。

破产债权是财产请求权，其特征有五：(1)是破产案件受理前成立的请求权；(2)以财产给付为内容，若没有财产给付内容，不得作为破产债权；(3)是对人的请求权，例如担保权人放弃优先受偿权，或虽未放弃，但标的物抵偿其债权后仍有差额，该债权或差额方可作为破产债权；(4)以破产财产为受偿的对象；(5)是可强制执行的请求权，若已过诉讼时效，则不得作为破产债权。

关于破产债权的性质和范围，《破产法》第 107 条第 2 款规定，人民法院受理破产申请时对债务人享有的债权称为破产债权。因此，确定破产债权的时点与破产程序启动的时点在人民法院受理破产申请时达成统一，解决了破产申请受理后新生债权的法律性质问题；对破产人的特定财产享有担保权的债权以及未放弃优先受偿权利的有担保的债权，也属于破产债权，未再对其作排除性规定。

“破产债权应在破产程序启动前成立”仅作为一般性原则，有时为维护社会公平，法律也特别规定将某些在破产程序启动后发生的债权纳入破产债权的范围中。如《破产法》第 53～55 条等规定，因解除破产企业未履行完毕的合同而使对方当事人遭到损害时，其损害赔偿虽然发生在破产程序启动之后，但仍可作为破产债权受偿；委托人进入破产程序，受托人不知该事实，继续进行委托事务的，其债权属于破产债权；票据出票人进入破产程序，该票据的付款人继续付款或承兑的，其债权也属于破产债权，等等。通常，在破产程序启动后发生的债权要作为破产债权受偿的话，必须有法律明文规定。

（二）债权申报

1. 债权申报的概念

债权申报，指债权人在破产案件受理后依照法定程序主张并证明其债权，以便参加破产程序的法律行为。其特征有四：(1)它是债权人的单方意思表示，根据意思自治原则，债权人享有申报和不申报的自由；(2)它以主张并证明债权为内容，若债权人主张非债权权利，或不能提供债权证据，其申报无效；(3)它是债权人参加破产程序的必要条件，债权人申报并经确认后，具有参加债权人会议的资格，而未申报的债权人则不得参加破产程序；(4)它必须符合法定程序。

2. 债权申报期限

债权申报期限，指准予债权人向法院或管理人申报其债权的固定期间。限定申报期限，是破产程序及时、顺利进行的必然要求，否则无法确定债权人人数和债权数额，难以召开第一次债权人会议。

《破产法》第45条规定，人民法院受理破产申请后，应当确定债权人申报债权的期限。债权申报期限自人民法院发布受理破产申请公告之日起计算，最短不得少于30日，最长不得超过3个月。第48条第1款规定，债权人应当在人民法院确定的债权申报期限内向管理人申报债权。对于逾期未申报的债权，《破产法》虽然规定了一定的补救措施，但逾期未申报的风险最终应由债权人承担。

《破产法》第56条第1款规定，在人民法院确定的债权申报期限内，债权人未申报债权的，可以在破产财产最后分配前补充申报；但是，此前已进行的分配，不再对其补充分配。为审查和确认补充申报债权的费用，由补充申报人承担。该条第2款规定，债权人未依照本法规定申报债权的，不得依照本法规定的程序行使权利。

3. 债权申报范围

凡是破产案件受理前成立的对债务人的债权，无论有无财产担保，均在可申报之列。

《破产法》第46条第1款规定，未到期的债权，在破产申请受理时视为到期。该条第2款规定，附利息的债权自破产申请受理时起停止计息。

《破产法》第47条规定，附条件、附期限的债权和诉讼、仲裁未决的债权，债权人可以申报。

4. 债权申报方式

《破产法》第49条规定，债权人申报债权时，应当书面说明债权的数额和有无财产担保，并提交有关证据。申报的债权是连带债权的，应当予以说明。

《破产法》第57条第1款规定，管理人收到债权申报材料后，应当登记造册，对申报的债权进行审查，并编制债权表。该条第2款规定，债权表和债权申报材料由管理人保存，供利害关系人查阅。

5. 债权调查和确认

债权的调查和确认，是破产程序的核心任务之一，债权人、债务人均予以高度关注。《破产法》明确赋予法院对债权的确认权，债权人会议仅享有债权的调查权。

《破产法》第58条第1款规定，依照本法第57条规定编制的债权表，应当提交给第一次债权人会议，供其核查。

该条第2款规定，债务人、债权人对债权表记载的债权无异议的，由人民法院裁定确认。

该条第3款规定，债务人、债权人对债权表记载的债权有异议的，可以向受理破产申请的人民法院提起诉讼。

（三）债权人会议

债权人会议，指由全体登记在册的债权人组成的表达债权人意思和统一其行动的议事机构。《破产法》第七章第一节明确了债权人会议为必须设立的机构。债权人会议“代表全体债权人的利益和要求”，即指全体债权人的一般利益，而非个别债权人的特殊利益。因此，债权人会议的工作机制是多数表决有效制度。

1. 债权人会议职权

债权人会议设主席一人，由人民法院从有表决权的债权人中指定。

《破产法》第61条第1款规定，债权人会议行使下列职权：(1)核查债权；(2)申请人民法院更换管理人，审查管理人的费用和报酬；(3)监督管理人；(4)选任和更换债权人委员会成员；

(5)决定继续或者停止债务人的营业;(6)通过重整计划;(7)通过和解协议;(8)通过债务人财产的管理方案;(9)通过破产财产的变价方案;(10)通过破产财产的分配方案;(11)人民法院认为应当由债权人会议行使的其他职权。

该条第2款规定,债权人会议应当将所议事项的决议形成会议记录。

2. 债权人会议成员

只有依法申报债权的债权人,才能成为债权人会议的成员。债权人会议成员,均可出席债权人会议。债权人可以出席,也可委托代理人出席。代理人出席会议的,应当向法院或债权人会议主席提交债权人的委托书。

根据债权人是否享有表决权,可将债权人分为两类:(1)有表决权的债权人,有权出席会议,发表意见,并对会议决议事项享有投票表达其意思的权利;(2)无表决权的债权人,只能出席会议和发表意见,无权就会议决议事项以投票的方式表达其意思。

有表决权的债权人,主要包括:(1)对债务人直接享有已生效债权,且无财产担保的债权人;(2)对债务人直接享有已生效债权,虽有财产担保,但已放弃优先受偿权的债权人;(3)对债务人直接享有已生效债权,有财产担保,已行使优先权但未能就担保物获得足额清偿的债权人;(4)已代替债务人向他人清偿债务的保证人或其他连带债务人。

无表决权的债权人,主要包括:(1)对债务人直接享有有财产担保的已生效债权,未放弃且未行使优先受偿权的担保债权人,就破产变价方案和分配方案不享有表决权;(2)债权附有停止条件,其条件尚未成就的债权人;(3)尚未替债务人向他人清偿债务的保证人或其他连带债务人;(4)债权尚未确定的债权人,除管理人能为其行使表决权而临时确定债权额外,不得行使表决权。

另外,《破产法》第59条第5款规定,债权人会议应当有债务人的职工和工会代表参加,对有关事项发表意见。

3. 债权人会议的召集和召开

《破产法》第62条第1款规定,第一次债权人会议由人民法院召集,自债权申报期限届满之日起15日内召开。该条第2款规定,以后的债权人会议,在人民法院认为必要时,或者管理人、债权人委员会、占债权总额1/4以上的债权人向债权人会议主席提议时召开。

《破产法》第63条规定,召开债权人会议,管理人应当提前15日通知已知的债权人。

债权人会议,由债权人会议主席主持。

4. 债权人会议决议

对于一般事项,由出席会议的有表决权的债权人过半数通过,且其所代表的债权额占无财产担保债权总额的1/2以上。

对于特别事项,则有更高的要求。和解协议,需经出席会议的有表决权的债权人过半数通过,且其所代表的债权额占无财产担保债权总额的2/3以上。重整计划,实行分组表决,每组均需出席会议的同一表决组的债权人过半数通过,且其所代表的债权额占该组已确定的债权总额2/3以上;每组均通过,该计划方可通过。

债权人会议决议,对全体债权人均有约束力。一旦债权人会议通过该决议,无论特定债权人是否出席会议,是否有表决权,是否投赞成票,均应受其约束。和解协议和重整计划,在债权人会议通过后,需经法院认可或批准后才可生效。

（四）债权人委员会

《破产法》要求设置债权人会议的同时，可以选择性设置债权人委员会，主要基于下列考虑：许多破产案件债权人人数众多，且十分分散，而破产程序往往旷日持久，为增强债权人对管理人的监督，切实维护其合法权益，需增设债权人委员会。因此，债权人委员会仅是附属于债权人会议的代表机构。

1. 债权人委员会的产生

《破产法》第 67 条第 1 款规定，债权人会议可以决定设立债权人委员会。债权人委员会由债权人会议选任的债权人代表和一名债务人的职工代表或者工会代表组成。债权人委员会成员不得超过 9 人。该条第 2 款规定，债权人委员会成员应当经人民法院书面裁定认可。

债权人委员会的成员在执行职责时，有权领取报酬。日本《破产法》第 175 条规定，关于破产管理人报酬的规定，准用于监察委员。德国《破产法》第 73 条规定，债权人委员会成员有权得到劳动报酬。我国《破产法》虽没有明确规定，但也应作相同的解释。债权人委员会成员的报酬属于共益债务，应从破产财产中随时支付。

2. 债权人委员会的职权

《破产法》第 68 条第 1 款规定，债权人委员会行使下列职权：(1)监督债务人财产的管理和处分；(2)监督破产财产的分配；(3)提议召开债权人会议；(4)债权人会议委托的其他职权。该条第 2 款规定，债权人委员会执行职务时，有权要求管理人、债务人的有关人员就其职权范围内的事务作出说明或者提供有关文件。该条第 3 款规定，管理人、债务人的有关人员违反本法规定拒绝接受监督的，债权人委员会有权就监督事项请求人民法院作出决定，人民法院应当在 5 日内作出决定。

《破产法》第 69 条第 1 款规定，管理人实施下列行为，应当及时报告债权人委员会：(1)涉及土地、房屋等不动产权益的转让；(2)探矿权、采矿权、知识产权等财产权的转让；(3)全部库存或者营业的转让；(4)借款；(5)设定财产担保；(6)债权和有价证券的转让；(7)履行债务人和对方当事人均未履行完毕的合同；(8)放弃权利；(9)担保物的取回；(10)对债权人利益有重大影响的其他财产处分行为。

第三节　重　整

重整、清算、和解，并称为现代破产制度的三大基本程序。重整程序在破产程序中的地位及其规范创设都是《破产法》改革的核心内容。《破产法》将重整程序与清算程序等进行了整合，专门规定了拯救困境企业的重整程序。可以说，整个《破产法》的程序制度设计实际上都是围绕着重整程序而展开的，是公司破产申请受理后的首选程序制度，我国的破产程序已经转变为重整主导型的债务清理程序。

一、重整概述

（一）重整的概念

重整(Rehabilitation or Reorganization)，指困境企业依法定程序，保护其继续营业，实现债务调整和企业整理，使之摆脱困境，走向复兴的拯救型债务清理制度。旨在挽救陷入困境的公司。此举不仅有利于企业自身，而且有利于保护债权人及公众投资者，进而达到维护社会经济秩序的目的。维护社会经济秩序,可以说是公司重整的间接目的。

重整以拯救企业为目的,若等到企业病入膏肓再拯救,则有违其初衷。各国或地区对重整事由的规定比破产事由更为宽泛:已经无力清偿到期债务的或将要无力清偿到期债务的企业,均可进入重整程序。根据《破产法》第 2 条第 2 款的规定,企业法人不能清偿到期债务,或者明显有丧失清偿能力可能的,可以进行重整。适当放宽申请重整的条件,意在提高重整成功的可能性,鼓励债务人在企业陷入困境时尽早寻求重整保护,通过法定程序与债权人进行谈判,引入战略投资者,从而使企业摆脱困境,恢复生机。

与以消灭债务人商主体资格的破产清算制度相比,重整的特点有三:(1)目标不同。重整以企业价值最大化为目标,旨在将蛋糕做大;而破产清算则以公平清偿为目标,仅着眼于将现有蛋糕公平分配。(2)成本不同。在破产清算程序中,债权人除自费参与破产清算程序外,无需其他投入;而在重整程序中,不仅股东需要再注资,债权人往往也要采用减免企业债务或采用债转股的方式,挽救企业于危难之中,即"欲取之,先与之"。(3)收益不同。破产清算程序,以债务人商主体消灭而告终,债权人的债权清偿率不高;而重整程序,若拯救成功,不仅债务人免于破产,股东和债权人亦因此受益,可谓皆大欢喜。

因此,建立和实行重整程序制度,目的在于拯救发生财务危机的企业,从而最大限度地避免或者克服破产清算程序的缺陷。重整程序制度可以克服破产清算程序制度存在的固有缺陷,使得破产程序制度的存在更具合理性。在这个意义上,重整程序赋予破产程序在现代市场经济环境下更加鲜活的生命力。

(二)重整申请

《破产法》第 70 条第 1 款规定,债务人或者债权人可以依照本法规定,直接向人民法院申请对债务人进行重整。该条第 2 款规定,债权人申请对债务人进行破产清算的,在人民法院受理破产申请后、宣告债务人破产前,债权人、债务人或者出资额占债务人注册资本 1/10 以上的出资人,可以向人民法院申请重整。该规定,有助于提升债务人进行重整的主动性和积极性,提高重整成功的概率。

根据该规定,重整申请人有三类:(1)债务人;(2)债权人;(3)出资额占债务人注册资本 1/10 以上的出资人。重整申请,可以在破产案件开始时,由申请人直接向法院提出,也可以在破产案件受理后、宣告债务人破产前,由申请人请求法院转入重整程序。但是,只有债权人和债务人可以在破产案件开始时直接向法院申请重整;而出资额占债务人注册资本 1/10 以上的出资人,只能在破产案件受理后、宣告债务人破产前,中途请求法院转入重整程序。

值得注意的是,赋予企业法人的出资人以重整申请权旨在照顾和保护企业的中小投资者的利益。单独或合并持有债务人注册资本 1/10 以上出资额的出资人,可以单独或共同成为重整申请人。破产清算关系到出资人的投资利益,出资人对企业法人存续状况的改善有积极的作用。因此,在特定情况下赋予企业法人的出资人以重整申请权,可以增加重整程序的适用机会。

《破产法》第 71 条规定,人民法院经审查认为重整申请符合本法规定的,应当裁定债务人重整,并予以公告。这种简约的审查程序有利于为企业拯救争取重整的时间和机遇。

(三)重整保护期的营业

1. 重整保护期的概念

重整保护期,指用于制定重整计划,防止债权人在重整程序开始后,对债务人及其财产采取诉讼或其他程序行动，进而保护企业的营运价值的特定期间。重整保护期在美国称为冻结期，英国和澳大利亚称为延缓偿付期，法国称为观察期。它既为制定重整计划所必需，也避免了债权人继续追索债务，为债务人赢得了喘息的机会，增加了拯救企业成功的可能性。

《破产法》第 72 条规定，自人民法院裁定债务人重整之日起至重整程序终止日，为重整期间。

2. 重整保护期权利行使的限制

为保护债务人的营运价值，在重整保护期，对某些权利的行使加以限制。

《破产法》第 75 条第 1 款规定，在重整期间，对债务人的特定财产享有的担保权暂停行使。但是，担保物有损坏或者价值明显减少的可能，足以危害担保权人权利的，担保权人可以向人民法院请求恢复行使担保权。《破产法》第 76 条规定，债务人合法占有的他人财产，该财产的权利人在重整期间要求取回的，应当符合事先约定的条件。

《破产法》第 77 条第 1 款规定，在重整期间，债务人的出资人不得请求投资收益分配。该条第 2 款规定，在重整期间，债务人的董事、监事、高级管理人员不得向第三人转让其持有的债务人的股权。但是，经人民法院同意的除外。

上述规定，为管理人或者债务人顺利提出重整计划提供了良好的外部环境。

3. 重整保护期管理人职责

《破产法》第 73 条第 1 款规定，在重整期间，经债务人申请，人民法院批准，债务人可以在管理人的监督下自行管理财产和营业事务。

《破产法》第 74 条规定，管理人负责管理财产和营业事务的，可以聘任债务人的经营管理人员负责营业事务。

根据该规定，重整保护期管理人的职责有二：(1)若由管理人负责债务人的财产和营业事务的，管理人需进行重整计划草案的制定；(2)若债务人自行管理财产和营业事务的，管理人须对债务人进行监督。

4. 重整保护期继续营业的特别权利

重整保护期的继续营业，指在特定条件下依据特别规定进行的营业。由于债务人已经陷入困境，濒临破产或已具备破产的原因，商业信用已经大打折扣，要想死里逃生、东山再起，需要对其加以积极扶助。

《破产法》第 75 条第 2 款规定，在重整期间，债务人或者管理人为继续营业而借款的，可以为该借款设定担保。

二、重整程序

重整程序以重整计划的拟定开始，亦以重整计划的完成(执行)结束。可以说，重整程序是围绕重整计划的拟定、批准和执行而展开的债务清理程序。

(一) 重整计划的概念

重整计划，指债务人、债权人和其他利害关系人通过协商，就债务清偿和企业拯救所作出的安排。它既是当事人各方彼此谅解、让步、寻求债务解决的和解协议，也是其同舟共济、患难与共、力求企业解困复兴的行动纲领。重整计划包括两个方面的内容：债务人振兴营业的措施和既有债权债务的清理。前者涉及债务人营业资金的再筹集、营业项目的变更或转让、债务人出资结构的调整、法人治理结构的改善等事项；后者涉及既有债权债务的分类、债务减免、债务展期、担保的处置和债务清偿等事项。

重整计划拟定的特征有六：(1)以企业拯救和债务公平清偿为目的；(2)由管理人或法律规定的其他机构负责制定；(3)应依据企业的财务状况和营业前景，确定以让步为基础的债务清偿方案，并确定有助于企业解困复兴的经营方案；(4)一般需征得债权人会议的同意；(5)需经法院批准，方可生效；(6)由重整执行人负责执行。

（二）重整计划的制定

《破产法》第80条第1款规定，债务人自行管理财产和营业事务的，由债务人制作重整计划草案。该条第2款规定，管理人负责管理财产和营业事务的，由管理人制作重整计划草案。根据该规定，重整计划者为债务人或管理人。

《破产法》第81条规定，重整计划草案应当包括下列内容：(1)债务人的经营方案；(2)债权分类；(3)债权调整方案；(4)债权受偿方案；(5)重整计划的执行期限；(6)重整计划执行的监督期限；(7)有利于债务人调整的其他方案。

（三）重整计划的通过

1. *分组表决*

重整计划草案的表决，实行分组表决制度。依照法律确定的各表决组，有权对重整计划草案单独进行表决。重整计划草案的表决组原则上分为四组：(1)担保权人组，即由对债务人的特定财产享有担保权的权利人组成的表决组，包括对债务人的特定财产享有担保权的债权人以及对债务人不享有债权但对其特定财产享有优先受偿权的担保物权人；(2)劳动债权人组，即由对债务人有工资请求和其他劳动者利益请求的职工组成的表决组，包括因债务人欠付工资、医疗、伤残补助与抚恤费用而享有请求权的职工，因债务人欠缴应当划入职工个人账户的基本养老保险、基本医疗保险费用的请求权人，以及依照法律、行政法规规定而对债务人享有补偿金请求权的职工；(3)税款人组，即由因债务人欠缴税款而应对其追缴税款的国家税务机关、地方税务机关、关税征税机关等组成的表决组；(4)普通债权人组，即由债务人的所有普通债权人组成的表决组。

在以下两种特殊情形下，人民法院还应当组成两个特殊的重整计划草案的表决组：(1)小额债权人组。若普通债权人组人数众多，且绝大多数或绝少部分为小额债权人，为平衡小额债权人和其他普通债权人的利益，人民法院应当设立小额债权人组，对重整计划草案进行单独表决。(2)出资人组。债务人进入重整程序，其出资人并没有丧失因为出资而形成的股东利益，当重整计划草案含有调整出资人权益的内容，诸如出资人股权的变更、增加出资等事项，人民法院应当设立出资人表决组对该内容进行表决。但出资人表决组无权对重整计划草案的全部内容进行表决，仅能就重整计划草案中有关出资人权益调整的内容进行表决。

《破产法》第84条第2款规定，出席会议的同一表决组的债权人过半数同意重整计划草案，并且其所代表的债权额占该组债权总额的2/3以上的，即为该组通过重整计划草案。破产程序为当事人自治主导型，而债权人自治又居于至高无上的地位。重整程序的命运，实际上操控在“债权人”(利害关系人)手中。债权人会议通过重整计划草案，体现了“债权人”在重整程序中高度自治的地位，也是重整计划能够产生法律约束力的先决条件。

《破产法》第86条第1款规定，各表决组均通过重整计划草案时，重整计划即为通过。

2. *债权人会议不能完全通过之补救措施*

债权人会议中部分表决组未通过重整计划时，仍有两条补救措施：(1)再次表决；(2)强制批准。这里重点介绍强制批准。

重整计划的强制批准，是指法院依照破产法规定的程序和条件对于未获得部分表决组通过的重整计划草案予以批准并使之产生法律约束力的司法裁判行为。重整程序开始后，各表决组是否接受重整计划草案，本属于利害关系人自治范畴。但是，各表决组均有其特定的利益，甚至存在利益冲突，如果不同的表决组基于其自身的利益考量而拒绝通过重整计划草案，则重整程序的目的难以达成。重整程序是一种成本高、社会代价大、程序复杂的制度，其更多地保护社会整体利益，而将债权人利益放在次要位置。因此，当部分表决组不能通过重整计划时，为社会整体利益考虑，有必要借助国家公权力的干预以实现重整程序的目的，《破产法》赋予了人民法院强制批准重整计划的权力。

重整计划的强制批准，适用于部分表决组未通过重整计划草案且债务人或管理人申请法院强制批准重整计划草案的情形。经表决，若所有的表决组均未通过重整计划草案的，则人民法院应当直接裁定终止重整程序，并宣告债务人破产。《破产法》第 87 条第 1 款规定，部分表决组未通过重整计划草案的，债务人或者管理人可以同未通过重整计划草案的表决组协商。该表决组可以在协商后再表决一次。双方协商的结果不得损害其他表决组的利益。该条第 2 款规定，未通过重整计划草案的表决组拒绝再次表决或者再次表决仍未通过重整计划草案，但重整计划草案符合下列条件的，债务人或者管理人可以申请人民法院批准重整计划草案：(1)按照重整计划草案，对债务人的特定财产享有担保权的债权就该特定财产将获得全额清偿，其因延期清偿所受的损失将得到公平补偿，并且其担保权未受到实质性损害，或者该表决组已经通过重整计划草案；(2)按照重整计划草案，债务人所欠的职工债权及税款将获得全额清偿，或者相应表决组已经通过重整计划草案；(3)按照重整计划草案，普通债权所获得的清偿比例，不低于其在重整计划草案被提请批准时依照破产清算程序所能获得的清偿比例，或者该表决组已经通过重整计划草案；(4)重整计划草案对出资人权益的调整公平、公正，或者出资人组已经通过重整计划草案；(5)重整计划草案公平对待同一表决组的成员，并且所规定的债权清偿顺序不违反本法第 113 条的规定；(6)债务人的经营方案具有可行性。

(四) 重整计划的批准

重整计划经债权人会议通过后，须经法院批准方可生效。

《破产法》第 86 条第 2 款规定，自重整计划通过之日起 10 日内，债务人或者管理人应当向人民法院提出批准重整计划的申请。人民法院经审查认为符合本法规定的，应当自收到申请之日起 30 日内裁定批准，终止重整程序，并予以公告。

重整计划一经批准，即对破产案件受理前成立的所有债权均有约束力。不论特定债权人是否参加债权人会议，是否赞成该计划，均受其约束。

《破产法》第 92 条第 1 款规定，经人民法院裁定批准的重整计划，对债务人和全体债权人均有约束力。债务人应当按照重整计划的内容，全面执行重整计划，不得对重整计划进行调整或更改。债务人未完全执行重整计划前，不得对个别债权人给予重整计划外的特殊利益。债权人(包括担保权人)在重整计划执行期间，仅能依照重整计划规定的内容行使权利，不得主张重整计划规定内容以外的权利或利益。

该条第 2 款规定，债权人未按照本法规定申报债权的，在重整计划执行期间不得行使权利；在重整计划执行完毕后，可以按照重整计划规定的同类债权的清偿条件行使权利。

该条第 3 款规定，债权人对债务人的保证人和其他连带债务人所享有的权利，不受重整计划的影响。

（五）重整计划的执行、监督

重整计划，债务人负责执行，管理人进行监督。

《破产法》第 89 条第 1 款规定，重整计划由债务人负责执行。该条第 2 款规定，人民法院裁定批准重整计划后，已接管财产和营业事务的管理人应当向债务人移交财产和营业事务。

《破产法》第 90 条第 1 款规定，自人民法院裁定批准重整计划之日起，在重整计划规定的监督期内，由管理人监督重整计划的执行。该条第 2 款规定，在监督期内，债务人应当向管理人报告重整计划的执行情况和债务人的财务状况。

案例 7－1：重庆钢铁股份有限公司破产重整

重庆钢铁股份有限公司（简称重庆钢铁）于 1997 年 8 月 11 日登记注册，主要从事钢铁生产、加工和销售，其股票分别在香港联合交易所（简称联交所）和上海证券交易所（简称上交所）挂牌交易。截至 2016 年 12 月 31 日，重庆钢铁合并报表资产总额 364.38 亿元，负债总额 365.45 亿元，净资产负 1.07 亿元。因连续两年亏损，重庆钢铁股票于 2017 年 4 月 5 日被上交所实施退市风险警示。经债权人申请，重庆市第一中级人民法院（简称重庆一中法院）于 2017 年 7 月 3 日依法裁定受理重庆钢铁重整一案。

在法院的监督指导下，管理人以化解债务危机、提升盈利能力思路制定重整计划草案。通过控股股东全部让渡所持股份方式引入我国第一支钢铁产业结构调整基金作为重组方；制定重塑其产业竞争力的经营方案；将处置无效、低效资产所得收益用于债务清偿、资本公积金转增股份以抵偿债务，维护了重庆钢铁 1 万名职工、2 700 户债权人（其中申报债权人 1 400 户）、17 万户中小股东，以及企业自身等多方利益。最终获得各表决组一致通过。

11 月 20 日，重庆一中法院裁定批准重整计划并终止重整程序；12 月 29 日，裁定确认重整计划执行完毕。重庆钢铁发布的 2017 年年度报告显示，通过实施重整计划，已扭亏为盈。

案例评析：

该案法院发挥了重整程序的拯救作用，找准企业“病因”并“对症下药”，以市场化方式成功剥离企业低效、无效资产，引入产业结构调整基金，利用资本市场配合企业重组，实现了企业治理结构、资产结构、产品结构、工艺流程、管理制度等的全面优化。另外，法院准确把握破产法的精神实质，协同创新，促成了重整程序中上交所首次调整资本公积金转增除权参考价格计算公式、联交所首次对召开类别股东大会进行豁免、第三方担保问题成功并案解决等事项，既维护了社会的和谐与稳定，又实现了各方利益共赢。

案例 7－2：江苏省纺织工业（集团）进出口有限公司等六家公司破产合并重整

江苏省纺织工业（集团）进出口有限公司（简称省纺织进出口公司）及其下属的五家控股子公司是江苏省纺织及外贸行业有较高影响力的企业，经营范围主要为自营和代理各种进出口业务及国内贸易。在国际油价大幅下跌的背景下，因代理进口化工业务的委托方涉嫌违法及自身经营管理等原因，省纺织进出口公司及其五家子公司出现总额高达 20 亿元的巨额负债，其中 80％以上为金融债务，而六公司经审计总资产仅 6 000 万元，不足以清偿全部债务。

根据债权人的申请，江苏省南京市中级人民法院（简称南京中院）分别于 2017 年 1 月 24 日、6 月 14 日裁定受理省纺织进出口公司及五家子公司重整案，并指定同一管理人接管六家公司。管理人发现，六家公司均存在人员、财务、业务、资产等人格高度混同的情形，申请对六家公司合并重整。南京中院于9月29日裁定省纺织进出口公司与五家子公司合并重整。管理人通过谈判,引入江苏省纺织集团有限公司及其母公司等作为战略投资人,投入股权等优质资产增资近12亿元,对债务人重整并进行资产重组,同时整合省纺织进出口公司与子公司的业务资源,采用"现金清偿+以股抵债"方式清偿债权。11月22日,合并重整债权人会议及出资人组会议经过分组表决,均高票或全票通过合并重整计划草案。南京中院审查后于12月8日裁定批准省纺织进出口公司及五家子公司的合并重整计划,终止省纺织进出口公司及五家子公司的合并重整程序。

案例评析:

该案对分别进入重整程序的母子公司,首先在程序上合并审理,在确认关联企业人格高度混同、资产和负债无法区分或区分成本过高以致严重损害债权人利益后,将关联企业实质合并重整。通过合并清理债权债务、整合关联企业优质资源,综合运用"现金清偿+以股抵债",还通过资产重组等方式对危困企业"综合诊治"。不仅使案件审理效率大为提升,债权人整体清偿利益得到有效维护,还化解了20亿元债务危机,防范了金融风险,实现了六家企业整体脱困重生,凸显了破产审判的制度功能与社会价值。

案例7-3:云南煤化工集团有限公司等五家公司破产系列重整

云南煤化工集团有限公司(简称煤化工集团)系云南省国资委于2005年8月组建成立的省属大型集团企业,下辖近百家企事业单位,且是上市公司云南云维股份有限公司(简称云维股份)的控股股东。2012—2015年煤化工集团经营性亏损合计超过100亿元,涉及经营性债权人1 000家,整个集团公司债务约650亿元,云维股份则面临终止上市的紧迫情形。如果煤化工集团进入破产清算,集团旗下4.3万名职工将被迫离开工作岗位,72亿元债券面临违约,数百亿金融债权将损失惨重。

2016年,债权人先后申请煤化工集团及下属四家企业重整。基于五公司的内部关联关系和不符合实质性合并条件等客观情况,云南省高级人民法院决定分别受理上述系列案件,并指定云南省昆明市中级人民法院(以下简称昆明中院)集中管辖。8月23日,昆明中院裁定受理了上述五家企业破产案件。

由于煤化工集团五家公司之间存在四级股权关系,债权结构复杂,偿债资源分布不均匀,呈现"自下而上,债务总额越来越大,偿债资源越来越少"的趋势。系列重整案确定了"自下而上"的重整顺序,由子公司先完成重整,保证了下层公司通过偿还上层公司内部借款,向上输送偿债资源,奠定了成功实现整体重整目标的基础。云维股份及其子公司率先完成重整,确保云维股份保壳成功,同时通过资本公积金转增股票向云维集团和煤化工集团提供股票,并通过债务关系、担保关系实现偿债资源的有序输送,绝大部分金融债权能够获得100%的兜底清偿。系列重整案历时十个月,重整方案均获得债权人会议表决通过,重整计划付诸实际执行。

案例评析:

该案通过重整程序,集团旗下关闭煤矿18家,清理过剩煤炭产能357万吨/年,分流安置职工14 552人。在化解债务危机的同时为企业后续持续健康发展奠定基础,得到了债权人、债务人、股东、职工的高度肯定和支持。

案例7-4:北京理工中兴科技股份有限公司破产重整

北京理工中兴科技股份有限公司(简称京中兴公司)系在全国中小企业股转系统代办股份

转让的非上市公众公司，成立于1992年12月1日，注册资本2.5亿元。1993年4月，经海南省证券管理办公室批准，公司定向募集1.2亿股在中国证券交易系统（NET系统）上市交易，流通股17 090万股，股东达1.4万名。截至2017年，公司资产总额979.66万元，负债总额近亿元，已严重资不抵债。债权人向北京市第一中级人民法院（简称北京一中院）申请对京中兴公司破产重整，该院于2017年9月15日裁定受理。

北京一中院采用预重整模式，引导主要债权人与债务人、投资方签署“预重整工作备忘录”等文件，就债权调整、经营方案以及重整路径等主要问题达成初步意向。还通过预先摇号方式选定管理人提前开展工作。

在受理80天便召开债权人会议表决重整计划草案，债权人组100%表决通过（申报债权均为普通债权），出资人组经现场和网络投票，通过率亦超87%。12月21日，北京一中院裁定批准破产重整计划，终止重整程序。投资人承诺在受让京中兴公司1万股后，注入不低于8亿元的优质旅游资产并转增股份用于偿还公司债务，预计债权清偿率达69.25%（不含复牌后可能溢价的部分）。截至2018年2月底，投资人已实际受让1万股，并完成对注入资产的审计评估工作，重大资产重组的相关工作亦进展顺利。

案例评析：

该案京中兴公司通过重整引入优质旅游资产，实现社会资源的重新整合配置，培育了发展新动能，并为公司在符合法律规定条件时申请公开发行奠定了基础。北京一中院采用预重整方式，通过对识别机制、重整听证程序、沟通协调机制的综合运用，大大提高了重整的效率和成功率，充分发挥了预重整的成本优势和效率优势，实现了多方利益共赢。

案例7-5：桂林广维文华旅游文化产业有限公司破产重整

桂林广维文华旅游文化产业有限公司（简称广维公司）拥有全球第一部山水实景演出、广西旅游活名片、阳朔旅游晴雨表的《印象·刘三姐》剧目。公司为股东及其关联控制人代偿或担保债务涉及总额超过15亿元，不能清偿到期债务且资不抵债，提出破产重整申请。

2017年8月15日，广西壮族自治区高级人民法院（简称广西高院）裁定受理该案并指定管理人。管理人采取邀请招标方式并经公开开标，确定北京天创文投演艺有限公司（简称文投公司）以7.5亿元出资额成为重整投资方。11月8日，第一次债权人会议召开，重整计划草案确定相关债权数额并将出资人权益调整为零，并明确文投公司作为重整投资方的义务。享有担保权的债权组，代表债权金额275 892 800元，表决通过该草案；普通债权组过半数同意，代表债权金额761 128 974元，占该组债权总额的77.30%；出资人组表决未通过该草案。12月4日，广西高院裁定批准重整计划草案，终止重整程序。2018年1月，文投公司出资资金到位；1月26日，广西高院裁定确认柳州银行股份有限公司等15位债权人债权共计1 469 526 673元，其受偿金额分配共计589 207 646元；2月中旬，文投公司完成股权过户。

案例评析：

该案为确保《印象·刘三姐》剧目演出不受破产重整的影响，实行演出相关业务自行经营、管理人监督、法院总协调的模式，确保重整期间公司正常经营，各项收入不减反增。历经3个月21天顺利终结并进入重整计划执行阶段，广维公司摆脱债务困境、重显活力，确保了800名演职人员的就业机会，也解决了关联公司548名职工的安置问题，相关产业通过《印象·刘三姐》项目实现升级改造，推动了地方经济发展。

(六)重整程序的终止

《破产法》第93条第1款规定,债务人不能执行或者不执行重整计划的,人民法院经管理人或者利害关系人请求,应当裁定终止重整计划的执行,并宣告债务人破产。

《破产法》第94条规定,按照重整计划减免的债务,自重整计划执行完毕时起,债务人不再承担清偿责任。

第四节　和　解

一、和解概述

和解,指具备破产原因的债务人,为避免破产清算,与债权人团体达成以让步方法了结债务的协议,协议经法院认可后生效的法律程序。

(一)和解与重整比较

和解与重整同为企业拯救程序,均以企业价值最大化为目标,但二者的区别主要有四:(1)申请和解,以债务人具备破产原因为前提;而申请重整,只要债务人财务困难即可,即重整程序贯彻"早发现,早治疗"方针。(2)只有债务人才可以申请和解;而在重整程序中,债务人、债权人以及债务人的出资人均可以申请。(3)重整程序,有重整保护期,债务人在该期限内的营业享受特别保护,担保权暂停行使;而和解程序没有该保护期的设置,担保权人可以继续行使其担保权。(4)和解协议,经法院认可而生效;而重整计划,经法院批准而生效。在特定情形下,即使债权人会议没有通过重整计划,法院亦可强行批准该计划;而和解协议,则不能强行认可。

(二)和解的特征

和解程序的特征有五:(1)债务人已具备破产原因。和解以避免破产清算为目的,若不具备破产原因,无从适用破产程序,自然没有和解之必要。(2)由债务人提出和解申请。是否和解,由债务人自行决定,他人无权越俎代庖。(3)和解协议,采用妥协让步的方法了结债务。债权人虽然需要作出减少本金、减免利息、延期偿付等让步,而通过暂时的忍让,债务人可能东山再起,债权人所获得的清偿可能高于破产清算。(4)债务人需与债权人团体达成和解协议。(5)和解程序受法定机关监督。这是债务人无力清偿情形下实行公平清偿的法律程序,是否同意和解、债权人会议之召开、和解协议的认可及其执行,均受法院监督。

二、和解程序

(一)和解申请的提出

只有债务人,才可以申请和解。

《破产法》第95条第1款规定,债务人可以依照本法规定,直接向人民法院申请和解;也可以在人民法院受理破产申请后、宣告债务人破产前,向人民法院申请和解。

(二)和解申请的审查

法院应对债务人的和解申请进行审查。

根据《破产法》第96条第1款的规定,人民法院经审查认为和解申请符合本法规定的,应当裁定和解,予以公告。

（三）和解协议

债务人申请和解，应当提出和解协议草案。若法院裁定和解，应当召集债权人会议讨论和解协议草案。

《破产法》第97条规定，债权人会议通过和解协议的决议，由出席会议的有表决权的债权人过半数同意，并且其所代表的债权额占无财产担保债权总额的2/3以上。

《破产法》第98条规定，债权人会议通过和解协议的，由人民法院裁定认可，终止和解程序，并予以公告。管理人应当向债务人移交财产和营业事务，并向人民法院提交执行职务的报告。

《破产法》第100条第1款规定，经人民法院裁定认可的和解协议，对债务人和全体和解债权人均有约束力。这里，和解债权人指人民法院受理破产申请时对债务人享有无财产担保债权的主体。

（四）和解程序的终止

和解程序的终止，包括四种情形：

（1）因和解协议未通过或无效而终止。《破产法》第99条规定，和解协议草案经债权人会议表决未获得通过，或者已经债权人会议通过但未获得人民法院认可的，人民法院应当裁定终止和解程序，并宣告债务人破产。《破产法》第103条规定，因债务人的欺诈或者其他违法行为而成立的和解协议，人民法院应当裁定无效，并宣告债务人破产。

（2）因债务人不能或不按照和解协议清偿债务而终止。《破产法》第104条第1款规定，债务人不能执行或者不执行和解协议的，人民法院经和解债权人请求，应当裁定终止和解协议的执行，并宣告债务人破产。

（3）因债务人与全体债权人就债务处理达成一致而终止。《破产法》第105条规定，人民法院受理破产申请后，债务人与全体债权人就债权债务的处理自行达成协议的，可以请求人民法院裁定认可，并终结破产程序。

（4）因和解协议执行完毕而终止。《破产法》第102条规定，债务人应当按照和解协议规定的条件清偿债务。《破产法》第106条规定，按照和解协议减免的债务，自和解协议执行完毕时起，债务人不再承担清偿责任。

第五节　破产清算

破产清算程序，是指债务人不能清偿债务时，为满足债权人的清偿要求而集中变卖破产财产以清偿债权的程序。它适用于不能清偿债务而又缺乏其他清偿债务替代措施的债务人，原则上由破产清算的申请、受理以及破产宣告等程序组成。

一、破产清算的申请

破产清算的申请，是指债务人或债权人向法院提出的意图变价债务人财产而分配给债权人的意思表示。一般而言，破产清算申请人包括债务人和债权人。

（一）债务人申请破产清算

债务人有破产原因的，可以直接向法院申请清算，又称自愿清算申请。但是，不具有破产原因的债务人，不得提出清算申请。

（二）债权人申请破产清算

债务人有破产原因的，债权人可以直接向法院申请宣告债务人破产清算，相对于债务人自行申请破产清算而言，此种形式可称为非自愿清算申请。

另外，商业银行、证券公司、保险公司等金融机构有破产原因的，国务院金融监督管理机构可以向法院申请该金融机构的破产清算。

二、破产清算申请的受理

破产清算申请的受理，是指法院经审查认为破产清算的申请符合破产法的规定而予以接受，并开始破产程序的司法审判行为。

法院在受理清算申请前，应当在法定期限内对债务人或债权人提出的清算申请予以审查，审查的事项包括债务人有无破产能力、申请人提出的清算申请是否符合法律规定等。清算申请受理前的审查，应当以形式审查为限。经审查，若破产清算申请符合破产法的规定，法院应当裁定受理破产清算申请。

三、破产宣告

（一）破产宣告的概念

破产宣告，指法院认定债务人已具备破产事由，并宣告其破产的司法行为。它是破产案件进入破产清算程序的标志，说明债务人破产倒闭已无可挽回。它具有四项特征：(1)只适用于不能清偿债务的债务人；(2)是审理破产案件的法院的司法审判行为；(3)是具有分配效果的清算程序开始的标志；(4)发生破产法规定的程序效力。

值得注意的是，有些债务人已具备破产事由，但属于法定排除破产宣告的事由，仍可免于破产宣告。

《破产法》第108条规定，破产宣告前，有下列情形之一的，人民法院应当裁定终结破产程序，并予以公告：(1)第三人为债务人提供足额担保或者为债务人清偿全部到期债务的；(2)债务人已清偿全部到期债务的。

（二）破产宣告裁定

破产宣告裁定，指法院认定债务人不能清偿债务而符合宣告债务人破产的情形时作出的司法判定。法院作出宣告债务人破产清算的裁定，为清算程序开始的标志。

无论是直接申请破产清算，还是因重整或和解不成而转入破产清算，法院宣告破产均应采用书面形式，而且须通知债权人，并予以公告。

《破产法》第107条第1款规定，人民法院依照本法规定宣告债务人破产的，应当自裁定作出之日起5日内送达债务人和管理人，自裁定作出之日起10日内通知已知的债权人，并予以公告。

（三）破产宣告效力

法院宣告债务人破产清算的裁定，自作出之日起生效。一旦宣告破产，破产案件便转入破产清算程序。这时，债务人、债权人的身份都将发生相应的变化。

《破产法》第107条第2款规定，债务人被宣告破产后，债务人转变为破产人，债务人财产转变为破产财产，人民法院受理破产申请时对债务人享有的债权转变为破产债权。

四、破产变价和分配

(一) 破产变价

破产变价，指管理人将非金钱的破产财产，通过合法方式加以出让，转化为金钱形态，以便破产分配的过程。

破产分配的原则为“以金钱分配为原则，实物分配为例外”。破产分配，以破产变价为前提。

1. 破产变价方案

破产变现值的多寡，直接决定了破产债权清偿率的高低，与各个破产债权人的利益休戚相关。《破产法》第 111 条第 1 款规定，管理人应当及时拟订破产财产变价方案，提交债权人会议讨论，并经债权人会议通过。

2. 破产财产变卖

《破产法》第 111 条第 2 款规定，管理人应当按照债权人会议通过的或者人民法院依照本法第 65 条第 1 款规定裁定的破产财产变价方案，适时变价出售破产财产。

为切实提高破产债权的清偿率，最大限度地维护债权人利益，变卖破产财产一般应公开进行。变卖破产财产，原则上采用拍卖方式；若债权人会议决议不采用拍卖方式，应尊重当事人的意思自治，从其决定。破产财产既可以整体变卖，也可以部分变卖，但应以最大限度地提高其变现值为原则。

《破产法》第 112 条第 1 款规定，变价出售破产财产应当通过拍卖进行。但是，债权人会议另有决议的除外。该条第 2 款规定，破产企业可以全部或者部分变价出售。企业变价出售时，可以将其中的无形资产和其他财产单独变价出售。该条第 3 款规定，按照国家规定不能拍卖或者限制转让的财产，应当按照国家规定的方式处理。

(二) 破产分配

破产分配，又称破产财产分配，指管理人将变价后的破产财产，依照法定顺序和程序以及债权人会议通过的分配方案，对全体破产债权人进行平等清偿的程序。

破产清算以破产分配为目标，一旦完成破产分配，破产程序即告终止。

1. 破产分配顺序

《破产法》第 113 条第 1 款规定，破产财产在优先清偿破产费用和共益债务后，依照下列顺序清偿：(1)破产人所欠职工的工资和医疗、伤残补助、抚恤费用，所欠的应当划入职工个人账户的基本养老保险、基本医疗保险费用，以及法律、行政法规规定应当支付给职工的补偿金；(2)破产人欠缴的除前项规定以外的社会保险费用和破产人所欠的税款；(3)普通破产债权。

该条第 2 款规定，破产财产不足以清偿同一顺序的清偿要求的，按照比例分配，即上一顺序清偿完毕后，若有剩余财产，清偿下一顺序；对于每一顺序，若破产财产能够足额清偿的，予以足额清偿；若不足清偿的，按比例清偿。

值得注意的是，金融机构依法被法院宣告破产清算的，破产财产分配的顺位具有特殊性，即某些特定的债权依法取得优先于国家税收债权、破产债权的地位。依照我国《商业银行法》第 71 条的规定，商业银行破产清算时，个人储蓄存款的本金和利息债权的清偿顺位，位于清算费用和劳动债权之后，优先于其他债权获得清偿。依照我国《保险法》第 89 条的规定，保险公司破产清算时，被保险人或受益人对保险公司享有的保险给付(赔偿金或保险金)请求权，仅位于劳动债权之后，但优先于保险公司所欠税款和破产债权获得清偿。

案例7-6：若4S店破产，谁享有优先受偿权？

2018年李申获得北京新能源指标，9月从交通广播中听到某汽车品牌有团购活动。当天交了定金，三天后交了全款。约定交车日期后，李申欣然前往提车。不料销售人员以合作银行年底风控，需要做资产盘点，暂时无法赎出合格证为由，让李申回家耐心等待。10月7日，李申再次去4S店，发现好几位无法提车的车主等在店里。此时才得知4S店老板遇到了财务危机，已经三个月发不出工资，而且欠下了高利贷。

4S店、厂家、银行签三方合作协议，4S店只需出三分之一的钱通过银行把车从厂家提出来，但合格证由银行监管，等车主交完钱，4S店补交剩下的三分之二车款就可赎证。9月底银行发现了问题，将车辆做了保全。若4S店破产，作为债权人的银行、借给老板钱的借贷公司以及车主，谁享有优先受偿权？

A. 银行；　　　　B. 借贷公司 ；　　　　C. 车主；

D. 三方均无优先权，均为普通债权人。

案例7-7：甲方损失，如何适用破产分配排序？

长春启明车载电子有限公司（甲方）在2012年与长春驶多飞模具制造有限公司（乙方）签订购货合同，甲方付费，制作导航用散热片，并签订了模具制造合同。甲方共分四次签订合同，其中前两次乙方按时供货无异议，第三次乙方完成部分供货，第四次没有完成供货，原因是乙方保存不当将甲方开模的基础模具用坏了。甲方未支付任何产品费用。同时，乙方无力继续经营，申请破产，在进行资产冻结、清理账户程序时，乙方向法院申诉索要甲方拖欠的产品费用一万元。甲方应诉，索要逾期未完成合同的违约金两万元（不计模具损坏索赔费用）。法官主持双方和解：甲乙双方所欠货物与账款勾销，乙方归还损坏的模具给甲方。

若甲方不同意和解，且乙方无力支付违约金，甲方损失如何承担？

A. 优先于其他债权，单独受偿；

B. 支付破产费用后，与其他债权一起，按比例受偿；

C. 支付共益债务后，与其他债权一起，按比例受偿；

D. 支付破产费用、共益债务后，与其他债权一起，按比例受偿。

案例7-8：公司应偿还个体户丁多少钱？

2006年12月，甲、乙两人合资开办了一家网络技术服务公司，在工商局办理了注册登记。其中甲出资6万元，乙向朋友丙借款4万元作为自己的出资。2008年1月，公司只剩下1万元存款，而负债却高达6万元，其中向个体户丁借款4万元，购买电脑欠某电脑公司货款2万元。网络公司因此宣告破产，破产后，丙、丁和电脑公司都找到甲、乙两人，要求清偿欠款，甲、乙提出所开办的公司为有限责任公司，只能以账面所剩的1万元资金在三者之间按2:2:1的比例清偿，丙、丁以及电脑公司不同意，向人民法院起诉。

依照破产法，公司应偿还个体户丁多少钱？

A. 4万元×(1/10)；　　B. 4万元×(1/6)；　　C. 2万元×(1/6)；　　D. 4万元×(2/6)。

案例7-9：员工购买的理财产品，适用哪类赔偿顺序？

A集团下属公司在信息服务方（平台）发行理财产品，员工通过信息服务方（平台）进行购买，资金募集后投向A集团内资产优良的项目，谋求增值。到期后该企业通过信息服务方（平台)将理财产品本息兑付给员工。依据破产法,破产清算顺序为:(1)职工工资、劳动保险;(2)欠缴的税款;(3)一般破产债权。

若A集团公司因经营问题发生破产清算,员工购买的理财产品适用下列哪类赔偿顺序?

A. 第一顺序;　　B. 第二顺序;　　C. 第三顺序;　　D. 第一或第三顺序。

2. 破产分配方案

破产分配方案,由管理人负责拟订,提交债权人会议讨论;若债权人会议通过破产财产分配方案,管理人应将该方案提请人民法院裁定认可。

《破产法》第115条第1款规定,管理人应当及时拟订破产财产分配方案,提交债权人会议讨论。

该条第2款规定,破产财产分配方案应当载明下列事项:(1)参加破产财产分配的债权人名称或者姓名、住所;(2)参加破产财产分配的债权额;(3)可供分配的破产财产数额;(4)破产财产分配的顺序、比例及数额;(5)实施破产财产分配的方法。

该条第3款规定,债权人会议通过破产财产分配方案后,由管理人将该方案提请人民法院裁定认可。

3. 破产分配方案的实施

破产分配方案,由管理人负责执行,但接受债权人委员会和人民法院的监督。

《破产法》第116条第1款规定,破产财产分配方案经人民法院裁定认可后,由管理人执行。该条第2款规定,管理人按照破产财产分配方案实施多次分配的,应当公告本次分配的财产额和债权额。管理人实施最后分配的,应当在公告中指明,并载明本法第117条第2款规定的事项。

《破产法》第117条第1款规定,对于附生效条件或者解除条件的债权,管理人应当将其分配额提存。该条第2款规定,管理人依照前款规定提存的分配额,在最后分配公告日,生效条件未成就或者解除条件成就的,应当分配给其他债权人;在最后分配公告日,生效条件成就或者解除条件未成就的,应当交付给债权人。

《破产法》第118条规定,债权人未受领的破产财产分配额,管理人应当提存。债权人自最后分配公告之日起满2个月仍不领取的,视为放弃受领分配的权利,管理人或者人民法院应当将提存的分配额分配给其他债权人。

《破产法》第119条规定,破产财产分配时,对于诉讼或者仲裁未决的债权,管理人应当将其分配额提存。自破产程序终结之日起满2年仍不能受领分配的,人民法院应当将提存的分配额分配给其他债权人。

案例7-10:浙江南方石化工业有限公司等三家公司破产清算

浙江南方石化工业有限公司(简称南方石化)、浙江南方控股集团有限公司、浙江中波实业股份有限公司系绍兴地区最早的一批集化纤、纺织、经贸为一体的民营企业,三家公司受同一实际控制人控制。其中南方石化年产值20亿元,纳税近2亿元,曾入选中国民营企业500强。由于受行业周期性低谷及互保等影响,2016年上述三家公司出现债务危机。当年11月1日,浙江省绍兴市柯桥区人民法院(简称柯桥法院)裁定分别受理上述三家公司的破产清算申请,并通过竞争方式指定联合管理人。

经过了解，南方石化等三家公司具有完整的生产产能、较高的技术能力，具备产业转型和招商引资的基础，决定采取“破产不停产、招商引资”方案。在破产清算的制度框架内，有效清理企业的债务负担，阻却担保链蔓延；后由政府根据地方产业转型升级需要，引入战略性买家，实现“产能重整”。

三家企业共接受债权申报 54.96 亿元，裁定确认 30.55 亿元，临时确认 24.41 亿元。其中南方石化接受债权申报 18.58 亿元，裁定确认 9.24 亿元，临时确认 9.34 亿元。鉴于三家企业存在关联关系、主要债权人高度重合、资产独立、分散以及南方石化“破产不停产”等实际情况，柯桥法院指导管理人积极扩展债权人会议职能，并确定三家企业“合并开会、分别表决”方案。2017 年 1 月 14 日，柯桥法院召开南方石化等三家企业第一次债权人会议，高票通过了各项方案。2 月 23 日，柯桥法院宣告南方石化等三家企业破产。

3 月 10 日，破产财产进行网络司法拍卖，三家企业共 550 亩土地、26 万平方米厂房及相关石化设备等破产财产以 6.88 亿元一次拍卖成交。根据《破产财产分配方案》，职工债权获全额清偿，普通债权清偿率 14.74%。破产财产买受人以不低于原工作待遇的方式接收员工，1 310 名员工中 1 100 余人留任，一线员工全部安置。从宣告破产到拍卖成交，仅用时 54 天；从立案受理到完成财产分配仅用时 10 个半月。

案例评析：

该案通过运用政府的产业和招商政策，利用闲置土地 70 亩，增加数亿投入，上马年产 50 万吨的 FDY 差别化纤维项目，并通过托管和委托加工方式，确保“破产不停产”，维持职工就业。通过债权人会议授权管理人将三家企业资产合并打包出售，实现资产快速市场化处置和实质性的重整效果。

案例 7－11：松晖实业（深圳）有限公司执行转破产清算

松晖实业（深圳）有限公司（简称“松晖公司”）成立于 2002 年 12 月 10 日，主要经营工程塑料、塑胶模具等生产、批发业务。2015 年 5 月，松晖公司因经营不善、资金链断裂等问题被迫停业，继而引发 1 384 宗案件，经诉讼或仲裁后相继进入强制执行程序。深圳市宝安区人民法院（简称宝安法院）查明，松晖公司名下的财产除银行存款 3 483 元和机器设备拍卖款 162 万元外，无其他可供执行的财产，459 名员工债权因查封顺序在后，拍卖款受偿无望，执行程序陷入僵局。2017 年 2 月 23 日，宝安法院征得申请执行人深圳市宝安区人力资源局同意后，将松晖公司执行案移送破产审查。4 月 5 日，广东省深圳市中级人民法院（简称深圳中院）裁定受理松晖公司破产清算案，松晖公司其他执行案件相应中止，所涉债权债务关系统一纳入破产清算程序处理。

深圳中院立即在报纸上刊登受理公告并依法指定管理人开展工作。管理人发现，松晖公司因欠薪倒闭停业多年，除银行存款 3 483 元和机器设备拍卖款 162 万元外，已无可变现资产，而负债规模高达 1 205.93 万元，严重资不抵债。6 月 28 日，深圳中院依法宣告松晖公司破产。按照破产财产分配方案，可供分配的破产财产 1 623 645 元，优先支付破产费用 685 012 元，剩余 938 632 元全部用于清偿职工债权 11 347 789 元。12 月 29 日，深圳中院依法裁定终结松晖公司破产清算程序。

案例评析：

该案由于松晖公司财产不足以清偿全部债权，债权人之间利益冲突激烈，尤其涉及 459 名员工的权益，所以在执行程序中很难平衡。法院充分发挥执行转破产工作机制，一是及时移送、快速审查、依法审结，直接消化执行积案1 384宗，及时让459名员工的劳动力资源重新回归市场，让闲置的一批机器设备重新投入使用，职工债权依法得到优先受偿；二是积极疏导和化解劳资矛盾，避免了职工集体闹访、上访事件的发生，维护了社会秩序，彰显了破产制度价值和破产审判的社会责任；三是通过执行与破产的有序衔接，对“生病”企业进行分类甄别、精准救治、及时清理，梳理出了盘错结节的社会资源，释放经济活力，使执行和破产两种制度的价值得到最充分、最有效的发挥。

（三）破产清算终结

1. 破产清算终结的概念

破产清算终结，又称破产案件终结，指破产清算程序不可逆转地归于结束。根据终结的事由，可将其分为三种类型：(1)破产宣告前终结；(2)破产分配前终结；(3)破产分配完毕后终结。

破产宣告前终结，发生在破产宣告之前，引发原因为在破产宣告前发生阻却宣告破产的事由，包括在破产宣告前第三人提供担保或者帮助债务人清偿债务，或债务人已经全部清偿到期债务。

破产分配前终结，发生在破产分配之前，引发原因为破产财产不足以支付破产费用。在这种情况下，继续进行清算纯属浪费社会资源，应立即终结破产程序。

破产分配完毕后终结，指实现了破产程序预期目标之后的终结，破产债权均得到一定比例的清偿。

2. 破产清算终结裁定

无论是何种类型的破产清算终结，均需法院裁定。对于破产宣告前的终结和破产分配前的终结，法院可依管理人的申请或依职权进行裁定。对于破产分配完毕后的终结，由管理人向法院提交破产财产分配报告，请求法院裁定破产程序终结。

《破产法》第120条第1款规定，破产人无财产可供分配的，管理人应当请求人民法院裁定终结破产程序。该条第2款规定，管理人在最后分配完毕后，应当及时向人民法院提交破产财产分配报告，并提请人民法院裁定终结破产程序。该条第3款规定，人民法院应当自收到管理人终结破产程序的请求之日起15日内作出是否终结破产程序的裁定。裁定终结的，应当予以公告。

《破产法》第121条规定，管理人应当自破产程序终结之日起10日内，持人民法院终结破产程序的裁定，向破产人的原登记机关办理注销登记。

《破产法》第122条规定，管理人于办理注销登记完毕的次日终止执行职务。但是，存在诉讼或者仲裁未决情况的除外。

3. 追加分配

追加分配，指破产清算程序终结后，对于新发现的属于破产人、可用于破产分配的财产，由法院按破产程序对尚未获得完全清偿的破产请求权进行清偿的补救性程序。其特征有四：(1)追加分配的财产，是破产清算终结后新发现的财产；(2)追加分配，受法定除斥期间2年的限制；(3)追加分配由法院负责实施，而非管理人；(4)追加分配方案，应符合破产清算的有关规定。

《破产法》第123条第1款规定，自破产程序依照本法第43条第4款或者第120条的规定终结之日起2年内，有下列情形之一的，债权人可以请求人民法院按照破产财产分配方案进行追加分配：(1)发现有依照本法第31条、第32条、第33条、第36条规定应当追回的财产的；

(2)发现破产人有应当供分配的其他财产的。

该条第2款规定,有前款规定情形,但财产数量不足以支付分配费用的,不再进行追加分配,由人民法院将其上交国库。

第六节　法律责任

一、违反破产法的法律责任

违反破产法的法律责任指行为人违反破产法的规定而应当承担的不利后果。该法律责任具有强制性,对不法行为人具有教育和惩戒的作用。

一般而言,依照行为人违法行为的性质和承担法律责任的法律依据,其应承担的法律责任可分为民事责任、行政责任和刑事责任三种。

民事责任,是指行为人违反民事义务而应承担的法律责任。在破产法上,行为人的民事责任主要采取损害赔偿形式。例如,企业的董事、监事或者高级管理人员违反忠实义务、勤勉义务,致使所在企业破产而给破产企业的出资人、债权人或第三人造成损害的,应当承担赔偿责任。

行政责任,是指行为人违反法律的强制性规定而应当承担的带有惩罚性质的法律责任,例如警告、罚款等法律后果。

刑事责任,是指行为人因实施刑法规定的犯罪行为而应当承担的惩罚性后果。具体形式体现为刑罚,包括管制、拘役、有期徒刑、无期徒刑和死刑5种主刑,以及剥夺政治权利、罚金和没收财产3种附加刑;若犯罪行为人是外国人,还可以适用驱逐出境的刑罚。《破产法》没有明文规定破产犯罪及其相应的刑事责任。我国实行刑法和民商法分立的体制,所有的犯罪问题均由刑法加以规定,《破产法》不便而且也没有必要专门规定破产犯罪及其相应的刑事责任承担。因此,《破产法》第131条规定,违反本法规定,构成犯罪的,依法追究刑事责任。

二、导致企业破产的民事责任

导致企业破产的民事责任指企业的董事、监事或者高级管理人员因为违反法定义务致使所在企业破产而应当对受害的第三人承担的民事责任。这里的"企业破产",应当以《破产法》规定的"破产清算"为限。

企业破产的原因极为复杂,并非均与企业的董事、监事或者高级管理人员有关,其不一定要对此承担民事责任。但是,如果企业的董事、监事或者高级管理人员在执行职务过程中,违反忠实义务或勤勉义务,直接造成所在企业破产的,应当承担相应的民事责任。这里的"民事责任",是指企业的董事、监事或者高级管理人员对企业破产后受到损害的第三人承担的个人责任。

该民事责任,构成要件有三:(1)民事责任的主体,仅限于企业的董事、监事或者高级管理人员。除董事、监事外,企业的高级管理人员是指企业的经理、副经理、财务负责人、上市公司董事会秘书和公司章程规定的其他人员。(2)民事责任主体违反法定义务,并与企业破产之间存在因果关系。(3)民事责任的相对人,仅限于企业破产后损害的第三人,包括但不限于破产企业的出资人、破产企业的未获全额清偿的债权人等。

三、妨碍破产程序的法律责任

妨碍破产程序的法律责任指行为人（包括但不限于债务人、管理人）在破产程序中违反法律规定且有妨害破产程序的行为时应当承担的不利法律后果。这里的“妨害破产程序的行为”，是指有害于破产程序公正、有序进行的行为，不仅包括《破产法》明文规定的违反企业破产法的行为，而且包括《破产法》未明文规定但依照《民事诉讼法》第十章的规定应予制裁的“妨害民事诉讼”的行为。有以下行为的，人民法院应当依照法律规定的方式予以制裁。

（一）违反列席债权人会议的义务

《破产法》第126条规定，有义务列席债权人会议的债务人的有关人员，经人民法院传唤，无正当理由拒不列席债权人会议的，人民法院可以拘传，并依法处以罚款。债务人的有关人员违反本法规定，拒不陈述、回答，或者作虚假陈述、回答的，人民法院可以对直接责任人员依法处以罚款。

这里的“债务人的有关人员”，指债务人的法定代表人、董事、监事、高级管理人员或其他业务负责人等。

（二）违反说明的义务

债务人的有关人员，例如债务人的法定代表人、董事、监事、高级管理人员或其他业务负责人等，有义务依照破产法的规定，就其知道的事实向人民法院、管理人或债权人会议作出如实陈述。若债务人的上述有关人员，违反破产法的规定，就其知道的事实拒不陈述、回答，或者作虚假陈述、回答的，人民法院可以对直接责任人员依法处以罚款。

（三）违反提交的义务

债务人或债权人向人民法院申请债务人破产的，债务人应当依照破产法的规定，向人民法院提交其财产状况说明、债务清册、债权清册、有关财务会计报告以及职工工资的支付情况和社会保险费用的缴纳情况说明等法定文件。在法律规定的期限届满后，债务人拒不向人民法院提交或提交不真实的法定文件的，人民法院可以对直接责任人员依法处以罚款。

（四）违反移交财产的义务

破产程序开始后，债务人财产由管理人接管；债务人在管理人接管财产前，应当妥善保管其占有和管理的财产、印章和账簿、文书等资料，并应在管理人接管后，依照其要求，移交以上资料。若债务人违反破产法的规定，拒不向管理人移交上述资料的，或者伪造、销毁有关财产证据材料而使其财产状况不明的，人民法院可以对直接责任人员依法处以罚款。

（五）违反限制居住的义务

破产程序开始后，债务人的有关人员，例如债务人的法定代表人，经人民法院决定的企业的董事、监事、高级管理人员、财务管理人员和其他管理人员，未经人民法院许可，不得离开其住所地。债务人的有关人员在破产程序进行期间，擅自离开住所地，构成违反限制居住的法定义务的，人民法院可以予以训诫、拘留，依法并处罚款。

（六）管理人违反破产法的规定

管理人（包括个人管理人和机构管理人）在破产程序进行期间负有勤勉尽责、忠实执行职务的法定义务，若违反其义务，将直接妨害破产程序的公正和有序进行，应当承担相应的责任。

依照破产法的规定，管理人员未能勤勉尽责、忠实执行职务的，人民法院可以依法对其处以罚款。

四、诈欺破产的赔偿责任

诈欺破产的赔偿责任，是指债务人实施诈欺破产行为致使债权人受到损害而应当承担的赔偿责任。它是为弥补债权人所受的损害的一种替代性的民事责任；承担该赔偿责任的主体，不是有诈欺破产行为的债务人，而是该债务人的法定代表人或对该诈欺破产行为负有直接责任的人员。

《破产法》第128条规定了诈欺破产的赔偿责任：债务人有本法第31条、第32条、第33条规定的行为，损害债权人利益的，债务人的法定代表人和其他直接责任人员依法承担赔偿责任。

诈欺破产行为，指债务人违反《破产法》的规定，通过隐瞒真实情况或制造虚假情况的手段，实施债务人财产的事先处分行为，导致债务人财产减少或债务人财产的负担增加，或者使债务人财产状况不明，从而损害债权人利益的行为。依照《破产法》的规定，诈欺破产的行为具体包括可撤销行为、偏袒性清偿行为和破产无效行为。

该赔偿责任，构成要件有三：

债务人有无诈欺破产的行为，应当依照《破产法》的规定进行判断。

(1) 债务人的可撤销行为：应当限于人民法院受理破产申请前一年内、债务人所为的涉及债务人财产的下列行为：①无偿转让财产的；②以明显不合理的价格进行交易的；③对没有财产担保的债务提供担保的；④对未到期的债务提前清偿的；⑤放弃债权的。

(2) 债务人的偏袒性清偿行为：仅以人民法院受理破产申请前6个月内，债务人已经发生不能清偿债务的情形而仍对个别债权人进行清偿的行为为限。

(3) 债务人的破产无效行为：包括两种情况：①为逃避债务而隐匿、转移财产的；②虚构债务或者承认不真实的债务的。债务人有以上法律规定的涉及债务人财产的行为之一的，均可构成“债务人有诈欺破产的行为”。

思考题：

(1) 简述管理人的责任与权利。

(2) 简述强制批准重整计划草案的立足点及适用条件。

(3) 简述允许出资额占债务人注册资本10%以上出资人申请重整的意义。

(4) 简述抵销权的担保作用及禁止条款。

(5) 简述可撤销的诈欺破产行为。

(6) 简述偏袒性清偿个别债权人的诈欺破产行为。

(7) 简述无效的诈欺破产行为。

(8) 比较破产费用与共益债务的分配顺位。

(9) 简述金融机构破产分配(个人储蓄存款、受益人享有保险金)顺位的特殊性。

参考文献

[1] 李永军，王欣新，邹海林. 破产法[M]. 北京：中国政法大学出版社，2009.
[2] 朱羿锟. 商法学:原理·图解·实例[M]. 北京：北京大学出版社，2006.
[3] 高在敏，王延川，程淑娟. 商法[M]. 北京：法律出版社，2006.
[4] 江平，李国光. 最新公司法培训教程[M]. 北京：人民法院出版社，2006.
[5] 中华人民共和国企业破产法[M]. 北京：中国法制出版社，2006.

第三篇

金 融 法

第八章　票据法

我国调整票据关系的法律，是1995年5月10日第八届全国人民代表大会常务委员会第十三次会议通过、1996年1月1日施行、2004年8月28日第十届全国人民代表大会常务委员会第十一次会议修改的《中华人民共和国票据法》(简称《票据法》)。另外，《票据管理实施办法》、《支付结算办法》、最高人民法院《关于审理票据纠纷案件若干问题的规定》也是规范、调整票据关系的重要法律依据。票据权利人(持票人)了解并掌握《票据法》的相关知识点，对于有效规避票据风险、充分利用票据的流通性、便捷工作和生活有着积极的意义。

关键词：票据行为特性；票据原因与票据行为；票据瑕疵；票据抗辩；票据丧失及补救；空白票据；票据时效；利益偿还请求权；出票；承兑；背书；保证；追索权

第一节　票据概述

一、票据的概念

票据指出票人依《票据法》签发的，由本人或委托他人在见票时或者在票载日期无条件支付确定的金额给收款人或持票人的一种有价证券。

这里的“出票人”，指签发票据的人，可以是银行，也可以是企业或个人。“收款人”，指出票人在票据上记载的权利人，这是票据上最初的权利人。“持票人”，范围较广，包括收款人、经转让而取得票据的人、依继承而取得票据的人、依公司分立或者合并而取得公司票据的人、依法院判决或者行政处罚决定而取得他人票据的人、由于清偿了后手的追索而取得票据的人等。付款人包括两种形式：一是“被委托的他人”，指出票人在票据上记载一付款人，委托该付款人对票据付款，例如汇票、支票；二是“本人”，指由出票人本人支付其签发的票据，例如本票。

二、票据的种类

《票据法》第2条第2款规定，本法所称票据，是指汇票、本票和支票。

《票据法》第19条第1款规定，汇票是出票人签发的，委托付款人在见票时或者在指定日期无条件支付确定的金额给收款人或者持票人的票据。该条第2款规定，汇票分为银行汇票和商业汇票。银行汇票，是指以银行为出票人，同时以银行为付款人的汇票。商业汇票，是以银行以外的其他企业或组织等为出票人，以银行或其他企业、组织等为付款人的汇票，又分为银行承兑汇票和商业承兑汇票。

《票据法》第73条第1款规定，本票是出票人签发的，承诺自己在见票时无条件支付确定的金额给收款人或者持票人的票据。该条第2款规定，本法所称本票，是指银行本票。因此，在我国使用的本票仅为即期本票，要求见票即付，不包括在指定日期进行付款的远期本票。

《票据法》第81条规定，支票是出票人签发的，委托办理支票存款业务的银行或者其他金融机构在见票时无条件支付确定的金额给收款人或者持票人的票据。根据《票据法》第83条的规定，支票分为普通支票、现金支票和转账支票。普通支票，既可用于支取现金，也可用于转账；现金支票专门用于支取现金；转账支票专门用于转账，不能支取现金。

三、票据的职能

票据的职能主要分为汇兑、信用、支付、结算与融资，这里重点介绍票据的信用和支付职能。

（一）信　用

通过签发远期票据的方式，可以克服现金交易存在的缺陷，实现信用交易。如果持票人急需用现金，他可以将未到期的票据进行贴现以换取现金，银行将在扣除到期日以前票据金额的利息后，把剩余票据金额提前支付给持票人。此外，如果持票人在票据到期日以前需要履行其他债务的，也可将票据背书转让交付给债权人，以达到履行债务的目的。最后，票据背书客观上增强了票据的信用职能。在汇票上，票据的信用职能体现得最为明显。例如，甲从乙处受领一批货物，甲签发一张以乙为收款人、以自己的开户银行为付款人、在 3 个月后付款的商业汇票。在这种情况下，甲相当于得到了乙的短期贷款。乙如果在到期日之前需要履行某一债务，可通过背书将票据转让给被背书人，这时被背书人成为票据权利人，原背书人需要对其所有后手承担承兑和担保付款的责任。票据上背书的次数越多，该票据的信用就越强。

（二）支　付

担当支付工具、代替现金使用，是票据最基本和原始的职能。用票据代替现金作为支付工具，既可避免携带大量现金的不安全性，又可避免清点现钞可能产生的错误和花费的时间。各类型票据，如汇票、本票和支票，均可作为支付手段在商事交易中加以使用。例如，甲公司须向乙公司支付 5 000 万元，如果用现金支付，仅点钞就要花费大量的时间，而且还可能出现差错。如果改用支票支付，极大程度提高了支付的便捷性与安全性。

四、票据当事人

根据票据当事人是否随出票行为出现，可将票据当事人分为两类：(1)基本当事人；(2)非基本当事人。

（一）基本当事人

基本当事人，随出票行为出现，包括出票人、付款人、收款人。

出票人，指签发票据并将票据交付给收款人的人，即创设票据的人。付款人，指汇票和支票中出票人记载的人，即出票人委托付款的主体。收款人，指出票人在票据上明确记载的权利人，是票据最初的持票人。

（二）非基本当事人

非基本当事人，随出票之外的其他票据行为出现，包括背书人、被背书人、保证人、承兑人等。

背书人，主要指在票据背面或粘单上记载一定事项，将票据转让给他人的人（还存在质押背书人、委托收款背书人）。

被背书人，指经背书人背书而取得票据的人。

承兑人，指在汇票上记载一定事项，承诺在票据到期日无条件支付票据金额的人。

保证人，指在票据上记载一定事项，担保某票据义务人履行票据义务的人。保证人应当与被保证人对持票人承担连带责任。

五、票据行为的特性

(一) 要式性

票据行为必须具备法定的形式，原因在于票据的高度流通性。只有将票据行为规定成具体、明确的要式行为，才能保证票据形式与内容的统一，使交易方在票据流通中清楚地确认票据上的权利和义务，从而方便授受，提高票据的流通速度和效率。具体表现有三：(1)当事人签章，票据行为人必须签名或盖章，否则不发生法律效力；(2)票据行为须以书面形式作成，而且其在票据上记载的位置也有严格的规定，例如出票、承兑应在票据的正面记载，背书应在票据的背面或粘单上记载等；(3)票据行为有一定的款式要求。

(二) 抽象性

票据行为大多以买卖、借贷等基础原因关系为前提，而票据行为一旦成立，该原因关系是否有效甚至是否存在，不会影响票据行为的效力。例如，出票人甲为偿还乙的货款，签发了一张以乙为收款人的票据。一般来说，甲的出票行为只要在形式上符合《票据法》的要求，就属有效行为。该行为成立后，原因关系究竟如何，不再过问，故票据又称“不要因证券”。

具体表现有三：(1)票据行为一旦生效，即使基础关系不存在、无效或发生变更，除对明知存在抗辩事由而取得票据的持票人，票据义务人都必须承担相应的票据义务；(2)票据行为一旦发生效力，就意味着持票人取得了票据权利，而无需证明票据给付的原因，即持票人无须证明自己及前手依何种原因关系或基础关系取得的票据权利；(3)票据债务人不得以基础关系为理由对抗非直接的善意持票人。

(三) 文义性

票据行为内容以票据上的文字记载为准，即使票据记载与实际情况不符，也不允许当事人以票据以外的证明方法加以变更或者补充。

《票据法》第 4 条第 1 款规定，票据出票人制作票据，应当按照法定条件在票据上签章，并按照所记载的事项承担票据责任。该条第 3 款规定，其他票据债务人在票据上签章的，按照票据所记载的事项承担票据责任。

根据该规定，票据债权人不能向票据债务人主张票据上文字记载以外的权利，票据义务人也不得以票据上文字记载以外的事项对抗债权人。

另外，在票据行为中，不得以其他事实或证据探求当事人之真意，也不得任意变更或补充当事人之意思。因此，票据行为解释一般遵循外观解释原则、客观解释原则和有效解释原则。外观解释原则，指票据行为注重外观形式，如果已具备法律所要求的形式要件，即使其记载事项与事实不符，也不影响该行为的效力；客观解释原则，指票据行为应以票据上所记载文义为客观判断，不得以票据之外的其他事实或证据加以任意变更或补充；有效解释原则，指解释票据行为应尽量使之有效，以鼓励票据交易，助长票据流通、保护交易安全。

(四) 独立性

同一票据上有若干票据行为，每个票据行为依其在票据上记载的文义独立发生效力，其中某一行为无效，不影响其他行为的效力。

《票据法》第 6 条规定，无民事行为能力人或者限制民事行为能力人在票据上签章的，其签章无效，但是不影响其他签章的效力。

另外，无代理权而以代理人名义在票据上签章的，应由签章人承担票据责任；代理人超越代理权限的，应当就其超越权限部分承担票据责任。票据上有伪造签章的，票据上其他真实签章的效力并不因此受到影响。被保证人的债务即使无效，保证人仍然要承担保证责任，旨在保护持票人权利，增强票据的流通性。

（五）连带性

《票据法》第 68 条第 1 款规定，汇票的出票人、背书人、承兑人和保证人对持票人承担连带责任。该条第 2 款规定，持票人可以不按照汇票债务人的先后顺序，对其中任何一人、数人或者全体行使追索权。

对持票人而言，票据上所有票据行为人都是债务人。当持票人行使追索权时，所有票据行为人应对票据承担连带票据债务。

案例 8-1：汇票被冻结，不得影响善意持票人的票据权利

2013 年，贸易公司向物资公司签发总面额为 250 万元的商业承兑汇票 2 张。该汇票经连续背书，最终由港务公司背书转让给船舶公司。船舶公司委托银行收款时，付款人以中间背书人胶带厂涉嫌诈骗、已被公安机关采取冻结措施为由拒绝付款，船舶公司遂诉请贸易公司、物资公司支付票款及利息。

案例评析：

该案诉争汇票，形式完备，各项必要记载事项齐全，且背书连续，持票人船舶公司能以背书连续证明其汇票权利。且船舶公司亦举证证明了其取得诉争汇票的基础法律关系合法，故对其票据权利应予确认。

船舶公司行使票据付款请求权遭拒，再行向票据付款人和其他债务人主张追索权，符合法律规定。该案所涉票据虽涉及刑事案件，但与本案并非同一法律关系。根据《票据法》第 32 条第 1 款规定，以背书转让的汇票，后手应当对其直接前手背书的真实性负责。该法第 13 条第 1 款规定，票据债务人不得以自己与出票人或者与持票人的前手之间的抗辩事由，对抗持票人。船舶公司只对港务公司向船舶公司背书的真实性负责，物资公司不能以胶带厂涉嫌诈骗的事由对船舶公司享有的票据权利进行抗辩。最后，法院判决贸易公司、物资公司承担连带责任，给付船舶公司票款 250 万元及利息。

六、票据权利的种类

（一）付款请求权

付款请求权指持票人向票据主债务人或其他付款义务人请求按票据上所记载的金额付款的权利，又叫票据上的第一次权利。

持票人，可能是收款人，也可能是最后的被背书人。

（二）追索权

追索权指汇票到期，持票人行使付款请求权遭到拒绝后，持票人拥有对背书人、出票人以及汇票的其他债务人行使追索的权利。向其前手请求偿还被拒绝的票据金额的权利，又叫票据上的第二次请求权。《票据法》第 61 条规定，有下列情形之一的，持票人也可以行使追索权：(1)汇票被拒绝承兑的；(2)承兑人或者付款人死亡、逃匿的；(3)承兑人或者付款人被依法宣告破产的，或者因违法被责令终止业务活动的。其中，清偿了债权人票据金额的被追索人向其他票据债务人行使的追索权利被称为再追索权。

追索权制度更体现了《票据法》侧重保护权利人以促进票据流通的宗旨。当然，在第二次请求权仍未能得到满足时，与普通金钱债权一样，还可以继续通过其他途径，求得法律的救济。

另外，付款请求权与追索权虽然都为票据权利，但二者存在明显的区别：(1)付款请求权的权利主体比追索权的权利主体少。(2)付款请求权产生于到期日，而追索权则产生于付款人拒绝付款日或拒绝承兑日。(3)付款请求权一般只能行使一次，一旦付款人履行了付款义务或拒绝履行付款义务，付款请求权即不复存在或被转化；但追索权在某非出票人的债务人清偿债务后，并不消灭，而是转入该债务人之手，其又可以凭此权利向前手进行追索。(4)付款请求权的金额只是票据上记载的金额，即票据金额，而追索权请求的金额除票据金额外，还包括持票人的利息损失和取得有关拒绝证明和发出通知书等费用。

第二节　票据原因与票据行为

一、票据原因的概念

票据原因指授受票据的直接当事人之间授受票据的理由。常见的票据原因有：(1)支付买卖货物的价款；(2)接受他人赠与；(3)交付合同定金；(4)支付税款等。

根据票据原因是否有偿，票据原因可分为两类：(1)有对价的原因，例如支付货款、租金、定金等，在现实生活中比较常见；(2)无对价的原因，例如赠与、继承等。

二、票据行为

狭义的票据行为包括出票、背书、承兑、参加承兑、保证和保付 6 种行为，其中出票、背书和保证行为系汇票、本票和支票 3 种票据所共有，承兑和参加承兑仅限于汇票，保付仅见于支票。我国《票据法》未对参加承兑和保付作出规定，故《票据法》规定的狭义票据行为仅有出票、背书、承兑、保证 4 种行为。

广义的票据行为还包括更改、涂销、禁止背书、付款、划线(仅限于支票)、见票(仅限于本票)等行为。

三、票据原因与票据行为的关系

票据原因与票据行为的关系，表现在两个方面：(1)原则上，二者是分离的；(2)一定情况下，二者又相互牵连。

(一) 票据原因与票据行为分离

基于票据的无因性，根据《票据法》规定，票据原因与票据行为一般是分离的，表现有三：

(1) 即使票据原因不存在或者无效、被撤销，只要出票、背书等行为依法成立，则出票人、背书人须承担票据责任，持票人享有票据权利。

(2) 即使票据上记载的内容与票据原因内容不一致或者不完全一致，票据行为的权利义务应当按照票据文义决定，而不能以票据以外的事实改变票据行为的内容。

(3) 只要票据上背书符合形式上的连续性，持票人即可依照票据上记载的事项向票据债务人主张票据权利，而无须向票据债务人证明自己取得票据的原因，票据债务人也无须对持票人取得票据的原因进行实质审查。

案例 8－2：票据原因与票据行为，分离还是牵连？

A 建筑公司从 B 钢铁厂购进一批钢材，数量 20 吨，价款 5.6 万元。钢材运抵建筑公司后，A 建筑公司为 B 钢铁厂签发了一张以 A 建筑公司为出票人和付款人、B 钢铁厂为收款人、到期日在 3 个月后的商业承兑汇票。1 个月后，B 钢铁厂从 C 金属公司购进一批冶金轧辊，价款 6 万元。B 钢铁厂就把 A 建筑公司开具的商业承兑汇票背书转让给了 C 金属公司，余下 4 000 元用支票支付完毕。汇票到期后，C 金属公司将汇票提交给 A 建筑公司请求付款，但遭 A 建筑公司拒绝，理由是 B 钢铁厂供给的钢材不合格，不同意付款。

该案涉及两个问题：

(1) A 建筑公司拒付理由是否充分？

(2) A 建筑公司和 B 钢铁厂之间的纠纷如何解决？

进一步，关于票据原因与票据行为，该案适用：

A. 票据原因与票据行为分离，B 钢铁厂供给的钢材不合格；

B. 票据原因与票据行为分离，B 钢铁厂的钢材合同被撤销；

C. 票据原因与票据行为牵连，授受票据的直接当事人之间；

D. 票据原因与票据行为牵连，持票人取得票据没有给付对价。

(二) 票据原因与票据行为牵连

在某些特殊情况下，票据原因与票据行为是有牵连的，这主要表现在四个方面：

1. 授受票据的直接当事人之间

在授受票据的直接当事人之间，原因是否有效直接影响到票据行为的效力。

《票据法》第 10 条第 1 款规定，票据的签发、取得和转让，应当遵循诚实信用的原则，具有真实的交易关系和债权债务关系。

有学者认为，该规定是在挑战票据的无因性，影响票据的流通和对善意持票人的保护。但是，若将该规定限制在授受票据的直接当事人之间，既没有否定票据的无因性，也不会影响票据的流通和对善意持票人的保护。

例如，甲为购买乙收藏的一幅名人字画，向乙签发了一张支票，如果乙没有按照双方的约定交付字画给甲，却要求甲付款，甲可对乙主张抗辩。也就是说，若票据原因和票据行为存在于同一对当事人之间，票据债务人可以用票据原因瑕疵事由进行抗辩。

案例 8－3：支票系直接前后手关系，债务人可以基础关系进行抗辩

2013 年，建材厂依购销合同向建筑公司供货。2014 年，建筑公司向建材厂交付一张票面金额为 70 万元的转账支票。因银行退票，建材厂诉请建筑公司付款。建筑公司自认建材厂供货 43 万元，已支付 10 万元。

案例评析：

建材厂合法持有案涉支票的必要记载事项齐全、形式完备，系有效票据。建材厂持该支票未能在银行获得相应款项，建筑公司作为出票人应向建材厂支付该支票载明的票面金额，但建材厂与建筑公司系支票直接前后手，双方存在直接债权债务关系，故票据债务人可对不履行约定义务的与自己有直接债权债务关系的持票人进行抗辩。

虽然建筑公司签发票面金额 70 万元的支票向建材厂付款，但购销合同不能作为建材厂履行了70万元供货义务的依据。建材厂亦未举示任何送货单，亦未提供其他证据证明其与建筑公司签订购销合同后履行了供货义务，故对供货金额，以建筑公司自认金额为准。法院判决建筑公司返还建材厂票面金额33万元及占用相应资金产生的利息损失。

2. 持票人取得票据没有给付对价或没有给付相应的对价

《票据法》第10条第2款规定，票据的取得，必须给付对价，即应当给付票据双方当事人认可的相对应的代价。

《票据法》第11条第1款规定，因税收、继承、赠与可以依法无偿取得票据的，不受给付对价的限制。但是，所享有的票据权利不得优于其前手的权利。

该规定的意思是，若持票人取得票据没有给付对价，原则上不享有票据权利；但在特殊情况下（税收、继承、赠与）不能享有优于其前手的权利。若前手不享有票据权利，持票人也不得享有票据权利；若前手的票据权利附有一定的抗辩事由，票据债务人同样能够以此事由向持票人主张抗辩。

3. 持票人取得票据的手段不合法

《票据法》第12条第1款规定，以欺诈、偷盗或者胁迫等手段取得票据的，或者明知有前列情形，出于恶意取得票据的，不得享有票据权利。

该条第2款规定，持票人因重大过失取得不符合本法规定的票据的，也不得享有票据权利。《票据法》保护合法取得票据者，不保护违法者甚至是犯罪者。

4. 为清偿债务而交付票据

为了清偿债务而交付票据时，原则上，票据债务不履行，原债务不消灭。

例如，甲欠乙一笔债务，甲将一张记载一定金额的汇票交给乙，则甲欠乙的债务消灭。

四、《票据法》对票据原因的规定

票据原因与票据行为分离，体现了票据的无因性，意在促进票据的使用和流通。

但《票据法》过分强调原因关系。例如《票据法》第10条第1款规定，票据的签发、取得和转让，应当遵循诚实信用的原则，具有真实的交易关系和债权债务关系。《票据法》第21条第1款规定，汇票的出票人必须与付款人具有真实的委托付款关系，并且具有支付汇票金额的可靠资金来源。该条第2款规定，不得签发无对价的汇票用以骗取银行或者其他票据当事人的资金。

上述规定，容易使人误解为“票据行为的成立，受制于票据原因”，从而挑战票据的无因性。

五、司法实践对票据无因性的认识

根据最高人民法院关于票据法的司法解释第14条的规定，票据债务人以《票据法》第10条、第21条的规定为由，对业经背书转让票据的持票人进行抗辩的，人民法院不予支持。只有授受票据的直接当事人之间存在基础原因性瑕疵时，原因瑕疵才能够成为有效的抗辩事由。

那如何理解票据的无因性呢？无因性是《票据法》的原则，但不能将该原则绝对化。若持票人因欺诈、偷盗、胁迫等原因而取得票据，不能享有票据权利；若持票人取得票据后，未按照与前手之间的约定履行相应的义务，其前手可以原因事由行使抗辩权。

第三节　票据瑕疵

票据瑕疵，包括两种情况：(1)票据伪造；(2)票据变造。

一、票据伪造

(一) 票据伪造的概念

票据伪造指假冒他人或者虚构他人的名义在票据上签章，伪为票据行为的违法行为。例如，某票据拾得者假冒票据权利人，伪造其签章在票据上背书。

在票据实践中，票据行为人签名代理的情况大量存在。因此，有必要将票据伪造与无权代理区分开来。二者的区别，主要表现有三：(1)形式要件不同。票据代理的签章有严格的形式要件，必须具备被代理人名称、代理人签章和表明代理关系的文句；而票据伪造则在票据上不显示代理关系，即以代理方式所进行的无权限的票据行为为无权代理，以代理签名方式所进行的无权限的票据行为为票据伪造。(2)行为结果不同。票据伪造的结果一般是为了伪造人自身的利益，而无权代理往往是为了被代理人的利益。(3)是概括授权还是特别授权。当票据代理为特别授权时，若超出特别授权范围，应视为票据伪造；属于概括授权的，即使是为了个人的私利，也不视为票据伪造。

票据伪造行为的成立，须具备下列三个构成条件：

1. 伪造者的行为在形式上符合票据行为的要件

伪造行为本身并非票据行为，但从该行为的外观看它就是票据行为。伪造《票据法》规定的出票、背书、承兑、保证四种票据行为中的任何一种，都构成票据伪造。如果伪造的行为不属于这些行为，例如伪造票据格式或伪造最后持票人在票据上签收等，都不构成票据伪造，故应该由其他法律来调整。

2. 伪造者假冒他人或者虚构他人的名义在票据上签章

这是票据伪造最根本的特征。这里的“他人”，可以是现实存在的某个具体的人，也可以是实际上根本不存在的人。“假冒他人名义”形式方法多种多样，例如模仿他人的签名、伪刻他人的印章、盗用他人的印章或滥用保管在自己手中的他人的印章等。不管采用什么人的名义，只要未经其同意，均构成票据伪造。

3. 伪造者的目的是行使票据

伪造者伪造票据，旨在使其后手误以为真，以从票据转让中获得非法利益。如果伪造者并非以行使伪造后的票据权利为目的，则不构成票据伪造，例如为了教学或游戏需要而制作票据样本，则主要是为了教学演示或游戏娱乐，而不是以夺取票据权利为目的。

(二) 票据伪造的风险承担

票据被伪造，伪造人获得不法利益，有人就要蒙受损失，问题是谁应承受该损失？

对伪造人而言，因为票据是文义证券，而伪造人没有以自己的名义在票据上签章，故不承担票据法上的责任。但根据《票据法》第 14 条第 1 款的规定，伪造人应当承担其他法律责任。依《票据法》第 103 条第 1 款、第 104 条的规定，伪造人必须承担刑事责任以及行政责任。另外，若伪造行为给他人造成了经济损失，行为人还应当承担民事赔偿责任。

进一步，若由违法行为人承受该损失，且该损失与其获得的不法利益相抵，则不存在风险承担问题。事实是，违法行为人获得不法利益后，往往逃之夭夭，无从查找；有时即使将违法行为人抓获，其也已将不法所得挥霍殆尽。《票据法》第14条第1款的规定，票据上有伪造、变造的签章的，不影响票据上其他真实签章的效力。据此，在伪造的票据上有真实签章的行为人，仍然必须依票据上的文义承担给付义务，即其票据行为不因存在伪造签章而无效。例如，A假冒B的名义签发汇票给C，C不知情由，将汇票背书后转让给D，D又将汇票背书后转让给了E。E在向付款人F请求付款时遭拒绝。此种情形下，A的行为属于票据伪造，B是被伪造人，A与B均不对E负票据责任。但背书人C和D的签章是真实的，故两主体仍然应当根据票据的文义，向E负票据责任。总之，票据被伪造，可能承担风险的当事人有：持票人、付款人(含代理付款人)、被伪造人、真实签章人等。

1. 持票人

通常情况下，持票人取得票据手段合法且支付了相应的对价，应认定为正当持票人。但是，若持票人取得的票据是伪造票据，其请求付款时被拒绝(可能是付款人辨认出票据上的签章是伪造的)，而该票据上没有其他真正的签章人。在这种情况下，该持票人须承担票据权利不能实现的风险，其只能依民法规定向伪造人主张民事赔偿。

案例8-4：持票人(陆经理)被假汇票骗走21.5万元，后果自负

某年6月的某天(星期四)，江苏某织布公司(简称织布公司)陆经理突然接到一个自称宁波客户的电话，称"我急需20万匹布，第二天(星期五)上午9:00到贵厂取货"。双方就布匹的颜色、款式、价格等，通过电话达成合意，共计价款21.5万元。宁波客户称，其将持一张21.5万元中国工商银行汇票取货。陆经理心想，"织布公司附近有一家农业银行储蓄所(简称储蓄所)，织布公司所有的存、贷款业务都在该储蓄所办理。宁波客户拿来汇票，先让储蓄所把关：若汇票没问题，可以发货；如果汇票有问题，则拒收汇票，没有什么风险"，便同意了宁波客户持汇票取货的要求。

第二天(星期五)上午9:00，宁波客户如约持汇票来到织布公司，其自带货车停在织布公司门口。陆经理立即派人将该工商银行汇票送到储蓄所，储蓄所收下该汇票，并盖上"收妥抵用"章，陆经理便放心地给宁波客户发货。第五天(下星期一)下午，储蓄所通知织布公司"其所持工商银行汇票是假汇票，遭同城票据结算中心拒绝"。储蓄所认为，陆经理应负责假汇票损失，其从伪造者手中直接受让汇票；陆经理认为，损失应由储蓄所负责，其是专业金融机构，应该且能够审查出假汇票，其在汇票上盖"收妥抵用"章行为说明其未尽谨慎审查义务。双方协商未果，诉至法院，法院判决陆经理败诉。

案例评析：

该案汇票伪造，涉及三方当事人：(1)储蓄所；(2)陆经理；(3)宁波客户。那么谁应为伪造的票据买单呢？

宁波客户是伪造者，由他为票据伪造负责，但他已逃之夭夭。陆经理认为，其风险已经转嫁给储蓄所，理由有二：(1)储蓄所是汇票代收人，如果储蓄所不在汇票上盖"收妥抵用"章，他不会轻易发货；(2)储蓄所作为专业金融机构，应该且能够审查出其真假，其在汇票上盖"收妥抵用"章行为说明其未尽谨慎审查义务，故由储蓄所承担汇票伪造风险。

针对陆经理提出的抗辩理由，法院进行了深入的调查：(1)法院工作人员持该假汇票来到当地工商银行，专业人员一眼便看出这是假汇票，但同时认为：工商银行一般工作人员难以审查出其是伪造的，因为一般工作人员不具备专业素质；农业银行工作人员也难以审查出其是伪造的,因为我国不同银行的汇票格式不同,每家银行只关注自身的票据格式,若要求农业银行工作人员须具备工商银行专业人员的素质,过于苛刻。据此,法院认为,储蓄所对该汇票只负责形式审查,不负实质审查义务;其没能鉴别出该汇票伪造,不是出于恶意或重大过失,故不承担票据责任。(2)储蓄所在该汇票上盖"收妥抵用"章,到底何意?陆经理认为,"收妥抵用"说明储蓄所用该汇票抵用了现金。储蓄所认为,"收妥抵用"只是说明储蓄所收下了这张汇票,至于这张汇票是否伪造,只有送到同城票据结算中心才能真相大白;如果这张汇票没有问题,才可以抵用现金。最后,法院采信了储蓄所的主张。

伪造者(宁波客户)精心设计骗局:(1)熟知票据相关知识,例如不同银行有着不同的票据格式,储蓄所难以鉴定工商银行汇票的真伪;(2)精心策划时间差,星期四提出订货要求,星期五上午提货、交付汇票,而周六、日休息,等下周一发现假汇票时,早已逃之夭夭;(3)向陆经理抛下大订单(21.5万元)诱饵,陆经理同意其持汇票取货。相比之下,陆经理显现明显不足:(1)不懂票据,寄希望于储蓄所帮其把关;(2)缺乏对宁波客户最起码的风险防范,如叫什么名字?身份证号码是多少?家庭地址、工作场所在哪里?对这些重要信息几乎一无所知,故无法寻求民事赔偿救济;(3)面对大订单,迷失方向:生意谈得太顺利,应属不正常,这恰是风险所在。

2. 付款人(含代理付款人)

《票据法》第57条第1款规定,付款人及其代理付款人付款时,应当审查汇票背书的连续性,并审查提示付款人的合法身份证明或者有效证件。该条第2款规定,付款人及其代理付款人以恶意或者有重大过失付款的,应当自行承担责任。

之所以对付款人作如此严格的规定,是因为票据在经若干人之手辗转流通的过程中,有无违法或违规,一般票据当事人很难查知;付款是最后也是最关键的阶段,希望付款人恪尽职守,把好这道关口,把问题解决在付款之前,以确保票据流通的安全。

若票据发生了伪造行为,付款人是否一定能够查知?答案是不一定的。目前我国票据通常由银行充当付款人,虽然银行努力提高职员的审查技术水平,但违法者也在想方设法寻找法律的漏洞和检查技术手段的不足,二者之间呈博弈状态。若付款人能够较容易地辨认出签章的伪造,但由于疏忽而对伪造票据付款,则付款人应当承担风险;若付款人已尽通常的形式审查义务,仍未能辨认出签章的伪造而对票据付款,该风险不应由付款人负担,至少不能由其独自承担,而应当按照民法的公平原则,由参与票据活动的所有当事人共同分担风险。

3. 被伪造人

被伪造人没有在票据上签名或盖章,原则上不负票据责任。该抗辩事由,被伪造人可以对抗一切持票人,即使是善意持票人,也不得对被伪造人主张票据上的权利。

4. 真正签章人

票据行为具有独立性,某票据行为无效,不影响其他票据行为的有效性。根据《票据法》规定,真正签章人对持票人负票据义务,意在保障票据的流通,保护正当持票人的利益。真正签章人在负担票据义务后,可以向在他之前签章的人行使再追索权利,如此依次向前追索,直到最前面的真正签章人。其通常从伪造人处直接受让票据,应当是最终的风险承担者。

例如,甲假冒乙的名义签发了一张汇票,交给收款人丙,丙经背书将票据转让给丁,丁又经背书将票据转让给戊,戊请求付款人付款时遭拒绝。在这种情况下,戊不得请求被伪造人乙负出票人的责任,因为乙没有在票据上签章,也未委托他人代自己签章;戊也不能请求伪造人甲负票据责任，因为甲没有在票据上签章，即甲不是票据行为人。该案仅有丙和丁为真正签章人，故戊可向丙、丁行使追索权，丙、丁不得以“甲假冒乙的名义伪造了出票行为”主张自己的签章无效。若丁首先负担票据义务，可以向其前手丙主张票据权利。而丙从伪造人甲处直接受让票据，应是最终风险承担者；丙遭受的损失，可依民法规定向甲请求赔偿。

案例 8-5：汇票被伪造，谁应当承担汇票伪造风险？

A 伪造了一张 100 万元的银行承兑汇票，以 B 公司为收款人、乙银行为付款人。A 将这张伪造的银行承兑汇票向 B 公司换取了 78 万元，B 公司持这张伪造的汇票到甲银行申请贴现，甲银行未审查出汇票伪造，贴现 95 万元，B 公司由此获得收入 17 万元。甲银行通过联行往来向乙银行提示承兑。乙银行从未办理过银行承兑业务，在收到汇票后，立即向公安局报案。后查明系伪造汇票。因此，乙银行将汇票退给甲银行，拒绝承兑。

该案中谁应当承担汇票伪造风险？

A. B 公司；　　B. 甲银行；　　C. 乙银行；　　D. A。

二、票据变造

（一）票据变造的概念

票据变造指没有变更权限的人变更票据上除签章之外的其他记载事项的违法行为。例如，某持票人将票据金额由 5 万元改写为 50 万元。

票据变造，不同于票据更改、票据涂销、票据伪造。票据更改，是有变更权的人对票据记载事项进行的改变。票据涂销，是指原记载人涂抹或消除票据金额、日期、收款人名称以外事项并签章的行为，涂销的方法包括浓墨涂抹、橡皮擦拭、使用化学方法或在背书栏内外用文义表明铲除其背书部分等，而被涂销的文义是否能够辨别则在所不问。票据伪造，是假冒或虚构票据上的签章。

值得注意的是，我国的票据法对票据涂销未作规定，而日内瓦统一的票据法及大陆法系各国的票据法对票据涂销也未作集中规定，而是分别规定了背书涂销、承兑涂销等具体形式。英美法系国家的票据法则对票据涂销做出了集中规定，还对其进行了分类。我国台湾地区的票据法较为详细地规定了票据涂销，其中既有概括性规定，也在具体的票据行为中作了规定。

票据变造，须具备下列三个构成条件：

1. 必须是没有变更权限的人所为

若是有变更权人对票据可变更记载事项进行变更的，则为票据更改，而非票据变造。《票据法》第 9 条第 2 款规定，票据金额、日期、收款人名称不得更改，更改的票据无效。该条第 3 款规定，对票据上的其他记载事项，原记载人可以更改，更改时应当由原记载人签章证明。也就是说，非自己记载的事项，不得变更；否则就构成票据变造，例如背书人变更出票人记载的事项。

2. 必须是变更票据签章以外的其他记载事项

票据变造，仅限于无变更权人对签章以外的其他记载事项的变更。严格地说，变更票据事项的行为应足以使票据权利的内容发生变化，才是票据变造；若对票据上无关紧要的事项加以变更或者变更后不会使票据权利内容发生变化，则不构成票据变造。

3. 必须以行使票据为目的

票据变造必须以行使票据为目的，例如，背书人变更汇票金额而转让，意在得到与变更后票面金额相当的代价。若变更人将变更后的票据仅留作纪念，则不是票据变造。

案例 8－6：汇票金额及其他事项被变造，不得影响汇票效力

2013 年，化工公司为履行采购合同支付货款义务，向冶金公司提供出票人为实业公司、收款人为建材公司、票面金额 240 万元的银行承兑汇票一张。2014 年，冶金公司持票到银行办理业务时，银行以该汇票系变造为由收缴。冶金公司遂以化工公司为被告，诉请确认该汇票无效。

案例评析：

该案无证据证明涉案票据存在原记载人即出票人实业公司更改票据“金额、日期、收款人名称”行为，亦无证据证明涉案票据金额变造系化工公司行为，在化工公司为履行其与冶金公司合同付款义务时，背书转让涉案汇票给冶金公司，其签章具有真实性。依《票据法》第 14 条规定，化工公司应对其签章时票据金额 240 万元承担票据责任。如确认涉案汇票无效，将会导致票据自始无效，那么票据变造之前签章的人亦将不承担变造之前的票据责任，这将破坏票据的流通性，并影响后手向前手行使票据追索权，故冶金公司请求确认涉案汇票无效无事实和法律依据。冶金公司在不能实现付款请求权情形下，可向其前手行使票据追索权。即使追索权不能实现，亦可依其与化工公司的基础法律关系行使债权请求权来实现其权利保护。基于票据无效的法定性，冶金公司以票据收缴为由确认涉案汇票无效没有法律依据。法院驳回冶金公司诉请。

（二）票据变造风险承担

《票据法》第 14 条第 3 款对票据变造在票据法上的法律后果作了明确规定：票据上其他记载事项被变造的，在变造之前签章的人，对原记载事项负责；在变造之后签章的人，对变造之后的记载事项负责；不能辨别是在变造之前或者之后签章的，视同在变造之前签章。根据上述规定，假设票据金额由 10 万元改写为 100 万元，可能承担风险的票据当事人有：持票人、付款人（含代理付款人）、变造前的签章者、变造后的签章者等。

1. 持票人

持票人取得票据时，按照票据上记载的 100 万元支付对价，他不知道或不可能知道原来的票据金额是 10 万元，若该持票人请求付款被拒绝（可能是付款人辨认出票据金额被改写），其可依法向前手行使追索权。若其前手都是在变造前签章，则依据票据上原来的记载事项 10 万元承担票据义务。这意味着持票人从变造人处直接受让票据，须承担剩余 90 万元不能实现的风险。

让违法行为人的直接后手承担风险，有助于警示所有取得票据的人，在接受他人转让票据时应对直接转让人进行必要的审查，不能将堵截漏洞的责任全部推给付款人。

2. 付款人（含代理付款人）

票据变造，付款人（含代理付款人）负担风险的情形，与票据伪造相同，不再赘述。

3. 变造前的签章者

通常情况下，变造前的签章者仅依据票据上原来的记载事项（10 万元）负担票据义务。但是，若变造前的签章者与变造人恶意串通，故意将票据提供给他人，且允许、默认其改写的行为，在这种情况下，该变造前的签章者应按照改写后记载的事项（100 万元）负担票据义务。

4. 变造后的签章者

变造后的签章者，应负改写后（100 万元）的票据义务，该义务本身足以构成风险。由于票据变造，持票人请求付款被拒绝，持票人转而行使追索权，票据签章人依法须对持票人负担票据义务。若某位负票据义务的签章人之前仍有其他签章人存在，且前手签章同样发生在变造之后，风险可以转嫁出去。依次转嫁，直至变造后的第一位签章人，他从变造人处直接受让票据，自然应当成为风险的最终承担者。

案例8-7：转账支票金额被变造，持票人（丰庄饲料厂）须返还服务公司7 000元

某年7月5日，某综合服务公司（简称服务公司）为偿付建民食品加工厂货款，签发金额382元的中国农业银行某市分行的转账支票一张，未记载收款人名称就交付了支票。7月7日，有人持该支票到丰庄饲料厂购买饲料，该转账支票大小写金额均为7 382元，但未有任何背书。丰庄饲料厂收下支票，在背书人、被背书人栏均盖上其印章，再以持票人身份将支票交给中国农业银行嘉定支行江桥营业所，通过中国农业银行普陀支行西站营业所从服务公司银行账户划走7 382元，转入丰庄饲料厂账户。年底服务公司对账，发现存款短缺7 000元，经与银行核查，发现转账支票与存根不符，已被改写，但协商无果，服务公司向法院起诉，称转账支票金额已被涂改，请求确认该票据无效，并判丰庄饲料厂承担经济损失7 382元，两农业银行未按规定严格审查，错划款项，也应承担责任。

丰庄饲料厂无法证明谁是其前手（谁来购买饲料？）以及支票变造时间与变造者。法院认为，该转账支票背书人、被背书人均是丰庄饲料厂，支票金额被变造为7 382元，该转账支票无效；服务公司多支付的7 000元应由丰庄饲料厂返还，服务公司在原支票上开具382元仍由其承付。法院判决：丰庄饲料厂返还服务公司转账支票金额7 000元。

案例评析：

该案涉及的票据变造风险应由谁承担？

支票金额被改动，属于票据变造。当有人持票向丰庄饲料厂购买饲料，丰庄饲料厂应检查该支票是否背书以及背书是否连续。遗憾的是，丰庄饲料厂并未审查该支票的背书是否连续，在背书人、被背书人处均盖上其印章。丰庄饲料厂在被背书人处签章，意味着它是票据权利人，可向背书人主张权利；其在背书人处签章，说明它是票据债务人，可向其前手主张权利。但其无法证明谁是其前手以及支票变造时间和变造者，意味它从变造者手中直接受让票据，故要承担票据变造风险。

支票金额由382元改为7 382元，丰庄饲料厂是否应承担7 382元的责任？根据《票据法》规定，变造前签章人应按原记载事项负责，服务公司在原支票上签发382元，故382元应由服务公司承付；丰庄饲料厂系变造后签章人，仅对多出的7 000元负责。

该案涉及票据背书：背书应当连续，票据上第一次背书的背书人应当是收款人，持票人应当是最后一次背书的被背书人；背书人是票据债务人，被背书人是票据权利人；同一次背书，不能既是背书人，又是被背书人。丰庄饲料厂集背书人、被背书人于一身，这是其被骗的根源。

另外，变造票据还可能构成民事侵权行为、刑事犯罪行为和行政违法行为。根据《票据法》第103条第1款、第104条以及有关司法解释的规定，变造票据的行为人应当分别承担民事赔偿责任、刑事责任和行政责任。

第四节　票据抗辩

一、票据抗辩的概念

票据抗辩指票据上记载的债务人提出一定的合法事由，对票据债权人提出的请求予以拒绝的行为。

《票据法》第13条第3款规定，本法所称抗辩，是指票据债务人根据本法规定对票据债权人拒绝履行义务的行为。该规定，意在赋予票据债务人一定的自我保护权利，以维护其合法权益。

二、票据抗辩原因

票据抗辩原因又称票据抗辩事由，指法律规定票据债务人可以对票据债权人进行抗辩的事由。根据《票据法》的规定，票据抗辩可以分为两种：(1)物的抗辩；(2)人的抗辩。

(一) 物的抗辩

物的抗辩，又称绝对的抗辩或客观的抗辩，指基于票据或者票据记载的债务人而发生的抗辩，不问其为恶意善意，该抗辩不因持票人的变更而受到影响。

物的抗辩，根据抗辩权人的范围不同，又可分为两种：(1)任何票据债务人可以对任何持票人行使的抗辩；(2)特定票据债务人可以对任何持票人行使的抗辩。

1. 任何票据债务人可以对任何持票人行使的抗辩

1) 票据不符合法定的形式要件而无效

主要包括下列情形：第一，票据上欠缺表明票据种类的记载；第二，票据上欠缺表明无条件支付的委托或承诺以及确定金额的记载；第三，票据上欠缺有关当事人的名称、签章及出票日期；第四，票据上记载了某些不得记载的事项。

案例8-8：持仅显示票据号码的支票残片，不能行使追索权

2012年，电器厂通过交易从黄某处取得电器公司为出票人的支票，在银行拒付后，又因保管不慎，支票因洗衣机水洗仅剩残片，除显示票据号码外，其余内容均不清晰。电器厂持该支票残片诉请电器公司支付票款。

案例评析：

该案电器厂提供的支票残片，显示的票据号码虽与退票理由书及支票存根记载的支票号码一致，但其余内容均不清晰，也无法辨认收款人名称，故电器厂持有的支票残片应认定为无效。

电器公司尽管确认其提供的支票存根对应的支票与电器厂提供的退票理由书对应的支票是同一张支票，但不确认其提供的支票存根对应的支票与电器厂持有的支票残片是同一张支票，黄某证人证言、双方提供的证据、双方庭审陈述亦不足以证明该支票残片与支票存根对应支票，或退票理由书对应的支票是同一张支票。因此，电器厂持该支票残片等证据向电器公司行使票据追索权，诉请电器公司向其支付款项及利息，理据不足，法院驳回电器厂诉请。

在票据格式方面，我国均由中国人民银行统一管理印制，一般印有“汇票”“本票”“支票”字样，所以这种抗辩理由一般不存在。同样，我国在票据上还印有表明“无条件支付的委托或承诺”的字样，所以这种抗辩理由一般也不存在。

票据金额，是票据当事人权利、义务范围大小的直接反映，欠缺确定的金额将导致票据无效。在票据当事人记载方面，我国《票据法》对不同票据须记载的当事人名称作了不同的规定：(1)汇票，须记载付款人、收款人名称；(2)本票，须记载收款人名称；(3)支票，须记载付款人名称。票据上若欠缺出票人的签章，则票据无效。

其他导致票据无效的事由包括票据上若欠缺出票日期以及当事人签发票据时若附加了条件等情况。

最高人民法院《关于审理票据纠纷案件若干问题的规定》第 16 条第 1 款规定，票据债务人对持票人提出票据欠缺法定必要记载事项或者票据不符合法定格式的抗辩的，人民法院应当予以支持。

2）票据权利无法行使

票据权利无法行使主要包括下列情形：第一，票据上记载的到期日未至或者票据上记载的付款地点与持票人请求付款的地点不一致；第二，票据已经得到全部付款或者票据被依法提存；第三，票据被法院作除权判决；第四，持票人所持票据超过了时效。

以“票据上记载的到期日未至”而对持票人抗辩，主要发生在远期汇票中；我国本票和支票是见票即付，故不存在到期日问题。在国际贸易中，持票人应当按照票据上记载的付款地主张票据权利，否则票据债务人可对持票人进行抗辩。

票据实践中，有时会发生付款人未将票据及时收回而被再次请求付款的情形，这时付款人可以该票据已经得到足额付款为由行使抗辩权。有时也会出现法定期限已至，但未有持票人向付款人提示付款的情形。这时，若付款人依法将票款提存，则可以提存后票据权利义务关系已经消灭为由对持票人进行抗辩。值得注意的是，我国《票据法》未对票据提存作出明文规定；但根据民法原理，应当允许付款人在法定期限届满后依法提存票款。

票据实践中，合法持票人有时会丧失对票据的实际占有，例如票据被盗或者丢失。为保护合法持票人的利益，法院可根据失票人的申请对票据作除权判决。之后，任何持票人向票据债务人主张票据权利，票据债务人均可进行抗辩。

在法律规定的票据时效届满后，票据债务人能够以时效届满导致票据权利消灭为由对持票人进行抗辩。根据《票据法》第 17 条规定，持票人对票据出票人和承兑人的权利，自票据到期日起 2 年。见票即付的汇票、本票，自出票日起 2 年；持票人对支票出票人的权利，自出票日起 6 个月。该规定，具有强制性，票据当事人不能通过协议进行变更。

2. 特定票据债务人可以对任何持票人行使的抗辩

1）票据上记载的债务人是欠缺民事行为能力人

《票据法》第 6 条规定，无民事行为能力人或者限制民事行为能力人在票据上签章的，其签章无效。该规定承认欠缺民事行为能力人可以对持票人行使抗辩，但该行为的监护人应依民法规定对持票人承担相应的民事赔偿责任。

2）票据上记载的债务人是被伪造人

票据被伪造，被伪造人的签章系伪造者所为，被伪造人并未进行相应的票据行为，故不承担票据责任。任何持票人向被伪造人主张票据权利，被伪造人均可以自己被他人伪造为由进行抗辩。

3）票据发生变造，票据上记载的债务人在变造前签章

《票据法》第14条第3款规定，票据上其他记载事项被变造的，在变造之前签章的人，对原记载事项负责；在变造之后签章的人，对变造之后的记载事项负责。

根据该规定，如果持票人要求变造之前的签章人按照变造之后的文义承担票据责任的，该票据债务人可进行抗辩。

4）票据上记载的债务人被他人无权代理或越权代理

《票据法》第5条第2款规定，没有代理权而以被代理人名义在票据上签章的，应当由签章人承担票据责任；代理人超越代理权限的，应当就其超越权限的部分承担票据责任。

根据该规定，票据上记载的债务人可以在相应的票据责任范围内以自己没有进行相应的授权为由对持票人进行抗辩。

案例8-9：代理人依约代理汇票贴现，后果由贴现申请人承担

2012年，银行与钢铁公司、材料公司签订代理贴现合作协议，约定材料公司以商业汇票形式与钢铁公司结算货款，并代理钢铁公司向银行办理票据贴现。随后，材料公司代理钢铁公司与银行签订5 000万元票据贴现合同。银行将贴现资金通过行内账户转账至钢铁公司账户。2013年，案涉汇票到期后因付款人存款不足而遭退票，银行垫付款项后向钢铁公司追偿。

案例评析：

案涉汇票到期后因付款人存款不足而遭退票，银行已按约为实际贴现申请人钢铁公司垫付款项，故其依涉案合作协议相关约定有权向钢铁公司追讨。至于由此造成案外人材料公司拖欠钢铁公司货款的违约行为，钢铁公司当另行向案外人主张。

鉴于银行在办理贴现过程中的操作存在欠缺，将贴现资金往来操作为行内账户转账，流水单上不能清晰体现为贴现款，在钢铁公司的网上银行电子回单上亦只显示付款人系案外人材料公司等疏漏行为，由此引发本案诉讼。银行作为专业的金融机构，在合同履行过程中对外理应尽到审慎义务，为保障金融秩序，规范市场运作，故对银行关于逾期利息的诉请不予支持。判决钢铁公司仅应就贴现汇票本金向银行承担赔偿责任。

5）票据上记载的债务人被法院宣告破产或被行政主管部门责令中止业务活动

若票据上记载的债务人被法院宣告破产或被行政主管部门责令中止业务活动，意味着该债务人已丧失相应的承担票据义务的能力。当持票人向其主张票据权利时，债务人可以进行抗辩。

6）票据上记载的债务人因持票人权利时效经过或欠缺权利保全手续解除票据责任

根据《票据法》第17条规定，持票人对前手的追索权，自被拒绝承兑或者被拒绝付款之日起6个月；持票人对前手的再追索权，自清偿日或者被提起诉讼之日起3个月。

《票据法》第65条规定，持票人不能出示拒绝证明、退票理由书或者未按照规定期限提供其他合法证明的，丧失对其前手的追索权。根据上述规定，若持票人丧失了对其前手的追索权，意味着特定债务人解除了其票据责任。

（二）人的抗辩

人的抗辩，又称相对的抗辩或主观的抗辩，指基于持票人自身或者票据债务人与特定的持票人之间的原因而产生的抗辩。根据行使抗辩权人的不同，人的抗辩分为两种：(1)任何票据债务人可以向特定的持票人行使的抗辩；(2)特定票据债务人可以向特定持票人行使的抗辩。

1. 任何票据债务人可以向特定的持票人行使的抗辩

主要包括下列情形:(1)特定的持票人欠缺或丧失受领票据金额的能力;(2)特定的持票人取得票据时不符合法律规定的条件;(3)特定的持票人欠缺形式上受领票据金额的资格;(4)其他理由。

特定的持票人,如果被法院宣告为无民事行为能力人、限制民事行为能力人或者被宣告破产,则该持票人丧失受领票据金额的资格。若其向票据债务人主张权利,票据债务人可以上述理由进行抗辩。

根据《票据法》第 10～12 条规定,持票人取得票据时必须给付对价、取得票据的手段必须合法、主观上必须基于善意。如果欠缺上述法律规定的条件,持票人向票据债务人主张权利,票据债务人可进行抗辩。例如,持票人以欺诈、偷盗、胁迫、明知非法而恶意占有等手段取得票据时,票据债务人也可以对该持票人提出抗辩。

只有在背书连续时,持票人能够以此证明其权利的,才具有形式上受领汇票金额的资格。若背书不连续,票据债务人可以进行抗辩。最高人民法院《关于审理票据纠纷案件若干问题的规定》第 16 条第 4 款规定,票据债务人根据《票据法》第 31 条对持票人提出抗辩,主张以背书方式取得的汇票不具有背书的连续性的,人民法院应当予以支持。

2. 特定票据债务人可以向特定持票人行使的抗辩

主要包括下列情形:(1)欠缺原因关系;(2)原因关系非法;(3)出票人在票据上记载了"不得转让"字样;(4)背书人在票据上记载了"不得转让"字样;(5)基于当事人之间的特别约定。

例如,甲为支付货款向乙签发了一张汇票,后来乙无法向甲履行交货义务,双方的买卖合同最终解除。在这种情况下,当乙向甲主张票据权利时,甲可以"原因关系嗣后不存在"为由进行抗辩。又如,甲为偿还乙的赌债而向乙签发了一张票据。若赌博债权人乙向甲主张票据权利,甲可以"其与乙之间的原因关系非法"为由进行抗辩。但是,票据债务人基于持票人未履行基础关系做出的抗辩主体仅限于与自己有直接债权债务关系的持票人。

《票据法》第 27 条第 2 款规定,出票人在汇票上记载"不得转让"字样的,汇票不得转让。根据该规定,如果收款人以外的其他人持有票据向出票人或者承兑人主张权利,出票人或者承兑人可以进行抗辩。

《票据法》第 34 条规定,背书人在汇票上记载"不得转让"字样,其后手再背书转让的,原背书人对后手的被背书人不承担保证责任。这意味着背书人将票据责任限定在其直接后手,可以对直接后手以外的其他持票人进行抗辩。

基于当事人之间的特别约定,例如甲为支付乙的货款而签发了一张支票给乙,因双方系多年的贸易伙伴,且该货款额未完全确定,甲授权乙核算后对金额进行补记。后来,乙在支票上补记的金额超过货款。甲可基于其与乙之间的授权补记内容,对乙进行抗辩。

三、票据抗辩的限制与反限制

(一) 票据抗辩的限制

物的抗辩,基于票据自身或票据上记载的债务人自身的原因而发生,无论票据怎样流转,该抗辩事由都存在,票据债务人可以对任何持票人进行抗辩,故不存在票据抗辩的限制问题。但对人的抗辩的原因主要来自特定持票人,因此仅能对直接当事人主张,故对非直接当事人抗辩须给予一定的限制。

《票据法》第 13 条第 1 款规定，票据债务人不得以自己与出票人或者与持票人的前手之间的抗辩事由，对抗持票人。该规定，包括两层意思：

1. 票据债务人不得以自己与出票人之间的抗辩事由对抗持票人

票据债务人与出票人之间，可能基于原因关系或者其他民事法律关系而使票据债务人享有抗辩权，但票据债务人不能以该事由对持票人进行抗辩。例如，甲、乙之间订立了买卖合同，须向乙交付价值 10 万元的货物，同时丙对甲享有 20 万元的债权。甲为及时清偿对丙的一部分债务，签发了一张以乙为付款人、丙为收款人的汇票，金额为 10 万元，乙对该汇票进行了承兑。后来，甲未能按照合同约定向乙交付货物，当收款人丙向承兑人乙请求付款时，乙不能以甲未履行合同为由对丙进行抗辩。但乙对丙付款后，可依据其与甲订立的合同向甲主张相应赔偿。

又如，A 与 C 之间存在买卖关系，A 签发一张以 B 银行为付款人的汇票给 C，以支付货款。B 对 A 签发汇票作了承兑，因为其从 A 处获得了补偿的资金(可能是 A 在 B 处存有款项，也可能是 B 向 A 提供信用)。C 作为票据债权人，在向 B 请求支付汇票金额时，B 不得以其与 A 之间存在抗辩事由(如 A 的存款不敷支付汇票金额，或 B 已解除与 A 的信用合同)为由，拒绝向 C 付款。

2. 票据债务人不得以自己与持票人的前手之间的抗辩事由对抗持票人

这里的“持票人的前手”，指在持票人之前签章的其他票据债务人。在票据当事人之间，法律依照他们之间的相互位置划分为前手与后手，后手与前手间存在债权债务关系，后手是债权人，前手是债务人。票据经过多次转让，在持票人之前签章的票据债务人往往很多，被要求承担票据责任的特定债务人可能与持票人的某一前手之间存在着特定的抗辩事由，但该票据债务人不得以该事由对持票人进行抗辩。

例如，甲受乙欺诈而向乙签发了一张本票，当乙持该本票向甲请求付款时，甲可以“自己与乙之间的原因关系不合法”为由对乙进行抗辩。但是，若该本票经乙背书转让给丙，当丙向甲主张票据权利时，甲不得以“自己与乙之间原因关系不合法”为由对丙进行抗辩。

(二) 票据抗辩限制的反限制

票据抗辩限制，旨在维护票据交易安全。因此，对于票据转让中的非交易行为，不必适用票据抗辩限制的规定；对于票据交易中的恶意行为，无维护之必要；至于交易中的重大过失，基于公平和诚信原则亦不应以票据抗辩限制去维护。因此，各国法律在确立票据抗辩限制制度的同时，又作了例外性规定，也称为票据抗辩限制的反限制，即不适用票据抗辩限制的情形。在该情形下，票据债务人仍可以自己与出票人或与持票人的前手之间的抗辩事由对抗持票人。

根据《票据法》及最高人民法院的司法解释，票据抗辩限制的反限制有以下几种情形：

(1) 持票人与票据债务人之间存在直接的债权债务关系，而持票人未履行该约定义务的。例如，A 与 B 之间订立买卖合同，A 签发一张本票给 B 用于支付货款，同时双方约定 B 提供的货物必须符合特别的质量标准，如果 B 提供的货物为满足约定的要求，而依然向 A 请求支付本票金额，则 A 可以 B 未履行特别约定为由进行抗辩。

(2) 持票人以欺诈、偷盗或胁迫等非法手段取得票据，或明知有前列情形，出于恶意取得票据的。该类情形，持票人当然不得享有票据权利，票据债务人可以此为由对持票人提出抗辩。在实践中，取得票据的非法手段还包括抢夺、抢劫、恐吓等其他暴力行为，在走私、贩毒等犯罪行为中取得票据也属于该类情形。

(3) 持票人明知票据债务人与出票人之间或者债务人与持票人的前手之间存在抗辩事由而取得票据的,债务人可以“持票人恶意取得票据”进行抗辩。对持票人恶意的时间认定,一般以持票人取得票据的时间为准。《票据法》强调,持票人基于“明知”而取得票据,构成恶意取得。若持票人取得票据后方知有关的抗辩事由的存在,则不构成恶意取得。《票据法》第 13 条第 1 款规定,票据债务人不得以自己与出票人或者与持票人的前手之间的抗辩事由,对抗持票人。但是,该条第 2 款规定,持票人明知存在抗辩事由而取得票据的除外。在英美法系的票据法中,恶意抗辩也称知情抗辩。进一步,有学者将恶意抗辩分为基于原因关系抗辩而发生的恶意抗辩与基于票据行为瑕疵或无权抗辩而发生的恶意抗辩两类。

(4) 持票人因重大过失取得票据以及因其他原因依法不得享有票据权利的。确定重大过失,标准在于票据当事人是否按有关规定完成票据行为或相关行为。例如,我国各个单位的财务部门都有印章使用和管理的规章制度,当事人未遵守这些制度时,即为重大过失。

(5) 持票人无对价取得票据的。无对价取得票据者,继受其前手的权利瑕疵,票据债务人与该持票人前手之间的抗辩事由,不但未被切断,反而转至持票人,持票人请求付款时,票据债务人可以进行抗辩,拒绝其请求。《票据法》第 11 条规定,因税收、继承、赠与可以依法无偿取得票据的,不受给付对价的限制,所享有的票据权利不得优于其前手的权利。据此,债务人与其前手之间存在的抗辩事由,也存在于债务人与无对价取得票据的持票人之间。

总之,如果票据债权人在行使票据权利时遭遇太多抗辩理由,将对票据的使用和流通产生不利影响;但如果限制规则太多,又不利于票据债务人的抗辩。因此,票据抗辩限制的反限制,旨在寻求票据债权人与票据债务人之间的利益平衡。

第五节　票据丧失及补救

一、票据丧失及补救概述

(一) 票据丧失的概念

票据丧失指持票人并非出于自己的本意而丧失对票据的占有。实践中,票据丧失分为两种情况:(1)绝对丧失;(2)相对丧失。

票据的绝对丧失,又称票据灭失,例如票据被烧成纸灰、被洗成纸泥;票据的相对丧失,又称票据遗失,例如持票人不慎丢失票据或被人盗窃票据。若票据绝对丧失,不存在被他人冒领票据金额或票据被他人善意取得的可能,因为失票人虽然暂时不能行使票据权利,但采取法定补救措施后,票据权利可以得到恢复,最终能够实现票据权利。但在票据相对丧失的情况下,如果失票人不立即采取补救措施,很容易产生票款被他人冒领或票据被他人善意取得的风险。其票据法原理在于,票据是完全有价证券,根据“权票不分”原则,票据的占有与票据权利密不可分。持票人丧失了票据,就意味着无法行使票据权利。但是,为了保障票据权利,各国票据法都对票据丧失规定了相应的补救措施。

(二) 票据丧失的补救方法

国外对票据丧失的补救方法主要有两种:(1)失票人向法院申请公示催告;(2)失票人在一定条件下向法院提起诉讼。大陆法系国家一般采用第一种方法,英美法系国家一般采用第二种方法。

我国《票据法》关于票据丧失的补救措施有三种：(1)挂失止付；(2)申请公示催告；(3)提起诉讼。《票据法》将国际上现存的主要救济措施一并引入，旨在为失票人提供更多的救济措施。除法律特别规定外，失票人可以根据丧失票据的具体情况进行自主选择。

二、挂失止付

(一) 挂失止付的概念

挂失止付指失票人将丧失票据的情况通知付款人(含代理付款人)，接受挂失通知的付款人决定暂停支付，以防止票款被他人取得(包括善意持票人取得)的补救措施。

从性质上讲，挂失止付仅是失票人丧失票据后可以采取的一种临时性措施，因为通知人是否真正丧失票据尚未得到确切判断，票据并不因挂失止付而无效，失票人的票据责任并不因此而免除，失票人的票据权利也并不能通过挂失止付的方法得到最终恢复。

我国《票据法》从道义出发，为防止所失票据被他人冒领，规定付款人暂停支付，给失票人采取其他措施留出必要的时间。如果失票人怠于采取其他措施，则挂失止付失去效力。而西方国家则认为，挂失人丧失票据，由付款人杜绝风险，比较荒唐，故未将挂失止付作为票据丧失的补救措施。

(二) 挂失止付的效力

《票据法》第 15 条第 3 款规定，失票人应当在通知挂失止付后 3 日内，也可以在票据丧失后，依法向人民法院申请公示催告，或者向人民法院提起诉讼。该规定表明，挂失止付的效力具有不确定性，失票人必须与其他补救措施结合使用，才能切实起到救济作用。

挂失止付作为一项失票的补救措施，其法律效力主要表现在两个方面：(1)失票人将丧失票据的情况通知付款人，并由接受通知的付款人暂停支付，从而暂时保全失票人的票据权利，不至于被他人冒领相应的票据金额款项；(2)经失票人挂失止付后，付款人从接到挂失止付通知时起，不得再履行付款义务，否则，付款人将承担其付款的责任。

《票据法》允许失票人先请求付款人暂停支付，意在给失票人留出采取其他补救措施的缓冲时间。若付款人或者代理付款人在收到挂失止付通知书之前，已经向持票人付款，不承担相应的付款责任；若失票人在法律规定的期间内向法院申请采取了其他补救措施，但被法院驳回或者失票人撤回，挂失止付应归于失效；付款人或者代理付款人自收到挂失止付通知书之日起 12 日内没有收到人民法院的止付通知书的，挂失止付自第 13 日起失效。

值得注意的是，挂失止付并非是申请公示催告或是提起诉讼的必经程序或先行程序。如果失票人丧失的票据是未到期票据或者属于绝对丧失票据，可以直接向法院申请公示催告或者提起诉讼。

(三) 挂失止付的程序

1.《票据法》关于挂失止付程序的规定

《票据法》第 15 条规定，票据丧失，失票人可以及时通知票据的付款人挂失止付，但是，未记载付款人或者无法确定付款人及其代理付款人的票据除外。该条第 2 款规定，收到挂失止付通知的付款人，应当暂停支付。

该条规定过于简单，不具有可操作性。

2.《支付结算办法》中关于挂失止付程序的规定

根据中国人民银行 1997 年颁布的《支付结算办法》第 48～50 条的规定，挂失止付的程序如下：(1)失票人应向票据的付款人或者代理付款人发出书面通知。书面通知应载明：票据丧失的时间、地点、原因；票据的种类、号码、金额、出票日期、付款日期、付款人名称、收款人名称；挂失止付人的姓名、营业场所或者住所以及联系方法。如果通知书欠缺上述记载事项，付款人或者代理付款人不予受理。(2)付款人或者代理付款人收到挂失止付通知书后，查明挂失票据确未付款时，应立即暂停付款。

案例 8-10：见票后 1 个月付款的商业汇票，如何计算汇票到期日？

某年 3 月 4 日，吉诺电器公司(简称电器公司)与某外贸公司订立一份购销合同，约定电器公司供给外贸公司各种规格的冰柜和空调，价值 28 万元。次日，外贸公司签发了一张以其开户银行为付款人、以电器公司为收款人、票面金额为 28 万元、见票后 1 个月付款的商业汇票，并将汇票交付电器公司。3 月 27 日，电器公司持该汇票向外贸公司的开户银行提示承兑，该银行经审查同意承兑，并在汇票上作了相应记载后交还给电器公司。4 月 6 日星期六，电器公司财务室被盗，直到 4 月 8 日星期一上班才发现，立即向公安机关报案。经查明，除现金 3 万元被盗外，另有汇票、支票 17 张失窃，票面总金额 59.26 万元，其中包括这张已经承兑的汇票。当日下午，电器公司将汇票被盗情况通知外贸公司的开户银行，而开户银行告知电器公司：当日上午有人持该汇票提示付款，其已足额付款。多次交涉无果的，电器公司将银行诉至法院，以"审查有过错、提前付款"为由，要求银行承担付款责任。

案例评析：

该案涉及问题有二：(1)票据丧失后如何补救？(2)银行审查并支付票款过程是否有过错？

4 月 6 日电器公司财务室被盗，但 4 月 8 日上午才发现，当日下午电器公司将汇票被盗情况通知外贸公司的开户银行，意在通知银行挂失止付，符合《票据法》的规定。银行告知电器公司，4 月 8 日上午有人持该汇票提示付款，其已足额付款。

电器公司"挂失止付"的通知，是早还是晚？外贸公司签发见票后定期付款的汇票，起算日是哪一日？银行认为，出票日(3 月 5 日)为起算日，到期日为 4 月 5 日，4 月 8 日付款属于正常付款；电器公司认为，起算日为见票之日，即提示承兑 3 月 27 日，到期日为 4 月 27 日，故 4 月 8 日付款属于提前付款。电器公司的理解符合《票据法》的规定，该案银行审查并支付票款过程有过错，应承担提前付款责任。

三、公示催告

(一) 公示催告的概念

公示催告指失票人向人民法院提出申请，请求宣告票据无效，从而使票据权利与票据本身相分离的一种权利救济制度。公示催告多见于大陆法系国家的票据法规定，旨在防止善意受让以及除权判决。

(二) 公示催告的程序

1. 失票人申请公示催告

根据《民事诉讼法》规定，失票人应向票据支付地的基层法院提出书面的公示催告申请，申请书应载明下列事项：票据金额、出票人、付款人、背书人等票据主要内容，还须记载申请公示催告的事实和理由，即丧失票据的事实经过。法院对失票人的申请进行必要的审查后，若认为申请既符合形式要件又符合实质要件，准许公示催告；反之，法院须在当事人申请之日起 7 日内裁定驳回申请。

案例 8－11：汇票贴现后，申请公示催告，不得对抗最后合法持票人

2011 年，塑料公司将交易取得的银行承兑汇票交给销售公司贴现，后被骗失票。2012 年，塑料公司申请公示催告。期间，化工公司以其通过背书转让获得票据为由提出异议。

案例评析：

该案塑料公司并非丧失票据占有的失票人，而是其工作人员将涉案票据交给销售公司贴现，欲将票据权利转化为相应对价。塑料公司系因贴现行为将涉案票据进行处分而丧失对票据的占有，而非被盗、遗失或灭失，故不具有申请公示催告的主体资格。

化工公司基于买卖合同关系从案外人处取得涉案票据作为买卖合同标的对价，在取得涉案票据后在背书栏内记载自己名称，与背书人记载其名称具有同等法律效力。上述行为时间早于塑料公司申请公示催告时间，故化工公司已通过背书转让取得涉案票据，系诉争票据合法持有人。在取得涉案票据后，化工公司又基于业务关系将票据背书转让给他人，他人又背书转让给化工公司，故化工公司为涉案票据最后合法持有人。法院驳回塑料公司诉请。

2. 法院进行公告

法院受理公示催告申请后，需要做下列工作：(1)在受理公示催告申请的当日通知付款人或者代理付款人停止支付；(2)自受理公示催告申请之日起 3 日内发出公告，催促利害关系人申报权利。关于公告的内容，根据最高人民法院的规定，应载明下列事项：公示催告申请人的姓名或者名称；票据的种类、票据金额、出票人、持票人、背书人等；申报权利的期间；在公示催告期间转让票据权利、利害关系人不申报的法律后果。

《民事诉讼法》第 194 条及最高人民法院《关于适用＜民事诉讼法＞若干问题的意见》第 229 条规定，公告应张贴于人民法院的公告栏内，并在有关报纸或其他宣传媒介上刊载；人民法院所在地有证券交易所的，还应张贴于证券交易所。公示催告的期间，由人民法院根据具体情况决定，但不得小于 60 日。

（三）除权判决

除权判决指法院宣告票据权利与票据本身相分离，使票据失去效力的判决。公示催告的申请人，在一定条件下，可依除权判决要求付款人付款。除权判决，涉及三方当事人：(1)失票人，丧失票据后恢复了票据权利的行使；(2)票据义务人，可拒绝持票人凭票据主张权利；(3)利害关系人，通常是持票人，最不愿意接受除权判决。

若除权判决生效的时间早于票据上记载的付款时间，票据付款人可否主张抗辩？应予允许。若票据不丧失，持票人在票据到期日之前请求付款，往往会遭到付款人的抗辩；若票据丧失后，失票人依据除权判决可以提前实现票据权利，于法于理讲不通。除权判决，是票据丧失后法律采取的补救措施，该补救措施不应优于原票据记载的权利。因此，对早于票据到期日的除权判决，付款人可以进行抗辩。

四、提起诉讼

（一）提起诉讼的必要性

票据丧失后，若失票人向法院申请公示催告，须等到公告期届满才知道能否获得救济。如果失票人确知自己的票据系绝对灭失，或者票据不可能在善意持票人手中(出票人记载了“不得转让”字样），或者失票人急需这笔票款（若采用公示催告，公告期满后将错失良机），则提起诉讼就是最好的救济措施。

《票据法》第15条第3款规定，失票人应当在通知挂失止付后3日内，也可以在票据丧失后，依法向人民法院申请公示催告，或者向人民法院提起诉讼。该规定过于笼统，不具有可操作性。而提起诉讼制度以英国最为典型，故这里介绍英国关于提起诉讼的相关规定。

（二）《英国票据法》关于提起诉讼的规定

根据《英国票据法》第69条、第70条的规定，若汇票在到期日前丧失，持票人应请求出票人另行给付相同意旨的汇票，必要时应向出票人提供担保；如果所声称丧失的汇票再度出现时，保证出票人不论在何种情况下均不遭受损失。如果被请求的出票人拒绝给予汇票副本，则应强制其给予。关于票据丧失的任何诉讼或程序，法庭或法官应裁定不得挂失，若能提供使法庭或法官认为满意的担保以对抗对该汇票主张权利的任何人，不在此限。

上述规定，要点如下：

1. 失票人可请求出票人按照原票据文义另行补发

若出票人要求提供担保，失票人应提供担保。值得注意的是，另行补发的票据仅适用于未到期的汇票。另外，持该汇票副本的人无权要求在原汇票上签名的其他当事人在该汇票副本上签字。也就是说，原汇票上的债务人，除出票人外，不对补发的汇票负责。

2. 若提供担保，失票人可请求法院强制出票人补发

若失票人提供担保，而出票人拒绝补发汇票副本，失票人可请求法院强制其补发。也就是说，在失票人提供担保的情况下，补发汇票副本是出票人的义务。

3. 失票人可向法院或法官提起诉讼

若失票人提供担保，该担保足以对抗任何人对原汇票的权利主张，法院或法官可支持失票人提起的诉讼。

（三）对我国的“提起诉讼”制度的设计

借鉴《英国票据法》第69条、第70条的规定，我国的提起诉讼制度应包括下列内容：

（1）持票人丧失票据后，不得向出票人主张补签新的票据。

我国除本票外，汇票和支票的持票人都不直接找出票人请求付款，而是找汇票承兑人、未承兑的付款人或支票的付款银行。持票人丧失票据后，首先应防止付款人向持票人付款，而不是重新拥有一张同样内容的票据。当失票人向出票人请求补签、提供担保、确认担保是否足够、认定票据内容是否与原票据相同时，票款可能已被付款人向现持票人支付。

（2）失票人请求支付票款，应向票据付款人或代理付款人提供足额担保。

（3）失票人向其他票据债务人提供担保以请求付款。

只有付款人、代理付款人死亡或被宣告破产或被终止业务活动，或由于种种原因无从查找时，失票人才可以向其他票据债务人提供担保以请求支付票款。

（4）失票人向法院提起诉讼。

若失票人提供担保，而付款人、代理付款人或其他票据债务人仍不予付款，失票人可以向法院提起诉讼。在该类诉讼中，原告为失票人，被告为与失票人具有票据债权债务关系的出票人、拒绝付款的票据付款人或承兑人。此外，如果行为人采取欺诈、胁迫、抢夺、恐吓等非法手段剥夺票据所有人对票据的占有，则失票人有权向非法持有票据的人提起诉讼，要求返还票据。这时，原告为失票人，被告为非法持有票据人。

(5) 提起诉讼时,法院应审理的主要内容:

法院主要审理担保人或担保物,是否适当、足够。如果担保适当、足够,应判决失票人有权得到票款;否则,判决失票人重新提供担保或补足担保。

(6) 对失票人、付款人给予同等的保护。

失票人,在一定条件下可以向付款人请求解除担保,条件是其丧失的票据已过权利消灭时效,这里的付款人指已付了票款的票据付款人、代理付款人或其他票据债务人。付款人,在一定条件下亦可以向得到票款的失票人请求补偿损失,条件是其对票据付款后,善意持票人又向其主张票据权利,而失票人提供的担保不足以支付票款。也就是说,丧失票据的风险最终还是由失票人承担。

案例 8-12:李某遗失的空白支票被伪造,须负民事赔偿责任

李某为某私营纺织厂业主,在 4 月搬迁厂房办公场所过程中,不慎遗失空白的支票格式凭证 3 张。李某未及时按中国人民银行有关票据格式凭证管理的规定报失及刊登告示。所遗失的一张支票格式凭证被某人拾得,拾得人伪刻名称"某煤炭公司"财务章加以签署,支票收款人处空白,金额填写 10 万元。拾得人持伪造支票及身份证到某商场购物,将该商场填写为支票收款人。

商场将该支票送银行入账,遭退票。公安机关循支票格式凭证编号查实:该支票格式凭证确是李某所遗失,但无任何证据显示上述骗购货物与李某有关,"某煤炭公司"纯属虚构。商场将李某诉至法院,要求支付该支票票款或赔偿货物损失。

问:李某应否承担票据责任? 商场持伪造支票,是否享有票据权利? 李某应承担什么样的责任?

案例评析:

该案涉及三方当事人:(1)拾得人;(2)商场;(3)李某。

拾得人以某煤炭公司名义出票,是伪造者,由他为伪造票据负责,但他已逃之夭夭。收款人为商场,支票上没有李某签名,说明李某不是票据债务人,故李某不负票据责任。

支票上有出票人签章,金额 10 万元,系伪造而成,但完全符合票据的形式要件,商场基于善意接受支票。理论上,商场作为善意持票人享有票据权利,但它无法行使票据权利。依据《票据法》,商场请求付款遭拒绝后,可向出票人行使追索权。但出票人某煤炭公司纯属虚构,无法行使追索权。

《票据法》保护善意持票人的合法利益。当票据上原因债权与票据债权并存时,权利人先行使票据债权;若行使票据债权未果,再行使原因债权。商场持伪造支票,源于支票遗失。若支票不遗失,不会发生支票伪造;退一步讲,即使支票遗失,若李某能够及时报失并刊登启事,商场也不会被骗。即商场被骗与李某遗失支票存在因果关系。因此,商场行使付款请求权、追索权均未果后,可依民法规定要求李某承担民事赔偿责任。

第六节　空白票据

一、空白票据的概念

空白票据又称空白授权票据,指票据行为人仅在票据上签名,而将票据上其他应当记载的事项，全部或部分授权他人完成的票据。现实生活中，出票人签发票据时，有时无法确定某些应当记载的事项，例如金额、付款地等，但客观上要求出票人必须签发票据，于是出票人先在票据上签名，将无法确定的事项授权票据上其他关系人填写。英美法将这种票据称为“未完成票据(Incomplete Instrument)”，《日本票据法》称之为“白地手形”。

关于空白票据的性质，学理上存在争论。部分学者认为空白票据为无效票据，理由是空白票据欠缺绝对应记载事项；有部分学者认为空白票据为有效票据(授权记载票据)。事实上，空白票据出现乃票据实务过程中的利用技巧，空白票据的空白部分是故意为之，且有补充记载之授权，故尚未补充记载之前，该票据严格说来为未完成票据；但依法补充记载完成后，票据即为完成票据，成为有效票据。因此，空白票据究竟效力如何，关键看是否补充记载以及补充记载是否依法进行。从这个意义上说，空白票据既不是一般意义上的无效票据，也不是严格意义上的有效票据，而是“效力未定票据”。

空白票据本质上是依法签发的欠缺必要记载事项的票据，实质是空白授权票据，与一般意义上欠缺应当记载事项的票据不同：前者，出票人授权他人对票据空白部分进行补充记载；后者，出票人无意使他人对票据进行补充记载。我国《票据法》仅承认空白授权支票，对汇票、本票则不允许存在必要记载事项补记的情况。

二、空白票据的构成要件

空白票据的构成要件有五：

(一) 空白票据行为人必须在票据上签名

行为人在空白票据上签名，意味着票据行为系他所为。空白票据行为人，一般是出票人，也可以是背书人、承兑人、保证人等。

空白票据行为人的授权意思是否需要记载在票据上，各国票据法均未明确规定。为了将空白票据与欠缺应当记载事项的票据相区别，也为了减少因补充记载而造成当事人之间的争议，在实际操作中将“空白票据行为人的授权意思”记载在票据上更为妥当。

针对我国仅承认空白授权支票的情况，一般支票的签发相同，空白支票由出票人签发，并应当根据《票据法》规则，记载各种应记载事项。可以说，在空白支票中，出票人签发支票，形式上与一般支票基本相同。

(二) 票据上应当记载的事项故意空白

出票人签发票据时，故意将票据上绝对应记载事项部分空白。就绝对应记载事项，是包括全部及部分空白还是仅限于部分空白，在票据法理论上亦有争议。我国台湾地区著名的票据法学者曾世雄先生主张应仅限于部分绝对记载事项空白情形。我国大陆地区商法学者和票据法学者多认为全部空白或部分空白均无不可，但通常以金额、出票日或到期日等记载事项欠缺较为常见。也有学者认为，在我国票据实践中，由于各种票据使用的是由监督管理机关统一印制的票据格式，均已印制有票据文句与委托付款文句，故一般不存在该类文句之欠缺，最常见的票据必要记载事项欠缺为收款人名称和票据金额。从纯粹的票据法理论上说，空白票据的空白事项，既可以是全部空白，也可以是部分空白；但结合票据法实务，全部空白实属罕见，故“部分空白说”更具实际价值。

(三) 基于原因关系的理由

随着票据利用机会的自然增加，利用票据的技巧也随之逐渐被开发出来。应当承认，空白票据即是该种趋势的反映。出票人出票时，故意空白不做部分绝对应记载事项，通常发生于工程承揽之招投标、委托他人参与拍卖等商事活动中。例如，甲为购买乙的货物而签发一张支票，但货物价格尚未确定，因甲、乙是多年的生意伙伴，于是甲可以签发一张没有记载金额的支票给乙，并授权乙填写支票金额。

（四）空白票据行为人对他人授予空白补充权

票据上如未记载绝对必要记载事项，根据票据法的一般规则，原则上票据无效。也就是说，空白票据未补充记载完成前尚非有效票据。因此，授权补充记载在空白票据规则中十分必要。

补充权一经授予，不因授权人死亡或丧失行为能力而受到影响，授权人本人也不得随意撤回。关于补充权的授予方式，可以记载在票据上，也可以另行发放补充授权书。空白票据转让时，补充授权书也应随之转让。

值得注意的是，补充权人不得滥用补充权，否则授权人可对其进行抗辩；但该抗辩仅限于直接当事人之间，不得对善意持票人行使。

（五）必须由行为人交付空白票据

如果行为人在交付票据前将票据丢失或者被盗，而票据在市场上流通。为保护善意持票人，行为人须负签名的责任。

三、空白票据的效力

空白票据，经补充记载所欠缺的绝对必要记载事项后，发生完全票据所应具有的法律效力。这时，经补充完成后的“空白票据”和由出票人在出票时就记载完全的普通票据没有任何区别，持票人享有背书转让票据的权利、请求支付票据金额的权利、在票据不获承兑或不获付款时进行追索的权利。它和普通票据的不同之处，仅在于如果补充权人滥用补充权，进行不当补充时，会因此产生抗辩事由。因此，可以大致将空白票据的效力按照补充记载的前或后分为两个阶段。

（一）空白票据在补充记载前的效力

空白票据在补充记载前，属于未完成票据，票据尚欠缺绝对必要记载事项，故各国票据法通常限制票据持有人对该未完成票据行使票据上的权利。例如，《美国统一商法典》第 3 节第 115 条规定，在签发时其内容显示意图成为票据的文件，在任何必要部分仍未记载完全时就签名的，在记载完全前不能行使票据权利。我国《票据法》第 85 条规定，支票上的金额可以由出票人授权补记，未补记前的支票，不得使用。我国《支付结算办法》第 119 条规定，支票的金额、收款人名称，可以由出票人授权补记。未补记前，不得背书转让和提示付款。

根据我国《票据法》的规则，未经补记的空白支票不得背书转让，但是否可以非背书转让或交付转让，法律上未作规定。但根据我国《票据法》和多数国家的票据法，未补记收款人名称前的支票实际上为合法的不记名支票，其票据上的合法效力不应存在任何问题。因此，有学者认为未补记收款人名称的支票依法可以交付方式进行转让。

空白票据作成后、补充记载前，发生遗失或被盗后的救济途径，我国《票据法》尚无明确规定。基于票据法理论，在票据遗失或被盗后，失票人可以通过通知付款人止付和申请法院运用公示催告程序作出除权判决解决；但在空白票据情形下，空白票据持票人丧失票据后即无法继续补充记载，因此，申请公示催告以除权判决形式宣告票据无效实际上已不可能。因此，各国票据实践中一般做法是，在空白票据遗失或被盗后，失票人只能采取通知付款人止付的措施进行补救。

（二）空白票据在补充记载后的效力

空白票据在依授权补充记载完成后，就成为完全票据，发生一般有效票据的效力，即与自始依法记载完全的票据有同样的法律效力。因此，持票人可依此票据行使票据权利。也就是说，空白票据在补齐后可以向票据债务人进行票据提示，即提示承兑或付款。需要指出的是，关于补记规则，按照票据法理论，对于补记人的补记行为应当适用该票据的出票行为规则。只要补记人的补记行为符合授权以及票据法规则，票据债务人就不得以该票据原来没有记载完全为由对抗持票人。

如果空白票据的持票人没有获得授权或未严格按照授权补记，该空白票据的效力如何？例如，出票人 A 签发一张金额空白的空白支票给 B，并授权 B 在 1 万元的范围内补写金额，但 B 在补写金额时超越了 A 的授权，补写了 10 万元金额，后将支票转让给 C，此情形即涉及补记权被滥用时的处理规则。根据大陆法系国家的票据法，该情形的法律效果为不得对抗非因重大过失或恶意取得票据的持票人。根据我国最高人民法院的司法解释，对票据未记载事项或未完全记载事项作补充记载，补充事项超出授权范围的，出票人对补充后的票据应当承担票据责任。给他人造成损失的，出票人还应承担相应的民事责任。根据英美法系国家的票据法，经补记完成的票据，当补记内容与授权合意不一致但票据并未交付他人仍由补记人持有时，不论票据上记载如何，应按授权合意确认权利义务；但是，补记不一致不能用来对抗正当持票人。而且，主张未经授权或违反授权的，主张人应负举证责任。

（三）空白票据的效力因事、因人而异

进一步，空白票据的效力对空白票据自身、票据债务人、非善意持票人、补充权人、遗失或被盗、空白补充权的授予等，存在很大的差异。

1. 空白票据自身

空白票据签发以后，虽然不像欠缺应当记载事项的票据一样当然无效，但在补充完成之前，持票人不得凭该票据行使票据权利。持空白票据提示付款，不发生行使和保全票据权利的效力。票据债务人对空白票据拒绝付款的，亦不产生迟延给付的后果。

2. 票据债务人

经补充完成的票据，与自始完成的票据具有同等的法律效力。票据债务人不得以该票据原来没有记载为由对抗持票人，也不得以补充的事项不符合原定协议而对抗持票人。

3. 非善意持票人

若持票人系恶意或重大过失取得票据的，票据债务人可对其进行抗辩。

4. 补充权人

补充权人必须在合理的期间内，严格地按照空白票据行为人的授权进行补充填写；否则，票据债务人可对其进行抗辩。

5. 空白票据遗失或被盗

出票人将未填票面金额的支票交给持票人，授权持票人自填金额，但持票人未补充填写即遗失了该支票。这时，失票人只能申请挂失止付，而不能申请公示催告，因为票据行为尚未完成，该支票本身不发生效力。

6. 空白补充权的授予

票据行为人对相对人空白补充权的授予，只约束双方当事人，票据行为人不得以此对抗善意持票人。

第七节　票据时效与利益偿还请求权

一、票据时效

（一）票据时效的定义

票据时效，即票据权利的消灭时效，指权利人在一定的期间内不行使其权利，该权利即归消灭，票据债务人就可以票据权利已超过时效为由拒绝履行票据债务。

值得注意的是，票据法的消灭时效不同于民法的诉讼时效。若超过民法诉讼时效，权利人的实体权利和起诉权并不随之消灭，权利人仅丧失胜诉权。若超过票据法消灭时效，票据权利人就在实体上丧失了票据权利。此外，票据时效一般短于民法的诉讼时效期间，这源于票据法追求票据的流通性以及商法追求商事交易效率。

（二）票据时效的期间

《票据法》第 17 条规定，票据权利在下列期限内不行使而消灭：(1)持票人对票据的出票人和承兑人的权利，自票据到期日起 2 年；见票即付的汇票、本票，自出票日起 2 年。(2)持票人对支票出票人的权利，自出票日起 6 个月。(3)持票人对前手的追索权，自被拒绝承兑或者被拒绝付款之日起 6 个月。(4)持票人对前手的再追索权，自清偿日或者被提起诉讼之日起 3 个月。

可以看出，票据消灭时效的期间都比较短，意在促使票据权利人尽快行使票据权利，以便使票据债务人早日脱卸责任。但《票据法》第 17 条第 1 款第 1 段与第 3 段似有冲突之嫌，第 1 段规定“持票人对票据的出票人和承兑人的权利，自票据到期日起 2 年。见票即付的汇票、本票，自出票日起 2 年”，而第 3 段则规定“持票人对前手的追索权，自被拒绝承兑或者被拒绝付款之日起 6 个月”。这里的前手是否包括出票人？如果包括出票人，持票人对出票人的权利，究竟是 2 年，还是 6 个月？根据《票据法》意在加重出票人责任的立法初衷，《票据法》第 17 条第 1 款第 3 段应修改为“持票人对出票人之外其他前手的追索权，自被拒绝承兑或者被拒绝付款之日起 6 个月”。

二、利益偿还请求权

（一）利益偿还请求权的概念

利益偿还请求权指持票人的票据权利因时效期满或欠缺一定的手续而消灭时，该持票人对出票人或承兑人在其所受的利益限度内有请求返还的权利。持票人不以最后的被背书人为限，还包括因被追索而履行了票据债务后取得票据的背书人、因履行了票据债务而取得追索权的保证人等。严格说来，利益偿还请求权并不属于票据权利范畴，但该项权利与票据权利密切相关。

票据法实行短期时效制度，旨在实现票据的流通性。但若持票人稍有疏忽，未遵守短期时效的规定，则可能丧失票据权利，而票据的出票人或承兑人可能因此获得了利益。例如，甲为购买乙价值 1 万元的货物，向乙签发了一张 1 万元本票，乙接受了本票，同时将货物交给甲。

后来，乙经背书将本票转让给丙，同时接受了丙相当于1万元的代价。但是，丙在权利消灭时效期限内没有向出票人甲请求付款。根据《票据法》规定，本票权利因时效期满而消灭。这里，出票人甲得到了利益但未付出代价，持票人丙付出了代价但未得到利益，即一方遭到损失而另一方额外受益。为解决这一矛盾，《票据法》规定，持票人享有利益偿还请求权，旨在票据当事人之间寻求利益平衡。

（二）利益偿还请求权的成立条件

利益偿还请求权，成立条件有四：

1. 票据上的权利曾有效存在过

如果票据从开始就是无效票据，如票据欠缺法定记载事项或持票人取得该票据是出于恶意，则根本谈不上请求返还利益的权利。

2. 票据上的权利因时效期满或手续欠缺而消灭

如果票据权利没有丧失，持票人可直接行使票据权利，而没有行使利益偿还请求权之必要。因此，票据权利已经丧失是利益偿还请求权成立的前提条件，且必须符合《票据法》规定的条件，即票据权利丧失必须是因超过票据权利时效或手续欠缺，否则不发生利益偿还请求权。

3. 利益偿还请求权的权利人和义务人

利益偿还请求权的权利人是丧失票据权利的持票人，义务人是出票人或承兑人。如果是汇票，义务人为出票人或承兑人；如果是本票、支票，义务人则仅为出票人。

4. 出票人或承兑人因持票人票据权利消灭而额外受益

出票人或承兑人额外受益，包括如下情形：(1)汇票的出票人发行汇票时已经取得代价，但未向付款人提供资金，因票据权利消灭免除了其担保付款的义务；(2)本票的出票人发行本票时已经取得代价，因票据权利消灭其免除了付款义务；(3)支票的出票人签发支票时已经取得代价，票据权利消灭后支票金额仍在银行自己的账户上；(4)汇票的承兑人承兑时已经收到出票人提供的资金，因票据权利消灭其免除了付款义务。

利益偿还请求权的标的，即为出票人或承兑人因票据权利丧失而实际享有的利益。如果仅有票据权利的丧失，而出票人或承兑人没有因此受益，则利益偿还请求权不存在。例如，出票人甲签发一张100万元的支票赠与某希望小学乙，乙经背书将该支票转让给丙，丙又经背书将支票转让给丁，丁超过了票据权利时效期限向出票人甲的开户银行请求付款遭拒绝。丁根据《票据法》第18条的规定向出票人甲行使“民事权利”，请求返还与未支付100万元相当的利益。这时，出票人甲得到的利益是因其向希望小学捐款而受到该希望小学全体师生的感激，属于精神利益，但未受到任何财产利益。在这种情况下，利益偿还请求权不成立，也就是说丁得不到利益偿还请求权的救济。

案例8-13：汇票超过票据权利时效，持票人仍享有利益偿还请求权

2012年某月某日，山西某国营厂工作人员持一张银行承兑汇票及单位证明信到某商业银行提示付款。证明信称该厂业务员2010年5月取得该承兑汇票后在返回单位途中，因车祸致残，变成“植物人”，两年后死亡。单位清理其遗物，发现这张银行承兑汇票，派人赴承兑银行申请银行付款。

经查第一联汇票卡片，该汇票由其开户单位烟台某船业有限公司于2010年5月28日签发，号码：Vll00137677，金额82 200元，收款人：国营第×××厂，收款人开户行：大同市×××行，汇票到期日：2010年6月28日。根据与出票人烟台×××船业有限公司签订的第9807

号承兑协议，该汇票由出口加工区支行于出票当日予以承兑。2010 年 6 月 29 日（星期一），根据承兑协议，出口加工区支行于汇票到期日第二天将承兑汇票款 82 200 元由出票人烟台×××船业有限公司存款账户划转至该行“临时存款”科目“应付到期承兑汇票款”专户。该汇票至 2012 年 2 月 2 日尚未兑付，不但超过提示付款期限（到期日起 10 天），还超过票据权利时效（到期日起 2 年）。

该案持票人，适用：

A. 享有利益偿还请求权，但以银行受到的利益为限；

B. 享有利益偿还请求权，银行全力保证利益偿还请求权的实现；

C. 票据权利消灭，持票人自担风险；

D. 利益偿还请求权是保障措施，保障持票人一定能够实现该权利。

（三）《票据法》第 17 条与第 18 条冲突

1.《票据法》第 17 条规定

《票据法》第 17 条第 1 款规定，票据权利在下列期限内不行使而消灭：（1）持票人对票据的出票人和承兑人的权利，自票据到期日起 2 年。见票即付的汇票、本票，自出票日起 2 年。（2）持票人对支票出票人的权利，自出票日起 6 个月。（3）持票人对前手的追索权，自被拒绝承兑或者被拒绝付款之日起 6 个月。（4）持票人对前手的再追索权，自清偿日或者被提起诉讼之日起 3 个月。

如果持票人未按照法律规定的时间行使票据权利，则产生丧失票据权利的法律后果，意在促使持票人尽快行使票据权利。

2.《票据法》第 18 条规定

《票据法》第 18 条规定，持票人因超过票据权利时效或者因票据记载事项欠缺而丧失票据权利的，仍享有民事权利，可以请求出票人或者承兑人返还其与未支付的票据金额相当的利益。根据该规定，通过行使利益偿还请求权，持票人会收到与票据权利不消灭一样的效果。

在这种情况下，《票据法》第 17 条第 1 款敦促持票人及时行使票据权利的初衷就难以实现，其规定较短的权利时效也就失去了意义。

（四）利益偿还请求权的效力

利益偿还请求权，是《票据法》给不依法行使和保全票据权利的持票人一个最后的补救机会。通过该补救机会，持票人能够在多大程度上获得救济，取决于出票人或者承兑人因持票人失去票据权利而得到了多大的财产利益。如果出票人或者承兑人因持票人失去票据权利未获得任何财产利益或获得的财产利益较少，则持票人很可能得不到救济或只能得到部分救济。也就是说，权利人得到的偿还，以偿还义务人受到的财产利益为限。

持票人应认识到，只有依据《票据法》规定的时间和方式行使及保全票据权利，才能最大限度地实现票据权利。

第八节　汇　票

一、汇票的概念

《票据法》第 19 条第 1 款规定，汇票是出票人签发的，委托付款人在见票时或者在指定日期无条件支付确定的金额给收款人或者持票人的票据。

(一) 汇票的特征

1. 基础性地位

汇票是最基本、最重要的票据。首先,《票据法》将汇票放在本票、支票之前加以规定,而且所占用的条款最多,仅“汇票”一章就占 54 条,几乎是《票据法》全部条文的一半。其次,《票据法》对本票、支票没有特别规定的,一般适用或准用汇票的规定。

2. 委托他人支付

汇票的出票人不是付款人,必须另行委托他人为付款人,故汇票为委托证券。

3. 在指定的到期日无条件支付给持票人一定金额

多数汇票都有一定的到期日,体现了汇票的信用功能,故又称为信用证券。汇票的到期日具有多样性,包括见票即付、定日付款、见票后定期付款、出票后定期付款四种类型。

4. 有承兑制度

出票时,汇票付款人无付款义务,故需付款人承诺为汇票付款。

(二) 汇票的种类

1. 银行汇票和商业汇票

银行汇票,指出票人是银行。商业汇票,指出票人是银行以外的其他主体。商业汇票进一步分为商业承兑汇票(承兑人不是金融机构)和银行承兑汇票(承兑人是金融机构)。在我国,商业汇票的出票人限于具有法人资格的工商企业和事业单位,个体工商户、农村承包经营户、个人、非法人组织等均被排除在外。

2. 即期汇票和远期汇票

即期汇票,指见票即付的汇票。远期汇票,指载明在一定期间或特定日期付款的汇票,进一步又可分为:(1)定日付款的汇票,指出票人在签发汇票时,在票面上明确记载付款日的汇票(例如,汇票记载“于 2012 年 10 月 1 日付款”字样);(2)出票后定期付款的汇票,又称计期汇票,指出票人没有记载固定的到期日,而是记载在出票日后一定日期付款的汇票(例如,汇票记载“自出票日 6 个月付款”字样);(3)见票后定期付款的汇票,又称注期汇票,指出票人记载在见票日后一定日期付款的汇票(例如,汇票记载“见票后 3 个月付款”字样。见票,指持票人请求付款人承兑时记载“承兑”字样并签名的行为。该汇票的到期日,自承兑日起算确定。根据我国《票据法》规定,见票后定期付款的汇票,持票人应当自出票日起 1 个月内向付款人提示承兑,否则持票人丧失对出票人以外其他前手的追索权)。

3. 一般汇票和变式汇票

一般汇票,指汇票的出票人、付款人、收款人分别由不同的人担任。变式汇票,指一人同时兼具这 3 个基本当事人的两种或两种以上身份,进一步分为:(1)指己汇票,指出票人与收款人为同一人;(2)对己汇票,指出票人与付款人为同一人;(3)付受汇票,指付款人与收款人为同一人;(4)己受己付汇票,指出票人、付款人、收款人皆为同一人。

另外,根据付款要求是否跟附单据,可将汇票分为光票和跟单汇票。光票,指无须附其他单据,付款人或承兑人即可付款或承兑的汇票;跟单汇票,又称押汇汇票、信用汇票,指必须附具与交易有关的单据(如提单、仓单、保险单、商业发票、包装单、重量证明单、原产地证明书、信用证、商品检验证书、卫生证明文件等)才能获承兑、付款的汇票,包括信用证跟单汇票、承兑交单汇票和付款交单汇票。

二、汇票的出票

(一) 出票的意义

汇票的出票，又称汇票的发票、汇票的签发、汇票的发行，由作成票据和交付票据两项行为构成：前者指出票人依照票据法的规定，在票据上记载法定内容并签名或盖章的行为；后者指出票人依据自己的本意将作成的票据实际交给他人占有的行为。欠缺这两项行为的任何一项，出票行为都不成立。

(二) 出票的记载事项

汇票出票必须依据票据法的规定记载一定的事项，包括必要记载事项、有益记载事项和无益记载事项。

1. 必要记载事项

根据《票据法》规定，汇票必须记载下列事项：(1)表明“汇票”字样；(2)无条件支付的委托；(3)确定的金额；(4)付款人的名称；(5)收款人的名称；(6)出票日期；(7)出票人签章。汇票上未记载上述事项之一的，汇票无效。

我国的票据格式，均由中国人民银行统一管理印制，一般印有“汇票”“本票”“支票”字样；在票据上表明无条件支付的委托或承诺，也印在票据上。因此，我国汇票必要记载事项是指确定的金额等后 5 项。

我国《票据法》规定，汇票上记载付款日期、付款地、出票地等事项的，应当清楚、明确。如果出票人出票时未在票据上明确记载付款日期、付款地和出票地等事项的，并非导致汇票无效，可参照法律惯例进行处理。例如，《票据法》第 23 条第 2 款规定，汇票上未记载付款日期的，视为见票即付。该条第 3 款规定，汇票上未记载付款地的，付款人的营业场所、住所或经常居住地为付款地。该条第 4 款规定，汇票上未记载出票地的，出票人的营业场所、住所或经常居住地为出票地。

2. 有益记载事项

我国《票据法》规定，出票人在票据上记载“不得转让”字样的，汇票不得转让。我国《票据法》还规定，出票人在汇票上可以记载《票据法》规定事项以外的其他出票事项，但是这些记载事项不具有汇票上的效力。

3. 无益记载事项

根据我国《票据法》规定，出票人签发汇票后，即承担保证该汇票承兑和付款的责任。如果出票人违反该规定，在汇票上记载“免除担保承兑和免除担保付款”，则该记载无效，但汇票的效力并不因此而受影响。

(三) 出票的效力

出票人按照《票据法》的规定作成汇票并将其交给收款人后，该出票行为即对汇票出票的三方当事人(出票人、收款人、付款人)产生效力。

1. 对出票人的效力

我国《票据法》规定，出票人签发汇票后，即承担保证该汇票承兑和付款的责任。出票人在汇票得不到承兑或付款时，应当向持票人依法清偿相应的金额和费用。

2. 对收款人(持票人)的效力

收款人接受汇票后，取得付款请求权。在汇票未经承兑前，仅是期待权。但在付款人承兑后，该期待权即成为现实权。如果被拒绝承兑或拒绝付款，持票人还可行使追索权。

3. 对付款人的效力

出票系单方法律行为，无需出票人与付款人事先达成合意。但付款人只是因受委托而付款，所以是否付款取决于其是否承兑。可见，出票的委托行为并不能约束付款人，付款人因自己的承兑行为而受约束。

三、汇票的背书

（一）背书的意义

根据《票据法》规定，背书指持票人为将票据权利转让给他人或将一定的票据权利授予他人行使，在票据背面或粘单上记载有关事项并签章，然后将票据交付被背书人的票据行为。

票据法设置背书制度，旨在促进票据的流通性。根据《票据法》第 27 条第 1 款和第 3 款规定，持票人可以将汇票权利转让给他人；持票人行使该权利时，应当背书并交付汇票。在背书关系中，通过背书形式转让票据所赋权利的当事人称为背书人，从背书人处接受汇票的人称为被背书人。

（二）背书的种类

依照背书的目的，背书分为实质背书和形式背书。

1. 实质背书

又称为转让背书，是以票据权利转移为目的的背书。实质背书又可进一步分为一般背书和特别背书。一般背书以实现票据上权利的转让为目的，且依据《票据法》规定的背书内容，进行完整的背书记载的背书；特别背书，指一般背书以外的、在背书记载及背书人等方面有特别情况的背书。在我国，票据特别背书主要包括：

（1）限制背书，指在背书中附加某些特别的记载，从而对票据的转让效力给予一定限制的背书。例如，《票据法》第 34 条规定，背书人在汇票上记载“不得转让”字样，其后手再背书转让的，原背书人对后手的被背书人不承担保证责任。

（2）回头背书，指以先前已在票据上签名的票据义务人为被背书人的背书。例如，《票据法》第 69 条规定，持票人为出票人的，对其前手无追索权。持票人为背书人的，对其后手无追索权。

（3）期后背书，指在票据被拒绝承兑、被拒绝付款或超过付款提示期限以后进行的背书。例如，《票据法》第 36 条规定，汇票被拒绝承兑、被拒绝付款或者超过付款提示期限的，不得背书转让；背书转让的，背书人应当承担汇票责任。

（4）空白背书，指背书人在背书中未指定被背书人，而在被背书人记载上留有空白的背书。我国《票据法》不承认汇票的空白背书，但票据法司法解释实际上承认空白背书的存在。例如，《票据法》第 30 条规定，汇票背书转让时必须记载被背书人的名称。但是，最高人民法院《关于审理票据纠纷案件若干问题的规定》第 49 条规定，背书人未记载被背书人名称即将票据交付他人的，持票人在票据被背书人栏内记载自己的名称与背书人记载具有同等法律效力。

2. 形式背书

又称为非转让背书，指不以票据权利的转移为目的，仅在形式上具备背书的外观背书。形式背书主要包括：

（1）委托收款背书，又称为委任背书，指背书人以行使汇票权利为目的，授予被背书人一定代理权限的背书。《票据法》第35条第1款规定,背书记载“委托收款”字样的,被背书人有权代背书人行使被委托的汇票权利,即委任背书除必须由背书人签章外,还必须记明委任收款的字样。但是,委托收款被背书人不得再背书转让汇票权利。委任背书中,汇票权利仍然由背书人享有,被背书人仅取得代理背书人行使汇票权利的权限。被背书人因委任背书取得代理权,还可以行使追索权。此外,委任背书还产生权利证明效力。只是其证明的权利不是汇票权利,而是代理权。

(2) 设定质权背书,又称为质权背书、质押背书,指背书人在汇票权利上设定质权为目的的背书。《票据法》第35条第2款规定,汇票可以设定质押,被背书人依法实现其质权时,可以行使汇票权利。另外,设定质权背书除必须由背书人签章外,还必须记明“质押”或“设质”的文句。根据最高人民法院《关于审理票据纠纷案件若干问题的规定》第55条规定,如果出质人在汇票上只记载了“质押”等字样而未在汇票上签章,或者出质人未在汇票或粘单上记载“质押”等字样,而另行签订质押合同、质押条款的,都不构成票据质押。

(三) 背书的记载事项

根据我国《票据法》规定,背书必须在汇票的背面进行,如果汇票凭证不能满足背书记载事项的需要,可以加附粘单。粘单上第一个记载人,应当在汇票和粘单的粘接处签名或盖章。记载事项包括必要记载事项、有益记载事项、无益记载事项。

1. 必要记载事项

背书的必要记载事项包括:背书人签章、背书日期和被背书人名称。其中,背书人签章和被背书人名称属于绝对必要记载事项,欠缺任何一项记载事项的,背书行为无效。背书日期属于相对必要记载事项,我国《票据法》规定,背书未记载日期的,视为在汇票到期日前背书。另外,最高人民法院的司法解释规定,背书人未记载被背书人名称即将汇票交付给他人的,持票人在被背书人栏内记载自己的名称与背书人记载具有同等法律效力,体现了票据法鼓励交易、尽量维持背书效力的价值取向。

2. 有益记载事项

我国《票据法》规定,背书人在汇票上记载“不得转让”字样,其后手再背书转让的,原背书人对后手的被背书人不承担保证责任,属于任意记载事项。如果背书人不作该项记载,背书效力不因此受影响;但如果作了记载,该项记载便发生票据法上的效力。如果后手又将票据进行贴现或质押的,原背书人对后手的被背书人不承担票据责任。但根据最高人民法院司法解释,后来的持票人如果没有得到承兑或付款,仍然可以对其他背书人以及出票人进行追索。关于相对有益记载事项,我国《票据法》并无特别规定,但允许凡属《票据法》未规定的、不影响背书效力的其他事项,由背书人选择进行记载。例如,《票据法》第24条规定,汇票上可以记载本法规定事项以外的其他出票事项,但是该记载事项不具有汇票上的效力。因此,在汇票背书时,背书人可以记载自己的地址、银行账号等事项,旨在发生追索时,及时获得持票人的通知。

3. 无益记载事项

无益记载事项,包括绝对无益记载事项和相对无益记载事项。其中,绝对无益记载事项主要包括部分背书记载(指在背书中表明将票据金额的一部分转让给两个以上的被背书人)与分别背书记载(指在背书中表明将票据金额分别转让给两个以上的被背书人)。我国《票据法》规定,将票据金额的一部分转让的背书或将汇票金额分别转让给二人以上的背书无效。相对无益记载事项,主要指附条件背书记载(指背书中附加一定的条件)。我国《票据法》规定,背书人不得附有条件。背书时附有条件的,所附条件不具有汇票上的效力。

(四) 背书的效力

转让背书构成票据法背书制度的基础。其中,一般转让背书体现了转让背书的基本意图和典型状况。因此,转让背书的法律效力主要体现在三个方面:

1. 权利转移效力

背书成立后,汇票上的一切权利(包括付款请求权和追索权)便由背书人移转给被背书人,被背书人取代背书人成为汇票权利人。依背书移转权利时不必通知原债务人,而且被背书人可以取得优先于背书人的权利。

2. 权利担保效力

背书一旦有效成立,背书人对被背书人及其后手负有担保承兑和担保付款的责任。如果持票人请求承兑或请求付款被拒绝,可向背书人行使追索权。例如,《票据法》第 37 条规定,背书人以背书转让汇票后,即承担保证其后手所持汇票承兑和付款的责任。背书人在汇票得不到承兑或者付款时,应当向持票人清偿本法第 70 条、第 71 条规定的金额和费用。此外,背书人不仅对其直接后手承担该担保责任,而且对全体后手都负该担保责任,凸显了汇票作为信用证券的功能。

3. 权利证明效力

权利证明效力,也称资格授予效力,指只要持票人所持汇票上的背书连续,票据法便可推定其为正当的汇票权利人,进而享有汇票上的一切权利。例如,《票据法》第 31 条第 4 款规定,以背书转让的汇票,背书应当连续。持票人以背书的连续,证明其汇票权利。

(五) 背书的连续

背书的连续,指由收款人起至最后被背书人(持票人)止,其间之背书相互连接,并无中断。可见,背书的连续仅是就形式而言的。根据司法解释,连续背书的第一背书人应当是在票据上记载的收款人,最后的票据持有人应当是最后一次背书的被背书人。背书在前之人为前手,在后者为后手。行使追索权时,前手为债务人,后手为债权人。

案例 8-14:汇票第一次背书,谁是背书人?

C 公司因与 D 公司发生业务往来,为支付货款而背书转让给 D 公司一张银行承兑汇票。该汇票票面金额 60 万元,出票日期 2014 年 8 月 28 日,出票人 A 公司,汇票到期日 2015 年 2 月 27 日,付款行 F 银行,收款人 B 公司。该汇票签发后,F 银行在汇票承兑行签章处加盖了银行汇票专用章,并载明"本汇票已经承兑,到期日由本行付款"。收款人 B 公司将该汇票转让给 C 公司,但并未在汇票上作背书记载。后 C 公司又将该汇票背书转让给 D 公司,C 公司在背书人处签章,在被背书人处填写 D 公司名称。2015 年 1 月 28 日,D 公司持票委托某银行收款。2015 年 2 月 2 日,F 银行以背书不连续为由拒绝付款。

依据《票据法》,第一次背书人应为:

A. A 公司; B. B 公司; C. C 公司; D. D 公司。

背书连续的法律效力主要体现在三个方面:(1)资格授予效力,指背书连续的持票人行使票据权利时,无需再证明其为真正的权利人,只需提示背书连续之票据即可;(2)背书免责效力,指债务人对背书连续之持票人清偿票据债务后即可免责;(3)善意受让效力,指依连续背书取得票据者,即使背书人为无权利人而致背书无效,持票人亦可善意取得票据权利。

四、汇票的承兑

（一）承兑的意义

汇票承兑，指汇票付款人在汇票上明确表示愿意在汇票到期日支付汇票金额的一种附属票据行为。汇票是委付证券，出票人通常不是付款人，其签发汇票只是单方面委托付款人对持票人付款，而付款人是否接受该委托并不确定。承兑制度，指通过让付款人表明付款态度，使期待权变成现实权；承兑人成为票据关系的债务人，且是第一债务人或称主债务人。

《票据法》第 38 条用“承诺”对承兑定义，应当理解为“愿意”或“答应”，而不能等同于订立合同过程中的“承诺”（与“要约”相对应）。

（二）承兑的原则

承兑包括自由承兑、完全承兑和单纯承兑。

（1）自由承兑，指汇票上记载的付款人可以依自己的意思决定是否对汇票进行承兑，而不受出票人指定其为付款人的限制。

（2）完全承兑，指付款人在对汇票承兑时，应当对全部汇票金额进行承兑，而不能仅就其中部分金额承兑。我国《票据法》没有明确规定付款人在进行承兑时，必须完全承兑，但《票据法》第 54 条规定，持票人依法提示付款时，付款人必须在当日足额付款。

（3）单纯承兑，指承兑人不附任何限制，完全予以承兑。《票据法》第 43 条规定，付款人承兑汇票，不得附有条件；承兑附有条件的，视为拒绝承兑。

按照是否需要承兑，我国汇票分为需要承兑、可以承兑、无需承兑三类。需要承兑汇票，指见票后定期付款汇票。《票据法》第 40 条第 1 款规定，见票后定期付款的汇票，持票人应当自出票日期 1 个月内向付款人提示承兑。这种远期汇票，若不进行承兑，则无法确定见票日，进而无法确定到期日，当然也就无法及时行使票据权利。可以承兑汇票，指定日付款的汇票以及出票后定期付款的汇票。承兑并非必经程序，但持票人大都请求承兑，以便及早确定自己在票据到期时能否取得支付，以及是否需要进行期前追索。根据《票据法》第 40 条第 2 款的规定，若持票人在到期前未请求承兑，而在汇票到期时直接请求付款时，如果不能获得付款，则可能丧失对前手的追索权。无需承兑汇票，指见票即付汇票。

（三）承兑的记载事项

承兑是要式法律行为，必须由承兑人签章并在汇票正面记载一定的事项。我国《票据法》只规定了必要记载事项与无益记载事项，而未规定有益记载事项。

1. 必要记载事项

我国《票据法》规定，付款人承兑汇票的，应当在汇票正面记载“承兑”字样和承兑日期并签章；见票后定期付款的汇票，应当在承兑时记载付款日期。可见，承兑的必要记载事项包括签章、承兑文句和承兑日期。

根据我国《票据法》第 41 条第 1 款与第 42 条第 2 款规定，汇票上未记载承兑日期的，以持票人提示承兑之日起的第 3 日，即付款人 3 日承兑期的最后一天，为承兑日期。

2. 无益记载事项

付款人承兑时，不得记载与汇票性质或承兑特性相违背的事项。例如，我国《票据法》规定，付款人承兑汇票，不得附有条件；承兑附有条件的，视为拒绝承兑。

(四) 承兑的程序

1. 提示承兑

指持票人现实地向付款人出示票据,以行使或保全票据权利的行为。见票即付的汇票,无需提示承兑;定日付款的汇票和出票后定期付款的汇票,持票人应当在汇票到期日前向付款人提示承兑。但我国《票据法》没有出票人能否限制持票人的提示承兑期间的相关规定。例如,出票人A向B签发汇票一张,在汇票上记载“应于2012年6月1日至7月1日之间提示承兑”或“禁止于2012年4月1日前提示承兑”。如果出票人作了这种限制,持票人应当遵守。对应当提示承兑的汇票,我国《票据法》规定,见票后定期付款的汇票,持票人应当自出票日期一个月内向付款人提示承兑。

如果持票人未按照规定期限向付款人提示承兑,则丧失对其前手的追索权,但不包括对出票人的追索权。

2. 承兑或拒绝承兑

从理论上说,持票人一经提示,付款人应当立即表示是否同意承兑,但《票据法》一般规定付款人可以有一定的考虑时间。我国《票据法》规定,付款人对向其提示的汇票,应当自收到提示承兑的汇票之日起三日内承兑或拒绝承兑。若付款人在三日考虑期限届满后,既不表示承兑,也不表示拒绝承兑的,视为拒绝承兑。如果付款人同意承兑,应当在汇票正面记载“承兑”字样和承兑日期并签章;见票后定期付款的汇票,应当在承兑时记载付款日期。

3. 汇票的回单与交还

根据我国《票据法》规定,付款人收到持票人提示承兑的汇票时,应当向持票人签发收到汇票的回单,且回单上必须记明汇票提示承兑的日期并签章。付款人在汇票正面记载“承兑”字样后,应当立即将汇票交还持票人。

(五) 承兑的效力

付款人承兑汇票并将汇票交还给持票人时,承兑即发生法律效力。承兑的效力表现在三个方面:

1. 对付款人的效力

付款人一经承兑,便成为承兑人,对汇票债务承担第一责任或主要责任,即使承兑人与出票人之间不存在事实上的资金关系,也不能以此为由对抗持票人。这种票据责任具有绝对性,除非汇票因权力时效届满而消灭。因此,在追索终结前,付款人的付款责任将一直存在。

2. 对持票人的效力

付款人一经承兑,持票人的期待权转化为现实权,只要汇票到期日已至,持票人就可以向承兑人行使付款请求权。持票人的请求权是确定的,除非因时效届满而消灭。

3. 对出票人和背书人的效力

付款人对汇票进行承兑后,便成为第一票据债务人,出票人和背书人成为第二票据债务人。持票人必须先向承兑人请求付款,只有在其被拒绝付款后,才可以凭借拒绝证书向第二债务人行使追索权。

五、汇票的保证

(一) 保证的意义

汇票保证,指汇票债务人以外的第三人为担保特定汇票债务人履行债务,以负担与其同一内容的汇票债务为目的的一种附属行为。被保证人是汇票债务人,包括出票人、背书人和承兑人等。保证人不受基础关系有无的影响,当被保证的汇票的基础债务关系无效时,并不影响保证的效力。但当被担保的票据债务因形式欠缺(例如未按规定记载绝对必要记载事项)而无效时,保证行为也无效。

实践中票据保证的出现,恰说明票据债务人的信用不高,故一般汇票债务人并不乐于利用汇票保证制度。我国《票据法》仅承认全部保证,不承认部分保证。

(二)保证的记载事项

1. 必要记载事项

根据我国《票据法》规定,保证人必须在汇票或粘单上记载下列事项:(1)表明"保证"字样;(2)保证人名称和住所;(3)被保证人名称;(4)保证日期;(5)保证人签章。其中,保证人签章和"保证"文句是绝对必要记载事项,被保证人名称、保证日期属于相对必要记载事项。《票据法》第47条第1款规定,保证人未记载被保证人名称的,已承兑的汇票,承兑人为被保证人;未承兑的汇票,出票人为被保证人。该条第2款规定,保证人未记载保证日期的,以汇票的出票日期为保证日期。

2. 无益记载事项

《票据法》规定的无益记载事项,主要是附条件记载。《票据法》第48条规定,保证不得附有条件;附有条件的,不影响对汇票的保证责任。此条规定体现了加重保证人责任的立法宗旨。

但是,保证所附条件可以发生民法的效力。例如,保证人H应被背书人C的要求为背书人B作保证,H与C同意在满足某条件后,H承担保证责任,且将该条件记载在汇票上。该记载在票据法上视为无效记载,但可作为H与C之间存在某种基础关系的证明。

(三)保证的效力

汇票保证达成后,保证人依法承担相应的票据责任,并享有相应的权利,表现在两个方面:

1. 一般效力

汇票保证的一般效力,包括保证人义务和权利两个方面。《票据法》第50条规定,保证人应当与被保证人对持票人承担连带责任。汇票到期后得不到付款的,持票人有权向保证人请求付款,保证人应当足额付款。进一步,《票据法》第52条规定,保证人清偿汇票债务后,可以行使追索权对被保证人及其前手进行追索。

2. 特殊效力

汇票保证的特殊效力,主要针对保证的债务无效和两人以上保证的情形。汇票保证具有独立性和无因性,保证人承担的保证责任独立于被保证的票据债务,被保证的票据债务即使无效,也不影响保证责任的成立。但被保证的票据债务因形式欠缺票据行为的要件而无效时,保证人可不负票据责任,但这并不排除保证人承担相应的民事责任。此外,《票据法》第51条规定,保证人为两人以上的,保证人之间承担连带责任。

六、汇票的付款

(一)付款的意义

广义的付款,指一切汇票债务人依照票据文义向债权人支付票据金额的法律行为;狭义的付款,专指汇票的承兑人或付款人向持票人支付汇票金额,以消灭汇票关系的行为。付款旨在消灭汇票关系，是票据的终点，是完成汇票使命的最后一个阶段。

（二）付款的程序

付款程序，包括付款提示、实际付款和交回汇票三个阶段。

1. 付款提示

付款提示指持票人向付款人或代理付款人实际出示汇票，以请求其付款的行为。提示人通常是持票人，但也可以是受持票人委托的收款银行和票据交换中心。《票据法》第53条第3款规定，通过委托收款银行或者通过票据交换信托向付款人提示付款的，视同持票人提示付款。被提示人包括付款人、付款人委托的付款银行以及票据交换中心。

关于付款提示的期间，根据《票据法》规定，见票即付的汇票，持票人应当自出票日期1个月内向付款人提示付款；定日付款、出票后定期付款或者见票后定期付款的汇票，持票人应当自到期日起10日内向承兑人提示付款。持票人按照上述期间已为付款提示的，如付款人拒绝付款，持票人可要求其出具拒绝证明，以此作为必要证明向其他汇票债务人行使追索权。如果持票人未进行付款提示或未在法定期间进行付款提示的，则丧失对其全体前手的追索权。但是，《票据法》第53条第2款对持票人未在法定期间为付款提示的情况另有规定：即使持票人未在法定期间内进行付款提示的，只要持票人对其行为作出说明，承兑人或付款人仍应对持票人承担付款责任。

2. 实际付款

《票据法》第54条规定，持票人依法提示付款的，付款人必须在当日足额付款。可见，我国《票据法》不允许付款人延期付款、部分付款。

《票据法》第57条第1款规定，付款人及其代理付款人付款时，应当审查汇票背书的连续，并审查提示付款人的合法身份证明或有效证件。即付款人或代理付款人在付款时，原则上仅需形式审查，对诸如背书真伪、持票人是否为真正权利人等事项一般没有实质审查义务。但该条第2款规定，如果付款人在付款时具有恶意或重大过失的，则其所为的付款行为不能使其免责，而且还须自行承担责任。

根据司法解释，恶意或重大过失付款的情形有：(1)未依《票据法》规定对提示付款人合法身份证明或有效证件以及汇票背书的连续性履行审查义务，引发错误付款；(2)在公示催告期间对公示催告的汇票进行付款；(3)收到人民法院的止付通知后进行付款；(4)其他恶意或重大过失付款。

3. 交回汇票

《票据法》第55条规定，持票人获得付款的，应当在汇票上签收，并将汇票交给付款人；持票人委托银行收款的，受委托的银行将代收的汇票金额转账收入持票人的账户，视同签收。

（三）付款的效力

《票据法》第60条规定，付款人依法足额付款后，全体汇票债务人的责任解除。具体说来，汇票付款的效力主要表现在四个方面：(1)汇票法律关系消灭。付款人按照汇票记载的文义，即时足额支付汇票金额后，付款人、背书人和保证人的票据债务全部消灭和免除，汇票法律关系不复存在。(2)我国《票据法》未对担当付款人或代理付款人依法代理付款后相关的权利义务做出明确规定，但根据票据法原理和我国民事法律，汇票上的权利义务关系也将消灭。该代理付款人有权要求付款人返还票款。(3)付款人付款后，根据委托关系或资金关系取得向出票人求偿的权利。(4)在付款人经审查后合法付款，而出票人未按约提供票据资金或票据资金不足时，取得向出票人求偿的权利。

七、汇票的追索权

(一) 追索权的意义

汇票追索权，指持票人在汇票到期不获付款或期前不获承兑或有其他法定原因时，在依法行使或保全汇票权利后，向其前手请求偿还汇票金额、利息及其他法定款项的一种票据权利。这里的“其他法定原因”，指付款人或承兑人死亡、逃匿或其他原因无法承兑或付款以及付款人或承兑人被法院宣告破产等情形。

最高人民法院《关于审理票据纠纷案件若干问题的规定》第5条规定，付款请求权是持票人享有的第一顺序权利，追索权是持票人享有的第二顺序权利，即汇票到期被拒绝付款或者具有《票据法》第61条第2款所列的情形的，持票人请求背书人、出票人以及汇票的其他债务人支付《票据法》第70条第1款所列金额和费用的权利。据此，如果持票人不按顺位行使权力遭拒绝而因此提起诉讼的，人民法院不予受理。

(二) 追索权的行使

1. 追索权行使的条件

在汇票到期时，持票人因不获付款而行使的追索权被称为期后追索。汇票到期被拒绝付款为持票人进行期后追索的唯一法定原因。《票据法》第61条第1款规定，汇票到期被拒绝付款的，持票人可以对背书人、出票人以及汇票的其他债务人行使追索权。追索权，多属于到期追索。至于汇票到期为何不获付款，对持票人行使追索权并无影响。

持票人在汇票上所载到期日届至前行使的追索权被称为期前追索，持票人一般不得行使。但若在汇票到期日前发生了某些客观情况，使持票人汇票权利有无法实现之虞，则持票人也可以在到期日前行使追索权。根据《票据法》规定，期前追索适用于下列情形：(1)汇票被拒绝承兑；(2)承兑人或付款人死亡、逃匿；(3)承兑人或付款人被依法宣告破产或因违法被责令终止业务活动。

根据《票据法》第71条的规定，当被追索人向追索人偿还了票据债务，并依法收回票据，从而取得持票人地位后，可以向其他票据债务人行使再追索权。

2. 追索权行使的程序

行使追索权的必要要件包括原有汇票的提示、拒绝证书的作成以及拒绝事由的通知等。

1）原有汇票的提示

持票人行使追索权，必须先向付款人提示汇票，请求承兑或付款。持票人未按照《票据法》规定提示承兑和提示付款的，原则上丧失对其前手的追索权。但是，如果付款人或承兑人死亡、逃匿，或付款人、承兑人被宣告破产或被责令停业等，则持票人无法承兑提示或付款提示。

2）拒绝证书的作成

持票人行使追索权时，应当提供被拒绝承兑或被拒绝付款的有关证明。拒绝证书的作成，旨在证明持票人已提示而未获承兑或未获付款，或因其他法定原因而无法提示的客观事实。根据我国《票据法》规定，持票人提示承兑或提示付款被拒绝的，有权要求承兑人或付款人出具拒绝证明，或出具退票理由书。我国《票据法》未对拒绝证明的必要记载事项做出规定。因此，根据我国行政规章的规定，拒绝证明应当包括：被拒绝承兑、付款的票据种类及其主要记载事项;拒绝承兑、付款的事实依据和法律依据;拒绝承兑、付款的时间;拒绝承兑人、拒绝付款人签章。

退票理由书,指承兑人、付款人或付款人委托的付款银行出具的记载不承兑或不付款理由的书面说明。退票理由书应当包括下列事项:所退票据的种类、退票的事实依据和法律依据、退票时间以及退票人签章。《票据法》第 62 条第 2 款规定,未出具拒绝证明或退票理由书的,应当承担由此产生的民事责任。据此,如果承兑人或付款人不出具拒绝证明或退票理由书的,持票人丧失对其前手的追索权,承兑人或付款人应当赔偿持票人因此而遭受的损失。

如果持票人因承兑人或付款人死亡、逃匿或其他原因而不能取得拒绝证明的,根据《票据法》第 63 条规定,可以用其他证明文件代替拒绝证明。根据最高人民法院司法解释,这些证明包括:(1)人民法院出具的宣告承兑人、付款人失踪或死亡的证明、法律文书;(2)公安机关出具的承兑人、付款人逃匿或下落不明的证明;(3)医院或有关单位出具的承兑人、付款人死亡的证明;(4)公证机关出具的具有拒绝证明效力的文书。此外,根据《票据法》第 64 条规定,如果承兑人或付款人被法院依法宣告破产,或因违法被责令终止业务活动的,则法院的有关司法文书或有关行政主管部门的处罚决定也具有拒绝证明的效力。

3) 拒绝事由的通知

拒绝事由也称追索通知,指持票人为向其前手行使追索权而事先将汇票不获承兑或不获付款的事实告知其前手的行为。关于通知的期限,根据《票据法》规定,持票人应当自收到被拒绝承兑或被拒绝付款的有关证明之日起 3 日内,将被拒绝事由书面通知其前手。该持票人的前手应当自收到通知之日起 3 日内书面通知其再前手。持票人也可以同时向各汇票债务人发出书面通知。

关于通知的发出、方式及主要内容,《票据法》第 66 条第 3 款规定,持票人或其前手在规定期限内将通知按照法定地址或者约定的地址邮寄的,视为已经发出通知。拒绝事由的通知必须采用书面形式,应当记载汇票的主要事项,并说明该汇票已被退票。其中,汇票的主要记载事项包括:票据上当事人名称、汇票金额、出票日期、付款日期等。

关于通知义务的免除,我国《票据法》未对其做出规定。但根据英美及大陆票据法的规定,如果遇到不可抗力情形,通知义务人无法如期履行通知义务的,应当免除其相应的赔偿责任。但若不可抗力事由消除,履行通知义务仍有必要,通知义务人应继续履行通知义务。

违反通知义务的持票人需要承担一定的损失赔偿责任,但仍可行使追索权。《票据法》第 66 条第 2 款规定,因延期通知给其前手或出票人造成损失的,由没有按照规定期限为通知的汇票当事人,承担对该损失的赔偿责任,但赔偿金额以汇票金额为限。

(三) 追索权的效力

追索权的效力,包括对人效力和对物效力两个方面。

1. 对人效力

对人效力,表现为持票人连带、选择、变更追索和代位追索权:(1)连带追索权,即汇票的持票人可以对出票人、背书人、承兑人和保证人连带追索。从票据债务人内部追索权的角度看,票据债务人清偿后,仍可对其前手行使追索权,直到出票人为止。(2)选择追索权,持票人可以不按照汇票债务人的先后顺序,对其中任何一人、数人或全体行使追索权。(3)变更追索权,即持票人对汇票债务人中的一人或数人已经进行追索的,对其他汇票债务人仍可行使追索权。(4)代位追索权,即被追索人清偿汇票债务后,其责任解除;同时,取得持票人的追索权,对其前手进行再追索。

为避免循环请求之情形,《票据法》第 69 条规定,持票人为出票人的,对其前手无追索权。持票人为背书人的,对其后手无追索权。

2. 对物效力

对物效力,包括最初追索金额(指持票人向汇票债务人行使追索权请求支付的金额)和再追索金额(指偿还义务人行使再追索权时要求其前手清偿的金额)。根据《票据法》第 70 条第 1 款的规定,持票人行使追索权,可以请求被追索人支付下列金额和费用:(1)被拒绝付款的汇票金额;(2)汇票金额自到期日或提示付款日起至清偿日止,按照中国人民银行规定的利率计算的利息;(3)取得有关拒绝证明和发出通知书的费用。被追索人清偿债务时,持票人应当交出汇票和有关拒绝证明,并出具收到利息和费用的收据。再追索金额也包括三部分:已清偿的追索金额、法定利息和再追索费用。行使再追索权的被追索人获得清偿时,应当交出汇票和有关拒绝证明,并出具收到利息和费用的收据。

(四) 追索权的丧失

追索权的丧失指因法律规定的情形或原因,票据债权人丧失对票据债务人的追索权。根据《票据法》规定,追索权丧失的原因主要有三种情形:

1. 不在一定期限内行使或保全的票据权利

持票人行使追索权必须在票据法规定期限内行使或保全行为后,才可对背书人、出票人以及其他票据债务人行使追索权,否则,其追索权丧失。如果票据当事人约定期限的,而不于约定期限内行使或保全行为的,对于该约定的前手丧失追索权。持票人不能出示拒绝证明、退票理由书或未按规定期限提供其他合法证明的,丧失对其前手的追索权。

2. 票据时效届满

《票据法》规定,持票人对前手的追索权,自被拒绝承兑或被拒绝付款之日起 6 个月不行使而丧失;持票人对前手的再追索权,自清偿日或被起诉之日起 3 个月不行使而丧失。可见,追索权时效届满,导致追索权丧失。

3. 未按规定期限提示承兑

《票据法》规定,汇票未按规定期限提示承兑的,持票人丧失对其前手的追索权。但仍可向出票人行使追索权。

第九节　本票和支票

一、本　票

(一) 本票的概念

根据我国《票据法》的规定,本票指出票人签发的,承诺自己在见票时无条件支付确定的金额给收款人或持票人的票据。

我国本票的特殊之处,具体表现为以下四个法律特征:

1. 只有两个基本当事人

本票当事人为出票人和收款人双方主体。本票的出票人即付款人,自行承担付款责任。而在汇票、支票中,原则上存在三方基本当事人,即出票人、付款人和收款人。

2. 出票人自己支付确定的金额

出票人对收款人支付并承担绝对付款责任，这是本票区别于汇票、支票的根本特征。在汇票、支票中，出票人一般自己不直接承担付款责任，而是委托付款人向持票人支付票据金额。因此，汇票和支票被称为委付证券，而本票被称为自付证券。

3. 出票人在到期日无条件支付票款

多数国家票据法规定，本票的到期日可以为即期，也可以为将来一定时期，故本票与汇票均为信用证券。但我国《票据法》规定，本票限于见票即付，出票人在到期日无条件支付票款。

4. 本票不适用承兑

我国《票据法》规定，本票仅限于见票即付，持票人自出票日起即可向出票人请求付款，故不适用承兑。

(二) 本票的种类

1. 记名本票、无记名本票

记名本票，指出票人在票面上载明收款人名称；无记名本票，指出票人可以不在票面上记载收款人名称。我国《票据法》规定，本票必须记载收款人名称。因此，我国《票据法》仅承认记名本票，不承认无记名本票。

2. 即期本票和远期本票

根据付款时间，本票可分为见票即付本票和远期本票，进一步可分为见票即付、定期本票、计期本票(出票日后定期付款)、注期本票(见票日后定期付款)等形式。但我国《票据法》规定银行本票形式仅限于见票即付型票据，在《支付结算办法》中更是明确规定了“银行本票见票即付”的付款期限。

3. 银行本票和商业本票

银行本票，指以银行为出票人的本票形式。商业本票，指以银行以外的企事业单位和个人为出票人。我国《票据法》仅承认银行本票，不承认商业本票。

(三) 本票的出票规则

1. 本票出票的意义

本票的出票建立在出票人一方表示自己愿意承担支付本票金额债务的承诺，而汇票的出票则是委托付款人向收款人支付一定金额的请求。根据我国《票据法》及《支付结算办法》，本票出票人的资格受到严格限制，出票人必须为具有支付本票金额的可靠资金来源，并且经过中国人民银行当地分支行批准办理银行本票业务的银行机构，除此之外，任何企业和个人均不能成为本票的出票人。

2. 本票出票的记载

我国《票据法》规定了本票的必要记载事项。其中，绝对必要记载事项包括：(1)表明“本票”字样；(2)无条件支付的承诺；(3)确定的金额；(4)收款人名称；(5)出票日期；(6)出票人签章。如果本票上未记载这些事项中的任何一项，则本票无效。

我国《票据法》将本票的付款地和出票地规定为相对必要记载事项。如果本票上未记载付款地，则出票人的营业场所为付款地；若本票上未记载出票地，则出票人的营业场所为出票地。

关于有益记载事项和无益记载事项，我国《票据法》并无直接规定，但可以准用票据通则与汇票的有关记载事项规则。例如，若出票人在本票上记载“不得转让”字样，为有益记载事项的任意记载，一旦记载，即发生票据法上的效力。又如，在本票上作附条件付款、分期付款记载等，则为无益记载事项，一旦记载，则导致本票无效。

3. 本票出票的效力

一方面，出票人必须承担对本票持票人的付款责任。该付款责任具有初次性（出票人是主债务人）、无条件性（出票人不得附加任何条件）、绝对性（本票的持票人未按规定的期限提示见票的，虽然丧失对其前手的追索权，但仍然可以向出票人行使追索权）和最终性（出票人一经付款，全部本票关系归于消灭）。

另一方面，出票人签发本票后，收款人及以后的持票人就取得了本票上的权利，包括付款请求权和追索权。由于本票无承兑制度，本票一经出票，主债务人就是确定的，故收款人的付款请求权是现实权。基于我国本票仅限于即期银行本票，出票人可靠性强，故持票人主要依赖于付款请求权，从而少见本票追索权的行使。

（四）本票的见票规则

1. 本票见票的意义

本票的见票，指本票的出票人因持票人的提示，为确定见票后定期付款本票的到期日，于本票上记载"见票"字样并签章的行为。

见票只适用于见票后定期付款的本票（注期本票），而其他三种本票（见票即付、定期本票、计期本票）无须见票。见票的作用有二：一是可确定到期日；二是如果出票人拒绝见票，持票人应于提示见票期限内请求作成拒绝证书，否则持票人丧失票据追索权。

2. 本票见票的程序

基于我国《票据法》规定的本票仅限于见票即付，不承认见票后定期付款的本票，故不存在本票的见票问题。但上海市《票据暂行规定》以及外国票据法，多承认见票后定期付款的本票，对本票的见票也有规定。

具体而言，见票程序可分为三个步骤：见票提示、见票记载、票据交还。

首先，见票提示是指持票人或其授权代理人（提示人）在法定期限内向出票人或代理付款人（被提示人）现实地出示本票，以行使或保全本票的行为。

其次，出票人或代理付款人收到持票人提示见票的本票后，应当向持票人签发收到本票的回单。回单上应当记明本票提示见票日期并签章。出票人接收见票的，应当在本票正面记载"见票"字样和见票日期并签章。同时，应当在见票时记载付款日期。本票上没有记载见票日期的，应当以出票人或付款人应当见票的最后一日为见票日期。如果出票人或代理付款人于见票时拒绝签章的，持票人应于提示见票期限内请求作成拒绝证书。

最后，出票人或代理付款人在本票上依法为一定记载后，应当将本票交还给持票人。

3. 本票见票的效力

一是可确定到期日；二是若持票人未在法定期限或约定期限内完成见票提示或作成拒绝证书的，则对出票人以外的前手丧失追索权。换句话说，如果遭见票拒绝的持票人依法作成拒绝见票证书，则无需再为付款提示，也无须作成拒绝付款证书，可直接向其前手行使追索权。

（五）本票的付款规则

1. 本票的付款人

我国《票据法》的本票为见票即付的本票。这里的"见票"，是"出示票据，请求付款"之意。因此，出票人自出票日后即承担无条件支付票款的义务，持票人可以直接向出票人或其代理付款人提示付款。此外，本票为自付证券，不存在其他付款人，出票人即为付款人。

2. 本票的付款提示期限

根据我国《票据法》的规定，本票自出票日起，付款期限最长不超过 2 个月。这里的“付款期限”实际是“付款提示期限”。持票人如果不按照法定期限提示付款，则丧失对出票人以外前手的追索权。

3. 本票付款提示的效力

根据我国《票据法》的规定，持票人即使未按期提示，对出票人仍有追索权。《支付结算办法》也规定，银行本票的持票人超过规定期限提示付款的，持票人在作出说明后，仍可以向出票人请求付款。因此，本票付款提示的效力有二，一是使出票人于提示日足额付款；二是在出票人拒绝付款的情况下，保全其他前手的追索权，即持票人如果不按期提示，则丧失对除出票人以外前手的追索权。

（六）本票对汇票法律规则的准用

本票与汇票相比，除了不具有承兑、拒绝承兑证明等特征外，其他制度与汇票相同。因此，各国票据立法为了避免法律条款的重复，一般都以汇票的规定为中心内容，除对本票另有规定的以外，其他制度都适用或准用汇票的规定。我国《票据法》规定，本票的背书、保证、付款行为和追索权的行使，除本章规定外，适用本法第二章有关汇票的规定；本票的出票行为，除本章规定外，适用本法第 24 条关于汇票的规定。

1. 汇票出票规则的准用

汇票有关出票的定义以及汇票到期日、见票即付规定，可适用于本票的出票行为。但本票的出票规则，特别在出票记载事项要求上，与汇票的出票规则存在较大差异。本票可以记载《票据法》规定事项以外的其他事项，但是该记载事项不具有本票上的效力。

2. 汇票背书规则的准用

票据法关于汇票背书的规定，大多适用于本票。但根据《票据法》规定，本票仅为见票即付，显然无法适用“汇票上背书未记载日期的，视为在汇票到期日前背书”的规则，故本票背书未记载日期的，应视为“提示付款之日”前背书。

3. 汇票保证规则的准用

有关汇票保证的规则，基本适用于本票。但本票无承兑制度，故我国《票据法》关于“保证人在汇票或粘单上未记载被保证人名称的，已承兑的汇票，承兑人为被保证人；未承兑的汇票，出票人为被保证人”的规定，不适用于本票。在本票关系中，出票人是主债务人，故当保证人在本票或粘单上未记载被保证人时，应推定本票的出票人为被保证人。

4. 汇票付款规则的准用

除提示付款中被提示人和提示付款期限外，本票的付款可以准用汇票付款的规定，包括付款方式、付款人审查责任、付款效力等。但是，我国《票据法》中的本票为见票即付，故不存在汇票的期前付款以及相关责任问题。

5. 汇票追索权行使规则的准用

本票追索权的行使条件、追索权范围、追索程序等，准用汇票的规则。但是，有关汇票追索权与本票性质不相符合的内容，不适用于本票，主要表现在三个方面：一是因为本票没有承兑制度，故因汇票被拒绝承兑的情形以及取得有关拒绝承兑证明的相关规定不适用于本票，例如《票据法》第 62 条至第 66 条及第 68 条有关“承兑”“承兑人”的内容；二是本票不适用关于付款人死亡、逃匿的规定。由于银行本票的付款人即出票人为银行，故不可能发生自然人死亡、逃匿等行为。

二、支　票

(一) 支票的概念

我国《票据法》所称的支票，指出票人签发的，委托办理支票存款业务的银行或其他金融机构，在见票时无条件支付确定的金额给收款人或持票人的票据。我国支票有自己的法律特征，表现有四：

1. 支票的付款人仅限于银行或其他金融机构

我国《票据法》与其他行政规章规定，支票付款人限于经中国人民银行批准办理支票存款业务的银行、城市信用合作社和农村信用合作社，不能是其他法人或自然人。

2. 支票是见票即付的即期票据

部分国家的票据法允许出票人在实务中签发即期支票与远期支票。但根据我国《票据法》规定，支票仅为见票即付的即期票据。因此，汇票为信用证券，而支票为支付证券，其主要功能在于代替现金进行支付。

3. 支票是无条件支付票据

为了加强支票的支付功能与交易效率，我国《票据法》不仅强调支票的无条件支付性，而且还规定支票的持票人应当自出票日起 10 日内提示付款。

4. 支票的无因性受到一定限制

出票人签发的支票金额超过其付款时点在付款人处实有的存款金额的，为空头支票。我国《票据法》禁止签发空头支票，支票的无因性受到一定的限制。

(二) 支票的种类

1. 记名支票和无记名支票

记名支票，指出票人在支票上载明收款人名称；无记名支票，指出票人在支票上可以不记载收款人名称。根据我国《票据法》规定，收款人名称并非支票的绝对必要记载事项。同时，支票上未记载收款人名称的，经出票人授权，可以补记。据此，我国《票据法》承认无记名支票。

2. 现金支票、转账支票和普通支票

现金支票，只能用于支付现金；转账支票，只能由银行收入持票人账户；普通支票，不限定支付方式。我国《票据法》规定，支票可以支取现金，也可以转账，用于转账时应当在支票正面记载。

3. 一般支票和变式支票

一般支票，指支票关系的三方当事人由不同主体充当。变式支票，指支票关系的三方当事人存在兼任的情况，进一步分为对己支票(出票人以自己为付款人)、指己支票(出票人以自己为收款人)和受付支票(出票人以付款人为收款人)三种。我国《票据法》承认一般支票与变式支票的有效性。例如，《票据法》第 86 条第 4 款规定，出票人可以在支票上记载自己为收款人。

4. 即期支票和远期支票

根据各国票据法的规定，支票均为见票即付。但在票据运作实务中，有些出票人将未来某个日期作为出票日期记载于支票上，则持票人只能在该未来的日期届至后方可提示付款，因而具有远期支票特征，也使得支票具有一定的信用功能。

（三）支票的出票规则

1. 支票出票的意义

支票的出票，指出票人委托银行或其他金融机构无条件向持票人支付一定金额的票据行为。由于支票以银行等金融机构为付款人，其基本作用是即期支付工具。

2. 支票出票的记载

根据我国《票据法》的规定，记载事项包括下列几种情形：

1）必要记载事项

根据我国《票据法》的规定，支票的绝对必要记载事项包括：(1)表明“支票”字样；(2)无条件支付的委托；(3)确定的金额；(4)付款人名称；(5)出票日期；(6)出票人签章。未记载这些事项中任何一项，支票无效。其中，我国《票据法》允许由出票人授权他人补记支票的金额，但支票在未补记前不得使用。

支票的相对必要记载事项主要包括支票的付款地和出票地。我国《票据法》规定，支票上未记载付款地的，付款人的营业场所为付款地；支票上未记载出票地的，出票人的营业场所、住所或者经常居住地为出票地。可见，如果出票人没有记载相对必要记载事项，可以根据法律规定作出推定，而支票并不因此无效。

2）有益记载事项

我国《票据法》仅直接规定了支票收款人事项，即支票上未记载收款人名称的，经出票人授权，可以补记。但是，对支票上其他有益记载事项未作直接规定。根据票据法的立法精神以及各种票据记载的适用通则，可以推定支票上的其他有益记载事项。例如，支票出票人可以在支票上记载“不得转让”字样，以限制支票的流通，只要记载即发生票据法的效力。至于支票上的相对有益记载事项，可以准用汇票的相对有益记载规则，即支票上可以记载法定事项以外的其他出票事项，但该记载事项不具有支票上的效力。

3）无益记载事项

我国《票据法》规定，支票限于见票即付，不得另行记载付款日期。另行记载付款日期的，该记载无效。凡在支票上记载附条件支付文句、分期付款条款等内容的，将导致支票无效。

3. 支票出票的效力

支票出票人一经出票，即对出票人、付款人和收款人产生如下法律效力：

1）对出票人的效力

我国《票据法》规定，出票人必须按照签发的支票金额承担保证向持票人付款的责任。即使支票因超过提示付款期限等原因而不获付款，出票人仍应当对持票人承担票据责任。

2）对付款人的效力

对支票付款人而言，出票人签发支票的行为对其没有强制性效力，支票上的出票行为本身不会必然赋予支票付款人以付款义务。但是，在出票人与付款人之间存在资金关系的情况下，付款人则负有向持票人付款的义务。《票据法》第 89 条第 2 款规定，出票人在付款人处的存款足以支付支票金额时，付款人应当在当日足额付款。

3）对收款人的效力

一经出票人完成支票的签发行为，支票收款人便取得向付款人请求付款的权利。但该权利仅是期待权，只有在得到票款时，才变为现实权。除请求付款外，收款人在一定条件下也可以行使追索权。如收款人遭拒绝付款，在法定期限内履行了保全手续后，即可向其前手行使追索权。

(四) 支票的禁止透支规则

1. 支票的资金关系

与汇票、本票相比，支票的无因性受到较大程度的限制。我国《票据法》第 82 条对支票的资金关系作了具体规定，申请人开立支票存款账户，必须使用其本名，并提交证明其身份的合法证件；开立支票存款账户和领用支票，应当有可靠的资信，并存入一定的资金；开立支票存款账户，申请人应当预留其本名的签名式样和印鉴。

但是，资金关系并不影响支票的效力。即使没有资金关系，出票人签发的支票仍然有效。此规定意味着付款人退票后，持票人仍可向出票人行使追索权，出票人仍需承担偿还责任。

2. 禁止透支规则与空头支票

空头支票，指出票人违反与付款银行之间的账户资金关系，签发没有资金保证或超出其账户内资金金额的支票。世界各国票据立法对透支和签发空头支票，均持禁止态度。但是，各国均认可空头支票在票据法内的效力。我国《票据法》规定，出票人必须按照签发的支票金额承担保证向持票人付款的责任。但是，对出票人签发的空头支票，持票人实际上不享有付款请求权，银行应对其做退票处理。

按照多数国家和地区的票据立法，对于签发空头支票，尤其是恶意透支，通常都会采取相应的民事、行政与刑事制裁。我国《票据法》第 102 条第(三)项规定，签发空头支票或者故意签发与其预留的本名签名式样或者印鉴不符的支票，以骗取财物的，属于票据欺诈行为，对行为人应当追究刑事责任。根据《票据法》第 103 条以及《票据管理实施办法》第 31 条的规定，不以骗取财物为目的，签发空头支票或者签发与其预留的签章不符的支票的，构成行政违法行为，由中国人民银行处以票面金额 5%但不低于 1 000 元的罚款。根据《票据法》第 106 条以及最高人民法院《关于审理票据纠纷案件若干问题的规定》第 73 条规定，因出票人签发空头支票、与其预留本名的签名式样或者印鉴不符的支票而给他人造成损失的，支票的出票人和背书人应当依法承担民事责任。

(五) 空白支票的规则

大部分国家的票据立法中将空白票据的制度普遍适用于汇票、本票和支票。但我国票据立法仅承认空白支票的法律效力。空白支票，指在签发支票时，出票人未对若干应当记载的事项进行记载，完成签章后立即交付，同时授权他人对支票必要记载事项进行补记，使该支票成为有效支票。这里的“空白支票”，指仅有部分事项尚未记载的支票，而非日常中人们所指的由有关部门统一制作的完全未填写的格式票据。

票据立法承认空白支票，旨在满足票据实务的需要。在不少情况下，支票关系的当事人在签发支票时尚未确定支票上应记载的事项，须等交易完成后方能记载。因此，票据立法承认空白支票，有利于票据的便捷使用，也有利于商事交易的顺利进行。我国《票据法》确立了承认两种部分事项尚未记载的空白支票：一是金额空白支票；二是收款人名称空白支票。

1. 金额空白支票

《票据法》第 85 条规定，支票上的金额可以由出票人授权补记，未补记前的支票，不得使用。《支付结算办法》第 119 条进一步规定“不得使用”是指不得背书转让和提示付款。如果没有补记，则该支票为无效支票。但金额事项经补记后，该支票的效力和一般的有效支票相同。

2. 收款人名称空白支票

我国《票据法》规定，支票上未记载收款人名称的，经出票人授权，可以补记。《支付结算办法》规定，支票的金额、收款人名称，可以由出票人授权补记，未补记前不得背书转让和提示付款。同样，经补记后，该支票的效力和一般有效支票相同。

（六）支票的付款规则

1. 支票付款的意义

支票的付款，指付款人依据持票人的要求，支付支票金额，以消灭支票上权利义务关系的行为，其显著特点有三：

（1）付款到期日确定的单一性。支票是见票即付票据。在我国，支票持票人自出票日起10日内可随时向付款人进行付款提示，请求付款。

（2）付款请求权确定的简易性。支票是即期票据，无须承兑；自出票日期，即取得了确定的支票付款请求权。

（3）付款提示确定的短暂性。支票为支付证券，不仅要求付款人迅速付款，也要求持票人及时行使付款请求权，以助长支票的流通性，发挥其核心功能。

2. 支票付款的程序

支票为支付证券，注重付款的迅捷性。我国《票据法》在规定支票付款准用汇票有关规则的同时，又专门规定了支票付款的许多特殊规则。

（1）付款提示。我国《票据法》规定，支票的持票人应当自出票日期10日内提示付款。如果持票人超过了提示期限，付款人可以不予付款。

（2）付款。我国《票据法》规定，出票人在付款人处的存款足以支付支票金额时，付款人应当在当日足额付款。付款人在支付支票金额前，应当审查支票背书的连续性，并审查提示付款人的合法身份证明或有效证件，即仅需对票据形式上的要件进行审查。但是，如果付款人在付款时具有恶意或重大过失，则其行为非但不能使自己免责，而且还须自行承担责任。此外，由于支票出票人在开立支票存款账户时必须使用本名，并应预留本名的签名式样和印鉴，故付款人在支付金额时，还须对支票上的签名或印鉴是否与预留签名或印鉴相符进行审查。

如果经审查符合票据法规定的付款条件，支票付款人应即时付款，即在付款提示的当日足额付款。但是，如果付款人经审查依法拒绝付款或退票，也应于付款提示当日作成拒绝证明或退票理由书。

3. 支票付款的效力

《票据法》第92条规定，付款人依法支付支票金额的，对出票人不再承担受委托付款的责任，对持票人不再承担付款的责任。但是，付款人以恶意或有重大过失付款的除外。因此，支票付款的效力，因合法付款与不合法付款而异。

（1）合法付款的效力：如果支票付款人依法足额付款，对付款人而言，则免除其对出票人的受托付款的责任以及对真正权利人的责任；对出票人和其他票据债务人而言，则免除其对收款人或持票人的担保偿还责任；对收款人或持票人而言，其支票权利因实现而导致自然消灭。

（2）不合法付款的效力：如果支票付款人因恶意或重大过失付款，对付款人而言，其对出票人承担的受托付款的责任以及对真正权利人应承担的责任不能被免除，付款人仍应向真正权利人付款，然后向不法获得票款的责任人追偿；对出票人而言，其担保偿还责任不能免除，仍应偿还真正票据权利人的追索款项；对其他支票债务人而言，其被追索情况下的偿还责任不能被免除；因善意持票人未真正获得付款，故其仍可以请求付款人支付，如遭拒绝，可向出票人及其他支票债务人行使追索权。

（七）支票对汇票法律规则的准用

《票据法》第 93 条规定，支票的背书、付款行为和追索权的行使，除本章规定外，适用本法第 2 章有关汇票的规定。支票的出票行为，除本章规定外，适用本法第 24 条、第 26 条关于汇票的规定。

1. 汇票出票规则的准用

根据《票据法》规定，支票的出票行为可以准用的以下两条汇票规则：

（1）对汇票相对有益记载事项的准用。《票据法》第 24 条规定，汇票上可以记载本法规定事项以外的其他出票事项，但是该记载事项不具有汇票上的效力。因此，支票的出票人可以在支票上记载票据法规定事项以外的其他出票事项，但是该记载事项不具有支票上的效力。

（2）对汇票出票人担保付款责任规则的准用。《票据法》第 26 条规定，出票人在签发汇票后，即承担保证该汇票承兑和付款的责任。出票人在汇票上得不到承兑或者付款时，应当向持票人清偿本法第 70 条、第 71 条规定的金额和费用。因此，支票的出票人在签发支票后，即承担保证该支票付款的责任。当持票人未得到付款时，出票人应当向持票人依法清偿有关金额和费用。

2. 汇票背书规则的准用

由于支票无需承兑，故凡涉及汇票"承兑""拒绝承兑"字样的背书规则时，支票均不能适用。除此而外，关于汇票背书的种类、记载事项、记载方法、记载效力、背书连续、背书当事人（前手和后手）以及背书的限制等规则，都可准用于支票背书行为。

3. 汇票付款规则的准用

除提示付款期限、付款人义务外，支票的其他付款制度基本都可以准用汇票付款的规定。付款人在付款时应当审查支票背书的连续性、提示付款人的合法身份证明或有效证件。付款人或代理付款人在付款时存在有恶意或重大过失的，应当自行承担责任。持票人获得付款后，应当在支票上签收，并将支票交付给付款人。付款人依法足额付款后，全体支票债务人的责任解除。由丁支票是见票即付票据，故不存在汇票上的期前付款、承兑等问题。

4. 汇票追索权行使规则的准用

《票据法》第 93 条第 1 款规定，支票追索权的行使准用汇票追索权的有关规定。因此，除与支票性质不一致的规定外，汇票追索权行使的要件、方式以及追索标的确定等，均可准用于支票。另外，追索权也会因时效期间经过或其他法定事由而消灭，故支票权利人同样有必要采取相应的支票追索权保全措施。

思考题：

（1）简述票据的抽象性或无因性。

（2）简述票据伪造、变造的风险承担。

（3）比较票据物的抗辩与人的抗辩。

（4）简述挂失止付的"救急"性。

（5）简述利益偿还请求权的补偿性。

（6）比较汇票付款人与承兑人的票据责任差异。

(7) 如何认定付款人(承兑人)在付款时具有恶意或重大过失？

(8) 简述付款人(承兑人)出具拒绝证明包括的事项。

(9) 简述空白支票授权补记的事项。

参考文献

[1] 刘心稳. 票据法[M]. 4版.北京：中国政法大学出版社，2018.
[2] 金锦花，于海斌，朴飞. 票据法[M]. 北京：中国政法大学出版社，2015.
[3] 李绍章. 中国票据法原理[M]. 北京：中国法制出版社，2012.
[4] 徐孟洲. 票据法教学案例[M]. 北京：法律出版社，2006.
[5] 王小能. 票据法教程[M]. 2版.北京：北京大学出版社，2001.

第九章　保险法

2009 年 10 月 10 日起施行的《中华人民共和国保险法》(简称《保险法》)的最大亮点在于：新添了保险人合同解除权的限制和不可抗辩条款，凸显对保险消费者权益的保护。但保险人 2 年不可抗辩条款规定并未有效地遏制保险公司粗放承保，却频频诱发部分投保人带病投保、恶意欺诈保险公司的道德风险，负面影响突出，引发社会热议。

关键词：保险合同；除外责任；被保险人；免赔额；保险利益；重复保险；超额保险；代位追偿；保险人合同解除权；有利于被保险人解释；健康保险；万能寿险

第一节　概　述

一、保险概述

(一) 保险的概念

关于保险的概念，各国规定并不统一。有的国家采用概括性的规定，例如意大利《民法典》第 1882 条规定，保险是指保险人对支付保险费的被保险人，在约定范围内对灾害给其造成的损失承担赔偿责任，或者因与人的寿命相关联的事件的发生，承担给付资金或年金责任的契约。

有的国家则分险种对保险的概念加以规定，例如日本《商法典》第 629 条规定，当事人的一方约定对因一偶然的事故可能发生的损害予以填补，对方则约定为此给予报酬时，损害保险合同因此而生效。其第 673 条规定，因当事人的一方约定对有关对方或第三者的生死应支付一定的金额，对方则约定为此支付其报酬时，生命保险合同因此而生效。

我国《保险法》第 2 条规定，本法所称保险，是指投保人根据合同约定，向保险人支付保险费，保险人对于合同约定的可能发生的事故因其发生所造成的财产损失承担赔偿保险金责任，或者当被保险人死亡、伤残、疾病或者达到合同约定的年龄、期限等条件时承担给付保险金责任的商业保险行为。

我国台湾地区《保险法》第 1 条第 1 款规定，本法所称保险，谓当事人约定，一方交付保险费于他方，他方对于因不可预料，或不可抗力之事故所致之损害，负担赔偿财物之行为。根据前项所订之契约，称为保险契约。

各国保险立法关于保险的概念虽然有一定的差异，但均将保险等同于保险合同，这反映了保险是一种法律关系。在该法律关系中，投保人支付保险费，保险人承担保险责任，一方履行义务就意味着另一方权利的实现。

(二) 保险的特点

1. 以风险存在为前提

如果没有风险，则保险没有存在的必要。现实生活中，自然灾害和意外事故是造成人们财产损失和人身伤亡的主要风险，为将这些风险分散开来，保险以风险为经营对象，对因风险造

成的损失给予补偿。但是,保险并非经营任何风险,保险经营的风险具有下列特点:

(1)风险的发生概率具有不确定性。保险的承保风险是客观存在的,但是否发生具有不确定性。如果某种风险绝对不会发生,保险公司倒是非常愿意承保这种风险,但没有人愿意向保险公司投保,即缺乏需求。如果某种风险必然发生,则会有很多人主动向保险公司投保,但保险公司不敢承保该风险,即缺乏供给。也就是说,当保险的发生具有确定性时,保险市场将呈现仅有需求或仅有供给的情况,都不能形成市场。规避风险是大部分人的天性,如果某种风险可能发生,也可能不发生,即风险的发生具有不确定性,就会有很多人向保险公司投保,从而产生需求;同时,保险公司经过精算,可以提供适当的保险产品,从而产生供给,这样才能形成健康的保险市场。

(2)风险的发生时间具有不确定性。风险肯定发生,但何时发生具有不确定性。例如,人出生以后,在漫长的人生旅途中肯定会生病,但何时生病,谁也无法事先预测。正因为如此,保险公司才敢经营健康保险产品。

(3)风险发生导致的后果具有不确定性。人们无法准确预测保险风险发生后的损失情况。例如,一栋房屋,若发生火灾,是完全烧毁,还是部分烧毁,以及部分烧毁的程度和产生的损失,均无法确定。正因为如此,保险公司才敢经营财产保险产品。

2. 以社会互助共济为基础

在保险制度下,保险人集合多数投保人交纳的保险费,建立保险基金,将个别投保人的风险在同类风险的众多投保人之间进行分担,体现出社会互助共济的特点。参加保险的投保人越多,保险基金的积累就越充分,保险人的偿付能力就越强,投保人受到的保障也就越高。

3. 投保人交纳的保险费必须合理

若保险费数额过高,会加重投保人的负担,影响投保人数;但若保险费数额过低,又会影响到保险公司的正常经营,故保险费计算必须科学、合理。计算保险费的基础是大数法则,将个别风险单位遭受损失的不确定性,变成多数风险单位可以预测的损失,从而计算出比较精确、合理的保险费率,作为收取保险费的依据。

4. 对风险事故造成的损失给予经济补偿

保险并不能阻止风险发生,只能在风险真实发生后,对风险事故造成的损失给予经济补偿。一旦风险事故发生,通过保险补偿或者给付,使人们尽快从事故损害中恢复过来,重返正常的生产和生活活动。

(三)保险与保证、赌博、储蓄比较

1. 保险与保证比较

相同点:保险与保证都是对因偶然事件所受损失的补偿,保险人对投保人承担保险责任,保证人对债权人承担保证责任。

不同点:保险合同是独立合同,投保人依据合同支付保险费,保险人依据合同承担保险责任;保证合同是从属合同,依附于主合同而存在,保证人实际上代替债务人履行义务。

2. 保险与赌博比较

相同点:保险能否获得保险金、赌博能否获得赌彩,均具有偶然性。

不同点:赌博本身创造风险,可能获利,也可能损失,具有投机性;在保险场合,风险是一种客观存在,要么损失,要么不损失,属于纯粹风险。

3. 保险与储蓄比较

相同点：保险与储蓄都是经济上的准备，未雨绸缪，以应对未来的不确定性。

不同点：储蓄是单独的、个人的行为，属于自助行为，能够实现财产时间上的转移，但无法转移风险；保险强调“保障性”和“杠杆作用”，集合了多数人的力量，具有互助共济性，可以分散风险。

（四）保险的分类

根据不同标准，保险可以划分为不同种类：

1. 财产保险和人身保险

根据保险标的的性质，可以将保险分为财产保险和人身保险。

财产保险有广义和狭义之分。广义的财产保险，以各种财产及有关利益、责任和信用为保险标的。狭义的财产保险，仅以有价值的有形物为保险标的。这里，采用广义的财产保险概念，包括火灾保险、汽车保险、盗窃保险、责任保险、保证保险、农业保险等。标的的价值可以准确地确定，保险的金额按照财产的实际价值确定。

人身保险，以人的寿命或身体为保险标的，包括人寿保险、意外伤害保险、健康保险等。标的的价值无法确定，保险的金额由当事人通过协商确定。

2. 自愿保险和强制保险

根据保险的实施方式，可以将保险分为自愿保险和强制保险。

自愿保险，指当事人通过自己的意思表示而建立的保险关系。投保人自己决定是否投保以及投保金额，保险人自主决定是否承保以及相应的承保金额。这种保险形式，在保险人承保业务中占比最大。

强制保险，又称法定保险，指为满足社会政策或经济政策需要，由法律或法规对保险标的直接作出规定。例如，我国自 2006 年 7 月 1 日起实施的机动车第三者责任强制保险。

3. 原保险和再保险

根据承担责任次序，可以将保险分为原保险和再保险。

原保险，指保险人对被保险人因保险事故所致的损害承担直接的、原始的赔偿责任，是第一次保险。

再保险，相对于原保险而言，是指保险人将其承担的保险业务，以分保的方式，部分转移给其他保险人承保，是第二次保险。没有原保险，也就没有再保险。再保险的目的是，分散原保险人的保险责任，保证其保险业务经营的稳定性。

二、保险法概述

（一）保险法的概念

保险法，是调整保险关系的一切法律规范的总称，有广义和狭义之分。广义的保险法，调整对象包括一切的社会保障关系，例如保险业法、社会保险法、保险合同法、保险特别法等。狭义的保险法，仅指保险合同法。这里，采用狭义的保险法概念。

（二）保险法的调整对象

保险法的调整对象是保险关系，即调整参与保险活动的主体之间形成的权利义务关系。从我国保险立法来看，保险关系既包括平等主体之间因订立保险合同而形成的权利义务关系，也包括国家对保险业的监管过程中与被监管对象之间形成的监管与被监管的关系，前者为横向的平等关系，后者则为纵向的监管关系。这里，重点介绍横向的平等关系。

横向的平等关系包括：(1)保险活动当事人之间的关系，即在保险人与投保人、被保险人、受益人之间因保险合同而形成的关系；(2)保险活动当事人与保险中介的关系，即保险人、投保人(包括被保险人、受益人)与保险代理人、保险经纪人、保险公估人之间的关系；(3)保险组织(包括保险公司及保险中介组织等)之间的关系。

(三) 保险合同法

保险合同法，是保险法的核心内容，一般包括：保险合同的订立、履行、变更、解除、中止、终止及争议解决等。保险合同，大体包括财产保险合同、人身保险合同两大类。

(四) 保险法的原则

1. 遵守法律和行政法规

任何活动都必须遵守国家法律和行政法规，保险活动也不例外。

《保险法》第 4 条规定，从事保险活动必须遵守法律、行政法规。这里的法律、行政法规，既包括保险法及有关法规，也包括国家其他的法律和行政法规。

2. 尊重社会公德

《保险法》第 4 条还规定，从事保险活动必须尊重社会公德，不得损害社会公共利益。社会公德是人类社会生活最基本、最广泛、最一般关系的反映，是全体社会成员为了维持社会的起码生活秩序，所遵守的这个时代和这个社会所必需的生活规则。其中，不得损害社会公共利益，指合同标的不能是非法所得或占有，也不能是国家禁止参与民事流转的物品或行为，否则所订立的保险合同不仅是无效的，当事人还要承担由此产生的法律责任。

3. 自愿订立

《保险法》第 11 条第 2 款规定，除法律、行政法规规定必须保险的外，保险合同自愿订立。该原则，主要针对商业保险，指保险活动当事人是出于自己真实的意思表示，不存在任何的强制或胁迫。例如，当事人有权独立决定是否设立、变更或终止保险关系，自由选择对方当事人、投保险种等。

4. 诚实信用

《保险法》第 5 条规定，保险活动当事人行使权利、履行义务应当遵循诚实信用原则。诚实，指保险活动当事人对他人及社会不欺骗、不隐瞒，言行一致；信用，指保险活动当事人应善意地行使自己的权利，全面地履行自己的义务。

海上保险，诚实信用原则更多地体现为对投保人的要求，因为海上保险标的流动性大，增加了保险人查验的困难。随着保险由海及陆的发展，诚实信用原则逐渐成为规范一切保险活动的原则，即投保人、保险人均受该原则约束。为了与一般民事活动应遵循的诚实信用原则相区别，通常将保险法中的诚实信用原则称为“最大”诚实信用原则。这意味着，诚实信用在保险活动中比在一般民事活动中更为重要，对当事人的要求也更为严格。例如，保险人和投保人、被保险人及受益人在保险合同订立及履行过程中，不得采取欺诈、蒙骗方式损害对方或他人利益；保险人在其设立、变更或终止以及经营业务过程中，不得弄虚作假；保险代理人、保险经纪人以及保险公估人在提供中介服务时，不得采取虚假手段为自己谋取不正当利益。

5. 专业经营

《保险法》第 6 条规定，保险业务由依照本法设立的保险公司以及法律、行政法规规定的其他保险组织经营，其他单位和个人不得经营商业保险业务。

《保险法》第7条规定，在中华人民共和国境内的法人和其他组织需要办理境内保险的，应当向中华人民共和国境内的保险公司投保。

这些规定，体现了专业经营原则，即只有依法设立的保险公司以及法律、行政法规规定的其他保险组织，才能经营商业保险业务。

三、保险合同概述

（一）保险合同的概念

根据《保险法》第10条的规定，保险合同指投保人与保险人约定保险权利义务关系的协议。

协议约定，投保人向保险人支付保险费，当保险标的发生约定的事故时，保险人承担经济补偿责任或者履行给付保险金的义务。

（二）保险合同的特性

保险合同具有一般合同共有的特征，例如当事人双方法律地位平等、当事人双方都要履行义务、当事人订立保险合同的行为必须合法等。但是，保险合同毕竟不同于一般合同，其特殊性表现如下：

1. 射幸性

射幸性指风险事件可能发生，也可能不发生，保险人并不必然履行赔付义务。对于被保险人而言，在合同有效期内，若保险标的发生损失，被保险人获得保险金，而且该保险金可能远远超过其支付的保险费；反之，若无损失发生，则被保险人虽支付了保险费，但得不到任何货币补偿。保险人情况则正好相反：若保险事故发生，赔付金额可能大于收取的保险费；若保险事故不发生，则它收取保险费，但不承担赔付责任。

该特点源于保险事故发生具有偶然性，这在财产保险合同中表现得最为明显。在人寿保险的大部分场合，保险人给付保险金义务是确定的，但何时给付具有不确定性，故人寿保险合同具有储蓄性，射幸性较弱。

2. 补偿性

补偿性主要针对财产保险合同。保险人对投保人承担义务，仅限于补偿其损失部分，而不能高于其损失数额。保险是让被保险人恢复到损失发生前的经济状况，而非改善其经济状况。若被保险人可以通过保险来获利，则可能引发道德风险。例如，有些被保险人为了获得高额保险金，故意违法犯罪。

3. 条件性

条件性指合同一方当事人满足了合同规定条件后，另一方当事人才履行自己的义务；反之，则不履行其义务。保险人赔付保险金的前提有二：(1)保险事故已经发生；(2)投保人要及时通知保险人。其中，投保人及时通知保险人，构成保险人赔付的必要条件。如果发生事故后投保人没有及时通知保险人，保险人不承担赔付损失责任。

4. 附和性

附和性指当事人一方提出合同的主要内容，另一方只是做出取或舍的决定，一般没有商量变更的余地。在保险活动中，面对保险人提供的格式合同条款，投保人或者同意，或者不同意，一般没有修改某项条款的权利。如果要变更或修改保单某项内容，通常也只能采用保险人事先准备好的附加条款或者附属保单，而不能完全按照投保人的意思。

保险合同的附和性,主要源于保险人掌握保险技术和业务经验,而投保人往往不熟悉保险业务,故很难对保险条款提出异议。法律为了平衡当事人双方的权利和义务,规定:当保险合同因条款歧义而发生法律纠纷时,作出不利于保险人的判决。

5. 个人性

个人性主要体现在财产保险合同中。表面上看,保险合同保障的是遭受损失的财产;实质上,保险合同保障的是遭受损失的被保险人,因为个人的禀性、行为对保险标的发生损失的可能性和严重性有着极大的影响。保险人在审核投保申请时,根据不同投保人条件及不同投保财产状况,做出接受、拒绝、有条件地接受等决定。因此,投保人转让财产时,不能同时转让保险合同,除非经保险人同意。

例如,甲开车非常谨慎,一般不发生事故,而乙喜欢开快车,经常发生交通事故。如果甲将车卖给乙,是可以的;但甲车的保单不能同时转让给乙,除非得到保险公司的同意。

(三) 保险合同的分类

根据不同标准,保险合同可以分为不同种类。

1. 足额保险合同、不足额保险合同和超额保险合同

根据保险金额与保险价值的关系,可以将保险合同分为三类:(1)足额保险合同;(2)不足额保险合同;(3)超额保险合同。该分类仅适用于财产保险合同。

足额保险合同,指保险金额等于保险价值。若保险标的因发生保险事故而遭受全部损失,保险人按照保险价值赔偿;如果标的物尚有损余,保险人享有物上代位权,也可折价归被保险人,但要在保险赔款项下扣除;如果标的物遭受部分损失,保险人按照实际损失赔偿。

不足额保险合同,指保险金额低于保险价值。若保险标的因发生保险事故而遭受全部损失,保险人按照保险金额赔偿,其与保险价值的差额部分,由被保险人自己承担;如果标的物遭受部分损失,保险人和被保险人按照比例分摊。

超额保险合同,指保险金额高于保险价值。它包括三种情况:(1)投保人超额投保;(2)保险人超额承保;(3)二者兼而有之。

现实生活中,足额保险比较少见,而不足额保险和超额保险则较为常见。从客观上考虑,这种现象的产生源于并非每个保险标的的价值都能准确地确定,另外保险标的的市场价格也经常发生变化;而从主观上,当事人可能出于善意,也可能出于恶意。不足额保险,保险人按比例承担赔偿责任,一般不存在争议;而超额保险,保险人到底应当承担多大责任,则争议甚大。

《保险法》第55条第1款规定,投保人和保险人约定保险标的的保险价值并在合同中载明的,保险标的发生损失时,以约定的保险价值为赔偿计算标准。该条第2款规定,投保人和保险人未约定保险标的的保险价值的,保险标的发生损失时,以保险事故发生时保险标的的实际价值为赔偿计算标准。该条第3款规定,保险金额不得超过保险价值。超过保险价值的,超过部分无效,保险人应当退还相应的保险费。超额保险容易诱发道德风险,因为投保人具有通过保险谋取额外利益的动机。

案例9-1:超额投保,不能超额获赔

案例发生在北京。某年6月5日,某公司进口轿车一辆,价值人民币20万元。某保险公司上门推销保险,公司总经理正在外地出差。经不住保险公司业务员忽悠,办公室主任自作主张,买了保险,而且心想"这辆车20万元,如果买40万元保险,更加保险",便将保险金额确定为40万元,包括车损险、第三者责任险、盗抢险等,保险期限为当年6月25日至次年6月24日。

半个月后，总经理出差回来，办公室主任立即向其汇报买保险情况，本想邀功请赏，结果被训斥“第一，不应买保险，因为风险一般不会降临到自己头上；第二，即使买保险，保险金额应为20万元，保险金额定为40万元意味着公司要交双倍保险费”。

8月31日，办公室主任陪同总经理到海淀某商场购物，轿车停在商场附近的便道。2个小时后，两人从商场出来准备返回公司，但车不见了。两人暗自庆幸，幸亏买了保险，一方面向公安局报案，一方面通知保险公司。3个月后，公安局未破此案。该公司向保险公司索赔，但遭拒绝，理由如下：(1)尽管保险金额为40万元，但保险价值实为20万元，属于超额保险；(2)投保人明知道保险价值实为20万元，却将保险金额确定为40万元，属于恶意超额投保。该公司认为，保险公司应赔偿40万元，理由如下：保险金额40万元，属于双方协商确定，保险公司应按照约定40万元赔偿。双方协商未果，该公司将保险公司诉至法院。法院经审理，判决：保险公司赔偿该公司20万元×(1－20%)＝16万元，多收取的保险费退还给该公司。

案例评析：

该案争议的焦点在于：超额投保，能否超额获赔？轿车系20万元购买，以购车发票为证，其价值20万元，但保险金额确定为40万元，故超额投保是事实。问题在于，保险公司应赔偿多少？依据是什么？

保险公司认为应拒赔，理由是投保人明知道轿车价值只有20万元，却将保险金额确定为40万元，属于恶意超额投保，故整个保险合同无效，既不赔偿保险金，也不退还保险费。

但法院判决：保险公司赔偿该公司20万元×(1－20%)＝16万元，多收取的保险费退还给该公司。投保人超额投保行为，超过承保价值的部分无效，多收取的保险费退还给该公司，但承保价值内部分仍然有效。另外，盗抢险含20%免赔率，故保险公司应赔偿该公司20万元×(1－20%)＝16万元。

2. 定额保险合同和补偿保险合同

根据保险合同的保障性质，可以将保险合同分为两类：(1)定额保险合同；(2)补偿保险合同。

定额保险合同，指当保险合同约定的事故发生时，保险人按合同约定的保险金额给付保险金，它仅适用于人身保险合同。因为在人身保险合同中，保险标的的价值无法用金钱衡量，故订立保险合同时当事人双方约定保险金额，一旦发生保险事故或者约定的给付期限届至，保险人就按合同约定的金额给付保险金。

补偿保险合同，指保险人需承担的保险责任为补偿被保险人的实际损失，且不得超过保险金额，它适用于各种财产保险合同。补偿以损失存在为前提，只有当保险事故发生并且给被保险人造成经济损失时，保险人才需要向被保险人赔偿保险金；如果保险事故未发生或者虽然发生但未给被保险人造成任何经济损失的，则保险人无需赔偿。

案例9－2：8万元购买二手雅阁，保险金额确定为14万元

李先生以8万元购买了一辆二手雅阁后向保险公司投保，保险金额14万元。过了6个月后，李先生驾车发生重大车祸，车辆被毁无法修复，在理赔时无法与保险公司就赔付金额达成一致意见。保险公司认为，9座以下客车月折旧率为0.6%，该车至事故发生时已行驶80个月，按车辆折旧金额的相关计算公式计算，受损车辆实际价值约为7万元，保险公司只同意按这个数额赔付。李先生认为，保险金额是与车险代理人员约好并且写进合同的，自己也是按照

14 万元保额支付的保费，如果保险公司对此有异议，应该在签合同时提出，现在保险公司不按原定的保额赔付，则违反了合同约定。

根据财产保险补偿性原则，保险公司应赔偿：

A. 7 万元；　　B. 8 万元；

C. 14 万元；　　D. A、B、C 答案均正确。

第二节　保险合同成立

一、保险合同成立的概念

《保险法》第 13 条第 1 款规定，投保人提出保险要求，经保险人同意承保，保险合同成立。保险人应当及时向投保人签发保险单或者其他保险凭证。

该条第 2 款规定，保险单或者其他保险凭证应当载明当事人双方约定的合同内容。当事人也可以约定采用其他书面形式载明合同内容。

该条第 3 款规定，依法成立的保险合同，自成立时生效。投保人和保险人可以对合同的效力约定附条件或者附期限。

也就是说，保险合同成立以保险合同当事人达成一致的意思表示为必要条件。

二、保险合同成立的要件

（一）当事人

保险合同，是双方当事人的法律行为。关于当事人双方的界定，各国规定有一定的差异。英美法系认为，保险合同当事人是保险人与被保险人。大陆法系则认为，保险合同当事人是保险人与投保人。我国属于大陆法系，故《保险法》将投保人作为与保险人相对应的另一方当事人。

《保险法》第 10 条第 2 款规定，投保人是指与保险人订立保险合同，并按照合同约定负有支付保险费义务的人。《保险法》第 12 条第 5 款规定，被保险人是指其财产或者人身受保险合同保障，享有保险金请求权的人。投保人可以为被保险人。

当投保人为自己的利益订立保险合同时，投保人与被保险人是同一人；当投保人为他人的利益订立保险合同时，投保人与被保险人分属两人。首先，按照《保险法》规定，投保人是保险合同当事人，而被保险人是保险合同关系人。其次，投保人与被保险人具有不同的法律地位：(1)投保人负有交纳保险费的义务；(2)被保险人享受保险合同保障，但不负交纳保险费的义务。

（二）保险合同条款

《保险法》第 18 条第 1 款规定，保险合同应当包括下列事项：(1)保险人名称和住所；(2)投保人、被保险人的姓名或者名称和住所，以及人身保险受益人的姓名或者名称和住所；(3)保险标的；(4)保险责任和责任免除；(5)保险期间和保险责任开始时间；(6)保险金额；(7)保险费以及支付办法；(8)保险金赔偿或者给付办法；(9)违约责任和争议处理；(10)订立合同的年、月、日。

该条第 2 款规定，投保人和保险人可以约定与保险有关的其他事项。

根据该规定，保险合同包括条款分为如下三类：

1. 当事人及关系人姓名、名称和住所

保险合同当事人，包括投保人和保险人。保险合同关系人，包括被保险人、受益人等。

2. 保险标的

保险标的分为财产保险标的与人身保险标的两种。财产保险标的，包括财产、责任、信用等。人身保险标的，包括人的寿命或身体等。

3. 保险责任

保险责任，通常包括基本责任和特约责任。基本责任，指保险人对基本险承担保险责任；特约责任，指保险人针对附加险或特约风险承担保险责任。

4. 责任免除

责任免除又称除外责任，指根据法律规定或合同约定，保险人对某些风险所造成的损失不承担赔偿或给付保险金的责任。该条款是对保险人承担保险责任范围的适当限制，也意味着被保险人要自行对这部分风险造成的损失承担责任。

案例 9－3：车损险，含 500 元绝对免赔额

2017 年 10 月 2 日，马某驾驶小轿车由西向东行驶至路口左转弯时，与由东向西行驶至该路口的兰某所驾驶的小型轿车相撞，后兰某的小轿车与景某驾驶的沿该路由东向西行驶的轻型普通货车相撞，使得兰某车内两位乘车人受伤，三车受损。保险公司辩称，对交通事故发生的事实及责任划分无异议，事故车辆投保交强险和商业三者险 30 万元，事故发生在保险期限内。值得注意的是，该车还购买了车损险，含 500 元绝对免赔额。

若汽车损失 900 元，则保险公司应赔偿：

A. 900 元；　　B. 500 元；　　C. 450 元；　　D. 400 元。

案例 9－4：人身意外险，是否承保“晕倒”？

2018 年河北滦平的 A 先生，一向身体不错，只有轻微的高血压，投保人身意外险，保险金额 10 万元，保险期一年。投保不到两个月，A 先生在家里不慎摔倒，磕在家里的茶几上，伤势严重，头部淤血，急需住院手术。女儿从外地赶回来，手术很成功。A 先生向保险公司报案理赔，原因为晕倒，遭保险公司拒赔。A 先生在别人的帮助下，重新组织理赔材料，特别是医院证明 A 先生确实是不慎摔倒。在“摔倒”被确认后，保险公司理赔。

开始提交理赔原因“晕倒”，遭保险公司拒赔，因为晕倒是：

A. 不可抗力；　　B. 意外；

C. 疾病；　　D. A、B、C 答案均错误。

5. 保险期间和保险责任期间

保险期间，指保险合同自生效到终止期间，即保险合同有效期间。保险期间，可以按年、月、日计算，也可以按某一业务的起止过程计算，例如货物运输保险。保险期间的长短，由当事人约定，一般以 1 年为限，也有不足 1 年或超过 1 年的情况。若保险期间不足 1 年的，属于短期保险合同；若保险期间超过 1 年的，属于长期保险合同。

保险责任期间，指从保险人开始承担责任到终止的期间，保险人开始承担保险责任的时间为保险责任开始的时间。保险人仅承担在保险责任期间内发生保险事故的相应保险责任。保险期间不等于保险责任期间，前者针对保险合同双方当事人，后者仅针对保险人一方。在保险实务中,保险合同生效时间与保险责任开始时间,可能一致,也可能不一致。例如,在健康保险中,为了防止被保险人带病投保,保险合同条款往往规定为期60天、90天或180天的试保期间,又叫观察期间。一般是在保险合同生效的若干日后,保险人才开始承担保险责任,即保险责任开始时间晚于保险合同生效时间。

6. 保险金额

《保险法》第18条第4款规定,保险金额是指保险人承担赔偿或者给付保险金责任的最高限额。

在财产保险合同中,保险金额以保险标的的实际价值为限。在标的的实际价值内,投保人可足额投保,也可不足额投保。在人身保险合同中,由于保险标的的价值无法直接用金钱衡量,所以保险金额由双方当事人约定,保险事故发生后,保险人按照约定给付保险金。

7. 保险费及支付办法

保险费,是保险人承担保险责任的对价,也是投保人转嫁风险应支付的对价。投保人交纳的保险费,是保险基金的来源,也是保险人承担保险责任的财产基础。

8. 保险金赔偿或者给付办法

财产保险合同,按投保险种以及合同规定方法计算赔偿金额。人身保险合同,按约定保险金额进行给付。

9. 违约责任和争议处理

保险实务中,投保人违约(不交或迟交保险费)比较常见。在这种情况下,对于保险人能否强制投保人交纳保险费这一问题,因财产保险合同和人身保险合同而异。

对于财产保险合同约定的保险费,若投保人逾期欠交,保险人可以采取法律允许的任何方式请求投保人交纳。对于人身保险合同约定的保险费,《保险法》第38条规定,保险人对人寿保险的保险费,不得用诉讼方式要求投保人交付。《保险法》第36条第1款规定,合同约定分期支付保险费的,投保人支付首期保险费后,除合同另有约定外,投保人自保险人催告之日起超过30日未支付当期保险费,或者超过约定的期限60日未支付当期保险费的,合同效力中止,或者由保险人按照合同约定的条件减少保险金额。该条第2款规定,被保险人在前款规定期限内发生保险事故的,保险人应当按照合同约定给付保险金,但可以扣减欠交的保险费。

争议处理,主要有协商、调解、仲裁或者诉讼等方式。一般情况下,双方当事人应当在互谅互让的基础上进行协商,在共同可以接受的条件下达成和解协议。如果协商不成,再采取调解、仲裁或者诉讼等方式。

10. 订立合同日期

订立合同年、月、日,标志着合同成立的具体时间。它是确定投保人对保险标的或被保险人是否拥有保险利益、保险标的风险程度或被保险人身体状况及年龄是否符合保险条件的重要依据。

(三) 当事人意思表示一致

保险合同订立过程,也要经过要约和承诺两个步骤。一般情况下,先由投保人提出投保要约,保险人同意承保的意思表示即构成承诺。

《保险法》第13条第1款规定,投保人提出保险要求,经保险人同意承保,保险合同成立。保险人应当及时向投保人签发保险单或者其他保险凭证。

1. 投保人提出要约

投保人提出要约，即向保险人提出投保要求。投保过程大致是，投保人先向保险人咨询所选择险种的基本条款和费率，若愿意接受，则索要投保单，根据投保单所列事项逐一填写，然后将填写好的投保单交给保险人，这时投保人要约完成。

在保险实务中，保险合同以格式条款方式订立，保险人事先拟订保险条款的行为，或以一定方式招揽业务的行为，例如通过业务员或保险代理人向客户发放宣传资料等，不属于要约，而是要约邀请。如果将上述行为视为要约，则剥夺了保险人鉴别和评价风险的权利，不符合保险经营的基本原则。

2. 保险人核保

保险人接到投保人填写的投保单，根据不同险种，经过核保，可能完全接受，也可能有条件地接受。当保险人对投保人要约完全接受时，保险人同意承保的意思表示构成承诺，保险合同成立；当保险人提出附加条件时，保险人的表示就构成反要约，若投保人对该反要约完全接受则构成承诺，保险合同成立。

但是，并非所有保险合同的订立，都是以投保人为要约人、保险人为承诺人的。在保险实务中，若保险人对某些险种采取特殊的销售方式，或者在某些情况下放弃核保权，则保险人行为构成要约。例如，保险人在机场销售航空旅客人身意外伤害保险单，一般是将保险主要内容印制成一张投保书，投保人阅读后要投保时，只需在投保书上签名，即完成投保。在这种情况下，保险人招揽保险的意思表示构成要约，投保人签名构成承诺。又如，保险人在保险期间即将届满前，向投保人发送续保投保单，如果该续保投保单记载内容只是保险期间更新，其他均无变化，而且保险人也未特别声明“本续保合同非经本公司同意承保，不生效力”，即保险人对续保合同未保留核保权。在这种情况下，保险人发出续保投保单的行为是要约，投保人签名同意续保为承诺。

三、保险单证

保险单证，即由保险人单方制作的统一格式单据，为保险合同存在的证据，主要包括投保单、暂保单、保险单、保险凭证等。

《保险法》第13条第2款规定，保险单或者其他保险凭证应当载明当事人双方约定的合同内容。当事人也可以约定采用其他书面形式载明合同内容。

1. 投保单

投保单又称要保书，是投保人填写的、表示愿意同保险人订立保险合同的书面申请。它列有订立保险合同所需要了解的项目，投保人须逐一填写，以供保险人决定是否承保或者如何承保。

值得注意的是，投保单本身不是正式合同的文本，但投保申请一经保险人接受，投保单中所填写内容即构成保险合同内容的一部分。

2. 暂保单

暂保单又称临时保险单，是保险单签发之前的临时凭证。在保险单签发之前，暂保单法律效力与保险单完全相同。

暂保单出立，有下列四种情形：

（1）保险代理人已经争取到业务，但尚未向保险人办妥保险单手续，在没有办妥保险单手续前，先出立暂保单；

(2) 保险公司分支机构已接受投保人要约，但需要得到上级保险公司或者总公司批准，在未获得批准前，先出立暂保单；

(3) 保险人和投保人洽谈或续订保险合同时，双方当事人已就保险合同主要条款达成协议，但部分内容需要进一步商讨，在没有完全谈妥前，先出立暂保单；

(4) 保险单是出口贸易结汇必备文件之一，在保险人尚未出具保险单或者保险凭证前，先出立暂保单，可作为结汇的凭证证明出口货物已经办理保险的事实。

3. 保险单

保险单指投保人与保险人订立保险合同的正式书面凭证，一般包括保险责任、除外责任、保险期限、附注条款等项目。

保险单一经交付给投保人，除非存在欺诈或者其他非法情形，均以保险单载明内容为准。

4. 保险凭证

保险凭证又称小保单，是保险人发给投保人以证明保险合同已经订立或者保险单已经正式签发的凭证。它仅在团体人身保险、货物运输保险等少数保险业务中使用：在团体人身保险中，保险单由团体负责人保管，而对团体每个成员，保险人则签发一张保险凭证，以证明其参加了保险；在货物运输保险中，一般事先订立预约保险合同，明确总的责任范围和时间，而对每一笔运输的货物，保险人须单独出具保险凭证。

保险凭证与保险单具有同等的法律效力，凡保险凭证未列明事项，均以保险单记载为准，故保险凭证是一种简化的保险单。

第三节　保险合同生效

一、保险合同生效的概念

保险合同生效指已经成立的保险合同在当事人之间产生了一定的法律约束力。

在保险实务中，有些情况下保险合同是为第三人（被保险人或受益人）利益而订立的。这样，保险合同除对当事人（保险人和投保人）具有约束力外，对第三人（被保险人或受益人）也有约束力。

二、保险合同生效的一般要件

保险合同应当具备一般合同生效的要件，具体包括：(1)主体资格合法；(2)当事人意思表示真实；(3)不违反法律和社会公共利益。

(一) 主体资格合法

保险合同主体，不仅包括合同当事人，还包括合同关系人及保险中介。由于这三个主体在保险合同中所处的地位不同，法律对其资格要求也不相同。

1. 保险合同当事人

保险合同当事人，指保险人和投保人。

1) 保险人

保险人又称承保人，指与投保人订立保险合同，承担赔偿或给付保险金责任的保险公司。

2）投保人

投保人，指与保险人订立保险合同，并按照保险合同约定支付保险费的人，可以是自然人，也可以是组织。其资格特征如下：第一，具有民事行为能力；第二，对保险标的具有保险利益；第三，负有支付保险费的义务。

2. 保险合同关系人

保险合同关系人，包括被保险人和受益人等。

1）被保险人

被保险人，指其财产或者人身受保险合同保障，享有保险金请求权的人。其资格特征如下：第一，被保险人具有相应的行为能力；第二，保险事故发生时被保险人遭受损失；第三，被保险人享有赔偿或给付保险金请求权。

被保险人是否必须具有行为能力，视保险合同性质而定。在财产保险合同中，保险标的是财产、利益、责任和信用，不管被保险人是否具备行为能力，均受到保险合同保障，故法律对被保险人是否具有行为能力没有规定。在人身保险合同中，保险标的是被保险人的寿命或身体，为防止发生道德风险，法律要求被保险人在某些情况下必须具有行为能力。第一，法律禁止投保人以无行为能力人为被保险人投保人身保险。第二，以死亡为给付保险金条件的人身保险合同，被保险人必须具有行为能力。第三，需要指定受益人或同意投保人指定受益人的人身保险合同，被保险人必须具有行为能力。

2）受益人

《保险法》第 18 条第 3 款规定，受益人是指人身保险合同中由被保险人或者投保人指定的享有保险金请求权的人。投保人、被保险人可以为受益人。

《保险法》第 39 条第 1 款规定，人身保险的受益人由被保险人或者投保人指定。该条第 2 款规定，投保人指定受益人时须经被保险人同意。投保人为与其有劳动关系的劳动者投保人身保险，不得指定被保险人及其近亲属以外的人为受益人。该条第 3 款规定，被保险人为无民事行为能力人或者限制民事行为能力人的，可以由其监护人指定受益人。

受益人，主要包括生存受益人和身故受益人。生存受益人，指受益人受益条件是被保险人生存。若被保险人死亡，则受益人不能受益。身故受益人，指受益人受益条件是被保险人死亡，若受益人先于被保险人死亡，则受益人不能受益。其资格特征如下：第一，受益人通过指定产生；第二，受益人享有保险金给付请求权。在健康保险和人身意外伤害保险中，只要被保险人生存，不管保险合同是否指定受益人，只能以被保险人本人为受益人。

受益人被指定后，在保险合同有效期限内，被保险人或投保人可以变更或者撤销受益人。若投保人变更或撤销原指定受益人，必须经过被保险人同意。若被保险人或投保人需要变更受益人，应书面通知保险人，保险人在保险单上加以批注，作为日后给付保险金的依据。若自行变更受益人而没有通知保险人，保险人向原受益人履行给付义务后，视为保险人已经履行了合同义务。

受益权是期待权，当保险合同约定的条件成就时，受益人可向保险人请求给付保险金。另外，受益人行使受益权以受益人生存为前提，如果受益人先于被保险人死亡，或者受益人放弃或依法丧失受益权，或者受益权被投保人或被保险人依法撤销，则受益权消灭。

《保险法》第 42 条第 1 款规定，被保险人死亡后，有下列情形之一的，保险金作为被保险人的遗产，由保险人依照《中华人民共和国继承法》的规定履行给付保险金的义务：(1)没有指定受益人，或者受益人指定不明无法确定的；(2)受益人先于被保险人死亡，没有其他受益人的；(3)受益人依法丧失受益权或者放弃受益权，没有其他受益人的。该条第2款规定，受益人与被保险人在同一事件中死亡，且不能确定死亡先后顺序的，推定受益人死亡在先。

在保险合同已经指定受益人的情况下，受益人与投保人、被保险人的关系如下：第一，投保人既是被保险人，也是受益人，如年金保险；第二，投保人指定被保险人为受益人，如父母为子女投保结婚保险；第三，被保险人或投保人指定第三人为受益人，如寿险(死亡保险)保单。被保险人或投保人指定第三人为受益人，法律原则上不作限制；但在保险实务中，保险公司一般要求受益人对被保险人必须具有特定的经济利益关系。

案例9-5：受益人与被保险人同时死亡，保险金给付被保险人的父亲

案例发生在江苏。赵敏与张亮正处于热恋期，女朋友赵敏为自己买了一份人身意外伤害保险单，指定受益人为男朋友张亮。一天两人一起乘车去商场购物，半路上出了车祸，两人均死亡。保险公司按照约定欲支付保险金，赵敏的父亲和张亮的母亲均提出“领取保险金”请求。后协商不成，诉至法院。历时两年，经一审、二审，法院判决：保险金支付给赵敏的父亲。

案例评析：

该案争议的焦点在于，受益人和被保险人在同一事件中死亡，如何确定先后死亡顺序？而死亡顺序的确定，直接决定保险金的归属。

《保险法》第42条第2款规定，受益人与被保险人在同一事件中死亡，且不能确定死亡先后顺序的，推定受益人死亡在先。女朋友赵敏为自己购买人身意外伤害保险单，既是投保人，也是被保险人。虽然指定受益人为男朋友张亮，但张亮和她一起出了车祸，也死亡了，故推定受益人张亮先死亡，剥夺其受益权，保险金变成被保险人赵敏的遗产，由其法定继承人父亲继承。

案例9-6：受益人与被保险人同时死亡，保险金给了受益人的丈夫

某年5月，女儿王某为母亲张氏投保终身寿险，经母亲同意，受益人为王某。王某的哥哥叫王刚，好吃懒做，四处游荡，王某怕母亲年老无人赡养才为她买了保险。次年5月，王某回娘家看望母亲，不料煤气泄露，王某和母亲张氏双双中毒身亡。远在外地的王刚得知该消息，赶回家办了丧事。当他知道母亲买了保险，认为自己是法定继承人，向保险公司申请受领保险金，而王某的丈夫也向保险公司提出了受领保险金的申请。

两人发生争议，协商不成，诉至法院。法院判决：保险金支付给王某的丈夫。

案例评析：

该案争议的焦点在于，女儿王某先死亡，还是母亲张氏先死亡？

该案与案例9-5类似，均为受益人与被保险人同时死亡，不同之处在于：(1)案例9-5中，女朋友赵敏为自己投保，既是投保人，也是被保险人，男朋友张亮是纯粹的受益人；(2)该案女儿王某为母亲张氏投保终身寿险，经母亲同意，受益人为王某，故女儿王某集投保人、受益人于一身，母亲张氏是单纯的被保险人。若简单地适用《保险法》第42条第2款，推定受益人女儿王某先于被保险人母亲张氏死亡，保险金作为被保险人母亲张氏的遗产，由其法定继承人(儿子王刚)继承。显然不孝儿子王刚占便宜，而孝顺女儿王某却吃亏，有违公序良俗。儿子王刚好吃懒做，四处游荡，不愿意、也没有能力赡养母亲，女儿王某怕母亲年老无人赡养才为她买了保险。因此，该案应适用我国继承法的有关规定。

1985年最高人民法院《关于贯彻执行＜中华人民共和国继承法＞若干问题的意见》第2条规定，相互有继承关系的几个人在同一事件中死亡，如不能确定死亡先后时间的，推定没有继承人的先死亡。死亡人各自都有继承人的，如几个死亡人辈份不同，推定长辈先死亡；如几个死亡人辈份相同，推定同时死亡，彼此不发生继承，由他们各自的继承人分别继承。女儿王某与母亲张氏各自都有继承人，女儿王某的继承人是其丈夫，母亲张氏的继承人是其儿子王刚；女儿王某与母亲张氏辈份不同，母亲张氏属于长辈。故推定长辈母亲张氏先死亡，保险金由受益人女儿王某获得，女儿王某已死亡，保险金变成受益人女儿王某的遗产，由其法定继承人丈夫继承。

3. 保险中介

保险中介，主要包括三类：(1)保险代理人；(2)保险经纪人；(3)保险公估人。

1) 保险代理人

《保险法》第117条第1款规定，保险代理人是根据保险人的委托，向保险人收取佣金，并在保险人授权的范围内代为办理保险业务的机构或者个人。

该条第2款规定，保险代理机构包括专门从事保险代理业务的保险专业代理机构和兼营保险代理业务的保险兼业代理机构。

保险代理人资格特征如下：第一，保险代理人，可以是单位，也可以是个人，但必须依法取得从事保险代理业务的资格；第二，保险代理人应从保险人的利益出发，以保险人名义从事保险代理活动；第三，保险代理人与保险人在法律上视为一人，其从事代理活动的后果由保险人承担。

案例9-7：代理人挪用保险费，保险公司如数买单

胡某，巴东县某保险公司保险营销员。2000年1月8日，她想起一位客户的两张保单应交续期保费，便主动上门收取。她凭熟人关系和以往保费发票，向客户收取续交保费2 360元，没有上交公司，在随后的一次赌博中输掉了。她发现没人过问和追查这两笔保费的下落，胆子越来越大，分别在2000年10月、12月，利用手中保费暂收收据，以投保为名，又收取一位客户现金20 000元，并私下给这位客户返还几千元利息。

事发后胡某被刑事拘留，如实供述全部犯罪事实：以打“白条”方式作案18起，涉案金额171 113元(其中，以客户投保为名作案10起，金额156 595元)；利用公司保费暂收收据，以客户投保为名作案3起，涉案金额50 000元；利用公司保费发票，以客户投保为名作案4起，涉案金额70 000元；凭客户以往保单和保费发票作案16起，收取客户续交保费金额37 557元。从2000年1月8日到2006年1月7日，6年时间，共作案42起，涉案金额330 080元。其中，仅2005年就作案28起，涉案金额高达172 230元。

2006年7月18日，巴东县法院判决被告人胡某犯挪用资金罪，判处有期徒刑6年，赃款312 055元予以没收。法院认定胡某的犯罪行为为保险公司代理行为，依据是只要写明险种的“白条”都视为合法代理，均由保险公司全额“买单”。

司法机关发现胡某家里没有一件值钱的财产，也没有任何存款。除少量赃款丢失外，其余赃款主要用于赌博和购买彩票，已全部挥霍一空。胡某收取30多万元现金，保险公司分文未得，还要筹措资金赔偿受害者。同时，因胡某收取的续交保费没有上交公司，导致客户保单失效，对保险公司的形象、今后业务的开展等均造成非常大的负面影响。

案例评析：

该案被代理人保险公司须为胡某打“白条”行为买单，是最终的风险承担者。

法院认定胡某打“白条”是保险公司行为，理由有二：(1)保险公司提供的《代理人合同》中，没有明确规定“打白条”不属于授权范围；(2)胡某在“白条”中写明了投保险种，即保险代理人与保险人在法律上视为一人，从事代理活动后果由保险人承担。

该案暴露出保险公司对代理人管理的粗放，例如代理合同内容过于简单，对代理权限、代理期间、违法代理后果等内容没有约定或约定不明确；保费、保费暂收收据等重要单证管理也不到位，从而给心怀歹意的代理人以可乘之机。

保险公司应加强对代理人的监督管理，例如保费、保费暂收收据等重要单证务必按编号定期进行清理，严格执行领用消号制度；及时进行客户回访等售后服务工作，主动与续期客户直接进行沟通。

2）保险经纪人

《保险法》第 118 条规定，保险经纪人是基于投保人的利益，为投保人与保险人订立保险合同提供中介服务，并依法收取佣金的机构。

保险经纪人的资格特征如下：第一，我国保险经纪人组织形式，只能是有限责任公司；第二，保险经纪人，通常被视为投保人代理人；第三，保险经纪人，以自己的名义独立进行中介活动，并独立承担民事责任；第四，保险经纪人行为后果，应自行承担。

3）保险公估人

保险公估人，指接受保险人或被保险人委托，为其办理保险标的查勘、鉴定、估损与赔款理算等提供证明，并向委托人收取费用的人。其资格特征如下：第一，我国保险公估人组织形式，是有限责任公司；第二，保险公估人，可以接受保险合同任何一方当事人委托；第三，保险公估人，以自己的名义办理受托事项，并出具证明；第四，保险公估人佣金，由委托人支付。

(二) 当事人意思表示真实

在保险合同中，不仅当事人(投保人、保险人)的意思表示真实，在某些情况下也须与关系人(被保险人)达成真实的意思表示。例如，投保人以他人为被保险人订立以死亡为给付保险金条件的人身保险合同，需要经被保险人同意，否则该保险合同无效。

《保险法》规定，禁止以隐瞒、欺诈、引诱、强迫等不真实的意思表示订立保险合同。例如，《保险法》第 116 条规定，保险公司及其工作人员在保险业务活动中不得有下列行为：(1)欺骗投保人、被保险人或者受益人；(2)对投保人隐瞒与保险合同有关的重要情况；(3)阻碍投保人履行本法规定的如实告知义务，或者诱导其不履行本法规定的如实告知义务；(4)给予或者承诺给予投保人、被保险人、受益人保险合同约定以外的保险费回扣或者其他利益；(5)拒不依法履行保险合同约定的赔偿或者给付保险金义务；(6)故意编造未曾发生的保险事故、虚构保险合同或者故意夸大已经发生的保险事故的损失程度进行虚假理赔，骗取保险金或者牟取其他不正当利益；(7)挪用、截留、侵占保险费；(8)委托未取得合法资格的机构从事保险销售活动；(9)利用开展保险业务为其他机构或者个人牟取不正当利益；(10)利用保险代理人、保险经纪人或者保险评估机构，从事以虚构保险中介业务或者编造退保等方式套取费用等违法活动；(11)以捏造、散布虚假事实等方式损害竞争对手的商业信誉，或者以其他不正当竞争行为扰乱保险市场秩序；(12)泄露在业务活动中知悉的投保人、被保险人的商业秘密；(13)违反法律、行政法规和国务院保险监督管理机构规定的其他行为。

(三) 保险合同不得违反法律和社会公共利益

1. 保险合同不得违反法律

保险合同不得违反法律,指保险合同内容不得违反法律、法规、行政规章的强制性规定或者国家政策的禁止性和命令性规定。在保险立法中,强制性规定通常以"应当"、"必须"或"不得"等词语表示,它要求当事人必须严格遵守,不得通过协商加以改变。

2. 保险合同不得违反社会公共利益

关于社会公共利益,各国称呼有所差异。德国称为善良风俗,法国、日本称为善良风俗和公共秩序,英美国家称为公共政策,而我国则称为社会公共利益。保险合同不得违反社会公共利益,指保险合同内容既不能违反我国社会生活的政治基础,也不得违反社会秩序、道德标准和风俗习惯。该规定,可以弥补法律明文规定的不足,保护社会公众的利益,维护社会经济秩序。

三、保险合同生效的特殊要件

保险合同生效,除具备一般要件外,还必须具备特殊要件,主要包括:(1)投保人对保险标的应当具有保险利益;(2)以他人为被保险人、以死亡为给付保险金条件的,须经被保险人同意;(3)重复保险,投保人获赔总额不得超过保险价值。

(一) 投保人对保险标的应当具有保险利益

《保险法》第 12 条第 1 款规定,人身保险的投保人在保险合同订立时,对被保险人应当具有保险利益。该条第 2 款规定,财产保险的被保险人在保险事故发生时,对保险标的应当具有保险利益。

1. 保险利益的概念

《保险法》第 12 条第 6 款规定,保险利益是指投保人或者被保险人对保险标的具有法律上承认的利益。该定义,不仅适用于财产保险合同,也适用于人身保险合同。

2. 财产保险的保险利益

财产保险的保险利益指投保人对保险标的具有因保险事故的发生而受损失,或者因保险事故不发生而免受损失的利害关系。一般将财产保险的保险利益分为三类:(1)现有利益;(2)基于现有利益而产生的预期利益;(3)责任利益。

《保险法》第 48 条规定,保险事故发生时,被保险人对保险标的不具有保险利益的,不得向保险人请求赔偿保险金。

1) 基于对财产享有的权利而产生的现有利益

现有利益可分为四种形式:第一,财产所有人对其所有的财产拥有保险利益;第二,抵押权人、质押权人对抵押、质押财产拥有保险利益;第三,财产的经营管理人,例如国有企业对其经营管理的国家财产拥有保险利益;第四,财产保管人,例如仓储公司对其保管的财产拥有保险利益。

2) 基于对财产的现有利益而产生的合法的、预期的利益

近年北京市房屋租赁市场很是火爆。在这种情况下,房屋出租人对其出租房屋的租金,就具有保险利益,因为这种租金利益是合法的,而且是可以合理预期的。

3) 责任利益

责任利益,即因被保险人依法应承担民事赔偿责任而产生的经济利益。例如,机动车第三

者责任保险、雇主责任险等。

《保险法》第 65 条第 1 款规定，保险人对责任保险的被保险人给第三者造成的损害，可以依照法律的规定或者合同的约定，直接向该第三者赔偿保险金。该条第 2 款规定，责任保险的被保险人给第三者造成损害，被保险人对第三者应负的赔偿责任确定的，根据被保险人的请求，保险人应当直接向该第三者赔偿保险金。被保险人怠于请求的，第三者有权就其应获赔偿部分直接向保险人请求赔偿保险金。该条第 3 款规定，责任保险的被保险人给第三者造成损害，被保险人未向该第三者赔偿的，保险人不得向被保险人赔偿保险金。该条第 4 款规定，责任保险是指以被保险人对第三者依法应负的赔偿责任为保险标的的保险。

3. 人身保险的保险利益

人身保险的保险利益指投保人对被保险人具有因被保险人伤残或死亡而遭受的经济损失，或者因被保险人身体健康或生命延续而受益的利害关系。

《保险法》第 31 条第 1 款规定，投保人对下列人员具有保险利益：(1) 本人；(2) 配偶、子女、父母；(3) 前项以外与投保人有抚养、赡养或者扶养关系的家庭其他成员、近亲属；(4) 与投保人有劳动关系的劳动者。

该条第 2 款规定，除前款规定外，被保险人同意投保人为其订立合同的，视为投保人对被保险人具有保险利益。

保险利益产生的依据，英美法系国家采取“利益主义原则”，把投保人与被保险人之间是否存在利益关系作为确定保险利益的唯一依据，而不要求应当经被保险人同意；大陆法系国家采取“同意主义原则”，即投保人要取得对被保险人的保险利益，应当经被保险人同意；我国《保险法》兼采众长，既强调“利益主义原则”，在某些情况下也实行利益与同意的适当结合。例如，债权人为债务人买保险，投保人是债权人，被保险人是债务人，受益人是债权人。债权人与债务人之间，既不存在法定义务关系，也不存在形成的法定义务关系，是依据其他法律关系而产生的纯粹利益关系，在这种情况下，保险利益的产生就需经该债务人同意。

4. 保险利益存在的时间

保险利益存在的时间，因保险合同性质不同，法律有着不同的要求：

1) 财产保险合同

《保险法》第 12 条第 1 款规定，财产保险的被保险人在保险事故发生时，对保险标的应当具有保险利益。强调在损失发生时，被保险人对保险标的应当具有保险利益。

2) 人身保险合同

《保险法》第 12 条第 2 款规定，人身保险的投保人在保险合同订立时，对被保险人应当具有保险利益。因为人寿保险合同一般是长期合同，投保人交纳的保险费具有储蓄性，将来请求支付的保险金实际上是投保人所交保险费及其利息的积存。

(二) 以他人为被保险人、以死亡为给付保险金条件的，须经被保险人同意

《保险法》第 34 条第 1 款规定，以死亡为给付保险金条件的合同，未经被保险人书面同意并认可保险金额的，合同无效。

该规定，是为了防止发生道德风险，也是尊重被保险人的人身权利的体现。

1. 被保险人同意的适用范围

各国保险立法大都规定，被保险人同意只适用于死亡保险合同和意外伤残保险合同。《保险法》结合我国保险业特点，对被保险人同意的适用范围，根据合同约定的给付保险金条件来确定，凡合同中约定以被保险人死亡为给付保险金的条件，须经被保险人书面同意并认可保险金额。《保险法》第 34 条第 1 款“以死亡为给付保险金条件的合同”，不仅包括人寿保险合同，也包括伤害保险合同和健康保险合同。这里所指的被保险人必须具有完全民事行为能力，能够比较准确地判断投保人的投保动机，以保护自己的人身权利和生命安全。

如果所有人身保险合同的订立都必须经被保险人同意，就会将所有无行为能力人排除在外，故各国保险立法一般对被保险人同意加以限制。第 34 条第 3 款规定，父母为其未成年子女投保的人身保险，不受本条第一款规定限制。也就是说，父母为其未成年子女订立的人身保险合同，不需要被保险人同意。该规定，理由有二：(1)父母为其未成年子女购买人身保险，不存在道德风险，因为“虎毒不食子”；(2)未成年子女不具有完全民事行为能力，即使要求其同意，也仅有形式意义，而无实质意义。

2. 被保险人同意的撤销及后果

关于被保险人以书面表示同意后，是否可以撤销其同意表示这一问题，我国《保险法》与国外有关法律均未作明确规定。在实践中，应赋予被保险人同意的撤销权，以防止发生道德风险。当被保险人以书面表示同意后，如果发现自己的生命因此而增加了风险，或者与投保人的关系发生了变化，可以撤销同意表示；如果被保险人先是表示同意，后来不愿意再作为被保险人，也可以撤销同意表示，这时保险合同将因缺乏特殊生效要件而失效。

被保险人撤销同意的意思表示，应以书面形式向保险人作出，该书面通知到达保险人时生效。

(三) 重复保险，投保人获赔总额不得超过保险价值

1. 重复保险的概念

《保险法》第 56 条第 4 款规定，重复保险是指投保人对同一保险标的、同一保险利益、同一保险事故，分别向两个以上保险人订立保险合同，且保险金额总和超过保险价值的保险。

根据该规定，重复保险只适用于财产保险，而不适用于人身保险。

2. 重复保险的构成要件

1）客观上构成重复保险

根据《保险法》的规定，重复保险必须同时具备下列条件：第一，投保人分别与两个或两个以上保险人订立数份保险合同；第二，数份保险合同基于同一保险标的、同一保险利益、同一保险事故；第三，基于同一保险期限；第四，保险金额总和超过保险价值。

2）主观上，投保人不履行通知义务是出于故意

在重复保险情况下，各国法律一般都要求投保人承担通知义务。《保险法》第 56 条第 1 款规定，重复保险的投保人应当将重复保险的有关情况通知各保险人。投保人应主动履行通知义务，不需要保险人询问。若投保人同时向几个保险人投保，应当在订立合同时履行重复保险的通知义务；若先后与几个保险人订立重复保险合同，在订立后一个重复保险合同时，应当将前一个合同的有关情况通知保险人，后一个重复保险合同订立后，应将有关情况及时通知前一个合同的保险人。

值得注意的是，要构成故意重复保险，投保人必须是出于主观上的故意，即投保人图谋不法利益而故意不履行重复保险的通知义务。

3. 重复保险，投保人不能重复获赔

《保险法》第 56 条第 2 款规定，重复保险的各保险人赔偿保险金的总和不得超过保险价

值。除合同另有约定外，各保险人按照其保险金额与保险金额总和的比例承担赔偿保险金的责任。该条第3款规定，重复保险的投保人可以就保险金额总和超过保险价值的部分，请求各保险人按比例返还保险费。

根据该规定，即使投保人主观上出于故意，保险价值部分仍然有效，只是超过保险价值部分无效，反映出《保险法》对重复保险的遏制。

案例9-8：重复、超额投保，保险公司如何赔偿？

2009年2月1日，李某以12万价格新购买了一台小汽车，并按照规定购买了交强险。2010年4月3日，李某向A保险公司为已使用两年的小汽车投了一份车辆损失险，保险期限为2010年4月4日至2011年4月3日。随后在2010年4月20日和2010年5月10日分别向B保险公司和C保险公司投了同样两份车辆损失险，期限分别为2010年4月21日到2011年4月21日和2010年5月11日到2011年5月11日，在向B公司投保时李某告知车辆投保的历史信息，在向C公司投保时李某也通知了车辆投保的历史信息。2010年8月17日，C公司因财务问题宣布破产倒闭。2010年10月22日，李某驾车外出时遭遇一起轻微车祸，车辆受损。他联系保险公司申请赔付，A公司和B公司对李某的车辆情况及信息进行调查，发现李某已经另外投保了其他公司的保险，且经过与原C公司的交流，发现三份保险合同的保险金额大于保险价值。

在李某重复、超额投保情况下，A、B、C三保险公司应当赔偿：

A. A、B、C三家保险公司，按承保比例赔偿；　B. A、B两家保险公司，按承保比例赔偿；

C. A、B、C三家保险公司，平均赔偿；　D. A、B两保险公司，平均赔偿。

（四）保险合同生效时间

《保险法》第13条第3款规定，依法成立的保险合同，自成立时生效。投保人和保险人可以对合同的效力约定附条件或者附期限。

1. 一般情况下

一般情况下，多数情况是保险合同成立即生效，即保险合同成立时间与生效时间一致。

2. 附属条款情况下

在保险实务中，有的保险合同附有附属条款，它分为附条件和附期限两种情况。

1）附条件

附条件，指当事人在保险合同中指明一定条件（不确定的将来事实），把条件成就（发生或出现）作为合同效力产生或终止的根据，它分为附延缓条件和附解除条件两种情况，这里仅介绍附延缓条件。

附延缓条件，指合同效力发生取决于所附条件的成就。例如，投保人与保险人于某年10月1日订立一份财产保险合同，但双方在合同中约定：投保人交付保险费时，合同生效。如果投保人于10月7日交纳保险费，则该财产保险合同于10月7日开始生效。如果在10月1日之后至10月7日之前发生保险事故，因投保人未交纳保险费，故保险合同尚未生效，保险人不承担赔偿责任。

2）附期限

附期限，指保险合同当事人指明一定期限（确定的将来事实），把期限的到来作为合同效力发生或终止的根据，它分为附始期和附终期两种情况，这里仅介绍附始期。

附始期，指所附期限到来时，保险合同开始发生效力。例如，保险实务中普遍推行的零时起保制，将保险合同生效时间安排在合同成立日的次日零时或约定未来某日的零时；在健康保险中关于犹豫期间的约定，也属于此类。

第四节　保险合同履行

一、保险合同履行的概念

保险合同履行指保险合同当事人依据合同约定全面、适当地履行各自的义务，以实现权利人权利的行为。

关于保险合同履行，学界普遍认为，投保人履行义务（交付保险费）在先，保险人履行义务（赔偿或给付保险金）在后。也有部分学者认为，保险合同是同时履行合同，在保险期限内，被保险人有一种安全的心理感觉，恰是因为保险人承担了保险责任，虽然这种承担保险责任的形式是无形的、看不见的，但它确实存在。该观点颇有道理，应予充分肯定。

二、投保人义务的履行

（一）交纳保险费

《保险法》第 14 条第 1 款规定，保险合同成立后，投保人按照约定交付保险费。应该说，交付保险费是投保人最主要的义务。

关于保险费交付的期限，如果合同中有特别约定，依其约定；如果合同未作特别约定，投保人应当在保险合同成立时向保险人交付保险费；如果保险合同采用一次交付方式，投保人应当在保险合同成立时一次付清全部的保险费。

（二）维护保险标的安全

被保险人对保险标的安全负有保护义务。《保险法》第 51 条第 1 款规定，被保险人应当遵守国家有关消防、安全、生产操作、劳动保护等方面的规定，维护保险标的的安全。

（三）保险标的危险增加时，及时通知保险人

《保险法》第 52 条第 1 款规定，在合同有效期内，保险标的的危险程度显著增加的，被保险人应当按照合同约定及时通知保险人。

何谓“及时”？指在尽可能短的时间内。投保人或被保险人一旦知道保险标的面临的危险显著增加，应在尽可能短的时间内将这一情形通知保险人。参考我国台湾地区《保险法》的规定，一般情况下的通知期限，是知道危险增加后 5 天内。

关于迟延通知的后果，该条第 2 款规定，被保险人未履行前款规定的通知义务的，因保险标的危险程度显著增加而发生的保险事故，保险人不承担赔偿保险金的责任。

（四）保险事故发生时，积极施救

《保险法》第 57 条第 1 款规定，保险事故发生时，被保险人应当尽力采取必要的措施，防止或者减少损失。该条第 2 款规定，保险事故发生后，被保险人为防止或者减少保险标的的损失所支付的必要的、合理的费用，由保险人承担；保险人所承担的费用数额在保险标的损失赔偿金额以外的另行计算，最高不超过相应的保险金额。

（五）保险事故发生后，及时通知保险人

《保险法》第21条规定，投保人、被保险人或者受益人知道保险事故发生后，应当及时通知保险人。《保险法》未对“及时”做出具体规定。

在保险实务中，许多保险条款对此有明确规定。例如，1999年保监会制定的《机动车辆保险条款》第25条规定，保险车辆发生保险事故后，被保险人应当采取合理的保护、施救措施，并立即向事故发生地交通管理部门报案，同时在48小时内通知保险人。

若投保人、被保险人或者受益人未及时通知，对迟延通知的后果，如何处理？国际上有两种通行的做法：(1)因迟延通知而导致损失扩大的，就扩大损失部分，保险人不承担赔偿责任；(2)因迟延通知的，保险人不承担任何保险责任。

关于迟延通知的后果，《保险法》第21条还规定，故意或者因重大过失未及时通知保险人，致使保险事故的性质、原因、损失程度等难以确定的，保险人对无法确定的部分，不承担赔偿或者给付保险金的责任，但保险人通过其他途径已经及时知道或者应当及时知道保险事故发生的除外。

三、保险人义务的履行

（一）承担保险责任

《保险法》第14条规定，保险合同成立后，保险人按照约定的时间开始承担保险责任。

（二）赔偿或给付保险金

当保险合同约定赔偿或给付保险金的条件成就时，保险人须承担赔偿或给付保险金的义务。但对财产保险合同和人身保险合同，应区别对待：(1)财产保险合同是典型的补偿性合同，保险金数额应当以合同约定保险金额和被保险人实际遭受的损失为限；(2)人身保险合同，除某些险种具有补偿性外，基本上属于给付性合同，即保险金数额应当严格遵守合同约定。

如果保险人未依合同约定或者法律规定的期限赔付保险金，则构成违约，应负违约责任。

《保险法》第23条第1款规定，保险人收到被保险人或者受益人的赔偿或者给付保险金的请求后，应当及时作出核定；情形复杂的，应当在30日内作出核定，但合同另有约定的除外。保险人应当将核定结果通知被保险人或者受益人；对属于保险责任的，在与被保险人或者受益人达成赔偿或者给付保险金的协议后10日内，履行赔偿或者给付保险金义务。保险合同对赔偿或者给付保险金的期限有约定的，保险人应当按照约定履行赔偿或者给付保险金义务。该条第2款规定，保险人未及时履行前款规定义务的，除支付保险金外，应当赔偿被保险人或者受益人因此受到的损失。

《保险法》第25条规定，保险人自收到赔偿或者给付保险金的请求和有关证明、资料之日起60日内，对其赔偿或者给付保险金的数额不能确定的，应当根据已有证明和资料可以确定的数额先予支付；保险人最终确定赔偿或者给付保险金的数额后，应当支付相应的差额。

《保险法》第27条第3款规定，保险事故发生后，投保人、被保险人或者受益人以伪造、变造的有关证明、资料或者其他证据，编造虚假的事故原因或者夸大损失程度的，保险人对其虚报的部分不承担赔偿或者给付保险金的责任。

（三）支付其他费用

在财产保险合同中，保险人除赔偿保险金外，还应承担其他支付义务，具体包括：

1. 支付施救费

保险人承担施救费的前提有二：(1)施救费的支付是必要的；(2)施救费的支付是合理的。只要施救费的支出是必要且合理的，即使未能避免损失发生，保险人也应负责赔偿。

2. 支付为查明和确定保险事故的性质、原因等所需支付的必要的、合理的费用

查明和确定保险事故性质、原因和保险标的损失程度，称为审核责任，它是理赔工作的重要环节。在保险实务中，如果保险人与被保险人就审核内容不能达成一致意见，就会聘请有关技术专家或公估机构技术人员对事故进行专业调查和评估。该专业调查和评估，不论是应保险人请求而进行，还是应被保险人请求而进行，为此而支出的费用，均由保险人承担。

《保险法》第 64 条规定，保险人、被保险人为查明和确定保险事故的性质、原因和保险标的的损失程度所支付的必要的、合理的费用，由保险人承担。

3. 支付仲裁或诉讼费用

《保险法》第 66 条规定，责任保险的被保险人因给第三者造成损害的保险事故而被提起仲裁或者诉讼的，被保险人支付的仲裁或者诉讼费用以及其他必要的、合理的费用，除合同另有约定外，由保险人承担。

（四）不得泄露保险人、投保人、被保险人的商业秘密

《保险法》第 131 条规定，保险代理人、保险经纪人及其从业人员在办理保险业务活动中不得泄露在业务活动中知悉的保险人、投保人、被保险人的商业秘密。

四、保险合同权利的行使

保险合同当事人，依据合同约定履行义务的结果，就是合同权利的实现。投保人享有的合同权利，主要是被保险人或受益人的赔偿或给付保险金请求权；而保险人享有的合同权利，则主要是保险费支付请求权以及赔偿保险金后依法取得的物上代位权或对第三人的代位追偿权。

（一）被保险人或受益人赔偿或给付保险金请求权

索赔请求权的行使，一般经过下列程序：(1)提出索赔请求；(2)提交有关证明和资料，主要包括保险单证、事故报告、损失清单、有关的证明文件、其他赔偿费用的必要凭证等。

值得注意的是，索赔请求权有时效规定，而且该时效是消灭时效，如果超过法律规定的期限而没有行使即归于消灭。

根据《保险法》第 26 条的规定，人寿保险以外的其他保险，索赔时效为 2 年；人寿保险，索赔时效为 5 年。

（二）保险人代位权

保险人享有的合同权利，主要是保险费支付请求权以及赔偿保险金后依法取得的物上代位权或对第三人的代位追偿权。关于保险费支付请求权的行使，前文已经述及，不再赘述；这里主要介绍保险人的物上代位权和对第三人的代位追偿权。

1. 保险人的物上代位权

保险人的物上代位权指保险标的发生损失后，保险人自赔偿被保险人全部损失之日起，直接取得了保险标的物权。

《保险法》第 59 条规定，保险事故发生后，保险人已支付了全部保险金额，并且保险金额等于保险价值的，受损保险标的的全部权利归于保险人；保险金额低于保险价值的，保险人按照

保险金额与保险价值的比例取得受损保险标的的部分权利。

保险人的物上代位权，产生的情形有二：(1)实际全损，指保险标的全部灭失，或者受损严重、已失去原来的形态，且没有残余价值；(2)委付，指保险标的损失程度符合推定全损的条件，被保险人愿意将其对保险标的一切权利和义务转移给保险人，并要求保险人按照实际全损进行赔偿。

案例 9-9：所有权已转让的残车，如何定性？

2004 年 3 月 2 日，个体运输户张某将私有东风牌汽车向某保险公司足额投保车辆损失险和第三者责任险，保险金额 4 万元，保险期一年。6 月 8 日，该车途经临县某险要处坠入悬崖下一条湍急的河流，驾驶员(系张某堂兄)遇难。张某向保险公司报案。保险公司经现场查勘，认为地形险要，无法打捞，按推定全损处理，赔付张某 4 万元，声明车内尸体及善后工作保险公司不负责任，由车主自理。堂兄尸体及采购货物的 2 800 元现金均在卡车内，8 月 10 日，张某将残车以 4 000 元转让给临县王某，约定王某负责打捞，车内尸体及现金归张某，残车归王某。8 月 20 日，残车打捞成功，张某和王某均按约行事。保险公司知悉后，认为张某未经保险公司允许，擅自处理所有权已转让的残车。

该案所有权已转让的残车，如何定性？

A. 保险公司按推定全损处理，赔付张某 4 万元，残车归保险公司；

B. 残车沉在河底是浪费，张某将残车以 4 000 元转让给临县王某，是废物利用；

C. 保险公司按推定全损处理，取得残车的经营权；

D. 保险公司按推定全损处理，取得残车的代位追偿权。

2. 保险人的代位追偿权

指保险标的发生保险事故所致损失，若依法应由第三人承担民事赔偿责任，保险人自向被保险人支付保险金之日起相应取得对第三人请求损害赔偿的权利。

《保险法》第 60 条第 1 款规定，因第三者对保险标的的损害而造成保险事故的，保险人自向被保险人赔偿保险金之日起，在赔偿金额范围内代位行使被保险人对第三者请求赔偿的权利。该条第 2 款规定，前款规定的保险事故发生后，被保险人已经从第三者处取得损害赔偿的，保险人赔偿保险金时，可以相应扣减被保险人从第三者已取得的赔偿金额。该条第 3 款规定，保险人依照本条第一款规定行使代位请求赔偿的权利，不影响被保险人就未取得赔偿的部分向第三者请求赔偿的权利。

这些规定，既可防止被保险人额外获利，也没有因被保险人受保险合同保障而免除第三人应负的赔偿责任。

《保险法》第 61 条第 1 款规定，保险事故发生后，保险人未赔偿保险金之前，被保险人放弃对第三者请求赔偿的权利的，保险人不承担赔偿保险金的责任。该条第 2 款规定，前款规定的保险事故发生后，被保险人已经从第三者取得损害赔偿的，保险人赔偿保险金时，可以相应扣减被保险人从第三者已取得的赔偿金额。该条第 3 款规定，保险人依照本条第 1 款规定行使代位请求赔偿的权利，不影响被保险人就未取得赔偿的部分向第三者请求赔偿的权利。

案例 9-10：李某不要朋友赔偿，剥夺了保险公司的哪项权利？

李某就自己的一辆新捷达轿车向保险公司投保全险，在保险合同有效期间，李某的车辆被后面的车辆追尾，李某跳下车，发现追尾的是其好朋友唐某，遂转怒为笑，称我的车已经买保险了，我找保险公司赔偿，你就不要管了。李某找保险公司验了车，然后修车花了 4300 元，要求保险公司赔偿损失。保险公司要求李某告知肇事者的姓名，但李某称肇事者是自己的朋友，已经不要他赔偿了，保险公司听说后便拒绝赔偿。

李某不要朋友赔偿，使得保险公司无法行使：

A. 代位求偿权；　　B. 物上代位权；　　C. A、B 都正确；　　D. A、B 都错误。

保险人的代位追偿权，仅适用于财产保险合同，而不适合人身保险合同。在适用对象上，保险人一般不能向被保险人的家庭成员或者其组成人员行使。

《保险法》第 62 条规定，除被保险人的家庭成员或者其组成人员故意造成本法第 60 条第 1 款规定的保险事故外，保险人不得对被保险人的家庭成员或者其组成人员行使代位请求赔偿的权利。

保险人的代位追偿权与物上代位权不同：前者，保险人取得了被保险人享有的对第三人的损害赔偿请求权；后者，保险人取得了保险标的所有权。

第五节　保险合同效力变动

在保险合同有效期间内，由于某种原因出现，例如保险合同变更、转让、中止、解除、终止等，可能引起保险合同效力变动。

一、保险合同变更

（一）保险合同变更的概念

保险合同变更指在保险合同有效期限内，当事人根据主客观情况变化，依照法律规定的条件和程序，在协商一致的基础上，对保险合同中的某些条款进行修改或补充。

《保险法》第 20 条第 1 款规定，投保人和保险人可以协商变更合同内容。保险合同变更，有广义和狭义之分：(1)广义的保险合同变更，指保险合同的主体、客体及内容变更；(2)狭义的保险合同变更，仅指保险合同的内容变更。

根据该规定，仅指《保险法》体系内的保险合同内容变更，即狭义的保险合同变更。

（二）保险合同变更构成要件

(1) 以当事人已经存在的保险合同关系为基础。

(2) 依据法律规定或当事人约定。

(3) 经双方当事人协商一致。

(4) 符合法定形式。《保险法》第 20 条第 2 款规定，变更保险合同的，应当由保险人在保险单或者其他保险凭证上批注或者附贴批单，或者由投保人和保险人订立变更的书面协议。批单，是保险合同变更最常用的书面凭证。在批单中，需要列明变更条款内容，一般将其附贴在保险单或保险凭证上。

(5) 引起保险合同内容变化。

（三）保险合同变更效力

变更后的保险合同，取代原合同，当事人应当按照变更后的保险合同履行义务，任何一方违反变更后的保险合同，均构成违约。

在当事人就保险合同变更未达成一致协议之前，原保险合同继续有效，任何一方不能以保险合同某些内容正在协商变更为由而拒绝履行义务。如果在保险合同变更过程中发生保险事故，保险人须以原保险合同约定为依据，承担赔偿或给付保险金的责任。

二、保险合同转让

(一) 保险合同转让的概念

保险合同转让指保险合同当事人一方依法将其合同权利和义务全部或部分转让给第三人的行为。

保险合同转让，不同于保险合同变更，它只是保险合同当事人更替，并没有改变保险合同内容。保险合同转让分为财产保险合同转让和人寿保险合同转让两种情况。

(二) 财产保险合同转让

1. 保险标的转让的原因

我国保险立法，没有区分保险标的转让的原因。但根据国外保险立法的规定，引起保险标的转让的原因主要分为两类：(1)法律规定，即法定原因；(2)当事人约定，即意定原因。

2. 保险标的转让的后果

1）英美法系国家规定

关于保险标的转让的后果，英美法系国家区分了法定转让和意定转让。若保险标的因法定原因而转让，保险合同当然转让。若保险标的因意定原因而转让，则需取得保险人同意。

2）大陆法系国家规定

大陆法系国家虽然区分了转让原因，但没有区分转让的后果。保险标的不论是基于法定原因还是意定原因而发生转让，是否引起保险合同转让，视其是否满足一定的条件。日本《商法典》第 650 条规定，被保险人转让保险标的时，推定其同时转让了因保险合同而发生的权利。前项的场合，保险标的的转让显著地变更或增加了危险时，保险合同的效力丧失。

两大法系各有侧重：关于法定转让，英美法系国家采取绝对继受主义，保险合同当然转让，注重保护受让人利益；大陆法系国家则采取相对继受主义，保险合同当然转让，但附加一定的条件，对保险人有利。关于意定转让，两大法系均赋予保险人重新评价风险的权利，不同的是：该权利的赋予，英美法系国家是在事前，即保险标的转让前；而大陆法系国家是在事后，即保险标的转让后。

3）我国《保险法》规定

我国《保险法》第 49 条第 1 款规定，保险标的转让的，保险标的的受让人承继被保险人的权利和义务。该条第 2 款规定，保险标的转让的，被保险人或者受让人应当及时通知保险人，但货物运输保险合同和另有约定的合同除外。

这是 2009 年 10 月 10 日起施行《保险法》的重要亮点之一，廓清被保险财产发生转让的理赔争议问题，凸显对保险消费者权益的保护。

案例 9－11：保险公司的拒赔理由，是否充分？

王女士于 2008 年 7 月 3 日购买轿车一辆，于当日向某保险公司购买了商业性质的车辆损失险、第三者责任险等险种，并足额缴纳了保险费，保险期限为 2008 年 7 月 4 日—2009 年 7 月 3 日。9 月 5 日，王女士将该车卖给李先生，于当日在车辆管理部门办理了车辆过户手续，还告诉李先生，该车保险手续齐备。李先生于第二天(9 月 6 日)前往保险公司办理批改手续。途中李先生驾车与张先生驾驶的车辆相撞，造成本车和张先生的车辆均受损的保险事故。李先生遂向保险公司申请理赔。保险公司称李先生并非被保险人,不予受理。李先生认为,自己不是被保险人,那王女士是登记在保险单上的被保险人,王女士应该有索赔权,于是请求王女士出面索赔。保险公司得知车辆已经过户后,认为王女士已经不是车辆所有人,对该车不再享有保险利益,因此拒绝赔付。

案例评析:

该案发生在2008年9月5日,根据《保险法》规定,保险标的转让并不当然引起保险合同转让。以保险人同意为前提:若保险人同意继续承保的,则保险标的转让引起保险合同转让;若未经保险人同意,或者保险人拒绝继续承保的,则保险合同从保险标的转让时开始失效。因此,保险公司拒赔理由充分。

案例9-12:保险公司应否理赔?

2019年初,王女士决定将家里的旧捷达汽车转卖,杨先生正巧看上这辆二手汽车。双方协商达成一致,杨先生顺利地购得二手汽车。但杨先生开了没多久,就发生交通事故:杨先生在行车途中,在虚线处打开转向灯变道,不料后车撞了上来。另,杨先生购车后没有及时办理保险过户手续。

保险公司应否理赔?依据《保险法》,适用:

A. 理赔,客户至上;　　　　B. 理赔,新车主承继原车主的权力和义务;

C. 拒赔,保险还没有过户;　　D. A、B、C答案均错误。

(三)人寿保险合同转让

人寿保险合同转让主要包括两种情况:(1)因人寿保险单利益转让而引起人寿保险合同债权转让,其实质上是受益人变更,在前文“保险合同关系人”部分已经述及,不再赘述;(2)因保险人资格消灭而引起人寿保险合同权利义务概括转让。这里,重点介绍因保险人资格消灭而引起的转让。

《保险法》第92条第1款规定,经营有人寿保险业务的保险公司被依法撤销或者被依法宣告破产的,其持有的人寿保险合同及准备金,必须转让给其他经营有人寿保险业务的保险公司;不能同其他保险公司达成转让协议的,由国务院保险监督管理机构指定经营有人寿保险业务的保险公司接受转让。该规定,可作如下理解:(1)保险公司被依法撤销或者被依法宣告破产,是引起人寿保险合同转让的法定原因;(2)转让的双方当事人,包括被依法撤销或者被依法宣告破产的经营有人寿保险业务的保险公司(简称终止公司,转让人)和接受转让的经营有人寿保险业务的保险公司(受让人);(3)转让人不得将人寿保险合同及准备金转让给没有人寿保险业务经营权的保险公司;(4)转让的对象,包括人寿保险合同以及根据该合同而提取的准备金。

该条第2款规定,转让或者由国务院保险监督管理机构指定接受转让前款规定的人寿保险合同及准备金的,应当维护被保险人、受益人的合法利益。受让人接受,应分为自愿接受和强制接受两种情况。在自愿接受情况下,受让人应当与清算组订立转让协议,该协议不得影响或者变更被保险人或受益人依据人寿保险合同所应享有的利益。但在强制接受情况下,受让人承担的责任应当低于自愿接受的情况。如果将这两种情况同样对待,对受让人有失公平。因为在强制接受情况下,受让人属于代人受过,若和自愿接受承担同样的责任,其承担责任太大;另外,平等对待两种受让情形使投保人不承担未尽审慎选择保险公司的责任,即对投保人也失去约束力,因为选择什么样的保险公司对给付结果不产生任何影响。事实上,买保险首先是选择保险公司,如果所选择的保险公司破产,投保人理应承担选择不当的后果。

三、保险合同中止与复效

(一)保险合同中止

1. 保险合同中止的概念

保险合同中止指在保险合同有效期限内,因某种事由出现而使合同效力处于暂时停止的状态。

保险合同中止,一般是因投保人欠交保险费,尤其是合同约定分期支付保险费的情况。投保人支付首期保险费后,若超过规定期限仍未支付当期保险费的,往往引起合同效力中止。也就是说,保险合同中止主要适用于人身保险合同。

《保险法》第36条第1款规定,合同约定分期支付保险费,投保人支付首期保险费后,除合同另有约定外,投保人自保险人催告之日起超过30日未支付当期保险费,或者超过约定的期限60日未支付当期保险费的,合同效力中止,或者由保险人按照合同约定的条件减少保险金额。

2. 保险合同中止的原因

1)续期保险费,逾期仍未交付的

人身保险合同,一般期限较长,需要投保人几年、十几年甚至几十年按期交纳保险费。在这漫长的期间,投保人可能因疏忽或经济状况恶化而不能按时交费。为了有效地保护投保人,也为了巩固保险人已有业务,法律赋予投保人以宽限期。在宽限期内,保险合同仍然有效,保险人应承担在此期间发生的保险事故所对应的保险责任。若宽限期届满,投保人仍不交保险费,则保险合同效力中止。

根据《保险法》第36条第1款的规定,保险合同效力中止的宽限期间,是合同约定的支付期限届满后60日。

2)保险费自动垫交,本息已达到保险单现金价值的

保险费自动垫交,指用保险单具有的现金价值自动垫交投保人欠交的保险费。各国保险法多未规定保险费自动垫交内容,但在人寿保险条款中通常含有保费垫交条款及相关规定。该条款,有利于维持保险合同效力,对保险人、投保人均有利。

例如,新华人寿保险股份有限公司的《长寿安康保险条款》第21条规定,首期后的分期保险费在宽限期结束前一日仍未交付,而合同的保险单现金价值足以垫交应交保险费及利息的,除投保人事前另有书面的反对声明外,本公司将自动垫交其欠交的保险费及利息,本合同继续有效。当垫交保险费及利息(计息日为垫交当日)达到保险单现金价值数额时,本合同效力即行中止。该规定,优点在于保险合同效力免于中止,如果被保险人死亡,受益人可获得保险金。其缺点主要有二:(1)如果投保人不交保险费是为了终止合同以领回解约金,但由于保险费自动垫交使得解约金数额减少,从而对投保人不利;(2)如果投保人订立保险合同时不知道有保险费自动垫交一事,这样就不可能作出"反对与否"声明。可见,上述关于保险费自动垫交规定不妥,未充分尊重投保人意愿,保险实务中一旦发生保险事故,很容易产生纠纷。

案例9-13:保险费自动垫交,应如何操作?

2006年7月17日,《中国保险报》刊登了这样一则案例:某客户于1997年4月为自己投

保了一份长期寿险，按期交费3次，第4次保费未交。2000年7月，该客户因疾病身故。10月，其受益人向保险公司申请复效并要求理赔，保险公司答复“不能复效和理赔，只能做退保处理”。2001年9月，受益人委托律师提出保险条款中有“保险费自动垫交”规定，且当时投保单上没有提示或对应选择栏，业务员展业时也没有告知，应视为投保人选择了保险费垫交，保险公司应按合同约定以保单现金价值垫交保险费，维持保险合同效力，现被保险人发生保险事故，保险人理应给付保险金。由此，引起纠纷。

曹杰萍认为，投保人没有按约履行交费义务，理由有三：(1)投保人前3年以现金交费方式交纳3次保险费，即以自己的行为惯例表示对交费方式选择，故“保险费自动垫交”条款不产生效力；(2)当投保人到期未交纳保险费时，保险人寄出“交费催费通知”，投保人既未交纳保险费，也未到保险人处申请保险费垫交。若保险人擅自将投保人保单现金价值转为保险费，则会产生“保险人强制投保人交纳保险费”嫌疑；(3)根据保险原理，如果允许投保人在出险后再交纳保险费，极易助长道德风险发生。

曹的观点一出，立即引发激烈争鸣。偶见认为，曹的观点不符合《合同法》原理，有违诚信原则，保险人应给付保险金，理由有四：(1)虽然自动垫费条款有“投保时选择保险费垫交方式”字样，但投保单上未设对应选择栏，当以选择为原则，曹的观点中的投保人必须以积极行为方式才能构成“投保人选择保险费垫交”观点与自动垫费条款使用惯例不符；(2)该案合同订有自动垫费条款，保险人应当依照约定履行垫费义务；(3)自动垫费条款功能恰在于“自动”；(4)投保人拖延交费的现实，源于保险人非规范经营行为。王喜军认为，从曹文叙述的细节看，保险事故发生时，保单有效，保险公司应当承担给付保险金责任，理由有四：(1)投保人选择了“保险费自动垫交”条款；(2)投保人分期交纳保险费，并不意味着“保险费自动垫交”条款失去效力；(3)“保险费垫交”不是依申请的行为；(4)“保险费垫交”不是补交保险费。

案例评析：

该案争议焦点在于，是否适用保险费自动垫交条款？若适用，则保险合同继续有效，保险公司须给付保险金；若不适用，则保险合同中止，保险公司按退保处理。

曹杰萍、偶见、王喜军的分析均有一定的道理。该案保险合同设计粗糙、约定不明确，当事人既可这样理解，也可那样理解，这是导致发生纠纷的根源。

保险合同第12条规定，投保人逾期仍未交付保险费且未选择保险费垫交方式，则本合同自宽限期满的次日零时起效力中止。第13条规定，投保时选择保险费垫交方式的，保险人将以保险单现金价值自动垫交应交付的保险费及利息，本合同继续有效。根据上述规定，保险费是否自动垫交，须具备三个条件：(1)投保人在宽限期结束时仍未交纳保险费；(2)当时保险合同现金价值足够交纳投保人应付的保险费和利息；(3)投保人选择了保险费自动垫交。只有同时具备这三个条件，保险公司才有义务在交付保险费的宽限期结束时，以保险合同现金价值垫交投保人应付的保险费和利息，使保险合同继续有效。问题在于，投保人是否选择了“保险费自动垫交”条款？

保险合同中的“保险费自动垫交”条款，虽然规定投保人对是否选择保险费自动垫交条款应作出选择，但投保单上没有提示或对应选择栏，业务员展业时也未告知。那如何理解该条款？保险公司、投保人各执一词：(1)保险公司认为，投保人应以积极的作为来选择“保险费自动垫交”条款，否则本条款不生效；(2)投保人认为，不反对即是选择，若不表示反对，本条款即作为保险合同的一部分产生效力。保险合同是格式合同，《合同法》第41条规定，对格式条款的理解发生争议的，应当按照通常理解予以解释。对格式条款有两种以上解释的，应当作出不利于提供格式条款一方的解释。关于“保险费自动垫交”条款，保险公司、投保人的理解从法理上也都讲得通。因此，偶见、王喜军的主张更合理，即投保人已经选择了“保险费自动垫交”条款。

保险人设计“保险费自动垫交”条款意图在于，当投保人遇到暂时的资金困难无力支付保险费时，或当投保人由于种种原因忘记交纳保险费时，尽量维持保单效力。该意图能否收到预期效果，关键在于保险合同中该条款的设计是否缜密、是否符合当地保险市场的实际情况。就我国目前情况看，投保人对保险尚且了解不多，对“保险费自动垫交”条款更是知之甚少。采取默示方式“不反对即是选择”显然不符合我国国情。美国保险公司的做法是，只有投保人主动提出要求，并将自己的要求以书面形式表达出来，才发生保险费自动垫交效力；且在发生自动垫交效力后，投保人还可以随时予以撤销，此做法值得我国保险公司借鉴。

该案给保险公司的启示是，保险合同中“保险费自动垫交”条款设计应缜密，既然规定投保人对是否选择保险费自动垫交条款可以选择，投保单上就应有提示或对应选择栏，且业务员展业时对该条款还要向客户详细讲解，使客户充分了解选择的意义以及不选择可能导致的后果。既可有效地保护保险人、投保人的合法利益，也可避免保险纠纷的发生。

3. 保险合同中止的后果

《保险法》第 36 条第 2 款规定，被保险人在前款规定期限内发生保险事故的，保险人应当按照合同约定给付保险金，但可以扣减欠交的保险费。

但是，保险合同中止并非终止，若具备一定条件，其效力还可恢复。

（二）保险合同复效

1. 保险合同复效的概念

保险合同复效指导致保险合同中止的事由消除后，其效力可以恢复，恢复后的合同是原合同的继续。

《保险法》第 37 条第 1 款规定，合同效力依照本法第 36 条规定中止的，经保险人与投保人协商并达成协议，在投保人补交保险费后，合同效力恢复。但是，自合同效力中止之日起满 2 年双方未达成协议的，保险人有权解除合同。

总之，中止保险合同复效的条件有四：(1)投保人有申请复效的意思表示；(2)被保险人身体健康状况符合投保条件；(3)投保人补交其欠交的保险费及利息；(4)保险人同意。只有同时具备这四个条件，中止保险合同才能复效。

2. 保险合同复效的后果

复效后的保险合同，是复效前保险合同的继续。但恢复保险合同的效力从何时计算？

根据《保险法》第 37 条的规定，中止保险合同的复效，原则上是在投保人补交保险费后。在保险实务中，各保险公司拟订的保险条款，一般将复效日规定为“自投保人补交保险费及利息的次日零时”。

中止保险合同复效后，中止期间仍记入保险期间，保险期间视为从未间断。若合同复效后发生保险事故，保险人应以合同成立时的约定承担保险责任。

《保险法》第 44 条第 1 款规定，以被保险人死亡为给付保险金条件的合同，自合同成立或者合同效力恢复之日起二年内，被保险人自杀的，保险人不承担给付保险金的责任，但被保险人自杀时为无民事行为能力人的除外。该条第 2 款规定，保险人依照前款规定不承担给付保险金责任的，应当按照合同约定退还保险单的现金价值。

四、保险合同解除

（一）保险合同解除的概念

保险合同解除，指保险合同生效后、有效期限届满前，经双方当事人协商，或者由一方当事人根据法律规定或合同约定行使解除权，从而提前结束保险合同效力的法律行为。

（二）保险合同解除的条件

（1）仅适用于合法有效的保险合同。

（2）依据法律规定或保险合同约定。

（3）有解除行为。

（4）采用特定的形式。解除保险合同时，应当采用书面形式。如果双方协议解除，应当就保险合同解除问题达成专门的书面协议；如果一方通过行使解除权解除合同，并因此向对方发出通知，通知应当采用书面形式。

案例 9-14：家具厂先出险后交保费，保险公司仍要承担赔偿责任

某年 11 月 10 日，东方家具厂（简称家具厂）向某财产保险公司（简称保险公司）投保了企业财产保险，附加盗抢险。其中，固定资产 240 万元，流动资产（存货）316 万元，共计保险费 14 400 元，保险期限自当年 11 月 14 日零时至次年 11 月 13 日 24 时止。保险费通过银行委托收款分三期交纳：(1)首期保险费 5 000 元，在 15 日内即 11 月 30 日前支付；(2)第二期保险费 5 000 元，在次年 1 月 20 日之前支付；(3)其余 4 400 元，应在次年 4 月 20 日之前支付完毕。根据保险合同约定，保险公司按时到银行办理委托收款，但每次均被告知账户无钱可划，无奈只好上门催收，然而家具厂均以经济效益不好、无钱等理由推托拒付。次年 11 月 7 日零时 20 分，家具厂存放商品的仓库因电线线路故障而引起一场特大火灾，近 93 万元的库存商品被烧毁。火灾发生当天，家具厂立即将相应资金交付到银行（先出险后交费），然后向保险公司提出索赔请求，保险公司则以家具厂未按保险合同约定的时间交付保险费为由拒赔。家具厂将保险公司诉至法院。

家具厂认为，它与保险公司签订的财产保险合同是有效合同，保险事故发生在保险合同有效期限内，且属于保险责任范围事故，保险公司应当赔偿其因火灾引起的全部直接财产损失。保险公司则认为，家具厂没有按照保险合同约定交纳保险费，根据《企业财产保险条款》第 18 条规定“投保人不履行交费义务的，保险人有权拒绝赔偿，或者从书面通知之日起终止保险合同”，故保险公司对家具厂损失不承担赔偿责任。法院判决：保险公司赔偿家具厂因火灾引起的全部直接损失。

案例评析：

该案争议的焦点在于，保险合同是否已解除？若已解除，保险公司不承担赔偿责任；若未解除，则保险公司须承担赔偿责任。

《企业财产保险条款》第 18 条规定有两层含义：(1)若投保人不履行交费义务，保险人有权拒绝赔偿，这是保险公司行使履行抗辩权；(2)从书面通知之日起，终止保险合同，这是保险公司行使解除权。值得注意的是，履行抗辩权和解除权的性质不同，行使的后果也不相同：(1)履行抗辩权的行使，仅仅是对抗对方当事人行使履行请求权，并不能消灭保险合同关系；(2)解除权的行使，则使保险合同关系绝对消灭。

在保险合同履行过程中，家具厂未按保险合同约定交纳保险费，属于违约。保险公司只是催、要保险费，对保险合同本身并没有提出异议，既未提出变更，也未提出解除。保险事故发生后，投保人向保险公司提出索赔请求，保险公司拒绝履行赔偿义务，是在行使履行抗辩权。上述事实说明，该财产保险合同并没有解除，仍是有效合同。因此，在保险期限内发生保险事故引起的损失，保险公司应予赔偿。

关于保险公司赔偿数额，法院应考虑家具厂的违约情节（未按时交纳保险费）和投机意图（交纳保险费是在发生保险事故后），适当减轻保险公司的赔偿责任。否则，会纵容投保人在合同订立后不交保险费，等到出险后为获得赔偿再去补交的投机心理，不利于保险行业的健康发展。

当家具厂不交保险费，即家具厂违约时，保险公司有两种选择：(1)催、要保险费，优点是保险合同继续有效，保险公司业务具有稳定性，但缺点是投保人道德风险较高，若不发生保险事故，投保人拖欠保费的行为将一直持续下去。(2)解除合同，使保险合同效力提前消灭，优点是投保人道德风险不复存在，但缺点是保险公司失去这一部分的业务。保险公司应如何选择，取决于投保人是否诚信：(1)若投保人诚信，则催、要保险费是上策；(2)若投保人不诚信，则解除保险合同更明智。

（三）保险合同解除的种类

保险合同解除，有法定解除和约定解除两种。法定解除，指在保险合同有效期限内，当事人一方行使法定的解除权而使保险合同效力归于消灭的行为。在法定解除情况下，投保人、保险人均可依法解除保险合同。

约定解除，指保险合同当事人通过其约定或者行使约定的解除权而导致保险合同解除，它分为协议解除和约定解除权两种情况。协议解除，指在保险合同成立后、有效期限届满前，当事人双方通过协商达成解除合同的一致意见，使保险合同效力归于消灭。约定解除权，指当事人在保险合同中约定，在合同有效期限内，当某种情况出现时，当事人一方享有解除权，通过行使解除权而使保险合同效力归于消灭。

《保险法》第 15 条规定，除本法另有规定或者保险合同另有约定外，保险合同成立后，投保人可以解除合同，保险人不得解除合同。第 16 条第 2 款规定，投保人故意或者因重大过失未履行前款规定的如实告知义务，足以影响保险人决定是否同意承保或者提高保险费率的，保险人有权解除合同。该条第 3 款规定，前款规定的合同解除权，自保险人知道有解除事由之日起，超过 30 日不行使而消灭。自合同成立之日起超过 2 年的，保险人不得解除合同；发生保险事故的，保险人应当承担赔偿或者给付保险金的责任。

这是 2009 年 10 月 10 日起施行《保险法》的最大亮点，限制保险公司的合同解除权，凸显对保险消费者权益的保护。

案例 9－15：投保人篡改被保险人年龄，保险合同是否有效？

投保人帅英（简称帅某），女，39 岁，某县某乡财政所会计，于 2000 年 3 月分别为其母亲张某向某保险公司投保了康宁终身保险，死亡保险金 27 万元。根据康宁终身保险条款规定，凡 70 周岁以下、身体健康者均可作为被保险人，由本人或对其具有保险利益的人作为投保人向保险公司投保本保险。

2003 年 3 月 15 日，被保险人张某因疾病身故，帅某向保险公司申请给付身故保险金

27万元。保险公司经调查，未查出被保险人年龄不实的真实证据，于6月15日召开了赔款兑现大会，给付赔款27万元。7月上旬，保险公司连续接到省保监局、省保险公司转来的十几位群众的联名举报信，称被保险人年龄有假，是保险诈骗。保险公司成立了专案组，并及时向市公安局经侦支队报案。经查：帅某故意隐瞒其母亲张某出生于1921年1月7日的事实，并将户口篡改为1944年11月7日，即将当时已经79岁母亲的年龄改小为54岁，使其符合投保年龄，并找他人代为体检参保；保险事故发生后，又篡改母亲的入党申请书等人事档案资料。根据以上事实，市公安局于7月25日将帅某刑事拘留，8月8日被市检察院逮捕，同时要求县检察院起诉。帅某两次修改母亲年龄的事实确凿，但对她是否构成保险诈骗罪却难下结论。

在县检察院以及之后进行的一审、二审，都演变成为一场法律辩论。根据《刑法》的规定，保险诈骗罪是指投保人故意虚构保险标的，骗取保险金。帅某的辩护律师向县检察院递交了一份关于帅某的行为不构成保险诈骗罪、请求变更强制措施的紧急报告：(1)康宁险的保险标的是人的寿命和身体，即人的生存状况和健康状况。该案保险标的是帅某母亲的寿命，即生或者死，而非她的年龄，故帅某没有虚构保险标的，不适用《刑法》。(2)《保险法》对帅某的情况有明确的规定，如果保险公司在2年内不解除保险合同，则该保险合同将受法律保护。《保险法》第54条第1款规定："投保人申报的被保险人的年龄不真实，并且其真实年龄不符合合同约定的年龄限制的，保险人可以解除合同，并在扣除手续费后，向投保人退还保险费，但是自合同成立之日起逾2年的除外"。该条款规定了2年的除斥期，如果保险公司在2年内查出问题，可以在扣除手续费后解除合同；但满2年后，保险公司就不能以投保人在订立合同时不诚实为由而解除合同，合同仍然有效。县检察院内部对该案也有争议，但主流意见仍是认为帅某不构成犯罪。因此，11月20日发出不起诉决定书，承认帅某的犯罪事实，但不追究帅某的刑事责任，不予起诉。

12月3日，保险公司不服县检察院的不起诉决定，提出申诉。2004年2月25日，市检察院复核撤销县检察院不起诉决定书，并指定由另外某县检察院审理，指控投保人帅某犯保险诈骗罪，于6月10日向该县法院提起公诉。检察院认为，帅某的行为具有严重的社会危害性，不能适用《保险法》，而应该适用《刑法》。虽然帅某后一次篡改年龄是在2年的除斥期之外，但这两次篡改年龄具有连续性，犯罪行为在她拿到赔款时才形成，认定帅某的行为属故意诈骗，是《保险法》第54条的例外。同时，年龄与人的寿命或者身体不能分开，也就是说，年龄是康宁险的保险标的。该县法院公开审理了该案，但在审判中采用了《保险法》第54条第1款，认定"帅某为其母亲投保时，其母亲不符合合同约定的条件，便隐瞒了真实年龄，但投保距案发时已超过2年，其投保行为已产生法律效力，应受法律保护"，作出了"被告人帅某无罪，合同有效"的判决。法院宣判帅某无罪后，该县检察院提起抗诉，市检察院支持再度公诉，市中院开庭审理时形成了两派意见：(1)认为应适用《保险法》；(2)认为应适用《刑法》。两派争执不下，该案上报给省高级人民法院。据悉，省高院同样出现了两种观点。

案例评析：

该案发生在2009年10月1日施行新《保险法》前，不仅当事人双方争论不休，而且法院、检察院也颇有争议。若该案发生在2009年10月1日施行新《保险法》后，则案情简单明了：保险公司丧失合同解除权。

案例9－16：被保险人带病投保，保险公司应否理赔？

陈某之父陈某康，因右肺腺癌于2010年8月10日入院治疗，至8月24日病情平稳后出院。8月25日，陈某为陈某康在被告处投保了8万元的身故险和附加重大疾病险。陈某和陈某康均在"询问事项"栏就病史、住院检查和治疗经历等项目勾选为"否"。两人均签字确认其在投保书中的健康、财务及其他告知内容的真实性，并确认被告及其代理人已提供保险条款，对免除保险人责任条款、合同解除条款进行了明确说明。双方确认合同自9月2日起生效。合同7.1条及7.2条就保险人的明确说明义务、投保人的如实告知义务以及保险人的合同解除权进行了约定。2010年9月6日至2012年6月6日，陈某康因右肺腺癌先后9次入院治疗。2012年9月11日，陈某康以2012年3月28日的住院病历为据向被告申请赔付重大疾病保险金。保险公司经调查发现，陈某康于2010年3月10日入院治疗，被确认为"肝炎、肝硬化、原发性肝癌不除外"，因此于2012年9月17日以陈某康投保前存在影响该公司承保决定的健康情况，而在投保时未书面告知为由，向陈某康、陈某送达解除保险合同并拒赔的通知。陈某康、陈某于2012年10月24日诉请判令保险公司继续履行保险合同并给付重大疾病保险金3万元，后在二审中申请撤诉，二审法院于2012年12月18日裁定撤诉。2014年3月11日至3月14日，陈某康再次因右肺腺癌入院治疗，其出院诊断为：右肺腺癌伴全身多次转移（Ⅳ期，含骨转移）。3月24日，陈某康因病死亡。陈某遂诉至法院，请求保险公司给付陈某康的身故保险金8万元。

保险公司应否赔付保险金，理由是：

A. 应赔，自合同成立之日起超过三个月；

B. 应赔，自合同成立之日起超过二年；

C. 拒赔，投保人故意隐瞒被保险人陈某康患有右肺腺癌；

D. 拒赔，投保人故意隐瞒被保险人陈某康患有右肺腺癌，且主观恶意明显。

该案若保险公司理赔，有纵容投保人恶意运用《保险法》之嫌，也与其第16条第4款"投保人故意不履行如实告知义务的，保险人对于合同解除前发生的保险事故，不承担赔偿或者给付保险金的责任，并不退还保险费"相悖。

《保险法》第16条第3款与第4款天然地存在冲突：第3款旨在限制保险公司的合同解除权，第4款旨在遏制投保人恶意骗保。从2009年的《保险法》的立法动机看，"限制保险人合同解除权、强调保护保险消费者权益"的倾向更为突出。

值得注意的是，该法在实施过程中，天然地诱发某些投保人恶意骗保，有矫枉过正之嫌。目前《保险法》已实施10年，极大地遏制了保险公司的合同解除权，但部分投保人恶意骗保风险日益突出。因此，如何有效遏制保险公司滥用合同解除权以及投保人带病投保的双重道德风险，未来《保险法》在修改时需要综合权衡。

（四）保险合同解除的后果

保险合同解除，就是保险合同效力提前的消灭。但从何时起消灭，取决于保险合同的解除是否具有溯及力。如果保险合同解除溯及既往，则保险合同效力自始消灭；若保险合同尚未履行，则终止履行；若已经履行，应当恢复原状或采取其他补救措施。如果保险合同解除不溯及既往，保险合同效力自解除时消灭，解除前保险合同关系仍然有效，当事人承担的义务仍需履行；自解除生效时起，保险合同尚未履行的部分不再履行。

五、保险合同终止

（一）保险合同终止的概念

保险合同终止指保险合同权利义务关系的绝对消灭。引起保险合同终止的原因，主要包括五个方面：(1)保险合同解除；(2)保险合同有效期限届满；(3)保险合同约定义务已经履行；(4)保险标的灭失或被保险人死亡；(5)保险合同效力中途丧失。

(二) 保险合同终止的后果

自保险合同终止效力发生之时起，保险合同关系消灭。如果保险合同终止生效后发生保险事故，保险人不承担保险责任；如果保险事故发生在终止生效前，保险人责任不能免除。

第六节　保险合同解释及其争议解决

一、保险合同解释

(一) 保险合同解释的概念

保险合同解释指对保险合同条款内容的理解和说明，它有广义和狭义之分。

广义的保险合同解释，包括任何人对其所作的解释，大体包括三个方面：(1)双方当事人对其订立的保险合同进行分析和说明；(2)保险监管部门的解释；(3)诉讼或者仲裁过程中的解释。狭义的解释，仅指受理保险合同争议的法院或仲裁机构对保险合同及其相关资料的含义所作的具有法律约束力的分析和说明。这里，主要指狭义的解释。

(二) 保险合同解释原则

保险合同解释原则，指对保险合同解释时应遵循的基本原则，既要考虑保险合同与一般合同的共性，也要考虑保险合同的特殊性。具体说来，应当遵循以下六个原则：

1. 合　法

合法指在对保险合同解释的过程中，不得违反法律、行政法规的强制性规定，也不得损害社会公共利益。如果保险合同中争议条款用语可以作两种解释，一种符合法律、法规的强制性规定或社会公共利益，而另一种解释与之相违背，在这种情况下，法院或者仲裁机构应当采纳与法律、法规强制性规定或社会公共利益相符合的解释。

2. 文义解释

文义解释指按照保险合同条款文字含义进行的解释。保险合同条款文字有两种含义：(1)普通含义；(2)特定含义。

普通含义，指文字按照通常人理解所具有的含义。一般情况下，只要当事人在保险合同中未赋予该文字以特定的含义，对其解释时均以普通含义为依据。

特定含义，即专业术语含义，包括保险方面专业术语和法律用语。在保险条款中，如果涉及到专业术语，或者当事人在保险合同中赋予该词语以特定的含义，则按照特定含义对其解释。

3. 意图解释

意图解释指若保险合同条款内容前后不一，或者用语含糊不清而引起争议，应当根据保险合同条款上下文内容以及相关资料、订立保险合同背景等，来探究当事人的真实意图。

在保险实务中，保险合同内容可能有基本条款，也可能有特约条款；可能是印刷条款，也可能是打印条款，还可能是手写条款；可能有书面条款，也可能有口头条款等。在这种情况下，若基本条款与特约条款内容不一致，特约条款效力优于基本条款；若书面条款内容与口头约定不一致，书面条款内容效力优于口头约定；若保险合同条款内容记载方式不同或者记载时间有先后之分，手写内容优于打印条款，打印条款优于印刷条款，批单优于正文，后批注优于前批注。

4. 整体解释

整体解释指当事人对保险合同某一条款理解发生争议或者分歧，对其解释时不能拘泥于该条款本身，或者就该条款只言片语断章取义，而应当将该争议条款放在整个保险合同中，根据双方当事人订立保险合同的目的，结合其他条款内容相互印证，以探究其真实含义。

保险合同内容，由许多条款共同组成，这些条款之间有着严密的逻辑，形成一个完整的体系，能够准确地表达出当事人订立保险合同的目的。

5. 诚信解释

诚信解释指保险合同当事人在订立保险合同及履行保险合同过程中，应当秉持诚实、信用的原则，善意地行使权利，全面适当地履行保险合同义务。当法院或者仲裁机构处理保险合同当事人之间的争议时，也应依据诚信原则，综合与保险合同有关的各种因素，例如当事人订立保险合同的目的、保险行业习惯或惯例等，判明是非，确定责任。

6. 有利于被保险人和受益人解释

有利于被保险人和受益人解释又称疑义利益解释，指当保险人与投保人、被保险人和受益人对保险合同条款有争议时，应作有利于被保险人和受益人的解释。

《保险法》第 17 条第 1 款规定，订立保险合同，采用保险人提供的格式条款的，保险人向投保人提供的投保单应当附格式条款，保险人应当向投保人说明合同的内容。该条第 2 款规定，对保险合同中免除保险人责任的条款，保险人在订立合同时应当在投保单、保险单或者其他保险凭证上作出足以引起投保人注意的提示，并对该条款的内容以书面或者口头形式向投保人作出明确说明；未作提示或者明确说明的，该条款不产生效力。

《保险法》第 19 条规定，采用保险人提供的格式条款订立的保险合同中的下列条款无效：(1)免除保险人依法应承担的义务或者加重投保人、被保险人责任的；(2)排除投保人、被保险人或者受益人依法享有的权利的。

《保险法》第 30 条规定，采用保险人提供的格式条款订立的保险合同，保险人与投保人、被保险人或者受益人对合同条款有争议的，应当按照通常理解予以解释。对合同条款有两种以上解释的，人民法院或者仲裁机构应当作出有利于被保险人和受益人的解释。

这些规定，容易让人产生误解，认为只要保险人与投保人、被保险人和受益人对保险合同条款理解产生争议，就应当作出有利于被保险人和受益人的解释。但在司法实践中，该规定的适用范围被扩大，它确实保护了被保险人和受益人利益，但忽视了对保险人合法利益的保护。

事实上，在适用疑义利益解释原则时，应当遵循诚信原则，尊重保险合同约定。也就是说，对保险合同解释时，不能优先适用该原则，前文述及的 5 个原则是它的前提和基础。只有这样，才能较好地保护保险合同双方当事人合法利益。

二、保险合同争议解决

（一）保险合同争议的概念

保险合同争议指保险人与投保人对保险合同条款内容的理解或者保险合同的履行和不履行或者不完全履行的后果各执己见。保险合同争议解决，指通过适当的途径和方法，消除当事人之间的争议。

保险合同解释与保险合同争议解决之间，是相辅相成的关系：(1)解释是争议解决的前提，通过解释,明确了争议保险条款的真实含义;(2)争议解决是解释的目的,根据解释结果,通过适当的途径和方法,消除当事人之间的争议。

(二)保险合同争议的解决途径

1. 和　解

和解,指保险合同当事人通过协商就某种争议自行达成解决协议。

在和解过程中,应注意两个问题:(1)双方必须在平等基础上协商,摆事实,讲道理;(2)达成和解协议不得违反法律、法规强制性规定,也不能损害国家利益和社会公共利益。

2. 调　解

调解,指在第三人主持下,通过说服或劝导,保险合同当事人依据自愿原则,达成解决纠纷协议。根据第三人身份不同,调解分为群众调解和司法调解两种情况。

群众调解,指在双方共同选择的第三人主持下,达成和解协议。司法调解,指在法院或者仲裁机构主持下,双方当事人达成和解协议。二者都坚持说服、劝导方法,都出于当事人自愿,都具有合法性,但二者效力不同:(1)群众调解达成的和解协议,不具有法律约束力,如果当事人反悔,可以将争议提交仲裁机构仲裁,也可以向法院提起诉讼;(2)司法调解达成的和解协议,即法院或者仲裁机构制作的调解书,一经送达当事人,即具有法律效力,当事人必须执行,如果一方不执行,另一方有权请求人民法院强制执行。

3. 仲　裁

仲裁,指保险合同双方当事人在争议发生前或者争议发生后,达成协议,自愿将争议提交仲裁机构裁决,争议双方有义务执行该裁决,从而解决争议。

仲裁以仲裁协议为基础,仲裁协议必须采用书面形式,应当包括下列内容:(1)请求仲裁的意思表示;(2)仲裁事项;(3)选定的仲裁机构名称。

仲裁协议具有妨诉抗辩性,一经达成,即对双方当事人产生约束力。

4. 诉　讼

诉讼,指法院通过诉讼程序处理保险合同纠纷,这在保险实务中最为常见。

按照普通诉讼程序,原告应向法院递交起诉书,写明诉讼当事人有关情况、诉讼请求、依据的事实以及证据和证据来源等,并按被告人数提供起诉书副本;法院经审查,认为符合法律规定立案条件的,应立案受理;然后向被告送达起诉书副本,由被告提交答辩状;确定开庭审理时间;通知有关人员参加诉讼;组成合议庭,按照法定程序开庭审理,并作出判决。

如果当事人对一审法院判决不服,可以在收到一审判决书后15日内,向上一级法院提起上诉,二审法院作出的判决为终审判决,当事人必须执行,否则权利人可以向法院申请强制执行。

第七节　实践中常见的保险纠纷

一、意外伤害保险

(一)意外伤害保险的定义

意外伤害保险,指以被保险人的身体为保险标的,以被保险人在保险期限内,因遭受意外伤害或因此导致死亡为保险事故,由保险人给付保险金的保险。

这里的"意外"指损害结果的发生是由于被保险人身体以外的、不可预料且突然发生的原因。其构成要件有四:突发的、外来的、非本意、非疾病。其中,突发的、外来的,均指意外事件短时间内发生,使得被保险人来不及预见就遭受意外伤害,例如车祸。非本意,指事故的发生不是出自被保险人本意,例如自杀则是被保险人本意行为。非疾病,指事故不是来自被保险人身体内部,例如被保险人因身体有病而发生事故,不属于意外伤害保险的承保范围。

案例 9-17:李某吃煎饼果子死亡,是否属于意外险承保责任?

被保险人李某,购买了人身意外伤害险,投保金额 30 万元,保险期限自 2015 年 5 月 15 日起至 2016 年 5 月 14 日止。11 月 13 日,李某前往外地出差,在火车站外边的小吃摊上购买并食用了煎饼果子,在火车开动以后,突然感觉腹部绞痛,头晕目眩,不久后便昏迷,火车到达下一站后李某才被火车乘务员送至医院。医院诊断为食物中毒,源于李某自身过敏性体质;但因耽误过长,未能及时就医导致死亡。警方经调查,未在食物中发现投毒迹象,且其他购买该食物的人并未发生食物中毒致死现象。事故发生以后,李某家人认为食物中毒属于人身意外伤害导致的死亡,并要求保险公司全额赔付意外伤害保险金 30 万元。

李某吃煎饼果子死亡,保险公司应否赔偿?

A. 赔偿,符合"非本意、外来的、突发的";　B. 赔偿,符合"非本意、突发的";

C. 拒赔,不符合"非本意";　D. 拒赔,不符合"非疾病"。

(二)意外伤害保险的主要类型

1. 普通意外伤害保险与特种意外伤害保险

普通意外伤害保险,指以日常生活中被保险人可能遭遇的一般意外伤害为保险事故的保险。保险期限一般较短,多为 1 年期保险。例如,幼儿平安保险合同、中小学生平安保险合同等。可以单独订立,也可以作为健康保险(如医疗保险)的附加险投保,旨在使被保险人因意外伤害而支出的医疗费用也能够获得相应的保险保障。

案例 9-18:丙同学被撞伤,是否属于意外险承保责任?

2016 年 5 月 1 日,平安保险公司到某小学出售意外伤害保险,保险期限 1 年,费用 50 元。四年级三班,40 名学生均购买了意外伤害保险。6 月 20 日下午第 6 节下课后,甲、乙两学生打架,丙同学站在旁边围观。甲、乙两学生厮打过程中,无意将丙同学撞伤,花去医疗费 3 000 元。丙学生向保险公司索赔医疗费,保险公司应当:

A. 赔偿,符合"非本意";　B. 赔偿,符合"外来的";

C. 拒赔,不符合"非本意";　D. 拒赔,不符合"突发的"。

特种意外伤害保险,指以被保险人可能遭遇的特定意外伤害为保险事故,一旦发生,保险人应支付保险金的保险。特种意外伤害保险主要包括旅游意外伤害保险(进一步分为境内、境外旅游意外伤害保险)、交通事故意外伤害保险、交通工具乘客意外伤害保险、汽车乘客意外伤害保险以及职业意外伤害保险(进一步分为汽车司机、建筑工人意外伤害保险)、电梯乘客意外伤害保险、公众场所意外伤害保险、境外留学或工作意外伤害保险等。

2. 个人意外伤害保险与团体意外伤害保险

个人意外伤害保险,指自然人个人作为投保人为被保险人个体投保,与保险人签订个人意外伤害保险合同。

团体意外伤害保险,指由单位或社会组织作为投保人,以其成员或雇员为被保险人,与保险人签订团体意外伤害保险合同。主要包括团体人身意外伤害保险、学生团体平安保险等。

案例 9-19：靳某因紧急刹车导致左胳膊肘骨裂，是否属于意外险承保责任？

2017 年 9 月 28 日，大二学生靳某报名参加了北航行者车协组织的凤凰岭骑行活动，同时北航行者车协办公室主任赵某在慧择网帮她购买了旅行意外保险 D 款。保险金额 2 万元，保险期限自活动发起时至活动结束时止。

10 月 2 日傍晚，靳某在骑山地车返回学校的路上，由于前方带队人员突然停下来，她本人没有及时反应过来，采取错误的紧急刹车导致摔车。送往医院检查后断定为左胳膊肘骨裂，拍片显示胳膊肘处有一小块骨头脱落，医生说需要静养一段时间等骨头长上。此次治疗花费了一千元左右。

靳某因紧急刹车导致左胳膊肘骨裂，保险公司应否赔偿？

A. 赔偿，符合"非本意、外来的、突发的"；　B. 赔偿，符合"非本意、突发的"；

C. 拒赔，不符合"外来的"；　D. 拒赔，不符合"突发的"。

二、健康保险

（一）健康保险的定义

健康保险，指保险人与投保人一方订立的、以被保险人因疾病、分娩需要支出医疗费、护理费，或因疾病、分娩造成残废以及因疾病或意外伤害暂时不能工作而减少劳动收入为保险事故的保险。

这里对"疾病"有着严格的要求：首先，须由被保险人身体内部原因引起；第二，并非由先天性原因引起；第三，须由非自然原因引起。因此，若疾病是由意外伤害等外部原因引起（如突然滑到，导致腰扭伤），或存在先天障碍（如先天性耳聋），或因自然规律而产生（如老年性花眼），则不属于健康保险的承保范围。

案例 9-20：刘某走路时意外摔断了腿，是否属于健康险承保责任？

刘某于 2010 年 11 月 12 日投保健康险，保险期限从 2010 年 11 月 15 日起至 2011 年 11 月 14 日止。2010 年 11 月 13 日，刘某走路时意外摔断了腿。

刘某向保险公司索赔，但保险公司拒赔，理由是：

A. 不在保险期限内；　B. 不符合健康险承保责任；

C. 不在保险期限，且不符合健康险承保责任；　D. 保险公司片面解释保险条款，系惜赔。

（二）健康保险的类型

1. 疾病保险、医疗保险、失能收入损失保险、护理保险

疾病保险，指以约定的疾病发生为给付保险金条件的人身保险，通常采取定额给付方式。长期健康保险的疾病保险，可以包含死亡保险责任，但死亡的给付金额不得高于疾病最高给付金额。

医疗保险，指以约定的医疗行为发生为给付保险金条件，为被保险人接受诊疗期间的医疗费用支出提供保障的保险。这里的"医疗费用"通常包括：住院费、检查费、诊疗费、手术费、药费等。医疗保险主要包括普通医疗保险、住院医疗保险、大病医疗保险、高额医疗保险等。就保险金的给付方式进行分类，可以分为费用补偿型与定额给付型医疗保险。为了平衡保险人与被保险人的利益，医疗保险往往约定免赔额，保险人仅对超出免赔额部分承担赔偿责任；而

且还规定最高赔偿限额，超过该限额部分，保险人不负赔偿责任。

案例 9-21：Deductible：$100 in-network，per policy year，什么意思？

甲同学 2017 年去美国加州大学伯克利分校进行一个学期的交换学习，购买了该校推荐的医疗保险，其中 Deductible：$100 in-network，per policy year，指：

A. 保险公司赔付 100 美元； B. 被保险人自担 100 美元；

C. 保险公司、被保险人共同承担 100 美元； D. A、B、C 答案均正确。

失能收入损失保险，指因保险合同约定的疾病或意外伤害导致工作能力丧失为给付保险金条件，为被保险人在一定时期内收入减少或中断提供保障的保险。保险金额，通常为被保险人原来实际收入的 50%～70%，保险金一般按月或按周给付。

护理保险，指因保险合同约定的日常生活能力障碍引发护理需要为给付保险金条件，为被保险人的护理支出提供保障的保险。

2. 长期健康保险与短期健康保险

长期健康保险，指保险期间超过 1 年或保险期间虽然不超过 1 年但含有保证续保条款的健康保险。我国《健康保险管理办法》第 15 条规定，长期健康保险产品应当设置合同犹豫期，并在保险条款中列明投保人在犹豫期内的权利。长期健康保险产品一般设置不短于 10 天的犹豫期。

短期健康保险，指保险期间在 1 年及 1 年以下且不含有保证续保条款的健康保险。《健康保险管理办法》第 16 条规定，短期个人健康保险产品可以进行费率浮动。费率浮动是指，保险公司销售产品时，在基准费率基础上，在费率浮动范围内，合理确定具体的保险费率。

案例 9-22：体检报告，主要用于哪类保险？

人身保险涉及体检报告，内容包括身高、体重、腰围、胸围、血型、心肺和神经系统等，投保数额越大，体检的项目就越详细。体检报告主要用于：

A. 生育保险； B. 意外伤害保险； C. 年金保险； D. 人寿与健康保险。

三、机动车辆保险

（一）机动车辆保险的定义

机动车辆保险，指机动车辆所有人或使用人向保险人支付保险费，保险人在被保险的车辆发生约定保险事故时承担赔付义务的保险。

保险标的包括：各种汽车、电车、电瓶车、摩托车、拖拉机、专用机械车和特种车等通过能源驱动运行的机动车辆。

（二）保险责任

1. 机动车辆保险基本险

机动车辆保险基本险，包括车辆损失险和第三者责任险。车辆损失险，指对保险车辆遭受保险责任范围内的自然灾害或意外事故，造成保险车辆本身损失，保险人依法给予赔付的保险。第三者责任险，指对保险车辆因意外事故，致使他人遭受人身伤亡或财产直接损失，保险人依法承担赔付义务的保险。

案例 9-23：张某等故意夸大车损程度，如何定性？

张某是山西省吕梁市的一名出租车司机，投保了中国人保财险全险，包括交强险和商业险等，保险期自 2015 年 8 月 15 日零时起至 2016 年 8 月 14 日 24 时止。

2016 年 5 月中午张某正常行驶，因刹车不及时不慎追尾前方正在行驶的一辆本田汽车，导致出租车前保险杠与对方车辆后保险杠全部受损。后交警进行了事故现场调查后认定后车全责。张某将事故车辆全部送于保险公司指定 4S 店维修，并联系保险公司申请赔偿以及进行车损鉴定。4S 店维修工小军与张某以及保险公司车损鉴定员关系很好，小军将出租车上未受损的部件换上店里坏的部件，并让保险公司车损鉴定人员拍照，拍照后小军换新了出租车与前车损坏的保险杠，又将出租车上之前冒充坏的部件全部换新，用来拍照证明。最后，又将出租车上新的部件全部换下，仍使用原车旧的部件。保险公司赔付前车财产损失 6 800 元，赔偿出租车 5 000 元，比实际所需的维修费高出 3 000 元。

张某、汽车维修工与车损鉴定人员故意夸大车损程度，属于：

A. 硬欺诈；　　　　　B. 硬欺诈，应负刑事责任；

C. 软欺诈；　　　　　D. 软欺诈，应登记于不诚信名单，公布于社会。

案例 9-24：修理工不慎造成发动机结构性损坏，保险公司应否赔偿？

潘某的汽车因交通事故造成损坏。经保险公司认定后送至修理厂进行维修，并由保险公司支付相应的修理费用。在修理厂期间，修理工不慎使车辆与路边树木相撞，造成发动机结构性损坏，无法通过维修还原车辆的原始性能。因此，潘某要求修理厂对车辆进行高额赔偿。

修理厂考虑到车辆已购交强险，建议潘某向保险公司索赔，保险公司应否赔偿？

A. 拒赔，修理工不是被保险人的合格驾驶员；B. 拒赔，修理工视为车上人员；

C. 赔偿，修理工是交强险承保的受害人；　　D. 赔偿，提升保险公司形象，获得美誉。

案例 9-25：误工费，按什么标准赔付？

2010 年 9 月，王女士驾驶新车去公司，右转遇一辆直行电动车，不慎将其磕碰，电动车骑行人略有轻伤，送至医院治疗。警察判定王女士负本次事件全责。王女士购买了平安保险公司的交强险、车损险、第三者责任险等，共计保费 4 000 元。平安保险公司派理赔人员至现场调查，让王女士开车至指定修理厂，向电动车骑行人支付医疗费，依照其税单支付误工费。但骑行人提出其企业存在逃税现象，自己的工资不止税单上的那些，要求增加误工费赔偿金额。

保险公司理赔误工费，应当依照什么标准？

A. 电动车骑行人的实际工资；　　B. 电动车骑行人的税单；

C. 多支付原则，旨在保护受害人；D. 少支付原则，旨在降低保险公司赔付成本。

2. 机动车辆保险附加险

机动车辆保险附加险，包括全车盗抢险、车上责任险、无过失责任险、车载货物掉落责任险、玻璃单独破碎险、车辆停驶损失险、自燃损失险、涉水险、新增加设备损失险、不计免赔率特约险等。

机动车辆保险附加险，不得单独投保。只得在投保机动车辆损失保险的基础上，投保机动车辆损失附加险。附加险条款与基本险相抵触时，以附加险为准；未尽之处，以基本险为准。

案例 9-26：刘先生买了很多保险，但保险公司赔偿有限

2015 年 8 月，刘先生于县城购买了一辆大众轿车，为其购买了全车险，包括交强险、三责险、不计免赔险、车身划痕险、玻璃单独破碎险、车损险、盗抢险等，心想“全车险都买了，出事也不怕”。2016年4月，刘先生把车停在路边去办事，回来后发现车子被人把玻璃、玻璃导槽及亮条敲坏了，油漆也有破损，立即向保险公司报案。

但保险公司仅赔偿玻璃损失，与刘某的期望值差距甚远。该如何评价保险公司的理赔行为？

A. 刘先生买了如此多保险，保险公司应增加赔偿额；　B. 保险惜赔；

C. 油漆破损，符合车损险承保责任；　D. 仅玻璃破碎符合承保责任。

案例9－27：车辆损失险，是否包括涉水风险？

张某于2014年4月11日就小型越野车向某保险公司投保了车辆损失险（含不计免赔）。张某于8月11日驾驶小型越野车行至北京朝阳区某路段时，正值暴雨天，行驶至路段低洼处，车辆进水熄火，致使车辆损坏。张某及时与保险公司联系，并经保险公司同意将车就近拖往4S店修理，修理费共计1万元。保险公司称，该发动机损失系车辆发动机进水所致，属于涉水险的承保范围，而张某车辆未投保涉水险，不属于赔偿范畴。张某称由于当时在外地工作，保单是由张某妻子签下张某姓名，而且保险公司在签下保单时并未对该条款进行准确说明。因此，应作出对投保人有利的解释，即赔偿1万元。

保险公司应否赔付张某？

A. 应赔，车辆损失险含涉水险；　B. 拒赔，车辆损失险不含涉水险；

C. A、B两个选项均正确；　D. A、B两个选项均错误。

四、其他保险

（一）万能寿险

万能寿险，是创新的寿险产品，指在保险期间，其保费、现金价值和保额都可随着消费者的需要而改变，但现金价值利率与当时的市场利率保持紧密联系。因此，保险公司一般将其投资于中、短期产品，而不像传统寿险一样投资于长期投资工具。因此，对于普通的终身寿险，保单所有人只能以保单的现金价值作抵押进行借款；而对于万能寿险，保单所有人甚至可以提取部分现金价值，且不使合同无效，足见其吸引力。

变额万能寿险，又称万能寿险Ⅱ。它将变额保险与万能保险相结合：允许投保人改变交费数额；还允许投保人使用投资账户的现金价值支付保费。更重要的是，它将万能保险交付保费的灵活性与变额保险的多种投资组合相结合，使保单更具吸引力。

案例9－28：万能寿险，真的“万能”吗？

国内保险市场推出的万能寿险，属于创新型人寿保险，在提供保障的同时，兼具投资功能，是一种投资型寿险。万能寿险的“万能”，指：

A. 投资效益保底；　B. 保障固定；

C. 保障固定，且投资效益保底；　D. 投保人可调整保额、保费以及交费期。

（二）年金保险

年金保险，指采取年金形式进行保险金给付的生存保险。年金保险当事人包括：签发保单的保险人，投保并购买年金的保单持有人。

由于年金保险以年金领取人的生存为给付条件，能够防范个人因高寿而耗尽财产的风险，故健康状况良好、平均剩余寿命长的人比健康状况不好的人更倾向于购买年金，是另一种逆向选择。死亡统计表明，女性的平均寿命高于男性，保险人在给付终身年金时，对女性的给付时间往往长于男性。因此，同龄女性与男性相比，前者的年金保费率通常高于后者，保险人以此补偿女性年金领取人比男性低的死亡风险。

案例 9－29：年龄或性别，对不同保险的影响

年龄或性别是人身保险的重要考虑因素。年龄或性别误告，对下列哪类保险影响最大？

A. 失业保险；　　B. 生育保险；　　C. 意外伤害保险；　　D. 终身年金保险。

（三）农业保险

农业保险，指投保人或被保险人与保险人之间，以种植业和养殖业为保险标的，明确相互权利义务关系的保险。以投保领域进行划分，主要分为种植业、养殖业保险两类。种植业保险以种植业为保险标的，进一步分为生长期、收获期农作物保险。

生长期农作物保险，承保责任包括：水灾、旱灾、雹灾、霜冻、风灾、雷电和病虫害等。收获期农作物保险，承保责任分为两类：一是单一责任，即对收获的农作物只承保单项保险责任，如麦场水灾或火灾，兼负责灾害发生后的施救、整理费用。二是综合责任，即除承保水灾外，还承保其他责任，例如保险农作物在收割前 20 天遭受的雹打，以及为减少损失而进行施救、整理而支出的合理费用。

农作物存在生长过程，播下的是种子价值，收获的是农作物价值，而农民要求保障一定量的收获利益，故农作物保险金额一般采用两种方式确定：一是农作物平均收获量；二是生产成本。

案例 9－30：价格风险，农作物保险为何不能承保？

新疆阿克苏主要经济作物是棉花。因特殊的地理位置优势，昼夜温差大，只要农民辛勤耕种，棉花产量相当可观。但棉花价格低长期困扰当地农民：每年出售棉花时均面临价格迅速下降的风险，导致低价出售，几乎没有盈利。

农作物保险只承担农作物数量和质量损失，不承担价格风险，源于价格风险不符合可保风险条件，指下列哪个选项？

A. 大量标的均有遭受损失的可能性；　　B. 有导致特大损失的可能；

C. 大多数保险标的不会同时遭受损失；　　D. 具有现实的可测性。

（四）机器设备损坏保险

机器设备损坏保险，指专门承保各类已安装完毕并投入运营的机器因人为的、意外的或物理性原因造成的物质损失。保险标的包括各类机器、工厂设备、机器装置，如发电机组（锅炉、滑轮发电组）、电力输送设备（变压器和高低压设备）、生产机器和附属设备（机械工具、造纸机、织布机、抽水机），但主要是各类工厂、矿山的大型机械设备。因此机器设备损坏保险可以作为财产一切险的附加险投保，也可以单独投保。

机器设备损坏保险的承保保险责任包括：设计、制造或安装错误，原材料缺陷；工人、技术人员操作错误、缺乏经验、技术不善、疏忽、过失；离心力引起的断裂；电气短路和其他电气原因；锅炉缺水；物理性爆裂；暴风雨、严寒；除外责任以外的其他不可预料和意外的事故，但不包括自然灾害。

由于老机器的修理费用很高，因此不论机器及其附属设备新旧程度，保险金额均按重置价值确定，即重新置换同一厂牌或相似的型式、规格、性能的新机器设备的价格，包括出厂价格、运费、税款、可能支付的关税及安装费用。如果保险金额低于上述重置价值，差额视为被保险人自保，发生损失时，按比例赔偿损失。

案例 9－31：重置价值，都包括哪些费用？

赵某是一家木材加工厂的厂长。2013 年初，赵某购进六台木材加工车床。为避免意外损失，向保险公司购买财产一切险和机器损坏险。因为刚招纳的工人技术不到位，还没有完全懂得如何操作，第一天生产因一位工人操作错误，两台设备加工过程中过热，导致机器上的木材燃烧，并连带造成这两台机器严重损坏。赵某向保险公司索赔，经保险公司工作人员定损，仅对这两台设备进行赔偿，赔偿金额是两台机器的重置价值。

重置价值，包括：

A. 仅出厂价格；　　B. 含出厂价格、安装费；

C. 含出厂价格、安装费、运输费；　　D. 含出厂价格、安装费、运输费、税款。

（五）家庭财产保险

普通家庭财产保险分为灾害损失保险和盗窃保险，被保险人可以一并投保，也可以选择其中之一投保。

1. 灾害损失保险

（1）可保财产。凡是坐落、存放于保单所载明地址的下列家庭财产，均可以投保：一是被保险人的自有财产，包括：房屋及其附属设备（含租赁）和室内装修材料；存放于室内的其他家庭财产（如衣服、床上用品、家具、用具、家用电器、文化娱乐用品及其他生活资料；农村家庭的非机动农具、工具和已收获的农产品、副业产品；非机动交通工具）。二是经被保险人与保险人特别约定，并且在保单上载明属于被保险人代他人保管，或与他人共有的上述财产。

（2）不保财产。可以分为五类：一是金银、首饰、珠宝、货币、有价证券、票证、邮票、古玩、古币、字画、文件、账册、技术资料、图表、花、鸟、树、鱼、虫、盆景以及其他难以鉴定价值的财产。二是家禽、家畜及其他家养动物。三是生产营业用的房屋、机器设备、工具、原材料、产品、商品等生产资料。四是违章建筑及正处于紧急状态的财产。五是不属于可保财产范围内的其他家庭财产。

（3）保险责任。包括：火灾；爆炸；雷击；冰雹；洪水；海啸、破坏性地震、地面突然塌陷、崖崩、泥石流、雪灾、冰凌、龙卷风等；因空中运行物体的坠落及外界建筑物和其固定物体的倒塌砸坏保险财产的损失；暴风、暴风雨使房屋主要结构（外墙、屋顶、屋架）倒塌造成的损失等。

2. 盗窃保险

（1）可保财产。盗窃保险的可保财产除人力车（含辅助动力车）外，与灾害损失险的保险财产范围一致。

（2）保险责任。保险人承担赔偿责任，源于下列两类原因：一是保险房屋及其附属设备和室内装修材料以及存放于保险地址室内的保险财产，因遭受外来人员撬、砸门窗、翻墙掘壁、持械抢劫，并有明显现场痕迹的盗窃所致损失在 3 个月以上。二是存放于保险地址屋内、院内，经公安交通部门核发牌照，并持有效完税凭证的上锁非机动交通工具遭到全车失窃在 3 个月以上。

（3）除外责任。包括三类：一是被保险人及其家庭成员、服务人员、寄居人员的盗窃或纵容他人盗窃所致保险财产的损失。二是因房门未锁、窗户未关，被外来人员顺手偷摸或窗外钩物所致损失。三是其他不属于保险责任范围内的损失。

案例 9－32：兰花种在潘某家的院子里，适合哪类保险？

兰花被誉为花中四君子之一，是贵阳的市花，深受贵州人民喜爱。在一些偏远山区，由于气候和地理条件适宜，森林里长着很多珍稀的兰花品种，一些山里人就上山找珍贵的兰草，再出售给兰草收藏者，以此为生计。潘某在山上找到一株很珍贵的兰花，市价约 20 万元，他将其挖掘回家种在自己家的院子里，他家的院子里还种着许多等待出售的兰草，但是这株兰花太贵重，他担心发生火灾、自然灾害、盗窃等意外事故，急于咨询保险公司能否给兰花上保险、上什么保险？

兰花种在潘某家的院子里，适合：

A. 家庭财产保险； B. 企业财产保险；

C.“农业保险”的“经济林、园林苗圃保险”； D. 与保险公司协商，定制兰花保险。

思考题：

(1) 简述《保险法》限制保险人合同解除权（不可抗辩条款）的正面和负面影响。

(2) 简述《保险法》明确被保险财产转让的理赔规定。

(3) 简述保险责任免除（除外责任）。

(4) 简述保险合同中止与宽限期的关系。

(5) 比较保险基本责任与特约责任。

(6) 比较保险人的物上代位权与代位求偿权。

(7) 比较财产保险与人身保险的保险利益。

(8) 比较重复保险与超额保险。

(9) 比较机动车基本险与附加险。

参考文献

[1] 任自力. 保险法学[M]. 北京：清华大学出版社，2010.

[2] 任自力，周学峰. 保险法总论：原理与判例[M]. 北京：清华大学出版社，2010.

[3] 尹田，任自力. 保险法前沿（第三辑）[M]. 北京：知识产权出版社，2015.

[4]《最高人民法院关于保险法司法解释（三）关联适用指引》编写组. 最高人民法院关于保险法司法解释（三）关联适用指引[M]. 北京：中国法制出版社，2016.

[5] 孙祁祥. 保险学[M]. 6 版. 北京：北京大学出版社，2017.

[6] 孙祁祥，郑伟. 保险制度与市场经济：六个基本理念[J]. 保险研究，2009(7).

第十章　证券法

《中华人民共和国证券法》(简称《证券法》),旨在规范证券发行和交易行为,保护投资者合法权益,维护社会经济秩序和社会公共利益。但股评"黑嘴"、"老鼠仓"、编造传播虚假或误导性信息、操纵市场等违法违规行为仍屡屡发生。证券公司、证券中介机构、证券投资基金等组织及相关人员,除一般道德自律外,还承担"稳定证券市场、使其健康发展"的社会责任。

关键词:内幕交易;操纵市场;短线交易;编造、传播虚假信息;老鼠仓;投资者保护;投资咨询主体的诚信义务

第一节　概　述

《证券法》调整证券发行、交易、服务和监管等行为以及由此引起的社会关系。其中,以平等主体(如上市公司、证券公司、证券交易所、证券登记结算机构、证券服务机构与投资者)之间的民事关系为主,也兼有证券市场主体与行政机关(包括但不限于证监会、财政部)之间的行政关系。

一、证券法的作用

(一)保护投资者权利

对投资者尤其是中小投资者权益的保护程度是检验资本市场是否成熟、公正的试金石,也是衡量资本市场文明与法治化程度的重要途径。保护证券投资者的合法权利是《证券法》的首要任务,投资者权利保护宗旨渗透于整部《证券法》。

(二)便利公司融资

2005年《证券法》大幅下调了公司上市门槛,对于民营、国有企业融资采取一视同仁的态度。但与大公司相比,中小公司尤其是民营公司"融资"限制仍较为明显。如何进一步降低中小企业融资门槛,完善《中小企业促进法》,实现其与《证券法》《公司法》等相邻法律的无缝对接具有重要意义。

(三)控制投资风险

《证券法》通过建立信息披露制度,提高证券市场透明度和可预期度,健全证券市场信用体系,遏制强势证券市场主体的道德风险和机会主义行为,构筑证券市场的安全法律网。

(四)鼓励证券市场创新自律

市场自治是《证券法》的灵魂,是证券市场富有活力的秘笈。《证券法》鼓励证券市场产品创新、业务创新和制度创新。

(五)拉动经济增长

《证券法》通过构建投资者友好型法治环境,培育投资者的投资信心,为国民经济注入金融资本,为企业家脱颖而出提供优胜劣汰的控制权市场和经理人市场,为投资者分享国民经济增长财富提供合法的投资渠道,能够有效促进社会资源的合理流动与配置优化。

（六）促进社会和谐

证券市场的伦理属性和社会责任日益引起社会关注，曾经甚嚣尘上的“资本无伦理，商业无道德”的说法已失去现实依托。《证券法》有助于消除证券市场的不和谐因素，构建和谐的证券市场法律秩序。

二、证券的种类

《证券法》主要调整以下各类证券形式：

（一）股 票

股票，也称为股权证券。

（二）公司债券

公司债券，指投资者持有的、据以对发行公司享有还本付息请求权的债权证券。

（三）政府债券

政府债券，指投资者持有的、据以对发行政府享有还本付息请求权的债权证券。

（四）证券投资基金份额

证券投资基金，指众多投资者交纳出资并由基金管理人按照投资组合原理投资于证券的间接投资方式，是投资收益按照投资者出资份额共享，风险由投资者共担的资本集合体。而证券投资基金份额，指投资者持有的、据以对证券投资基金财产享有分享基金收益、参与分配清算后剩余基金财产等权利的证券。同时基金份额持有者还拥有知情权、决策权等权利。

（五）证券衍生品种

证券衍生品种，指由股票、债券等传统的现货交易类型证券派生的创新型、非典型、非现货交易的证券投资品种。证券衍生品分为证券型衍生品种（如权证）和契约型衍生品种（如股指期权、期货）两大类。在一定意义上，证券投资基金份额也可称为证券衍生品种。

（六）国务院认定的其他证券

随着证券市场日趋成熟，许多新型证券应运而生。《证券法》第 2 条设定“国务院依法认定的其他证券”为“兜底条款”，以应对变动不居、方兴未艾的证券市场。

三、证券法基本原则

（一）公 开

美国著名的大法官布兰狄西曾说：“阳光是最好的防腐剂，灯泡是最好的警察”，这对世界各国政治、经济、社会和文化生活均具普适价值。

《证券法》将“公开”列为三公原则之首，源于公开是证券市场公平、公正的前提和基础。证券市场是信心市场：要增强社会公众对证券市场的信任感，消除黑箱操作等证券市场丑恶现象，必须充分落实证券市场公开原则。实践证明，证券市场信息透明，往往市场信心大振；而虚假、误导信息或谣言充斥市场，则市场信心萎靡不振。

（二）公 平

《证券法》第 3 条规定，证券的发行、交易活动，必须实行公平的原则。进一步，虽然股权投资有风险，但股东的投资收益与投资成本、投资风险应当大致成正比。

公平原则，既适用于投资者与融资方之间的投资关系，也适用于投资者与证券公司之间的委托合同关系，还适用于上市公司与证券服务机构（如承销商、财务顾问、保荐机构、会计师事务所、资产评估机构、律师事务所等)之间的契约关系。

(三) 公　正

公正原则,指证券市场立法者、决策者、监管者和自律者,作为证券市场秩序"守夜人"和社会公共利益受托人和代理人,行使公权力和社会权利,应站在中庸、公允、超然的立场:对每个相对人要一碗水端平,不偏不倚,平等对待,一视同仁。

根据 2005 年修订的《公司法》与《证券法》,能够发行公司债券的主体不再限于股份有限公司、国有独资公司和两个以上的国有企业或者其他两个以上的国有投资主体投资设立的有限责任公司。换言之,民营公司只要具备《证券法》规定的公司债券发行条件,也可以依照法定程序发行公司债券。

(四) 平　等

《证券法》第 4 条规定,证券发行、交易活动的当事人具有平等的法律地位。平等原则,旨在妥善处理证券市场主体间的利益关系。既反对强势主体(如控制股东和机构大户)恃强凌弱,也反对弱势主体(如小股东和散户)以弱讹强。

股东平等原则,意味着只认股、不认人。至于股东的职业、性别、年龄、家庭背景、教育程度、经济实力、社会地位等,均在所不问。

(五) 意思自治

《证券法》第 4 条规定,证券发行、交易活动的当事人,应当遵守自愿的原则。"自愿"也可称为"意思自治""私法自治"。

(六) 诚实信用

《证券法》第 4 条明确要求证券发行、交易活动的当事人,应当遵守诚实信用的原则;第 5 条明文禁止欺诈、内幕交易和操纵证券市场的行为。《证券投资基金法》第 4 条规定,从事证券投资基金活动,应当遵循自愿、公平、诚实信用的原则,不得损害国家利益和社会公共利益。《信托法》第 5 条要求信托当事人进行信托活动,必须遵守法律、行政法规,遵循自愿、公平、诚实信用的原则,不得损害国家利益和社会公共利益。

(七) 有　偿

《证券法》第 4 条规定,证券发行、交易活动的当事人,应当遵守有偿的原则。例如,证券公司为发行人承销证券有权获取相应报酬,投资者委托证券公司买卖证券有支付佣金的相应义务。

根据《证券法》第 27 条的规定,股票依法发行后,正常的市场风险由投资者自行负责,但若投资者的投资损失归咎于证券市场不法行为人的道德风险和违约侵权等失信行为,受害投资者可提起民事损害赔偿诉讼。

(八) 混业经营、混业监管

1997 年亚洲金融危机爆发,为防范金融风险,我国确立了分业经营、分业监管体制。《证券法》第 6 条要求证券业和银行业、信托业、保险业分业经营、分业管理;证券公司与银行、信托、保险业务机构分别设立。

随着金融改革不断深化,已出现在集团控股下分设银行、证券、保险机构的模式,商业银行设立基金管理公司、保险资金按一定比例直接进入资本市场,均突破分业经营限制。因此,逐步建立囊括银行业、证券业、保险业、信托业的综合性金融监管机构,有助于提升金融市场的监管效率,大幅降低金融监管的行政成本。

四、证券法渊源

(一) 证券法

证券法体系内包括《证券法》《证券投资基金法》。

(二) 公司法

《证券法》与《公司法》是特别法与一般法的关系。除《证券法》特别规定优先适用外,其余事项均适用《公司法》。

《证券法》第2条第1款规定,在中华人民共和国境内,股票、公司债券和国务院依法认定的其他证券的发行和交易,适用本法;本法未规定的,适用《中华人民共和国公司法》和其他法律、行政法规的规定。

(三) 民 法

民法是公司法的一般法,在《证券法》《公司法》没有规定时,应补充适用相关民法制度与原则。例如,证券承销合同、证券公司与客户之间合同纠纷除适用《证券法》特别规定外,可补充适用《合同法》有关合同订立、履行、变更与违约责任的相关规定。

(四) 相邻法

相邻法包括信托法、反垄断法、反不正当竞争法、商业银行法、保险法等。例如,证券投资信托关系,除适用《证券投资基金法》《证券法》外,还要适用《信托法》有关规定。

(五) 行政法规、部门规章与规范性文件

行政法规:包括国务院公布的《期货交易管理条例》《证券公司监督管理条例》《证券公司风险处置条例》等。

部门规章:包括《证券登记结算管理办法》《上市公司证券发行管理办法》《证券公司董事、监事和高级管理人员任职资格监管办法》《上市公司信息披露管理办法》《律师事务所从事证券法律业务管理办法》等。

规范性文件:包括《关于规范上市公司对外担保行为的通知》《上市公司股东大会规则》《上市公司章程指引》等。

除上述主要渊源外,还包括公司章程、股东协议、自治规章、商事习惯、法理与学说、判例和司法解释,此处不再赘述。

第二节 证券发行

证券发行市场也称为"一级市场",是相对证券交易"二级市场"而言的,前者解决证券的原始创设和证券增量的供给;后者解决证券的继受流转和证券存量的配置。证券发行,包括公开发行(公募)和定向发行(私募)。

一、公开发行与定向发行

公开发行,涉及不特定投资者的社会公众利益,须置于公权力和社会公众强力监督下。定向发行,仅针对特定的投资者,既包括对投资风险具有较强识别、抵御和化解能力的机构投资者(如投资基金、保险公司),也包括与发行人(发起人)有特别法律关系(如劳动关系、同事关系或者亲属关系)的投资者。无论是理性的机构投资者,还是对发行人及其发起人较为了解的特定投资者，对于定向发行证券行为均具有一定的风险抵御能力，无须公权力和社会公众强力监督。

（一）公开发行

与“借壳上市”或“买壳上市”相比，首次公开发行（IPO）是股份有限公司上市的主渠道。为保护投资者的合法权益和社会公共利益，证监会根据《证券法》《公司法》的规定，于2006年5月17日发布《首次公开发行股票并上市管理办法》（简称《管理办法》）。《管理办法》第4条要求真实、准确、完整、及时、公平地披露或者提供信息，不得有虚假记载、误导性陈述或者重大遗漏。

《证券法》第10条规定，公开发行证券，必须符合法律、行政法规规定的条件，并依法报经国务院证券监督管理机构或者国务院授权的部门核准；未经依法核准的，任何单位和个人不得公开发行证券。有下列情形之一的，为公开发行：(1)向不特定对象发行证券的；(2)向特定对象发行证券累计超过200人的；(3)法律、行政法规规定的其他发行行为。非公开发行证券，不得采用广告、公开劝诱和变相公开的方式。

因此，向不特定对象发行证券、向特定对象发行证券累计超过200人、采取公开劝诱手段或变相公开的行为，均属于公开发行。

为规范首次公开发行股票并在创业板上市的行为，证监会于2009年3月31日发布《首次公开发行股票并在创业板上市管理暂行办法》（简称《创业板办法》）。《创业板办法》要求发行人及其全体董事、监事和高级管理人员应当在其招股说明书上签名、盖章，以保证招股说明书内容的真实、准确与完整。保荐人及其保荐代表人应当对招股说明书的真实性、准确性、完整性进行核查，并在核查意见上签名、盖章。发行人的控股股东、实际控制人也应对招股说明书出具确认意见，并签名、盖章。

与主板上市条件相比，公司在创业板上市的标准相对较低，企业一般规模较小，成长性强，经营业绩不够稳定，投资风险相对较高。《创业板办法》第7条规定，创业板市场应当建立与投资者承受能力相适应的投资者准入制度，并向投资者充分揭示投资风险。其第40条还要求发行人在招股说明书显要位置作如下提示：本次股票发行后拟在创业板市场上市，该市场具有较高的投资风险。创业板公司具有业绩不稳定、经营风险高、退市风险大等特点，投资者面临较大的市场风险。投资者应充分了解创业板市场的投资风险及本公司所披露的风险因素，审慎作出投资决定。《证券公司监督管理条例》也对证券公司向投资者销售金融产品、提供相关服务提出了适当性的要求。

（二）定向发行

定向发行，又称“定向增发”，指上市公司采用非公开方式，向特定对象发行股票的行为。上市公司定向发行需接受证监会的监管，但其适用条件远低于上市公司公开发行的门槛限制。

国内证券市场融资开闸后，定向增发已经成为上市公司青睐的融资方式。上市公司向特定投资者非公开发行股票，不但有助于减轻上市公司融资对市场的压力、吸引场外机构资金进入市场，还可以引入新的战略股东，注入优质资产，提高上市公司质量，有利于促进上市公司的资源优化与结构调整。

从境外市场经验看，非公开发行新股主要特点有三：一是要求发行对象有研判和承担风险的能力，因此对发行人资格要求和信息披露要求较之公开发行要低。二是为了缓解非公开发行股票公开上市交易的风险，发行证券通常需锁定一定期限，控制股东、实际控制人因对公司和其他股东负有责任，其持有的股票锁定期更长。同时，由于锁定期间具有投资风险，所以发行价格一般低于市场流通股价格。三是只要市场接受，公司就可以通过定向发行方式进行融资或引入新的战略股东，证监会介入程度比公开招股更低。

二、发行审核委员会

为提高股票发行审核工作的质量和透明度，证监会于 2006 年 5 月 9 日公布了《中国证券监督管理委员会发行审核委员会办法》(简称《发审委办法》)，并于 2009 年 5 月 13 日进行了修订。根据《发审委办法》第 2 条，证监会设立主板市场发行审核委员会(简称主板发审委)、创业板市场发行审核委员会(简称创业板发审委)和上市公司并购重组审核委员会(简称并购重组委)。

(一) 发审委的组成

发审委由证监会内的专业人员和证监会外的有关专家组成，由证监会聘任。其中，主板发审委委员 25 名，包含证监会内人员 5 名，证监会外人员 20 名。创业板发审委委员 35 名，包含证监会内人员 5 名，证监会外人员 30 名。为提升发审委的决策质量和公信力，《发审委办法》第 7 条第 2 款禁止主板发审委委员、创业板发审委委员和并购重组委委员相互兼任。

从历届发审委的职业构成看，发审委委员囊括注册会计师、律师、资产评估师、高校教师、基金管理公司从业人员、发改委、国资委、证监会和证券交易所的工作人员等专业人士。

(二) 发审委委员的义务

发审委是专家集体审核：发审委委员基于专业能力和社会声誉，履行职业判断职责。

为防范发审委委员的道德风险，《发审委办法》第 14 条列出了发审委委员应当遵守的相关规定：(1)按要求出席发审委会议，并在审核工作中勤勉尽责；(2)保守国家秘密和发行人的商业秘密；(3)不得泄露发审委会议讨论内容、表决情况以及其他有关情况；(4)不得利用发审委委员身份或者在履行职责上所得到的非公开信息，为本人或者他人直接或者间接牟取利益；(5)不得与发行申请人有利害关系，不得直接或间接接受发行申请人及相关单位或个人提供的资金、物品等馈赠和其他利益，不得持有所核准的发行申请的股票，不得私下与发行申请人及其他相关单位或个人进行接触；(6)不得有与其他发审委委员串通表决或者诱导其他发审委委员表决的行为；(7)中国证监会的其他有关规定。发审委委员还有义务向证监会举报任何以不正当手段对其施加影响的发行人及其他相关单位或者个人。

为昭郑重，发审委委员接受聘任后，应当签署承诺函，承诺在任发审委委员期间，自觉遵守国家的法律法规和《发审委办法》等相关规定；遵守社会公德，以端正的个人品行自觉维护发审委形象；基于专业知识和从业经验，履行诚实守信、勤勉尽责的义务，客观、公正地进行审核，独立发表个人审核意见，并承担相应责任；接受证监会管理、考核和监督。

(三) 发审委会议的一般原则

发审委是一个会议体，通过召开会议进行审核工作。发审委会议表决，采取记名投票方式。表决设同意票和反对票，发审委委员不得弃权。

根据《发审委办法》第 31 条，发审委会议审核发行人公开发行股票申请和可转换公司债券等证监会认可的其他公开发行证券申请，适用普通程序。每次参加会议的发审委委员为 7 名；表决投票时，同意票数达到 5 票为通过，同意票数未达到 5 票为未通过。

根据《发审委办法》第 34 条，发审委会议审核上市公司非公开发行股票申请和证监会规定的其他非公开发行证券申请，适用特别程序，也称为简易程序。每次参加会议的发审委委员为

5 名：表决投票时，同意票数达到 3 票为通过，同意票数未达到 3 票为未通过。

（四）对发审委的监督

根据《发审委办法》第 40 条，出现发审委会议审核意见与表决结果有明显差异的，证监会可要求所有参会的发审委委员分别作出解释和说明。

为确保核准行为的公信力，避免发审委委员的不当判断误导证监会的核准决定，《发审委办法》第 44 条对于发审委委员的道德风险采取了两套紧急处理预案：(1)在发审委会议召开前，有证据表明发行人、其他相关单位或者个人直接或者间接以不正当手段影响发审委委员对发行人股票发行申请的判断，或者以其他方式干扰发审委委员审核的，证监会可以暂停对有关发行人的发审委会议审核；(2)发行人股票发行申请通过发审委会议后，有证据表明发行人、其他相关单位或者个人直接或者间接地以不正当手段影响发审委委员对发行人股票发行申请的判断的，或者以其他方式干扰发审委委员审核的，证监会可以暂停核准；情节严重的，证监会不予核准。

为排除保荐人对发审委决策机制的不当干扰，《发审委办法》第 45 条要求发行人聘请的保荐人督促发行人遵守本办法的有关规定；保荐人唆使、协助或者参与干扰发审委工作的，证监会按照有关规定在 3 个月内不受理该保荐人的推荐。

专业人士出任发审委委员，利、弊同在。利在于，其熟悉发行审核业务；弊在于，其与某些市场主体可能存在不必要的利益纠葛。

案例 10-1：证监会发行部工作人员王小石，收受请托人贿赂

2002 年 3 月至 9 月间，王小石利用担任证监会发行监管部发审委工作处助理调研员的便利条件，通过时任东北证券有限责任公司（简称东北证券公司）工作人员的被告人林碧介绍，接受福建凤竹纺织科技股份有限公司（简称凤竹公司）请托，通过证监会发行监管部其他工作人员的职务之便，为凤竹公司在申请首次发行股票过程中谋取不正当利益，为此王小石收受请托人通过林碧给予的贿赂款 72.6 万元。期间，被告人林碧利用在东北证券公司工作的职务便利，在参与东北证券公司承销凤竹公司首次发行股票业务过程中，收取凤竹公司贿赂款 67.4 万元。

法院根据被告人王小石、林碧的犯罪事实、犯罪性质、情节和对社会的危害程度，依照《刑法》第 386 条、第 388 条等规定，判决：被告人王小石犯受贿罪，判处有期徒刑 13 年，并处没收个人财产 12 万元；被告人林碧犯公司人员受贿罪，判处有期徒刑 9 年，并处没收个人财产 10 万元。

案例评析：

该案引发的问题是，如何更好地惩治和教育王小石等国家机关工作人员？

王小石受贿案的发生，根本原因在于我国证券发行审核缺乏有效监督，发审委工作人员自律严重不足。另，法院对王小石的刑事判决，也暴露出经济制裁不足、缺乏声誉制裁的特点。例如，对王小石仅处没收个人财产 12 万元；但对其收受请托人贿赂款 72.6 万元，没有交代，导致经济制裁不足：应没收王小石贿赂款 72.6 万元。

还应对王小石采取终身市场禁入措施，这对其他潜在的受贿者将产生极大的警示和教育作用。相对于罚款乃至刑事处罚等制裁措施，市场禁入有助于从根本上遏制失信行为的产生，督促证券从业人员诚实守信。王小石被宣告终身禁入后，意味着其职业生命被判处“死刑”；即使被宣告有期禁入，也在其职业生涯中涂上了难以抹去的污点。市场禁入是当事人难以承受的财产和声誉双重制裁；而对市场而言，堪称净化证券市场的“釜底抽薪”之举。

三、证券发行询价

证券发行询价，指由发行人与承销的证券公司在向特定机构投资者咨询定价意向的基础上，协商确定股票发行价格的行为。《公司法》和《证券法》只允许平价发行和溢价发行，禁止股票折价发行，旨在落实资本维持原则，保护债权人合法权益。

（一）询价对象

询价对象，指符合《证券发行上市保存业务管理办法》（简称《管理办法》）规定条件的证券投资基金管理公司、证券公司、信托投资公司、财务公司、保险机构投资者、合格境外机构投资者（QFII）、主承销商自主推荐的具有较高定价能力和长期投资取向的机构投资者以及经证监会认可的其他机构投资者。

主承销商应当在询价时向询价对象提供投资价值研究报告，该报告须遵守下列要求：(1)独立、审慎、客观；(2)引用的资料真实、准确、完整、权威并注明来源；(3)对发行人所在行业的评估具有一致性和连贯性；(4)无虚假记载、误导性陈述或者重大遗漏。

（二）确保询价对象代表性的约束机制

为遏制没有申购意愿的机构随意报价和不参加初步询价却参与网下申购的机会主义行为，《管理办法》第 15 条允许询价对象自主决定是否参与初步询价，询价对象申请参与初步询价的，主承销商无正当理由不得拒绝；但禁止未参与初步询价或者参与初步询价但未有效报价的询价对象参与累计投标询价和网下配售。

《管理办法》第 16 条还要求询价对象遵循独立、客观、诚信的原则合理报价，禁止其协商报价或故意压低、抬高价格。

四、证券发行上市保荐人

为落实证券公司及其从业人员的责任，证监会于 2003 年底推出证券发行上市保荐制度，并于 2004 年 2 月 1 日起施行。对企业发行上市提出“双保”要求：必须由保荐机构进行保荐，并由具有保荐代表人资格的从业人员具体负责保荐工作。

为落实《证券法》第 11 条授权证监会制定保荐人的资格及其管理办法的规定，证监会根据《证券法》和《国务院对确需保留的行政审批项目设定行政许可的决定》等有关法律、行政法规，修订《证券发行上市保荐制度暂行办法》，易名为《证券发行上市保荐业务管理办法》（简称《管理办法》），于 2008 年 10 月 17 日公布，2008 年 12 月 1 日实施。

（一）保荐机构和保荐代表人的资格管理

根据《管理办法》第 3 条，证券公司从事证券发行上市保荐业务，应依照《管理办法》向证监会申请保荐机构资格。保荐机构履行保荐职责，应当具体指定依照本办法规定取得保荐代表人资格的个人负责保荐工作。未经证监会核准，任何机构和个人不得从事保荐业务。

《管理办法》第 3 章专门规定了保荐机构和保荐代表人的资格管理。根据《管理办法》第 9 条，证券公司申请保荐机构资格，应当具备下列条件：(1)注册资本不低于人民币 1 亿元，净资本不低于人民币 5 000 万元；(2)具有完善的公司治理和内部控制制度，风险控制指标符合相关规定；(3)保荐业务部门具有健全的业务规程、内部风险评估和控制系统，内部机构设置合理，具备相应的研究能力、销售能力等后台支持；(4)具有良好的保荐业务团队且专业结构合理，从业人员不少于35人，其中最近3年从事保荐相关业务的人员不少于20人；(5)符合保荐代表人资格条件的从业人员不少于4人；(6)最近3年内未因重大违法违规行为受到行政处罚；(7)中国证监会规定的其他条件。

《管理办法》第10条规定，个人申请保荐代表人资格，应当具备下列条件：(1)具备3年以上保荐相关业务经历；(2)最近3年内在本办法第2条规定的境内证券发行项目中担任过项目协办人；(3)参加中国证监会认可的保荐代表人胜任能力考试且成绩合格有效；(4)诚实守信，品行良好，无不良诚信记录，最近3年未受到中国证监会的行政处罚；(5)未负有数额较大的到期未清偿的债务；(6)中国证券业协会规定的其他条件。

(二) 保荐机构和保荐代表人的职责

根据《管理办法》第4条，保荐机构及其保荐代表人应当遵守法律、行政法规和证监会的相关规定，恪守业务规则和行业规范，诚实守信，勤勉尽责，尽职推荐发行人证券发行上市，持续督导发行人履行规范运作、信守承诺、信息披露等义务。保荐机构及其保荐代表人，是广大投资者的受托人，不得通过从事保荐业务谋取任何不正当利益。

保荐机构应当尽职推荐发行人证券发行上市。发行人证券上市后，保荐机构应当持续督导发行人履行规范运作、信守承诺、信息披露等义务。保荐人履行以下保荐职责：(1)尽职调查；(2)上市辅导；(3)推荐上市，组织编制申请文件并出具推荐文件；(4)对证券发行募集文件、上市申请文件的审慎核查；(5)发行保荐书的提交；(6)上市保荐书的提交；(7)保荐承诺；(8)配合证监会审核的职责；(9)后续督导；(10)民事责任的承担。

(三) 保荐代表人的问责机制

保荐机构出现下列情形之一的，证监会自确认之日起暂停其保荐机构资格3个月；情节严重的，暂停其保荐机构资格6个月，并可以责令保荐机构更换保荐业务负责人、内核负责人；情节特别严重的，撤销其保荐机构资格：(1)向中国证监会、证券交易所提交的与保荐工作相关的文件存在虚假记载、误导性陈述或者重大遗漏；(2)内部控制制度未有效执行；(3)尽职调查制度、内部核查制度、持续督导制度、保荐工作底稿制度未有效执行；(4)保荐工作底稿存在虚假记载、误导性陈述或者重大遗漏；(5)唆使、协助或者参与发行人及证券服务机构提供存在虚假记载、误导性陈述或者重大遗漏的文件；(6)唆使、协助或者参与发行人干扰中国证监会及其发行审核委员会的审核工作；(7)通过从事保荐业务谋取不正当利益；(8)严重违反诚实守信、勤勉尽责义务的其他情形。

保荐代表人出现下列情形之一的，证监会可根据情节轻重，自确认之日起3个月到12个月内不受理相关保荐代表人具体负责的推荐；情节特别严重的，撤销其保荐代表人资格：(1)尽职调查工作日志缺失或者遗漏、隐瞒重要问题；(2)未完成或者未参加辅导工作；(3)未参加持续督导工作，或者持续督导工作未勤勉尽责；(4)因保荐业务或其具体负责保荐工作的发行人在保荐期间内受到证券交易所、中国证券业协会公开谴责；(5)唆使、协助或者参与发行人干扰中国证监会及其发行审核委员会的审核工作；(6)严重违反诚实守信、勤勉尽责义务的其他情形。上述措施，可形象地称为"冷淡对待"处罚措施。

保荐代表人出现下列情形之一的，证监会撤销其保荐代表人资格；情节严重的，对其采取证券市场禁入的措施：(1)在与保荐工作相关文件上签字推荐发行人证券发行上市，但未参加尽职调查工作，或者尽职调查工作不彻底、不充分，明显不符合业务规则和行业规范；(2)通过从事保荐业务谋取不正当利益；(3)本人及其配偶持有发行人的股份；(4)唆使、协助或者参与发行人及证券服务机构提供存在虚假记载、误导性陈述或者重大遗漏的文件;(5)参与组织编制的与保荐工作相关文件存在虚假记载、误导性陈述或者重大遗漏。

现实生活中,个别保荐代表人执业质量低劣,未履行勤勉尽责义务,“只签字不干活”;极少数“害群之马”扰乱行业正常秩序,违背基本的职业操守,利用保荐代表人的特殊地位谋取不正当利益。因此,提升保荐机构和保荐代表人的职业操守和专业水准,极为必要。

五、非法公开发行股票

未经证监会核准,采用广告、公告、广播、电话、传真、信函、推介会、说明会、网络、短信、公开劝诱等公开的方式或变相公开的方式向社会公众发行股票,均属于非法公开发行股票。例如,通过电话或在互联网上发布发售“原始股、内部职工股”的消息,或者已通过发行审核但尚未取得证监会核准文件的公司公开招股,均涉嫌非法公开发行。

当前,非法公开发行股票主要包括下列形式:一是编造公司即将在境内外上市或股票发行获得政府部门批准等虚假消息,诱骗社会公众购买所谓的“原始股”;二是非法中介机构以“投资咨询机构”“产权经纪公司”“外国资本公司或投资公司驻华代表处”的名义,未经法定机关批准,向社会公众非法买卖或代理买卖未上市公司股票;三是不法分子以证券投资为名,以高额回报为诱饵,诈骗群众钱财。

非法公开发行股票是一种典型的涉众型违法犯罪活动,所涉及的投资者多为离退休人员、下岗职工等困难群众,承受能力差,极易引发群体事件。

第三节 证券交易

证券市场的本质在于证券交易,而降低交易成本主要通过准入限制与行为准则。

一、证券上市

证券上市,指将证券在证券交易所挂牌交易的行为。《证券法》第 48 条第 1 款规定,申请证券上市交易,应当向证券交易所提出申请,由证券交易所依法审核同意,并由双方签订上市协议。该条第 2 款规定,证券交易所根据国务院授权的部门的决定安排政府债券上市交易。

(一)股票上市的条件

《证券法》第 50 条第 1 款规定,股份有限公司申请股票上市,应当符合下列条件:(1)股票经国务院证券监督管理机构核准已公开发行;(2)公司股本总额不少于人民币三千万元;(3)公开发行的股份达到公司股份总数的百分之二十五以上;公司股本总额超过人民币四亿元的,公开发行股份的比例为百分之十以上;(4)公司最近三年无重大违法行为,财务会计报告无虚假记载。该条第 2 款规定,证券交易所可以规定高于前款规定的上市条件,并报国务院证券监督管理机构批准。

上述规定,有助于基因较好的公司脱颖而出,有效扩大可供投资者自由选择的证券品种和范围。若小公司胆大妄为,易滋生不法实施包装上市和其他虚假陈述行为,广大投资者有权追究其民事赔偿责任。

(二)公司债券上市的条件

《证券法》第 57 条规定,公司申请公司债券上市交易,应当符合下列条件:(1)公司债券的期限为一年以上;(2)公司债券实际发行额不少于人民币五千万元;(3)公司申请债券上市时仍符合法定的公司债券发行条件。

《证券法》第63条规定,发行人、上市公司依法披露的信息,必须真实、准确、完整,不得有虚假记载、误导性陈述或者重大遗漏。

《证券法》第65～66条要求上市公司和公司债券上市交易的公司,在每一会计年度的上半年结束之日起两个月内,向国务院证券监督管理机构和证券交易所报送中期报告;在每一会计年度结束之日起四个月内,向国务院证券监督管理机构和证券交易所报送年度报告。

《证券法》第67条要求上市公司应及时对投资者尚未得知的,可能对上市公司股票交易价格产生较大影响的重大事件的情况向国务院证券监督管理机构和证券交易所报送临时报告,并予公告,说明事件的起因、目前的状态和可能产生的法律后果。

《证券法》第69条规定,发行人、上市公司公告的招股说明书、公司债券募集办法、财务会计报告、上市报告文件、年度报告、中期报告、临时报告以及其他信息披露资料,有虚假记载、误导性陈述或者重大遗漏,致使投资者在证券交易中遭受损失的,发行人、上市公司应当承担赔偿责任;发行人、上市公司的董事、监事、高级管理人员和其他直接责任人员以及保荐人、承销的证券公司,应当与发行人、上市公司承担连带赔偿责任,但是能够证明自己没有过错的除外;发行人、上市公司的控股股东、实际控制人有过错的,应当与发行人、上市公司承担连带赔偿责任。

例如,2009年9月9日中午,五粮液(000858)突然发布公告称,其因涉嫌违反证券法规受到证监会立案调查。公司股价当日下午应声狂跌,在开盘21分钟内即被封至跌停,引发市场恐慌,并连累深圳成指从12 097点下探至11 828点。至收盘时,五粮液股价跌幅达6.22%,成交金额高达50亿元。仅当天下午短短2小时,五粮液市值便迅速"蒸发"57亿元,中小投资者损失甚巨。其后,五粮液股价依然呈现跌势,抛盘明显,9月9日开盘价为24.10元,至9月30日收盘价则为20.91元。9月23日,证监会就对五粮液之初步调查结论向媒体做了通报,五粮液公司涉嫌三方面违法违规行为:未按照规定披露重大证券投资行为及较大投资损失、未如实披露重大证券投资损失、披露的主营业务收入数据存在差错等。

二、股票转让的法律限制

《证券法》确认股票自由转让原则的例外情形:

(一)发起人转让股份的限制

《公司法》第142条第1款规定,发起人持有的本公司股份,自公司成立之日起一年内不得转让。公司公开发行股份前已发行的股份,自公司股票在证券交易所上市交易之日起一年内不得转让。

(二)董事、监事和高级管理人员转让股票的主体资格限制

《公司法》第142条第2款规定,公司董事、监事、高级管理人员应当向公司申报所持有的本公司的股份及其变动情况,在任职期间每年转让的股份不得超过其所持有本公司股份总数的百分之二十五;所持本公司股份自公司股票上市交易之日起一年内不得转让。上述人员离职后半年内,不得转让其所持有的本公司股份。公司章程可以对公司董事、监事、高级管理人员转让其所持有的本公司股份作出其他限制性规定。

《证券法》第47条第1款规定,上市公司董事、监事、高级管理人员及持有上市公司股份百

分之五以上的股东，将其持有的该公司的股票在买入后六个月内卖出，或者在卖出后六个月内又买入的，由此所得收益归该公司所有，公司董事会应当收回其所得收益。但是，证券公司因包销购入售后剩余股票而持有百分之五以上股份的，卖出该股票不受六个月时间的限制。

（三）特殊机构及人员股票转让的期限限制

1. 证券市场从业人员股份转让的期限限制

《证券法》第 43 条规定，证券交易所、证券公司和证券登记结算机构的从业人员、证券监督管理机构的工作人员以及法律、行政法规禁止参与股票交易的其他人员，在任期或者法定限期内，不得直接或者以化名、借他人名义持有、买卖股票，也不得收受他人赠送的股票。任何人在成为前款所列人员时，其原已持有的股票，必须依法转让。

2. 证券服务机构及其从业人员股份转让的期限限制

《证券法》第 45 条规定，为股票发行出具审计报告、资产评估报告或者法律意见书等文件的证券服务机构和人员，在该股票承销期内和期满后六个月内，不得买卖该种股票。除前款规定外，为上市公司出具审计报告、资产评估报告或者法律意见书等文件的证券服务机构和人员，自接受上市公司委托之日起至上述文件公开后五日内，不得买卖该种股票。

3. 内幕人员股份转让的期限限制

《证券法》第 76 条规定，证券交易内幕信息的知情人和非法获取内幕信息的人员，在内幕信息公开前，不得买卖该公司的证券、泄露该信息，或者建议他人买卖该证券。持有或者通过协议、其他安排与他人共同持有公司百分之五以上股份的自然人、法人、其他组织收购上市公司的股份，本法另有规定的，适用其规定。

三、公司回购股份

公司回购股份，指公司购买已发行在外的股份。

为预防公司取回自己的股份后给股东、债权人和市场竞争秩序可能造成的弊害，发达的资本市场对公司回购股份采取“原则禁止、例外允许”的监管态度。

《公司法》第 142 条对公司回购本公司股份采取了“原则禁止、例外允许”态度。该条既强调公司不得收购本公司股份，也例外允许下列除外情形：(1)减少公司注册资本；(2)与持有本公司股份的其他公司合并；(3)将股份用于员工持股计划或者股权激励；(4)股东因对股东大会作出的公司合并、分立决议持异议，要求公司收购其股份。公司因前款第(1)项至第(3)项规定的情形收购本公司股份的，应当经股东大会决议。公司依照本条第 1 款规定收购本公司股份后，属于第(1)项情形的，应当自收购之日起十日内注销；属于第(2)项、第(4)项情形的，应当在六个月内转让或者注销。属于第(3)项情形的，公司合计持有的本公司股份数不得超过本公司已发行股份总额的百分之五，并应当在一年内转让或者注销。

四、禁止交易的行为

（一）内幕交易

内幕交易(Insider Trading)，指证券交易内幕信息的知情人和非法获取内幕信息的人(如上市公司高管人员、控股股东、实际控制人和行政审批部门的知情人员)在公司并购、业绩增长等重大信息公布前，泄露信息或者利用内幕信息买卖证券谋取私利的证券交易活动。

许多国家不将偶然接触内幕信息的人员作为内幕人员处理。例如，美国普通旅客甲某日在所乘飞机降落过程中，从窗口发现上市公司乙的仓库着火。甲下飞机后，立即入市交易。甲获取内幕信息纯属偶然，且手段正当合法，其知悉信息甚至在上市公司高管和监管机构获悉之前，其偶然性地正当利用内幕信息行为，对市场也不可能造成大的波动。因此，美国法律体系将甲认定为与内幕人员(Insider)相对应的局外人(Outsider)，而不将其认定为内幕交易人员。

1. 内幕信息知情人的认定

《证券法》第 74 条对于内幕信息知情人的界定采取了列举加概括的方式。根据该条规定，证券交易内幕信息知情人包括以下七类：(1)发行人的董事、监事、高级管理人员；(2)持有公司百分之五以上股份的股东及其董事、监事、高级管理人员，公司的实际控制人及其董事、监事、高级管理人员；(3)发行人控股的公司及其董事、监事、高级管理人员；(4)由于所任公司职务可以获取公司有关内幕信息的人员；(5)证券监督管理机构工作人员以及由于法定职责对证券的发行、交易进行管理的其他人员；(6)保荐人、承销的证券公司、证券交易所、证券登记结算机构、证券服务机构的有关人员；(7)国务院证券监督管理机构规定的其他人。

2. 内幕交易信息的认定

《证券法》第 75 条将内幕信息界定为：证券交易活动中涉及公司的经营、财务或者对该公司证券的市场价格有重大影响的尚未公开的信息。根据该条规定，内幕信息包括以下八类：(1)本法第 67 条第 2 款所列重大事件；(2)公司分配股利或者增资的计划；(3)公司股权结构的重大变化；(4)公司债务担保的重大变更；(5)公司营业用主要资产的抵押、出售或者报废一次超过该资产的百分之三十；(6)公司的董事、监事、高级管理人员的行为可能依法承担重大损害赔偿责任；(7)上市公司收购的有关方案；(8)国务院证券监督管理机构认定的对证券交易价格有显著影响的其他重要信息。

案例 10-2：刘某是否为内幕信息知情人？

刘某为甲公司董事，甲公司与乙公司签订一份购销合同。甲公司预先支付巨额货款后，得知乙公司严重亏损，资不抵债，没有任何履约能力，且甲公司的预付款已被银行划走抵充欠款。刘某认为甲公司损失巨大，必定影响甲公司股票价格。他首先将自己手中的甲公司股票抛售，还建议好友王某也抛出该股票。

半月后，甲、乙公司购销合同事宜通过媒体向社会公布，甲公司股价跌落 50%，适用：

A. 刘某系内幕信息知情人，不可买卖甲公司股票，也不可建议朋友买卖甲公司股票；

B. 刘某系内幕信息知情人，自己可买卖甲公司股票，但不可建议他人买卖甲公司股票；

C. 刘某非内幕信息知情人，可自由买卖甲公司股票；

D. 刘某非内幕信息知情人，可自由建议朋友买卖甲公司股票。

3. 内幕交易的民事、行政、刑事责任

《证券法》第 76 条第 3 款规定，内幕交易行为给投资者造成损失的，行为人应当依法承担赔偿责任。

《证券法》第 202 条规定，证券交易内幕信息的知情人或者非法获取内幕信息的人，在涉及证券的发行、交易或者其他对证券的价格有重大影响的信息公开前，买卖该证券，或者泄露该信息，或者建议他人买卖该证券的，责令依法处理非法持有的证券，没收违法所得，并处以违法所得一倍以上五倍以下的罚款；没有违法所得或者违法所得不足三万元的，处以三万元以上六十万元以下的罚款。单位从事内幕交易的，还应当对直接负责的主管人员和其他直接责任人员给予警告，并处以三万元以上三十万元以下的罚款。证券监督管理机构工作人员进行内幕交易的，从重处罚。

《刑法》第 180 条规定了内幕交易、泄露内幕信息罪。该条第 1 款规定，证券、期货交易内幕信息的知情人员或者非法获取证券、期货交易内幕信息的人员，在涉及证券的发行、交易或者其他对交易价格有重大影响的信息尚未公开前，买入或者卖出该证券，或者泄露该信息，或者明示、暗示他人从事上述交易活动，情节严重的，处五年以下有期徒刑或者拘役，并处或者单处违法所得一倍以上五倍以下罚金；情节特别严重的，处五年以上十年以下有期徒刑，并处违法所得一倍以上五倍以下罚金。该条第 2 款规定，单位犯前款罪的，对单位判处罚金，并对其直接负责的主管人员和其他直接责任人员，处五年以下有期徒刑或者拘役。

（二）操纵市场

操纵市场，指行为人利用资金、持股和信息等优势或者职务之便，影响证券市场价格和证券交易量，诱导其他投资者在不了解事实真相的情况下从事证券交易活动的行为。

1. 操纵市场的主要手段

《证券法》第 77 条第 1 款将操纵证券市场的手段概括为四类：(1)单独或者通过合谋，集中资金优势、持股优势或者利用信息优势联合或者连续买卖，操纵证券交易价格或者证券交易量（联合或连续买卖）；(2)与他人串通，以事先约定的时间、价格和方式相互进行证券交易，影响证券交易价格或者证券交易量（对敲）；(3)在自己实际控制的账户之间进行证券交易，影响证券交易价格或者证券交易量（对倒）；(4)以其他手段操纵证券市场。

案例 10－3：林忠操纵证券市场使用的是哪种手段？

2010 年 6 月 1 日前，林忠使用其亲属账户持有山煤国际 143.86 万股，账面亏损。6 月 1 日 14 时 58 分至收盘期间，林忠利用资金优势，控制两位亲属的证券账户，采用对倒方式以涨停价大量申报买卖山煤国际股票。这两个账户的对倒成交量为 102.56 万股，占当日市场成交量的 32.46%，占收盘前 15 分钟市场成交量的 69.49%，占收盘前 2 分钟市场成交量的 78.13%，最终山煤国际股价锁定在涨停价 23.89 元。6 月 1 日收盘后，上交所和上海证监局迅速行动，向神秘账户所在的券商了解涉案账户交易情况，得知尾盘操纵的当事人是林忠，操盘“山煤国际”的两个神秘账户是其两位亲属的证券账户，一个是林某某，一个是杜某某。林忠意识到操作违规，6 月 2 日立即将 2 个亲属账户的“山煤国际”股票全部卖出，共亏损 314.17 万元。证监会对林忠处以 60 万元罚款，依据是：

A. 与他人串通，相互进行证券交易，影响证券交易价格或证券交易量；

B. 在自己实际控制的账户之间进行证券交易，影响证券交易价格或证券交易量；

C. 内幕交易；

D. 老鼠仓。

2. 操纵证券市场的民事、行政、刑事责任

《证券法》第 77 条第 2 款规定，操纵证券市场行为给投资者造成损失的，行为人应当依法承担赔偿责任。

《证券法》第 203 条规定，操纵证券市场的，责令依法处理非法持有的证券，没收违法所得，并处以违法所得一倍以上五倍以下的罚款；没有违法所得或者违法所得不足三十万元的，处以三十万元以上三百万元以下的罚款。单位操纵证券市场的，还应当对直接负责的主管人员和

其他直接责任人员给予警告，并处以十万元以上六十万元以下的罚款。总之，单位操纵市场的，对单位及其主要决策者实行双罚制；个人操纵市场、单位参与的，也要同时对个人和单位予以行政处罚。

《刑法》第 182 条规定了操纵证券、期货市场罪。该条第 1 款规定，操纵证券、期货市场，情节严重的，处五年以下有期徒刑或者拘役，并处或者单处罚金；情节特别严重的，处五年以上十年以下有期徒刑，并处罚金。该条第 2 款规定，单位犯前款罪的，对单位判处罚金，并对其直接负责的主管人员和其他直接责任人员，依照前款的规定处罚。

例如，程文水、刘延泽二人作为实际控制人，控制了北京嘉利九龙商城有限公司、天津联盛伟业科技开发有限公司、西安浩拓商贸有限公司、甘肃秦拢投资管理有限公司、海南太昊贸易有限公司五家公司，并通过上述五家公司设立的股票账户操纵"中核钛白(002145)"股票价格。河北夏成龙拉链有限公司，将其营业执照出借给程文水、刘延泽办理证券账户，并由程文水、刘延泽指使个人进行操纵"中核钛白"股票价格。2008 年 9 月 10 日至 9 月 12 日期间，程文水、刘延泽利用持股优势、资金优势以连续买卖和在自己实际控制的账户组买卖"中核钛白"股票，操纵和影响"中核钛白"交易价格和交易数量。据统计，账户组 2008 年 9 月 10 日至 9 月 12 日，交易"中核钛白"账面收益为－5 806 527 元。

在程文水、刘延泽利用六家公司的账户组操纵"中核钛白"股价不久，"中核钛白"于 2008 年 9 月 17 日发布《股票价格异常波动公告》，认为公司股价在 2008 年 9 月 11 日、9 月 12 日、9 月 16 日连续三个交易日内日收盘价格跌幅累计超过 20%，属于股票价格异常波动。该公告引起"中核钛白"投资者的关注，之后成交量迅速放大。2009 年 4 月 16 日，证监会以程文水、刘延泽操纵操纵"中核钛白"(002145)股票价格为由，对其采取了行政处罚：程文水，处以 300 万元罚款；刘延泽，处以 200 万元罚款。根据《刑法》，检察院可依法提起公诉；投资者也可依法起诉，要求操纵证券市场行为人承担侵权民事责任，并赔偿投资损失。

（三）短线交易

短线交易，指上市公司董事、监事、高级管理人员以及持有上市公司股份 5%以上的股东将其持有的该公司股票在买入后 6 个月内卖出，或者在卖出后 6 个月内买入的证券交易行为。

1. 短线交易与内幕交易比较

实践中，短线交易往往与内幕交易行为相互交织、相互渗透。有些内幕交易表现为短线交易，而另一些内幕交易行为并非短线交易。

案例 10－4：佘鑫麒是否涉嫌内幕和短线交易？

佘鑫麒是"四川圣达"上市公司董事、总经理，2007 年 2 月 14 日买入"四川圣达"67 800 股，2 月 16 日全部卖出，卖出金额 740 351 元；2007 年 7 月 9 日买入"四川圣达"57 340 股，7 月 11 日全部卖出，卖出金额 761 236 元。证监会认定佘鑫麒为市场禁入者，3 年内不得从事任何证券业务或担任上市公司董事、监事、高级管理人员职务，依据是：

A. 内幕交易与短线交易，但违法所得数额不大；

B. 两次进行内幕交易与短线交易；

C. 一次是内幕交易，另一次是短线交易；

D. 不是内幕交易，也不是短线交易，但违法所得数额较大。

二者的区别，表现如下：

首先，短线交易的主体仅限于上市公司的内部人，即上市公司董事、监事、高级管理人员、持有上市公司股份5%以上的股东。而内幕交易的主体不限于上市公司内部人，而泛指上市公司内幕信息的各类知情人，甚至包括上市公司外部的官员和媒体记者。

其次，短线交易强调交易主体的特定性(内部人)以及买进卖出期限的短暂性，至于内部人是否客观上使用了内幕信息，在所不问。而内幕交易的核心构成要件是上市公司内部人使用了内幕信息，至于内部人买进卖出的期限在所不问。

再次，短线交易的客体仅限于股票。而内幕交易的客体既包括股票，也包括债券和其他证券。

最后，短线交易者违反了对公司的诚信义务，直接损害了上市公司的财产利益。而内幕交易者违反了对公众投资者的公平竞争义务，破坏了公平、公正的证券市场交易秩序，直接损害了广大证券投资者的财产利益。

案例 10－5：公司高管通过前台傀儡从事短线交易

2009 年 9 月 4 日，经证监会查明，金发科技有限公司原副董事长夏世勇、原董事和总经理李建军，存在如下违法违规行为：

2008 年 12 月 29 日，夏世勇在任金发科技有限公司副董事长期间，通过妻子委托熊玲瑶代为卖出夏世勇证券账户“金发科技”股票 791 200 股。当日，该账户又买入“金发科技”股票 18 400 股。

2008 年 12 月 26 日，李建军在任职期内，委托方卉代为卖出李建军证券账户“金发科技”股票 693 000 股；12 月 26 日，卖出 230 000 股。当日，又买入 100 000 股；12 月 30 日，卖出 580 000 股。

证监会认为，上述行为违反了《证券法》有关禁止上市公司董事、监事和高管人员从事短线交易的规定，构成了“上市公司的董事、监事和高管人员，违反本法第 47 条买卖本公司股票规定”的违法行为，故对夏世勇、李建军分别给予警告；所得利益归公司所有，即公司享有归入权。

案例评析：

表面上看，是熊玲瑶、方卉在进行短线交易活动，即 6 个月内买入、卖出股票，但她们不属于《证券法》规制的短线交易人员。

事实是，夏世勇通过妻子委托熊玲瑶代为卖出、买入夏世勇证券账户“金发科技”股票；李建军委托方卉代为卖出、买入李建军证券账户“金发科技”股票。也就是说，熊玲瑶、方卉只是前台傀儡，夏世勇、李建军才是真正的后台操作者。

该案暴露出公司高管为逃避法律责任，挖空心思地利用前台傀儡进行短线交易，旨在转移监管者的执法视线。

2. 公司对短线交易获利的归入权

《证券法》第 47 条规定了民事责任：内部人短线交易获利归公司所有。

《证券法》第 195 条规定了行政责任：上市公司的董事、监事、高级管理人员、持有上市公司股份百分之五以上的股东，违反本法第 47 条的规定买卖本公司股票的，给予警告，可以并处三万元以上十万元以下的罚款。

(四) 编造、传播虚假信息

编造、传播虚假信息的主体既包括上市公司的控股股东、实际控制人、董事、监事和高级管理人员,也包括证券交易内幕信息的知情人员和非法获取内幕信息的人,更包括上市公司内部人之外的其他主体(包括但不限于国家工作人员、传播媒介从业人员和其他有关人员)。值得注意的是,国家工作人员、传播媒介从业人员和其他有关人员,发表和传播虚假市场信息具有更大的隐蔽性、欺骗性和误导性。

编造、传播虚假信息"重灾区",主要在互联网。2006 年下半年,某些人利用网络进行一系列网络非法证券活动,炒股博客大量兴起,网络论坛、QQ、MSN 等网络传播平台广泛运用,文章/笔帖都借由"小道消息""内幕信息"或"精确市场预测""强力个股推介"等信息吸收会员、收取费用,严重侵犯投资者合法权益。

《证券法》第 78 条第 1 款规定,禁止国家工作人员、传播媒介从业人员和有关人员编造、传播虚假信息,扰乱证券市场。禁止证券交易所、证券公司、证券登记结算机构、证券服务机构及其从业人员,证券业协会、证券监督管理机构及其工作人员,在证券交易活动中做出虚假陈述或者信息误导。该条第 2 款规定,各种传播媒介传播证券市场信息必须真实、客观,禁止误导。

例如,2016 年 2 月 24 日,微信公众号"弥达斯"发布《国家队:招商银行副行长喊你还钱了》,引发市场关注,随后又发布勘误道歉声明。"弥达斯"总编李辉为吸引眼球,标题不符合实际情况,部分报道内容断章取义、主观臆测。该虚假信息通过微信、转载等方式广泛传播,严重误导投资者,对股市产生了较大的负面影响。深圳证监局从蛛丝马迹入手,顺藤摸瓜获取"弥达斯"真正的运营地,第一时间奔赴现场、掌握关键证据。2016 年 10 月 14 日,证监会做出行政处罚:责令中融汇智、李辉改正,并分别处以 20 万元罚款;此举表明证监会积极应对自媒体的挑战,依法从严从快打击编造、传播虚假信息行为,使造谣传谣者付出了沉重的代价。

2014 年 5 月至 2015 年 2 月,安硕信息持续披露开展"互联网金融相关业务"不准确、不完整的误导性信息;东方证券研究所计算机行业首席分析师浦俊懿、行业研究员郑奇威,违反证券投资咨询业务法律法规,未经公司内控部门审批、复核,使用"极具业务延展性、强烈看好、最优质银行 IT 标的"等夸大、误导语言编写邮件,向 128 家金融机构 1 279 人员累计发送邮件 1.1 万余封,传播安硕信息开展互联网金融业务信息。部分基金管理公司于 2014 年 11 月 1 日至 2015 年 5 月 27 日大量买入"安硕信息",累计 221 只公募基金持有安硕信息最高达 74.84% 流通股,推动安硕信息股价从 2014 年 4 月 30 日 28.30 元/股上涨至 2015 年 5 月 13 日 450 元/股,涨幅 15.9 倍。证监会对安硕信息误导性陈述行为处以法定幅度内"顶格"处罚,并对浦俊懿、郑奇威信息误导行为分别处以罚金。

(五) 证券公司及其从业人员损害客户利益的欺诈行为

证券公司从事证券经纪业务,与客户存在代理关系:代理人对客户(被代理人)负有诚信(忠实和勤勉)义务,故禁止证券公司及其从业人员从事损害客户利益的欺诈行为。证券公司欺诈客户,既违反代理人诚信义务,也有悖于商业伦理。

《证券法》第 79 条第 1 款规定,禁止证券公司及其从业人员从事下列损害客户利益的欺诈行为:(1)违背客户的委托为其买卖证券;(2)不在规定时间内向客户提供交易的书面确认文件;(3)挪用客户所委托买卖的证券或者客户账户上的资金;(4)未经客户的委托,擅自为客户买卖证券,或者假借客户的名义买卖证券;(5)为牟取佣金收入,诱使客户进行不必要的证券买卖;(6)利用传播媒介或者通过其他方式提供、传播虚假或者误导投资者的信息;(7)其他违背客户真实意思表示,损害客户利益的行为。该条第 2 款规定,欺诈客户行为给客户造成损失的,行为人应当依法承担赔偿责任。

（六）法人非法利用他人账户从事证券交易

证券实践中，经常有法人尤其是国有法人和上市公司以他人名义开户交易，逃避国有资产监管和上市公司监管，扰乱证券市场秩序。为遏制法人借用和出借账户现象，《证券法》第80条禁止法人非法利用他人账户从事证券交易，禁止法人出借自己或者他人的证券账户。

《证券法》第208条规定了法律责任：法人以他人名义设立账户或者利用他人账户买卖证券的，责令改正，没收违法所得，并处以违法所得一倍以上五倍以下的罚款；没有违法所得或者违法所得不足三万元的，处以三万元以上三十万元以下的罚款。对直接负责的主管人员和其他直接责任人员给予警告，并处以三万元以上十万元以下的罚款。证券公司为前款规定的违法行为提供自己或者他人的证券交易账户的，除依照前款的规定处罚外，还应当撤销直接负责的主管人员和其他直接责任人员的任职资格或者证券从业资格。

《证券法》第80条着眼于违规行为的客观方面，禁止法人非法借用账户的行为。至于违规法人主观上是否恶意，结果上是否由于违规使用账户而获益，均在所不问。

案例10－6：岑峰纺织非法利用他人账户是法定代表人陆会忠个人行为吗？

2007年1月26日至3月9日，上海岑峰纺织实业有限公司（简称岑峰纺织）利用其控制的吴某、叶某两个自然人证券账户交易“＊ST吉炭”股票，共获利2 324 626元。岑峰纺织法定代表人陆会忠实施了上述买卖“＊ST吉炭”股票行为。证监会认为，岑峰纺织的上述行为违反了《证券法》第80条，构成第208条所述的违法行为。岑峰纺织的代理人提供了一份该公司两位股东同意公司借款2 000万元给陆会忠的股东会决议，并辩称“本案系岑峰纺织将资金借给陆会忠”，实施股票交易的主体是陆会忠个人，而非岑峰纺织。

案例评析：

该案争议的焦点在于，买卖“＊ST吉炭”股票行为，是法人岑峰纺织公司行为还是其法定代表人陆会忠个人行为？

岑峰纺织代理人提供了一份该公司两位股东同意公司借款2 000万元给陆会忠的股东会决议，但股东会会议内容有悖常理。进一步，证监会认为，股东会会议内容与已经认定的事实难以建立起合理的逻辑关系；当事人也未能证明该决议所称2 000万元借款与本案当事人实际使用资金的同一性。

证监会以《证券法》第208条的规定，责令岑峰纺织改正违规行为，没收其违法所得2 324 626元，并处以2 324 626元罚款；对陆会忠给予警告，并处以7万元罚款。

（七）协助他人违法利用他人账户开展交易

《证券法》第80条禁止的行为，既包括法人单独实施的违法开户交易行为，也包括法人之间共同实施的违法开户交易行为；既包括实施主要违法开户交易行为、取得主要违法所得的当事人，也包括协助他人实施违法开户交易行为、仅分享少数违法所得的当事人。

案例10－7：安泰期货协助新阳实业违法利用他人账户开展交易

国元安泰期货经纪有限公司（后更名国元期货有限公司，简称安泰期货），2005年2月1日在国元证券合肥长江路证券营业部（简称营业部）开立资金账户21011538，户名“安泰期货”。之后，分别于2005年2月2日、2005年7月1日、2006年1月23日将资金1 000万元、700万元、1 000万元存入资金账户。2005年2月16日、2005年3月22日、2006年6月19日，安泰期货三次向该营业部出具挂户申请承诺书，申请在资金账户21011538下挂共计18个上海股东账户、25 个深圳股东账户。至 2006 年 12 月 21 日，安泰期货资金账户 21011538 及下挂股东账户销户，安泰期货获得直接收益 1 276 959 元。

证监会认为，安泰期货的上述行为违反了《证券法》第 80 条规定，构成了《证券法》第 208 条所述行为。但安泰期货提供了其与成都新阳实业投资有限公司(简称新阳实业)签订的委托理财协议书、用印登记表、证券营业部经办人证明材料等，辩称其仅是根据理财协议履行相应的手续，并未利用他人账户实施证券买卖行为。

案例评析：

安泰期货提供的证明材料，能够证明其与新阳实业之间存在委托理财协议，资金账户 21011538 下挂自然人股东账户进行股票交易的主要责任人不是安泰期货。但安泰期货向该营业部出具挂户申请承诺书的行为，为他人实施违法行为提供了便利条件，安泰期货应当承担相应的法律责任。

证监会依据《证券法》第 208 条规定，责令安泰期货改正违法行为，没收其违法所得 1 276 959 元。至于新阳实业的违法行为，因涉及其他违规账户，证监会将另案处理。

第四节　上市公司收购

上市公司收购，是资本市场较为常见的公司并购重组方式。证监会于 2002 年 9 月 28 日发布《上市公司收购管理办法》(简称《办法》)，该办法第 2 条将上市公司收购界定为“收购人通过在证券交易所的股份转让活动持有一个上市公司的股份达到一定比例、通过证券交易所股份转让活动以外的其他合法途径控制一个上市公司的股份达到一定程度，导致其获得或可能获得对该公司的实际控制权的行为”。

一、上市公司收购的方式

为鼓励上市公司的收购活动，《证券法》第 86 条大幅拓宽了收购形式，允许投资者采取要约收购、协议收购及其他合法方式收购上市公司。

(一) 要约收购

要约收购(Tender Offer)，指投资者向目标公司的所有股东发出收购其所持股份的要约，进而取得目标公司控制权的民事行为。要约收购又称“公开要约收购”，即受要约方为上市公司全体股东。

根据《办法》第 46 条的规定，除要约收购外，投资者不得在证券交易所外公开求购上市公司的股份。

为体现目标公司股东平等原则，《证券法》和《办法》要求收购人向目标公司的股东发出收购要约时，应当一碗水端平，不得采取厚此薄彼的态度。

《证券法》第 89 条规定了上市公司收购报告书制度，要求发出收购要约的收购人事先向证监会报送上市公司收购报告书，同时提交证券交易所。该条还规定了上市公司收购报告书应当载明的 8 大事项，《办法》第 29 条又进一步细化和拓展了这一制度。

(二) 协议收购

协议收购(Bulk Transfer)，指收购人为取得目标公司的控制权，通过一对一的谈判方式从特定投资者取得目标公司股权的民事行为。协议收购又称“特定要约收购”，即受要约方为上市公司的部分特定股东。

《证券法》第 94～96 条规定了协议收购的方式。

在管理层收购(MBO)时,目标公司的管理层既是收购人,又是目标公司及其股东的代理人与受托人,堪称三位一体。换言之,管理层既是买方,也是卖方股东和目标公司的受托人和守门人。因此,在目标公司及其股东利益与收购人利益发生冲突时,管理层一旦选择了损人利己、增进买方利益的思维与行为方式,就有可能损害目标公司或者卖方股东的利益(如恶意低价购股)。为保护目标公司及其股东的利益免受管理层的侵害,《办法》严格规定了管理层收购的条件与程序。

(三)其他收购方式

1. 间接收购

间接收购,指收购人并不直接收购上市公司的股权和控制权本身,而是收购上市公司母公司的股权和控制权,或由收购人作为实际控制人或者隐名收购人收购目标公司的股权和控制权。

鉴于《证券法》未规定间接收购,《办法》第 5 章为此作了拾遗补缺的规定。

2. 敌意收购

敌意收购,指收购遭到目标公司董事会的反对和抵制,且董事会采取一些反收购措施。

反收购措施是一个中性概念:若利用得当,则能兴利(如鼓励诚信收购,提高目标公司股东的对价水准,降低目标公司股东一盘散沙的集体行动成本,遏制损害目标公司及其利益相关者的机会主义收购行为);若滥用无度,则会兴弊(如管理层可能“挟天子以令诸侯”,打着捍卫目标公司利益的旗号追求个人私利)。

为预防管理层打着“维护中小股东和非股东利益相关者”的旗号,推出损害目标公司及其利益相关者利益的反收购措施,须清晰地界定目标公司股东与管理层的行为准则,明确目标公司反收购措施合法性的判断标准:(1)公权力机关要鼓励公司收购,包括敌意收购;(2)目标公司管理层原则上应当对敌意收购保持克制、理性的中立态度,无权为了谋求个人私利而推出反收购措施;(3)只有在履行对目标公司的信托义务以维护公司利益(包括股东和利益相关者根本利益)必需的例外情况下,董事会方可依据法律和公司章程的规定建议股东会采取必要的反收购措施;(4)目标公司管理层在实施反收购措施时要回避利益冲突,不得违反对公司和股东所负的诚信义务;(5)为奉行公司社会责任政策,目标公司也可采取必要的反收购措施。

二、权益披露制度

为提高上市公司收购活动的能见度和透明度,降低上市公司收购过程中的道德风险和市场风险,帮助广大投资者及时掌握控制权收购人的背景信息,《证券法》第 86 条第 1 款和《办法》第 2 章规定了上市公司收购信息披露制度。

《证券法》第 86 条第 1 款规定,通过证券交易所的证券交易,投资者持有或者通过协议、其他安排与他人共同持有一个上市公司已发行的股份达到百分之五时,应当在该事实发生之日起三日内,向国务院证券监督管理机构、证券交易所作出书面报告,通知该上市公司,并予公告;在上述期限内,不得再行买卖该上市公司的股票。该条第 2 款规定,投资者持有或者通过协议、其他安排与他人共同持有一个上市公司已发行的股份达到百分之五后,其所持该上市公司已发行的股份比例每增加或者减少百分之五,应当依照前款规定进行报告和公告。在报告期限内和作出报告、公告后两日内，不得再行买卖该上市公司的股票。

《证券法》第 88 条第 1 款规定，通过证券交易所的证券交易，投资者持有或者通过协议、其他安排与他人共同持有一个上市公司已发行的股份达到百分之三十时，继续进行收购的，应当依法向该上市公司所有股东发出收购上市公司全部或者部分股份的要约。该条第 2 款规定，收购上市公司部分股份的收购要约应当约定，被收购公司股东承诺出售的股份数额超过预定收购的股份数额的，收购人按比例进行收购。

《证券法》第 96 条第 1 款规定，采取协议收购方式的，收购人收购或者通过协议、其他安排与他人共同收购一个上市公司已发行的股份达到百分之三十时，继续进行收购的，应当向该上市公司所有股东发出收购上市公司全部或者部分股份的要约。但是，经国务院证券监督管理机构免除发出要约的除外。该条第 2 款规定，收购人依照前款规定以要约方式收购上市公司股份，应当遵守本法第 89 条至第 93 条的规定。

第五节　证券投资基金

证券投资基金已成为广大投资者的重要投资理财手段。但从立法机关 1999 年 3 月启动投资基金立法程序后，社会各界对什么是投资基金和投资基金份额，一直众说纷纭。2002 年提交全国人大常委会审议的《证券投资基金法（草案）》一审稿第 3 条曾将证券投资基金定义为“通过发售基金份额募集资金形成独立的基金财产，由基金管理人管理、基金托管人托管，以资产组合方式进行证券投资，基金份额持有人按其所持份额享受收益和承担风险的投资组织”。但该定义主要根据信托型基金的特点进行了归纳，而没有反映公司制基金和私募基金的存在，以致招致各界人士的异议。

《证券投资基金法（草案）》二审稿和正式出台的《证券投资基金法》，均取消了关于证券投资基金的定义。立法者转而采取了相对灵活、变通的方式，仅对证券投资基金的主要法律特征进行描述。而且，立法者不是描述所有基金的特征，仅是描述所调整的公募的信托型证券投资基金的特征，以推动《证券投资基金法》尽早出台。

一、证券投资基金的特征和分类

《证券投资基金法》第 2 条规定，在中华人民共和国境内，公开或者非公开募集资金设立证券投资基金（简称基金），由基金管理人管理，基金托管人托管，为基金份额持有人的利益，进行证券投资活动的，适用本法；本法未规定的，适用《中华人民共和国信托法》（简称《信托法》）、《中华人民共和国证券法》和其他有关法律、行政法规的规定。

所谓证券投资基金，指由多数投资者缴纳的出资组成的，由投资者委托他人按照投资组合原理投资于证券，投资收益按照投资者出资份额共享，投资风险由投资者共担的资本集合体。因此，投资基金的实质是一种资本集合体，可采取信托型、公司型以及法律和行政法规规定的其他组织形式（如合伙，包括有限合伙）。若投资基金采取公司型或者合伙型，具有拟人化特征，因而可以成为终极投资项目的投资主体。这样，相对于投资基金投资者，投资基金是投资客体；而相对于终极投资项目，投资基金又扮演着投资主体的角色。

（一）证券投资基金的特征

证券投资基金具有下列 4 个特征：

1. 社会游资与专业管理紧密结合

资本随时都在寻求增值机会。例如，暂时处于闲置状态的居民储蓄存款，渴望更大的增值空间。但是，并非全社会游资的所有权人都擅长投资经营之道。而懂经营、善管理的专业人才未必总能找到用武之地。投资基金为社会游资流向高利润、高社会需求的商事活动开辟了一条绿色通道，也为基金业投资专家们施展投资知识与经验提供了广阔的舞台。不仅信托型投资基金依赖投资基金管理公司的专业化管理，公司型投资基金也往往寻求优秀的投资管理人才，采取有限合伙形式的风险投资基金更是鼓励“资本家”与“知本家”合作。

2. 化零为整与化整为零相结合

化零为整，指投资基金可以迎合广大百姓的利己心态和致富心理，运用杠杆效应把分散于千家万户的富余资金汇集成巨额资本，取得聚沙成塔、集腋成裘的社会功效。

化整为零，指投资基金的运用遵循组合投资、分散风险原则，并对投资对象的比例构成作出强制性法律规定。“不要把鸡蛋放在同一个篮子里”的投资警言，不仅变成投资基金法的基本原则，而且也外化为若干具体的法律规定。

3. 投资基金的商事活动主要表现为间接投资

投资者投资于某一投资基金后，投资基金并不直接在某一产业领域开展经营活动，而是将投资基金资产分散转投于其他企业（包括法人企业和非法人企业），再由其他企业在其权利、能力允许的范围内，将资本投资于某一产业领域，开展经营活动。

4. 投资基金投资者对投资基金的债务不承担责任

只要投资者及时、足额地缴纳自己认购的投资基金份额或股份，不管投资基金是否为独立法人，凡是由于投资基金转投资或经营活动发生的债务，投资者一概不予承担。

（二）证券投资基金分类

依据不同标准，证券投资基金可以做不同的分类：

1. 信托型基金与公司型基金

信托型基金，指投资者依照信托法原理与基金管理人、基金托管人共同签订基金合同而设立。公司型基金，指具有共同投资目标的投资者根据公司法原理组成投资公司，并将资产投资于特定对象。《证券投资基金法》讨论的主要是信托型基金。

2. 公募基金与私募基金

公募基金，指通过向不特定对象公开发售基金股份而募集设立。私募基金，指向特定对象非公开发售基金份额而募集设立。私募基金，是当前经济生活的热点问题。对于私募基金，立法态度不宜过苛，应实行严格规范、允许存在、加强监管的立法政策。

3. 股票型基金与债券型基金

股票型基金，指以股票为主要的投资对象，股票仓位不得低于80%。债券型基金，指以债券为主要的投资对象，是指80%以上的基金资产投资于债券的基金。

4. 封闭式基金与开放式基金

封闭式基金，指经核准的基金份额总额在基金合同期限内固定不变，基金份额可以在依法设立的证券交易所交易，但基金份额持有人不得申请赎回。开放式基金，指基金份额总额不固定，可以在基金合同约定的时间和场所申购或者赎回。

5. 成长型基金、收入型基金和平衡型基金

成长型基金，指把追求基金长期价值最大化为投资目标。收入型基金，指投资者以当期收

入最大化为投资目标。平衡型基金，指兼顾投资者的当期收入和长期收入。

（三）证券投资基金财产的独立性

《信托法》第14条第2款规定，受托人因信托财产的管理运用、处分或者其他情形而取得的财产，也归入信托财产。《信托法》第16条规定，信托财产与属于受托人所有的财产（简称固有财产）相区别，不得归入受托人的固有财产或者成为固有财产的一部分。受托人死亡或者依法解散、被依法撤销、被宣告破产而终止，信托财产不属于其遗产或者清算财产。

《证券投资基金法》第5条第2款规定，基金财产独立于基金管理人、基金托管人的固有财产。基金管理人、基金托管人不得将基金财产归入其固有财产。该条第3款规定，基金管理人、基金托管人因基金财产的管理、运用或者其他情形而取得的财产和收益，归入基金财产。《证券投资基金法》第4款规定，基金管理人、基金托管人因依法解散、被依法撤销或者被依法宣告破产等原因进行清算的，基金财产不属于其清算财产。

二、基金管理人

基金管理人，既是证券投资基金的募集人，也是证券投资基金法律关系的受托人，肩负着管理和运用基金财产的职责。鉴于基金管理人在证券投资基金活动中处于核心地位，《证券投资基金法》第12条第1款规定，基金管理人由依法设立的公司或者合伙企业担任。该条第2款规定，公开募集基金的基金管理人，由基金管理公司或者经国务院证券监督管理机构核准的其他机构担任。

（一）基金管理人的从业资格

《证券投资基金法》第9条第3款要求基金从业人员依法取得基金从业资格，遵守法律、行政法规，恪守职业道德和行为规范。根据证监会《基金从业人员资格管理规定》，基金从业人员应当具备下列条件：(1)具有中华人民共和国国籍，但经中国证监会批准的除外；(2)具有完全民事行为能力；(3)遵守国家有关法律、法规以及行业规范，熟悉有关证券、金融法律、法规；(4)品行良好，诚实信用，忠于职守，保守机密；(5)具有大学财经、法律等证券相关专业专科以上学历，或具有其他专业专科以上学历，并有从事2年以上证券业务或3年以上其他金融业务的工作经历，具备证券、金融、法律等专业知识；(6)通过中国证监会或其授权的机构组织的基金从业资格考试。上述条件是担任基金管理人经理和其他高级管理人员应具备的基本条件和必要条件。

《证券投资基金法》第15条禁止下列品德和能力有严重瑕疵的人员担任基金管理人的基金从业人员：(1)因犯有贪污贿赂、渎职、侵犯财产罪或者破坏社会主义市场经济秩序罪，被判处刑罚的；(2)对所任职的公司、企业因经营不善破产清算或者因违法被吊销营业执照负有个人责任的董事、监事、厂长、高级管理人员，自该公司、企业破产清算终结或者被吊销营业执照之日起未逾五年的；(3)个人所负债务数额较大，到期未清偿的；(4)因违法行为被开除的基金管理人、基金托管人、证券交易所、证券公司、证券登记结算机构、期货交易所、期货公司及其他机构的从业人员和国家机关工作人员；(5)因违法行为被吊销执业证书或者被取消资格的律师、注册会计师和资产评估机构、验证机构的从业人员、投资咨询从业人员；(6)法律、行政法规规定不得从事基金业务的其他人员。

基金管理人的经理和其他高级管理人员的素质，直接决定了基金管理人的业务水平高低以及基金财产安危。《证券投资基金法》第16条规定，公开募集基金的基金管理人的董事、监事和高级管理人员，应当熟悉证券投资方面的法律、行政法规，并具有三年以上与其所任职务相关的工作经历；高级管理人员还应当具备基金从业资格。

《证券投资基金法》第 17 条第 1 款规定，公开募集基金的基金管理人的董事、监事、高级管理人员和其他从业人员，其本人、配偶、利害关系人进行证券投资，应当事先向基金管理人申报，并不得与基金份额持有人发生利益冲突。该条第 2 款规定，公开募集基金的基金管理人应当建立前款规定人员进行证券投资的申报、登记、审查、处置等管理制度，并报国务院证券监督管理机构备案。

为预防利益冲突和道德风险，《证券投资基金法》第 18 条规定，公开募集基金的基金管理人的董事、监事、高级管理人员和其他从业人员，不得担任基金托管人或者其他基金管理人的任何职务，不得从事损害基金财产和基金份额持有人利益的证券交易及其他活动。其中，不得担任基金托管人或者其他基金管理人的任何职务，体现出了不相容职责相互分离、竞业禁止原则；不得从事损害基金财产和基金份额持有人利益的证券交易及其他活动，体现出了忠实义务原则。

（二）基金管理人不得实施的失信行为

《证券投资基金法》禁止基金管理人员实施若干有悖于信托义务的行为。《证券投资基金法》第 20 条规定，公开募集基金的基金管理人及其董事、监事、高级管理人员和其他从业人员不得有下列行为：(1)将其固有财产或者他人财产混同于基金财产从事证券投资；(2)不公平地对待其管理的不同基金财产；(3)利用基金财产或者职务之便为基金份额持有人以外的人牟取利益；(4)向基金份额持有人违规承诺收益或者承担损失；(5)侵占、挪用基金财产；(6)泄露因职务便利获取的未公开信息、利用该信息从事或者明示、暗示他人从事相关的交易活动；(7)玩忽职守，不按照规定履行职责；(8)法律、行政法规和国务院证券监督管理机构规定禁止的其他行为。

这里重点讨论管理人不得"向基金份额持有人违规承诺收益或者承担损失"。为确保投资者履行投资，并维护公平公正的市场竞争秩序，《证券法》第 144 条规定，证券公司不得以任何方式对客户证券买卖的收益或者赔偿证券买卖的损失作出承诺。类似地，《证券投资基金法》第 20 条第 4 项亦禁止基金管理人员向基金份额持有人违规承诺收益或者承担损失。

三、基金托管人

基金托管人，承担着保管基金财产，办理结算和支付业务等职责。《证券投资基金法》第 32 条第 1 款规定，基金托管人由依法设立的商业银行或者其他金融机构担任。该条第 2 款规定，商业银行担任基金托管人的，由国务院证券监督管理机构会同国务院银行业监督管理机构核准；其他金融机构担任基金托管人的，由国务院证券监督管理机构核准。

（一）基金托管人的从业资格

《证券投资基金法》第 34 条规定，本法第 15 条、第 17 条、第 18 条的规定，适用于基金托管人的专门基金托管部门的高级管理人员和其他从业人员。该条第 2 款规定，本法第 16 条的规定，适用于基金托管人的专门基金托管部门的高级管理人员。

（二）基金托管人与基金管理人相互分离原则

基金托管人与基金管理人是证券投资信托的共同受托人。为维护受益人的利益免受基金托管人与基金管理人沆瀣一气的侵害，基金托管人与基金管理人应当分工协作，相互制约、相互监督，保持必要的距离。《证券投资基金法》第35条规定，基金托管人与基金管理人不得为同一机构人员，不得相互出资或者持有股份。

(三) 托管人不得实施的失信行为

《证券投资基金法》第38条规定，本法第20条、第22条的规定，基金管理人的失信行为规定适用于基金托管人。

四、基金份额的交易、申购与赎回

(一) 基金份额的交易

封闭式基金的基金份额，只能转让，而不能随时申购或者赎回。因此，在证券交易所公开上市交易，成为基金份额实现流通变现的核心渠道。《证券投资基金法》第61条规定，申请基金份额上市交易，基金管理人应当向证券交易所提出申请，证券交易所依法审核同意的，双方应当签订上市协议。

(二) 基金份额的申购与赎回

开放式基金的基金份额，可以在基金合同约定的时间和场所申购或者赎回。《证券投资基金法》第65条规定，开放式基金的基金份额的申购、赎回、登记，由基金管理人或者其委托的基金服务机构办理。第66条第1款规定，基金管理人应当在每个工作日办理基金份额的申购、赎回业务；基金合同另有约定的，从其约定。

基金管理人按时支付赎回款项，是基金管理人对基金份额持有人所负的一项法定义务。《证券投资基金法》第67条规定了除外情形：(1)因不可抗力导致基金管理人不能支付赎回款项的；(2)证券交易场所依法决定临时停市，导致基金管理人无法计算当日基金资产净值的；(3)基金合同约定的其他特殊情形。

《证券投资基金法》第68条规定，开放式基金应当保持足够的现金或者政府债券，以备支付基金份额持有人的赎回款项。现金或政府债券的具体比例由国务院证券监督管理机构规定。这里将政府债券列为现金之后的第二类备付资源，是基于政府债券具有较强公信力和流动性。

五、基金投资与信息披露

(一) 基金投资

为控制基金投资风险，基金采取化整为零的资产组合策略。《证券投资基金法》第71条规定，基金管理人运用基金财产进行证券投资，除国务院证券监督管理机构另有规定外，应当采用资产组合的方式。

《证券投资基金法》严格规制基金财产的投向。其第73条第1款规定，基金财产不得用于下列投资或者活动：(1)承销证券；(2)违反规定向他人贷款或者提供担保；(3)从事承担无限责任的投资；(4)买卖其他基金份额，但是国务院证券监督管理机构另有规定的除外；(5)向基金管理人、基金托管人出资；(6)从事内幕交易、操纵证券交易价格及其他不正当的证券交易活动；(7)法律、行政法规和国务院证券监督管理机构规定禁止的其他活动。

(二) 基金信息披露

基金管理人、基金托管人和其他基金信息披露义务人应当依法披露基金信息，并保证所披露信息的真实性、准确性和完整性。

《证券投资基金法》第 76 条规定，公开披露的基金信息包括：(1)基金招募说明书、基金合同、基金托管协议；(2)基金募集情况；(3)基金份额上市交易公告书；(4)基金资产净值、基金份额净值；(5)基金份额申购、赎回价格；(6)基金财产的资产组合季度报告、财务会计报告及中期和年度基金报告；(7)临时报告；(8)基金份额持有人大会决议；(9)基金管理人、基金托管人的专门基金托管部门的重大人事变动；(10)涉及基金财产、基金管理业务、基金托管业务的诉讼或者仲裁；(11)国务院证券监督管理机构规定应予披露的其他信息。

《证券投资基金法》第 77 条规定，公开披露基金信息，不得有下列行为：(1)虚假记载、误导性陈述或者重大遗漏；(2)对证券投资业绩进行预测；(3)违规承诺收益或者承担损失；(4)诋毁其他基金管理人、基金托管人或者基金销售机构；(5)法律、行政法规和国务院证券监督管理机构规定禁止的其他行为。

六、基金管理公司及其从业人员对投资者的信托义务

(一) 基金管理公司与基金投资者之间的信托关系

根据《信托法》第 2 条，信托指委托人基于对受托人的信任，将其财产权委托给受托人，由受托人按委托人的意愿以自己的名义，为受益人的利益或者特定目的，进行管理或者处分的行为。《证券投资基金法》中主要指信托型基金，属于典型的私益信托、商事信托、自益信托。《信托法》第 25 条要求受托人遵守信托文件的规定，以受益人的最大利益为目标处理信托事务；受托人管理信托财产，必须恪尽职守，履行诚实、信用、谨慎、有效管理的义务。

(二) 基金管理人、托管人的忠诚义务

在证券投资基金信托关系中，最容易产生道德风险的环节在基金管理公司。而基金管理公司的道德风险，又集中在基金从业人员身上。事实上，“老鼠仓”行为在我国证券投资基金发展初期已经出现，当时称“基金管理人员高位接盘、损害投资者利益”的现象为“基金黑幕”。

《证券投资基金法》与《信托法》均规定了基金管理人、基金托管人的忠诚义务。例如，《证券投资基金法》第 9 条明确要求“基金管理人、基金托管人管理、运用基金财产，应当恪尽职守，履行诚实信用、谨慎勤勉的义务。

针对目前个别市场禁入者隐姓埋名、非法变更身份证号码、重新混入证券市场的现象，建议证监会和相关执法部门鼓励广大公众投资者有偿举报，并在查证属实后采取更加严厉的处罚措施。

(三) 基金从业人员对基金投资者负有忠诚义务

信托的第一要义是信任和信赖。基金投资者把财富托付于基金管理公司，源于对基金管理公司“专家理财、投资组合”承诺的信赖。“专家理财”凸显理财专家的专业水准和道德操守；而“投资组合”强调“化整为零、分散风险”的投资策略。既然基金管理公司对基金投资者负有诚信义务，而基金管理公司与其从业人员存在雇佣关系，故从业人员对基金投资者也负有信托职责。《证券投资基金法》对基金从业人员的市场准入和职业操守有着严格要求。《证券投资基金法》第 9 条第 2 款规定，基金从业人员应当具备基金从业资格，遵守法律、行政法规，恪守职业道德和行为规范；《证券投资基金法》第 15 条规定，禁止背信、失信之人担任基金管理人的基金从业人员；《证券投资基金法》第 18 条规定，禁止基金管理人的董事、监事、经理和其他从业人员从事损害基金财产和基金投资者利益的证券交易及其他活动。

(四)“老鼠仓”现象及社会危害

“老鼠仓”并非严格的法律术语，而是公众投资者将背信受托人痛斥为“仓中鼠”的形象说法，泛指受托代为进行买卖股票活动的基金管理公司和证券公司等金融机构的从业人员为追求私利而滥用职务便利和信息优势，先于受托账户买卖同一股票的证券交易行为。“老鼠仓”现象是资本市场违反诚信和信托义务的典型行为，导致的社会后果极其恶劣。

首先，它直接损害了基金投资者的财产利益。“老鼠仓”行为人，在知道受托基金的投资策略或计划后，抢先低价购买并(或)高价抛出相关投资品种，剥夺了受托基金资产低买高卖的商业机会，提高了受托基金的投资成本，降低了受托基金的投资收益。

其次，它破坏了信托关系中最为珍贵、也是最脆弱的信任与信赖，破坏了广大投资者对基金管理行业的信心和信赖。“老鼠仓”行为对投资者信心和感情的伤害，丝毫不亚于其对投资者财产利益的损害。

最后，它触发了基金业诚信株连，玷污了基金业的良好信誉。任何一次“老鼠仓”现象，对于基金行业都是一次产生急剧降温效果的公共危机事件。

《证券投资基金法》要求和倡导基金从业人员慎独自律，且对基金从业人员的失信行为规定了严格的法律制裁。该法第 97 条规定，基金管理人、基金托管人的专门基金托管部门的从业人员违反本法第 18 条规定，给基金财产或者基金投资者造成损害的，依法承担赔偿责任；情节严重的，取消基金从业资格；构成犯罪的，依法追究刑事责任。《证券法》第 199 条规定，法律、行政法规规定禁止参与股票交易的人员，直接或者以化名、借他人名义持有、买卖股票的，责令依法处理非法持有的股票，没收违法所得，并处以买卖股票等值以下的罚款；属于国家工作人员的，还应当依法给予行政处分。

案例 10-8：基金经理韩刚的行为因何被定性为“老鼠仓”行为？

2009 年 1 月 6 日，韩刚任长城久富(162006)证券投资基金经理，利用任职优势，与他人共同操作其亲属开立的证券账户，先于或同步于韩刚管理的久富基金多次买入、卖出相同个股，获利较高。

证监会对其作出《行政处罚决定书》：韩刚存在“老鼠仓”行为，认定其为市场禁入者，终身不得从事证券业务或担任上市公司董事、监事、高级管理人员职务。

案例评析：

韩刚，作为长城久富(162006)证券投资基金经理，利用任职优势，与他人共同操作其亲属开立的证券账户，先于或同步于韩刚管理的久富基金多次买入、卖出相同个股。

韩刚的行为，直接损害了久富基金投资者的财产利益。韩刚在知道受托久富基金的投资策略或计划后，抢先低价购买并(或者)高价抛出相关投资品种，剥夺了受托久富基金资产低买高卖的商业机会，提高了受托久富基金的投资成本，降低了受托久富基金的投资收益。

另，韩刚的行为也破坏了信托关系中最珍贵、也最脆弱的信任与信赖，破坏了广大投资者对基金管理行业的信赖关系。韩刚的行为对投资者的信心和感情的伤害丝毫不亚于其对投资者财产利益的损害。

案例 10-9：唐建因“老鼠仓”行为被终身禁入证券市场

2006 年 3 月，唐建任职上投摩根研究员兼阿尔法基金经理助理，在向有关基金二级股票池和阿尔法基金推荐买入“新疆众和”股票的过程中，利用自己控制的中信建设证券上海福山路营业部(简称福山路营业部)“唐金龙”证券账户,先于阿尔法基金买入“新疆众和”股票,其后连续买卖该股票。唐建还利用职务权限,多次查询上投摩根阿尔法基金投资“新疆众和”股票信息,充分掌握该基金投资情况。截至2006年4月6日,“唐金龙”证券账户累计买入“新疆众和”60 903股,累计买入金额76.49万元;全部卖出所得金额105.45万元,获利28.96万元。此外,2006年4月至5月,唐建还利用福山路营业部“唐金龙”资金账户下挂“李成军”证券账户、东方证券上海浦东南路营业部“李成军”证券账户连续买卖“新疆众和”股票,为自己及他人非法获利123.76万元。唐建利用职务便利,通过其所控制的证券账户交易“新疆众和”股票,为自己及他人非法获利合计152.72万元。

证监会认为,唐建的行为违反了《证券投资基金法》第18条有关禁止从事损害基金财产和基金投资者利益的证券交易及其他活动的规定,也违反了《证券法》第43条有关禁止有关人员参与股票交易的规定。证监会于2008年4月21日作出行政处罚决定书:取消唐建基金从业资格;没收唐建违法所得152.72万元,并处50万元罚款。另外,唐建的行为性质恶劣,情节严重,证监会于2008年4月8日发布市场禁入决定书:唐建为市场禁入者,终身不得从事证券业务或担任上市公司董事、监事、高级管理人员职务。

案例评析:

证监会的行政处罚决定,彰显了重拳出击基金业背信行为的决心,对于提振公众投资者的投资信心、提升基金从业人员的道德操守、推动基金业健康发展均具有重大意义。

该案引发两个值得思考的问题:(1)对基金经理,应否追究其民事赔偿责任?(2)对于情节严重的“老鼠仓”行为,应否追究其刑事责任?

证监会对唐建采取市场禁入等行政处罚措施,有助于遏制基金从业人员的失信行为,但没有直接补偿基金投资者遭受的财产损失。受害投资者最关注兼有填补损失和教育制裁功能的民事赔偿责任,而行政、刑事责任仅有教育和制裁功能。基金管理公司在“老鼠仓”行为查证后,应当主动以公司自有财产及时足额地填补受害基金损失。若基金管理公司拒绝或怠于赔偿,投资者可请求托管银行启动追索程序。而若基金托管人拒绝或怠于追索,投资者有权为了基金资产的利益而对失信基金从业人员提起诉讼,类似股东代表诉讼。但需关注由投资者提起诉讼的解决途径,其激励往往不足:若投资者通过诉讼手段为基金资产挽回了损失,获赔财产归入基金资产池,而胜诉投资者只能和其他投资者按基金份额持有比例受益。由于诉讼费时费力费钱,一盘散沙的投资者难免滋生“搭便车”心理,缺乏为全体投资者利益挺身维权的内在动力。因此,建议人民法院除判决基金管理公司及其失信雇员对基金资产承担赔偿责任外,还应根据原告投资者之诉请,从基金资产的胜诉利益中拨付一定比例(如3%)的财产作为对胜诉原告投资者的物质奖励。

《证券投资基金法》第121条规定为追究背信基金从业人员刑事责任指明了方向:基金管理人、基金托管人的专门基金托管部门的从业人员违反本法第18条规定,给基金财产或者基金份额持有人造成损害的,依法承担赔偿责任;情节严重的,取消基金从业资格;构成犯罪的,依法追究刑事责任。但《刑法》第185条第1款规定的金融机构背信运用受托财产罪,无法囊括“老鼠仓”行为,因为“老鼠仓”犯罪行为主体是金融机构从业人员(自然人),而背信运用受托财产罪的主体限于金融机构(非自然人)。《刑法》第169条规定的背信损害上市公司利益罪,也无法囊括“老鼠仓”行为,因为其犯罪主体是上市公司的董事、监事、高级管理人员以及指使上述人员实施该犯罪行为的上市公司的控股股东或实际控制人,而“老鼠仓”行为的主体是金融机构从业人员。因此，建议立法机关未来修改《刑法》时，增设金融机构及其从业人员背信罪，以囊括“老鼠仓”犯罪行为。

第六节　投资者权益保护

当前我国资本市场投资者权利保护工作仍显脆弱，投资者信心经常遭遇沉重打击，中小股东权益经常受到损害。投资者权益保护，蕴含关怀弱势股东、向弱势股东适度倾斜的倾向。

一、向弱势股东倾斜的理由

首先，一视同仁、平等保护是现代法治的精髓。但是，立法、形式、抽象的平等，可能导致现实、实质、具体的不平等。例如，控制股东可以轻而易举地通过对公司决策权（包括股东会、董事会决策）与人事权（提名和选举多数董事、再由多数董事控制经理层人事任免）的实际控制而获得自我保护。因此，必须根据“不同之事、不同对待”的平等理念，通过“向弱势股东适当倾斜”，帮助其恢复失去的平等待遇。

其次，向弱者适度倾斜旨在弘扬公平、公正的主流价值观。长期以来，重效率、轻公平的思维定式潜移默化地左右着资本市场，一些部门和地方在公共政策选择上往往流露出对效率价值的偏爱以及对公平价值的漠视。一些地方和部门利用利益受损方很难或者无法获得有效法律救济的客观事实（尤其在内幕交易、操纵市场的情况下），纵容强势当事人的巧取豪夺，从脆弱的交易伙伴处攫取不义之财，不仅造成广大弱势市场主体利益受损，而且击垮了受害者对市场游戏规则的信心，对于维护市场的可持续发展具有极大的杀伤力。

最后，向弱者适度倾斜旨在维护社会公共利益。广大人民群众涉及千家万户，故投资者群体的合法权益不仅具有私权和民事权利特点，还具有社会权利和社会公共利益特点。积万家之私，乃为天下之公。因此，强化股权保护主要是保护相对弱势的中小股东。只有依靠国家的公权力和全社会的力量，才能真正有效地保护广大投资者的利益。

（一）弱势股东地位的产生根源

股东弱势地位之形成，主要源于其后天竞争力不足。与控制股东或者管理者相比，中小股东在经济实力、信息占有、成本外部化程度以及资源单方先行转移等方面，均呈现明显的弱势。

首先，股东之间经济实力不对等。某特定中小股东的经济实力，往往逊于其对应的控制股东，尤其是机构股东、法人股东。控制股东一言九鼎，呼风唤雨；而中小股东拾遗补缺，位卑言轻。并且中小股东集体维权行动成本高昂（如维权意识和维权智慧差异、热心维权人士稀缺、“搭便车”心理、中小股东之间相互猜疑与不团结），决定了中小股东的经济实力通常弱于控制股东。

其次，信息占有不对等。即使某中小股东的经济实力强于某控制股东，但由于特定公司管理层往往处于控制股东掌控中，导致中小股东的谈判能力仍逊于控制股东或管理层。传统的民事诉讼法预设“谁主张，谁举证”的一般原则以及“举证责任倒置”“举证责任分担”例外规则的有限性，加重了中小股东的举证责任。

再次，公司经营成本外部化程度。“羊毛出在羊身上”，控制股东或管理层高举其控制的“公司”面具，可以从容不迫地委托律师与中小股东展开“马拉松式”诉讼。无论诉讼结果如何，控制股东或管理层总有办法将律师费和其他诉讼费用计入公司的经营成本，最终转嫁给广大中小股东。可见，中小股东维权成本过高，而控制股东或管理层违法成本过低。

最后，股东先行向公司注入股权投资。作为股东依法取得股东资格的前提，必须及时、足额地向公司支付股权认购价款。在此过程中，股东丧失了对转移财富的物权，换回了股权。但股权非支配权，而是请求权，即投资者一旦丧失对财富的直接支配，往往变成弱者，而财富的占有者(公司管理者)则变成强者。

(二) 向弱势股东适度倾斜的具体体现

1993 年《公司法》并未完全树立向中小股东适度倾斜原则，立法者假定公司所有股东的经济实力和信息占有均同质、无差异。实际上，中小股东与控制股东、个人股东与法人股东、专业股东与业余股东、股东与管理层之间强弱对比显著。因此，新《公司法》正视中小股东的弱势地位，并确立了向中小股东倾斜的原则。例如，该法第 34 条第 2 款确认的股东查账权主要针对中小股东而设计，因为控制股东有机会亲自或者借助其在公司管理层的利益代言人制作会计账簿，而会计账簿的制作者对公司会计信息的真实性当然心知肚明。又如，该法第 152 条确认的股东代表提起诉讼权也面向中小股东而设计，因为控制股东可以直接作出由公司对高管和第三人提起诉讼的股东会或董事会决议，而无须启动股东代表诉讼程序。

二、关怀弱者“度”的把握

向弱者适度倾斜，既不是漫无边际地向弱者过度倾斜，也不是以弱讹强，损害强者的合法权益，而是要构建一个强者与弱者和谐相处、各得其所的社会与法律环境。例如，某自然人股东滥用公司法人资格，损害债权人利益，法院责令其对公司债权人承担连带责任的，在执行债权时要保留被执行股东的生活必需品和相关费用，以贯彻以人为本的精神。

强弱对比在公司法律关系中并非绝对，而是变动不居的。在某种法律关系中处于强者地位的债权人在另外一种法律关系中可能沦为弱者。例如，债权人银行对债务人公司堪称弱者，但在该银行的中小股东面前又可能成为强者。又如，法院既要关注金融机构对债务人公司的债权，还要关注储户和消费者对金融机构的债权。

(一) 大股东也可能沦为弱势股东

股权结构，无论高度分散还是高度集中，大股东均可能陷入内部人控制的泥潭。特别是在股权转让的情况下，有些新股东为避免经理层和员工队伍的道德风险，往往对经理层原班人马采取集体留任的安抚、怀柔态度。但有些经理层原班人马不是知恩图报，而是认为新的大股东软弱可欺。因此，即使新股东取得了公司的大部分股份，但未必取得了公司的实际控制权。

可见，大股东未必是实际控制人，实际控制人也未必是大股东。若一名股东持股比例不高，但具有超强的组织能力和人格魅力，能够借助表决权信托、代理甚至股东投票的横向联合而荣膺控制股东的地位。弱势大股东(控制权旁落和被阉割的大股东)则为弱势群体，也可以援引新《公司法》对中小股东提供的权利保护与救济措施。

(二) 中小股东滥用权利的防范

新《公司法》强化控制股东的诚信义务，遏制控制股东、高管与实际控制人的道德风险，扶持中小股东，但未淡忘对中小股东滥用权利的预防与救济措施。股东共益权，原则上应为单独股东权。但股东群体的成员，并非均为圣人君子。为确保股东行使权利理性、慎重，预防股东滥用权利损害公司和广大股东利益的行为，遂有少数股东权之设。

新《公司法》除对少数股东权的持股比例予以规定外，还对少数股东权甚至单独股东权的持股期间予以规定。例如,《公司法》第152条规定了股份有限公司股东"提起股东代表诉讼"的持股比例和持股期限,以及原告股东提起代表诉讼的内部救济程序;《公司法》第182条规定了行使公司解散诉讼请求权的原告股东所持的表决权比例以及构成公司僵局的三大条件;《公司法》第102条第2款规定了股东行使临时股东大会自行召集权与主持权的持股比例和持股期限;《公司法》第34条第2款设计了预防有限责任公司股东滥用查账权的预先说明程序,以及公司拒绝股东查账的法定事由。

三、投资者的保护和教育

(一) 投资者的隐私权保护

在资本市场中,侵害他人隐私权的现象屡有发生。信息技术和互联网技术更是增加了侵犯隐私权的概率、广度和深度。一些证券公司、基金管理公司和保险公司等金融机构擅自向其他企业销售或泄露客户的电话号码、住所和邮政通信地址等信息。

投资者的隐私权主要包括三类:私人信息、私人活动和私人空间。私人信息,主要包括投资者姓名、性别、年龄或出生年月日、身高、健康状况、病例、病史、指纹、血型、遗传代码、民族、种族、宗教信仰、政治信仰、教育背景、职业、学历、个人爱好、婚姻状况、收入和财产状况、银行账号、保险情况、个人日记、身份证号码、证券投资开户日期、投资偏好、消费偏好、社会关系、个人简历、遗嘱内容等与投资者个人及其家庭密切相关的信息。私人活动,指投资者不愿意被他人刺探、知悉、侵扰、使用、披露和公开的个体性活动。私人空间,指投资者不愿意被他人刺探、侵扰、披露和公开的物理空间(如私人住宅、入住的酒店房间)和虚拟空间(如私密性的网络空间)。

(二) 投资者的教育

投资者的教育包括拓宽客体范围、丰富教育内容两个方面。

首先,拓宽投资者教育的客体范围。接受教育的主体,除广大投资者外,还包括上市公司、控制股东、公司董事、监事、高级管理人员、证券服务机构、资本市场监管机构和自律组织的工作人员。证券公司、基金管理公司等中介机构向投资者提供服务时,应主动揭示投资风险,不能诱导或者坐视缺乏风险识别和风险负担能力的离退休人员、失业人员和其他低收入人群盲目进入股市。例如,不宜片面宣传某农民工倾尽1万元的个人资产购买某只股票成为百万富翁的个别传奇故事。

其次,丰富投资者教育的内容。投资者教育,旨在帮助广大投资者成为成熟、理性的投资者。个别投资者过分迷信市场内幕信息,要么参与了内幕交易行为,要么无法审慎地识别虚假陈述和市场虚假信息,结果上当受骗。因此,投资者教育内容除涉及如何买股票外,还包括如何防范风险、识别欺诈、维护权益,树立正确科学的投资观、风险观与权利观等内容。培育投资者的法律思维,尤其是合规、严谨与风险思维,有助于遏制资本市场的不规范行为。

第七节 证券市场参与人

证券市场参与人众多,主要包括证券交易所、证券公司、证券登记结算机构、证券服务机构、证监会。这里重点讨论证券公司与证券服务机构。

一、证券交易所

《证券法》第102条第1款规定,证券交易所是为证券集中交易提供场所和设施,组织和监督证券交易，实行自律管理的法人。该条第 2 款规定，证券交易所的设立和解散，由国务院决定。

（一）治理结构

根据《证券法》和《证券交易所管理办法》第 3 章规定，证券交易所设会员大会、理事会、专门委员会等治理机构。

1. 会员大会

会员大会为证券交易所的最高权力机构，享有以下职权：(1)制定和修改证券交易所章程；(2)选举和罢免会员理事；(3)审议和通过理事会、总经理的工作报告；(4)审议和通过证券交易所的财务预算、决算报告；(5)决定证券交易所的其他重大事项。会员大会由理事会召集，每年召开 1 次。

2. 理事会

《证券法》第 106 条规定，要求证券交易所设理事会。理事会是证券交易所的决策机构，理事每届任期 3 年。其职责如下：(1)执行会员大会的决议；(2)制定、修改证券交易所的业务规则；(3)审定总经理提出的工作计划；(4)审定总经理提出的财务预算、决算方案；(5)审定对会员的接纳；(6)审定对会员的处分；(7)根据需要决定专门委员会的设置；(8)会员大会授予的其他职责。

3. 监察委员会

理事会设监察委员会，每届任期 3 年。监察委员会主席由理事长兼任。监察委员会对理事会负责，行使下列职权：(1)监察职权交易所高级管理人员和其他工作人员遵守国家有关法律、法规、规章、政策和证券交易所章程、业务规则的情况；(2)监察高级管理人员执行会员大会、理事会决议的情况；(3)监察证券交易所的财务情况；(4)证券交易所章程规定的其他职权。

（二）组织形态

证券交易所的组织形式分为公司制和会员制。公司制交易所，指由若干股东设立的、以设立和组织证券交易所集中交易市场为业务经营范围的公司。换言之，公司制交易所以营利为目的。会员制交易所，指由券商自愿组成的、不以营利为目的的公益性社团法人。

1. 我国证券交易所公司化改革的必要性

从世界各国的证券交易所的总体情况来看，采取会员制的较多，公司制的较少。但是，源于竞争战略的考虑，当今国际证券交易所主要的变革趋势是证券交易所的治理结构由会员制向公司制的转变。我国证券市场起步较晚，立法者对证交所的组织形式采取会员制的谨慎态度是可取的，但也要与时俱进。未来，我国证交所与国外证交所之间将会出现竞争日趋激烈的情况。立法者和决策者应当站在增强证交所和我国证券市场竞争力的高度，从强化证交所的自律监管职能入手，加快制度创新步伐，完善自律监管职能，强化自律地位，积极稳妥地推进证交所的公司制改革。

2. 驯服证交所营利性的过分膨胀：强化其作为公司的社会责任

公司化后的证交所应当珍惜公司化改革带来的利益和发展机遇。一味地放松自律监管，虽然能够给证交所带来短期利益，但从长远看将会贬损证交所的商业信誉，最后导致其在竞争中走向衰败。

建议立法者和监管者要求公司制证交所承担更多的社会责任，如要求独立董事进入证交所董事会；明确要求证交所股东与非股东利益发生冲突时，以后者的意见作为证交所的行动指南。当证交所自律监管失灵时,需要政府监管者出面监督证交所。

(三) 自律监管

证券交易所通过制定交易规则、公布即时行情(证券行情表及其他相关信息)等活动监管证券交易活动,突出表现为对会员、上市公司的监管。

1. 证券所对会员的监管

既然证券公司愿意加入证券交易所,承认证券交易所的章程,就应自觉地接受证券交易所的监管。

《证券法》第 110 条规定,进入证券交易所参与集中交易的,必须是证券交易所的会员。《证券法》第 111 条规定,要求投资者与证券公司签订证券交易委托协议,并在证券公司开立的证券交易账户内,委托该证券公司代其买卖证券。

2. 证券交易所对上市公司的监管

证券交易所对上市公司的监管是证券交易所对证券交易活动监管的必然延伸。因为证券一级市场与二级市场密不可分,要确保上市证券的质量,防范上市证券的投资风险,就必须加强对证券发行人即上市公司的监管,包括上市准入权、上市规则、上市推荐人等措施。

二、证券公司

证券公司简称“券商”,指依法经营证券业务,发行、交易和销售证券类金融产品的公司。《证券法》第 123 条规定,本法所称证券公司是指依照《中华人民共和国公司法》和本法规定设立的经营证券业务的有限责任公司或者股份有限公司。证券公司是连接投资者与证券发行主体之间的桥梁与纽带,堪称证券市场的枢纽。

(一) 证券公司概述

1. 证券公司业务类型

为鼓励证券公司量力而行地进行精准化的市场定位,扩充证券公司的组织类型,鼓励证券公司自觉保持资本实力、内控能力与业务规模的动态平衡,《证券法》第 125 条规定将证券公司业务分为证券经纪、证券投资咨询、与证券交易和投资活动有关的财务顾问、证券承销与保荐、证券自营、证券资产管理和其他证券业务(含融资融券)7 项,并在第 127 条中就不同的证券业务及其组合设置了不同的注册资本最低门槛,供证券公司自由选择。

2. 证券公司风险管理能力划分

证监会根据证券公司评价计分的高低,将证券公司分为 A (AAA、AA、A)、B (BBB、BB、B)、C (CCC、CC、C)、D、E 五大类 11 个类别。被依法采取责令停业整顿、指定其他机构托管、接管、行政重组等风险处置措施的证券公司,评价计分为 0 分,定为 E 类公司。评价计分低于 60 分的证券公司,定为 D 类公司。证券公司在评价期内存在挪用客户资产、违规委托理财、财务信息虚假或股东虚假出资、抽逃出资等违法违规行为的,将公司类别下调 3 个级别;情节严重的,将公司类别直接认定为 D 类。

A 类公司风险管理能力在行业内最高,能较好地控制新业务、新产品方面的风险;B 类公司的风险管理能力在行业内较高,在市场变化中能较好地控制业务扩张的风险;C 类公司的风险管理能力与其现有业务相匹配;D 类公司的风险管理能力低,潜在风险可能超过公司可承受范围;E 类公司的潜在风险已经变为现实风险,已被采取风险处置措施。

（二）证券公司治理结构

为提升证券公司的治理水准和核心竞争力，证券公司应遵循民主、透明、问责的理念，依法建立股东会、董事会、经营层和监事会等组织机构，明确决策、执行、监督机构的职权。这里仅论述证券公司治理中的特殊问题。

1. 独立董事

《公司法》第123条仅要求上市公司设独立董事，对非上市公司尤其是有限责任公司则无此硬性要求。但为鼓励证券公司见贤思齐，《监管条例》第19条授权和鼓励非上市证券公司（包括有限责任公司）设独立董事。为维持独立董事的独立性和公信力，条例禁止独立董事在本证券公司董事会外担任职务，禁止其与本证券公司存在可能妨碍独立、客观判断的关系。

2. 董事会专门委员会

《证券分司监督管理条例》第20条要求经营证券经纪业务、证券资产管理业务、融资融券业务和证券承销与保荐业务中2种以上的证券公司的董事会设薪酬与提名委员会、审计委员会和风险控制委员会，行使公司章程规定的职权。

3. 董事会秘书

《证券分司监督管理条例》第21条要求证券公司设董事会秘书，负责股东会和董事会会议的筹备、文件的保管以及股东资料的管理，按照规定或根据证监会、股东等有关单位或个人的要求，依法提供有关资料，办理信息报送或信息披露事项。董事会秘书作为董事会日常事务的负责人，在上传下达、承上启下方面发挥着重要作用，通常享受副总经理级的岗位薪酬和待遇。

4. 合规负责人

证券公司是法律风险密集型企业。《证券分司监督管理条例》第23条要求证券公司设合规负责人，对证券公司经营管理行为的合法合规性进行审查、监督或检查。

5. 董事、监事、高级管理人员的监管

强化对董事、监事、高级管理人员的监管，是强化证券公司综合治理和有效监管的关键措施。近年证券公司风险的形成与部分高管人员严重失信失职甚至违法犯罪有着密切关联。因此，只有管住人，才能管住公司。

6. 上市证券公司治理的双重要求

上市证券公司具有证券公司与上市公司的双重属性。作为证券公司，要适用证券公司监管相关法规；作为上市公司，要适用上市、发行监管相关法规。因此，上市证券公司治理，既要严格执行《证券公司治理准则》，也要严格执行《上市公司治理准则》。

（三）证券公司业务一般规则

1. 审慎开户

我国对客户开户工作实行实名制，即账户所有者名称、身份证明、账户编码必须一一对应。证券公司受证券登记结算机构委托为客户开立证券账户时，应按照证券账户的管理规则，对客户申报的姓名或名称、身份的真实性进行审查。同一客户开立的资金账户和证券账户的姓名或名称应当一致。

证券公司，不得将客户的资金账户、证券账户提供给他人使用。

案例10-10：散户委托高手炒股，资本被卷，法院判券商赔偿

散户股民林某委托高手钱某代为炒股。他偶然查看自己的资金账户，发现股东账户内股票数为零，账面仅存资金12元。林某将证券公司营业部（简称营业部）告上了法院，法院通知钱某和交通银行某支行一起参加诉讼。上海静安法院判决：由营业部返还林某 104 520 元及利息。

林某分别持有上交所和深交所账号。2000 年 3 月 22 日，林某在营业部开户，委托炒股高手钱某代为炒股。2001 年 6 月 15 日，钱某在交通银行某支行下属营业部，以林某的名义申请开立银行太平洋借记卡业务，《太平洋借记（IC）卡申请表》由营业部代银行办理。同月 18 日，钱某又以林某的名义与营业部签订《银证转账协议书》，办理了银证转账业务。《银证转账协议书》《太平洋借记（IC）卡申请表》的签名均由钱某代为签署。2001 年 6 月至 2002 年 9 月 13 日，钱某通过银证转账业务，多次把林某账户内的资金划入太平洋借记卡账户，经银行 ATM 自动取款机从太平洋借记卡账户分批提取资金 104 520 元。

法院两次委托司法鉴定中心对《银证转账协议书》林某的签名进行鉴定，证实不是林某所写；《太平洋借记（IC）卡申请表》两处林某的签名经鉴定，也不是林某所写，均为钱某笔迹。

案例评析：

营业部负有保障股民存款安全和为股民保密的义务。林某在营业部开立股票账户和资金账户，营业部负有妥善保管股民资金的义务。但营业部办理《银证转账协议书》和《太平洋借记（IC）卡申请表》手续时，没有按规定审验，致使林某在不知情的情况下，被钱某冒名办妥了林某名下的上述申请。钱某又通过银证转账业务，多次将林某资金转移并取走，造成林某资金的损失，营业部负有不可推卸的责任。

鉴于林某没有对钱某和银行提出赔偿要求，三被告之间分属不同的法律关系，营业部的损失可通过另行起诉解决。

2. 合同条款与风险提示

为预防证券公司欺诈客户的行为，《证券法》第 144 条禁止证券公司以任何方式对客户证券买卖的收益或赔偿证券买卖的损失作出承诺。证券公司应当根据所了解的客户情况推荐适当的产品或服务。证券公司与客户签订证券交易委托、证券资产管理、融资融券等业务合同，应当事先指定专人向客户讲解有关业务规则和合同内容，并将风险揭示书交由客户签字确认。

3. 尊重消费者的知情权

证券公司应建立信息查询制度，保证客户在证券公司营业时间内能够随时查询其委托记录、交易记录、证券和资金余额，以及证券公司业务经办人员和证券经纪人的姓名、执业证书、证券经纪人证书编号等信息。

4. 公平交易与公平竞争

证券公司不得违反规定委托其他单位或个人进行客户招揽、客户服务、产品销售活动。证券公司向客户提供投资建议时，不得对证券价格的涨跌或市场走势作出确定性判断。证券公司及其从业人员，不得利用向客户提供投资建议而牟取不正当利益。

5. 从业人员廉洁自律

为预防证券公司从业人员滥用优势地位兴风作浪，《证券法》第 43 条和《证券分司监督管理条例》第 35 条要求证券公司建立并实施有效的管理制度，防范其从业人员直接或以化名、他人名义持有、买卖股票，收受他人赠送的股票。

（四）证券经纪业务规则

《证券法》第 141 条第 1 款规定，证券公司接受证券买卖的委托，应当根据委托书载明的证券名称、买卖数量、出价方式、价格幅度等，按照交易规则代理买卖证券，如实地进行交易记录；

买卖成交后，应当按照规定制作买卖成交报告单交付客户。该条第 2 款规定，证券交易中确认交易行为及其交易结果的对账单必须真实，并由交易经办人员以外的审核人员逐笔审核，保证账面证券余额与实际持有的证券相一致。

为预防证券公司滥用客户信任、损害客户利益，《证券法》第 143 条禁止证券公司办理经纪业务，接受客户的全权委托而决定证券买卖、选择证券种类、决定买卖数量或买卖价格。《证券法》第 144 条规定，证券公司不得以任何方式对客户证券买卖的收益或者赔偿证券买卖的损失作出承诺。

为预防从业人员的道德风险，《证券法》第 145 条禁止证券公司及其从业人员未经过其依法设立的营业场所私下接受客户委托买卖证券；《证券法》第 146 条确认证券公司从业人员的代理行为对证券公司产生拘束力：从业人员在证券交易活动中执行公司指令或利用职务违反交易规则的行为由所属公司承担全部责任。

案例 10－11：原告全权委托被告进行粮油期货买卖，亏损如何分担？

原告（李某）于 2005 年 3 月 18 日在被告（某期货经纪公司）处办理粮油期货交易开户手续，存入保证金 5 万元。双方还签订期货交易客户合约书，原告在风险揭示声明书上签字，并办理授权委托书，写明委托期限一年，从事上海粮油商品交易所的全部期货品种，本委托系全权委托。嗣后，被告在原告未填写委托买卖定单及未签字的情况下，依全权委托进行粮油期货买卖。5 月上旬，被告通知原告亏损严重。原告与被告交涉未成，诉至法院，要求判令被告赔偿保证金及利息损失。被告辩称，依原告全权委托进行粮油期货交易，交易中出现亏损应由原告承担。

法院认为，被告依原告全权委托进行粮油期货买卖，违反《上海粮油商品交易所期货交易业务规则》"客户买卖期货，当面委托须填写委托买卖定单并签字"的规定，确认双方委托代理行为无效。被告作为经纪公司理应知道上述规定，仍要求原告签署打印"本委托系全权委托"授权委托书。原告作为客户，理应知道粮油期货买卖交易不得全权委托之规定，仍作全权委托。对于无效委托代理行为造成原告的经济损失，双方如何分担？

A. 双方平均分担损失；　　　　　　　　B. 被告承担全部损失；

C. 原告承担全部损失；　　　　　　　　D. 被告承担主要损失，原告承担次要损失。

案例 10－12：渤海证券能否保证楼某年保底收益率为 10.5%？

2002 年 7 月 18 日，楼某与渤海证券签订《代理国债投资协议》，委托渤海证券代理国债投资，渤海证券确保其年收益率 10.5%。渤海证券擅自在楼某资金账户下挂其他股东账户进行股票交易，造成巨额亏损。楼某诉至法院，要求渤海证券返还投资款，并支付保底收益。渤海证券称股票交易系楼某自己所为，交易结果由楼某本人承担。

法官判决：渤海证券返还楼某本金并支付存款利息，但对保底收益请求未予支持，依据是：

A. 证券公司天然存在风险，不能保证保底收益；

B. 证券公司是专业公司，有能力保证固定收益回报；

C. 楼某与渤海证券自愿签订投资协议，应按协议履行；

D. 渤海证券可部分保底，例如保证年收益率 5%。

案例 10－13：如何看待 K 先生曾提出的"盈利 5:5 分成，亏损自己承担"？

2015 年 5 月中旬，K 先生通过校友会认识职业炒股高手 C 女士，C 女士建议 K 先生投资业绩较好的私募基金,提及自己做短线、不便带人操盘。K先生请求C女士把平时能够顾及的短线品种通知给他跟随操作,还提出“盈利5:5分成,亏损自己承担”的方案。

K先生使用单独账号50万元资金跟随C女士操作,半个月赢取40%利润20万元。K先生按约定提取10万元利润给C女士。6月,C女士微信通知K先生对已买入股票平仓,但K先生选择持股,并未卖出。2天后,股票市场大幅调整,K先生继续增亏。K先生找到C女士,说侥幸没卖出,请C女士指导。C女士答复K先生,持有的股票应有15%反弹,让其反弹后卖出空仓等待。此后,股票市场出现了大股灾,K先生账号资金从50万元变为30万元。

K先生找到C女士,说“你专职做股票,怎么没有预测出股灾,很多业余做股票者都提前跑了,你的技术实在太差”,接着说“约定盈利5:5分成,现在我亏损,你应该把我给你的10万元退给我,你说的15%反弹只有11%”。原想退还10万元的C女士很生气,说“亏损是你不按约定平仓所致,若平仓,仅亏5万元,我应该退你2.5万元”。

如果K先生起诉至法院,如何看待K先生曾提出的“盈利5:5分成,亏损自己承担”?

A. 当事人系朋友,继续适用; B. 当事人系合伙,应当风险共担;

C. 当事人系公司股东,按贡献分享利润; D. 私法自治,盈利、亏损均由当事人约定。

案例10-14:证券公司私下接受客户委托买卖证券

2006年10月和2008年2月,徐晖分别与原中富证券广州东风中路营业部和上海证券广州东风中路营业部客户蔡坤荣达成委托协议,约定徐晖在蔡坤荣提供的证券账户进行证券交易,蔡坤荣每月按5%的比例收取固定收益,实际收益超出固定收益部分作为给予徐晖的报酬,若低于固定收益或亏损,由徐晖向蔡坤荣补足本金和固定收益。

2006年11月16日至2007年12月底、2008年3月3日至2009年4月17日期间,徐晖分别利用蔡坤荣提供的“蔡惠华”和“蔡坤荣”证券账户及资金下单进行证券交易。

广东证监局对徐晖给予警告,并处10万元罚款,理由是:

A. 证券公司各类业务没有分开; B. 接受客户全权委托;

C. 就证券交易的收益或赔偿向客户作出保底承诺; D. 私下接受客户委托。

案例10-15:甲买卖股票导致的损失谁承担?

甲在乙证券公司开户,存入400万元资金,乙公司让其及时更换操作密码,以保证交易安全,但甲未更换操作密码,出差一月,发现账户资金已经购买股票,并亏损5万元,甲与证券公司交涉。经查,乃乙公司操作员失误所致,乙公司抗辩说甲未更改密码,应承担部分责任。期间,股票陡涨,超过购买价,甲不再与乙公司商讨赔偿问题。六个月后,甲未出售其股票,股价下跌,十天内跌至购入价,甲仍未售出,一个月后仍跌,至甲售出股票时已跌约150万元,甲起诉至法院,请求乙公司赔偿150万元。

关于甲买卖股票损失,适用:

A. 乙证券公司赔偿,甲行使抗辩权; B. 乙证券公司赔偿,甲有选择地行使抗辩权;

C. 甲自担,因为甲弃权; D. 甲自担,因为甲弃权与禁止反言。

(五)证券自营业务规则

为隔离证券公司自营业务与其他业务间的风险,《证券法》第137条确认了自营业务实名制,要求证券公司的自营业务必须以自己的名义进行,不得假借他人名义或者以个人名义进行。证券公司的自营业务必须使用自有资金和依法筹集的资金。

证券公司,不得将其自营账户借给他人使用。

(六) 证券资产管理业务

证券资产管理业务,指证券公司依法接受客户委托,使用客户资产进行投资,投资收益由客户享有,损失由客户承担,证券公司按约定收取管理费用的商事活动。

《监管条例》要求证券公司从事证券资产管理业务时与客户签订证券资产管理合同,约定投资范围、投资比例、管理期限及管理费用等事项。但不得有下列行为:(1)向客户作出保证其资产本金不受损失或保证其取得最低收益的承诺;(2)接受一个客户的单笔委托资产价值低于证监会规定的最低限额;(3)使用客户资产进行不必要的证券交易;(4)在证券自营账户与证券资产管理账户之间或不同证券资产管理账户之间进行交易,且无充分证据证明已依法实现有效隔离。

(七) 融资融券业务

证券公司从事融资融券业务时,应与客户签订融资融券合同,并以证券公司的名义在证券登记结算机构开立客户证券担保账户,在指定商业银行开立客户资金担保账户。证券公司应在两个账户内为每一客户单独开立授信账户。

证券公司向客户融资,应使用自有资金或依法筹集的资金;向客户融券,应当使用自有证券或依法取得处分权的证券。证券公司从事融资融券业务,自有资金或证券不足的,可向证券金融公司借入。

案例 10-16:何榕投资失败导致的损失谁担当?

2014 年 1 月,海通证券股份有限公司(简称海通公司)向有融资需求的何榕极力推荐其融资融券业务,劝说其开展融资融券。2014 年 1 月 20 日,双方签订《证券交易委托代理协议》,何榕首次在海通公司开立证券交易账户。2014 年 1 月 28 日,双方签订《融资融券合同》,约定海通公司为何榕提供融资融券服务。同时,开立了账号为×××的信用账户,进行融资融券业务。何榕分别于 2014 年 2 月 11 日、2 月 13 日将 5 520 000 元和 4 000 000 元转入前述账号信用账户,作为买卖股票资金,也是融资融券交易保证金。2014 年 3 月 7 日,在客户经理劝说下,双方签订了第二份《融资融券合同》,并开立了编号为×××的信用账户。何榕融得资金 37 335 600 元,用于购买秦川发展(后更名为秦川机床)股票合计 7 658 200 股。后因秦川发展股价下跌,何榕的两个信用账户内的股票价值低于《融资融券合同》约定的维持担保规定的价值,遂于 2014 年 4 月 30 日分别向×××账户和×××账户追加资金 100 000 元及 700 000 元。但由于秦川发展股价的进一步下跌,何榕的两个信用账户内的资金再次低于《融资融券合同》约定的价值。

海通公司将何榕的两信用账户内的秦川发展股票平仓,导致损失,适用:

A. 诱使客户进行不必要的证券买卖;

B. 违背审慎经营和诚信义务,适当性推介义务;

C. 违反各类禁止性规定,进而损害社会公共利益;

D. 行为违规,但不影响融资融券合同效力,何榕自担投资失败损失。

三、证券登记结算机构

根据《证券法》第155条第1款规定，证券登记结算机构（简称结算机构）是为证券交易提供集中登记、存管与结算服务，不以营利为目的的法人。

《证券法》第157条和《结算办法》第8条采取列举加兜底的方式确定结算机构的7大职能：(1)证券账户、结算账户的设立和管理；(2)证券的存管和过户；(3)证券持有人名册登记及权益登记；(4)证券交易所上市证券交易的清算交收及相关管理；(5)受发行人的委托派发证券权益；(6)依法提供与证券登记结算业务有关的查询、信息、咨询和培训服务；(7)证监会批准的其他业务。

为确保结算机构专注于职责范围内的业务活动，《结算办法》第9条禁止结算机构从事与证券登记结算业务无关的投资、购置非自用不动产，在该办法第65条和第66条规定的范围之外买卖证券或从事法律、行政法规和证监会禁止的其他行为。

为方便证券交易结算的顺利进行，《证券法》第159条建立了强制的证券存管制度。根据该条规定，证券持有人持有的证券，在上市交易时，应当全部存管在证券登记结算机构。证券登记结算机构不得挪用客户的证券。至于证券持有人是否自愿，是否有意出让其所持证券，均不过问。

《证券法》第166条第1款规定，投资者委托证券公司进行证券交易，应当申请开立证券账户。证券登记结算机构应当按照规定以投资者本人的名义为投资者开立证券账户。为贯彻直接持有制度，《证券登记结算管理办法》第22条禁止投资者将本人的证券账户提供给他人使用。

为保障证券市场的安全运行，《证券法》第167条第1款规定，证券登记结算机构为证券交易提供净额结算服务时，应当要求结算参与人按照货银对付的原则，足额交付证券和资金，并提供交收担保。在交收完成之前，任何人不得动用用于交收的证券、资金和担保物。该条第2款规定，结算参与人未按时履行交收义务的，证券登记结算机构有权按照业务规则处理前款所述财产。

为确保清算交收账户内各类结算资金和证券的绝对安全性，统一和规范司法机关的强制执行措施，《证券法》第168条规定，证券登记结算机构按照业务规则收取的各类结算资金和证券，必须存放于专门的清算交收账户，只能按业务规则用于已成交的证券交易的清算交收，不得被强制执行。

四、证券服务机构

证券服务机构，指为证券的发行、上市、交易等证券业务活动制作、出具审计报告、资产评估报告、财务顾问报告、资信评级报告或者法律意见书等专业报告的服务性机构。主要包括投资咨询机构、财务顾问机构、资信评级机构、资产评估机构、会计师事务所和律师事务所等。

证券服务机构是智慧密集型、知识密集型、诚信密集型、风险密集型机构。证券服务机构质量和核心竞争力，取决于其从业人员的道德素质和业务水平。因此，《证券法》第170条要求在投资咨询机构、财务顾问机构、资信评级机构内从事证券服务业务的人员，必须具备证券专业知识，拥有从事证券业务或证券服务业务2年以上的经验。认定其证券从业资格的标准和管理办法，由国务院证券监督管理机构制定。这里重点论述投资咨询机构。

证券投资咨询，指从事证券投资咨询业务的机构及其投资咨询人员为证券投资人或者客户提供证券投资分析、预测或者建议等直接或者间接的有偿咨询服务，包括但不限于以下形式：(1)接受投资人或者客户委托，提供证券投资咨询服务；(2)举办有关证券投资咨询的讲座、报告会、分析会等；(3)在报刊上发表证券投资咨询的文章、评论、报告以及通过电台、电视台等公众传播媒体提供证券投资咨询服务；(4)通过电话、传真、电脑网络等电信设备系统，提供证券投资咨询服务以及证监会认定的其他形式。其中，发布证券研究报告、提供证券投资顾问业务，是两种基本的证券投资咨询的业务形式。

(一) 证券投资咨询人员应具备的条件

证券投资咨询人员申请取得证券投资咨询从业资格，必须具备下列条件：(1)具有中华人民共和国国籍；(2)具有完全民事行为能力；(3)品行良好、正直诚实，具有良好的职业道德；(3)未受过刑事处罚或者与证券业务有关的严重行政处罚；(5)具有大学本科以上学历；(6)证券投资咨询人员具有从事证券业务 2 年以上的经历，期货投资咨询人员具有从事期货业务 2 年以上的经历；(7)通过证监会统一组织的证券从业人员资格考试；(8)证监会认定的其他条件。

(二) 证券投资咨询主体的诚信义务

证券公司、证券投资咨询机构发布证券研究报告，应当遵守法律、行政法规的规定，遵循独立、客观、公平、审慎原则，有效防范利益冲突，公平对待发布对象，禁止传播虚假、不实、具有误导性信息，禁止从事或者参与内幕交易、操纵证券市场活动。

例如，2014 年 5 月，福建金森林业股份有限公司开展并购福建连城兰花股份有限公司部分股权的工作，利安达会计师事务所系本次重大资产重组的审计机构。经查，福建金森《重大资产重组方案报告书(草案)》中存在虚假记载。审计过程中，利安达违反《审计准则》相关规定未勤勉尽责，导致所出具的审计报告存在虚假记载。本次资产重组中，福建金森曾先后频繁更换多家会计师事务所，利安达在此前已有多次因未勤勉尽责而被行政处罚的情况下，仍为其出具虚假审计报告，情节恶劣。证监会依法没收利安达业务收入并处罚款。2016 年 8 月，证监会与财政部作出暂停利安达会计师事务所(特殊普通合伙)承接新的证券业务并责令限期整改的处理决定。审计机构及其相关责任人员应恪守独立性原则，切实做到不沾假、不帮假、不造假，做好资本市场的“守门员”和“把关人”。

为防范投资咨询机构及其从业人员的道德风险，《证券法》第 171 条第 1 款规定，投资咨询机构及其从业人员从事证券服务业务不得有下列行为：(1)代理委托人从事证券投资；(2)与委托人约定分享证券投资收益或者分担证券投资损失；(3)买卖本咨询机构提供服务的上市公司股票；(4)利用传播媒介或者通过其他方式提供、传播虚假或者误导投资者的信息；(5)法律、行政法规禁止的其他行为。该条第 2 款规定，有前款所列行为之一，给投资者造成损失的，依法承担赔偿责任。

例如，上海证监局调查发现，原国开证券经纪人朱炜明利用其掌握、控制的亲属的证券账户事先购买了“利源精制”“万马股份”等十只股票。随后，朱炜明利用其在上海电视台第一财经频道“谈股论金”栏目担任特邀嘉宾的身份，在节目中公开评价、预测上述股票，并在节目播出后的 3 个交易日内卖出，获利近 44 万元。调查同时发现，朱炜明在 2010 年 8 月 20 日起约四年内，通过其控制的亲属的证券账户进行证券投资交易，构成从业人员违法买卖股票行为，违法所得约 400 万元。证监会依法对朱炜明上述违法行为作出行政处罚，对其采取终身证券市场禁入措施，同时将本案移送公安机关。朱炜明因涉嫌操纵证券市场罪，已被检察机关批准逮捕。该案的及时查办为证券行业从业人员敲响了警钟，也警示证券行业须加强对从业人员参与证券类节目的有效内控，对参与证券类媒体节目的关键人员加强审核，增强制度约束和道德操守、法律意识的教育。

目前一些新闻媒体进行股评活动比较混乱：有的证券咨询公司与媒体联手，买断电视台、电台的多个时段进行股评营销，推介个股；有的股评人甚至与庄家串通，故意发布虚假信息，操纵股市，误导投资者的投资决策。

(三) 证券投资咨询业务的一般行为准则

证券投资咨询机构及其投资咨询人员，应当完整、客观、准确地运用有关信息、资料向投资人或者客户提供投资分析、预测和建议，不得断章取义地引用或者篡改有关信息、资料；引用有关信息、资料时，应当注明出处和著作权人；不得以虚假信息、市场传言或者内幕信息为依据向投资人或者客户提供投资分析、预测和建议。

案例 10-17：“湘中药自信潜力无穷”的报道严重失实

1997 年 3 月，张某被南方某报一篇署名熊某的文章“湘中药自信潜力无穷”（简称“湘文”）（湘中药，股票代码 000590）吸引。湘中药董事长申甲球透露，公司 1997 年业绩将增长 1 倍以上，纯利润将达 3 500 万元，按实际总股本计算，每股税后利润接近 0.50 元。“湘文”推断：湘中药将重复黔轮胎（股价上涨四五倍）的故事。“湘文”还称，国内中医药专家对公司新产品进行了一年评审，通过 2 万人临床实验，被国家中医药管理局授予中国名牌中药称号，公司总资产将达 8 亿元。公司投资 2 800 万元，建成一条年产 6 亿元的古汉养生精生产线；已在吉林省某市租到一块面积 1 200 亩、期限 30 年的牧场，作为公司的养鹿基地和人参培养基地。公司产品不出厂，通过邮购方式限量购买，对外不设分公司。公司积极开拓国际市场，产品已通过美国和韩国 FDA 认证。

张某自 3 月 20 日起，共计 16 次买入湘中药 27 500 股，投入资金 343 590 元。但湘中药 1996 年度报告，与“湘文”所述相差甚远。股价从 13 元一度跌至 7 元，张某被迫割肉出局，损失 79 577 元。张某认为其损失是受“湘文”虚假股评文章误导，遂向当地法院起诉，要求股评作者熊某及刊载文章的南方某报赔偿损失。一审法院驳回其诉讼请求。张某不服，上诉至上一级法院。

二审法院经审理，查明“湘文”在五个方面与实际情况不符：一是湘中药 1996 年报披露其净利润 1 562 80 万元，每股税后利润 0.217 元，与“湘文”所称“净利润 3 500 万元及每股收益 0.50 元”相差甚远；二是湘中药拳头产品——古汉养生精，仅通过美国 FDA 认证，没有像“湘文”所称“已通过美国和韩国 FDA 认证”；三是湘中药聘请律师，并在报上刊登打假广告，设立 24 小时值班热线，没有像“湘文”所称“产品不出厂，通过邮购方式限量购买”；四是湘中药年报披露，通过发行股票募集资金，拟建一条生产 10 亿片的古汉养生精生产线，公司已投入 2 000 万元，不足部分 1997 年继续投入，未如“湘文”所称“已建成年产 6 亿元的古汉养生精生产线”；五是年报披露公司联营投资 14 623 554 元，投资单位有辽宁省通化市集安市衡集人参制品厂 563 730 元，没有“湘文”所称“租地之事”。判决：“湘文”作者熊某赔偿张某股票损失 77 506 元，南方某报承担连带赔偿责任。

案例评析：

该案因南方某报刊登“湘文”严重误导的失实报道而引发民事赔偿纠纷，法院没有完全支持投资人张某的诉求，而是让张某也自担小部分经济损失，给股评家、媒体和投资者均敲响了警钟。进一步，证券分析师应如何报道？如何有效地保护投资者权益？

证券分析如同天气预报，不可能完全准确。如果错了就得承担赔偿责任，则该行业无法生存、发展。因此，不能动辄追究证券分析师的全部责任，要看其主观上是否存在过错；保护投资者权益要适度，要看其投资决策是否谨慎。对证券分析师而言，应当撰写规范、严谨的证券分析报告，这就要信息真实、用词准确、限定前提。

首先，要注明事实和有关财务数据的来源、出处。如果援引某家报纸对公司高管层的采访，有必要注明报纸的名称、作者、发表时间与版次。注明事实出处，便于投资者考证事实真伪，究明真相。"湘文"作者没有交代消息来源，暗示作者自己提供了信息来源，投资者亦无法亲自考证这些消息的可靠性。

其次，要用语准确、论证严谨、论据充分、观点明确而适当。避免诸如"时不我待""行情不等人"等煽情性语言；在事实与结论之间，要有严谨的逻辑推理过程；观点不能模糊，但也应适度，可考虑对公司利润、股价涨幅预测采用"幅度"法。

再次，下结论前限定前提，如"在经济、政策、公司经营等不发生重大变化情况下""如本分析报告所援引信息、资料属实，那么上述结论将成立"等。

媒体在刊登或播出分析报告时，对报告提及的一些重要事实、夸大用词应尽客观、真实的审核职责。为减轻和免除责任，可在报纸、杂志或屏幕上标明"除本报（刊、台）记者采写文章（发回报道）外，均不代表本报（刊、台）观点。"

对投资者而言，阅读或收看此类文章、节目，要持质疑态度，不要盲目相信股评家的结论，对其涉及的事实应经多方求证。

"湘文"作者熊某对基本事实未尽审核之职，也未对信息来源加以说明，造成投资者张某经济损失，应承担主要赔偿责任；南方某报对"湘文"严重误导的失实报道，未尽谨慎的审核职责，应与熊某一起对张某的经济损失承担连带责任。张某是完全民事行为能力人，应当看出"湘文"未告知信息来源、煽动性用词、未限定结论前提等诸多漏洞，其投资决策过于鲁莽、草率，自然也要承担部分经济损失。

证券投资咨询人员在报刊、电台、电视台或者其他传播媒体上发表投资咨询文章、报告或者意见时，必须注明所在证券投资咨询机构的名称和个人真实姓名，并对投资风险作充分说明。证券投资咨询机构向投资人或者客户提供的证券投资咨询传真件必须注明机构名称、地址、联系电话和联系人姓名。

证券投资咨询机构，就同一问题向不同客户提供的投资分析、预测或者建议，应当一致。具有自营业务的证券经营机构在从事超出本机构范围的证券投资咨询业务时，就同一问题向社会公众和其自营部门提供的咨询意见应当一致，不得为自营业务获利的需要而故意对社会公众进行误导。

（四）证券研究报告的发布

发布证券研究报告是证券投资咨询业务的一种基本形式，指证券公司、证券投资咨询机构对证券及证券相关产品的价值、市场走势或者相关影响因素进行分析，形成证券估值、投资评级等投资分析意见，制作证券研究报告，并向客户发布的行为。证券研究报告，主要包括涉及证券及证券相关产品的价值分析报告、行业研究报告、投资策略报告等。证券分析师，不得同时注册为证券投资顾问。

为防范发布证券研究报告过程中的道德风险，应建立健全的隔离墙制度。发布证券研究报告的证券公司、证券投资咨询机构，应当设立专门的研究部门或者子公司，建立健全业务管理制度，对发布证券研究报告行为及相关人员实行集中统一管理。从事发布证券研究报告业务的相关人员，不得同时从事证券自营、证券资产管理等存在利益冲突的业务。

（五）证券投资顾问业务

证券投资顾问业务是证券投资咨询业务的另一种基本形式，指证券公司、证券投资咨询机构接受客户委托，并按约定向客户提供涉及证券及证券相关产品的投资建议服务，辅助客户作出投资决策，并直接或者间接获取经济利益的经营活动。投资建议服务内容，包括投资的品种选择、投资组合以及理财规划建议等。

向客户提供证券投资顾问服务的人员，应当具有证券投资咨询执业资格，并在证券业协会注册登记为证券投资顾问。证券投资顾问，不得同时注册为证券分析师。

证券投资顾问应当根据客户情况，在评估客户风险承受能力和服务需求的基础上，向客户提供适当的投资建议服务。提供投资建议，应当具有合理的依据，包括证券研究报告或者基于证券研究报告、理论模型以及分析方法形成的投资分析意见等。

证券投资顾问向客户提供投资建议，应当提示潜在的投资风险，禁止以任何方式向客户承诺或者保证投资收益的行为。鼓励证券投资顾问向客户说明与其投资建议不一致的观点，作为辅助客户评估投资风险的参考。

证券公司、证券投资咨询机构应当按照公平、合理、自愿的原则，与客户协商并书面约定收取证券投资顾问服务费用的安排，可以按照服务期限、客户资产规模收取服务费用，也可以采用差别佣金等其他方式收取服务费用。证券投资顾问服务费用应当以公司账户收取。禁止证券公司、证券投资咨询机构及其人员以个人名义向客户收取证券投资顾问服务费用。

证券公司、证券投资咨询机构通过广播、电视、网络、报刊等公众媒体对证券投资顾问业务进行广告宣传，应当遵守《广告法》和证券信息传播的有关规定，广告宣传内容不得存在虚假、不实、误导性信息以及其他违法违规情形。

以软件工具、终端设备等为载体，向客户提供投资建议或者类似功能服务的，应当执行本规定，并符合下列要求：(1)客观说明软件工具、终端设备的功能，不得对其功能进行虚假、不实、误导性宣传；(2)揭示软件工具、终端设备的固有缺陷和使用风险，不得隐瞒或者有重大遗漏；(3)说明软件工具、终端设备所使用的数据信息来源；(4)表示软件工具、终端设备具有选择证券投资品种或者提示买卖时机功能的，应当说明其方法和局限。

证券投资顾问不得通过广播、电视、网络、报刊等公众媒体，作出买入、卖出或者持有具体证券的投资建议。

案例 10－18：营业部向熊友达提供的是何种证券投资顾问服务？

2000 年 1 月 27 日，熊友达在信达证券西单北大街营业部（简称营业部）办理沪、深股票交易账户，资金账号 02208。后又办理融资融券业务，资金账号×××。2015 年 3 月初，营业部员工史秋梅安排客服部专职投资顾问杜润攀为熊友达的投资顾问。杜润攀接受并主动添加熊友达为微信好友，多次邀熊友达参加股市投资讲座活动，并通过电话、微信和面谈交流指导。2015 年 6 月 19 日，杜润攀在股市暴跌中向熊友达发出“持有或买入”操作指示，买入后最终致使熊友达账户净资产损失 1 145 894 元(不含融资损失 635 400 元)。为此，熊友达以证券投资顾问纠纷案由，于 2015 年 11 月 16 日起诉至北京市西城区人民法院。

营业部向熊友达提供证券投资顾问服务，适用：

A. 普遍性的服务，盈利或亏损均归于投资者；

B. 针对熊友达的具体咨询服务，双方共担亏损；

C. 违规发出“持有或买入”建议，承担主要亏损；

D. 有偿的高额咨询服务，营业部承担亏损。

五、证监会

（一）证监会的职责

依据《证券法》第179条第1款之授权，证监会在对证券市场实施监督管理中履行下列职责：(1)依法制定有关证券市场监督管理的规章、规则，并依法行使审批或者核准权；(2)依法对证券的发行、上市、交易、登记、存管、结算，进行监督管理；(3)依法对证券发行人、上市公司、证券公司、证券投资基金管理公司、证券服务机构、证券交易所、证券登记结算机构的证券业务活动，进行监督管理；(4)依法制定从事证券业务人员的资格标准和行为准则，并监督实施；(5)依法监督检查证券发行、上市和交易的信息公开情况；(6)依法对证券业协会的活动进行指导和监督；(7)依法对违反证券市场监督管理法律、行政法规的行为进行查处；(8)法律、行政法规规定的其他职责。该条第2款规定，国务院证券监督管理机构可以和其他国家或者地区的证券监督管理机构建立监督管理合作机制，实施跨境监督管理。

作为《证券法》的特别法，《证券投资基金法》第76条又列举了证监会监督证券投资基金活动的职责：(1)依法制定有关证券投资基金活动监督管理的规章、规则，并依法行使审批或者核准权；(2)办理基金备案；(3)对基金管理人、基金托管人及其他机构从事证券投资基金活动进行监督管理，对违法行为进行查处，并予以公告；(4)制定基金从业人员的资格标准和行为准则，并监督实施；(5)监督检查基金信息的披露情况；(6)指导和监督基金同业协会的活动；(7)法律、行政法规规定的其他职责。

（二）对证监会的约束与监督

《证券法》第182条和《证券投资基金法》第79条要求国务院证券监督管理机构工作人员必须忠于职守，依法办事，公正廉洁，不得利用职务便利牟取不正当利益，不得泄露所知悉的有关单位和个人的商业秘密。

《证券法》第187条和《证券投资基金法》第82条禁止国务院证券监督管理机构的人员在被监管的机构中兼任职务，旨在预防权力腐败。

（三）证监会监管的基本原则

证监会履行其职责时，必须遵守法治、效率、公平、透明、诚信、审慎监管原则。

1. 法治原则

法治原则强调证监会的主体法定、监管职权的内容法定、监管活动的程序法定。例如，《证券法》第181条和《证券投资基金法》第78条要求，国务院证券监督管理机构依法履行职责，进行监督检查或者调查，其监督检查、调查的人员不得少于2人，并应当出示合法证件和监督检查与调查通知书。

2. 效率原则

证券监管机构要增强效率与作为政府公仆的服务意识，树立金融市场主体本位意识，剔除轻视金融企业权利、鄙视商法自治的封建官本位意识。

3. 公平原则

证券监管机构在干预市场经济活动时，应当站在中庸、公允、超然的立场，对所有当事人都一视同仁，不得厚此薄彼，随意为某些当事人开旁门左道。

4. 透明原则

透明原则强调金融监管行为的公开化。证券监管机构应积极采用现代通信技术，及时全面地通过政府公报、大众传媒和互联网等信息平台发布监管信息。

5. 诚信原则

诚信原则兼具道德规范和法律规范的双重特点。作为一项抽象的原则，要求证券监管机构的政策应当保持相对稳定，不能朝令夕改；证券监管机构的承诺，也应当适度而为。

6. 审慎监管原则

审慎监管原则指监管机构在监管证券市场时应当把确保证券市场主体审慎经营作为监管工作的重中之重，在选择监管手段时应当优选那些对证券市场负面影响和伤害程度最轻的备选方案，努力寻求证券市场发展与规范、各方当事人利益之间冲突的平衡，尽量保持证券市场的创新与活力，力戒监管过程中矫枉过正、杀鸡取卵的行为。

第八节　法律责任

一、民事责任

证券市场的民事责任，大体分为违约责任、侵权责任、缔约过失责任三种类型。其中，违约责任与侵权责任很容易发生竞合问题。

证券市场的内幕交易、操纵市场和虚假陈述行为以及证券公司、投资咨询公司欺诈客户的行为，均属侵权行为。

二、行政责任

行政责任包括行政处罚、行政处分，前者是国家行政机关对行政相对人采取的制裁性措施，后者是国家机关对公务员给予的纪律处分。这里重点论述行政处罚。

根据《行政处罚法》的立法精神，《证券法》规定了多种行政处罚措施。

(1) 警告。《证券法》体现了教育为重、治病救人的问责理念。

(2) 罚款。罚款的设计有三种情形：①在存在违法金额的情况下，罚款额度为违法金额的一定百分比，例如《证券法》第 188 条规定，处以非法所募资金金额 1%以上 3%以下的罚款；②在存在违法所得的情况下，罚款额度为违法所得额的一定倍数，例如《证券法》第 190 条规定，处以违法所得一倍以上五倍以下的罚款；③在不涉及违法金额的情况下，罚款额度为一定金额，例如《证券法》第 188 条规定，处以三万元以上三十万元以下的罚款。为确保法定罚款制度普适于不同的案件，立法者通常授予行政处罚机关一定的自由裁量权，授权其在法定幅度内酌情确定与特定案情相吻合的具体金额。

(3) 没收违法所得。

(4) 责令停产停业。

(5) 暂扣或者吊销许可证，暂扣或者吊销执照。《证券法》第 217 条规定，证券公司成立后，无正当理由超过三个月未开始营业的，或者开业后自行停业连续三个月以上的，由公司登记机关吊销其公司营业执照。

(6) 撤销任职资格或者证券从业资格。

(7) 市场禁入。《证券法》第233条第1款规定，违反法律、行政法规或者国务院证券监督管理机构的有关规定，情节严重的，国务院证券监督管理机构可以对有关责任人员采取证券市场禁入的措施。市场禁入是公权力对违法行为人就业自由和任职资格方面的限制和剥夺，会给违法行为人的行为自由、财产利益和人格利益等带来诸多不利后果，有利于净化证券市场。

(8) 其他行政处罚。《证券法》第152条规定，证券公司的董事、监事、高级管理人员未能勤勉尽责，致使证券公司存在重大违法违规行为或者重大风险的，国务院证券监督管理机构可以撤销其任职资格，并责令公司予以更换。其中的"撤销其任职资格，并责令公司予以更换"，也属于行政处罚。

值得一提的是，上述行政处罚措施并行不悖，可以并用。例如，没收违法所得和罚款即可并用。

三、刑事责任

(一) 欺诈发行股票、债券罪

根据《刑法》第160条规定，在招股说明书、认股书、公司、企业债券募集办法中隐瞒重要事实或者编造重大虚假内容，发行股票或者公司、企业债券，数额巨大、后果严重或者有其他严重情节的，处五年以下有期徒刑或者拘役，并处或者单处非法募集资金金额百分之一以上百分之五以下罚金。单位犯前款罪的，对单位判处罚金，并对其直接负责的主管人员和其他直接责任人员，处五年以下有期徒刑或者拘役。

(二) 背信损害上市公司利益罪

根据《刑法》第169条之一规定，上市公司的董事、监事、高级管理人员违背对公司的忠实义务，利用职务便利，操纵上市公司从事下列行为之一，致使上市公司利益遭受重大损失的，处三年以下有期徒刑或者拘役，并处或者单处罚金；致使上市公司利益遭受特别重大损失的，处三年以上七年以下有期徒刑，并处罚金：(1)无偿向其他单位或者个人提供资金、商品、服务或者其他资产的；(2)以明显不公平的条件，提供或者接受资金、商品、服务或者其他资产的；(3)向明显不具有清偿能力的单位或者个人提供资金、商品、服务或者其他资产的；(4)为明显不具有清偿能力的单位或者个人提供担保，或者无正当理由为其他单位或者个人提供担保的；(5)无正当理由放弃债权、承担债务的；(6)采用其他方式损害上市公司利益的。上市公司的控股股东或者实际控制人，指使上市公司董事、监事、高级管理人员实施前款行为的，依照前款的规定处罚。犯前款罪的上市公司的控股股东或者实际控制人是单位的，对单位判处罚金，并对其直接负责的主管人员和其他直接责任人员，依照第一款的规定进行处罚。

(三) 擅自发行股票、公司、企业债券罪

根据《刑法》第179条规定，未经国家有关主管部门批准，擅自发行股票或者公司、企业债券，数额巨大、后果严重或者有其他严重情节的，处五年以下有期徒刑或者拘役，并处或者单处非法募集资金金额百分之一以上百分之五以下罚金。单位犯前款罪的，对单位判处罚金，并对其直接负责的主管人员和其他直接责任人员，处五年以下有期徒刑或者拘役。

（四）内幕交易、泄露内幕信息罪

根据《刑法》第180条规定，证券、期货交易内幕信息的知情人员或者非法获取证券、期货交易内幕信息的人员，在涉及证券的发行，证券、期货交易或者其他对证券、期货交易价格有重大影响的信息尚未公开前，买入或者卖出该证券；或者从事与该内幕信息有关的期货交易，或者泄露该信息，或者明示、暗示他人从事上述交易活动，情节严重的，处五年以下有期徒刑或者拘役，并处或者单处违法所得一倍以上五倍以下罚金；情节特别严重的，处五年以上十年以下有期徒刑，并处违法所得一倍以上五倍以下罚金。单位犯前款罪的，对单位判处罚金，并对其直接负责的主管人员和其他直接责任人员，处五年以下有期徒刑或者拘役。内幕信息、知情人员的范围，依照法律、行政法规的规定确定。证券交易所、期货交易所、证券公司、期货经纪公司、基金管理公司、商业银行、保险公司等金融机构的从业人员以及有关监管部门或者行业协会的工作人员，利用职务便利获取的内幕信息以外的其他未公开的信息，违反规定，从事与该信息相关的证券、期货交易活动，或者明示、暗示他人从事相关交易活动，情节严重的，依照第一款的规定处罚。

（五）编造并传播证券交易虚假信息罪和诱骗投资者买卖证券罪

根据《刑法》第181条第1款规定，编造并且传播影响证券、期货交易的虚假信息，扰乱证券、期货交易市场，造成严重后果的，处五年以下有期徒刑或者拘役，并处或者单处一万元以上十万元以下罚金。

该条第2款规定了诱骗投资者买卖证券罪：证券交易所、期货交易所、证券公司、期货经纪公司的从业人员，证券业协会、期货业协会或者证券期货监督管理部门的工作人员，故意提供虚假信息或者伪造、变造、销毁交易记录，诱骗投资者买卖证券、期货合约，造成严重后果的，处五年以下有期徒刑或者拘役，并处或者单处一万元以上十万元以下罚金；情节特别恶劣的，处五年以上十年以下有期徒刑，并处二万元以上二十万元以下罚金。

该条第3款规定，单位犯前两款罪的，对单位判处罚金，并对其直接负责的主管人员和其他直接责任人员，处五年以下有期徒刑或者拘役。

（六）操纵证券、期货市场罪

根据《刑法》第182条规定，有下列情形之一，操纵证券、期货市场，情节严重的，处五年以下有期徒刑或者拘役，并处或者单处罚金；情节特别严重的，处五年以上十年以下有期徒刑，并处罚金：(1)单独或者合谋，集中资金优势、持股或者持仓优势或者利用信息优势联合或者连续买卖，操纵证券、期货交易价格或者交易量的；(2)与他人串通，以事先约定的时间、价格和方式相互进行证券、期货交易，影响证券、期货交易价格或者证券、期货交易量的；(3)在自己实际控制的账户之间进行证券交易，或者以自己为交易对象，自买自卖期货合约，影响证券、期货交易价格或者证券、期货交易量的；(4)以其他方法操纵证券、期货市场的。单位犯前款罪的，对单位判处罚金，并对其直接负责的主管人员和其他直接责任人员，依照前款的规定处罚。

（七）背信运用受托财产罪

根据《刑法》第185条第1款规定，商业银行、证券交易所、期货交易所、证券公司、期货经纪公司、保险公司或者其他金融机构，违背受托义务，擅自运用客户资金或者其他委托、信托的财产，情节严重的，对单位判处罚金，并对其直接负责的主管人员和其他直接责任人员，处三年以下有期徒刑或者拘役，并处三万元以上三十万元以下罚金；情节特别严重的，处三年以上十年以下有期徒刑，并处五万元以上五十万元以下罚金。

四、民事责任、行政责任与刑事责任的协调

（一）民事赔偿金优先

当证券市场主体的某一行为同时触犯民事规范、行政规范或者刑事规范时，民事责任、行政责任、刑事责任同时发生。若违法主体的财产状况非常脆弱或者严重恶化，使其无法同时支付民事赔偿金、罚款与罚金时，何者享有优先权？

《证券法》第232条明确了民事赔偿金的优先原则：违反本法规定，应当承担民事赔偿责任和缴纳罚款、罚金，其财产不足以同时支付时，先承担民事赔偿责任。《刑法》第36条第2款也体现了这一精神：承担民事赔偿责任的犯罪分子，同时被判处罚金，其财产不足以全部支付的，或者被判处没收财产的，应当先承担对被害人的民事赔偿责任。

因此，当证券市场主体的某一行为同时触犯民事规范、行政规范或者刑事规范，但其无力同时支付民事赔偿金、罚款与罚金时，必须优先满足受害投资者的民事赔偿请求权。即使违法主体已经缴纳罚款、罚金，并被解入国库，有关部门也应及时将其转移支付给享有民事赔偿请求权的投资者。

（二）民事责任、行政责任与刑事责任的竞合

当证券市场主体的某一行为同时触犯民事规范、行政规范和刑事规范，且三种法律责任的内容重叠相斥时，就发生了三种法律责任的竞合。这种竞合情况，主要发生在行政责任与刑事责任之间。其中，行政责任的没收非法所得与刑事责任的没收财产、行政责任的罚款与刑事责任的罚金、行政责任的拘留与刑事责任的有期徒刑或者拘役，很容易在证券市场发生竞合。依据通说，在适用法律责任时，借鉴何山的建议：删去重叠部分，使重叠的法律责任只适用一次，做到一事不二罚。

例如，《刑法》第180条对于证券内幕交易罪规定了如下刑事处罚：处五年以下有期徒刑或者拘役，并处或者单处违法所得一倍以上五倍以下罚金；情节特别严重的，处五年以上十年以下有期徒刑，并处违法所得一倍以上五倍以下罚金。单位犯前款罪的，对单位判处罚金，并对其直接负责的主管人员和其他直接责任人员，处五年以下有期徒刑或者拘役。《证券法》第202条对于证券内幕交易行为规定了如下行政处罚：责令依法处理非法持有的证券，没收违法所得，并处以违法所得一倍以上五倍以下的罚款；没有违法所得或者违法所得不足三万元的，处以三万元以上六十万元以下的罚款。单位从事内幕交易的，还应当对直接负责的主管人员和其他直接责任人员给予警告，并处以三万元以上三十万元以下的罚款。《刑法》第180条规定的罚金与《证券法》第202条规定的罚款，即属责任竞合。如果实施证券内幕交易罪的信息知情人员已经被证监会处违法所得四倍罚款，当该当事人进入刑事诉讼程序后，人民法院判处罚金时，应当将证监会的罚款折抵罚金。如果实施证券内幕交易罪的信息知情人员已经被公安机关拘留，当该当事人进入刑事诉讼程序后，人民法院判处有期徒刑或者拘役时，应当将公安机关的拘留折抵刑期。

思考题：

（1）简述《证券法》对发审委委员监督的规定。
（2）简述《证券法》关于内幕信息知情人的认定。
（3）简述《证券法》关于操纵证券市场手段的规定。

（4）比较《证券法》短线交易与内幕交易。

（5）简述《证券法》关于编造、传播虚假信息主体的规定。

（6）简述《证券法》关于证券公司损害客户利益欺诈行为的规定。

（7）简述对基金公司“老鼠仓”行为人市场禁入的意义。

（8）简述证券投资咨询业务撰写规范、严谨的证券分析报告的意义。

参考文献

[1] 刘俊海．现代证券法[M]．北京：法律出版社，2011.

[2] 张保红．证券法论[M]．北京：知识产权出版社，2017.

[3] 任自力．证券集团诉讼：国际经验 & 中国道路[M]．北京：法律出版社，2008.

[4] 陈洁．证券法的变革与走向[M]．北京：法律出版社，2011.

[5] 唐金龙．以案说法(新版)：金融法篇[M]．北京：中国人民大学出版社，2005.

[6] 吴志攀．金融法概论[M]．5 版．北京：北京大学出版社，2011.

[7] 吴弘．证券法教程[M]．2 版．北京：北京大学出版社，2017.

[8] 中华人民共和国证券法[M]．北京：中国法制出版社，2018.

第四篇

经 济 法

第十一章　反不正当竞争法

我国于 1993 年 9 月 2 日在第八届全国人大常委会第三次会议上通过了《中华人民共和国反不正当竞争法》(简称《反不正当竞争法》),自 1993 年 12 月 1 日起施行。2017 年 11 月 4 日,第十二届全国人民代表大会常务委员会第三十次会议对《反不正当竞争法》进行修订,自 2018 年 1 月 1 日起施行。新法删除了原法对经营者"营利性"限制要求,明确了"傍名牌"的四种情形等五大亮点。

关键词:不正当竞争行为;混淆;虚假或引人误解的商业宣传;商业秘密;抢注域名;关键词链接;软件排斥设置;软件差评设置

第一节　概　述

一、不正当竞争的概念及特征

《反不正当竞争法》第 2 条第 2 款规定,本法所称的不正当竞争行为,是指经营者在生产经营活动中,违反本法规定,扰乱市场竞争秩序,损害其他经营者或者消费者合法权益的行为。

该条第 3 款规定,本法所称的经营者,是指从事商品生产、经营或者提供服务(以下所称商品包括服务)的自然人、法人和非法人组织。新法删除了对经营者"营利性"的限制要求,扩大了调整范围。

不正当竞争行为的特征如下:

(一) 主体特定性

实施主体是从事市场竞争活动的经营者,例如各种经济组织、个人等。为追求经济利益,采用非法手段排挤、削弱竞争对手,妨害其他经营者正当的经营活动,侵害其他经营者的合法权益。

(二) 行为违法性

经营者行为,违背自愿、平等、公平、诚实信用等原则,为《反不正当竞争法》所禁止。

(三) 行为侵害性

经营者行为,直接或间接地侵害其他经营者的合法权益,例如财产权、名誉权、知识产权等,给其他经营者造成财产损失或名誉损害;还直接或间接地侵害消费者的合法权益,例如消费者的人身安全和健康权等。

(四) 行为破坏性

经营者的行为,破坏公平竞争的市场环境,严重扰乱市场竞争秩序。

二、《反不正当竞争法》的立法宗旨和调整对象

(一) 立法宗旨

《反不正当竞争法》第 1 条规定,为了促进社会主义市场经济健康发展,鼓励和保护公平竞

争，制止不正当竞争行为，保护经营者和消费者的合法权益，制定本法。

根据该规定，《反不正当竞争法》立法宗旨有三：(1)促进社会主义市场经济健康发展；(2)鼓励和保护公平竞争，制止不正当竞争行为；(3)保护合法经营者和消费者的权益。

(二) 调整对象

《反不正当竞争法》的调整对象，指在工商领域中产生的有关竞争的社会关系，它包括四个方面的内容：(1)在确立反不正当竞争管理监督体系中产生的监督检查部门和经营者之间的监督检查和被监督检查关系；(2)在确定不正当竞争行为过程中产生的经营者之间的竞争关系以及经营者和消费者之间的社会关系；(3)在制止不正当竞争行为过程中产生的社会关系；(4)调整监督检查部门与消费者的关系。

反不正当竞争法和反垄断法之间有着密切的联系。在立法体例上，有的国家采用合并立法的形式，例如日本、美国；有的国家则分开立法，例如德国。我国在 2017 年修订《反不正当竞争法》时，将反垄断法的内容剥离了出去。

三、《反不正当竞争法》基本原则

《反不正当竞争法》第 2 条第 1 款规定，经营者在生产经营活动中，应当遵循自愿、平等、公平、诚信的原则，遵守法律和商业道德。

因此，《反不正当竞争法》主要包括以下五个基本原则：

(一) 自　愿

自愿，指市场经济活动的参与者和经营者在参与市场经济活动过程中享有自主决定权和选择权。市场参与主体独立的法律地位应得到尊重，不得对其进行强迫、胁迫和利诱。这样，他们才能真正成为自主经营、自负盈亏的商品生产者和经营者。

(二) 平　等

平等，指市场经济活动的参与者和经营者在参与市场活动的过程中，不论实力强弱、级别高低，法律地位一律平等，不得以强凌弱、以大欺小、以富压贫。

(三) 公　平

公平，指在市场经济活动中，应当公正、公道、合理，不得厚此薄彼，进行幕后交易，损害他人的合法权益。

(四) 诚实信用

诚实信用，指市场经济活动的参与者和经营者应当诚实，讲求信用，不欺瞒他人，以建立起基本的信任关系，进行正常的生产经营活动，形成良好的社会经济秩序。

(五) 遵守法律和商业道德

除《反不正当竞争法》外，市场经济活动的参与者和经营者还应当遵守包括《公司法》《个人独资企业法》《合伙企业法》《证券法》在内的其他法律以及商业道德的基本要求。商业道德，指人们在长期的商业交往中形成的、为大多数人所承认、接受和遵循的习惯和准则。遵守商业道德，指市场活动的参与者和经营者应当本着正当的商业动机，以正当的商业手段达到其经济目的。

第二节　不正当竞争行为

一、不正当竞争行为的定义

什么是不正当竞争行为？立法者和学者们有着不同的看法与解释。《保护工业产权巴黎公约》第10条第2款规定，在工商业事务中违反诚实的习惯做法的竞争行为均构成不正当竞争行为。德国1870年《反不正当竞争法》第1条规定，行为人在商业交易中以竞争为目的而违反善良风俗，可向其请求停止行为和损害赔偿。法国反不正当竞争法专家塞特·戈尔(Saint Gal)认为，凡利用欺诈的手段出售其产品，其目的在于从他人所取得的现状获得利益，或者使他人的商品或企业解体，其中包括尚不足以使其商业市场之全部或一部分受到打击的行为，均应视为实现经济竞争中的不正当竞争。我国部分学者认为，不正当竞争行为是指在商业和贸易中一切不诚实或欺诈性的竞争做法；也有学者认为，不正当竞争行为主要指经营者采用欺骗、胁迫、利诱以及其他违背诚实信用和公平竞争商业惯例的手段从事市场交易的行为。

尽管立法者和学者们对不正当竞争行为的解释不尽统一，但归纳起来不外乎广义和狭义两种解释。广义的不正当竞争行为，指一切损害有效发挥竞争机制作用的行为，包括垄断和谋求垄断、限制竞争行为、不正当竞争行为。狭义的不正当竞争行为，仅指不正当竞争行为。

新修订的《反不正当竞争法》，仅指狭义的不正当竞争行为。

二、不正当竞争行为的类别

根据《反不正当竞争法》的规定，不正当竞争行为可分为以下六类：

(一) 混　淆

《反不正当竞争法》第6条规定，经营者不得实施下列混淆行为，引人误认为是他人商品或者与他人存在特定联系：

(1) 擅自使用与他人有一定影响的商品名称、包装、装潢等相同或者近似的标识；

(2) 擅自使用他人有一定影响的企业名称(包括简称、字号等)、社会组织名称(包括简称等)、姓名(包括笔名、艺名、译名等)；

(3) 擅自使用他人有一定影响的域名主体部分、网站名称、网页等；

(4) 其他足以引人误认为是他人商品或者与他人存在特定联系的混淆行为。

新法第6条规定了“傍名牌”的四种情形，对仿冒他人有一定影响的商品名称、装潢、企业名称、字号、商业活动的标识行为作出详细规定，包括企业名称、字号、姓名里面增加了笔名、译名、艺名等作了非常具体的列举，同时增加了兜底性条款，涵盖范围更广泛。

因此，混淆行为的法律特征有四：(1)行为主体是经营者；(2)经营者采用欺骗手段，冒充特定竞争对手的商品；(3)经营者可能出于故意，也可能仅是过失；(4)直接侵害了他人的合法权益，例如商标权、名誉权等。

案例11－1：通州也有东方金字塔学校

案例发生在北京，肖雷夫妇办了一所东方金字塔学校，培养小学生的心算能力，在北京地区办了很多分校。后来，肖雷夫妇发现通州也有一所培养小学生心算能力的学校，也叫东方金字塔，采用的教学方法、教材和自己学校使用的几乎完全一样。肖雷夫妇找到该学校负责人张先生，要求停止侵权，被拒绝。

肖雷夫妇到工商局查阅这两个学校的登记日期，发现通州“东方金字塔”先于自己学校。经调查，发现自己学校原员工金玉，目前在通州“东方金字塔”张先生那里打工。肖雷夫妇到商标局申请注册“东方金字塔”商标，发现已被张先生抢先注册，且还有3天异议期就满了。肖雷夫妇向商标局提出异议，同时将张先生诉至法院，认为张先生使用“东方金字塔”名称，构成不正当竞争，侵犯自己学校的合法权益；金玉的行为泄露了自己学校的商业秘密，构成侵权，要求张先生、金玉停止侵权，共同赔偿自己学校的损失。法院判决：张先生停止侵权，赔偿肖雷夫妇2万元；金玉的行为不构成侵权。

案例评析：

该案值得关注的问题是，企业在发展过程中怎样保护自己的知识产权？

肖雷夫妇办了一所“东方金字塔”学校，培养小学生的心算能力，在北京办了很多分校。说明“东方金字塔”已获得部分北京市民的认可，具有一定的品牌效应，法院经调查认可该事实。

张先生在通州也办了一所“东方金字塔”学校，培养小学生的心算能力，采用的教学方法、教材和肖雷夫妇几乎完全一样。首先，为何张先生的学校也叫“东方金字塔”，而不叫别的名称？前文述及，“东方金字塔”品牌在北京地区已有一定影响，深受北京市小学生家长认可。如果张先生的学校使用另一个名称，由于市场不了解这个新学校，业务可能发展缓慢。张先生通过取名“东方金字塔”学校，借助于肖雷夫妇“东方金字塔”的市场地位与品牌效应，可迅速扩展业务，获得丰厚的利润。

为何张先生通州“东方金字塔”学校采用的教学方法、教材和肖雷夫妇几乎完全一样？肖雷夫妇“东方金字塔”学校原员工金玉，跳槽到通州“东方金字塔”学校，带去了肖雷夫妇“东方金字塔”学校的教学方法和教材，还带去了肖雷夫妇“东方金字塔”学校的管理经验。根据上述事实，张先生的学校涉嫌混淆行为中“擅自使用他人有一定影响的企业名称（包括简称、字号等）、社会组织名称（包括简称等）、姓名（包括笔名、艺名、译名等）”。

“东方金字塔”商标已被张先生抢先注册，还有3天异议期将满。若注册商标异议期已过，肖雷夫妇才向商标局提出异议，则法律无法保护肖雷夫妇的权益。该案给肖雷夫妇的启示是，学校在发展过程中，要及时向商标局注册“东方金字塔”商标。

案例11-2：“麦肯基”等山寨食品属于哪种不正当竞争行为？

目前农村地区山寨食品日益突出，各种“麦肯基”“二八核桃”“待仑苏”在过年礼品中占据了相当大的市场。此种现象属于下列哪种不正当竞争行为？

A. 擅自使用与他人有一定影响的商品名称、包装、装潢等相同或者近似的标识；

B. 擅自使用他人有一定影响的企业名称（包括简称、字号等）；

C. 擅自使用他人有一定影响的域名主体部分、网站名称、网页等；

D. 虚假或者引人误解的商业宣传。

（二）贿　赂

《反不正当竞争法》第7条第1款规定，经营者不得采用财物或者其他手段贿赂下列单位或者个人，以谋取交易机会或者竞争优势：

（1）交易相对方的工作人员；

（2）受交易相对方委托办理相关事务的单位或者个人；

(3) 利用职权或者影响力影响交易的单位或者个人。

该条第 3 款规定,经营者的工作人员进行贿赂的,应当认定为经营者的行为;但是,经营者有证据证明该工作人员的行为与为经营者谋取交易机会或者竞争优势无关的除外。

商业贿赂行为一直是反不正当竞争的查处重点,新法对商业贿赂的范围作了适当扩大。原来贿赂的对象只限于交易相对方,现在增加了可能影响交易的第三方,并明确可能影响交易的第三方范围,同时对员工商业贿赂行为的认定作了特别规定。

商业贿赂,法律特征有四:(1)行为的主体是经营者,包括法人、其他经济组织和个人,可能是买方,也可能是卖方;(2)行为人主观上存在故意,意在推销或者购买商品;(3)贿赂的方式是给予财物或者采用其他手段,例如出国旅游、故意输牌等;(4)行为具有隐蔽性,通常采用秘密的方式进行。

回扣,是商业贿赂行为的典型表现形式,指经营者为了销售或者购买商品,在账外暗中给予交易对象或有关人员财物,其法律特征有三:(1)它是卖方或者买方支付给交易相对人或第三人的财物;(2)回扣经常采取酬谢费、好处费、提成费等形式;(3)回扣的给付和接受通过"账外暗中"的秘密方式进行。

我国对回扣持禁止态度,而允许明示的折扣及佣金的存在。该 7 条第 2 款规定,经营者在交易活动中,可以以明示方式向交易相对方支付折扣,或者向中间人支付佣金。经营者向交易相对方支付折扣、向中间人支付佣金的,应当如实入账。接受折扣、佣金的经营者也应当如实入账。

案例 11-3:郭某通过给予高额回扣销售药品

郭某是北京某制药厂药品推销员,专门负责该厂"驻沪联络处"工作。郭某在上海工作期间,采取给予高额回扣的方式销售药品。不到两年的时间,销售药品总额 1 224 万元,支付回扣金额高达 197 万元,占销售药品总额的 16%。而后,郭某采取商品盘点时变价记入成本、开具大量发票等手段把支付回扣冲入销售成本。特点是,不交给收方下账,只在自己的经营项目中抵冲销售额,收到回扣的单位也不入账。

案例评析:

该案值得关注的问题有二:(1)回扣属于哪类不正当竞争行为?(2)它和折扣有什么区别?

郭某为扩大药品销售量,采取给予高额回扣的手段。具体操作是,把支付的回扣冲入销售成本,例如商品盘点时变价记入成本,或开具大量发票。总之,不交给收方下账,只在自己的经营项目中抵冲销售额,收到回扣的单位也不入账,属于典型的商业贿赂行为。

回扣与折扣最大的区别在于,是否通过"账外暗中"的秘密方式进行。

(三) 虚假或引人误解的商业宣传

《反不正当竞争法》第 8 条第 1 款规定,经营者不得对其商品的性能、功能、质量、销售状况、用户评价、曾获荣誉等作虚假或者引人误解的商业宣传,欺骗、误导消费者。

该条第 2 款规定,经营者不得通过组织虚假交易等方式,帮助其他经营者进行虚假或者引人误解的商业宣传。

案例 11-4:"国内首创,独家生产"系虚假或引人误解的宣传

吉林省 S 制药厂和 H 制药厂均为中成药"血栓心脉宁"生产厂家,且均被吉林省人民政府认定为吉林省名牌产品。S 制药厂注册商标为"双健",H 制药厂注册商标为"圣喜"。H 制药厂投产后，在其药品的包装盒及说明书上注明“国内首创，独家生产”等用语。对此，吉林省卫生厅发文，以省内有多家企业生产该药为由，要求H制药厂停止使用该用语，但H制药厂未予采纳。3个月后，H制药厂在《中国电视报》连续刊登11期广告，宣传其生产的“血栓心脉宁”。其广告中有“目前市场上出现非我厂生产的‘血栓心脉宁’胶囊，为确保广大患者的身体健康，购买此药时请您认准正宗名牌‘圣喜’商标”等用语。其广告内容，经吉林省卫生厅审核，允许用语仅为“认准‘圣喜’，谨防假冒”，其他用语则由H制药厂提供，由《中国电视报》社负责设计。

S制药厂将H制药厂和《中国电视报》社诉至法院，称H制药厂的广告宣传行为，诋毁同行业其他生产厂家；《中国电视报》社对其所登广告内容未认真审核，要求两被告立即停止不正当竞争行为，公开赔礼道歉，消除影响，并赔偿相应经济损失。

法院经审理认为，H制药厂在国内有多家企业生产“血栓心脉宁”情况下，在其产品的外包装及说明书上使用“国内首创，独家生产”等用语，属于不正当竞争行为；H制药厂在《中国电视报》发布关于“正宗品牌”等忠告性广告用语，亦构成不正当竞争行为；《中国电视报》对其发布内容的真实性未认真审核，主观上存在过错。判决：H制药厂应停止使用该产品的外包装及说明书，并在《中国电视报》上公开道歉，消除其虚假广告行为造成的影响；H制药厂赔偿S制药厂商誉损失22.7万元；《中国电视报》对H制药厂的不正当竞争行为承担连带责任。

案例评析：

该案值得思考的问题有二：(1)企业应该怎样对自己的产品进行广告宣传？(2)广告的发布者怎样审查企业广告宣传内容的真实性？

H制药厂在明知S制药厂已经研制生产“血栓心脉宁”，并且在国内许多其他企业也在生产“血栓心脉宁”的情况下，还坚持在其产品的外包装及说明书上使用“国内首创，独家生产”等用语，违反了《反不正当竞争法》第8条第1款，理由有二：(1)广告内容虚假，国内许多其他企业也在生产“血栓心脉宁”；(2)广告足以引起消费者对其他生产厂家产生误解，损害了其他生产厂家的利益。

《中国电视报》社是H制药厂广告的发布者，应当认真核实广告内容。但其未履行谨慎的审查义务，导致虚假广告被发布，须对H制药厂的不正当竞争行为承担连带责任。

案例11－5：房地产企业先前承诺的学区房无法兑现，如何定性？

某房地产企业，在城市新区建设过程中，与政府部门交涉，得到一个好的学区房划片政策，但需要完成一些政府下发的公益建筑任务作为置换条件。经过一到两年的筹备建设，房屋建设到达尾声，与小区业主交房之际，由于当地政府的换届或政策调整改变，先前承诺的学区房所对应的小学招生时间，改成明年开始招生，小区业主子女无法就读于原先签订合同时的学校，引发买房者的强烈不满，认为房地产企业是虚假宣传，恶意推销。许多业主在小区门口挂横幅，到公司要说法，找记者曝光，对公司信誉造成巨大损失。

房地产企业先前承诺的学区房无法兑现，属于：

A. 虚假宣传；　　B. 恶意宣传；　　C. 夸大宣传；　　D. 非善意宣传。

(四) 侵犯商业秘密

《反不正当竞争法》第8条第4款规定，本法所称的商业秘密，是指不为公众所知悉、具有商业价值并经权利人采取相应保密措施的技术信息、经营信息等商业信息。

侵犯商业秘密，法律特征有四：(1)侵权主体包括经营者、与经营者有关的第三人及经营者的雇员；(2)侵权主体侵犯了他人的商业秘密；(3)行为人主观上有过错；(4)侵权行为已经或将要给权利人的利益带来损害。

该条第 1 款规定，经营者不得实施下列侵犯商业秘密的行为：

(1) 以盗窃、贿赂、欺诈、胁迫、电子侵入或者其他不正当手段获取权利人的商业秘密；

(2) 披露、使用或者允许他人使用以前项手段获取的权利人的商业秘密；

(3) 违反保密义务或者违反权利人有关保守商业秘密的要求，披露、使用或者允许他人使用其所掌握的商业秘密；

(4) 教唆、引诱、帮助他人违反保密义务或者违反权利人有关保守商业秘密的要求，获取、披露、使用或者允许他人使用权利人的商业秘密。

该条第 2 款规定，经营者以外的其他自然人、法人和非法人组织实施前款所列违法行为的，视为侵犯商业秘密。

该条第 3 款规定，第三人明知或者应知商业秘密权利人的员工、前员工或者其他单位、个人实施本条第一款所列违法行为，仍获取、披露、使用或者允许他人使用该商业秘密的，视为侵犯商业秘密。

案例 11－6：客户名单也是商业秘密

案例发生在重庆，周宗经等 3 人原来是小蜜蜂软件有限责任公司（简称小蜜蜂公司）的员工，后来跳槽到某公司，带去了原公司客户，从而给小蜜蜂公司造成一定的经济损失。小蜜蜂公司将某公司和周宗经等 3 人诉至法院，要求停止侵权（使用小蜜蜂公司的客户名单），赔偿经济损失 15 万元。

法院判决：某公司并周宗经等 3 人停止侵权，赔偿小蜜蜂公司经济损失 2 万元。

案例评析：

该案争议的焦点在于：原公司的客户名单是否属于商业秘密？

周宗经等 3 人承认带走了原公司的客户名单，但认为客户是他们开发的，理所当然地可以带走这部分客户，没有侵犯原公司的商业秘密。小蜜蜂公司认为，周宗经等 3 人带走客户名单的行为侵犯了其商业秘密，其曾与全体员工签订保密协议："小蜜蜂公司的员工，应当保护与公司经营相关的一切信息。"全体员工，自然包括周宗经等 3 人；与公司经营相关的一切信息，自然包括客户名单。

客户名单符合商业秘密的四个特征：(1)客户名单是小蜜蜂公司的经营信息，公司经营离不开客户名单；(2)公众不知道该客户名单，客户名单是小蜜蜂公司获取利润的重要源泉；(3)客户名单具有实用性；(4)小蜜蜂公司就客户名单及其他经营信息与全体员工订立保密协议。但法院没有完全支持小蜜蜂公司的主张，其与员工订立的保密协议"公司员工，应当保护与公司经营相关的一切信息"过于宽泛，缺乏针对性。该约定无疑对公司员工约束太大，不符合公平原则。因此，法院认可周宗经等 3 人侵犯小蜜蜂公司的商业秘密，但没有完全支持其要求周宗经等 3 人赔偿经济损失 15 万元的请求。假如小蜜蜂公司与员工订立的保密协议中，明确约定"员工离开公司，不得带走客户名单"，则法院可能支持其"要求周宗经等 3 人赔偿小蜜蜂公司经济损失 15 万元"的请求。

案例 11-7:保护公司的商业秘密,未雨绸缪是上策

案例发生在江苏扬州。周国防是扬州农业开发公司(简称扬农公司)的现任职工,在技术分析科工作,掌握着公司的技术秘密。张顺祥、王勇曾是扬农公司的职工,后来辞职离开了扬农公司,均与扬农公司签订了保密协议。

张顺祥先是和王勇合作,将扬农公司的技术资料偷出来,卖给金台市一家公司,获利 5 万元;后与周国防合作,偷窃扬农公司的技术流程,卖给竞争对手,获利 20 万元。后来事情败露,扬农公司将周国防、张顺祥、王勇诉至法院,要求三人赔偿公司的经济损失。

法院经审理确认张顺祥、王勇、周国防 3 人窃取扬农公司的商业秘密,判决:周国防有期徒刑 2 年,罚金 3 万元;张顺祥有期徒刑 1 年零 9 个月,罚金 2 万元;王勇有期徒刑 1 年零 3 个月,罚金 1 万元。

案例评析:

该案值得思考的问题是,公司在经营过程中如何保护自己的商业秘密?

技术流程包括技术资料、样品、实验等。张顺祥先是和王勇合作,将扬农公司的技术资料偷出来,卖给金台市一家公司,获利 5 万元;后与周国防合作,偷窃扬农公司的技术流程,卖给竞争对手,获利 20 万元。张顺祥、王勇、周国防 3 人的犯罪事实客观存在,证据确凿。

张顺祥、王勇、周国防 3 人窃取扬农公司的商业秘密,暴露出扬农公司日常管理存在极大的疏漏。虽然法院判决张顺祥、王勇、周国防 3 人向扬农公司承担经济赔偿责任,给扬农公司挽回一定的经济损失,但某些无形损失无法弥补。故公司应加强对公司商业秘密的管理,例如安装电子监控系统、员工之间相互监督等。

案例 11-8:碎石粉碎机的完整技术资料,如何保存?

案例发生在四川。李寿海是四川省黄龙公司(简称黄龙公司)总经理,发明了一种碎石粉碎机,技术达到国际领先水平,市场前景看好。为保护该技术秘密,李寿海采取了一系列措施,例如采取化整为零的形式保管该碎石粉碎机的技术资料,车间操作工人、销售人员等只能拿到与其工作有关的技术资料;而关于碎石粉碎机的完整技术资料,黄龙公司内只有三个人掌握:(1)李寿海本人;(2)总工程师陈先生;(3)资料保管员唐裕红。但半年后市场上出现了和黄龙公司一模一样的碎石粉碎机,价格只有黄龙公司的一半。黄龙公司调查此事,到底是谁泄露了公司的商业秘密?李寿海认为,车间操作工人、销售人员泄密的可能性不大,他们手里仅有碎石粉碎机的部分图纸,无法掌握碎石粉碎机的完整技术资料特别是核心技术资料,而若没有核心技术资料,仅凭部分图纸,无法生产出碎石粉碎机。因此,泄密只能在两个人中产生:(1)总工程师陈先生;(2)资料保管员唐裕红。后来,这两人作案的可能性均被李寿海排除:(1)总工程师陈先生,在黄龙公司享有很高的信誉,把信誉看得比生命还重要,他没有作案动机;(2)资料保管员唐裕红,是公司的老员工,对公司非常忠诚,她还是自己的徒弟,不应该出卖自己,也不具备泄密动机。

随着调查的深入,生产和自己一模一样碎石粉碎机的是河南某生产厂家,而该厂副总经理竟是周伟利(大学生,曾在黄龙公司做过一段时间的销售工作)。李寿海对他很器重,安排他当销售经理;后来,他跳槽了。李寿海认为,周伟利具备作案条件,但仅凭其掌握的黄龙公司部分技术资料,无法生产出和黄龙公司一模一样的碎石粉碎机。随着调查的进一步深入,另外一个人(赵春青)浮出水面。

事情大致经过如下:赵春青和周伟利是大学同学,赵春青在一家技术研究院工作,一个偶然的机会遇见周伟利。当听说周伟利在黄龙公司销售碎石粉碎机的消息时，赵春青便游说周伟利将黄龙公司碎石粉碎机的资料偷出来，两人合伙也开一家生产碎石粉碎机的公司，收入肯定比在黄龙公司干高多了。周伟利对黄龙公司早有不满，两人一拍即合，马上密谋偷窃黄龙公司碎石粉碎机资料的事。他们首先将目标锁定为工程师陈先生，开出了一系列诱人的条件，但陈先生不为这些诱惑所动；于是，将目标转向资料保管员唐裕红。周伟利以帮唐裕红介绍对象为由，多次请唐裕红吃饭。当关系进展到一定程度，周伟利提出请唐裕红帮忙偷出黄龙公司碎石粉碎机的资料，并给她一笔不菲的报酬，被唐裕红当场拒绝。后来，周伟利精心安排赵春青和唐裕红见面，当听说赵春青在某研究院工作，也在研究碎石粉碎机，唐裕红肃然起敬，放松了对赵春青的戒备。赵春青以学术探讨名义，提出要看一下黄龙公司碎石粉碎机的技术资料，唐裕红同意了，为防止泄密，唐裕红一直守在电脑边。周伟利和赵春青密谋将唐裕红支走，迅速将黄龙公司碎石粉碎机的全部资料拷贝下来。等唐裕红醒悟过来，为时已晚。

黄龙公司将周伟利、赵春青诉至法院，要求他们停止侵权，并赔偿黄龙公司的经济损失。法院经调查，赵春青、周伟利两人利用从黄龙公司偷窃的碎石粉碎机技术资料，先后生产碎石粉碎机 10 台，获利 485 万元。法院判决：周伟利有期徒刑 3 年，缓期 5 年执行，罚金 5 万元；赵春青有期徒刑 3 年，缓期 5 年执行，罚金 5 万元；追缴周伟利、赵春青的违法所得。

案例评析：

该案值得深思的问题是：黄龙公司在经营过程中，怎样保护自己的商业秘密？

基于静态的视角，李寿海保护该技术秘密的措施无疑是适当的。例如，采取化整为零的形式：车间操作工人、销售人员等只能拿到与其工作有关的技术资料；公司仅有三人拥有该碎石粉碎机的完整技术资料。

但从动态的视角看，其保护技术秘密的措施未必有效。因为人是会变的，特别是窃密者在暗处，一计不成，会再生一计。资料保管员唐裕红本性不错，对公司忠诚；但在窃密者一再算计的情况下不幸中招。因此，应当借鉴可口可乐配方的保密方法：将唐裕红剔出，保密人员由总经理李寿海与总工程师陈先生共同组成，每人保管 1/2 技术资料；若要查看完整的技术资料，需要李、陈二人共同到场。

案例 11－9：尚科科技公司放的广告片和广尔美公司创意几乎一致，如何定性？

2015 年 9 月 25 日北京广尔美公司（简称广尔美公司）接到北京尚科科技制作公司（简称尚科科技公司）宣传广告片的业务，要求广尔美公司在 9 月 30 日之前，了解背景及拍摄要求并给出拍摄创意脚本，但双方没有签订拍摄合同。

9 月 30 日上午 10 点，广尔美公司按照约定把广告拍摄脚本以电子版的形式发送给尚科科技公司的相关负责人（电子邮件时间）。中间相隔“十一”假期。10 月 9 日广尔美公司的相关人员与尚科科技公司负责人沟通广告创意脚本事宜，被告知创意没有得到尚科科技公司董事会通过，因此合作不能继续，此事告一段落。

12 月 8 日广尔美公司人员参加一个科技招商会，看到尚科科技公司也在该会上有展位，而且放的广告片内容和广尔美公司给尚科科技公司的广告片创意几乎一致。广尔美公司与尚科科技公司交涉要求就广告创意方案脚本给予相应的经济补偿，但没有协商成功。2016 年 1 月 5 日，广尔美公司把尚科科技公司告上法庭。

尚科科技公司在此会上有展位，而且放的广告片内容和广尔美公司给尚科科技公司的广告片创意几乎一致，系侵犯广尔美公司的：

A. 商业秘密；　　B. 专利；　　C. 商标；　　D. 著作权。

（五）有奖销售

经营者进行有奖销售不得存在下列情形：

（1）所设奖的种类、兑奖条件、奖金金额或者奖品等有奖销售信息不明确，影响兑奖；

（2）采用谎称有奖或者故意让内定人员中奖的欺骗方式进行有奖销售；

（3）抽奖式的有奖销售，最高奖的金额超过五万元。新法将抽奖式的有奖销售，最高奖的金额由五千元提高到了五万元。

（六）商业诽谤

《反不正当竞争法》第11条规定，经营者不得编造、传播虚假信息或者误导性信息，损害竞争对手的商业信誉、商品声誉。

第三节　网络环境下的不正当竞争行为

现今网络已经成为经营者不可或缺的广告、销售、服务等经营活动的平台，自然免不了发生虚假广告、商业诋毁等不正当竞争行为。由于网络本身的特殊性，网络环境下的不正当竞争行为的表现形式出现了较为明显的变异特征，例如域名抢注、不当链接、商业诽谤、通过"埋设"技术进行的不正当竞争行为，以及像软件攻击、强制广告插件等"赖皮软件"和擅自更改他人主页等运用软件技术实施的不正当竞争行为。

事实上，这些不正当竞争行为，并非全新的不正当竞争行为，例如通过网络进行虚假宣传、商业诽谤等仍然是传统的不正当竞争行为。但与网络相关的域名抢注、竞价排名、不当链接或与软件程序有关的软件排斥、软件程序差评设置等，确实不同于传统的不正当竞争行为。

一、网络环境下的不正当竞争行为的类别

（一）以网络为平台的传统的不正当竞争行为

因特网作为一种新兴的传播媒介，其方便、快捷、廉价和不受地域限制的特点，日益受到重视。许多经营者通过网络对其经营活动进行宣传，取得了很好的市场效果。但也有一些经营者违背诚实信用原则，利用因特网进行虚假宣传，抬高自己，贬低其他同类经营者，如通过网络捏造、散布虚假事实等，损害竞争对手的商业信誉或商品信誉。

案例11-10：被告通过脉脉软件非法获取微博用户信息

原告：北京微梦创科网络技术有限公司（简称微梦公司）；被告：北京淘友天下技术有限公司、北京淘友天下科技发展有限公司（简称被告）。

微梦公司经营新浪微博，被告经营的脉脉软件是一款移动端的人脉社交应用，上线之初因为和新浪微博合作，用户可以通过新浪微博账号和个人手机号注册登录脉脉软件，用户注册时还要向脉脉上传个人手机通讯录联系人，脉脉根据与微梦公司的合作可以获得新浪微博用户的ID头像、昵称、好友关系、标签、性别等信息。微梦公司后来发现，脉脉用户的一度人脉中，大量非脉脉用户直接显示有新浪微博用户头像、名称（昵称）、职业、教育等信息。后双方终止合作，但非脉脉用户的新浪微博用户信息没有在合理时间内删除。微梦公司提起诉讼，主要是被告存在非法抓取、使用新浪微博用户职业、教育等信息，以及非法获取并使用脉脉注册用户

手机通讯录联系人与新浪微博用户的对应关系的不正当竞争行为。

法院认为：双方合作终止后，被告没有及时删除从微梦公司获取的新浪微博用户头像、名称（昵称）、职业、教育、个人标签等信息，而是继续使用，危害到新浪微博平台用户信息安全，损害了微梦公司的合法利益，对微梦公司构成不正当竞争。法院判决被告停止不正当竞争行为，消除影响，赔偿经济损失200万元及合理费用20万元等。被告提起上诉，二审法院维持一审判决。

案例评析：

大数据时代，合法使用用户信息、注重用户信息保护是衡量经营者行为正当性的重要依据，也是反不正当竞争法保护消费者合法权益这一立法宗旨和目的的重要内容。该案对大数据时代背景下网络用户信息的保护作出了指引。用户信息是互联网经营者重要的经营资源，如何展现这些用户信息是经营活动的重要内容。保护社交网络平台上的各类用户信息，不仅是互联网经营者开展正常经营活动、维持并提升用户活跃度、保持竞争优势的必要条件，也是对广大用户权益的尊重和保障。其他经营者在与社交媒体网络平台开展合作时，不仅要合法获取社交网络平台的用户信息，也应妥善保护并正当使用用户信息。

案例11-11：网贷评级较低是否构成商业诋毁？

原告：久亿恒远（北京）科技有限公司（简称久亿公司）；被告：北京融世纪信息技术有限公司（简称融世纪公司）；第三人：中国人民大学国际学院（苏州研究院）（简称苏州研究院）。

久亿公司诉称，其经营“短融网”P2P网贷平台，融世纪公司为互联网金融企业，双方为同业竞争企业。融世纪公司联合苏州研究院从2015年年初起针对P2P网贷平台开展评级活动，定期发布评级报告，每期报告针对100家左右的P2P网贷平台按A至C级进行划分。久亿公司发现，融世纪公司于2月9日发布的《2015年网贷评级报告（第一期）》中将久亿公司开办的短融网列为C级，5月19日发布的《2015年网贷评级报告（第二期）》中将短融网进一步降为C－级，并在网贷评级说明部分将C－级解释为“平台综合实力弱，仅少数平台获得过风险投资，管理团队结构有较大改进空间，经验相对不足”等，上述评级报告在社会上广泛传播。久亿公司认为，融世纪公司不具有合法评级业务资质，在上述两期评级报告中对久亿公司的评价构成了对久亿公司的商业诋毁。融世纪公司辩称，互联网金融网贷评级领域尚无法律法规的限制性规定，其收集了大量公开事实和数据，并有较为科学的评价体系，不构成商业诋毁。

法院认为：关于评级资质，在尚无明确的法律法规对网贷评级主体资质、评级要求和标准作出规定的情况下，法院判断融世纪公司的行为是否构成商业诋毁，应以行为本身是否属于捏造、散布虚伪事实进行实质性评判，而非对行为主体是否具有准入资质进行评判。关于评级标准，法院结合双方证据、专家辅助人的意见，认定久亿公司缺乏充分证据证明融世纪公司存在主观恶意，收集的短融网数据信息不真实、不完整，也无法指出涉案评级体系规则存在明显不科学、不合理之处，以及评级结果使久亿公司受到不当的市场冲击而造成商业信誉受损。法院驳回了久亿公司的全部诉讼请求。久亿公司上诉，后撤回上诉。

案例评析：

该案在互联网金融领域缺乏有效的行业和政府监管的情况下，不仅体现为两家互联网金融企业的竞争纠纷，亦体现司法裁判如何看待企业主体开展网贷评级活动的正当合法性。在当时的网贷市场环境下，部分投资人专业能力和风险评判意识较弱，相关的法律法规、具体的规范性文件和监管措施尚未出台。为了能让投资人获得更客观、有价值的投资参考信息，督促网贷平台充分披露信息、规范经营,促进我国网贷行业良性竞争秩序,网贷市场需要以更宽容的姿态接受相关主体开展多维度、专业性,且能基本反映客观现状的网贷评级。该案充分考虑当时网贷市场行业现状,立足于反不正当竞争法中构成商业诋毁的要件,对涉案网贷评级的行为进行了评判。

案例 11-12:网络拍卖,瑞平公司被仿冒

瑞平公司为一家具有 AAA 资质的拍卖公司,在业内有一定的知名度。曾于 2012 年与搜房公司合作,由瑞平公司为搜房公司在搜房网开展的"搜房拍"房产拍卖活动提供网络拍卖服务支持。双方合作一年期满后没有续约。此后,搜房公司未及时撤回搜房网上的瑞平公司企业名称等信息,仍将瑞平公司作为"搜房拍"活动的合作伙伴,在近两年期间共组织房产拍卖 400 场次,成交金额超过 3.8 亿元。瑞平公司认为,搜房公司的行为仿冒了其企业名称。搜房公司抗辩称,由于公司员工离职交接疏忽,未撤回搜房网上瑞平公司的相关信息,其上述行为并不构成仿冒瑞平公司企业名称,仅构成虚假宣传。

法院认定,搜房公司在搜房网中使用了瑞平公司的企业名称,且存在主观过错。搜房公司已使包括竞买人、委托人在内的相关公众误认为瑞平公司是为"搜房拍"活动提供拍卖服务支持的拍卖人。因此,搜房公司的行为仿冒了瑞平公司的企业名称。法院判决搜房公司停止不正当竞争行为,赔偿瑞平公司经济损失 100 万元等。

案例评析:

该案涉及仿冒他人企业名称与虚假宣传不正当竞争行为的认定,并在一定程度上反映出了当前网络拍卖现状。目前我国网络拍卖的相关立法还未健全和完善,如何在行业层面和立法层面规范,如该案拍卖行业这种传统行业从线下拓展至线上的各项行为,是立法部门以及相关的管理部门亟须解决的问题。该案从司法的角度,立足于反不正当竞争法,对涉案行为进行了法律上的认定,为网络拍卖立法规则的确立提供了实践素材,亦有利于网络拍卖行业的基本商业活动和行为,为维护网络拍卖行业的竞争秩序、建立行业基本准则和规范提供了有益的司法指引。

(二) 与网络有关的不正当竞争行为

1. 抢注域名

域名为上网单位的名称,是一个通过计算机登上网络的单位在该网中的地址。一个公司如果想在网络上建立自己的主页,就必须取得一个域名。一些经营者往往将自己的名称或商标作为域名注册,建立自己的网页,宣传自己的产品或服务;有些企业则瞄准他人有一定影响的名称或商标,并将其注册为域名,即抢注域名,之后阻止权利人用自己的名称或商标注册域名,并高价叫卖或进行网络宣传,导致消费者将抢注者与权利人混淆。

案例 11-13:"志圆"商标被抢注为"www.zhiyuan.com"域名

原告成立于 1997 年,经过 10 多年发展,主营业务收入在全国同类企业排名中位居前列。2005 年,原告自主研发"志圆"产品上市。2006 年 8 月,经工商局核准注册了"志圆"商标。为宣传和推广"志圆"品牌,原告不仅投入了巨额的广告费,而且积极组织、参加大量的市场推广活动和公益事业,以提升产品知名度。经原告大量宣传和广泛使用,"志圆"商标已家喻户晓。

2006 年 2 月，被告李某将原告“志圆”中文文字商标对应的汉语拼音注册为“www.zhiyuan.com”域名，并公开在网上出售该域名牟利。

法院经审理，认为被告李某注册、使用“www.zhiyuan.com”域名的行为，构成对原告的不正当竞争，判决：被告李某赔偿原告经济损失 5 万元。

案例评析：

被告争议域名的主要部分与原告的商标相同，足以构成相关公众误认，被告未说明其注册、使用争议域名的正当理由。被告对争议域名的注册、使用，主观上具有利用“志圆”商标的知名度和该知名度可能在商业上产生的较高价值以获取不正当利益的目的，明显具有恶意。

2. 竞价排名之关键词链接

竞价排名是搜索引擎关键词广告的一种形式，按照付费最高者排名靠前的原则，对购买了同一关键词的网站进行排名。美国著名搜索引擎 Overture（2003 年 7 月被雅虎收购），是于 2000 年首次采用竞价排名的，目前被多个著名搜索引擎（例如中文搜索引擎百度等）采用。

案例 11－14：搜狗手机浏览器顶部栏，预设“诱导”搜索引擎

原告：北京百度网讯科技有限公司（简称百度网讯公司）、百度在线网络技术（北京）有限公司（简称百度在线公司）；被告：北京搜狗信息服务有限公司（简称搜狗信息公司）、北京搜狗科技发展有限公司（简称搜狗科技公司）。

二原告发现，当用户启动“搜狗手机浏览器”软件，将搜索栏的搜索引擎设置为百度搜索并输入关键词时，二被告在下拉提示框显著位置放置多条指向搜狗网的下拉提示词，引导用户使用搜狗网经营的信息服务。二被告借助上述信息服务页面，提供付费推广信息和广告内容而获取经济利益。

法院认为：搜狗手机浏览器在设置显示方式时，采取以下设计：当用户选择百度作为预设搜索引擎而使浏览器顶部栏左侧显示百度图标时，浏览建议中显示的二被告提供的垂直内容和搜索推荐词之间没有明显区分，且在用户点击垂直内容进入搜狗网自营网站的整个过程中，百度图标始终处于顶部栏显著位置。这种手机浏览器的显示方式设计确实会造成一定范围内的用户混淆，构成不正当竞争。一审宣判后，二被告提起上诉，但二审驳回了上诉，维持原判。

案例评析：

该案厘清了手机浏览器经营者的合法“自留地”与侵犯他人权益之间的行为边界。手机浏览器作为网络用户进入互联网的窗口，一直以来均是互联网企业竞相争夺之地。一般而言，手机浏览器均会设置顶部栏，以供网络用户进行文字搜索或是直接键入网址进入网站，目前该种运营模式已经形成了行业习惯。为方便网络用户，搜狗手机浏览器及市场上其他多种浏览器均在浏览建议中同时设置搜索推荐词和垂直结果，该做法并未劫持他人流量，属于手机浏览器经营者的自由权利。但是，用户在预设搜索引擎为百度搜索，而点击浏览建议中垂直结果仍进入搜狗搜索页面，浏览建议中二被告提供的垂直内容和搜索推荐词之间没有明显区分，且在用户点击垂直内容进入搜狗网自营网站的整个过程中，百度图标始终处于顶部栏显著位置，该手机浏览器的显示方式设计确实会造成一定范围内的用户混淆，二被告的经营模式超出了正当性的合法边界，构成不正当竞争。

3. 关键词链接行为

关键词链接在一般的搜索引擎与竞价排名服务模式中皆被普遍使用。一些不知名的企业为了使消费者能在网络上看到自己的信息，往往将有一定影响的企业名称等关键词指向自己，既是对消费者的欺骗，也侵犯了权利人的利益。

案例 11－15：点击“集佳”却进入广立信网站“商顿联合网”

原告北京集佳知识产权代理有限公司（简称集佳公司）主要从事商标、专利代理，具有较高的知名度和良好的商业信誉。被告北京广立信国际知识产权代理有限公司（简称广立信公司）经营范围也是商标代理。原告发现在被告谷歌信息技术（中国）有限公司经营的 www.google.com 中输入“集佳知识产权代理有限公司”文字时，直接指向了被告北京广立信国际知识产权代理有限公司的网站“商顿联合网”。该网站的首页使用了与原告网站首页相同或近似的颜色、整体板式、编排等要素，并使用了原告享有著作权的“站在客户的角度考虑每一个问题”“全身心地关注客户的每一个细节”用语。

法院经审理，认为被告仿冒原告网站内容，构成不正当竞争，判决：被告停止在谷歌网关键词搜索广告中的不正当竞争行为，更换其网站首页、页面中与原告网站相同的图片及文字；在《中国知识产权报》上发布致歉声明，消除影响；赔偿原告经济损失及诉讼费 10 万元。

案例评析：

该案被告在谷歌网从事了关键词广告网络推广行为，搜索结果涉及的网站、网页包含有与“集佳”名称相同或近似的文字，特别是点击搜索结果标题进入被告网站的原因是被告网站名称与原告名称基本相同。集佳公司的两句宣传用语发表时间在被告成立之前，被告网站首页的整体排版方式、色调、背景与原告网站首页相似，被告网页内容与原告网站内容基本相同，均可说明被告接触并仿冒了原告网站内容。

（三）因网络软件技术本身发生的不正当竞争行为

1. 软件排斥设置

软件冲突是计算机行业常见的一种现象，一般指两款或多款软件在同时运行时发生冲突，即一款软件启动或运行后，会导致其他一款或多款软件不能正常运行的情形。造成软件冲突的原因有多种，若是软件厂商之间缺乏沟通，在程序设计上有互相冲突的地方，不是不正当竞争行为；但若是出于竞争的考虑，故意给对方尤其是竞争对手的同类软件设置障碍，从而造成对其他软件的干扰，则属不正当竞争行为。

案例 11－16：乐视有意修改自己浏览器的 UA 设置

原告：合一信息技术（北京）有限公司（简称合一公司）；被告：乐视网信息技术（北京）股份有限公司（简称乐视公司）。

合一公司经营优酷网，发现乐视公司经营的乐视盒子中的乐视浏览器点播优酷网免费视频时，屏蔽了优酷网的贴片广告，有意针对优酷网更改浏览器 UA 设置并使用乐视播放器覆盖优酷播放器，构成了不正当竞争。乐视公司则表示，由于优酷网针对不同端口有不同的广告规则，对 iPhone 端浏览器不提供视频广告，用户体验和资源较好，所以，安卓系统的乐视浏览器访问优酷网时，乐视公司将浏览器 UA（User－Agent）设置为 iPhone 端标识。

法院一审判决，判令乐视公司不得更改乐视浏览器 UA 设置、链接优酷网 iPhone 端并赔偿合一公司 20 万元。一审宣判后，乐视公司提起上诉，二审维持原判。

案例评析：

该案系浏览器经营者有意对自己的浏览器采取技术措施以获得视频网站为特定系统终端

提供的服务内容，构成不正当竞争。法院查明被告采取的技术措施并不是直接改变视频网站广告的播放模式，而是直接修改自己的浏览器UA设置，将安卓端乐视浏览器UA设置为iPhone端浏览器，使用户通过乐视浏览器访问优酷网时，免受广告推送的困扰。该案明确了浏览器经营者的行为规则：由于终端设备系统设置、技术原因以及权利人区分终端设备授权等因素，视频网站或者出于主动的商业安排，或者由于技术兼容性等问题，会针对不同系统的终端设备推送不同的视频资源、提供不同服务。浏览器经营者为了自身利益，有意采取技术措施获得视频网站为特定系统终端提供的服务，导致视频网站合法权益受到损害的，构成不正当竞争。

2. 软件差评设置

随着网络服务业的深入发展，一些大型网络公司从网络特色经营转向混业经营甚至全业经营，大型网络服务商不断增加，相互间的竞争更加激烈，通过软件程序设置对其他软件给予差评的不当行为也激增。

案例11－17：奇虎网恶评百度

原告百度网讯公司和百度时代公司共同起诉称：其共同提供经营百度工具栏和百度地址栏软件，该两款软件不含任何木马、病毒以及广告程序，用户也可以随时彻底卸载，深受广大用户喜爱。被告奇智软件公司开发了360安全卫士软件，被告三际无限公司经营奇虎网和360安全卫士网。二被告人为地操纵网络用户对百度工具栏和百度地址栏软件的投票结果；360安全卫士软件将百度工具栏和百度地址栏软件定义为“恶评插件”；360安全卫士软件在查杀木马、病毒时将百度工具栏和百度地址栏软件标识出来，并进行虚假描述诱导用户删除；被告三际无限公司在其经营的360安全中心网站中无根据地对百度工具栏和百度地址栏软件进行负面介绍，并故意删除网络用户对于百度工具栏和百度地址栏软件的好评。

法院经审理，认为二被告利用奇虎网恶评二原告，构成不正当竞争行为，判决：被告奇智软件公司在360安全中心网站首页显著位置连续72小时刊登声明，以消除影响；赔偿二原告经济损失30万元。被告三际无限公司在360安全中心网站首页显著位置连续24小时刊登声明，以消除影响；赔偿二原告经济损失3万元。

案例评析：

该案二原告与二被告构成业务竞争关系。网络用户利用360安全卫士软件监测计算机时，360安全卫士软件将百度工具栏和百度地址栏软件标注为“恶评插件”或“恶评软件”，对用户产生两方面影响：(1)客观上诱导部分网络用户认为“百度工具栏和百度地址栏软件”是木马或病毒，进而删除百度工具栏和百度地址栏软件；(2)部分网络用户给“百度工具栏和百度地址栏软件”评分较低。二被告作为二原告的竞争者，将百度工具栏和百度地址栏软件标注为“恶评插件”或“恶评软件”，导致部分网络用户较差的投票结果和部分网络用户的负面评价，损害了二原告的商业信誉，构成不正当竞争。

二、互联网条款

根据经济发展的客观需要，新法增加了互联网不正当竞争条款，规定经营者不得利用技术手段在互联网领域从事影响用户选择、干扰、限制其他经营者正常经营活动的行为，并具体规定了应予以禁止的行为。

（一）互联网不正当竞争条款

《反不正当竞争法》第 12 条第 1 款规定，经营者利用网络从事生产经营活动，应当遵守本法的各项规定。

该条第 2 款规定，经营者不得利用技术手段，通过影响用户选择或者其他方式，实施下列妨碍、破坏其他经营者合法提供的网络产品或者服务正常运行的行为：(1)未经其他经营者同意，在其合法提供的网络产品或者服务中，插入链接、强制进行目标跳转；(2)误导、欺骗、强迫用户修改、关闭、卸载其他经营者合法提供的网络产品或者服务；(3)恶意对其他经营者合法提供的网络产品或者服务实施不兼容；(4)其他妨碍、破坏其他经营者合法提供的网络产品或者服务正常运行的行为。

（二）制裁网络环境下的不正当竞争行为的难点

1. 技术性强，取证困难

网络环境下的不正当竞争行为，往往涉及网络技术和软件程序，必须借助网络技术和措施，及时调查、取证，保全证据。一旦这些网页或软件被内置了某种技术性措施，例如木马、病毒、恶意代码、恶意功能等，普通公众很难发现，必须通过技术专家借助专业工具才能还原案件事实。

2. 确定赔偿数额难

从已有的典型案例看，原告索赔数额往往很高，但法院判决的数额远低于原告预期。法院判决赔偿的因素包括：涉案软件的性质、侵权行为的方式、期间、规模、后果及被告的主观过错程度、受害人的知名度等，酌情确定赔偿数额。

法院判决一定程度上补偿了受害人的损害，但酌情赔偿数额太低，可能无法弥补受害人的损失，也不利于对互联网行业从业人员起到警示作用。

（三）互联网条款的局限性

上述规定的互联网不正当竞争行为，大多基于对已有典型个案裁判的归纳提炼。但是，典型个案本身具有基于特殊事实的情景性，能否具有普遍性、普适性和稳定性，仍值得深入研究。当今是互联网信息社会，互联网、“互联网＋”等都是时代热词。而且，互联网领域的技术和商业发展迅速，创新活跃，竞争自由尤为重要。对于需要更多竞争自由的市场进行干预，将在很大程度上限制市场的创新和发展。因此，立法在规定网络环境下的不正当竞争行为时更应当审慎地进行考虑。

第四节　反不正当竞争的监督管理和法律保护

一、反不正当竞争的监督管理

反不正当竞争的监督管理，包括行政监督、司法监督、立法监督和社会监督等。

（一）行政监督

《反不正当竞争法》第 4 条规定，县级以上人民政府履行工商行政管理职责的部门对不正当竞争行为进行查处；法律、行政法规规定由其他部门查处的，依照其规定。

监督检查机关，行使下列四项职权：

1. 询问权

监督检查机关有权按照规定程序询问被检查的经营者、利害关系人、证明人，并要求提供有关证明材料或其他相关资料，被询问人必须如实提供。

2. 查询复制权

监督检查机关有权查询、复制与不正当竞争行为有关的协议、账册、单据、文件、记录、业务函电和其他资料。

3. 检查权

监督检查机关有权对涉嫌假冒名牌行为的财物进行检查，必要时可以责令被检查者说明该商品的来源和数量，也可责令其暂停销售，听候检查，禁止其转移、隐匿和销毁该财物。

4. 处罚权

监督检查机关有权对违反《反不正当竞争法》的行为给予行政处罚，如责令停止违法行为，没收违法所得、吊销营业执照、罚款等。

监督检查机关工作人员，在行使监督检查职权时，应依法出示检查证件。

(二) 司法监督

司法监督指人民检察院、人民法院通过检察职能和司法职能的独立行使，对不正当竞争行为进行监督，对工商行政执法人员的渎职犯罪进行监督。

司法监督的职权，主要包括下列五项：(1)处理有关不正当竞争的民事纠纷和侵权行为；(2)依法追究有关不正当竞争行为人的刑事责任；(3)处理经营者不服行政执法处罚决定的行政争议；(4)查处并追究工商行政执法人员以及其他监督检查不正当竞争行为的国家机关工作人员滥用职权、玩忽职守、徇私舞弊等犯罪行为；(5)为行政执法机关行使职权提供必要的司法协助。

(三) 立法监督

立法监督指立法机关通过制定法律和听取审议工作报告、询问、质疑、视察、检察、调查、撤销、备案、罢免和撤职等方式，对《反不正当竞争法》的执行和遵守情况进行监督。

立法监督的职权，主要包括八项：(1)听取和审议工作报告；(2)询问和咨询；(3)视察和检查；(4)调查；(5)撤销和备案；(6)罢免和撤职；(7)批评和建议；(8)受理申诉、控告和检举。

(四) 社会监督

社会监督指广大人民群众以及社会团体、新闻媒体等对不正当竞争行为进行监督，对行政执法机关及其工作人员的职责履行情况进行监督。

社会监督，包括舆论监督、公民举报、检举、披露、控告、批评、建议等，由非国家机关的政党、组织、社会团体、全体公民等主体共同完成。

二、反不正当竞争的法律保护

(一) 违反《反不正当竞争法》的法律责任

违反《反不正当竞争法》的法律责任指经营者、政府及其所属部门以及监督检查部门的工作人员违反《反不正当竞争法》应当承担的法律后果，一般包括民事责任、行政责任和刑事责任三类。

1. 民事责任

民事责任指由人民法院作出的，违法者必须承担的民事制裁结果。其形式主要有停止侵害、赔礼道歉、消除影响、恢复名誉、赔偿损失等。

《反不正当竞争法》第 17 条第 1 款规定，经营者违反本法规定，给他人造成损害的，应当依法承担民事责任。

该条第 2 款规定，经营者的合法权益受到不正当竞争行为损害的，可以向人民法院提起诉讼。

该条第 3 款规定，因不正当竞争行为受到损害的经营者的赔偿数额，按照其因被侵权所受到的实际损失确定；实际损失难以计算的，按照侵权人因侵权所获得的利益确定。经营者恶意实施侵犯商业秘密行为，情节严重的，可以在按照上述方法确定数额的一倍以上五倍以下确定赔偿数额。赔偿数额还应当包括经营者为制止侵权行为所支付的合理开支。

该条第 4 款规定，经营者违反本法第 6 条、第 9 条规定，权利人因被侵权所受到的实际损失、侵权人因侵权所获得的利益难以确定的，由人民法院根据侵权行为的情节判决给予权利人五百万元以下的赔偿。

2. 行政责任

行政责任指行政监督检查机关作出的、违法者因违反《反不正当竞争法》的规定而应承担的行政处罚结果。其形式主要包括：责令停止违法行为、责令改正并消除影响、行政处分、行政罚款、没收非法所得、吊销营业执照等。《反不正当竞争法》对上述行政责任的具体适用作了明确规定。

1）实施混淆行为的法律责任

《反不正当竞争法》第 18 条第 1 款规定，经营者违反本法第 6 条规定实施混淆行为的，由监督检查部门责令停止违法行为，没收违法商品。违法经营额五万元以上的，可以并处违法经营额五倍以下的罚款；没有违法经营额或者违法经营额不足五万元的，可以并处二十五万元以下的罚款。情节严重的，吊销营业执照。

该条第 2 款规定，经营者登记的企业名称违反本法第 6 条规定的，应当及时办理名称变更登记；名称变更前，由原企业登记机关以统一社会信用代码代替其名称。

2）实施贿赂行为的法律责任

《反不正当竞争法》第 19 条规定，经营者违反本法第 7 条规定贿赂他人的，由监督检查部门没收违法所得，处十万元以上三百万元以下的罚款。情节严重的，吊销营业执照。

3）作虚假或者引人误解的商业宣传的法律责任

《反不正当竞争法》第 20 条第 1 款规定，经营者违反本法第 8 条规定对其商品作虚假或者引人误解的商业宣传，或者通过组织虚假交易等方式帮助其他经营者进行虚假或者引人误解的商业宣传的，由监督检查部门责令停止违法行为，处二十万元以上一百万元以下的罚款；情节严重的，处一百万元以上二百万元以下的罚款，可以吊销营业执照。

该条第 2 款规定，经营者违反本法第 8 条规定，属于发布虚假广告的，依照《中华人民共和国广告法》的规定处罚。

4）侵犯商业秘密的法律责任

《反不正当竞争法》第 21 条规定，经营者以及其他自然人、法人和非法人组织违反本法第九条规定侵犯商业秘密的，由监督检查部门责令停止违法行为，没收违法所得，处十万元以上一百万元以下的罚款；情节严重的，处五十万元以上五百万元以下的罚款。

5）不当奖售的法律责任

《反不正当竞争法》第 22 条规定，经营者违反本法第 10 条规定进行有奖销售的，由监督检查部门责令停止违法行为，处五万元以上五十万元以下的罚款。

6）损害竞争对手商业信誉、商品声誉的法律责任

《反不正当竞争法》第 23 条规定，经营者违反本法第 11 条规定损害竞争对手商业信誉、商品声誉的，由监督检查部门责令停止违法行为、消除影响，处十万元以上五十万元以下的罚款；情节严重的，处五十万元以上三百万元以下的罚款。

7)妨碍、破坏其他经营者合法提供的网络产品或者服务正常运行的法律责任

《反不正当竞争法》第 24 条规定，经营者违反本法第 12 条规定妨碍、破坏其他经营者合法提供的网络产品或者服务正常运行的，由监督检查部门责令停止违法行为，处十万元以上五十万元以下的罚款；情节严重的，处五十万元以上三百万元以下的罚款。

3. 刑事责任

刑事责任指人民法院作出的、危害严重的不正当竞争行为者应承担的刑事制裁后果。

《反不正当竞争法》第 31 条规定，违反本法规定，构成犯罪的，依法追究刑事责任。

(二) 对不正当竞争行为受害人的法律救济和对责任人的法律追究

1. 对不正当竞争行为受害人的法律救济

根据侵害人应承担法律责任的不同，受害人可以采用不同的法律救济手段：(1)不正当竞争行为的民事责任，应由当事人自己行使起诉权，由审判机关进行审理；(2)不正当竞争行为的行政责任，当事人可向行政管理机关控告，请求保护，也可由工商行政管理部门予以查处；(3)不正当竞争行为的刑事责任，由检察机关提起公诉，由审判机关审理。

2. 对不正当竞争行为责任人的法律追究

根据《反不正当竞争法》的规定，可以通过以下四种途径追究违法者的不正当竞争行为：(1)受害人通过司法途径追究违法者的民事责任，例如向法院提起民事诉讼或刑事附带民事诉讼；(2)受害人可以向监督检察机关投诉，要求制止违法行为，并追究有关单位或个人的行政责任；(3)监督检查部门根据群众的举报和指控，或依职权主动查处不正当竞争行为，制止违法行为，追究有关单位或个人的行政责任；(4)司法机关依据刑事诉讼的程序，追究违法者的刑事责任。

思考题：

(1) 简述《反不正当竞争法》修改“经营者”的界定。

(2) 简述《反不正当竞争法》明确“傍名牌”的四种情形。

(3) 简述《反不正当竞争法》扩大商业贿赂的范围。

(4) 简述《反不正当竞争法》增加互联网不正当竞争行为的类别。

参考文献

[1] 吕来明，熊英. 反不正当竞争法比较研究[M]. 北京：知识产权出版社，2014.

[2] 孔祥俊. 反不正当竞争法新原理 原论[M]. 北京：法律出版社，2019.

[3] 徐士英. 竞争法新论[M]. 北京：北京大学出版社，2006.

[4] 种明钊. 竞争法[M]. 2 版. 北京：法律出版社，2008.

第十二章　产品质量法

产品质量，关系到企业的生存和发展，也关系到消费者、使用者或第三人的权益。我国调整产品质量的法律，是于1993年2月22日第七届全国人民代表大会常务委员会第十三次会议通过，1993年9月1日起施行，经过2000年7月8日第九届全国人民代表大会常务委员会第十六次会议以及2018年12月29日第十三届全国人民代表大会常务委员会第七次会议两次修正的《中华人民共和国产品质量法》(简称《产品质量法》)。

关键词：产品质量标准；企业质量体系认证；产品质量体系认证；产品质量检查；生产者产品质量义务；销售者产品质量义务；产品质量归责原则

第一节　概　述

一、对产品的界定

区别于经济学与物理学学科领域内的产品概念，各国法律关于产品的界定大体一致，主要差别表现在产品的内涵和外延两方面。

美国对产品的界定比较宽泛，凡是经过某种程度、某种方式加工处理的物品，包括任何可销售、可使用、可移动的制成品。无论是工业品还是农业品，无论是整体还是部件、原材料等，只要因使用它或通过它引起了伤害，都可归为发生责任的"产品"范畴。该产品概念，仅排除了未加工的东西。为了使消费者能够依严格责任原则获得赔偿，越来越多的法院把房屋和公寓视为产品。随着产品责任严格化趋势的发展，产品的概念已扩大到无形资产，甚至包括土地。

欧洲理事会《斯特拉斯堡公约》认为，产品指所有动产，包括天然动产或工业动产。无论其是否经过加工，即使是组装在另外的动产内或组装在不动产内都将被纳入产品的范围内。它将动产分为两类：(1)天然动产；(2)工业动产。天然动产，主要指动物、植物和矿物产品，这些产品无论是否经过加工，都属于可能引起责任的产品。工业动产，一般指制造品，这类产品更容易出现缺陷，造成伤害。该公约规定，即使将工业动产安装在不动产内或者组装在其他动产之中，仍被视为独立的动产，并因此确定产品责任。

《欧洲共同体的产品责任指令》规定，产品是指初级农业产品和狩猎产品以外的所有动产，即使已经被组装到另一动产或不动产之内。初级产品，指种植产品、畜牧业产品、渔业产品，这类产品经过加工后即为产品责任中的产品。该界定扩大了产品的范围，可以说无处不在。

我国《产品质量法》将产品限定在经过加工、制作，用于销售的产品，包括工业产品、农业产品、建筑材料、建筑配件、设备等。

二、《产品质量法》的适用范围

产品质量法，指调整生产者、销售者、消费者、使用者、政府有关部门以及与产品质量有关的其他机构主体之间，是关于产品质量权利、义务与责任等关系的法律规范的总称。

《产品质量法》调整的内容主要有：(1)产品质量监督管理；(2)生产者和销售者产品质量责任和义务；(3)造成损害后的赔偿；(4)违反《产品质量法》应承担的法律责任等。在产品质量法律关系中，主体是质量监督部门、法人、企业、有关社会团体和中介机构以及自然人；客体是产品和行为。

在中华人民共和国境内从事产品生产、销售活动，均适用《产品质量法》。但建筑工程不适用《产品质量法》，由其他法律另行规定。其中，建设工程使用的建筑材料、建筑构配件和设备，属于前款规定的产品范围的，适用本法规定。

三、《产品质量法》的原则

(一) 加强对产品的质量监督管理

《产品质量法》高度重视对产品质量的监督管理。例如，《产品质量法》第 1 条规定，为了加强对产品质量的监督管理，提高产品质量水平，明确产品质量责任，保护消费者的合法权益，维护社会经济秩序，制定本法。

《产品质量法》明确规定了产品质量认证、企业质量体系认证、产品抽查检验等监督管理制度的具体内容；明确提出政府对本地区的产品质量负有责任；企业内部应健全产品质量管理制度等。

(二) 明确产品责任

《产品质量法》明确规定了产品的生产者、销售者、检验和认证机构以及中介机构的产品责任；同时规定了各级政府质量监督管理部门的责任，强调各级政府及其有关部门应在各自的职权范围内负责产品质量的监督管理工作。

(三) 保护消费者合法权益

若产品质量有问题，消费者有权向产品的生产者、销售者查询，向质量监督部门、工商行政管理部门申诉，向法院起诉，并有权获得赔偿。生产者、销售者、检验和认证机构及中介机构，都要对消费者负责。

(四) 鼓励提高产品质量

各级政府，应当把提高产品质量纳入国民经济和社会发展规划，加强对产品质量工作的统筹规划和组织领导，引导、督促生产者、销售者加强产品质量管理，提高产品质量。国家鼓励和推行科学的质量管理方法，鼓励企业产品质量达到并超过行业标准、国家标准乃至国际水平。

(五) 对违法行为重罚

为了使全社会重视产品质量、打击和制止违法行为，《产品质量法》对违法行为采取了极为严厉的制裁措施。

第二节　产品质量监督管理

一、产品质量监督管理制度

《产品质量法》规定了我国产品质量的监督管理制度，主要有产品质量标准制度、企业质量体系认证制度、产品质量体系认证制度、产品质量检查制度等。

（一）产品质量标准制度

（1）产品质量标准制度，指产品应当符合一定的标准。

对于可能危及人身健康和人身、财产安全的工业产品，必须符合国家标准和行业标准；若没有国家标准和行业标准，必须符合人体健康和人身、财产安全的要求；禁止生产和销售不符合人身、财产安全的工业产品。

（2）产品质量应当检验合格，不得以不合格产品冒充合格产品。

（二）企业质量体系认证制度

企业质量体系认证制度，指国务院产品质量监督管理部门认可或授权的认证机构，依据国际通用的质量管理系列标准，对企业质量体系进行审核认证，若合格则颁发认证书的制度。目前国际通用的质量管理系列标准，指 ISO 发布的质量体系标准。

ISO 是国际标准化组织的缩写，它由 120 个国家中的国家标准化团体组成，每个国家有一个会员代表，中国的会员代表是中国国家技术监督局（CSBTS）。

ISO 质量体系标准，包括 ISO 9 000、ISO 10 000、ISO 14 000 三种系列。ISO 9 000 标准，明确了质量管理和质量认证体系，每 5～7 年修订一次，自 1987 年公布以来已经做了两次修订，适用于生产型和服务型企业，它包括三个体系标准和八条指导方针。ISO 9 000 三个体系标准分别为 ISO 9 001、ISO 9 002、ISO 9 003。其中，中国现已采用的质量体系标准为 ISO 9001，它明确为设计、制造产品和提供服务的组织提供一套实现完整质量体系的 20 条要素，被公认为通向国际市场的通行证。ISO 10 000 标准，为从事审核质量管理和质量认证体系提供了指导方针。ISO 14 000 标准，明确了环境质量管理体系。

《产品质量法》第 14 条第 1 款规定，国家根据国际通用的质量管理标准，推行企业质量体系认证制度。企业根据自愿原则可以向国务院产品质量监督管理部门认可的或者国务院产品质量监督部门授权的部门认可的认证机构申请企业质量体系认证。经认证合格的，由认证机构颁发企业质量体系认证证书。

值得注意的是，《产品质量法》规定，经认证合格的，由认证机构颁发产品质量认证证书，准许企业在产品或者其包装上使用产品质量认证标志。在认证书有效期内，申请相应产品质量认证的，可免除企业质量体系认证。

（三）产品质量体系认证制度

依据一定的标准，产品质量体系认证制度是由生产者和消费者之外的第三方对产品的质量进行证实和评价的制度。该制度源于英国，后来经各国的普遍推行，现在已有很多国家和地区开展了产品质量认证工作，并成立了一些国际性认证组织，中国也是一些国际性认证组织的会员国。

中国的产品质量体系认证制度，主要内容包括：(1)国家参照国际先进的产品标准和技术要求，推行产品质量认证制度；(2)企业根据自愿原则，向国务院产品质量监督部门认可的或者国务院产品质量监督部门授权的认证机构申请产品质量体系认证；(3)认证合格后，颁发合格证书，企业可以在产品、包装上使用产品质量认证标志。

（四）产品质量检查制度

产品质量检查制度，指国家、社会对产品质量进行检查和监督的制度，它包括三种情况：(1)产品质量抽查制度；(2)产品质量检验制度；(3)社会对产品质量监督制度。

1. 产品质量抽查制度

国家对产品质量实行以抽查为主要方式的检查制度，抽查的样品从市场上或在企业成品仓库内待销的产品中随机抽取。国家抽查的产品，地方不得另行复查；上级抽查的产品，下级不得复查。

国家抽查的对象主要有：(1)可能危及人体健康和人身、财产安全的产品；(2)影响国计民生的重要的工业产品；(3)消费者或者有关组织反映有质量问题的产品。在检查过程中，生产者、销售者不得拒绝抽查；监督部门，拥有了解情况、查阅复制资料、查封扣押等权利。

2. 产品质量检验制度

国家根据抽查的需要，可以对产品进行检验。产品检验机构和认证机构，也可以对产品进行检验和认证，但必须达到法定要求：(1)具备相应的检测能力和条件；(2)依法设立，经省级以上人民政府质量监督部门或者授权的部门考核合格，独立地进行检验、认证，不得与行政机关和其他国家机关存在隶属关系或其他利益关系；(3)依法定的标准，客观、公正地出具检验结果。

3. 社会对产品质量监督制度

若产品质量有问题，消费者有权向生产者、销售者查询，向质量监督部门、工商行政管理部门申诉。就消费者反映的产品质量问题，有关社会组织有权建议相关部门负责处理，支持消费者起诉。

二、监督管理部门及其对产品质量的义务

(一) 监督管理主体

《产品质量法》规定了我国产品质量监督管理的主体范围：(1)国务院质量监督管理部门负责全国的产品质量监督工作，国务院有关部门在各自的职权范围内负责产品质量监督工作；(2)县级以上地方人民政府产品质量监督部门负责本行政区域内的产品质量监督工作，县级以上地方人民政府有关部门在各自的职权范围内负责产品质量的监督工作。

(二) 监督管理部门对产品质量监督的义务

监督管理部门对产品质量监督的义务，主要表现在七个方面：(1)各级人民政府，应把提高产品质量纳入国民经济和社会发展规划，统筹规划和组织领导，在各自职责范围内负责产品质量工作；(2)各级人民政府及工作人员和其他国家机关工作人员，不得滥用职权，玩忽职守或者徇私舞弊，包庇、放纵本地区、本系统发生的违反《产品质量法》的行为；(3)任何单位、个人，不得排斥合格产品进入本地区；(4)依法设立检验和认证机构；(5)监督部门，不得向社会推荐生产者的产品，不得参与产品的经营活动；(6)监督管理部门，应接受消费者的申诉，为检举者保密；(7)检验、认证机构应据实出具检验结果，若给消费者造成损害或损失，应与产品生产者、销售者共同承担连带责任。

第三节　生产者、销售者的产品责任和义务

一、产品责任

(一) 产品责任的定义

产品责任指生产者、销售者及有关机构和人员，因生产或销售的产品存在缺陷造成消费

者、使用者或第三人人身伤害或财产损失而承担的法律责任。它涉及三个要素:(1)产品责任的主体;(2)产品责任的受害者;(3)损害赔偿。

1. 产品责任的主体

根据《产品质量法》的规定,产品责任的主体主要包括生产者、销售者、供货者;若检验、认证机构出具的检验结果不实,则检验、认证机构也是产品责任的主体。

2. 产品责任的受害者

产品责任的受害者,主要包括消费者、使用者或第三人。

3. 损害赔偿

损害赔偿范围,包括人身伤害、财产损失、精神损害。

因产品缺陷造成受害人的人身伤害,侵害人应当赔偿医疗费、治疗期间护理费、因误工减少的收入等费用,若造成残疾,还应支付残疾者生活自助费、生活补助费、残疾赔偿金以及由其扶养的人所必需的生活费等费用;若造成受害人死亡,应当支付丧葬费、死亡赔偿金以及由死者生前扶养的人所必需的生活费等费用。因产品存在缺陷造成受害人财产损失,侵害人应当恢复原状或者折价赔偿。

关于精神损害的赔偿,《产品质量法》并未进行规定。但最高人民法院于 2001 年 3 月 8 日公布、2001 年 3 月 10 日实施的《关于确定民事侵权精神损害赔偿责任若干问题的解释》中,明确了精神损害赔偿的相关规定。

(二) 承担产品责任的期限

产品责任期限,指产品责任主体承担赔偿责任的法定界限。在该期限内,产品责任主体须满足受害人的赔偿请求;若超过该期限,产品责任主体有权拒绝受害人的赔偿请求。

《产品质量法》规定,因产品存在缺陷造成损害要求赔偿的诉讼时效期间为 2 年,自当事人知道或应当知道其权益受到损害时起计算。要求赔偿的请求权,在造成损害的缺陷产品交付最初消费者满 10 年后丧失,但尚未超过明示的安全使用期的除外。

(三) 产品责任的特点

产品责任具有强制性,其特点如下:(1)产品责任的主体是卖方及生产、制造、加工、销售链上的任何人,请求权利的主体是受到伤害的任何人;(2)产品责任是特殊侵权责任,该责任具有强制性,不管生产者主观上是否有过错,只要存在侵权结果,生产者就必须承担产品责任;(3)产品责任适用于因产品缺陷造成的损害,缺陷指产品具有不适当的危险,或没有提供使用者期待的安全;(4)产品责任赔偿范围,包括人身伤害、财产损失及精神损害。

二、产品缺陷及责任免除

(一) 产品缺陷的定义

产品缺陷的定义,由法律界定。值得注意的是,该界定直接影响产品责任的主体须承担多大责任。一般认为,缺陷包括下列种类:(1)设计缺陷;(2)制造缺陷;(3)原材料缺陷;(4)装配缺陷;(5)科学不能发现的缺陷等。

《产品质量法》第 46 条规定,本法所称缺陷,是指产品存在危及人身、他人财产安全的不合理的危险;产品有保障人体健康和人身、财产安全的国家标准、行业标准的,是指不符合该标准。

(二) 产品责任免除

《产品质量法》第41条第2款规定,生产者能够证明有下列情形之一的,不承担赔偿责任:(1)未将产品投入流通的;(2)产品投入流通时,引起损害的缺陷尚不存在的;(3)将产品投入流通时的科学技术水平尚不能发现缺陷的存在的。

三、生产者的产品质量义务

(一) 产品必须符合保障人身、财产安全要求

产品质量不存在危及人身、财产安全的不合理的危险;如果有保障人体健康和人身、财产安全的国家标准、行业标准,应当符合该标准。

(二) 产品必须具备应有的使用性能

产品质量,具备产品应当具备的使用性能;但是,对产品存在使用性能的瑕疵已经作出说明的除外。

(三) 产品必须名副其实

产品质量,应当符合在产品或包装上注明采用的产品标准,符合以产品说明、实物样品等方式表明的质量状况。

案例12-1:产品质量导致的消费者受损,生产者、销售者负连带责任

消费者黄某在南宁市某五金交电公司(简称五金交电公司)购买了一个长沙某电子仪器厂(简称电子仪器厂)生产的电视机保护器。产品说明书中说明,安装该产品能够防雷,产品性能可靠等。某日,正下着雷阵雨,黄某见电视机上放着电视保护器,以为可以放心地看电视。不料,已安装了保护器的彩色电视机被击毁,电视机整套集成电路被损坏,黄某向消费者协会投诉。消费者协会会同有关技术部门对电视机进行检查,证实电视机被击毁是由于电视机保护器存在质量问题,没有起到真正的保护作用。

黄某以五金交电公司销售不合格产品、使消费者蒙受经济损失为由,将五金交电公司诉至法院,要求赔偿损失。五金交电公司不同意赔偿黄某的经济损失,认为电视机是电子仪器厂生产的,应由电子仪器厂承担赔偿责任。

案例评析:

该案争议的焦点在于,产品质量瑕疵导致消费者受损,消费者应向谁索赔?

《产品质量法》第26条第1款规定,生产者应当对其生产的产品质量负责。该条第2款规定,产品质量应当符合下列要求:(1)不存在危及人身、财产安全的不合理的危险,有保障人体健康,人身、财产安全的国家标准、行业标准的,应当符合该标准;(2)具备产品应当具备的使用性能,但是,对产品存在使用性能的瑕疵作出说明的除外;(3)符合在产品或者其包装上注明采用的产品标准,符合以产品说明、实物样品等方式表明的质量状况。电子仪器厂生产的电视机保护器,产品说明书中说明"安装该产品能够防雷,且该产品性能可靠"。事实上该产品不仅不能防雷,而且造成电视机整套集成电路损坏。说明产品质量不符合产品说明书中标明的质量标准,质量存在严重缺陷,造成消费者损失,生产厂家有着不可推卸的责任。

《产品质量法》第43条规定,因产品存在缺陷造成人身、他人财产损害的,受害人可以向产品的生产者要求赔偿,也可以向产品的销售者要求赔偿。属于产品的生产者的责任,产品的销售者赔偿的,产品的销售者有权向产品的生产者追偿。属于产品的销售者的责任,产品的生产者赔偿的,产品的生产者有权向产品的销售者追偿。电子仪器厂是生产厂家,五金交电公司是

销售者。黄某作为消费者，享有选择权，既可要求销售者（五金交电公司）赔偿损失，也可直接要求生产厂家（电子仪器厂）赔偿损失。一般说来，销售者五金交电公司与黄某处于同一地区，而生产者电子仪器厂在长沙市，故黄某可基于索赔的便利性首先要求销售者（五金交电公司）赔偿损失。当然，销售者（五金交电公司）赔偿黄某损失后，可向生产厂家（电子仪器厂）追偿。

（四）产品或标识、说明要真实，并符合法定要求

《产品质量法》第27条第1款规定，产品或者其包装上的标识必须真实，并符合下列要求：(1)有产品质量检验合格证明；(2)有中文标明的产品名称、生产厂厂名和厂址；(3)根据产品的特点和使用要求，需要标明产品规格、等级、所含主要成分和名称和含量的，用中文相应予以标明；需要事先让消费者知晓的，应当在外包装上标明，或者预先向消费者提供有关资料；(4)限期使用的产品，应当在显著位置清晰地标明生产日期和安全使用期或者失效日期；(5)使用不当，容易造成产品本身损坏或者可能危及人身、财产安全的产品，应当有警示标志或者中文警示说明。

（五）特殊产品的包装必须符合相应法律规定

《产品质量法》第28条规定，易碎、易燃、易爆、有毒、有腐蚀性、有放射性等危险物品以及储运中不能倒置和其他有特殊要求的产品，其包装质量必须符合相应要求，依照国家有关规定作出警示标志或者中文警示说明，标明储运注意事项。

案例12-2：产品包装不符合要求造成的损失，专卖商场、纸箱厂共同承担责任

广东某工艺品商店（简称工艺品商店）从某空调器专卖商场（简称专卖商场）购买了4台立式空调器，价值12万元。专业人员前来安装时，发现这4台空调中有2台因运输途中倒置，造成空调压缩机故障。经原生产厂家检修才恢复正常，但工艺品商店为此支付修理费和材料费近2万元。工艺品商店要求专卖商场支付修理费和材料费2万元，但协商未果，将专卖商场诉至法院。

法院经调查：故障由于运输途中空调倒置而产生，倒置仅发生在从专卖商场至工艺品商店运输途中。运输单位的装卸工称：这4台空调的包装箱没有"不能倒置"警示标志，也无文字说明，装车时也就没有特别注意上下，故造成2台空调倒置。

专卖商场为扩大其知名度，专门到某纸箱厂（简称纸箱厂）定制了一批专用包装箱，用以包装其出售的空调器。新包装箱运到当天，工艺品商店刚好来购买空调，从生产厂家的包装箱里取出空调，经试机发现性能良好，再装入专卖商场定制的专用包装箱，送往工艺品商店。由于纸箱厂印刷时漏印"不能倒置"警示标志，导致事故发生。

法院经审理，判决：专卖商场与纸箱厂共同承担工艺品商店的经济损失。

案例评析：

该案争议的焦点在于，因漏印"不能倒置"警示标志而造成的损失，应由谁来承担责任？

根据《产品质量法》第28条的规定，特殊产品包装应符合下列要求：(1)包装必须符合国家法律、法规、规章、合同标准或者规范性文件规定的包装要求；(2)要用警示标志或中文警示说明的方式来标明储运的注意事项。意在通过对特殊产品进行严格包装以保证人身、财产安全，并防止产品损坏。

工艺品商店经济损失由包装箱上没有"不能倒置"警示标志或中文引起。专卖商场定制专用包装箱，设计了警示说明，但当纸箱厂送来漏印警示说明的不合格产品时，专卖商场未经检查,就匆忙使用,对该案的发生负有不可推卸的责任。纸箱厂作为专业印刷厂家,漏印警示说明,导致纸箱不合格就出厂,对该案发生也负有直接责任。专卖商场和纸箱厂均有过错,应共同承担工艺品商店经济损失。

假设当纸箱厂送来漏印警示说明的不合格产品时,专卖商场经检查发现漏印"不能倒置"警示说明,就不会使用该不合格产品,可以避免该案发生。同理,假设纸箱厂将纸箱印刷完毕,经检查发现漏印"不能倒置"警示说明,其不会送给专卖商场,也可以避免该案发生。

(六)不得从事法律禁止的行为

就产品质量问题,法律规定生产者不得从事的禁止行为主要包括:(1)不得生产国家明令淘汰的产品;(2)不得伪造产地,不得伪造或者冒用他人的厂名、厂址;(3)不得伪造或者冒用认证标志等质量标志;(4)不得掺杂、掺假,不得以假乱真、以次充好,不得以不合格产品冒充合格产品。

四、销售者的产品质量义务

(一)执行进货检查验收制度

销售者进货时,应当对所有货物进行检验,查明货物的质量,同时对货物应具备的标识,例如产品合格证、生产日期、认证标志等进行检查。

(二)采取措施,保持销售产品质量

《产品质量法》第34条规定,销售者应当采取措施,保持销售产品的质量。具体措施包括:(1)不购进过期失效产品;(2)采取措施,保证产品质量不变质;(3)不销售过期失效产品。

(三)销售产品标识,应当符合法定要求

《产品质量法》第36条规定,销售者销售产品的标识应当符合本法第27条的规定。这意味着,销售者销售的产品标识应当与生产者相同。

(四)不得从事法律禁止的行为

产品销售者不得从事的法律禁止行为主要包括:(1)不得销售国家明令淘汰并停止销售的产品和失效、变质的产品;(2)不得伪造产地,不得伪造或者冒用他人的厂名、厂址;(3)不得伪造或者冒用认证标志等质量标志;(4)不得掺杂、掺假,不得以假充真、以次充好,不得以不合格产品冒充合格产品。

第四节　法律责任

一、产品质量责任的归责原则

产品质量责任的归责原则,指确定行为人承担民事责任的理由和依据。目前产品质量责任要求最严格的国家为美国,其产品质量责任的归责原则主要有:(1)疏忽责任论;(2)担保责任论;(3)严格责任论。

疏忽责任论,指生产者或销售者因疏忽而造成产品缺陷,致使消费者、使用者或第三人人身遭受伤害或财产遭受损失。在法庭上,原告负有较大举证责任。

担保责任论,指产品存在瑕疵,生产者或销售者违反了明示或默示担保,致使消费者、使用者或第三人人身遭受伤害或财产遭受损失。在法庭上,原告举证责任较轻。

严格责任论，指只要产品存在缺陷，致使消费者、使用者或第三人人身遭受伤害或财产遭受损失，生产者或销售者就要承担责任。其特点是，严格责任论只看客观结果，不管生产者或销售者是否具有主观过错均需要承担产品质量责任。在法庭上，原告举证责任最轻。目前严格责任原则已经纳入许多国家的产品质量法，对生产者要求越来越严格。

《产品质量法》关于产品质量责任归责原则，区别对待生产者和销售者的责任承担原则：

(1) 生产者适用严格责任，例如《产品质量法》第 41 条第 1 款规定，因产品存在缺陷造成人身、缺陷产品以外的其他财产(简称他人财产)损害的，生产者应当承担赔偿责任。

(2) 销售者适用过错责任，例如《产品质量法》第 42 条第 1 款规定，由于销售者的过错使产品存在缺陷，造成人身、他人财产损害的，销售者应当承担赔偿责任。

案例 12-3：李某受到伤害，张某应否赔偿？

张某买了一台切草机，使用近一年，没有发生质量问题。张某的朋友——李某，将张某的切草机借回家，在使用过程中，李某的手被严重切伤，经住院治疗虽然没有生命危险，但已丧失部分劳动能力。经调查，该切草机缺少一块安全板，稍不留意，手就会被切伤。李某认为，自己的手被张某的切草机切伤，张某应当承担有关损害费用。张某认为，其无偿地将切草机借给李某使用，而且自己使用切草机从未出现质量问题，故拒绝赔偿。

张某应否赔偿李某？正确的选择是：

A. 赔偿，故意；　　B. 赔偿，重大过错；　C. 不赔偿，一般过错；　D. 不赔偿，无过错。

二、承担产品质量责任的方式

承担产品质量责任的方式，主要有：(1)民事责任；(2)行政责任；(3)刑事责任。

(一) 民事责任

除法律规定的免责情形外，若因产品缺陷造成损害，产品责任主体应当承担民事责任。民事责任的承担方式可分为以下几类：若产品质量造成人身伤害，主要是支付各种赔偿金；若造成财产损失，主要是恢复原状、折价赔偿；若针对产品本身的损害赔偿，主要是修理、更换、退货等方式。

(二) 行政责任和刑事责任

《产品质量法》加大了行政处罚力度和范围，对违反《产品质量法》的犯罪行为也作了具体规定。

1. 欺诈、虚假行为

1) 生产者、销售者欺诈虚假行为适用的罚则

对伪造产品产地，伪造或者冒用他人厂名、厂址、认证标志的行为，责令改正，没收违法生产、销售的产品，没收违法所得，并处产品货值金额等值以下的罚款；情节严重的，吊销营业执照。

若包装、说明、标识与产品不符，责令改正。限期使用的产品，若没有清晰标明生产日期、安全期或失效期，没有必须具备的警示标志或中文说明，责令停止生产、销售，没收违法所得，并处产品货值金额 30%以下的罚款。

2) 检验认证机构适用的罚则

检验认证机构伪造检验结果，出具虚假证明的，责令改正，对单位处 5 万元以上 10 万元以

下的罚款，对直接负责的主管人员和其他直接责任人员处1万元以上5万元以下的罚款，并处没收违法所得；若情节严重，取消检验、认证资格；若构成犯罪，依法追究刑事责任。

若出具的结果或证明不实造成损失的，应当承担相应的赔偿责任；若造成重大损失的，撤销其检验、认证资格。

对于不符合认证标志而使用认证标志的产品，若未依法要求其改正或取消其使用认证标志资格，对因产品不符合认证标准给消费者造成损失的，与生产者、销售者一起承担连带责任；若情节严重，撤销其认证资格。

产品质量检验机构向社会推荐生产者的产品或以监制、监销等方式参与产品经营活动，由质量监督部门责令改正消除影响，没收违法收入，并处收入一倍以下的罚款；若情节严重，撤销其质量检验资格。

社会团体、中介机构，若对产品质量作虚假承诺、给消费者造成损失，与产品的生产者、销售者一起承担连带责任。

2. 为《产品质量法》禁止生产和销售的产品恶意提供服务

"恶意"，指明知或应当知道属于《产品质量法》禁止生产和销售的产品；提供服务，指为《产品质量法》禁止生产和销售的产品，提供运输、保管、仓储等便利条件，或为以假充真的产品提供制假生产技术。有以上行为的，没收违法收入，并处违法收入50%以上3倍以下的罚款；若构成犯罪的，依法追究刑事责任。

3. 服务业的经营者销售法律禁止销售的产品

服务业的经营者通过以下两种情形销售法律禁止销售的产品，应立即责令停止使用。若是恶意行为，按违法使用的产品的货值金额，依对销售者的处罚规定进行处罚：(1)将不能保障人体健康和人身、财产安全的产品，掺杂、掺假、以假充真、以次充好或以不合格产品冒充合格产品；(2)将国家明令淘汰的产品、失效变质的产品用于经营服务。

案例12-4：钢钉质量不合格，医院负赔偿责任

案例发生在浙江某县医院。林先生因大腿骨折住进了该医院，因病情需要，医院为其装了一枚钢钉，一个月后，林先生出院回家休养。

休养期间，林先生听说适当运动可以恢复得更快，便下床在院子里来回走动，结果装在腿上的钢钉突然断裂，林先生又住进了该医院，重新手术，花去医疗费8万元。林先生认为，这8万元手术费应由医院负责；医院则认为，重新手术所花费的8万元医疗费，仍由林先生负责，因这枚钢钉是从意大利进口的，手续齐备，产品质量合格。双方协商未果，林先生将医院诉至法院，要求医院承担8万元重新手术所花费的费用。

法院经审理判决：重新手术所花费的8万元费用，由医院承担。

案例评析：

该案争议的焦点在于，钢钉断裂错在谁？若是林先生的过错，则自担8万元重新手术所花费的费用；若是医院的过错，即产品质量不合格，医院应为8万元重新手术的费用买单。

医疗服务专业性太强，患者明显处于弱势地位，故医院应对钢钉质量是否合格承担举证责任。如果医院不能证明钢钉质量合格，则医院应当承担林先生的重新手术费用。医院认为，钢钉断裂是因林先生剧烈运动造成，该理由颇为勉强。林先生刚做了手术，不可能剧烈运动。如果在院子里走动都算剧烈运动，则钢钉更难承受行走、跑步等动作，那么装钢钉有何意义？医院认为，钢钉质量合格，理由是"钢钉从意大利进口，手续齐备"。但该理由不足以证明钢钉质量合格，原因有二：(1)意大利是发达国家，钢钉质量一般来说没问题，但意大利公司也参差不齐，如果从意大利小公司进口，同样难以保证钢钉质量；(2)名义上钢钉是从意大利进口的，但实际上钢钉到底来自何处，也难下结论，中途被人调包的可能性也存在。

总之，医院不能证明该钢钉质量合格，则应为重新手术所花费的8万元医疗费买单。当然，医院承担8万元医疗费后，可向销售钢钉的外贸公司追偿。

4. 故意阻碍质量监督管理部门工作的责任

(1) 隐匿、转移等行为的责任。隐匿、转移、变卖、损坏被质量检查部门、工商部门等查处、扣留的物品，处货值金额以上3倍以下的罚款；若有违法所得，并处没收违法所得。

(2) 暴力、威胁行为的责任。若以暴力、威胁方式阻碍质量监督部门、工商行政管理部门执行职务，依法追究刑事责任。若未以暴力、威胁方式阻碍有关部门执行职务，按治安管理处罚条例处理。

5. 政府机关及工作人员的责任

(1) 政府机关工作人员的责任。若政府机关工作人员存在下列行为之一，应对其进行行政处分；若构成犯罪，依法追究刑事责任：①包庇、放纵产品生产中的违法行为；②向当事人通风报信，帮其逃避查处；③阻挠、干预质量监督部门或工商行政管理部门依法进行查处，造成严重后果。

(2) 质量监督部门、工商行政管理部门工作人员责任。质量监督部门、工商行政管理部门工作人员，滥用职权、玩忽职守、徇私舞弊，依法给予行政处分；若构成犯罪，依法追究刑事责任。

(3) 质量监督部门及其他国家机关责任。产品质量监督部门，超过规定的数量索取样品或向被检查人员收取费用，由上级部门或监察机关责令退还，若情节严重，对主要负责人给予行政处分。产品质量监督部门或其他国家机关向社会推荐产品或以监制、监销等方式参与经营活动，由上级部门或监察机关责令改正，消除影响，并依法没收违法所得；若情节严重，对直接负责的主管人员和其他直接责任人员依法给予行政处分。

思考题：

(1) 简述产品质量责任的归责原则。

(2) 比较企业质量体系认证与产品质量体系认证。

(3) 比较生产者和销售者的产品质量责任。

参考文献

[1] 王兴运. 产品质量安全法[M]. 武汉：武汉大学出版社，2012.
[2] 张庆，刘宁，乔栋. 产品质量责任法律风险与对策[M]. 北京：法律出版社，2005.
[3] 李俊. 产品质量法案例评析[M]. 北京：对外经济贸易大学出版社，2012.
[4] 法规应用研究中心. 产品质量法 食品安全法 消费者权益保护法一本通[M]. 6版. 北京：中国法制出版社，2018.

第十三章　消费者权益保护法

1993 年 10 月 31 日,《中华人民共和国消费者权益保护法》(简称《消费者权益保护法》),经第八届全国人大常委会第 4 次会议通过,自 1994 年 1 月 1 日起施行。现行的《消费者权益保护法》经 2009 年第十一届全国人大常委会第 10 次会议与 2013 年第十二届全国人大常委会第 5 次会议进行了两次修正,自 2014 年 3 月 15 日起施行。新法新增举证责任倒置、消费者 7 日反悔权等八大亮点。

关键词:消费者权利;举证责任倒置;消费者 7 日反悔权;网络等非现场购物信息披露;个人信息保护;消协公益诉讼;网购平台责任

第一节　概　述

一、消费者的概念

对于消费者群体的定义,有广义和狭义之分。广义的消费者,指一切从事消费活动的人,既包括生活消费,也包括生产消费。狭义的消费者,仅指从事生活消费活动的人,即为满足生活需要、使用商品和服务的个体社会成员。值得注意的是,《消费者权益保护法》规制的主体仅限于狭义的消费者,这也是国际上通行的做法。

法律层面仅将消费者定义为个体社会成员即自然人,源于消费者保护立法的宗旨,即对经济上处于弱势地位的消费者进行保护。由于现代经营方式的变化以及规模经济的影响,这种弱势地位越来越集中在作为个体消费者的自然人身上。

二、消费者权益的概念

消费者权益,指消费者依法享有的权利以及该权利受到保护时给消费者带来的应得的利益,其核心是消费者权利。

对于消费者所购买和使用的商品或者所接受的服务,经营者首先负有直接的义务,国家和社会也负有相应义务。若违反上述义务,各义务主体均应承担相应的法律责任。

三、消费者权益保护立法

(一) 消费者权益保护立法的由来

现代消费者权益保护立法,是在市场经济条件下,各国基于对消费者弱势地位的充分认识而逐步形成并完善的法律规范。《消费者权益保护法》的立法目的在于给予消费者特别的保护,其产生有着特定的前提和条件:

1. 国家干预经济理论的形成

19 世纪末,资本主义进入垄断阶段,社会基本矛盾进一步激化,连续不断的经济危机宣告古典自由经济理论的破产，“看不见的手”对市场的自发调节不但失灵，而且还把社会经济引向灾难。资本主义各国政府，纷纷信奉凯恩斯的国家干预经济学说，开始对社会经济生活进行适当的干预，有意规范各种市场主体的生产经营行为。消费者权益保护立法，是国家干预经济的重要表现之一。

2. 国家对传统民商法理念的修正

垄断的出现和国家对经济活动的适当干预，动摇了传统民商法的基础。在自由资本主义时期确立的“所有权绝对、契约自由、主体平等、过失责任”四大民商法基本原则和“买者留意、货物出门概不退还”的消费交易原则下，随着交易双方地位悬殊而有违公平理念，国家“扶弱抑强、均衡协调”使命应运而生。国家深入到平等的市场主体之间，干预经济、矫正市场失灵。消费者保护权益立法，正是在国家干预经济理念的指导下产生的。这时，生产经营者与消费者之间的交易行为，已不再被简单地认为是平等市场主体间的自由流动，而被染上了国家干预的色彩。

（二）我国消费者权益保护立法

1. 立法宗旨

为保护消费者的合法权益，维护社会经济秩序，促进社会主义市场经济健康发展，制定本法(《消费者权益保护法》第 1 条)。

2. 立法原则

(1) 自愿、平等、公平、诚实信用。经营者与消费者进行交易，应当遵循自愿、平等、公平、诚实信用的原则(《消费者权益保护法》第 4 条)。

(2) 给消费者以特别保护。《消费者权益保护法》第 5 条第 1 款规定，国家保护消费者的合法权益不受侵害。该条第 2 款规定，国家采取措施，保障消费者依法行使权利，维护消费者的合法权益。

(3) 社会监督。《消费者权益保护法》第 6 条第 1 款规定，保护消费者的合法权益是全社会的共同责任。该条第 2 款规定，国家鼓励、支持一切组织和个人对损害消费者合法权益的行为进行社会监督。该条第 3 款规定，大众传播媒介应当做好维护消费者合法权益的宣传，对损害消费者合法权益的行为进行舆论监督。

3. 调整对象

《消费者权益保护法》的调整对象可以分为三个方面：(1)消费者与生产经营者之间的关系；(2)国家与消费者之间的关系；(3)国家与生产经营者之间的关系。

4. 适用范围

《消费者权益保护法》的适用范围可以分为两个方面：对人的适用范围和对行为的适用范围。

1) 对人的适用范围

《消费者权益保护法》第 2 条规定，消费者为生活消费需要购买、使用商品或者接受服务，其权益受本法保护；本法未作规定的，受其他有关法律、法规保护。根据该规定，消费者首先必须是社会个体成员，即自然人，其他法人和非法人组织不能成为该法的消费者。但是，个体成员不限于直接购买、使用商品和接受有偿服务的人，还包括使用该商品的购买者的家庭成员和应购买者邀请使用商品的人。其次，消费者必须是进行生活消费的人，进行生产消费的人不适用该法。

例如，王海"知假买假"事件，一度引起社会热议。有人认为，王海购买假货是为营利而不是为生活消费，故其不是消费者。还有人认为，王海靠买假货发财，损人利己，缺乏道德。对此，中国消费者权益保护法学研究会会长河山指出，消费者之说是针对经营者而言，即生产、销售商品及提供服务的主体。判断经营者，看其是否领取营业执照。在经营者之外，均为消费者。王海为打假并获取物质利益而购买假冒产品，也属于生活消费，受《消费者权益保护法》保护。道德的判断，看其是否有利于社会的进步。对于危害消费者的假货，就得"恶治"，民事上应当施以惩罚性赔偿：知假买假，让假冒者吃苦头。如果亿万个消费者都像王海那样，假货就如同"老鼠过街，人人喊打"，无处藏身，市场环境得以净化，消费者的权益就能得到充分的保护。

《消费者权益保护法》第 3 条规定，经营者为消费者提供其生产、销售的商品或者提供服务，应当遵守本法；本法未作规定的，应当遵守其他有关法律、法规。根据该规定，生产经营者的适用范围比较宽泛，凡是为消费者提供其生产、销售的商品或提供服务的所有经营者都应遵守该法的规定，范围包括生产者、销售者、服务者，包括依法登记注册和未依法登记注册的，包括直接提供商品和服务的，也包括间接提供商品和服务的。

2）对行为的适用范围

根据《消费者权益保护法》的规定，消费行为必须是生活消费，而生产消费不适用该法。

值得注意的是，《消费者权益保护法》第 62 条规定，农民购买、使用直接用于农业生产的生产资料，参照该法执行。这里，农民的消费行为本质上是生产消费，但由于农民是个体小生产者，其经济承受能力较低且法律意识较差，生产经营能力和经济实力也无法与其他生产经营者抗衡；再者现实生活中农民遭受假农药、假化肥、假种子坑害的现象比较普遍，故《消费者权益保护法》对农民的特定生产消费行为给予特别的保护。

第二节　消费者权利

一、消费者权利的概念

消费者权利，指由国家法律确认的在消费领域内消费者能够作出或者不能够作出一定行为，以及能够要求生产经营者相应作出或者不作出一定行为的许可和保障。

消费者权利有如下特点：(1)以消费者特定身份为基础。若以消费者身份为生活需要购买、使用商品或接受服务，享有该权利；若购买机器设备从事生产经营活动，则不能享有该权利。(2)通常是法定权利。消费者权利，来自法律直接规定，具有强制性，任何人不可剥夺；不管经营者以何种方式剥夺消费者权利，其行为均属无效。(3)法律基于消费者弱势地位而特别赋予的权利。消费者在商品交换过程中往往处于弱势地位，为了充分保护消费者权益，多数国家将消费者各项权利法定化，体现出对消费者的特殊保护。

二、消费者权利

消费者权利，是《消费者权益保护法》的核心，也是《宪法》规定公民应享有的基本权利在消费生活领域的具体表现。根据《消费者权益保护法》第 2 章的规定，消费者享有下列 9 项权利：

（一）安全权

安全权是消费者最主要、最基本的人身权利。

根据《消费者权益保护法》第 7 条的规定，消费者安全权包括两个方面：(1)消费者人身安全权；(2)消费者财产安全权。其中，消费者人身安全权又包括消费者生命安全权与消费者健康安全权两个方面。消费者财产安全权，不仅指消费者购买、使用商品或接受服务的安全，更重要的还指除了购买、使用商品或接受服务之外的其他财产安全。也就是说，消费者只要在购买、使用商品或接受服务的过程中发生财产损失，都有权利进行索赔。

（二）知悉权

知悉权，又称知情权，指消费者在购买、使用商品或接受服务时，知悉商品和服务真实情况的权利。

根据《消费者权益保护法》第 8 条的相关规定，消费者知悉权包括三层含义：(1)消费者有权要求经营者按照法律、法规规定方式标明商品或服务的真实情况；(2)消费者在购买、使用商品或接受服务时，有权询问和了解商品和服务的有关情况；(3)消费者有权知悉商品或服务的真实情况。

关于商品或服务的真实情况，包括三个方面的内容：(1)商品或服务的基本情况，例如商品名称、商标、产地、生产者名称、生产日期等；(2)有关技术方面的标识，例如商品用途、性能、规格、等级、所含成分、有效期限、使用说明书、检验合格书等；(3)有关销售的情况，例如售后服务、价格等。

（三）选择权

选择权，指消费者在消费交易活动中，根据自己的意思自主地选择其购买商品或者接受服务的权利。

根据《消费者权益保护法》第 9 条的规定，消费者选择权包括四个方面的内容：(1)消费者自主地选择商品或者服务的经营者；(2)消费者自主地选择商品品种或者服务方式；(3)消费者自主决定购买或者不购买商品、接受或者不接受服务；(4)消费者在选择商品或者服务时，有权进行比较、鉴别和挑选。

案例 13－1：消费者如何行使选择权？

2002 年 4 月 8 日，上海市光明律师事务所职员吴卫明到位于上海中山东一路的花旗银行上海分行浦西支行，准备开立个人账户，存入 800 美元。但是，银行工作人员告诉他，凡存款低于 5 000 美元的客户，每月需缴纳 6 美元或 50 元人民币理财服务费。吴卫明表示，只办理储蓄业务，不需理财，不愿缴纳理财服务费，但被拒绝。吴卫明认为，花旗银行上海分行的做法是对小储户的歧视，是法律不允许的限制消费行为，故向上海浦东新区人民法院递交诉状，要求判令花旗银行赔礼道歉并赔偿 34 元路费损失。

花旗银行上海分行“凡存款低于 5 000 美元的客户，每月需缴纳 6 美元或 50 元人民币理财服务费”的规定，是否违反《消费者权益保护法》？

A. 违反，银行对小储户歧视；　　B. 违反，银行设定储户存款门槛；

C. 未违反，储户可以强买，但银行不能强卖；　　D. 未违反，银行、储户可以双向选择。

（四）公平交易权

公平交易权，指消费者在购买、使用商品或者接受服务的过程中，享有与生产经营者进行公平交易的权利。

根据《消费者权益保护法》第10条的规定，消费者公平交易权包括四个方面的内容：(1)消费者有权要求获得商品或服务质量保障；(2)消费者有权要求按照合理的价格进行交易；(3)消费者有权要求正确的商品或者服务的计量标准；(4)消费者有拒绝强制交易的权利。

（五）获得赔偿权

获得赔偿权，指消费者在购买、使用商品或者接受服务的过程中，非因自己故意或者过失而使得人身、财产遭受损害时，有向生产经营者提出请求，并由生产经营者给予一定补偿的权利。

《消费者权益保护法》第11条规定，消费者因购买、使用商品或者接受服务受到人身、财产损害的，享有依法获得赔偿的权利。根据该规定，消费者损害依法求偿权包括两个方面：(1)人身伤害；(2)财产损害。值得注意的是，消费者的损害求偿权仅发生在消费领域，该赔偿对生产经营者具有惩罚性意义。

日常生活中，消费者权益受到损害后，找谁求偿是亟待解决的问题，《消费者权益保护法》就责任归属问题作了专门规定：

1. 销售者、生产者的责任

《消费者权益保护法》第40条第1款规定，消费者在购买、使用商品时，其合法权益受到损害的，可以向销售者要求赔偿。销售者赔偿后，属于生产者的责任或者属于向销售者提供商品的其他销售者的责任的，销售者有权向生产者或者其他销售者追偿。

该条第2款规定，消费者或者其他受害人因商品缺陷造成人身、财产损害的，可以向销售者要求赔偿，也可以向生产者要求赔偿。属于生产者责任的，销售者赔偿后，有权向生产者追偿。属于销售者责任的，生产者赔偿后，有权向销售者追偿。

该条第3款规定，消费者在接受服务时，其合法权益受到损害的，可以向服务者要求赔偿。

2. 企业分立、合并的责任

《消费者权益保护法》第41条规定，消费者在购买、使用商品或者接受服务时，其合法权益受到损害，因原企业分立、合并的，可以向变更后承受其权利义务的企业要求赔偿。

3. 展销会举办者、柜台出租者的连带责任

《消费者权益保护法》第43条规定，消费者在展销会、租赁柜台购买商品或者接受服务，其合法权益受到损害的，可以向销售者或者服务者要求赔偿。展销会结束或者柜台租赁期满后，也可以向展销会的举办者、柜台的出租者要求赔偿。展销会的举办者、柜台的出租者赔偿后，有权向销售者或者服务者追偿。

4. 网络交易平台提供者的连带责任

顺应信息时代的情势，《消费者权益保护法》增加了网络交易平台提供者的连带责任。其第44条第1款规定，消费者通过网络交易平台购买商品或者接受服务，其合法权益受到损害的，可以向销售者或者服务者要求赔偿。网络交易平台提供者不能提供销售者或者服务者的真实名称、地址和有效联系方式的，消费者也可以向网络交易平台提供者要求赔偿；网络交易平台提供者作出更有利于消费者的承诺的，应当履行承诺。网络交易平台提供者赔偿后，有权向销售者或者服务者追偿。

该条第2款规定，网络交易平台提供者明知或者应知销售者或者服务者利用其平台侵害消费者合法权益，未采取必要措施的，依法与该销售者或者服务者承担连带责任。

一方面,网上购物方式同普通的购物不同,买家通常无从查证线上商家是否具经营资质、信誉等情况,这就需要网络平台加强审查和监管;另一方面,由于卖家众多,网购平台只是提供一个交易平台,买卖自由,双方自愿,要求网购平台进行直接监管也是不现实的。为此,此次修改后的《消费者权益保护法》对网购平台的责任进行了清晰定位,网购平台的承担责任是有前提的,即网购平台不能提供销售者或者服务者的真实名称、地址和有效联系方式的,承担先行赔偿责任;且对于销售者或服务者利用其平台侵害消费者合法权益的行为具有主观过错,未采取必要措施的,依法与销售者或服务者承担连带责任。

5. 营业执照持有人的责任

《消费者权益保护法》第 42 条规定,使用他人营业执照的违法经营者提供商品或者服务,损害消费者合法权益的,消费者可以向其要求赔偿,也可以向营业执照的持有人要求赔偿。

6. 虚假广告经营者的责任

《消费者权益保护法》第 45 条第 1 款规定,消费者因经营者利用虚假广告或者其他虚假宣传方式提供商品或者服务,其合法权益受到损害的,可以向经营者要求赔偿。广告经营者、发布者发布虚假广告的,消费者可以请求行政主管部门予以惩处。广告经营者、发布者不能提供经营者的真实名称、地址和有效联系方式的,应当承担赔偿责任。例如,《合同法》第 15 条明确规定,商业广告是一种要约邀请,符合要约条件的,即为要约,即在一般情况下,不能将未订入合同中的宣传广告内容作为合同内容。但最高人民法院《关于审理商品房买卖合同纠纷案件适用法律若干问题的解释》规定,开发商在销售广告和宣传资料中,就其开发出售的商品房及相关设施所作的说明和允诺具体确定,有可操作性,并由此对购房人决定订立合同以及房屋价格的确定有重大影响的,应当视为要约,无论这些广告宣传内容是否载入合同中。因此,只要开发商违反了广告内容,就应当承担违约责任。

该条第 2 款规定,广告经营者、发布者设计、制作、发布关系消费者生命健康的商品或者服务的虚假广告,造成消费者损害的,应当与提供该商品或者服务的经营者承担连带责任。

7. 虚假广告代言人的连带责任

《消费者权益保护法》第 45 条第 3 款规定,社会团体或者其他组织、个人在关系消费者生命健康的商品或者服务的虚假广告或者其他虚假宣传中向消费者推荐商品或者服务,造成消费者损害的,应当与提供该商品或者服务的经营者共同承担连带责任。

目前大多广告采用明星代言的形式,在虚假广告中给消费者的误导非常大。让虚假广告的代言人承担连带责任,对消费者是一个有力的保护。该法条在消费者保护领域起到了很大的震慑作用,促使明星在接广告代言时增强对产品质量本身的调研与判断,在拿着上百万元广告费的同时,也要考虑自己的责任:一旦是虚假广告,即需要自行承担相应的连带赔偿责任。但值得注意的是,连带赔偿责任仅适用于关系消费者生命健康的商品或者服务。

(六) 结社权

《消费者权益保护法》第 12 条规定,消费者享有依法成立维护自身合法权益的社会组织的权利。

根据该规定,消费者结社权包括两个方面的内容:(1)消费者有权要求国家或者政府建立代表和保障消费者合法权益的职能部门;(2)消费者有权建立自己的组织,凭借该组织的活动,维护消费者的权益,监督政府和生产经营者。

（七）受教育权

《消费者权益保护法》第 13 条第 1 款规定，消费者享有获得有关消费和消费者权益保护方面的知识的权利。该条第 2 款规定，消费者应当努力掌握所需商品或者服务的知识和使用技能，正确使用商品，提高自我保护意识。

根据该规定，消费者受教育权包括两个方面的内容：(1)消费者有权要求国家机关、消费者组织和大众传播媒介提供有关消费者权益保护的知识；(2)消费者在购买和使用商品或者接受服务的过程中，变被动消费为主动消费，对所需的一般商品和服务应当有所了解，具备有关知识。

（八）受尊重权

根据《消费者权益保护法》第 14 条的规定，消费者受尊重权包括两个方面的内容：(1)消费者在购买、使用商品或接受服务时，享有人格尊严受到尊重的权利；(2)消费者在购买、使用商品或接受服务时，享有民族风俗习惯得到尊重、个人信息依法得到保护的权利。

（九）监督权

《消费者权益保护法》第 15 条第 1 款规定，消费者享有对商品和服务以及保护消费者权益工作进行监督的权利。该条第 2 款规定，消费者有权检举、控告侵害消费者权益的行为和国家机关及其工作人员在保护消费者权益工作中的违法失职行为，有权对保护消费者权益工作提出批评、建议。

根据该规定，消费者监督权包括五个方面的内容：(1)消费者有权对生产经营者提供商品或者服务的质量进行监督；(2)消费者有权对生产经营者提供商品或者服务的价格进行监督；(3)消费者有权对生产经营者提供商品或者服务的数量进行监督；(4)消费者有权对生产经营者的态度、服务作风进行监督；(5)消费者有权对消费者权益保护工作进行监督。

第三节　经营者义务

一、经营者义务的概念

经营者义务，指法律规定或者消费者与生产经营者约定的，在消费过程中生产经营者必须对消费者作出一定行为或不作出一定行为的约束。经营者义务，以消费者权利为载体。

经营者义务，可以分为两种类型：(1)法律规定的义务；(2)当事人双方约定的义务。法律规定的义务，消费者与经营者进行交易时无须另行约定，生产经营者必须依法履行。相较于当事人双方约定义务而言，其优势有四：(1)防止经营者利用自己的优势地位进行不公平交易；(2)为经营者提供基本的行为标准；(3)克服合同约定的任意性、不完全性；(4)使消费者获得基本的保护。当事人双方约定的义务，指消费者与经营者在进行具体消费交易时根据意思自治原则约定的经营者的义务，该约定不得违背法律、法规的规定。

二、经营者义务

根据《消费者权益保护法》第 3 章的规定，经营者需承担下列 17 项义务。

（一）守法、履约经营义务

《消费者权益保护法》第 16 条第 1 款规定，经营者向消费者提供商品或者服务，应当依照本法和其他有关法律、法规的规定履行义务。该条第 2 款规定，经营者和消费者有约定的，应当按照约定履行义务，但双方的约定不得违背法律、法规的规定。

（二）安全保障义务

经营者的安全保障义务与消费者的安全权相呼应。《消费者权益保护法》第 18 条第 1 款规定，经营者应当保证其提供的商品或者服务符合保障人身、财产安全的要求。对可能危及人身、财产安全的商品和服务，应当向消费者作出真实的说明和明确的警示，并说明和标明正确使用商品或者接受服务的方法以及防止危害发生的办法。该条第 2 款规定，宾馆、商场、餐馆、银行、机场、车站、港口、影剧院等经营场所的经营者，应当对消费者尽到安全保障义务。

（三）消除危险义务

《消费者权益保护法》第 19 条规定，经营者发现其提供的商品或者服务存在缺陷，有危及人身、财产安全危险的，应当立即向有关行政部门报告和告知消费者，并采取停止销售、警示、召回、无害化处理、销毁、停止生产或者服务等措施。采取召回措施的，经营者应当承担消费者因商品被召回支出的必要费用。

（四）商品、服务信息真实义务

经营者的商品、服务信息真实义务与消费者知悉权相呼应。《消费者权益保护法》第 20 条第 1 款规定，经营者向消费者提供有关商品或者服务的质量、性能、用途、有效期限等信息，应当真实、全面，不得作虚假或者引人误解的宣传。要知道，商业宣传是经营者促销的手段，其真实性是消费者知悉权和选择权的保障。虚假或者引人误解的宣传，既侵犯了消费者合法权益，也是一种不正当竞争行为。

该条第 2 款规定，经营者对消费者就其提供的商品或者服务的质量和使用方法等问题提出的询问，应当作出真实、明确的答复。

该条第 3 款规定，经营者提供商品或者服务应当明码标价。

（五）标明真实名称和标记义务

经营者标注真实名称和标记的义务与消费者的知悉权、选择权相对应。《消费者权益保护法》第 21 条第 1 款规定，经营者应当标明其真实名称和标记。该条第 2 款规定，租赁他人柜台或者场地的经营者，应当标明其真实名称和标记。

经营者的名称和标记，代表着一定的商业信誉。法律要求经营者标明真实名称和标记，是为了保护消费者的知悉权和选择权，正确地判断商品或者服务的来源，作出恰当的消费决策。而法律要求租赁者标明自己的真实名称和标记，意在防止消费者误解和误认，若发生侵害消费者的行为，有利于消费者明确赔偿主体。

（六）诚信经营义务

《消费者权益保护法》第 16 条第 3 款规定，经营者向消费者提供商品或者服务，应当恪守社会公德，诚信经营，保障消费者的合法权益；不得设定不公平、不合理的交易条件，不得强制交易。

（七）质量保证义务

《消费者权益保护法》第 23 条第 1 款规定，经营者应当保证在正常使用商品或者接受服务的情况下，其提供的商品或者服务应当具有的质量、性能、用途和有效期限；但消费者在购买该商品或者接受该服务前已经知道其存在瑕疵，且存在该瑕疵不违反法律强制性规定的除外。

该条第 2 款规定，经营者以广告、产品说明、实物样品或者其他方式表明商品或者服务的质量状况的，应当保证其提供的商品或者服务的实际质量与表明的质量状况相符。

案例 13-2：若交易的家具非同一种材质，应在合同中特别说明

2017 年 4 月 4 日，朱某以 55 万元价格向某红木家具公司订购了一套材质为小叶紫檀的红木家具。9 月 26 日，该公司交付了一套材质并非全部为小叶紫檀且拼补严重的家具给朱某。朱某多次找公司交涉，公司最终同意让朱某换购一套价值 65 万元，材质为交趾黄檀的红木家具。朱某再次发现家具存在部分材质不符的情况，双方产生纠纷。朱某向仙游法院提出诉讼请求，要求公司退款并按货款的三倍赔偿。

公司承认交付给朱某的家具部分材质为缅甸花梨，但该部分材料为赠送，不在合同范围内。经仙游法院主持调解，双方达成协议，公司支付给朱某 55 万元赔偿款，朱某不再进行退货。

案例评析：

《消费者权益保护法》第 55 条第 1 款规定：经营者提供商品或者服务有欺诈行为的，应当按照消费者的要求增加赔偿其受到的损失，增加赔偿的金额为消费者购买商品的价款或者接受服务的费用的三倍；增加赔偿的金额不足五百元的，为五百元。法律另有规定的，依照其规定。高端红木家具价格昂贵，广大商家应诚信经营，以免承担巨额赔偿责任。如果双方交易的家具非同一种材质，应在合同中特别说明，不能笼统地写为一种材质，以免产生纠纷。

该案法官依据案情，充分利用调解手段，一方面给予商家一定的警醒，另一方面也保障了消费者的合法权益。

（八）经营者的举证责任倒置

《消费者权益保护法》第 23 条第 3 款规定，经营者提供的机动车、计算机、电视机、电冰箱、空调器、洗衣机等耐用商品或者装饰装修等服务，消费者自接受商品或者服务之日起六个月内发现瑕疵，发生争议的，由经营者承担有关瑕疵的举证责任。

“谁主张，谁举证”是我国《民事诉讼法》规定的一般证据规则。消费者要想证明某个商品是否存在瑕疵必须拿出证据，但因为不掌握相关商品的技术信息，消费者举证往往非常困难。此次《消费者权益保护法》修改，将消费者“拿证据维权”转换为经营者“自证清白”，实行举证责任倒置，破解了消费者举证难的问题。根据修改后的《消费者权益保护法》，机动车、计算机等商品有无质量问题，应由商家举证。值得注意的是，该规则仅适用于机动车等耐用品和装饰装修等服务，且仅限于购买或者接受服务之日起六个月内，超过六个月后，不再适用。

案例 13-3：汽车等耐用品在法定期间存在瑕疵，经营者承担举证责任

2015 年 12 月 15 日，富豪公司（供方、甲方）与李忠（需方、乙方）签订一份《销售订单》，约定由甲方向乙方销售沃尔沃牌 VCC7204C14（2016 款 S60L 智驭）型水晶白色轿车一辆，销售价格 27.5 万元。李忠支付购车款 27.5 万元，富豪公司于 12 月 24 日向其交付约定车辆，李忠在新车交付检查单“顾客签名”处签名。检查单载明车厢外部（包括汽车油漆）、发动机、行李箱、车厢内部等检查状况，除在备胎、千斤顶以及千斤顶在车身下的位置和使用三项检验项目前显示“×”外，其他项目前均显示“√”；李忠在车辆交接验收单“客户签字”处签字，验收单第二部分外观检查包括：刮伤、凹凸、斑点、掉漆、损坏等项目，均标注“无”。

2016 年 1 月，李忠发现所购车辆油箱盖及右后叶子板油漆存在修补痕迹，与富豪公司交涉未果，向法院起诉要求退一赔三。法院认为，对于汽车等耐用品在交付之日起 6 个月内出现瑕疵的，由经营者承担证明责任。虽然李忠在检验单上签字，但仅能证明所购汽车不存在表面瑕疵，普通消费者在验车过程中难以发现车辆存在油漆修补痕迹。富豪公司未能举证证明其出售的商品不存在瑕疵，故认定其隐瞒真实情况销售存在瑕疵的汽车，构成欺诈，因此支持了李忠的诉讼请求。

案例评析：

李忠购买汽车系生活需要自用，属于生活消费，故商家与消费者之间并非普通的买卖合同关系。举证责任分配，除《民事诉讼法》外，还应当适用《消费者权益保护法》特别规定。《消费者权益保护法》第23条规定"经营者应当保证在正常使用商品或者接受服务的情况下其提供的商品或者服务应当具有的质量、性能、用途和有效期限；经营者提供的机动车、计算机、电视机、电冰箱、空调器、洗衣机等耐用商品或者装饰装修等服务，消费者自接受商品或者服务之日起六个月内发现瑕疵，发生争议的，由经营者承担有关瑕疵的举证责任"。

该案消费者在经营者出示的检验单上签字，仅能表明消费者认可所售商品不存在表面瑕疵。李忠在涉案车辆交付之日起六个月内发现汽车存在油漆修补等瑕疵，而经营者不能举证证明其所购车辆不存在瑕疵，法院认定经营者隐瞒真实情况向消费者出售瑕疵商品的行为构成欺诈。

（九）出具消费凭证义务

经营者出具消费凭证的义务与消费者的获得赔偿权相呼应。《消费者权益保护法》第22条规定，经营者提供商品或者服务，应当按照国家有关规定或者商业惯例向消费者出具购货凭证或者服务单据；消费者索要购货凭证或者服务单据的，经营者必须出具。

购货凭证和服务单据，是消费者享受有关权利以及在其合法权益受到侵害时向经营者索赔的重要依据，既是证明消费者在何处购买商品或接受服务的直接证据，也是消费者将来修理、换货、退货的重要凭证。一旦发生纠纷，将成为消费者依法挽回损失的关键物证。

案例13-4：消费者对其从经营者处购买的缺陷产品承担举证责任

2016年6月21日，吴某在某超市购得贝拉米有机较大婴儿配方奶粉一罐，商品条码9332045 000709，单价408元，发票号码：81305933。6月29日，吴某提起诉讼并向法院提交同一类型的奶粉实物，该奶粉罐体显示生产日期为2013年6月5日，保质期限为2016年6月5日。吴某以其购买的产品超过保质期限为由主张退货退款，并要求超市承担十倍价款的惩罚性赔偿责任。

法院认为，根据超市提交的其供货商南京碧维源贸易有限公司出具的证明以及相关说明，并通过查询吴某提交的奶粉罐体底部的积分防伪码，显示该产品系发往无锡利多隆贸易有限公司的商品，证实并非该超市唯一的贝拉米奶粉供应商南京碧维源贸易有限公司供货的产品，因而不能证明该商品为超市售出。且该超市提供的贝拉米奶粉进销存报表以及验货清单、供应商出库单亦显示，该超市并未购进过与吴某提交的相同生产日期的产品。综上，吴某不能证明其提供的产品系该超市所售出。判决：驳回吴某的诉讼请求，对吴某罚款1 000元。

案例评析：

在涉及食品消费领域类维权案件中，消费者通常向法院提交不符合食品安全标准的产品实物以及购物发票，请求销售者承担惩罚性赔偿金。经比对，若购物发票所载食品信息与实物相一致，商家很难提供反驳证据证明该不符合食品安全标准的食品并非其售出商品，故商家败诉的案件不在少数,也让很多职业打假人等非法牟利者有机可乘。

通过合理分配双方的举证责任,可有效实现二者利益平衡。在消费者初步举证了产品系从商家处购买的情况下,商家应对其尽到进货查验义务,并对消费者所主张的商品与其所售的商品系同一产品承担举证责任。在商家尽到前述证明义务时,举证责任转换到消费者一方,应由消费者进一步举证证明产品购买来源,若消费者无法进一步证明,应认定其主张不成立。

(十) 修换退义务

经营者的修换退义务与消费者的公平交易权相呼应。《消费者权益保护法》第 24 条第 1 款规定,经营者提供的商品或者服务不符合质量要求的,消费者可以依照国家规定、当事人约定退货,或者要求经营者履行更换、修理等义务。没有国家规定和当事人约定的,消费者可以自收到商品之日起七日内退货;七日后符合法定解除合同条件的,消费者可以及时退货,不符合法定解除合同条件的,可以要求经营者履行更换、修理等义务。该条第 2 款规定,依照前款规定进行退货、更换、修理的,经营者应当承担运输等必要费用。

另外,七日的计算的起点应当从购物行为完成后次日起算,例如消费者 5 月 2 日购买一部手机,5 月 3 日起算第一天,5 月 9 日算第七天。

(十一) 格式合同公平合理义务

经营者的格式合同公平合理义务与消费者的公平交易权相对应。根据《消费者权益保护法》第 26 条第 1 款规定,经营者在经营活动中使用格式条款的,应当以显著方式提请消费者注意商品或者服务的数量和质量、价款或者费用、履行期限和方式、安全注意事项和风险警示、售后服务、民事责任等与消费者有重大利害关系的内容,并按照消费者的要求予以说明。

该条第 2 款规定,经营者不得以格式条款、通知、声明、店堂告示等方式,作出排除或者限制消费者权利、减轻或者免除经营者责任、加重消费者责任等对消费者不公平、不合理的规定,不得利用格式条款并借助技术手段强制交易。

该条第 3 款规定,格式条款、通知、声明、店堂告示等含有前款所列内容的,其内容无效。

格式条款、通知、声明、店堂告示等,通常是经营者单方拟定的意思表示。尽管法律并未禁止经营者在其经营过程中使用这种形式,但法律规定只要这些意思表示中含有对消费者不公平、不合理或者减轻、免除其侵犯消费者合法权益应当承担民事责任的内容,该意思表示一律无效;如果对这些意思表示的理解产生歧义,则作出不利于经营者的解释。

(十二) 网络、金融经营者的义务

《消费者权益保护法》第 28 条规定,采用网络、电视、电话、邮购等方式提供商品或者服务的经营者,以及提供证券、保险、银行等金融服务的经营者,应当向消费者提供经营地址、联系方式、商品或者服务的数量和质量、价款或者费用、履行期限和方式、安全注意事项和风险警示、售后服务、民事责任等信息。

该规定的核心是保障消费者的知情权,有助于明确解决网购等非现场购物面临的突出问题。现实生活中,消费者保护协会在解决网购过程中的争议时,经常找不到相应的经营主体,而新《消费者权益保护法》的这项规定有助于在发生问题时查找相应的责任方;而安全注意事项等,则可以对消费者的安全形成保障,对产品的负面问题形成更加全面、详尽的了解;同时,售后服务和民事责任事前需要明确,有助于消费者在事后发生争议时有据可查地解决问题。

(十三) 网络经营七日内无理由退货义务

《消费者权益保护法》第 25 条第 1 款规定,经营者采用网络、电视、电话、邮购等方式销售商品，消费者有权自收到商品之日起七日内退货，且无需说明理由，但下列商品除外：(1)消费者定做的；(2)鲜活易腐的；(3)在线下载或者消费者拆封的音像制品、计算机软件等数字化商品；(4)交付的报纸、期刊。

该条第2款规定，除前款所列商品外，其他根据商品性质并经消费者在购买时确认不宜退货的商品，不适用无理由退货。

该条第3款规定，消费者退货的商品应当完好。经营者应当自收到退回商品之日起七日内返还消费者支付的商品价款。退回商品的运费由消费者承担；经营者和消费者另有约定的，按照约定。

近几年，网络等远程购物方式逐渐成为人们购物的主流方式之一。远程购物的"非现场性"导致消费者和商家信息极不对称。如商家可能隐瞒了商品的负面信息，但由于无法直接接触商品，消费者可能被蒙在鼓里而遭受损失。此次修改的《消费者权益保护法》针对网络等远程购物方式赋予了消费者7天的反悔权，旨在促进买卖双方的平等地位。根据修改后的《消费者权益保护法》，消费者7天内有权要求退货。值得注意的是，反悔权仅适用于网络等远程购物方式，消费者直接到商店购买的物品，不适用该条规定。另外反悔权的期限是七日内，且根据商品性质不宜退货的商品，不在此列。

(十四)保护消费者信息义务

《消费者权益保护法》第29条第1款规定，经营者收集、使用消费者个人信息，应当遵循合法、正当、必要的原则，明示收集、使用信息的目的、方式和范围，并经消费者同意。经营者收集、使用消费者个人信息，应当公开其收集、使用规则，不得违反法律、法规的规定和双方的约定收集、使用信息。

该条第2款规定，经营者及其工作人员对收集的消费者个人信息必须严格保密，不得泄露、出售或者非法向他人提供。经营者应当采取技术措施和其他必要措施，确保信息安全，防止消费者个人信息泄露、丢失。在发生或者可能发生信息泄露、丢失的情况时，应当立即采取补救措施。

若个人信息被随意泄露或买卖，将对消费者的正常生活产生严重的干扰。修改后的《消费者权益保护法》首次将个人信息保护作为消费者权益进行确认，是消费者权益保护领域的一项重大突破。

(十五)不得发送未经许可的商业性信息义务

《消费者权益保护法》第29条第3款规定，经营者未经消费者同意或者请求，或者消费者明确表示拒绝的，不得向其发送商业性信息。

(十六)尊重消费者义务

经营者尊重消费者的义务与消费者的受尊重权相对应。《消费者权益保护法》第27条规定，经营者不得对消费者进行侮辱、诽谤，不得搜查消费者的身体及其携带的物品，不得侵犯消费者的人身自由。

人格尊严，是公民人身权利的重要内容。法律上的人格权，主要指姓名、名誉、肖像等权利。消费者人身自由，指消费者依法享有的人身行动完全受自己支配，不受生产经营者任何非法阻扰、限制和约束的权利。

(十七)听取消费者意见义务

《消费者权益保护法》第17条规定，经营者应当听取消费者对其提供的商品或者服务的意见，接受消费者的监督。

根据该规定，经营者应当采取以下两种形式听取消费者的意见：(1)经营者应本着对消费者负责的态度，直接听取消费者的意见，最大限度地方便消费者行使监督权；(2)经营者应当采取积极主动的态度，例如进行市场调查、质量跟踪、随机采访消费者等行动，主动地听取、征求消费者的意见。

第四节　消费者权益保护

一、国家对消费者权益的保护

(一) 国家保护消费者合法权益的原因

尽管在法律上消费者与经营者拥有平等的地位，但在与经营者交易过程中，消费者往往处于被动、受支配的弱势一方。因此，有必要借助国家的公权利对消费关系进行适度干预，通过对消费者的特别保护，矫正市场经济条件下经营者与消费者之间的现实不平等。

(二) 国家保护消费者合法权益的形式

国家对消费者合法权益的保护，一般通过国家机关的职权活动来实现。国家机关，依据其行使权利的性质不同，可以分为三种：(1)立法机关；(2)行政机关；(3)司法机关。国家通过这三种不同国家机关的职权活动来实现对消费者利益的保护，分别为三种：(1)立法保护；(2)行政保护；(3)司法保护。

1. 立法保护

立法保护，指立法机关通过消费者保护法律法规的制定、修改、颁布、废止等立法活动来保护消费者利益，这种保护主要体现在三个方面：(1)通过立法赋予消费者合法权利，并禁止各种侵犯消费者合法权益的行为；(2)通过立法为国家行政机关及司法机关执法和司法提供依据，使行政机关、司法机关准确判断某种行为是否违反法律对消费者合法权益保护的规定，并在侵害消费者合法权益的行为发生时，及时有效地制止、补救；(3)通过立法机关对行政、司法活动的监督，保证相关消费者保护法律法规的全面落实。

2. 行政保护

行政保护，指行政机关通过行政执法和监督活动对消费者进行保护。这种保护主要通过两种行政活动来实现：(1)抽象行政行为，即依据立法机关制定的消费者权益保护的相关法律，制定实施细则、具体办法和解释，以便国家法律能够顺利实现；(2)具体行政行为，例如通过行政合同落实特定的行政主体对消费者的保护职责，通过行政处罚等方式对侵犯消费者合法权益的行为进行制裁，通过行政调解解决消费者权益纠纷。

行政机关对消费者合法权益的保护，又可分为两类：

(1) 各级人民政府对消费者合法权益的保护。《消费者权益保护法》第 31 条第 1 款规定，各级人民政府应当加强领导，组织、协调、督促有关行政部门做好保护消费者合法权益的工作，落实保护消费者合法权益的职责。该条第 2 款规定，各级人民政府应当加强监督，预防危害消费者人身、财产安全行为的发生，及时制止危害消费者人身、财产安全的行为。

(2) 行政管理部门对消费者合法权益的保护。《消费者权益保护法》第 32 条第 1 款规定，各级人民政府工商行政管理部门和其他有关行政部门应当依照法律、法规的规定，在各自的职责范围内，采取措施，保护消费者的合法权益。该条第 2 款规定，有关行政部门应当听取消费者和消费者协会等组织对经营者交易行为、商品和服务质量问题的意见，及时调查处理。

3. 司法保护

司法保护，指国家公安机关、检察机关、法院通过司法程序，对消费者的合法权益进行保护。这种保护主要表现在三个方面：(1)通过侦察、审判活动，揭露、打击经济活动中侵犯消费者合法权益的违法犯罪行为；(2)通过审理涉及消费者权益的民事、行政争议案件，维护消费者的合法权益；(3)对违法犯罪行为有惩处权利的有关国家机关，应当按照法律、法规的规定，惩处经营者在提供商品和服务中侵害消费者合法权益的违法犯罪行为，以切实保护消费者的合法权益。

为了及时、有效地惩处侵害消费者合法权益的违法犯罪行为，《消费者权益保护法》第 35 条规定，人民法院应当采取措施，方便消费者提起诉讼。对符合《中华人民共和国民事诉讼法》起诉条件的消费者权益争议，必须受理，及时审理。

二、社会对消费者合法权益的保护

保护消费者合法权益，是全社会的共同责任，国家鼓励、支持一切组织和个人对损害消费者合法权益的行为进行社会监督。为了更好地保护消费者权益，大众传播媒介应当做好维护消费者合法权益的宣传，对损害消费者合法权益的行为进行有效的舆论监督。

以消费者协会为代表的各种消费者组织在消费者合法权益保护方面起着重要的作用。《消费者权益保护法》第 36 条规定，消费者协会和其他消费者组织是依法成立的对商品和服务进行社会监督的保护消费者合法权益的社会组织。

《消费者权益保护法》第 37 条第 1 款规定，消费者协会履行下列职责：

(1) 向消费者提供消费信息和咨询服务，提高消费者维护自身合法权益的能力，引导文明、健康、节约资源和保护环境的消费方式；

(2) 参与制定有关消费者权益的法律、法规、规章和强制性标准；

(3) 参与有关行政部门对商品和服务的监督、检查；

(4) 就有关消费者合法权益的问题，向有关部门反映、查询，提出建议；

(5) 受理消费者的投诉，并对投诉事项进行调查、调解；

(6) 投诉事项涉及商品和服务质量问题的，可以委托具备资格的鉴定人鉴定，鉴定人应当告知鉴定意见；

(7) 就损害消费者合法权益的行为，支持受损害的消费者提起诉讼或者依照本法提起诉讼；

(8) 对损害消费者合法权益的行为，通过大众传播媒介予以揭露、批评。

《消费者权益保护法》第 38 条规定，消费者组织不得从事商品经营和营利性服务，不得以收取费用或者其他牟取利益的方式向消费者推荐商品和服务。

近年来，我国不断出现侵犯消费者权益的群体性消费事件，对于消费纠纷数额较小的事件，很多消费者衡量维权成本后，选择放弃维权。在诸如"三鹿奶粉""问题胶囊"等群体性消费事件中，消费者往往势单力薄，举证困难，消费维权常常陷入尴尬的境地。修改后的《消费者权益保护法》明确了销费者协会的诉讼主体地位，对于群体性消费事件，消费者可以请求消费者协会提起公益诉讼。值得注意的是，公益诉讼仅针对群体性消费事件，而对于单一消费事件，消费者只能自行提起民事诉讼。

三、消费者争议解决

(一) 消费者争议的概念

消费者争议,指在消费领域,消费者与经营者之间发生的与消费者权益有关的矛盾纠纷。发生消费者争议的主要原因有二:(1)消费者认为经营者的行为侵犯了其合法权益;(2)就消费者权益问题,消费者与经营者存在不同的认识,其主要表现为两种形式:①消费者在购买、使用商品或接受服务时,经营者不依法履行或不适当地履行义务;②消费者对经营者提供的商品或服务不满意。

(二) 消费者争议解决途径

《消费者权益保护法》第 39 条规定,消费者和经营者发生消费者权益争议的,可以通过下列途径解决:

(1) 与经营者协商解决;

(2) 请求消费者协会或者依法成立的其他调解组织调解;

(3) 向有关行政部门投诉;

(4) 根据与经营者达成的仲裁协议提请仲裁机构仲裁;

(5) 向人民法院提起诉讼。

第五节　违反《消费者权益保护法》的法律责任

一、法律责任的确定

《消费者权益保护法》中的法律责任,指经营者违反《消费者权益保护法》规定的义务或者经营者与消费者之间约定的义务而依法应当承担的法律后果,主要指经营者责任。在消费者权益法中主要有三种表现形式:(1)民事责任;(2)行政责任;(3)刑事责任。

二、民事责任

《消费者权益保护法》中的民事责任,指经营者违反《消费者权益保护法》规定的或者其与消费者约定的义务,侵犯消费者的民事权利依法应当承担的法律责任。这种民事责任,不仅具有补偿性,在特定情况下还具有惩罚性。

例如,河山在《论"缺一赔十"的惩罚性赔偿思想》中写道:"消费者买到一瓶假茅台酒,除假酒归买者外,经销者还要以假茅台酒十倍的价格赔偿消费者,这样就能纵人'争购'假茅台酒,从而无人敢再经销假茅台酒。将'缺一赔十'惩罚性赔偿的法律武器交给广大消费者,动员亿万群众与伪假商品作斗争。"

《消费者权益保护法》第 48 条第 1 款规定,经营者提供商品或者服务有下列情形之一的,除本法另有规定外,应当依照其他有关法律、法规的规定,承担民事责任:

(1) 商品或者服务存在缺陷的;

(2) 不具备商品应当具备的使用性能而出售时未作说明的;

(3) 不符合在商品或者其包装上注明采用的商品标准的;

(4) 不符合商品说明、实物样品等方式表明的质量状况的；

(5) 生产国家明令淘汰的商品或者销售失效、变质的商品的；

(6) 销售的商品数量不足的；

(7) 服务的内容和费用违反约定的；

(8) 对消费者提出的修理、重作、更换、退货、补足商品数量、退还货款和服务费用或者赔偿损失的要求，故意拖延或者无理拒绝的；

(9) 法律、法规规定的其他损害消费者权益的情形。

该条第 2 款规定，经营者对消费者未尽到安全保障义务，造成消费者损害的，应当承担侵权责任。

(一) 侵犯人身权的民事责任

《消费者权益保护法》第 49 条规定，经营者提供商品或者服务，造成消费者或者其他受害人人身伤害的，应当赔偿医疗费、护理费、交通费等为治疗和康复支出的合理费用，以及因误工减少的收入。造成残疾的，还应当赔偿残疾生活辅助具费和残疾赔偿金。造成死亡的，还应当赔偿丧葬费和死亡赔偿金。

《消费者权益保护法》第 50 条规定，经营者侵害消费者的人格尊严、侵犯消费者人身自由或者侵害消费者个人信息依法得到保护的权利的，应当停止侵害、恢复名誉、消除影响、赔礼道歉，并赔偿损失。

《消费者权益保护法》第 51 条规定，经营者有侮辱诽谤、搜查身体、侵犯人身自由等侵害消费者或者其他受害人人身权益的行为，造成严重精神损害的，受害人可以要求精神损害赔偿。

案例 13-5：商场侵犯顾客人身自由，受到法律制裁

许女士到附近的超市购物，在门口被一服务员拦住，多次搜查她的手袋和口袋，一无所获，许女士感觉受到了极大的侮辱。为维护自身名誉，许女士将超市诉至法院，要求被告公开赔礼道歉，并赔偿精神损失费 4 000 元。一审判决未能达到许女士的诉讼要求，其上诉至上一级法院。二审法院终审判决超市书面向许女士赔礼道歉，道歉书在商场门口张贴 3 日；并赔偿许女士精神损失费 4 000 元；负担一审、二审受理费。还对商场罚款 5 000 元。

案例评析：

我国《宪法》规定，公民的人身自由不受侵犯，禁止非法搜查公民的身体。《消费者权益保护法》进一步规定，经营者不得侵犯消费者的人身自由，不得搜查消费者的身体及其携带的物品。搜查是司法机关特有的权利，经营者没有搜查权，不得对消费者搜身，也不得对消费者搜包，搜查消费者携带的物品也是侵犯消费者人身自由的表现。经营者须承担停止侵害、恢复名誉、消除影响、赔礼道歉、赔偿损失的民事责任，并可处一万元以下的罚款。

二审法院依法断案，使消费者被侵犯的权利得以恢复和补偿，还制裁了违法的经营者。

(二) 侵犯财产权的民事责任

《消费者权益保护法》第 52 条规定，经营者提供商品或者服务，造成消费者财产损害的，应当依照法律规定或者当事人约定承担修理、重作、更换、退货、补足商品数量、退还货款和服务费用或者赔偿损失等民事责任。有些企业处理投诉的人员“得理不让人”，以为替公司省了钱，但从长远来看其实得不偿失，失去了消费者的信任，结果将是“长期成本大于短期收益”。但如果在某些事情上树立“得理还让人”理念，很可能将得到金钱难买的诚信、回报，另一种意想不到的结果是“长期收益大于短期成本”。

《消费者权益保护法》第53条规定，经营者以预收款方式提供商品或者服务的，应当按照约定提供。未按照约定提供的，应当按照消费者的要求履行约定或者退回预付款；并应当承担预付款的利息、消费者必须支付的合理费用。

《消费者权益保护法》第54条规定，依法经有关行政部门认定为不合格的商品，消费者要求退货的，经营者应当负责退货。

《消费者权益保护法》第55条第1款规定，经营者提供商品或者服务有欺诈行为的，应当按照消费者的要求增加赔偿其受到的损失，增加赔偿的金额为消费者购买商品的价款或者接受服务的费用的三倍；增加赔偿的金额不足五百元的，为五百元。法律另有规定的，依照其规定。该条第2款规定，经营者明知商品或者服务存在缺陷，仍然向消费者提供，造成消费者或者其他受害人死亡或者健康严重损害的，受害人有权要求经营者依照本法第49条、第51条等法律规定赔偿损失，并有权要求所受损失二倍以下的惩罚性赔偿。

修改后的《消费者权益保护法》不仅将惩罚性赔偿的倍数由“退一赔二”变为“退一赔三”，而且还对赔偿的最低数额进行了确定。值得注意的是，此赔偿原则仅针对经营者存在欺诈消费者的行为，即经营者在提供商品或者服务中，采取虚假或者其他不正当手段欺骗、误导消费者，使消费者的合法权益受到损害的行为。

案例13-6：出卖人在“闲鱼”旧货交易平台销售产品，买受人可主张惩罚性赔偿金

原告张某在淘宝闲鱼网店被告王某处购买二手苹果iPhone6s PLUS 32G手机一部，店家提供的手机电脑助手检测照片显示该手机：未越狱，已激活，模型号MN3Q2CH/A，设备串号354989075986857，序列号FCJTP10ZHFM2。在购买前沟通中，店家对该手机描述：纯原机、撤柜展示机、无维修、序列号没有纳入保修等。张某于2017年10月2日收到设备序列号FCJTP10ZHFM2的苹果手机一部，并于当日确认收货付款。但张某发现所购手机存在维修记录、无法升级系统等问题。原告张某与淘宝网及被告王某交涉反映情况，未能妥善解决，张某诉至法院。法院认为，王某在二手交易平台上出售苹果手机，从其与张某的聊天记录中可知，其并不是在处置自己闲置不用的物品，而是从事商品经营的个人，系经营者，而其明知自己向张某出售的手机存在维修且无法升级等情况，却告知张某该产品为纯原机、无维修，导致张某陷入认识错误并作出购买的错误意思表示，王某的行为符合欺诈的构成要件。判决：被告王某向原告张某退还货款2 750元并支付赔偿金8 250元。

案例评析：

“闲鱼”APP本身是一个二手交易平台，用于处置闲置不用的物品。一般按照《合同法》处理相关民事争议，不认定出卖人系销售者。但部分商家利用“闲鱼”APP进行销售经营，在出现纠纷后又以其并非销售者进行抗辩，以规避法律责任。

该案法院结合双方的聊天记录等内容认定被告王某系销售者，其行为构成欺诈，并判决对王某作出惩罚性赔偿。认定经营者的身份不能拘泥于销售平台的性质，如果出卖人符合经营者“以营利为目的”的本质特征，可适用《消费者权益保护法》对其经营行为进行规范。

案例13-7：非食品、药品领域知假买假的买受人，无权主张惩罚性赔偿金

2017年3月1日，原告黄某至被告某商场处购买了一部某品牌电子产品，价款为4 000元。黄某通过电话拨打查询该电子产品的防伪码时被告知其购买的系假冒产品。3月2日，黄某又至该商场购买同一类型电子产品两部。随后，王某向有关部门举报投诉，有关部门查扣了黄某从被告商场处所购买的电子产品并委托相关品牌企业进行鉴定，鉴定证明表载明黄某购买的产品并非其公司生产、包装出品，为假冒产品。黄某向法院起诉要求被告商场针对其购买的所有商品承担退还货款 12 000 元并支付三倍价款 36 000 元的惩罚性赔偿责任。法院认为，经营者提供商品有欺诈行为的，应当按照消费者的要求增加赔偿其受到的损失，增加赔偿的金额为消费者购买商品的价款的三倍。该案黄某的第一次购买行为，被告商场销售假冒产品的行为构成欺诈，黄某要求商场退还货款并进行三倍赔偿的诉讼请求，符合法律规定，法院予以支持；但黄某在通过查询防伪码明知所购产品系假冒产品后，继续购买两部电子产品，属于知假买假行为，对其主张该两部产品的增加赔偿的诉讼请求不予支持。判决商场退还所有货款 12 000 元并支付其第一次购买产品时所花费商品价款的三倍赔偿款 12 000 元。

案例评析：

《最高人民法院关于审理食品药品纠纷案件适用法律若干问题的规定》第 3 条规定，因食品、药品质量问题发生纠纷，购买者向生产者、销售者主张权利。生产者、销售者以购买者明知食品、药品存在质量问题而仍然购买为理由进行抗辩的，人民法院不予支持。然而，对于非食品、药品的普通消费领域，惩罚性赔偿的构成要件是经营者提供商品或者服务有欺诈行为。有关欺诈的认定，应当符合我国民事法律规定有关欺诈行为的界定，即一方当事人故意告知对方虚假情况或者故意隐瞒真实情况诱使对方作出错误的意思表示。

该案黄某的第二次购买行为，因黄某已明知产品存在质量问题而仍然购买，不符合惩罚性赔偿构成要件对于欺诈行为的界定，对其主张该两部产品的增加赔偿的诉讼请求不予支持。

案例 13－8：不是为生活消费需要购买涉讼产品，不属于法律保护的“消费者”范畴

潘某于 2018 年 6 月 2 日注册淘宝买家账号，并于 6 月 4 日通过该账户向新疆某果业公司经营的淘宝店铺网购葡萄干 27 公斤，总价值 1 006 元。6 月 9 日，潘某收到邮寄来的葡萄干，并未食用，而是直接以葡萄干包装无生产日期、无产品保质期、无生产许可证、无厂家信息、无产品执行标准等为由提出 5 倍赔偿要求，无果后又于 6 月 18 日主动将赔偿标准降至 1 倍，商家也不同意。潘某于 7 月 2 日向仙游法院提起诉讼，请求新疆某果业公司十倍赔偿。另，潘某还于 7 月 2 日以云南某茶叶有限公司销售的产品不合格为由，诉至仙游法院请求十倍赔偿。

仙游法院认为，潘某购买涉讼产品数量大，并非因为生活消费所需，而是为了获取十倍赔偿，不属于《消费者权益保护法》及《食品安全法》规定的“消费者”范畴。其十倍赔偿的诉讼请求，事实理由及法律依据均不能成立，予以驳回。潘某可就涉讼葡萄干的产品包装不符合标准问题向相关行政机关举报投诉，由相关行政机关依法处理。

案例评析：

该案潘某不是为生活消费需要购买涉讼产品，其未食用且未造成人身损害，不属于法律保护的“消费者”范畴，法院驳回其十倍赔偿的请求。因此，广大消费者对存在缺陷的商品积极维权，是对政府职能部门监督的有效补充，法律并不禁止。但对于一般消费领域的职业打假，法院应严格把握司法准绳，对于超额赔偿金通常不予支持，商家也要对此类行为勇敢说“不”！

案例 13－9：因汽车自燃而引发的车主与汽车生产厂家、经销商之间的纠纷事件

2016 年 4 月 6 日，陈某以 20 万元价格从莆田某汽车销售公司购买了一辆北京现代牌轿车，并按时对车子进行保养。2018 年 2 月 20 日晚上 11 时，陈某将车停放在家门口，次日凌晨

2时，轿车自燃并完全报废。消防部门经现场勘察作出事故认定书：起火点为该车左侧前轮上部引擎盖内；起火原因为车辆内部故障引起。陈某向销售方索赔无果，将销售方及汽车生产方诉至仙游法院。

仙游法院认为，案涉车辆经火灾事故认定自燃原因系车辆自身内部故障引起，与车辆自身质量问题有关。经法院主持调解，考虑案涉车辆购买年限已近两年，综合车辆折旧等因素，最终由汽车生产方一次性支付赔偿款10万元给陈某，陈某放弃其他诉讼请求。

案例评析：

近年因汽车自燃而引发的车主与汽车生产厂家、经销商之间的纠纷事件时有发生。消费者在购买车辆后应定期检修保养，在车辆行驶过程中一旦发现质量问题，应及时与经销商或生产厂家联系协调，若无法达成一致意见，可依照《消费者权益保护法》《产品质量法》等依法维权。如发生汽车自燃等事故，车主应及时报警并请求消防部门出具《火灾原因认定书》，如果认定事故原因为汽车内部故障引发，在协调未果时可直接通过诉讼途径要求经销商或汽车生产商赔偿。另外，作为汽车生产者或销售者，也应尽诚信义务，如发现所生产或销售的车辆存缺陷，应及时召回，以免造成严重后果。

三、行政责任

《消费者权益保护法》中的行政责任，指经营者违反《消费者权益保护法》规定义务、违法经营所应承担的法律责任。

《消费者权益保护法》第56条第1款规定，经营者有下列情形之一，除承担相应的民事责任外，其他有关法律、法规对处罚机关和处罚方式有规定的，依照法律、法规的规定执行；法律、法规未作规定的，由工商行政管理部门或者其他有关行政部门责令改正，可以根据情节单处或者并处警告、没收违法所得、处以违法所得一倍以上十倍以下的罚款，没有违法所得的，处以五十万元以下的罚款；情节严重的，责令停业整顿、吊销营业执照：

（1）提供的商品或者服务不符合保障人身、财产安全要求的；

（2）在商品中掺杂、掺假，以假充真，以次充好，或者以不合格商品冒充合格商品的；

（3）生产国家明令淘汰的商品或者销售失效、变质的商品的；

（4）伪造商品的产地，伪造或者冒用他人的厂名、厂址，篡改生产日期，伪造或者冒用认证标志等质量标志的；

（5）销售的商品应当检验、检疫而未检验、检疫或者伪造检验、检疫结果的；

（6）对商品或者服务作虚假或者引人误解的宣传的；

（7）拒绝或者拖延有关行政部门责令对缺陷商品或者服务采取停止销售、警示、召回、无害化处理、销毁、停止生产或者服务等措施的；

（8）对消费者提出的修理、重作、更换、退货、补足商品数量、退还货款和服务费用或者赔偿损失的要求，故意拖延或者无理拒绝的；

（9）侵害消费者人格尊严、侵犯消费者人身自由或者侵害消费者个人信息依法得到保护的权利的；

（10）法律、法规规定的对损害消费者权益应当予以处罚的其他情形。

该条第2款规定，经营者有前款规定情形的，除依照法律、法规规定予以处罚外，处罚机关应当记入信用档案，向社会公布。

四、刑事责任

《消费者权益保护法》中的刑事责任，指经营者、国家机关工作人员违反消费领域的刑事法律规定，构成犯罪应承担的法律责任。

《消费者权益保护法》第 57 条规定，经营者违反本法规定提供商品或者服务，侵害消费者合法权益，构成犯罪的，依法追究刑事责任。《消费者权益保护法》第 60 条规定，以暴力、威胁等方法阻碍有关行政部门工作人员依法执行职务的，依法追究刑事责任；拒绝、阻碍有关行政部门工作人员依法执行职务，未使用暴力、威胁方法的，由公安机关依照《中华人民共和国治安管理处罚法》的规定处罚。

《消费者权益保护法》第 61 条规定，国家机关工作人员玩忽职守或者包庇经营者侵害消费者合法权益的行为的，由其所在单位或者上级机关给予行政处分；情节严重，构成犯罪的，依法追究刑事责任。

思考题：

(1)《消费者权益保护法》如何规定网络、金融经营者的信息披露义务？
(2)《消费者权益保护法》如何明确消费者个人信息保护？
(3)《消费者权益保护法》如何赋予消费者 7 日反悔权？
(4)《消费者权益保护法》如何规定经营者的举证责任倒置义务？
(5)《消费者权益保护法》如何定位网购平台责任？
(6)《消费者权益保护法》为何规定消费者协会只可提公益诉讼？
(7)《消费者权益保护法》为何规定虚假广告经营者、代言人的连带赔偿责任？

参考文献

[1] 河山. 消费者权益保护法 诠释[M]. 北京：法律出版社，2014.
[2] 乔新生. 消费者权益保护法总论[M]. 北京：中国监察出版社，2018.
[3] 王兴运. 消费者权益保护法[M]. 北京：北京大学出版社，2015.
[4] 吴宏伟. 消费者权益保护法[M]. 北京：中国人民大学出版社，2014.
[5] 中华人民共和国消费者权益保护法[M]. 北京：中国法制出版社，2018.

第十四章　道路交通安全法

《道路交通安全法》(简称《道交法》),旨在保护道路交通事故受害人权益,特别是非机动车、行人等弱势群体。国家实行机动车第三者责任强制保险制度,鼓励机动车所有人购买商业第三者责任保险,但诱发部分不诚信索赔人软欺诈保险公司的道德风险。更有部分"受害人"故意制造保险事故或编造保险事故,构成对保险公司恶性的硬欺诈。该章视为消费者权益保护法、保险法在道路交通事故中的应用。

关键词:机动车驾驶人;饮酒/醉酒驾车;借用他人车辆;借名买车;无偿搭乘人;行人横穿马路;道路交通事故三者险;经济和非经济损失;软欺诈

第一节　概　述

《道交法》调整的交通事故,指车辆在道路上因过错或者意外造成的人身伤亡或者财产损失的事件,涉及两个重要概念:一是道路;二是车辆。

一、道　路

《道交法》第 119 条第 1 款规定,道路是指公路、城市道路和虽在单位管辖范围但允许社会机动车通行的地方,包括广场、公共停车场等用于公众通行的场所。

根据最高人民法院、公安部《关于处理交通事故案件有关问题的通知》的规定,公路是指经公路主管部门验收认定的城市间、城乡间、乡间能行驶汽车的公共道路(包括国道、省道、县道和乡道)。

根据《道交法》和相关司法解释的规定,道路以外是指并不允许社会机动车通行的场所。《道交法》第 77 条规定,车辆在道路以外通行时发生的事故,公安机关交通管理部门接到报案的,参照本法有关规定办理。

案例 14-1:小区道路事故,参照《道交法》有关规定办理

某日,王某开车外出归来,在小区准备停车。由于天气寒冷,后视镜上有雾导致视线不清,王某倒车时将恰在车旁经过的中年妇女张某擦伤。张某拨打 122 报警。交警认定王某违规倒车,并根据《道交法》对其扣分罚款。王某认为自己在小区内行车,不符合《道交法》规定的"道路"范围,不应按照道路交通事故处理。若是"非道路"事故,且未造成重大伤害,只是一般的民事侵权行为,双方可自行协商或找当地派出所解决,并且交通安全管理部门不应对其作出行政处罚。

案例评析:

现实生活中,在道路以外发生交通事故,有其特殊性,取证、鉴定和处理都有一定的困难。但《道交法》明确规定,只要发生交通事故,无论发生地点是否在道路上,公安机关交通管理部门在接到报案后都须按照本法有关规定处理,旨在全面地解决由交通事故引发的纠纷,保护当事人的合法权益。

二、车　辆

车辆，指机动车和非机动车。

(一) 机动车

机动车，指以动力装置驱动或者牵引，在道路上行驶的，供人员乘用或者用于运送物品以及进行工程专项作业的轮式车辆。

《道交法》第 19 条第 1 款规定，驾驶机动车，应当依法取得机动车驾驶证。该条第 2 款规定，申请机动车驾驶证，应当符合国务院公安部门规定的驾驶许可条件；经考试合格后，由公安机关交通管理部门发给相应类别的机动车驾驶证。该条第 3 款规定，持有境外机动车驾驶证的人，符合国务院公安部门规定的驾驶许可条件，经公安机关交通管理部门考核合格的，可以发给中国的机动车驾驶证。该条第 4 款规定，驾驶人应当按照驾驶证载明的准驾车型驾驶机动车；驾驶机动车时，应当随身携带机动车驾驶证。

《道交法》第 20 条第 1 款规定，机动车的驾驶培训实行社会化，由交通主管部门对驾驶培训学校、驾驶培训班实行资格管理，其中专门的拖拉机驾驶培训学校、驾驶培训班由农业(农业机械)主管部门实行资格管理。

《道交法》第 121 条第 1 款规定，对上道路行驶的拖拉机，由农业(农业机械)主管部门行使本法第 8 条、第 9 条、第 13 条、第 19 条、第 23 条规定的公安机关交通管理部门的管理职权。该条第 2 款规定，农业(农业机械)主管部门依照前款规定行使职权，应当遵守本法有关规定，并接受公安机关交通管理部门的监督；对违反规定的，依照本法有关规定追究法律责任。该条第 3 款规定，本法施行前由农业(农业机械)主管部门发放的机动车牌证，在本法施行后继续有效。

《道交法》第 122 条规定，国家对入境的境外机动车道路交通安全实施统一管理。

案例 14-2：外国人持国外驾照在中国发生交通事故，系无证驾驶

2007 年 3 月某日，持有国外驾照的英国籍青年史迪文，开一辆小客车在上海某居民小区行驶，碰擦到一旁行走的 70 岁老人周某，导致周某多处骨折、入院治疗。交警认定：史迪文属于无证驾驶，应负事故全部责任。同年 4 月，周某诉至上海市静安区人民法院，要求史迪文赔偿医疗费、护理费等各项费用共计 1.3 万元。

案例评析：

该案争议的焦点在于，持有国外驾照的外国人在中国发生交通事故，如何定性？

法院经审理认为，根据《道交法》第 19 条的规定，史迪文持有外国驾照，而没有中国驾照，在中国境内开车属于无证驾驶。根据交通部门的事故责任认定，判决史迪文赔偿周某医疗费、护理费等各项费用。

(二) 非机动车

非机动车，指在道路上行驶的，以人力或者畜力驱动的交通工具，以及虽然有动力装置驱动但设计最高时速、空车质量、外形尺寸符合有关国家标准的残疾人机动轮椅车、电动自行车等交通工具。

案例 14-3：电瓶三轮车是否为机动车？

2007 年 11 月 3 日 7 时，何某驾驶三轮摩托车，行驶至城南路城厢镇茶花村某处左拐弯时，与由后方同向行驶至该处的王某驾驶的普通两轮摩托车发生碰撞。三轮摩托车被碰撞至公路左侧，与案外人杨某驾驶的普通两轮摩托车发生碰撞，造成三车受损，王某、何某受伤。交通管理部门认定何某负事故主要责任，王某负事故次要责任，杨某不负事故责任。另查明，何某驾驶的三轮摩托车，合格证载明为电瓶车，执行标准为Q/L0570618—7.1—2004。该车未依法登记，何某亦未依法取得机动车驾驶证。王某以何某为被告，诉至法院，请求何某承担相应的赔偿责任。

案例评析：

该案争议的焦点在于，何某驾驶的电瓶三轮车是否属于机动车？

何某驾驶的电瓶三轮车，虽然名为电瓶车，但根据《机动车运行安全技术条件》(GB7258—2004)的规定，与残疾人机动轮椅车、电动自行车明显不同，属于机动车范畴。法院认为，交通管理部门作出的事故责任认定符合法律规定，应予采信。判定何某承担40%、王某承担60%的赔偿责任。

根据相关部门制定的标准，电动自行车应具备以下特征：一是电动自行车最高时速不大于每小时20公里；二是电动自行车的整车重量不大于40公斤。符合以上标准的，交警部门认定为非机动车。若不符合上述规定，交通事故应按照机动车事故范畴处理。

案例14-4：电动自行车的时速、重量均有严格限制！

2014年7月某晚，新入职的员工小杨和部门同事聚会，推杯换盏到深夜，疲惫却有点兴奋。小杨骑自行车回家，没有注意迎面逆行的电动车。两车相撞，小杨脸部擦伤；电动车倒地，电动车车主腿部被压伤。小杨立刻将电动车车主送往医院。第二天，小杨主动陪电动车车主到医院做了全面检查，结果是轻微骨裂，小杨负担所有医药费。

回到公司后，小杨跟同事描述事情经过。小杨觉得，自己喝酒理亏，应承担所有医药费。同事认为，小杨不应承担所有责任。首先，电动车没有牌照；其次，电动车逆行；再次，虽然小杨骑车很快，但电动车时速也不慢。

电动车是机动车还是非机动车，下列哪个选项是正确的？

A. 电动车，均是机动车；

B. 电动车，均是非机动车；

C. 若最高车速不大于每小时20公里，且整车重量不大于40公斤，为非机动车；

D. 若最高车速不大于每小时30公里，且整车重量不大于50公斤，为非机动车。

三、交通事故人员伤亡的赔偿范围

《道交法》第76条第1款规定，机动车发生交通事故造成人身伤亡、财产损失的，由保险公司在机动车第三者责任强制保险责任限额范围内予以赔偿。

人身伤亡包括经济损失和非经济(精神)损失；财产损失仅指经济损失，即机动车等财产权益受到侵害的损失，例如维修损坏车辆所支出的费用、车辆所载物品的损失、车辆施救费用等。这里，重点讨论人身伤亡，指机动车发生交通事故侵害被侵权人的生命权、健康权等人身权益所造成的损害。《侵权责任法》第16条规定，侵害他人造成人身伤害的，应当赔偿医疗费、护理费、交通费等为治疗和康复支出的合理费用，以及因误工减少的收入。造成残疾的，还应当赔偿残疾生活辅助器具费和残疾赔偿金。造成死亡的，还应当赔偿丧葬费和死亡赔偿金。《道交法》第22条规定，侵害他人人身权益，造成他人严重精神损害的，被侵权人可以请求精神损害赔偿。以上赔偿项目，可以分为医疗费用、死亡伤残两大类。当事人申请索赔时须提交相关的证明材料，例如医疗费、交通费等支出票据。而死亡伤残赔偿金、精神损害抚慰金等索赔子项应按法律规定的标准进行赔付，但因没有直接支出票据，索赔人或受害人往往夸大人身伤害程度进而夸大经济和非经济损失索赔额。

(一) 医疗费用类

医疗费用类，包括医疗费、住院费、伙食费、营养费、后续治疗费。

医疗费，指发生交通事故后，由于受害人在遭受人身损害后进行抢救，接受医学上的检查、治疗与康复所必须支出的费用，包括挂号费、检查费、治疗费、医药费、住院费等。

住宿费，指交通事故伤残者确有必要到外地就医、配置残疾用具等所需的住宿费。

伙食费，包括受害人的住院伙食费、补助费和受害人及其陪护人员在外地就医花费的伙食费。

营养费，指受害人因交通事故受伤而确需补充营养食品，由治疗机构或鉴定机构根据受害人的伤情提出意见，作为辅助治疗手段支出的费用。

后续治疗费，包括功能恢复性训练费和适当的整容费等。

(二) 死亡伤残类

死亡伤残类，包括护理费、误工费、交通费、残疾赔偿金、残疾辅助器具费、丧葬费、死亡赔偿金、精神损失抚慰金。

误工费，指交通事故发生后，事故中遭受人身损害的受害人及有关的赔偿权利人向赔偿义务人要求支付的从受害人遭受损害到恢复治愈，因无法从事正常工作或劳动，而失去或减少的工作、劳动收入。要考虑误工时间和收入状况。误工时间分为两种情况：(1)误工时间根据受害人自接受治疗到康复所需要的时间确定，以相应医疗机构出具的证明为依据；(2)因伤致残的，误工时间计算至定残前一天。当事人误工有固定收入的，误工费按照实际减少的收入计算，包括工资、奖金、津贴等。当事人无固定收入的，按照其最近3年的平均收入计算；当事人不能举证证明其最近3年平均收入状况的，可以参照当地相同或最相近行业上一年度职工的平均工资计算。

护理费，指受害人因遭受一定程度的人身损害，其行动能力和自理能力均有一定程度降低的情况下，为了帮助其进行正常的生活，在医疗诊治和休养康复期间，根据医院的意见或司法鉴定，委派专人对其进行护理，照料其生活而支出的费用。护理人员有收入的，参照误工费的规定计算；护理人员没有收入或者雇佣护工的，参照当地护工从事同等级别护理的劳务报酬标准计算。

交通费，指事故受害人和必要的陪护人员因就医、配置残疾用具或参加处理事故等活动实际必需的车船票费。值得注意的是，事故受害人主张交通费时，必须说明用途并出具正式票据，例如汽车票、火车票、出租车票等。对于受害人提供的正式票据，法院会审查其与就医时间、地点是否吻合。若不吻合，则不能计入赔偿数额。

残疾辅助器具费，指在交通事故中，为补偿因伤致残的受害人遭受创伤的肢体器官功能，辅助其实现生活自理或从事生产劳动而购买、配置的生活辅助器具所花费的费用。值得注意的是，残疾辅助器具的配置标准是“普通”，即只限于稳定性和安全性，确实具有对受害人的器官功能起到辅助作用的器具即可。受害人不能购买价格昂贵的器具，否则超额费用会被法院认定为扩大的损失而不予支持。

丧葬费，指交通事故致人死亡的，死者的法定继承人或者承担丧葬义务的人员为办理丧葬事宜而支出的费用。丧葬费为安葬死者支出的必要费用，包括运尸费、火化费、购买普通骨灰盒费、一期骨灰存放费，雇请抬丧人员所支付的劳务费，必要的交通费等。赔偿标准按照受诉法院所在地上一年度职工月平均工资标准，以 6 个月总额计算。

被抚养人生活费，指受害人在交通事故中死亡或因伤残致使其劳动能力丧失，造成受害人生前或丧失劳动能力以前的抚养人暂时或永久丧失生活来源，交通事故责任人应当按照一定的标准给予受其抚养的无生活来源人的赔偿。被抚养人包括未满 18 周岁的未成年人(其中已满 16 周岁，以自己的劳动收入为主要生活来源的除外)以及丧失劳动能力且没有其他生活来源的成年人。计算公式为：未满 18 周岁人员的被抚养人生活费＝受诉法院所在地上一年度城镇居民人均消费支出(农村居民人均年生活消费支出)标准×(18－被抚养人实际年龄)×伤残赔偿指数；18～60 岁被抚养人无劳动能力且无其他生活来源的生活费＝受诉法院所在地上一年度城镇居民人均消费支出(农村居民人均年生活消费支出)标准×20 年×伤残赔偿指数；60～75 岁被抚养人无劳动能力且无其他生活来源的生活费＝受诉法院所在地上一年度城镇居民人均消费支出(农村居民人均年生活消费支出)标准×[20－(被抚养人实际年龄－60)]×伤残赔偿指数；75 岁以上被抚养人无劳动能力且无其他生活来源的生活费＝受诉法院所在地上一年度城镇居民人均消费支出(农村居民人均年生活消费支出)标准×5 年×伤残赔偿指数。若受害人死亡，伤残赔偿指数为 1。

残疾赔偿金，指受害人受伤后，虽经合理治疗仍未能痊愈的，所遗留的顽固性或永久性的功能障碍，导致其不能胜任正常的工作和劳动而给予的赔偿费。其计算公式为：残疾赔偿金＝受诉法院所在地上一年度城镇居民人均可支配收入(农村居民人均纯收入)标准×伤残赔偿指数×赔偿年限。值得注意的是，若受害人为 60 岁以下，赔偿年限为 20 年；若受害人年龄介于 60～75 岁之间，赔偿年限＝[20－(实际年龄－60)]；若受害人为 75 岁以上，赔偿年限为 5 年。

死亡赔偿金，指交通事故致人死亡的，事故的相关负责人按照一定标准给予死者家属一定数额的赔偿。计算公式如下：60 岁以下人员，死亡赔偿金＝上一年度城镇居民人均可支配收入(农村居民人均纯收入)标准×20 年；60～75 岁人员，死亡赔偿金＝上一年度城镇居民人均可支配收入(农村居民人均纯收入)标准×[20－(实际年龄－60)]；75 岁以上人员，死亡赔偿金＝上一年度城镇居民人均可支配收入(农村居民人均纯收入)标准×5 年。

精神损害抚慰金，源于交通事故致人伤残和致人死亡的情形。精神损害的赔偿数额根据以下因素确定：侵权人的过错程度，侵害的手段、场合、行为方式等具体情节；侵权行为所造成的后果；侵权人承担责任的能力；受诉法院所在地平均生活水平。

第二节　机动车驾驶人

与非机动车驾驶人、行人、乘客相比，机动车属于强势群体，《道交法》对机动车驾驶人提出了更高的要求。

一、机动车驾驶人须取得机动车驾驶证

《道交法》第 19 条第 1 款规定，驾驶机动车，应当依法取得机动车驾驶证。《道交法》第 22 条

第3款规定，任何人不得强迫、指使、纵容驾驶人违反道路交通安全法律、法规和机动车安全驾驶要求驾驶机动车。

根据《机动车驾驶证申领和使用规定》第11条的规定，年满18周岁才能取得机动车驾驶资格。若机动车所有人或使用人允许未取得机动车驾驶证的人员驾车，从而发生交通事故的，属于重大过错，要与该无证驾驶人共同对事故造成的损失承担赔偿责任。

案例14-5：两岁幼童交通肇事，监护人须承担一定赔偿责任

2005年6月12日上午，某县个体驾驶员何某将一辆松花江小货车停在路边，未关严车门就去餐馆吃饭。两岁男孩王某跟母亲陈某上街买菜。顽皮的王某趁母亲不注意，独自爬到车上，好奇地四处摆弄，将车辆拨成空挡。因该车刚好停在下坡处，向前滑行了百余米，冲入左侧人行道，将正在行走的夏老太及三岁的孙子李某撞成重伤：夏老太颅脑重型损伤，李某颅脑中型损伤及面部左侧划伤并留下明显疤痕。交警认定幼儿王某及车主何某负事故同等责任。因三方没能就医疗费等赔偿达成协议，夏老太及孙子李某将幼儿王某及车主何某诉至法院，要求赔偿各项损失共计3万元。

法院经审理认为，车主何某违章停车且疏于管理，是导致事故发生的主要原因。幼儿王某的母亲陈某监护不力，是造成事故的直接原因。但幼儿系无民事行为能力人，由其监护人承担责任。法院判令幼儿的监护人陈某及车主何某各自承担原告各项损失的50%，分别赔偿受害人1.14万元。

案例评析：

该案幼儿王某只有两岁，系无民事行为能力人，根本无法预见自己在车上玩耍的行为会造成人身伤亡的严重后果，故对其侵权行为不承担责任；而王某的母亲监护不当，对交通事故的发生负有过失，应承担一定的赔偿责任。车主何某未关好车门即下车吃饭，属于对车辆的不当管理，也应承担事故责任。因此，法院判决王某的母亲陈某与车主何某共同承担事故赔偿责任。

假设该案侵权人不是无民事行为能力人，而是限制民事行为能力人，造成同样的事故，应如何处理？根据《道交法》及相关法律、法规，年满18周岁才能取得机动车驾驶资格，但这并不意味着只有年满18周岁才能理解机动车具有的高度危险性。事实上，由于机动车普及化，一般而言，15～16周岁以上的未成年人均能意识到机动车的危险性，故具备承担交通事故责任的可能。因此，监护人也应就限制行为能力侵权人造成的损害进行赔偿。

案例14-6：允许未成年人驾驶机动车发生事故，驾驶员与未成年人同负事故主要责任

河北省某村张某有一部东风牌重型货车，雇佣司机刘某跑运输。2004年8月4日，刘某在运输途中，将车交给张某的儿子张某某驾驶，但张某某没有取得机动车驾驶执照。次日凌晨4时，张某某驾驶大货车行至武强县孙庄乡堤南村路段，与河北省蠡县北埝乡北碾村王某驾驶的农用三轮车（车上载有23名到武强县抓蝎子的农民）相遇。张某某超速行驶侵占了对方的行驶路线，三轮车被撞至公路一侧沟内，致三轮车上王某等21人死亡，3人受伤。大货车撞断公路一侧的通讯电线杆后，又撞入路旁的民房中，房屋及房内物品遭到损坏。大货车最后仰翻，严重受损。事故造成直接经济损失8.21万元。各级政府对死伤者及时救助，并给死伤者家属发放救助金。20名死者亲属放弃了刑事附带民事诉讼，只有伤者刘宇彤等3人，房屋受损者张聚会，死者王某家属王含晓等2人提起附带民事诉讼，要求被告张某某、刘某赔偿各项经济损失。

法院认为,被告张某某、刘某违反交通运输管理法规,导致21人死亡、3人受伤的特大交通事故,情节特别恶劣,已构成交通肇事罪,应依法严惩。但被告张某某交通肇事时系未成年人,应依法从轻处罚。虽然发生事故时,刘某没有亲自驾驶,但其系正式司机,明知张某某没有驾驶证,又系未成年人,仍让其开车,负有不可推卸的责任。二被告应共同承担事故的主要责任。王某驾驶的三轮车严重超载,应负事故的次要责任。判处二被告有期徒刑各6年;被告张某某的法定代理人高某(张某某之母)、被告刘某赔偿附带民事诉讼原告刘宇彤经济损失2.7万元,赔偿王会朋经济损失3 775元,赔偿刘宽松经济损失1.1万元,赔偿王含晓等2人经济损失1.9万元,赔偿张聚会经济损失4 920元。高某与刘某互负连带赔偿责任。

案例评析:

该案张某某无证驾驶,显属违法行为。而刘某作为大货车司机,明知张某某不具备驾驶机动车资格,仍将车辆交予其驾驶,客观上间接地造成了交通事故的发生,导致21死3伤的惨剧,应承担相应的责任;当张某某超速行驶、侵占对方行驶路线时,刘某没有采取任何措施加以纠正或制止,故法院判令二人同负事故的主要责任。

二、机动车驾驶员的过错认定

《道交法》第76条第1款规定,机动车发生交通事故造成人身伤亡、财产损失的,由保险公司在机动车第三者责任强制保险责任限额范围内予以赔偿;不足的部分,按照下列规定承担赔偿责任:(1)机动车之间发生交通事故的,由有过错的一方承担赔偿责任;双方都有过错的,按照各自过错的比例分担责任。(2)机动车与非机动车驾驶人、行人之间发生交通事故,非机动车驾驶人、行人没有过错的,由机动车一方承担赔偿责任;有证据证明非机动车驾驶人、行人有过错的,根据过错程度适当减轻机动车一方的赔偿责任;机动车一方没有过错的,承担不超过百分之十的赔偿责任。

(一)机动车之间,适用过错责任

案例14-7:机动车之间发生交通事故,适用过错责任

小张周末开车带老婆回家看望父母,路上夫妻两人有说有笑,小张凭借着对路况的熟悉(每个红绿灯及监控摄像的位置)以及回家心切,便加大油门提高了车速。眼看前方路口红灯,他稍放慢了车速,直行路上有几辆车在等待,小张更换没有车的右转道打算直行通过路口,这时红灯转变为绿灯,一辆小轿车突然原地打轮拐向右转车道,想超过前车。由于小张的车速太快来不及刹车,与小轿车发生碰撞,小轿车停在原地,小张的车停在路中央。好在车上人员无事,小轿车司机下车责备小张速度太快而且打算由右转车道直行。双方争执不下,叫来交警。最终,交警判定小轿车负全责:(1)实线并道违规;(2)路口超车。小张由于车停在路口中间没有越过路口,判定无责任。交警判定交通事故责任的依据是:

A. 机动车无过错责任;　　B. 机动车过错责任;

C. 机动车之间,过错责任;　　D. 机动车与非机动车、行人之间,无过错责任。

(二)机动车与非机动车之间,机动车负无过错责任,适当考虑非机动车过错

案例14-8:小张倒车撞倒1岁小孩,应承担多大的责任?

小区路边有2排车位,汽车横向排列。小张开车时,需先往后倒车然后右转将车驶出。但

倒车时，有个1岁小孩摇摇摆摆地走到车后，被碾压，孩子的父母没有紧跟在身边，离孩子有一段距离。小张上车前查看过前后没人，但由于孩子很小，车子起动后孩子走到了视线的盲区，该案适用：

A. 小张无过错，不承担赔偿责任；　B. 孩子父母疏于监护，自担全部责任；
C. 小张负无过错责任，赔偿大部分医疗费用；　D. 小张、孩子父母平均承担责任。

三、机动车驾驶员不得饮酒、醉酒驾驶机动车

《道交法》第22条第2款规定，饮酒、服用国家管制的精神药品或者麻醉药品、患有妨碍安全驾驶机动车的疾病或者过度疲劳影响安全驾驶的，不得驾驶机动车。

案例14-9：司机酒后驾车，交强险如何处理？

2009年冬天，老秦驾驶自家小轿车载着同事赵某前往县城办事，中午请三位领导A、B、C在某饭店吃饭，赵某作陪。酒过三巡，A领导提出老秦也加入酒局，老秦以开车为由拒绝。架不住大家再三相劝，老秦将车钥匙交由酒店老板吴某保管，也加入酒局。A、B、C、赵某都喝得东倒西歪，老秦也断了片。吴某联系A、B、C、赵某家人接他们回家，却将车钥匙交给了老秦。老秦驾车上路，途中犯迷糊与一辆半挂车相撞，老秦轻伤，半挂车司机未受伤。交警认定醉驾者负事故全责，保险公司拒绝赔偿，老秦赔偿半挂车维修费用8 000元，自付住院治疗费用5 000元以及小轿车维修费用。

关于酒后驾车，我国机动车交通事故责任强制保险规定：

A. 保险公司赔付；　B. 保险公司垫付；
C. 保险公司先垫付，然后可向肇事司机追偿；　D. 保险公司拒赔。

四、不得擅自改变机动车结构

《道交法》第10条规定，准予登记的机动车应当符合机动车国家安全技术标准。《道交法》第16条规定，任何单位或者个人不得有下列行为：(1)拼装机动车或者擅自改变机动车已登记的结构、构造或者特征；(2)改变机动车型号、发动机号、车架号或者车辆识别代号；(3)伪造、变造或者使用伪造、变造的机动车登记证书、号牌、行驶证、检验合格标志、保险标志；(4)使用其他机动车的登记证书、号牌、行驶证、检验合格标志、保险标志。

案例14-10：擅自改变机动车结构发生交通事故，行为人承担全部责任

2005年1月2日，某建筑公司指派司机梁某，驾驶重型运货卡车到某市钢厂运钢筋。公司提前向交通主管部门申请了超长通行证。为运输方便，张某将驾驶的卡车做了改装，又将一节四轮车架与车后架进行了连接。梁某驾驶自行改装的卡车当晚到达钢厂，装上长达25米的钢筋。为赶时间，梁某连夜返回公司。当其行至某十字路口时，于某正好骑自行车通过。由于天黑，路口没有照明设备，于某见卡车车头已过，误认为卡车已全部通过，就骑车从卡车后面横穿马路，不慎撞在车架与加长的自接车架的结合部。由于惯性，于某连人带车倒在卡车的车轮下，被自接车架的右侧两轮碾轧，当场死亡。经当地机动车检测部门检测，肇事车辆的安全机件不合格，所载的超长钢筋未按有关规定配置警示灯。于某的家人诉至法院，要求司机梁某和所在公司承担民事赔偿责任。梁某辩称，公司在出车前已经申请了超长通行证，没有过失；于某不认真看路，撞在车上死亡，应自负责任。

法院经审理认为，司机梁某虽然持有公安机关交通主管部门颁发的超长通行证，但属于未经登记的擅自改装车辆，且其非法改装车辆行为与交通事故发生之间有直接的联系，故交通事故责任应当由机动车驾驶人承担。作为机动车驾驶人，梁某明知自己驾驶非法改装的车辆、安全性能差，更应谨慎驾驶，但其未注意路边的自行车骑行人于某，没有采取确保安全的措施，对事故应负全部责任。

案例评析：

该案梁某驾驶擅自加长的车辆运输超长钢筋在夜间行驶，车辆加长部分没有配置警示灯，存在严重的违法行为。未经公安机关车辆管理部门审批和登记的非法改装车辆，车辆的安全性能差，存在严重的事故隐患。表面上看，自行车骑行人于某在交通事故中也存在疏忽，但其过失是由于加长车辆在搭载的超长货物上未按规定设置警示灯，于某误认为机动车已经通过，才横穿马路，恰好撞在车后架与四轮车架的结合部，这说明于某按照常识，对车辆结构的判断基本正确。由于天黑，没有照明设备，他没有注意到卡车超长的特殊情况，不存在过失，自然不应承担责任。司机梁某擅自改变机动车结构，在行驶过程中，未对可能出现的险情采取必要的措施，造成交通事故的发生，应负事故全部责任。

五、机动车悬挂机动车号牌、车速限制、严禁超车等规定

（一）悬挂机动车号牌

《道交法》第 11 条第 1 款规定，驾驶机动车上道路行驶，应当悬挂机动车号牌，放置检验合格标志、保险标志，并随车携带机动车行驶证。

案例 14－11：车辆未上牌照出事故，遭保险公司拒赔

X 先生购买了一辆新车，遇到节假日还未上牌照，也没有办理临时牌照，但已完成购买（过户完成），且向 A 保险公司购买了保险。几天后，X 先生开车上路发生交通事故，随即通知 A 保险公司。经确认，X 先生为避让马路上的行人，没能控制住车辆，撞向了护栏。

X 先生向 A 保险公司索赔，但 A 保险公司拒绝赔付：

A. 拒赔理由充分，没有临时牌照；　B. 拒赔理由不充分，已完成过户；

C. 拒赔理由不充分，已买保险；　　D. 拒赔理由不充分，已完成过户，且买了保险。

（二）车速限制、严禁超车

《道交法》第 42 条第 1 款规定，机动车上道路行驶，不得超过限速标志标明的最高时速。在没有限速标志的路段，应当保持安全车速。该条第 2 款规定，夜间行驶或者在容易发生危险的路段行驶，以及遇有沙尘、冰雹、雨、雪、雾、结冰等气象条件时，应当降低行驶速度。

《道交法》第 43 条规定，同车道行驶的机动车，后车应当与前车保持足以采取紧急制动措施的安全距离。有下列情形之一的，不得超车：(1)前车正在左转弯、掉头、超车的；(2)与对面来车有会车可能的；(3)前车为执行紧急任务的警车、消防车、救护车、工程救险车的；(4)行经铁路道口、交叉路口、窄桥、弯道、陡坡、隧道、人行横道、市区交通流量大的路段等没有超车条件的。

案例 14－12：范某驾车超速发生事故，须赔偿两名搭乘人的受伤损失

2005 年 1 月 23 日，刘某、张某二人搭乘朋友范某驾驶的轿车去北京游玩。车行驶至京津唐高速公路北京方向 54 公里处时，因范某驾车超速，避让大车不及时，导致轿车撞掉十几米护

栏后翻入路边的沟里。交警认定，范某负事故全部责任。刘某、张某均不同程度地受伤：经医院诊断，张某多处软组织伤、右肩骨折；刘某膝关节创伤性关节炎、急性骨膜炎（创伤性）、多处软组织伤。二人将范某诉至法院，要求赔偿医疗费、营养费、误工费等共计14万元。范某极度地愤慨，自己让二人无偿搭车，事发后托朋友护送其去医院治疗，没想到好心帮忙反而被告上了法院。

法院经审理查明，范某邀请刘某、张某二人无偿搭乘其轿车去北京，途中范某超速驾驶导致交通事故的发生，导致刘某、张某不同程度地受伤。无论同乘者是有偿还是无偿，范某作为驾驶员均有义务保证同乘者的人身安全，不能因为同乘者是无偿搭车就降低驾驶员应承担的注意义务，判决范某赔偿刘某、张某医疗费等各项损失47 697元。

案例评析：

该案刘某、张某搭乘朋友范某驾驶的轿车去北京游玩，属于无偿同乘者。范某在驾驶过程中，对搭乘者同样负有安全保护义务。由于范某的驾驶失误，造成搭乘人刘某、张某的人身伤害，应当赔偿相应的损失。

由于范某毕竟不是商业运营，可适当减轻对搭乘人的损失赔偿责任。

六、机动车的减速、避让、安全带等规定

（一）减速行驶、超车限制、铁路道口行驶规则

《道交法》第44条规定，机动车通过交叉路口时，应当按照交通信号灯、交通标志、交通标线或者交通警察的指挥通过；通过没有交通信号灯时、交通标志、交通标线或者交通警察指挥的交叉路口时，应当减速慢行，并让行人和优先通行的车辆先行。

《道交法》第45条第1款规定，机动车遇有前方车辆停车排队等候或者缓慢行驶时，不得借道超车或者占用对面车道，不得穿插等候的车辆。该条第2款规定，在车道减少的路段、路口，或者在没有交通信号灯、交通标志、交通标线或者交通警察指挥的交叉路口遇到停车排队等候或者缓慢行驶时，机动车应当依次交替通行。

《道交法》第46条规定，机动车通过铁路道口时，应当按照交通信号或者管理人员的指挥通行；没有交通信号或者管理人员的，应当减速或者停车，在确认安全后通过。

案例14－13：在交叉路口发现交通信号故障或者没有管理人员，机动车如何通行？

2013年7月9日，李先生驾车下班途中由南向北经过一个十字交叉路口，发现交通灯故障，由于下着小雨视线不好，李先生经过十字路口中间，被一辆由东向西高速行驶的小轿车从侧面正向撞击，李先生车辆右侧两车门受损严重，而对方车辆前脸受损严重，驾驶室安全气囊已弹出，好在双方人员并未受伤。

案例评析：

李先生报警，交警勘察事故现场和询问笔录，判定李先生负事故全部责任，因为《道交法》规定，在无信号灯及信号灯故障的交叉路口，车辆应遵守让右原则，即驾驶员应让自己右手边的车辆先行通过交叉路口。

（二）避让行人、载物规定、核定载人量、载客限制

《道交法》第47条第1款规定，机动车行经人行横道时，应当减速行驶；遇行人正在通过人行横道时，应当停车让行。该条第2款规定，机动车行经没有交通信号的道路时，遇行人横过

道路时，应当避让。

《道交法》第 48 条规定，机动车载物应当符合核定的载质量，严禁超载；载物的长、宽、高不得违反装载要求，不得遗洒、飘散载运物。该条第 2 款规定，机动车运载超限的不可解体的物品，影响交通安全的，应当按照公安机关交通管理部门指定的时间、路线、速度行驶，悬挂明显标志。在公路上运载超限的不可解体物品，并应当依照公路法的规定执行。该条第 3 款规定，机动车载运爆炸物品、易燃易爆化学物品以及剧毒、放射性等危险物品，应当经公安机关批准后，按指定的时间、路线、速度行驶，悬挂警示标志并采取必要的安全措施。

《道交法》第 49 条规定，机动车载人不得超过核定的人数，客运机动车不得违反规定载货。

《道交法》第 50 条第 1 款规定，禁止货运机动车载客。该条第 2 款规定，货运机动车需要附载作业人员的，应当设置保护作业人员的安全措施。

（三）安全带及头盔、优先通行权

《道交法》第 51 条规定，机动车行驶时，驾驶人、乘坐人员应当按规定使用安全带，摩托车驾驶人及乘坐人员应当按规定戴安全头盔。

《道交法》第 52 条规定，机动车在道路上发生故障，需要停车排除故障时，驾驶人应当立即开启危险报警闪光灯，将机动车移至不妨碍交通的地方停放；难以移动的，应当持续开启危险报警闪光灯，并在来车方向设置警告标志等措施扩大示警距离，必要时迅速报警。

（四）拖拉机通行限制

《道交法》第 55 条第 1 款规定，高速公路、大中城市中心城区内的道路，禁止拖拉机通行。其他禁止拖拉机通行的道路，由省、自治区、直辖市人民政府根据当地实际情况规定。该条第 2 款规定，在允许拖拉机通行的道路上，拖拉机可以从事货运，但是不得用于载人。

《道交法》第 56 条规定，机动车应当在规定地点停放。禁止在人行道上停放机动车；但是，依照本法第 33 条规定施划的停车泊位除外。该条第 2 款规定，在道路上临时停车的，不得妨碍其他车辆和行人通行。

七、高速公路的特别规定

高速公路上车辆行驶速度极快，危险性大，严禁行人、非机动车等群体进入。

（一）高速公路的禁入群体

《道交法》第 67 条规定，行人、非机动车、拖拉机、轮式专用机械车、铰接式客车、全挂拖斗车以及其他设计最高时速低于 70 公里的机动车，不得进入高速公路。高速公路限速标志标明的最高时速不得超过 120 公里。

但有些人图省事，抱着侥幸心理穿越高速公路，由于他们对高速运行车辆的行驶速度缺乏理性的判断，往往造成死伤的惨剧。因此，高速公路都是全封闭的，且高速公路发展公司负有对高速公路的养护职责：如果防护网出现破损，导致有人进入高速公路，高速公路发展公司不能以“高速公路严禁行人进入”为由推卸责任。

《最高人民法院关于审理道路交通事故损害赔偿案件司法解释》第 9 条第 2 款规定，依法不得进入高速公路的车辆、行人，进入高速公路发生交通事故造成自身损害，当事人请求高速公路管理者承担赔偿责任的，适用《侵权责任法》第 76 条的规定：未经许可进入高度危险活动区域或者高度危险物存放区域受到损害，管理人已经采取安全措施并尽到警示义务的，可以减轻或者不承担责任，旨在有效地遏制行人翻越防护网的违法行为。

案例 14－14：未成年人钻洞上高速被撞身亡，监护人自担部分责任

2003 年 7 月 8 日 15 时 30 分，河南省漯河市召陵区某镇田容和尹花夫妇的 6 岁儿子田虎，钻过高速公路 146 公里处的隔离防护铁丝网的一个破洞，在高速公路上玩耍，被撞身亡，肇事车逃逸。该路段的经营管理权，属某高速公路公司。田虎的父母将高速公路公司诉至法院，要求承担民事赔偿责任。

一审法院认为，高速公路 146 公里处的隔离防护铁丝网破损，高速公路公司未及时修补并提醒他人注意安全，系管理疏忽，应承担损害赔偿责任。原告作为监护人，未尽教育及监护义务，导致 6 岁的儿子进入高速公路玩耍而死亡，也有一定的责任。经核实，田容夫妇遭受的损失共计 54 784 元，法院判决：由高速公路公司承担 65%，赔偿 3.56 万元。原告丧失生育能力后失去儿子，精神上遭受较大痛苦，故对原告 7 万元精神损失抚慰金的索赔，予以支持。高速公路公司赔偿田容夫妇经济损失及精神抚慰金共计 10.56 万元。

高速公路公司对一审判决结果不服，上诉至漯河市中级人民法院，认为“其没有违法或过错行为，田虎的死亡惨剧是因他的严重违法行为和田容夫妇未尽到监护职责造成的”。二审法院经审理认为，田虎在京珠高速公路 146 公里处玩耍被撞身亡的出事地点，是隔离防护铁丝网破损后行人踩踏形成的小路，说明破损时日已久。田虎作为幼儿，不能完全识别高速公路可能出现的危险，故高速公路公司疏于管理和监护人监护不力，共同导致田虎进入高速公路被车撞身亡。原审判决并无不当，应予维持。

案例评析：

该案导致田虎死亡的当事人有三方：田虎的监护人、高速公路公司、肇事司机。由于肇事司机逃逸，未被查获，田虎的父母只能起诉高速公路公司。高速公路 146 公里处的隔离防护铁丝网有一个破洞，说明高速公路公司管理疏忽。田虎是未成年人，属无民事行为能力人，无法辨别其行为后果，他的父母没有尽到监护人的教育及监护责任，自然也要承担相应责任。

（二）交通肇事罪

《刑法》第 133 条规定，违反交通运输管理法规，因而发生重大事故，致人重伤、死亡或者使公私财产遭受重大损失的，处三年以下有期徒刑或者拘役；交通运输肇事后逃逸或者有其他特别恶劣情节的，处三年以上七年以下有期徒刑；因逃逸致人死亡的，处七年以上有期徒刑。

根据上述规定和最高人民法院《关于审理交通肇事刑事案件具体应用法律若干问题的解释》有关规定，交通肇事罪在客观方面应具备两个条件：一是必须有违反交通运输管理法规的行为；二是必须发生重大事故，致人重伤、死亡或使公共财产遭受重大损失。

案例 14－15：酒后驾车上高速，酿成交通肇事罪

2005 年 4 月 5 日晚，李某与周某饮酒后，驾车在高速公路上行驶，同方向后方姜某驾驶的大货车从慢车道进入快车道。并道过程中，李某判断失误，造成所驾驶的轿车右前部与大货车左前轮相撞，坐在副驾驶位置的周某被甩出车外，被其他路过车辆拖带至一公里外并碾压致死。经司法医学鉴定，周某系因交通事故致胸腹部及肢体挫碎死亡。经现场勘查，交警部门认定，李某酒后驾车超速，且该车灯光照明系统不合格，负事故主要责任；姜某负事故次要责任，周某无责任。

法院经审理认为，依照交通肇事事故责任认定书，李某、姜某各负相应的民事赔偿责任。进一步，李某违反《道交法》，酒后驾车、超速行驶，造成两车相撞，致使乘车人周某被甩出车外，又被其他路过车辆拖带碾压致死，负事故主要责任；其肇事行为是造成被害人死亡的直接原因，构成交通肇事罪。

案例评析：

交通肇事罪，要求违反交通运输管理法规的行为与损害结果之间具有因果关系，且这个“严重后果”必须是致害人的过失行为导致的必然结果。

该案被告人李某酒后在高速公路上驾车、超速行驶，且灯光照明系统不合格，与他车相撞，致使被害人周某被甩出车外。由于高速公路上车辆速度快，又在夜间，视线较差，被害人被后车碾压的可能性很大，这是每个驾驶员均应具备的常识。李某作为驾驶员应该预见到这种可能性，但他仍然实施了交通肇事行为，导致惨剧的发生。因此，李某的交通肇事行为是造成被害人死亡的直接原因，被判为交通肇事罪。

第三节　特殊的机动车驾驶人

一、没有所有权的机动车肇事

（一）借用他人车辆发生交通事故

确认交通事故损害赔偿责任主体，通常从两个方面考虑：一是运行支配；二是运行利益归属。所谓运行支配，指可以在事实上支配、管理机动车的运行；所谓运行利益，一般限于机动车运行本身而产生的利益。与特定的机动车具有运行支配和运行利益归属关系的人，被称为机动车保有人，一般是机动车所有人。但也有例外情况，例如某人将车送交机动车修理公司检修，修理工擅自将车开出发生事故，此种情形由修理公司承担责任。

借（租）用机动车的案件，应区分两种情况：一是出借（租）人明知借（租）用人无驾驶资格或技能仍然出借或者出租的，借用或租用关系双方当事人均为责任主体，共同承担连带责任；二是出借（租）人能证明自己没有过失的，如将车借给了有驾驶执照的人，在赔偿受害人后，可以向借（租）用人追偿。

案例14－16：借用他人车辆交通肇事，所有人与借用人承担连带赔偿责任

2005年7月14日下午，聋哑人李某应朋友邀请吃饭，向好友陶某借摩托车。陶某明知李某为聋哑人不能驾车，还是将摩托车出借。晚21时，李某醉酒在316国道与杜某相撞。李某驾车向东逃逸，又将王某撞伤，王某经抢救无效死亡。受害人王某家属将陶某、李某诉至法院，要求二人共同承担赔偿责任。检察院对李某驾车肇事的行为，也提起了刑事诉讼。

法院判决：李某犯交通肇事罪，判处有期徒刑1年，赔偿王某家属7万元；陶某明知李某没有摩托车驾驶资格，而将摩托车借给其驾驶，责令赔偿2万元。

案例评析：

该案借用人李某是聋哑人，不具有驾驶资格。所有人陶某将摩托车借给他，显属过失。作为摩托车所有人，比照雇主责任的规定，应与肇事者承担连带赔偿责任。

（二）擅自发动他人车辆发生交通事故

车辆作为高速运输工具，具有高度的危险性，车辆的所有人和管理人对此应有充分的认识。为确保安全，应严格按照交通法律法规对车辆驾驶员的规定，履行必要的安全注意义务。

车辆的所有人支配车辆和享受车辆所带来的运行利益，只要未丧失对车辆的控制权，对于车辆造成的交通事故就应承担一定的责任。

案例 14-17：擅自发动他人车辆交通肇事，行为人与车主承担连带赔偿责任

2004 年 5 月 3 日下午，闪某开车前往某农贸市场购买食品以招待客人。开到停车场，匆忙离开，忘了拔车钥匙。市场管理人员池某见闪某的车停在两个泊位的分界线，占了两个车位，接着池某发现该车车门没关好，车钥匙还在车上，池某心想：目前车位紧张，干脆我帮他把车停好。池某早年学过一点驾驶技术，但多年不开，很不熟练，也没有驾驶执照，在没有注意到车辆后方的情况下，倒车幅度过大，将停在邻近车位的吴某的桑塔纳轿车前灯撞坏。池某心里发慌，连忙向前开车，又不慎撞到了刚将车停好、过来交费的贾某，致使贾某的小腿胫股骨骨折。吴某、贾某要求池某赔偿损失，池某认为，自己帮人停车入位，结果发生事故，源于闪某停车不当，应由闪某负担赔偿责任。闪某认为，当时没在现场，若承担责任，实在冤枉。吴某、贾某将闪某、池某和池某所在单位一并诉至法院，要求他们赔偿财产和人身损伤责任。

法院经审理认为，池某不具备机动车驾驶资格，擅自驾驶他人车辆造成交通事故，对事故的发生具有过失。闪某未履行其作为机动车驾驶人妥善保管车辆的义务，下车后没有将车门关好，又未将车钥匙拔下，客观上为池某酿成交通事故创造了条件。因此，判决池某和闪某对事故负有同等责任，闪某和池某所在单位对吴某、贾某的损失承担连带赔偿责任。

案例评析：

闪某将车开入停车场，未停车入位，就匆忙下车，既没有拔钥匙，也没有锁车门，不仅违反停车场的管理规定，更违反法律法规对驾驶员停车行为的规范要求。闪某应该预见到其行为可能造成的严重后果，如汽车被盗、被偷开并可能造成交通事故等。闪某不能以自己有急事或生性马虎等作为抗辩理由，否定自己具有正常人应有的预见能力。法律以一般人应有的预见能力作为判断标准，不会考虑个别人由于自身个性或能力等低于正常预见能力的特殊情况，故闪某对池某偷开车辆造成交通事故的行为负有过失责任。

池某作为停车场的管理人员，有维持停车场秩序的职责，故有权督促闪某停车入位。但池某不是驾驶员，不应驾驶机动车。他出于好意的开车行为，违反了《道交法》第 19 条第 1 款"驾驶机动车，应当依法取得机动车驾驶证"规定。因此，池某在交通事故中存在违法行为，应当承担一定的事故责任。法院判决二者互负事故的同等责任，较为合理。由于池某的行为属于职务行为，其违法行为造成的损害赔偿责任应由其所在单位承担。因此，池某所在单位对吴某、贾某的损失承担连带赔偿责任。

（三）"借名买车"发生交通事故

北京市实施《北京市小客车数量调控暂行规定》以来，市民购买小客车，需要通过摇号的方式取得车辆牌照。一方面，部分急需购车者苦于难中签；另一方面，部分不需购车的人员却能够顺利摇到车牌号。为避免车牌号码过期作废，摇到车牌号的人便将车牌号出借给他人购车。借用人以出借人的名义购买车辆，自行支付购车款，实际占有并使用车辆。而一旦发生交通事故致人严重损害，出借人作为名义车主则可能被卷入纠纷，诱发借名买车的法律风险。

借名买车意味着车辆所有人（名义所有人）与车辆实际使用人不一致。根据交通事故损害赔偿中责任主体"运行支配"和"运行利益"的二元判断标准，在车辆所有人与实际使用人分离的情况下，机动车使用人最能有效地控制风险，并直接享受机动车因运行而产生的利益。《侵权责任法》第49条规定,因租赁、借用等情形机动车所有人与使用人不是同一人时,发生交通事故后属于该机动车一方责任的,由保险公司在机动车强制责任保险限额内予以赔偿。不足部分,由机动车使用人承担赔偿责任。机动车所有人对损害的发生有过错的,承担相应的赔偿责任。因此,机动车所有人适用过错责任。对于过错的具体情形,《交通事故损害赔偿司法解释》第1条也作了明确规定,包括:知道或者应当知道机动车存在缺陷,且该缺陷是交通事故发生的原因之一的;知道或者应当知道驾驶人无驾驶资格或者未取得相应驾驶资格的;知道或者应当知道驾驶人因饮酒、服用国家管制的精神药品或者麻醉药品,或者患有妨碍安全驾驶机动车的疾病等依法不能驾驶机动车的;其他应当认定机动车所有人有过错的情况。

上述规定反映出,在借名买车中,借用人即实际使用人对其因交通事故致人损害的行为具有不可推卸的责任,而被借用人即名义车主在有过错的情况下也需要承担赔偿责任。这意味着,将购车指标出借给他人购买车辆潜藏一定的风险,应负有较高的注意和审查义务。根据《道交法》的规定,投保交强险是投保义务人(包括车辆所有人和管理人)的义务。《交通事故损害赔偿司法解释》第19条规定,未依法投保交强险的机动车发生交通事故造成损害,当事人请求投保义务人在交强险限额范围内予以赔偿,人民法院应当支持。投保义务人和侵权人不是同一人,当事人请求投保义务人和侵权人在交强险限额范围内承担连带责任的,人民法院应予支持。

案例14-18:借名买车发生交通事故,肇事司机、登记车主负连带赔偿责任

于某摇号中签取得购车资格,将该资格借给朋友古某使用。古某买了一辆帕萨特小轿车,登记在于某名下。2011年11月14日10时,古某驾车在北京市朝阳北路外侧的辅路行驶,将正在路口步行过辅路的尹某及其怀抱1个月大的外孙女撞倒在地。交警认定,古某负事故全部责任。

尹某前往医院治疗,诊断为左胫骨远端骨折、多处皮肤擦伤。尹某于11月18日出院,医嘱病休3个月。出院后,因身体不适,尹某再次赴积水潭医院就诊,后进行了手术治疗。积水潭医院开具诊断证明:尹某生活不能自理3个月。两次就医,尹某共花费医疗费4.3万元。事发后,古某曾赔偿尹某3万元,后双方无法就赔偿问题达成一致,尹某将司机古某和登记车主于某一并诉至法院,要求赔偿医疗费、二次手术费、误工费、精神损害抚慰金等各项损失9.2万元。

古某、于某均辩称,于某只是登记车主,车辆实际为古某占有并使用。法院委托鉴定机构对尹某的伤残等级进行鉴定,结论为十级伤残。同时,法院查明,该车并未投保交强险。

一审法院认为,尽管古某和于某均主张车辆虽然登记在于某名下,实际是古某购买和使用,肇事车辆所有人以登记为准。于某作为肇事车辆所有人,未按照相关法律规定为肇事车辆投保交强险,并允许古某驾驶未投保交强险的车辆,导致发生交通事故后,尹某不能通过交强险获得赔偿,存在过错,应当与肇事司机古某承担连带赔偿责任。判决古某赔偿尹某各项损失7.6万元,于某承担连带责任。

古某不服一审判决,提起上诉。二审法院经审理,认为一审判决事实清楚,法律适用正确,遂驳回上诉,维持原判。

案例评析:

该案法院判定名义车主于某承担连带赔偿责任的原因在于,于某作为车辆所有人未依法投保交强险,致使第三人无法享受交强险理赔的利益,存在明显过错。

道路交通实践中，借用车辆的双方当事人为了规避风险，往往通过签订借用协议明确车辆所有权归属以及损害赔偿责任承担。但借用协议仅对双方当事人具有约束力，不得对抗第三人。根据《北京市小客车数量调控暂行规定》“小客车配置指标不得转让”，故借用协议还有可能因违反行政法规的强制性规定而被认定无效。

二、职务行为的机动车驾驶人

《侵权责任法》第 34 条规定，用人单位的工作人员因执行工作任务造成他人损害的，由用人单位承担侵权责任。

（一）职务行为交通肇事

最高人民法院《关于审理人身损害赔偿案件适用法律若干问题的解释》第 9 条规定，雇员在从事雇佣活动中致人损害的，雇主应当承担赔偿责任；雇员因故意或者重大过失致人损害的，应当与雇主承担连带赔偿责任。雇主承担连带赔偿责任的，可以向雇员追偿。这里“从事雇佣活动”，是指从事雇主授权或者指示范围内的生产经营活动或者其他劳务活动。

案例 14－19：职务行为交通肇事，司机、雇佣单位承担连带赔偿责任

史某自办一个生鸡加工厂，雇佣 8 个工人，其中蔡某是司机，负责从附近农村收回活鸡加工。12 月某日早晨 8:00，蔡某驾驶松花江小货车满载而归，他睡意未消，想早点回家睡个回笼觉，故车开得飞快。不料在郊区公路上，将一辆摩托车刮翻，造成摩托车驾驶员朱某左肋骨骨折，后座的妻子余某鼻骨骨折，摩托车严重损坏。交警认定蔡某因车速过快，注意力和反应能力显著降低，负事故全部责任。双方对赔偿额发生争议，受害人将蔡某诉至法院。

法院追加蔡某的雇主（史某）为共同被告，判决史某对朱某、余某的人身和财产损失承担赔偿责任。

案例评析：

该案蔡某在收鸡返回途中发生交通事故，显属雇主授权的生产经营活动，雇主应对雇员的不当驾驶行为承担赔偿责任。

让雇主承担赔偿责任，理由有二：（1）雇主对雇员负有选任、教育和监督的义务。雇主应谨慎选择和任用合适的雇员从事力所能及的工作，并对雇员作经常性的教育和监督工作，防止损害事故的发生，如果雇主未尽其责，理应赔偿由此造成的损失。（2）雇员往往收入较低，赔偿能力有限，而雇主赔偿能力较强，以雇主为赔偿义务人对受害人更为有利。

当然，若全部责任均由雇主承担，而直接造成损害的雇员却一身轻松，也有失公平。因此，雇员因故意或者重大过失致人损害的，应当与雇主承担连带赔偿责任。雇主承担连带责任后，有权向雇员追偿超额支付的部分。

（二）出租车出事故，出租车公司承担雇主责任

在出租车行业，驾驶员与出租车公司的关系主要有四种形式：（1）公司职员，为公司驾驶出租车，利润上交，每月领取固定工资。（2）承包公司所有的机动车，每月上交一定的利润，剩余归自己，对外仍以公司的名义营业。（3）挂靠承包经营，即将自己所有的机动车挂靠出租车公司，对外以公司名义营业，其营运证由公司负责办理，每月向公司上交一定费用，这种费用较之承包经营方式低一些。（4）所谓“二驾”，或称“副驾”，即由承包经营人“主驾”招聘他人经营，“二驾”又分为三种：一是二驾作为主驾的雇员，每月向主驾领取固定工资，利润上交主驾；二是

二驾承包本应由主驾运营的机动车，定期向主驾交纳固定费用，其余归自己所有；三是部分承包主驾运营的机动车，即与主驾分别在不同的时间段运营，例如主驾白天运营，二驾晚上运营，二驾定期向主驾支付固定的费用。对于二驾，有的出租车公司规定，雇佣二驾必须在公司备案；有的公司管理较为松散，对雇佣二驾没有规定或约定。

关于第一种情况，驾驶员是公司雇员的，由公司承担其发生事故的损害赔偿责任，不存在争议。后三种情况，无论内部关系如何，在外人看来，驾驶员都是为某出租车公司营业，而无法知道他们之间存在的租赁、使用权转让或更为复杂的法律关系。因此，外人不会以驾驶人本人，而是以公司为依据对该车的赔偿能力做出判断，因为公司的财力相对于单个驾驶员或承包者雄厚得多，车辆的损害赔偿更具保障，这就可以解释为什么无论出租车是为个人所有或是为公司所有，对外均宣称属于某出租车公司。

另外，无论采取哪种内部形式，出租车公司都收取了相应费用，故应对出租车事故承担赔偿责任，类似雇主责任。但若驾驶员有重大过失，应与出租车公司承担连带赔偿责任。出租车公司也可依内部规章或与挂靠方的合同约定，追究承包方、挂靠方、驾驶员的内部责任。

案例 14－20：出租车出事故，车主、出租车公司负连带责任

2004 年 6 月 8 日上午，公交公司司机唐某驾驶大客车，与出租车公司司机张某驾驶的夏利车（车籍：出租车公司；车主：潘某）相撞，大客车被撞后向右侧冲去，将路过这里的原告凌某撞伤。交警认定：唐某、张某驾驶汽车行经交叉路口，没有确保安全，让行不够，各负同等事故责任，凌某无事故责任。原告受伤后在某医院住院 229 天，在某附属医院住院 14 天，经法医鉴定伤残等级“3 级”。原告以公交公司、夏利车主潘某、出租车公司为被告，诉至法院，要求三被告赔偿下列损失：医疗费 85 615 元，继续治疗费 1 146 600 元，住院伙食补助费 4 695 元，护理费 14 833 元，残疾生活补助费 84 132 元，吸痰器 800 元，交通费 3 230 元，复印费 150 元，精神损失费 20 万元，合计 1 347 742 元。

公交公司辩称：应由各被告按交通事故责任认定分别承担责任，原告要求赔偿精神损失无法律依据。出租车公司辩称，交通事故责任认定不当，夏利车只能承担两车相撞责任，不承担大客车撞人责任。潘某辩称，我无力赔偿。

法院认为，唐某、张某驾车相撞，造成凌某无辜受伤，应当承担民事责任。但二人是在履行营运职务过程中肇事，唐某的赔偿责任应由公交公司承担；张某是潘某雇佣的司机，赔偿责任应由潘某承担，潘某夏利车的车籍在出租车公司，出租车公司应对潘某赔偿部分承担连带责任。原告被撞伤后需继续治疗，其继续治疗费用应以 20 年为限。由于各被告的责任，造成原告残疾，生活终身不能自理，活动永远受限，给原告造成巨大的精神损害，原告主张精神损害补偿应予支持。原告继续治疗费在本院判决的期限届满后仍需治疗，可另行起诉。

依照《民法通则》第 106 条、第 130 条之规定，判决：(1)公交公司，赔偿凌某损失 417 871 元；(2)潘某，赔偿凌某损失 470 071 元；(3)出租车公司，对潘某的赔偿承担连带责任；(4)驳回原告的其他诉讼请求。

案例评析：

该案唐某、张某均在履行职务过程中发生交通事故，他们的赔偿责任分别由用人单位（唐某所在的公交公司）或雇主（雇佣张某的车主潘某）承担。出租车公司对潘某的夏利出租车负有管理责任并收取管理费用，应与车主潘某对交通事故共负连带责任。

（三）挂靠车辆出事故，挂靠单位承担连带责任

由于挂靠方以被挂靠单位的名义行事，造成属于被挂靠单位的表面现象，故对第三人产生“被挂靠单位为挂靠者提供信用担保”的效果。挂靠人向被挂靠单位支付挂靠费用，而被挂靠单位向挂靠人提供单位的名义，因为第三人不一定了解挂靠人与被挂靠单位之间的挂靠关系，仅凭对被挂靠单位的信任而与挂靠人发生联系。因此，在对外关系上，第三人的商业信赖利益、人身和财产损害赔偿利益应该首先得到保护，即挂靠方以被挂靠单位名义从事的行为对被挂靠单位发生效力，由被挂靠单位对外承担民事赔偿责任或与挂靠方承担连带赔偿责任。当然，双方可在挂靠合同中对赔偿责任分配作内部约定，如被挂靠单位可向挂靠方追偿由此支出的损失等。

案例 14－21：挂靠车辆出事故，肇事司机、被挂靠单位承担连带责任

2005 年 1 月 29 日，林某的丈夫方某驾驶小轿车在某二级公路行驶。晚 20 时 10 分，当行驶至某一级公路 17 公里 900 米处，与江某驾驶的大货车相撞，方某的小轿车严重损坏、方某当场死亡。交警认定方某驾车占线行驶，负事故主要责任；江某驾驶不符合要求的车辆，负事故次要责任。3 月 29 日，林某诉至法院，称江某在违法安装具有强烈聚光和聚焦性能的强光型前灯，并严重超速行驶，使方某在眩目、暂时性失明情况下无法及时采取刹车和避让措施，江某应负主要责任，请求法院判令江某赔偿方某损失 152 130 元。

被告江某辩称：原告称我使用具有强烈聚光和聚焦性能的强光型前灯和严重超速而造成该次事故的发生，不符合事实。被告汽运公司是江某车辆的挂靠单位，被法院追加为共同被告，辩称：江某不是我单位的职工，其驾驶的大货车归他所有，他与方某驾驶的小轿车相撞，我单位不应承担任何责任。

法院经审理认为，被告江某安装使用超出国家规定标准的远光灯和近光灯，具有强烈聚光和聚焦的性能，在夜间行车时会造成对方短时间的失明，方某占线是被告江某使用超标灯所致；江某应负该次事故 80％责任，方某采取措施不当，应自负事故 20％责任。交警仅以方某占线为由，让方某承担主要责任，未考虑“被告使用违反国家规定的前照灯，在夜间行驶中给对方造成视力障碍”是引起事故的直接原因，欠妥当，应予更正。依法判决：(1)方某死亡，合理损失：汽车修理费用 87 000 元，死亡补偿金 42 890 元，丧葬费 1 000 元，运尸费 1 000 元，方某之子抚养费 1 128 元，方某之父母赡养费 5 640 元，停车费 5 100 元，误工费 1 000 元，交通费 2 100 元，住宿费 525 元，共计 147 383 元。原告自担 29 476 元，被告江某赔偿原告 117 907 元；(2)被告江某合理损失：汽车修理费用 5 890 元，施救费 8 550 元，共计 14 440 元。原告负担 2 888 元，被告自担 11 552 元；(3)扣除原告应负担被告江某损失 2 888 元后，被告实际应赔偿原告 115 019 元；(4)被告汽运公司对江某应履行的款项负连带清偿责任。

案例评析：

该案被告江某车辆的挂靠单位是汽运公司，对外产生汽运公司为江某车辆担保的效果。车辆在运行过程中发生交通事故，作为被挂靠单位，汽运公司与江某应承担连带赔偿责任。

第四节　非机动车驾驶人、行人和乘客

与机动车相比，非机动车驾驶人、行人和乘客均是弱势群体，《道交法》给予他们特殊的保

护。但部分非机动车驾驶人、行人和乘客不遵守交通规则，导致交通事故发生，也须自担部分交通事故责任。

一、非机动车驾驶人

（一）非机动车应当在非机动车道内行驶

《道交法》第57条规定，驾驶非机动车在道路上行驶应当遵守有关交通安全的规定。非机动车应当在非机动车道内行驶；在没有非机动车道的道路上，应当靠车行道的右侧行驶。

案例14－22：自行车骑行人醉酒撞上机动车，自担事故主要责任

2004年12月2日14时20分，司机张某驾驶该小区物业公司已停驶且使用其他机动车号牌的中型专项作业车，在该小区某栋楼前马路边停靠，下车检查污水井情况。事故当事人郭某醉酒后，骑自行车逆行顺马路陡坡冲下，迎面撞在停靠在路边的清洁作业车上，经抢救无效死亡，自行车损坏。12月17日，交警认定郭某违反"右侧"通行规定，且酒后驾驶，承担主要责任；司机张某承担次要责任。郭某的姐姐领取了物业公司支付给郭某家人的1.5万元赔偿款。但郭某的母亲和女儿痛失亲人，心有不甘，诉至法院，要求物业公司承担高额赔偿责任。

法院经审理认为，郭某醉酒骑自行车靠左侧通行，违反了《道路交通安全法实施条例》第72条"不得醉酒在道路上驾驶自行车、三轮车、电动自行车、残疾人机动轮椅车"及《道交法》第57条"在没有非机动车道的道路上，应当靠车行道的右侧行驶"规定，是事故发生的主要原因。司机张某驾驶已停驶且使用其他机动车号牌机动车，违反了《道交法》第16条"任何单位和个人不得使用其他机动车的登记证书、号牌、行驶证、检验合格标志、保险标志"，是事故发生的次要原因。对交警出具的事故认定书，予以确认。司机张某是在为物业公司履行职务期间发生的事故，故司机责任由其服务单位承担。判决：物业公司按照司机所负责任赔偿原告被抚养人生活费、死亡赔偿金等费用22万元，其中赔偿祖孙二人的精神损失抚慰金各5 000元。

案例评析：

该案作业车已办理停驶手续，却被开出用于作业，且挂上其他车的牌照，车主的违法行为与事故发生之间有着一定的因果关系，根据《侵权责任法》第26条，小区物业公司对事故负有一定比例的责任。

郭某醉酒后逆向骑自行车，从陡坡冲下，撞在车上，导致死亡，行为严重违法，是事故发生的主要原因，应负事故主要责任，而物业公司负事故次要责任。

（二）残疾人机动轮椅车、电动自行车的时速限制

《道交法》第58条规定，残疾人机动轮椅车、电动自行车在非机动车道内行驶时，最高时速不得超过十五公里。

二、行人、乘客

（一）行人应走人行道

《道交法》第61条规定，行人应当在人行道内行走，没有人行道的应靠路边行走。《道交法》第62条规定，行人通过路口或者横过道路，应当走人行横道或者过街设施；通过有交通信号灯的人行横道，应当按照交通信号灯指示通行；通过没有交通信号灯、人行横道的路口，或者在没有过街设施的路段横过道路，应当在确认安全后通过。《道交法》第63条规定，行人不得

跨越、倚坐道路隔离设施，不得扒车、强行拦车或者实施妨碍道路交通安全的其他行为。

若行人存在过错，则过失相抵，可适当减轻机动车一方的责任。

案例 14－23：行人横穿马路被撞，自担部分责任

2004 年 5 月 9 日 20 时 55 分，行人曹某在北京市宣武区南二环主路菜户营桥东侧步行由北向南进入二环主路横过道路，适有刘某驾驶“奥拓”轿车由东向西在主路内左侧第一条车道内行驶。刘某采取制动措施过程中，小客车前部与曹某身体接触，曹某当场死亡，小客车受损。曹某的家人以刘某和华泰保险公司为被告诉至法院，要求其承担赔偿责任。

法院经审理认为，曹某穿行二环机动车主路的行为违反《道交法》第 61 条“行人应当在人行道内行走”与第 62 条“行人通过路口或者横过道路，应当走人行横道或者过街设施”规定，是事故发生的直接原因。刘某采取了一系列应变措施：刹车、鸣笛、避让，基本达到了机动车驾驶员应作出的必然反应，但刘某没有及时踩死刹车，确有不当之处。鉴于曹某行为违法，应减轻刘某的责任，即承担 50％的赔偿责任。刘某为奥拓轿车向华泰财产保险公司投保了保险金额为 5 万元的第三者责任险，华泰保险公司在保险限额内负有法定赔偿义务。判决：奥拓司机刘某一次性赔偿死者家属损失共计 10 万元。刘某反诉，请求死者家属赔偿其修车费，得到法院支持：获赔修车费 664 元。

案例评析：

该案轿车司机刘某看到行车道上突然出现行人后采取了一系列应变行为，例如刹车、鸣笛、避让，基本达到了机动车驾驶员遇紧急状况时应作出的必然反应。但行人曹某没有应急反应，仍我行我素，导致事故的发生。

根据无过错责任原则，即使刘某已经尽到注意义务，仍未避免事故的发生，也应承担相应的事故责任；但死者曹某有严重的违法行为，根据《侵权责任法》第 26 条，可适当减轻刘某的责任。

案例 14－24：卧路自杀被撞死，自担部分责任

2004 年 7 月 5 日，芳芳与男友争吵，赌气躺在公路上。23 时 30 分，田某驾驶出租车行至某一级公路 21 公里 460 米处，遇芳芳租乘的轿车司机莫某挥手，田某认为莫某欲拦车搭乘，因不愿载客，故未停车，而是继续前行；后发现芳芳躺在前方行车道内，因躲闪不及，将她轧伤，田某驾车逃离现场。芳芳被送至医院，经抢救无效死亡。次日凌晨 3 时，田某返回现场，被抓捕。2005 年 2 月 21 日，某区检察院对田某作出不起诉决定，认定芳芳的死亡属意外事件，田某的行为不构成犯罪。8 月 18 日，交警认定田某和芳芳承担同等事故责任。芳芳的父母诉至法院，要求出租车公司和田某承担连带责任，共同赔偿各项损失 39 万元。

法院经审理认为，芳芳因赌气躺在公路上，作为完全民事行为能力人，应当预见到该行为可能产生的严重后果。芳芳不听他人劝阻，仍固执己见，导致被轧死亡，应自担相应责任。田某作为司机，未尽相应的注意义务，且事故发生后驾车逃逸，也应承担相应责任。故认定芳芳和田某承担同等事故责任。

田某是出租车公司的双班司机，在驾车回家交班的路上发生交通事故，属职务行为，故田某的赔偿责任由出租车公司承担。判决：出租车公司赔偿芳芳的父母各项损失共计 18.88 万元，含出租车公司已经支付的 10 760 元，驳回原告其他诉讼请求。

案例评析：

芳芳是完全民事行为能力人，因与男友争吵而赌气躺在公路上，完全能够预见到其行为的严重后果；且不听他人劝阻，仍固执己见，直到惨剧发生，故法院认定芳芳的行为是以放弃生命为目的的自杀行为。

田某驾车行驶，负有驾驶员的职业注意义务。莫某挥手，他误认为要打车，可以理解。另，车辆临近时莫某招手，也分散了其注意力，以致未能及时发现芳芳躺在行车道上，故认定田某的过失较轻。但田某发现芳芳被轧伤后，不及时救治，反而驾车逃逸，违反了"发生人员伤亡交通事故时驾驶员应承担救助义务"的规定。因此，法院判决田某与芳芳承担同等事故责任，田某的民事赔偿责任由其所在单位——出租车公司承担。

（二）监护人负有监护学龄前儿童等义务

《道交法》第64条规定，学龄前儿童以及不能辨认或者不能控制自己行为的精神疾病患者、智力障碍者在道路上通行，应当由其监护人、监护人委托的人或者对其负有管理、保护职责的人带领。

案例14－25：5岁幼童被车撞死，监护人自担部分责任

2005年4月16日9时20分，刘某驾驶农用车满载木板由宜丰县棠浦镇运往高安市杨墟镇，途径杨宜线某处，遇5岁幼童龚某在车行方向道路左侧同方向行走，车辆临近时龚某突然横穿马路，刘某驾驶的车辆因制动不良、严重超载（核载1吨，实载3吨），避让不及时将龚某碰剐倒地，但抢救无效死亡。交警部门认定，刘某负事故主要责任。原告陈丽华、龚英满请求法院判令被告赔偿龚某死亡赔偿金等损失共计18万元。减去被告已给付的1万元，尚需赔付17万元（含第三者责任险赔偿）。

法院经审理认为，刘某驾驶的车辆制动不良、严重超载，以致遇突发事件时避让不及，是事故的主要原因；被害人龚某在车辆临近时突然横穿马路，是事故的次要原因。交警认定刘某承担主要责任，被害人承担次要责任（由其法定监护人承担），公平合理，予以确认。经核实，二原告损失共计18.19万元，判决刘某赔偿二原告损失的70%，扣除已到位的保险公司理赔款4.25万元，被告承担余款13.94万元的70%，即9.76万元。

案例评析：

该案被害人是一个5岁的幼童，被车撞死，其监护人是否应承担责任？进一步，应承担多大的责任？

被害人作为一个5岁的幼童，独自在车辆往来频繁的大街上行走，十分危险，其监护人对此应有充分的认识，未能及时地约束被害人的危险行为，是导致惨剧发生的原因之一。《民法通则》第18条规定"监护人不履行监护职责或者侵害被监护人的合法权益的，应当承担责任"，《侵权责任法》第9条也作了类似规定。因此，龚某被撞身亡，其监护人监护不力，应承担监护责任。

法院判决：刘某负事故主要责任，赔偿被害人死亡损失的70%；被害人承担次要责任（由其法定监护人承担），自担损失的30%，较为合理。

（三）交通事故受害人应据实索赔

案例14－26："受害人"故意制造交通事故，硬欺诈"肇事"司机

2005年6月，谢某、姜某等聚在一起，商量既不用出力又能赚钱的"买卖"。他们发现新手驾驶员较多，车技不熟练，且对道路交通事故处理经验不足。若假装因交通事故意外受伤，会有不少驾驶员为息事宁人而破财免灾。为使假戏演得更真，谢某、姜某狠心地将自己左脚第4、第5脚趾敲断。

2005年7—10月，养好伤的谢某、姜某等人，在上海市虹口区、黄浦区等地路口人行横道线，假装被过往的车辆压断左脚脚趾，十分痛苦的样子倒地，其他人则假装围观者“撬边”。多数“肇事”驾驶员半信半疑，但看到医院出具的X光片和检查报告书上姜某左脚确实骨折，便只好拿钱“买太平”了事。他们先后骗取“肇事”车辆驾驶员10 228元，几人就地分赃。10月11日，这伙“撞车专业户”再次行骗，被公安民警当场擒获。上海静安区人民法院以诈骗罪判处被告人谢某、姜某有期徒刑各1年，并各处罚金1 000元。

案例评析：

该案谢某、姜某的脚趾断裂，并不是车辆在道路上因过错或意外造成，而是二人自己敲断，故二人是故意制造交通事故。他们利用《道交法》第47条“机动车行经人行横道时，应当减速行驶；遇行人正在通过人行横道，应当停车让行”行人的路权优先权，假装被过往的车辆轧伤脚趾，又适时地拿出以前敲断脚趾所做的X光片和检查报告书，制造“交通事故”从而骗取赔偿，被告人的行为具有非法占有他人财产的主观目的。他们利用“肇事”司机怕麻烦、怕被交警部门扣分，欲破财免灾、息事宁人的心理，诈骗“肇事”司机钱财，符合诈骗罪的构成要件，故被判处诈骗罪。

案例14-27：受害人伪造证据夸大索赔额，软欺诈肇事司机

2005年9月15日，安徽省蚌埠市某县刘某驾驶一辆运输车在公路上行驶，与迎面驶来的女士吴某所骑的摩托车相刮擦，造成吴某受伤，摩托车受损。吴某受伤治疗期间，刘某不闻不问，也不支付吴某的医疗费。吴某十分气愤，将刘某诉至法院，并委托丈夫李某作为代理人。值得注意的是，吴某不仅想让刘某赔偿医疗费，还想让他多“出点血”，以解心头之恨。吴某让丈夫李某涂改所有的医疗费票据，原来的2 000元变为9 000元。法庭上，被告刘某质疑医疗费票据有涂改现象，请求法院审查。法院聘请专家鉴定，证实医疗费票据确实被涂改。

法院首先对李某作出罚款300元的处罚。进一步，认定交通事故的事实，核实吴某的损失，认为李某和吴某对事故负同等责任，判决李某承担吴某一半的医疗费用。

案例评析：

该案吴某想让刘某多“出点血”，让丈夫李某涂改所有的医疗费票据，使原来的2 000元变为9 000元，旨在夸大索赔额，软欺诈肇事司机李某。

《民事诉讼法》第111条规定，诉讼参与人或者其他人伪造、毁灭重要证据，妨碍人民法院审理案件的，人民法院可以根据情节轻重予以罚款、拘留；构成犯罪的，依法追究刑事责任。李某作为吴某的诉讼代理人，其涂改医疗费票据的行为已构成伪造重要证据，故法院对其作出罚款的处罚。

（四）无偿搭乘者风险

好意搭乘，指机动车驾驶人无偿同意搭车人搭乘其机动车的行为。

好意同乘人与有偿同乘者不同，后者系通常的买票乘车者，若遭遇交通事故，可依客运合同索赔。无偿搭乘的机动车，是为了机动车所有人的目的，而非为搭乘者的目的行驶。好意同乘仅存在于搭乘者的目的与机动车行驶的目标一致时，是巧合，对机动车而言仅是顺路。

虽然搭乘双方不存在合同关系，但根据《民法通则》"公民、法人由于过错侵害国家、集体的财产，侵害他人财产、人身的，应当承担民事责任"。驾驶人全面操控车辆，自然应对车辆空间内人、物的安全负责。另外，《道交法》第22条要求驾驶员按驾驶规则、交通规则操作车辆，即驾驶员负有安全、保障的义务。以《合同法》第302条第2款为请求基础，被害人应当得到救济。

案例14-28：搭"顺风车"致伤，搭乘者自担部分损失

2008年9月26日，张某驾驶一辆小型货车到县城卖货，空车回家，途中同村夏某请求搭便车回家。经不住夏某的强烈要求，张某答应让其搭乘。途中，张某的小货车与李某驾驶的车辆相撞，致夏某受伤。交警部门认定，张某与李某负同等责任，夏某无责任。李某履行了赔偿夏某的义务，但张某拒不赔偿。夏某将张某诉至法院，要求张某赔偿其医疗费等。

法院经审理认为，张某准许夏某搭便车，双方形成好意同乘关系。运输途中，张某与他人相撞，致使夏某受伤，应承担侵权责任。但夏某是好意同乘者，明知货车不宜载人而强烈要求搭乘，本身也存在过错，应适当减轻张某的民事责任。判决：在张某应承担的一半事故赔偿责任中，张某承担70%的责任，而夏某自担30%的责任。

案例评析：

该案原告无偿搭乘他人便车，因交通事故致伤，驾驶员是否应承担民事责任？进一步，应承担多大赔偿责任？

交警认定张某与李某负同等责任，张某的行为违反《道交法》规定，应对夏某的损失承担赔偿责任。进一步，夏某作为无偿搭乘人，搭乘要求强烈，驾驶员最终同意让其搭乘，故搭乘人、驾驶员应共担事故责任，即搭乘者也要自担部分损失。

值得注意的是，驾驶员负有安全保障义务。即使允许他人无偿地搭乘车辆，发生交通事故后，驾驶员也要承担主要赔偿责任。

第五节　交通事故保险

一、交通事故责任保险

为保护交通事故受害人权益，国家实行机动车第三者责任强制保险制度。

《道交法》第17条规定，国家实行机动车第三者责任强制保险制度，设立道路交通事故社会救助基金，具体办法由国务院规定。《道交法》第75条规定，医疗机构对交通事故中的受伤人员应当及时抢救，不得因抢救费用未及时支付而拖延救治。肇事车辆参加机动车第三者责任强制保险的，由保险公司在责任限额范围内支付抢救费用；抢救费用超过责任限额的，未参加机动车第三者责任强制保险或者肇事后逃逸的，由道路交通事故社会救助基金先行垫付部分或者全部抢救费用，道路交通事故社会救助基金管理机构有权向交通事故责任人追偿。《道交法》第76条第1款规定，机动车发生交通事故造成人身伤亡、财产损失的，由保险公司在机动车第三者责任强制保险责任限额范围内予以赔偿；不足的部分，按照下列规定承担赔偿责任：(1)机动车之间发生交通事故的，由有过错的一方承担赔偿责任；双方都有过错的，按照各自过错的比例分担责任。(2)机动车与非机动车驾驶人、行人之间发生交通事故，非机动车驾驶人、行人没有过错的，由机动车一方承担赔偿责任；有证据证明非机动车驾驶人、行人有过错的，根据过错程度适当减轻机动车一方的赔偿责任；机动车一方没有过错的，承担不超过百分之十的赔偿责任。该条第 2 款规定，交通事故的损失是由非机动车驾驶人、行人故意碰撞机动车造成的，机动车一方不承担赔偿责任。

《机动车交通事故责任强制保险条例》（简称《强制保险条例》）第 2 条第 1 款规定，在中华人民共和国境内道路上行驶的机动车的所有人或者管理人，应当依照《中华人民共和国道路交通安全法》的规定投保机动车交通事故责任强制保险。第 2 条规定，本条例所称机动车交通事故责任强制保险，是指由保险公司对被保险机动车发生道路交通事故造成本车人员、被保险人以外的受害人人身伤亡、财产损失的，在责任限额内予以赔偿的强制性责任保险。《强制保险条例》第 23 条规定，机动车交通事故责任强制保险在全国范围内实行统一的责任限额。责任限额分为死亡伤残赔偿限额、医疗费用赔偿限额、财产损失赔偿限额以及被保险人在道路交通事故中无责任的赔偿限额。

自 2008 年 2 月 1 日起，机动车交通事故责任强制保险责任限额全国统一为 12.2 万元，其中，机动车在道路交通事故中有责任时，死亡伤残赔偿限额 11 万元；医疗费用赔偿限额 1 万元；财产损失赔偿限额 0.2 万元。机动车在道路交通事故中无责任时，死亡伤残赔偿限额 1.1 万元；医疗费用赔偿限额 0.1 万元；财产损失赔偿限额 0.01 万元。

为更好地保护交通事故受害人，国家鼓励驾驶员进一步购买商业第三者责任险，保险责任限额富有弹性：5 万元、10 万元、20 万元、100 万元、105 万元，可自由选择；有的司机还会购买车上人员责任险，按座位投保，每座保险限额为 3 万元～5 万元。

案例 14－29：机动车第三者责任保险，是否承保糖尿病？

2007 年 7 月 24 日，张某向保险公司办理机动车损失险、第三者责任险等，交纳保险费。保险期限内，张某驾小客车倒车时将 77 岁郭老太撞伤。经交通部门处理，确定张某负全责。郭老太住院期间，张某垫付了医疗费、护理费等共计 18 000 元。保险公司只赔偿了 13 000 元，少赔医疗费 5 000 元。保险公司辩称：保险公司就张某垫付的费用已经赔偿 13 000 元，余款 5 000 元，是治疗糖尿病的费用，不同意赔偿。双方协商不成，张某将保险公司告上法院。

关于机动车第三者责任保险，承保：

A. 仅限于人身伤害；

B. 既包括人身伤害，还包括健康医疗；

C. 包括糖尿病，也属于人身伤害；

D. 包括糖尿病，属于人身伤害的间接损失。

（一）交强险与商业三责险的关系

为应对机动车交通事故造成的损害，交强险与商业三责险各自发挥不同的社会功能。

交强险与商业三责险的相同点如下：(1)都是赔偿本车人员以外的第三者损失，理论上都属于“三责险”范畴，对本车人员发生的损害不负赔偿责任；(2)都能够为交通事故受害人提供一定的赔偿保障；(3)都能够转移机动车使用人因交通事故引发的赔偿风险。

交强险与商业三责险的区别如下：(1)性质不同。交强险具有国家强制性，侧重保障受害人及时地获得赔偿。依法应投保交强险而未投保的，投保义务人应当自行将交强险范围内的部分赔偿给受害人，超出部分按照相应的责任比例进行分担。而对于商业三责险而言，投保人可自愿地选择是否投保，侧重转移机动车一方的赔偿风险，不具有国家强制性。(2)保险责任范围不同。交强险赔偿不以机动车一方的侵权责任为基础，保险责任独立于侵权责任；而商业三责险的赔偿以机动车一方的侵权责任比例为限，保险责任不能独立于侵权责任。(3)赔偿的先后顺序不同。机动车发生交通事故后，受害人损失由交强险先行赔偿，交强险不足赔偿的部分，由商业三责险按照机动车一方应承担的民事责任比例、在责任限额内、依据保险合同的约定，对受害人进行赔偿。交强险足以赔偿受害人因交通事故造成的损失的，商业三责险不再承担赔偿责任。事故发生时肇事车辆没有投保交强险的，商业三责险不直接赔偿受害人，仍然只赔偿扣除交强险责任限额后剩余的部分，交强险责任限额内部分由交强险的投保义务人自行承担。因此，商业三责险只是交强险的补充，而不是取代交强险。(4)责任限额设置方式不同。交强险责任限额区分不同的赔偿项目，各赔偿项目只能使用相应的分项限额，而不能跨越分项限额的设置，使用其他分项限额内的赔偿额度。商业三责险责任限额不区分赔偿项目，只要符合保险合同约定的赔偿项目，均可统一使用责任限额的赔偿额度。(5)法律地位不同。承保交强险与商业三责险的保险公司，不一定是同一家保险公司。承保交强险的保险公司，应当列为案件的共同被告，法院可依职权进行追加。而承保商业三责险的保险公司，不是必要的诉讼参加人：如果双方当事人均不申请追加其为案件被告，法院可以不处理商业三责险部分；如果当事人请求将承保商业三责险的保险公司列为共同被告的，法院可以依当事人申请进行追加。

同时投保交强险和商业三责险的机动车发生交通事故、造成损害，当事人同时起诉侵权人和保险公司的，应当按照下列规则确定赔偿责任：(1)先由承保交强险的保险公司在责任限额内进行赔偿；(2)不足部分，由承保商业三责险的保险公司根据保险合同进行赔偿；(3)仍有不足的，按照《道交法》和《侵权责任法》的相关规定由侵权人进行赔偿。原告可以请求承保交强险的保险公司优先赔偿精神损害金。

案例 14－30：交强险医疗费用赔偿限额是多少？

2012 年 12 月 8 日 19 时，何某驾驶豫 J958××号牌轿车沿黄河路南侧非机动车道向西转弯进入黄河路机动车道，与停留在道路中心黄线处伺机步行由南向北通过道路的董某相撞，董某受伤。公安局交警支队认定：何某负事故全部责任，董某无责任。董某入住濮阳市人民医院，诊断为骨折、软组织伤等，伤残程度 10 级。董某向何某、保险公司索赔医疗费、住院护理费、误工损失、交通费、伤残赔偿金、精神抚慰金等损失。

豫 J958**轿车在平安财险投保交强险、商业第三者责任保险 50 万元，事故发生在两险承保期限内。法院经审理，确认董某各项损失数额：(1)医疗费 21 083 元；(2)误工费 7 560 元；(3)护理费 4 171 元；(4)交通费 580 元；(5)住院伙食补助费 870 元；(6)营养费 580 元；(7)残疾赔偿金 40 885 元；(8)精神损害抚慰金 5 000 元等，共计 81 746 元。基于何某已向董某垫付医疗费 16 000 元，判决平安财产保险公司在交强险赔偿限额内赔偿董某各项损失共计 65 746 元。平安财险不服一审判决，上诉称“交强险应分项处理，原审法院判决超出交强险医疗项目赔偿限额”，请求依法改判。董某的医疗费为 21 083 元，下列哪个选择最准确？

A. 交强险赔付 21 083 元；

B. 商业三责险赔付 21 083 元；

C. 交强险赔付 10 000 元，商业三责险赔付 11 083 元；

D. 交强险、商业三责险共同赔付 21 083 元。

案例 14－31：乘车人高某当场死亡，交强险最多赔偿高某家属多少？

2015 年 7 月 23 日，王某 2 驾驶“福田”牌中型自卸货车在右侧慢车道上由南向北行驶至延庆区S216路73.4公里处十字路口，王某2向右侧打方向，忽然向左侧车道左转，适有胡某1驾驶的夏利牌小型轿车在左侧快车道从后由南向北驶来，王某2车左后侧与胡某1车前部相撞，造成胡某1乘车人高某闭合性颅脑损伤和创伤性休克并当场死亡，胡某1及其乘车人赵某、王某1、王某3受伤。经鉴定胡某1、赵某身体所受损伤属轻伤一级，王某1身体所受损伤属轻微伤。交警认定王某2负事故的全部责任。死者高某家属向王某2、保险公司索赔死亡赔偿金878 200元、丧葬费38 778元、处理丧事误工费5 000元，合计921 978元。

经查，王某2驾驶"福田"牌中型自卸货车在某保险公司投保交强险12万元、商业三者险50万元，则保险公司在交强险限额内最多赔偿高某家属：

A. 62万元； B. 50万元； C. 12万元； D. 11万元。

（二）经济和非经济损失索赔

交通事故造成人身伤害，受害人可能索赔经济和非经济损失。其中，经济损失索赔包括医疗费、误工费、护理费、交通费、住宿费、伙食费、营养费、残疾赔偿金、残疾用具费、死亡赔偿金、丧葬费、被抚养人生活费等，均须提供客观证据。相对而言，除医疗费外，其他经济损失索赔均存在一定夸大空间。例如，有误工费索赔人，规避提供受害前收入的纳税证明；有交通费索赔人，人为地添加部分与交通事故伤害无关的出租车票、火车票、飞机票等；有护理费索赔人，规避提供护理人员护理前收入的纳税证明。在北京市，死亡残疾赔偿金，除提供死亡、伤残等级证明外，若主张按城市标准计算死亡伤残赔偿金，还须提供城市户籍证明或收入和居住均源于城市的证明。遗憾的是，部分农民工或农民虽无法提供相关证明，却执着地按城市标准索赔死亡伤残赔偿金，存在很多的机会欺诈空间。

案例14－32：误工费，第三者责任险根据什么标准赔付？

2011年5月某天，妥某晚饭后出门散步。雨势较大，妥某打起雨伞，有时雨伞压得很低，阻挡了前行的视线；在路过一个路口时，妥某被一辆小轿车撞出六七米远。车主立刻呼叫120，将妥某送到医院，诊断为股骨头骨折。

交警认定：车主行至人行横道，未看清前方行人，负全责。车主买了交强险、商业三责险等。保险公司经计算，妥某的损失包括交通费、护理费、误工费、伙食住宿费、被抚养人生活费、后续治疗费、精神损失费、残疾赔偿金等总计12万元。关于误工费，妥某嫌赔付的太少，这源于保险公司是按照当地的无固定收入人员平均水平计算的。妥某认为，其是个体户，做生意每日可赚利润500元，且出具了缴纳税款的个税证明。最后，保险公司提高了误工费赔付标准。

关于妥某的误工费计算，适用：

A. 受害人无固定收入的，按照其平均收入计算；

B. 受害人不能举证其平均收入状况的，参照受诉法院所在地相同或者相近行业上一年度职工的平均工资计算；

C. 妥某所在街道办事处出具的其做生意的收入证明；

D. 妥某出具的其缴纳税款的个税证明。

非经济损失，又称精神损害抚慰金。与经济损失索赔相比，非经济损失索赔不需要额外提供证据。另外，精神损害抚慰金无客观标准，一旦被保险公司或法院拒赔或减赔，索赔人往往借口理解差异，从而为夸大行为找到冠冕堂皇的借口。根据《强制保险条例》，精神损害抚慰金置于死亡、伤残情形，即在死亡、伤残情形下可索赔精神损害抚慰金。值得注意的是，在许多非伤残情形中，受害人也进行精神损害抚慰金索赔，但法院一般拒赔；而在死亡、伤残情形下，索赔精神损害抚慰金合理，但索赔人往往趁机夸大精神损害抚慰金的额度，此种情形下法院一般会采取减赔策略。

案例 14－33：经济和非经济损失索赔，软欺诈难度排序

2014 年 2 月 7 日，陈先生驾驶车辆与付先生驾驶的车辆发生碰撞，付先生前额受伤，送往医院，经查无大碍，花去医药费约 1 300 元，付先生车辆定损 26 770 元，陈先生车辆定损 300 元。因车辙被大雪覆盖，缺乏证据，经协商：(1)陈先生开的是公车，为避免不必要的麻烦，陈先生愿意自掏 4 000 元钱给付先生，且书面约定：付先生的外伤与陈先生再无任何关系（防止对方死缠烂打），相关医疗和车损费用均在保险范围内，各自保险公司按相关规定理赔；(2)双方均在责任认定书上签字，各负 50%的责任。

两星期后，付先生致电陈先生一起理赔，陈先生正在美国出差，两周后才能回国，付先生感觉不快。陈先生回国后，致电付先生一起理赔，遭付先生拒绝，且将陈先生和保险公司告上法庭。要求：(1)太保北京分公司赔偿车损 15 000 元；(2)赔偿医药费、误工费及精神损失费 20 000 元；(3)由保险公司和陈先生承担诉讼费。

法院判决：(1)太保北京分公司赔偿付先生：商业三者险赔偿 12 597 元，交强险赔偿 1 475 元；(2)陈先生承担诉讼费 88 元；(3)付先生退还陈先生给付的 4 000 元。

付先生遭受人身伤害，索赔医药费、误工费及精神损失费 20 000 元，三者欺诈（夸大索赔）难度依次为：

A. 医药费＞误工费＞精神损失费；

B. 误工费＞精神损失费＞医药费；

C. 精神损失费＞医药费＞误工费；

D. 医药费＞误工费 ＝ 精神损失费。

案例 14－34：死者家属索赔额远高于法院判决额，如何定性？

2012 年 12 月 3 日，李新乐驾驶粤×××号牌客车在广州市白云区新石路××西往东行驶至平沙街路口，遇李承平在该路段骑行自行车，两车发生碰撞，李承平受重伤。交通警察认定双方均应承担事故同等责任。李承平被送往广州市第一人民医院住院治疗。2013 年 6 月 5 日，经南方医科大学司法鉴定中心鉴定，李承平的伤情构成一级伤残，属于完全护理依赖。之后，李承平在住院期间去世。另查，事故车辆粤×××号牌客车由被告保险公司承保机动车交通事故强制保险，交通事故发生在保险期限内。李新乐持过期的驾驶证驾驶与其准驾车型不符的车辆发生交通事故，具有重大过错。李独龙、金拓加工厂作为事故车辆粤×××号牌客车的所有权人及实际使用人，未尽谨慎管理车辆的义务。李承平的家属诉至法院，向保险公司、李新乐、李独龙等索赔医疗费 250 840 元、住院伙食补助费 10 500 元、误工费 19 332 元、营养费8 000 元、住院期间护理费 106 555 元、死亡赔偿金 604 534 元、被扶养人生活费 373 272 元、鉴定费 2 590 元、交通费 8 000 元及精神损害抚慰金 60 000 元，共计 1 443 623 元。

法院经审理，判定保险公司在强制保险下赔偿医疗费用类损失 10 000 元，死亡伤残类损失 110 000 元；李新乐等连带赔偿死者家属颜小艳等人医疗费、误工费等共计 863 341 元。死者家属索赔额远高于法院判决额，属于：

A. 保险机会欺诈；

B. 欺诈保险公司和肇事司机；

C. 诚信索赔；

D. 保险诚信索赔。

案例 14－35：受害人未构成伤残，法院少许支持误工费，但不支持精神损害抚慰金

2015 年 3 月 5 日 11 时 30 分，在北京市朝阳区京密路孙河地铁站对面，杜某驾车和刘某发生追尾，刘某受伤，两车受损，北京市公安局公安交通管理局朝阳交通支队机场大队认定，杜某负事故的全部责任。刘某诉至法院，要求杜某、北京聚隆源汽车租赁有限公司（简称聚隆源公司）、中华联合财产保险股份有限公司北京分公司（简称联合保险公司）赔偿医疗费 6 795 元、交通费 1 424 元、误工费 124 090 元、补换车牌费 400 元、租车费 6 930 元、精神损害抚慰金 10 000 元、材料费 198 元。

联合保险公司辩称肇事车辆投保了交强险和不计免赔商业三者险 100 万元，且仍在保险期间。租车费用，不属于保险责任，不同意赔偿；刘某未构成伤残，不同意赔偿精神损害抚慰金；材料费，不同意赔偿；医疗费，同意在合理的限额内赔偿；交通费过高，同意对就医的交通费用进行赔偿；误工费休假时间过长，仅认可一个月的误工期限；刘某需要提供事故前三个月的收入证明、误工期间实际收入减少的财务证明以及事故发生前三个月的工资对账单；补换车牌费过高，且不属于保险责任。聚隆源公司辩称：杜某是我公司员工，执行职务行为；我公司已经为刘某支付修理费 30 800 元、拖车费 450 元、打车费 90 元、垫付医疗费 3 000 元；补换车牌费 400 元，不予认可；医药费，应由保险公司负责；误工费过高，不认可；租车费用，不认可；没有构成伤残，不应支付精神损害抚慰金。杜某辩称：我的意见与聚隆源公司相同。

一审法院判决：(1)联合保险公司于判决生效之日起 7 日内赔偿刘某医疗费 6 795 元、交通费 1 400 元、误工费 50 000 元；(2)驳回刘某的其他诉讼请求。联合保险公司不服一审法院判决，提起上诉。二审法院判决：驳回上诉，维持原判。

案例评析：

该案误工费索赔 124 090 元，判决 50 000 元，少许支持；精神损害抚慰金索赔 10 000 元，判决 0 元，不支持。这就要探讨法院支持误工费、精神损害抚慰金索赔程度差异的依据。

误工费索赔，须出具受害前实际收入证明（例如纳税证明）、因交通事故伤害而误工的时间（用人单位出具），二者皆有部分夸大的空间，尤其是多数索赔人规避出具受害前纳税证明，法院只能按行业平均水平估计其收入。依据《强制保险条例》，精神损害抚慰金置于死亡、伤残情形下，该案索赔人未构成伤残，但仍索赔精神损害抚慰金 10 000 元，故未获法院支持。

案例 14－36：农民工交通事故伤残，伤残赔偿金、精神损害抚慰金均获法院少许支持

2015 年 5 月 24 日 1 时，李某驾驶五菱牌面包车由南向北行驶至北京市大兴区 104 国通辛庄营村，与由南向北张某驾驶的电动三轮车顶撞，造成张某受伤，电动三轮车损坏。北京市公安局大兴分局交通支队认定，李某负全部责任。事故发生后，张某被送往北京朝阳急诊抢救中心救治，事故造成张某左胫骨开放性骨折、左腓骨头骨折、左膝关节外侧韧带损伤、脑外伤后神经症反应。张某住院 6 天后，出院进行保守治疗。李某系车辆所有人，肇事车辆在太平财产保险有限公司北京分公司（简称太平北京分公司）投保交通事故责任强制保险（简称交强险）和商业第三者责任保险（简称商业三者险），事故发生在保险期间。双方未能就赔偿事宜达成协议，故张某诉至法院，请求法院判令：(1)被告赔偿医疗费 53 317 元、住院伙食补助费 300 元、营养费 3 000 元、护理费 9 000 元、误工费 14 500 元、残疾赔偿金 87 820 元、被抚养人生活费 25 206 元、交通费 3 000 元、精神损害抚慰金 20 000 元，共计 216 143 元；(2)被告赔偿车辆财产损失 6 600 元；(3)鉴定费 3 150 元，由被告承担；(4)诉讼费，由被告承担。

被告太平北分公司辩称：该车辆投保了交强险和商业三者险，交强险的死亡伤残赔偿限额为 110 000 元，医疗费用赔偿限额为 10 000 元，财产限额为 2 000 元，商业三者险的保险限额为 50 万元(不计免赔)，本次事故发生在保险期间。我公司同意按照保险合同约定，合理、合法地承担原告张某的损失；我公司于 2015 年 5 月 28 日先行垫付医疗费 10 000 元；不同意承担鉴定费和诉讼费。被告李某未到庭应诉，亦未提交书面答辩状。

法院结合张某提供的证据予以确认，具体数额如下：(1)医疗费 53 217 元，有医疗费票据为证，支持。(2)住院伙食补助 300 元，张某共计住院 6 天，按照 50 元/天标准计算，数额合理，支持。(3)护理费 7 200 元，张某的护理期间为 60 天，按照 120 元/天标准计算，数额合理，支持。(4)营养费 3 000 元，张某营养期为 60 天，按照 50 元/天标准计算，数额合理，支持。(5)交通费 1 000 元，酌情确定。(6)残疾赔偿金(包括被抚养人生活费)44 810 元，张某久居北京市通州区刘庄村，应当按照北京市农村居民标准计算残疾赔偿金，其伤残等级为 10 级，故残疾赔偿金为 40 452 元；张某主张的被抚养人生活费根据法律规定应并入残疾赔偿金。张某的被扶养人为其母亲葛某，张某定残时，葛某 68 岁，由子女四人赡养，被抚养人生活费为 4 358 元；张某主张的被抚养人张某一的被抚养人生活费，因证据不足，不予支持，两项共计 44 810 元。(7)误工费 14 500 元，张某主张误工期为 145 天，按照 3 000 元/月的标准计算，数额合理，支持。(8)精神损害抚慰金 5 000 元，酌情确定。(9)财产损失 2 000 元，张某主张其电动三轮车在本次事故中损坏，但其未提交充分的证据佐证，本院根据事故发生的实际情况以及车辆受损的事实，酌情确定财产损失 2 000 元。以上共计 131 028 元。另，太平北分公司先行垫付医疗费 10 000 元，应在太平北分公司赔偿张玉梅的损失中予以扣除，以上共计 121 028 元，未超出交强险和商业三者险责任限额，太平北分公司应在保险限额内予以赔偿。

据此，判决如下：(1)于本判决生效后十日内，被告太平北京分公司在机动车交通事故责任强制保险限额内赔偿原告张某残疾赔偿金 44 810 元、护理费 7 200 元、交通费 1 000 元、误工费 14 500 元、精神损害抚慰金 5 000 元、财产损失 2 000 元，共计 74 510 元；(2)于本判决生效后十日内，被告太平北京分公司在商业第三者责任保险赔偿限额内赔偿原告张某医疗费43 217 元、住院伙食补助费 300 元、营养费 3 000 元，共计 46 517 元；(3)驳回原告张某的其他诉讼请求。

案例评析：

该案伤残赔偿金索赔 87 820 元，判决 44 810 元，少许支持；精神损害抚慰金索赔 20 000 元，判决 5 000 元，也是少许支持。这里主要探讨伤残赔偿金、精神损害抚慰金索赔为何会均获法院少部分支持。

在北京市，伤残赔偿金索赔，除出具伤残等级证明外，若主张城市伤残赔偿金，还须出具北京市城市户籍证明或居住和收入均来源于城市的证明。法院经调查，张某久居北京市通州区刘庄村，应当按照北京市农村居民标准计算残疾赔偿金，其伤残等级为 10 级，故残疾赔偿金为 40 452 元；而张某无法提供北京市城市户籍证明，却执着地主张按北京城市标准计算伤残赔偿金 87 820 元。依据《强制保险条例》，精神损害抚慰金置于死亡、伤残情形下，张玉梅伤残等级为 10 级，有权索赔精神损害抚慰金，索赔额 20 000 元，但法院判决额 5 000 元，因为精神损害抚慰金无客观标准，天然地存在较大的夸大空间。

案例 14－37：受害人是车上人员还是第三者？

徐四为“哪都通”快递公司员工，一日送货途中，遇到在路边打车的朋友张某，得知其要去参加朋友婚礼，但并未带公交卡，决定绕行一个街区把张某捎至酒店。半路上，车辆突然熄火，曾在汽车维修厂工作的张某主动下车检查，并帮助徐四修理了车辆，谁知，徐四在未确认张某是否离开车辆的情况下突然起动，导致他的右手指被车轮碾压受伤。经司法鉴定，张某的伤情构成十级伤残。当事人无法就赔偿问题达成一致，张某诉至法院，索赔医疗费、残疾赔偿金、误工费、精神损害抚慰金等共计11.7万元，并请求判令保险公司在交强险责任限额内先行赔偿；超过限额部分，由快递公司承担全部赔偿责任，徐四承担连带责任。

张某在该次交通事故的角色，属于：

A. 车上人员；

B. 第三者；

C. 既非车上人员，也非第三者；

D. 曾是车上人员，但下车检查、帮助徐四修理车辆时转变为第三者。

二、车辆损失险

车辆损失险，指保险车辆遭受保险责任范围内的自然灾害(不包括地震)或意外事故，造成保险车辆本身损失。多数私家车和企业的运货车，均购买该险种。一般保障因雷击、暴风、暴雨、洪水等自然灾害和碰撞、倾覆等意外事故造成保险车辆的损失以及相关的施救费用，主要包括下列损失：(1)维修被损坏车辆所支出的费用、车辆所载物品的损失、车辆施救费用；(2)因车辆灭失或者无法修复，为购买交通事故发生时与被损坏车辆价值相当的车辆重置费用；(3)依法从事货物运输、旅客运输等经营性活动的车辆，因无法从事相应经营活动所产生的合理停运损失；(4)非经营性车辆因无法继续使用，所产生的通常替代性交通工具的合理费用。

案例14-38：宝马轿车在外地发生交通事故，保险公司欲减赔修理费用

2004年6月18日14时50分，楼先生驾驶宝马轿车在浙江省诸暨市某路段行驶，因倒车疏忽发生交通事故。楼先生立即向保险公司报案，保险公司表示事故发生地没有公司的分支机构，故无法到现场，要求楼先生直接在当地修理后回沪办理理赔。诸暨市交警大队随即委托价格认证中心对车辆进行鉴定，确认维修费用共计1.27万元，评估费400元。次日，诸暨市某修理厂对楼先生的宝马轿车进行了维修，证明材料载明“事故车辆修复前，应车主和保险公司要求，协助用数码相机拍出损坏部位照片，并发到保险公司提供的电子邮箱”。之后，楼先生持保险合同理赔，遭保险公司拒绝。楼先生将保险公司诉至法院。

保险公司辩称，事故发生后，考虑到宝马轿车只有上海和杭州才有配件，公司曾要求楼先生将车辆运回上海修理，但楼先生私自在当地修理，导致损失扩大。根据楼先生发给保险公司的受损车辆照片看，保险公司于6月21日向车主出具了车损情况简易确认书，车辆损失2 369元，与楼先生的修理支出相去甚远。因此，保险公司不同意支付楼先生13 120元的诉讼请求。保险公司提交了宝马车特约维修商——宝信公司的估价单，根据受损车辆的照片，宝信公司估价确认各类维修费用共计3 765元。

法院经审理认为，被告保险公司提供的宝信公司估价单是依据受损车辆照片所做出的评估，并非现场查勘。而原告楼先生提交的价格认证中心鉴定结论书系权威机构作出，可信性优于宝信公司的估价单。根据《机动车辆损失保险条款》的规定，保险人接到报案后48小时内未进行查勘且未给予受理意见，造成财产损失无法确定的，以被保险人提供的财产损毁照片、损毁清单、事故证明和修理发票作为赔付理算依据；原告已提交相关的理赔材料，被告应当依此进行理赔，故支持原告楼先生的诉讼请求。

案例评析：

该案楼先生在交通事故发生后及时通知了保险公司，但保险公司未能到现场实地查勘车辆受损情况。根据楼先生的举证，保险公司已作出受理意见：同意楼先生就地修理，回沪理赔。

保险公司拒赔，理由是楼先生违反了保险公司要求其回沪修理的指示，并依据车辆受损情况的照片确定的修理费用，认为楼先生扩大了损失。楼先生提供了两项证据进行反驳：一是当地价格认证中心的鉴定结论；二是修理厂的证明。法院采信了这些证据，作出了支持楼先生诉讼请求的判决。

案例 14－39：车辆交通事故受损，车主夸大运营损失

2012 年 5 月 13 日，在北京市海淀区北清路某路口，古某驾驶某物流公司所有的小轿车与郑某驾驶的属于张某所有的重型半挂牵引车及重型平板半挂车发生交通事故，造成古某受伤和物流公司车辆受损。交警认定，郑某负事故全部责任。物流公司诉至法院，要求张某、保险公司赔偿车辆修理费 97 157 元，运营损失费 30 000 元。

保险公司辩称，根据商业三责险责任条款，运营损失属于间接损失，不属于赔偿范围，不同意赔偿。张某辩称，我的重型半挂牵引车及重型平板半挂车在保险公司投保了交强险和 50 万元商业三责险，事故发生在保险期间，所有损失均由保险公司理赔。

法院经审理认为，事故经认定郑某负全部责任，郑某所驾车辆在保险公司投保了交强险和不计免赔商业三责险，故保险公司在其承保的交强险责任限额内先行承担赔偿责任；不足部分，由保险公司根据商业三责险保险合同予以赔偿；超过保险的合理损失，由张某承担赔偿责任，因为郑某是张某雇佣的司机，属于职务行为。交通事故发生后，物流公司的车辆共花费修理费 97 157 元，理由正当，法院予以支持。物流公司主张车损期间的运营损失，理由正当，因为车辆的使用性质为“运营”，车损期间运营损失必然存在，但主张数额太高，具体数额由法院酌定。法院判决：保险公司赔偿物流公司车辆修理费 97 157 元；张某赔偿物流公司运营损失 5 000 元；驳回物流公司其他诉讼请求。

案例评析：

道路交通事故导致财产损害，赔偿项目包括：车辆修理费、车辆施救费、拖车费、停运损失费、车辆重置费、租车费、车载物品诉讼费等。但保险仅赔偿直接损失，即车辆修理费、车辆施救费、拖车费、车辆重置费、租车费、车载物品诉讼费；不赔偿间接损失，即停运损失费。

该案车辆受损后支出的修车费用属于因交通事故直接导致的损害，系交通事故直接引发，侵权行为与损害之间存在因果关系，且侵权人存在过错，故车辆维修费用属于交强险、商业三责险赔偿范围。

该案争议的焦点在于车辆运营损失，受损车辆性质为“货物运输”，若无交通事故发生，可期待的运营利益确实存在；但交通事故发生，导致这部分可得利益无法实现，超出了交强险、商业三责险责任范围，应由车辆所有人赔偿。对运营损失额的具体计算，应考虑停运天数、损失范围，综合考虑受害人的运营成本、运营能力、近期平均利润等情况确定。物流公司要求赔偿停运损失 30 000 元，但未能提供有力证据证明其实际停运损失，最终法院根据实际情况酌定停运损失 5 000 元。

三、全车盗抢险

全车盗抢险，是车辆损失险的附加险种。保险责任包括全车被盗窃、被抢劫、被抢夺的保险车辆,并且经县级以上公安刑侦部门立案侦查,证实满3个月未查明下落的;保险车辆全车被盗窃、被抢劫、被抢夺后受到损坏或因此造成车上零部件、附属设备丢失需要修复的合理费用。

如果被盗抢的保险车辆找回,应将该车辆归还被保险人,同时收回相应的赔款。如果被保险人不愿意收回原车,则车辆的所有权归保险人。也就是说,被保险人享有索要车或者索要保险金的选择权。

案例14-40:私家车拉黑活被抢劫,盗抢险拒赔

2004年6月9日,蔡某为其新买的夏利车上了保险,包括全车盗抢险,车的使用性质为"私人生活用车",保险期限为"2004年6月10日起至2005年6月9日止"。2005年3月5日1时,蔡某的儿子驾驶该车在城郊接合部拉黑活,遭车上乘客打劫,被拳打脚踢撵下车,将车开走。蔡某的儿子向公安局报案,3个月后仍未破获。蔡某遂向保险公司索赔车辆损失86 667元,但遭保险公司拒赔,理由是根据"机动车综合险条款第30条、第34条"的规定,事故不属于赔偿范围。蔡某将保险公司诉至法院。

保险公司辩称,原告投保的车辆性质为"私人生活用车",但夜间拉黑活,被车上人员劫持开走。原告私自改变了被保险车辆的使用性质,增加了危险程度,却未事先书面通知保险公司并办理批改手续,且原告索赔隐瞒车辆"营运"事实,涉嫌欺诈。

法院经审理认为,原告在保险单上写明本车"家庭生活使用",却允许儿子用于商业运营,增加了车辆的危险程度,且未告知保险公司。原告违背了保险合同的如实告知义务,无权就车辆被抢劫遭受的损失向保险公司索赔,故依法驳回原告的起诉。

案例评析:

该案蔡某擅自改变车辆用途(私人生活用车,改为夜间拉黑活),使车辆被盗抢的风险大大增加,而保险公司并不知情。根据保险合同约定,保险公司有权拒赔。

案例14-41:桑塔纳轿车被盗,是否属于车辆损失险、第三者责任险承保范围?

A单位2月8日将一辆桑塔纳轿车向某保险公司投保机动车辆损失险、第三者责任险和附加车上责任险、玻璃单独破碎险、不计免赔险,当日付清保险费,保险合同自次日零时起生效。5月20日23时许,司机的父亲突发疾病,他驾车送父亲到医院,汽车停放在医院院内。次日5时许,他欲开车回家取物,发现车辆被盗,向公安局报案,并通知保险公司。10时,交警给A单位打来长途电话,告知该单位桑塔纳轿车在某公路段与拖拉机相撞,速派人处理。A单位报告公安局和保险公司,并派人与保险公司理赔人员赶赴事故现场。交警认定,责任全在汽车盗取人,但盗贼已逃之夭夭。交警让汽车车主A单位承担拖拉机及驾驶员和乘车人的损伤赔偿责任。关于桑塔纳轿车丢失的损失:

A. 保险公司负责,第三者责任险包括盗抢风险;

B. 保险公司负责,不计免赔险包括盗抢风险;

C. 保险公司不负责,车辆损失险包括盗抢风险,但该案桑塔纳轿车丢失的损失太大;

D. 保险公司不负责,车辆损失险不包括盗抢风险。

四、车上人员责任险

车上人员责任险,即车上座位险,是机动车第三者责任险的附加险种。驾驶员只有投保了第三者责任险后,才能投保车上人员责任险。车上人员责任险,指被保险机动车在使用过程中,发生意外事故,致使保险车辆上人员遭受人身伤亡(分为司机座位和乘客座位)依法应由被保险人承担的赔偿责任,保险人应给予赔偿。

车上人员一般包含司机、售票员与乘车人。乘车人既包含购票上车人员,也包含减免票的人员(如残疾人、小孩等),但一般不包含逃票人员,即非法上车人员。在特殊情况下还包含:(1)借用人(如甲将车借给有驾驶资质的乙使用,后发生事故);(2)押运人,如乘坐在驾驶座内的押运人,但不包含在车厢内的押运人。

车上人员责任险,一般规定若干免责条款:(1)因违章搭乘造成的人员伤亡;(2)由于驾驶员的故意行为造成的人员伤亡;(3)本车上的人员因疾病、分娩、自残、殴斗、自杀、犯罪行为所致的人身伤亡;(4)车上人员在车下时所受的人身伤亡等。

案例 14-42:"本车人员"(歹徒)致司机伤害,是否属于车上责任险的免责范围?

汕头市某出租车公司(简称出租车公司)于 2002 年 8 月 20 日将一辆出租车向当地一家保险公司投保车上责任险:承保 5 座位,每座位 3 万元。

2003 年 5 月 28 日,司机罗某载着 2 名乘客行驶至某偏僻无人路段,2 名乘客凶相毕露,持刀抢劫。罗某反抗,被歹徒刺中右上腹和大腿内侧,左腿股骨上段粉碎性骨折,车辆失控撞到路边大树,歹徒逃走。罗某住院治疗花去医疗费 30 113 元,出租车公司要求保险公司赔偿车上责任险保险金 3 万元。但遭拒赔,理由是车上责任险条款第 2 条约定"由于本车上的人员因犯罪行为所致的人身伤亡,保险人不负责赔偿"。出租车公司将保险公司诉至法院。

一审法院认为,罗某所受人身伤害正是本车人员因犯罪行为所致,故驳回出租车公司要求赔偿车上责任险保险金 3 万元的请求。出租车公司不服一审判决,上诉至汕头市中级人民法院。二审法院认为,车上人员罗某因他人的犯罪行为而受伤,不属于车上责任险的免责范围,保险公司应承担赔偿责任。遂撤销一审判决,判决保险公司赔偿出租车公司车上责任险保险金 3 万元。

案例评析:

该案出租车公司司机罗某在营运过程中遭车上"乘客"抢劫,身体受伤,保险公司主张免责。保险公司对犯罪行为造成的人身伤亡采取了扩大解释,不仅包括犯罪人本人因犯罪行为所致的人身伤亡,还包括车上其他人员因犯罪所遭受的人身伤亡,违背了该条款的原意。犯罪者因本人严重违法,触犯刑律,保险公司不应保障其人身伤亡;但其他人因犯罪行为遭受人身伤亡,是受害者,保险公司没有理由拒赔。这里的 2 名车上人员,表面上看是乘客,实质上是歹徒。根据《保险法》第 17 条、《合同法》第 41 条规定,当对保险合同的格式条款存在争议时,应作出对格式条款制定方不利的解释。

案例 14-43:家庭自用车,车上人员责任险是否适用租赁经营?

小张自购了一辆小轿车,为家庭自用,对车上人员投保了每座 5 万元的意外伤害责任险。小张将购买的小车交给汽车租赁行,2011 年 2 月,车辆掉入河中致车上两人死亡,交警认定驾驶员(承租人)超速行驶是产生事故的原因,驾驶员负全部责任。车上乘客(驾驶员的异性友人,事故中死亡)的家属将小张、汽车租赁行、保险公司一起告上法院,法院判决:小张和租赁行不承担赔偿责任,保险公司赔付车上乘客家属 5 万元保险金,但驾驶员不受车上人员意外伤害责任险保护。

A. 法院判决正确，车上人员仅指车上乘客；

B. 法院判决正确，车上人员不仅指车上乘客，还应考虑车辆改为“出租”的事实；

C. 法院判决错误，车上人员不仅指车上乘客，也包括驾驶员；

D. 法院判决错误，车上人员责任险仅适用家庭自用。

思考题：

(1) 简述《道交法》机动车驾驶人遵守交通法律、法规的规定。

(2) 简述《道交法》非机动车、行人、乘客遵守交通法律、法规的规定。

(3) 简述《道交法》饮酒、醉酒驾车的遏制规定。

(4) 简述《道交法》高速公路的特殊规定。

(5) 简述交强险、商业三责险诱发部分不诚信索赔人软欺诈保险公司的情形。

(6) 比较借用他人车辆、借名买车潜藏的法律风险。

(7) 简述《道交法》学龄前儿童监护的规定。

(8) 简述行人横穿马路、名贵狗被撞死等违反交通法律、法规的情形。

(9) 简述无偿搭乘人交通事故风险。

参考文献

[1]《中华人民共和国道路交通安全法适用与案例》编写组. 中华人民共和国道路交通安全法适用与案例[M]. 北京：法律出版社，2013.

[2] 法律出版社专业出版编委会. 道路交通纠纷处理锦囊[M]. 北京：法律出版社，2014.

[3] 中国法院网. https://www.chinacourt.org.

[4] 北京法院审判信息网. http://www.bjcourt.gov.cn.

[5] 中华人民共和国道路交通安全法[M]. 北京：中国法制出版社，2018.

[6] 中华人民共和国道路交通安全法实施条例[M]. 北京：中国法制出版社，2018.

[7] 机动车交通事故责任强制保险条例(2012.12.17).

[8] 中国保监会关于调整交强险责任限额的公告(2008.1.11).

[9] 最高人民法院关于审理道路交通事故损害赔偿案件适用法律若干问题的解释(2012.9.17).